offcn 中公教育

全国银行招聘考试专用教材

考前必做题库

（上册·题本）

中公教育全国银行招聘考试研究中心 ◎编著

立信会计出版社
LIXIN ACCOUNTING PUBLISHING HOUSE

图书在版编目(CIP)数据

考前必做题库：全两册 / 中公教育全国银行招聘考试研究中心编著. -- 2版. -- 上海：立信会计出版社，2025.3. -- (全国银行招聘考试专用教材). -- ISBN 978-7-5429-7908-7

Ⅰ. F832-44

中国国家版本馆 CIP 数据核字第 2025NG9599 号

责任编辑　毕芸芸

考前必做题库（第二版）
Kaoqian Bizuo Tiku（Di-er Ban）

出版发行	立信会计出版社	
地　　址	上海市中山西路 2230 号	邮政编码　200235
电　　话	(021)64411389	传　　真　(021)64411325
网　　址	www.lixinaph.com	电子邮箱　lixinaph2019@126.com
网上书店	http://lixin.jd.com	http://lxkjcbs.tmall.com
经　　销	各地新华书店	
印　　刷	河北品睿印刷有限公司	
开　　本	787 毫米×1092 毫米　1/16	
印　　张	28	
字　　数	672 千字	
版　　次	2025 年 3 月第 2 版	
印　　次	2025 年 3 月第 1 次	
书　　号	ISBN 978-7-5429-7908-7/F	
总 定 价	70.00 元(全两册)	

如有印订差错，请与本社联系调换

第二版前言

银行招聘考试特点

各大银行每年都会进行校园招聘（主要针对应届毕业生），一般分秋季校园招聘（以下简称秋招）和春季校园招聘（以下简称春招），以秋招为主。秋招笔试时间一般集中在每年9月至10月，春招一般在次年的3月中旬至4月。

笔试形式一般为机考。笔试内容主要包括职业能力测试、专业知识、综合知识和英语四部分内容。题型基本为客观题，以单项选择题为主，部分银行有少量多项选择题和案例分析题。每个银行的考试题量均不相同，同一银行不同岗位的题量也可能不同。

银行招聘考试的特点如下：

（1）从整体上看，银行招聘考试考查范围广、题量大、时间紧。虽然考查内容总体难度不大，大部分试题考点比较基础，但有限的答题时间让考试难度加大，考生需作答得又快又准确才可获得高分。

（2）从内容上看，多数银行职业能力测试占比最高，约占40%；专业知识约占10%~40%；综合知识约占20%~30%；英语约占15%~20%。

图书特色

针对全国银行招聘考试的特点，中公教育全国银行招聘考试研究中心在认真分析历年考情的基础上，精心编写了本书，并几经修改，真正从广大考生的角度出发，帮助考生掌握核心考试内容，高效复习。本书的特色如下。

1. 考点覆盖全面

本书编者挑选各大银行历年考试真题中的经典题目，编成"**考场真题还原**"；严格依据最新考情和往年考查重点，编成"**巩固提升训练**"。本书考点覆盖全面，且针对性强，对涉及新变化的题目，比如新修订的相关法律法规进行了同步更新，以便考生把握最新考试方向。

2. 试题专项编排

本书分为**职业能力测试、专业知识、综合知识和英语**四篇，并结合真题研究各学科的考查比例和特点，合理地确定了不同学科的占比。各篇按学科分专项进行编排，考生可根据备考情况，对自己的薄弱专项进行更有效率和针对性的复习。

3. 答案详尽透彻

本书分上、下两册，上册为题本，下册为答案。上册在每一个专项后标注了答案及解析对应页码，方便考生快速查找、核对答案及解析。下册的**答案**不仅对题目进行了清晰准确的解答，也对有深入探究意义的题目进行了**点拨**，可帮助考生进一步关注易错易混知识点，巩固所学知识，及时查漏补缺。

特别提醒：本书赠送图书伴读课程，领取步骤见下方或图书封底。

1. 课程领取：微信扫描下方左侧课程领取码，点击右下方"立即听课"，领取课程。

2. 开始学习：

（1）下载中公教育 App，注册登录账号。

（2）在 App 下方【我的】—【我的课程】中找到对应"题库伴读课"，即可听课学习。

提示：在中公教育 App "首页"—"全部"页面，点击"中公图书"→"专享资料"→"财经财会"，还可免费领取定期更新的每月时政练习题、最新法律法规、备考手册等学习资料。

课程领取码　　中公教育App

目录

上册 题本

第一篇 职业能力测试   1

专项一 言语理解与表达	2	巩固提升训练	39
考场真题还原	2	**专项四 思维策略**	**44**
巩固提升训练	10	考场真题还原	44
专项二 逻辑推理	19	巩固提升训练	46
考场真题还原	19	**专项五 资料分析**	**49**
巩固提升训练	27	考场真题还原	49
专项三 数学运算	35	巩固提升训练	58
考场真题还原	35		

第二篇 专业知识   67

专项一 微观经济学	68	巩固提升训练	95
考场真题还原	68	**专项四 商业银行经营与管理**	**106**
巩固提升训练	71	考场真题还原	106
专项二 宏观经济学	77	巩固提升训练	109
考场真题还原	77	**专项五 财会基础知识**	**115**
巩固提升训练	79	考场真题还原	115
专项三 金融学	86	巩固提升训练	121
考场真题还原	86		

第三篇 综合知识 127

专项一 常识	128	巩固提升训练	159
考场真题还原	128	专项四 管理与市场营销	165
巩固提升训练	132	考场真题还原	165
专项二 法律	139	巩固提升训练	168
考场真题还原	139	专项五 统计、决策、数学、物理	175
巩固提升训练	145	考场真题还原	175
专项三 计算机	154	巩固提升训练	179
考场真题还原	154		

第四篇 英 语 183

专项一 选词填空	184	巩固提升训练	199
考场真题还原	184	专项三 完形填空	212
巩固提升训练	186	考场真题还原	212
专项二 阅读理解	190	巩固提升训练	214
考场真题还原	190		

下册 答案

第一篇 职业能力测试 217

专项一 言语理解与表达参考答案及解析	217	考场真题还原	228
考场真题还原	217	巩固提升训练	234
巩固提升训练	222	专项三 数学运算参考答案及解析	240
专项二 逻辑推理参考答案及解析	228	考场真题还原	240
		巩固提升训练	246

专项四 思维策略参考答案		专项五 资料分析参考答案	
及解析	252	及解析	257
考场真题还原	252	考场真题还原	257
巩固提升训练	255	巩固提升训练	260

第二篇 专业知识

			266
专项一 微观经济学参考答案		考场真题还原	284
及解析	266	巩固提升训练	295
考场真题还原	266		
巩固提升训练	270	专项四 商业银行经营与管理	
		参考答案及解析	305
专项二 宏观经济学参考答案		考场真题还原	305
及解析	275	巩固提升训练	311
考场真题还原	275		
巩固提升训练	279	专项五 财会基础知识	
		参考答案及解析	317
专项三 金融学参考答案		考场真题还原	317
及解析	284	巩固提升训练	323

第三篇 综合知识

			329
专项一 常识参考答案及解析	329	巩固提升训练	369
考场真题还原	329		
巩固提升训练	334	专项四 管理与市场营销	
		参考答案及解析	376
专项二 法律参考答案及解析	342	考场真题还原	376
考场真题还原	342	巩固提升训练	383
巩固提升训练	351		
		专项五 统计、决策、数学、	
专项三 计算机参考答案		物理参考答案及解析	391
及解析	361	考场真题还原	391
考场真题还原	361	巩固提升训练	394

第四篇 英　语

专项一　选词填空参考答案及解析 398

考场真题还原 398
巩固提升训练 401

专项二　阅读理解参考答案及解析 406

考场真题还原 398

考场真题还原 406
巩固提升训练 417

专项三　完形填空参考答案及解析 431

考场真题还原 431
巩固提升训练 433

第一篇
职业能力测试

专项一　言语理解与表达

考场真题还原

1. 红山文化和良渚文化同为新石器时代中晚期的代表性文化,它们各有渊源,一北一南,在展览中首次相遇,_____。展览开幕后,通过100多件红山良渚文化文物的对比展览,让观众_____地看到5 000年前南北史前文化的发展程度,并_____中华文化多元一体格局的形成过程。

填入画横线处最恰当的词语是(　　)。

A. 交相辉映　直观　感知　　　　　　B. 难得一见　抽象　感受

C. 千载难逢　兴奋　目睹　　　　　　D. 相辅相成　形象　体验

2. (1)敢于主动放弃副业,聚焦于环保主业,背后是企业管理层_____推进改革、着眼于企业未来十年发展的决心和勇气。

(2)从国内环境来看,该企业的经营还能延续下去,但从国际环境来看,其实它的模式已经相当陈旧,在国际上竞争根本不能实现产业_____。

填入画横线处最恰当的词语是(　　)。

A. 大刀阔斧　营利　　B. 筚路蓝缕　盈利　　C. 筚路蓝缕　营利　　D. 大刀阔斧　盈利

3. (1)库依镇勿克贡嘎查田间路上呈现一片繁忙景象,村干部带领着施工队正在_____被暴雨冲毁的田间路。

(2)在电商或仓储平台打印快递运单后,包裹需经多个操作环节才能到达消费者手里,过程中极易发生信息_____。

(3)从高中转入大学,角色的转换让很多大学新生心生_____——到底大学该怎么度过?

填入画横线处最恰当的词语是(　　)。

A. 休整　泄露　桀然　　　　　　　　B. 休整　泄漏　惚然

C. 修整　泄漏　杳然　　　　　　　　D. 修整　泄露　惘然

4. (1)救灾的时候,志愿者们_____地钻进已经燃起火焰的树林里,快速挖掘出一条隔离带,成功地阻断了火势。

(2)看到那些生活中遭遇不幸的人时,他的内心总是感到一丝_____,觉得人生不该如此。

填入画横线处最恰当的词语是(　　)。

A. 前仆后继　怜惜　　B. 奋不顾身　怜悯　　C. 前仆后继　怜悯　　D. 奋不顾身　怜惜

5. 随着商品种类日益丰富,针对物品功能的第三方测评行业也发展得如火如荼,然而目前该行业充斥着各种乱象,良莠不齐、_____,难言科学与公正。第三方测评,_____,应以买卖双方之外的第三方身份,对商品的功效、安全、价格、服务等方面进行检测和评价。但实际并非如此。

填入画横线处最恰当的词语是(　　)。

A. 高下立判　众所周知　　　　　　　B. 鱼龙混杂　众所周知

C. 高下立判　顾名思义　　　　　　D. 鱼龙混杂　顾名思义

6. 在戏剧领域,我们拥有300多个扎根民间土壤、唱腔表演风格迥异的戏曲剧种;此外,我们还拥有_____、种类繁多、带有鲜明民族特色的音乐、书法、国画等。这些都是中华文明的艺术形态,是中华民族的独特艺术创造。与之相关联的中国艺术教育,自然有其独一无二的文化_____。

填入画横线部分最恰当的词语是(　　)。
A. 历史悠久　渊源　B. 汗牛充栋　禀赋　C. 汗牛充栋　渊源　D. 历史悠久　禀赋

7. (1)《证券分析》被誉为"投资者的圣经",其论述_____,全面细致,智慧之语犹如陈年佳酿,愈久弥香。

(2)在20世纪以前,西方文明的大多数文化都_____了妇女接受正规教育的机会,特别是在科学方面的教育机会。

填入画横线处最恰当的词语是(　　)。
A. 入木三分　剥夺　B. 鞭辟入里　剥削　C. 鞭辟入里　剥夺　D. 入木三分　剥削

8. 在追求"短平快"的时代,雕刻这种"慢工出细活"的手艺似乎与社会节奏_____,而这位雕刻匠人却始终默默地用自己的坚持和作品发声,让传统的精微透雕走入人民大众的视野与生活,这难道不是一个手艺人对"工匠精神"最好的_____吗?

填入画横线部分最恰当的词语是(　　)。
A. 背道而驰　诠释　B. 如出一辙　诠释　C. 背道而驰　阐释　D. 如出一辙　阐释

9. (1)一名有追求的科技工作者是不会心心念念安逸舒适的衣食居住,他们做科研的目的也从来不是为了_____,他们是为了获得精神上的愉悦。

(2)有些人不知道出于何种原因,故意发表侮辱英雄先烈的语言,如果不对他们进行惩戒,那么又如何_____世间的正义与公正呢?

填入画横线部分最恰当的词语是(　　)。
A. 锦衣玉食　庇护　　　　　　　　B. 丰衣足食　维护
C. 锦衣玉食　维护　　　　　　　　D. 丰衣足食　庇护

10. _____。水资源的格局影响着发展格局,每一个古代文明都发源于大江大河便是明证。南水北调,不仅为沿线各地输送生命之源,也为国家发展奠定了生态基础。完成南水北调这个改变大国水系的重大工程不仅要解决一系列世界性的水利难题,更要有足够强大的国力支撑。坚持全国一盘棋,局部服从全国,地方服从中央,从中央层面通盘优化配置资源,从中央层面统一推动,就能集中保障资金、用地等建设要素,实现工程的持续推进。而先节水后调水、先治污后通水、先环保后用水等理念的确立,以及精确精准调水,细化制定水量分配方案,加强从水源到用户的精准调度,也确保了工程的高质量完成。

下列选项中适合填入文段划线部分的一句是(　　)。
A. 于南水北调中,感受大国优势
B. 水是生存之本、文明之源
C. 功在当代,利在千秋
D. 南水北调工程事关战略全局、事关长远发展、事关人民福祉

11. ××银行很早就提倡带上员工做公益,带着客户做公益,带动机构做公益,融合业务做公益,推行"三带一融合"扶贫方式,这也是跟中国文化大"道"相一致的。

"_____",有这份能力就要多向外贡献,不只是出钱,更得多出力,有时候出力比出钱更重要。该银行作为金融机构,要着眼探讨如何运用金融的资源和能力解决社会问题,在推动社会进步中发挥作用。

填入画横线部分最正确的词语是( )。
A. 人一能之,己百之;人十能之,己千之
B. 勿以恶小而为之,勿以善小而不为
C. 穷则独善其身,达则兼济天下
D. 天行健,君子以自强不息

12. 下列句子中没有语病的一项是( )。
A. 今年夏天,航空中心将举行一场30年来最大规模的飞行表演,来自9家航空公司的220架飞机和1 000人将参加。
B. 将这两种产品相比,前者用户中未成年用户占更高比例,因此,前者比后者存在的风险更大。
C. 养老金持有股票主要集中在医药生物、基础化工等与民生相关的行业,分别有5只、3只个股上榜。
D. 连日来,京城春意盎然,长安街畔的玉兰绽放枝头,路人纷纷停下脚步拍照留念。

13. 下列句子中没有语病的一项是( )。
A. 文字不仅是传达信息、传情表意的工具,更重要的是其在文化发展中的价值。
B. 橡胶树是一种重要的经济树种,从它汁液中提取的橡胶是制造汽车、电器的重要原料,都离不开它。
C. 中医能够治愈许多疑难杂症是无可疑问的,但在一些病症上,西医更为间接,效果也更快,这也是有目共睹的。
D. 与侃侃而谈的主持人不同,科学家们把自己对国家的热爱没有表现在口头上,而是提前完成了这件国防重器的开发工作。

14. 下列排序,句意最为连贯的一项是( )。
①未经处理的粉煤灰能够增加患癌几率,随意倾倒更会污染土壤和地下水
②燃煤电厂是重要污染源,粉煤灰就是其中之一
③建设粉煤灰填埋场既是保护环境的应有举措,也是践行健康中国必做之事
④不规范处置还会带来飞灰污染,造成大量细小颗粒物漂浮在大气环境中
⑤粉煤灰含有多种有害物质,如重金属、放射性元素、多环芳烃等
A. ⑤①②④③   B. ⑤②①③④   C. ②①⑤③④   D. ②⑤①④③

15. 下列排序,句意最为连贯的一项是( )。
①教育领域深受人工智能影响,变革迫在眉睫
②当前人工智能是发展最快的科学技术
③如何让人工智能助力教育强国建设是需要踏实完成的任务
④人工智能正在快速渗透到各个领域,产生重要影响
⑤科学技术的发展必然会给人们的生活带来改变
A. ②③④①⑤   B. ②④⑤①③   C. ⑤④①②③   D. ⑤②④①③

16. 下列句子中没有语病的一项是( )。
A. 飞船上天让我想起了改革开放30年里我国人均国内生产总值保持年均10%的增幅。
B. 绿地、花园和水塘形成了拥有"高异质性"的环境特色,吸引了一批批城市鸟类来此停

留、繁衍、栖息和觅食。

C. 经过长期观察发现,出现在湿地的鸟类中既有常驻湿地的候鸟,也有季节性出现的旅鸟,还有偶尔途经该地区小憩的留鸟。

D. 中国古代诗文、绘画、书法、建筑、雕塑、音乐和戏曲等本身就是传统艺术形式,同时又是传统文化的内容。

17. 下列排序,句意最为连贯的一项是(　　)。

①借助数据多部门共享机制,城管执法、环境卫生、市政等实现协同联动

②智慧城管是借助人工智能等技术优化城市管理的信息化工具

③城市管理水平不断提高,市民的获得感也不断增强

④事故、问题处理用时较过去缩短了80%

⑤借助2万余个监控点,它能汇聚大数据近1.38亿条,实现实时预警

A. ②①③⑤④　　　B. ⑤③②①④　　　C. ②⑤①④③　　　D. ⑤②①④③

18. 下列各句中没有语病且句意明确的一句是(　　)。

A. 未来战机的发动机将大多数以国产为主,适当引进外国的装备作为补充,这样有利于整体作战能力的提高。

B. 积极稳步推进城中村改造,将有效解决超大特大城市工薪阶层、低收入群体、新市民住房需求。

C. ××公司生产的原料药产量除了自用及供应国内制药企业,部分产品还销往意大利、印度、西班牙等国家。

D. 南科大初期的经费来源主要是来自政府,从现在起,逐步开放社会渠道,实现经费来源多样化。

19. 下列排序,句意最为连贯的一项是(　　)。

①我国电影创作者、观众群体已经日趋成熟,电影行业正朝着高质量的方向发展

②2021年,我国共生产电影故事片565部,票房将近400亿元

③国产影片中有的涉及战争、有的涉及亲情,还有的涉及玄幻

④在全年票房前10名中,有8部为国产影片

⑤较佳的票房,加上广泛的题材,这彰显了我国电影创作的新局面

A. ②①④③⑤　　　B. ①⑤③④②　　　C. ①③④②⑤　　　D. ②④③⑤①

20. 下列句子中没有语病的一项是(　　)。

A. 有人认为,养老保险的缴费规则是缴费基数越高,缴费年限越长,今后的养老金待遇就会越高,总体来看,这样的认识不能不说是没有问题的。

B. 面对千头万绪的工作和压力,各级领导干部要有清醒的认识、清晰的判断,更要分得清主次,抓得住重点。

C. 这位专家介绍说,特高压输电技术是世界上目前最先进的输电技术,被誉为电力的"珠穆朗玛峰",而我国是第一个将其投入商业运营的国家。

D. 多年来的经验表明,充满活力的中小企业,多样性、差异化的经济生态,是我国经济韧性的重要保障。

21. 下列排序,句意最为连贯的一项是(　　)。

①一直以来,我国服装企业加速向高端化、品牌化方向发展

②它们正在以自发创新来持续引领人民群众的衣着消费升级
③在提高生活质量、提振消费市场方面,服装发挥着重要作用
④我国是世界第一大服装生产国和出口国
⑤服装是满足人民群众"衣食住行"的基础性消费品

A. ⑤④③②①　　　B. ⑤③④①②　　　C. ④①②⑤③　　　D. ④②①③⑤

22. 五百里滇池,湖水一度因蓝藻暴发成为"绿油漆",早在300多万年前滇池形成时就游弋其中的金线鲃也从湖体消失。如今,在入滇河流盘龙江上游,金线鲃种群身影重现。广袤神州大地上,绿色发展不断加快,绿色版图接续扩展,呈现出一幅新时代的《千里江山图》。_____。汇聚起更加磅礴的伟力,建设人与自然和谐共生的现代化,一定能让万里山河焕新彩、让美丽中国展新颜。

填入画横线处最恰当的一项是(　　)。

A. 功在当代,利在千秋
B. 人不负青山,青山定不负人
C. 万物相生,和谐自然
D. 江流天地外,山色有无中

23. _____。中华文明自古就以开放包容闻名于世,在5 000多年不间断的历史传承中兼容并蓄、创新升华。展开历史长卷,从赵武灵王胡服骑射,到北魏孝文帝汉化改革,我国各民族在文化上相互尊重、相互欣赏,相互学习、相互借鉴,共同创造了丰富灿烂的中华文化。与此同时,中华文明始终以开放胸怀同世界其他文明开展交流互鉴。从历史上的佛教东传、到近代以来的新文化运动、马克思主义和社会主义思想传入中国,中华文明始终在兼收并蓄中历久弥新。

填入画横线处最恰当的一项是(　　)。

A. 集千古之智,纳四海之慧
B. 博览五千年,塑造当代贤
C. 传古今经典,树当代风范
D. 传学及古今,经略贯华夏

24. 体育设施建设是学生体育锻炼的保障,是支撑学校体育改革发展的基础,学校体育场地与器材等基础设施建设是增强学生体育素质、落实"健康第一"理念的重要载体。数据显示,2012年至2022年,我国学校体育运动场(馆)面积达标比例由51%提高到94.1%,体育器械配备达标学校比例由52%提高到97.3%。完善的体育设施为学生提供了良好的锻炼环境,保障学生运动、检测、训练中的安全和动作规范,让学生可以在宽敞的场地中积极发挥自身运动潜能、消耗能量、放松心情,提升自身运动素养。同时,多样化的运动器材为学生提供了更多选择的机会,满足学生多元化需求,调动学生的热情,促进学生个性化的发展。

这段文字旨在说明(　　)。

A. 优化学校体育设施是保障学生健康成长的基础
B. 我国学校体育设施达标率稳步提升
C. 体育设施建设是学校改革发展的基础
D. 优良的体育设施能够更好地调动学生运动热情

25. 放眼全球,国际竞争归根结底体现的是科技的竞争,是科研人员竞相征服科学"高原"、攀登"高峰"的竞争。一些前沿性、基础性、关键性技术和工艺,想要实现"从0到1"的突破从来不是一蹴而就的,往往要经历漫长时光和长期积累,甚至要经过迭代才能实现突破。推动时代发展的科研成果背后往往是十几年如一日的坚守,这意味着科研工作者要甘坐"冷板凳",打好基础、储备长远,从源头和底层搞清楚基础理论。

这段文字意在强调( )。

A. 加强基础研究关键要靠高水平人才
B. 科学研究需要有体制机制保障
C. 科学研究要有坐"冷板凳"的定力
D. 科学研究来不得半点弄虚作假

26. 科学家精神是科技工作者在长期科学实践中积累的宝贵精神财富,全面建设社会主义现代化国家,必须充分发挥科技创新的重要作用,大力培育弘扬科学家精神。苹果落地人们司空见惯,发现地心引力的关键不在这一自然现象而在牛顿,在于牛顿基于好奇心的敏锐观察和深入思考。科学探索通常需要"板凳甘坐十年冷"的精神,但科学家的内心往往是热血沸腾、充满好奇的。正因为对好奇事物持续思考,阿基米德才会从浴缸里跳出来高喊"我发现了",门捷列夫才会在睡梦中找到元素周期表。

这段文字意在说明( )。

A. 科学家精神来自好奇心的驱动
B. 科学家精神来自社会需要的驱动
C. 科学家精神来自顿悟思考的驱动
D. 科学家精神来自健全制度的驱动

27. 当前,不法分子利用互联网从事非法集资、金融诈骗、洗钱等违法行为的现象日益增多,且伴随虚拟货币等新型洗钱手段的出现,反洗钱监测的难度进一步扩大。据不完全统计,国内目前约有虚拟货币413种,其中未在人民银行备案的有281种。虚拟货币匿名、去中心化等特点极易被不法分子利用作为洗钱工具。在此背景下,如何实现对虚拟货币可疑交易行为的监测,成为摆在各家商业银行面前的现实问题。

如果这段文字是一篇文章的引言,文章接下来最有可能论述的是( )。

A. 传统反洗钱监测模式面临的困难
B. 可疑虚拟货币交易监测的标准
C. 提升可疑交易管控效率的举措
D. 大数据助力反洗钱监测的路径

28. 在新能源汽车驱动力方面,氢燃料电池跟电池驱动技术的路径选择越来越见分晓,氢燃料越来越少被提及,它能否代表未来已经存疑;自动驾驶则变得务实,过去一步到位和渐进式两种技术路线并行,现在看来,渐进式越来越受重视,而插电混也因其实用性而被越来越多的车企所选择。

这段文字主要强调的是( )。

A. 哪种技术更适合驱动新能源汽车正在逐渐明确
B. 插电驱动是目前新能源汽车的主要驱动技术
C. 氢燃料电池技术输给了电池驱动技术
D. 氢燃料电池技术目前没有应用,但不代表未来不会应用

29. 自20世纪50年代末以来,芯片的发展一直遵循"摩尔定律"。发展至今,其集成度已提高5 000多万倍,特征尺寸则缩减至一根头发丝直径的万分之一,其集成度及加工制造已受到严重制约,尺寸缩小几乎达到极限,"摩尔定律"面临着失效的"窘境"。在这种情况下,一种以光子和电子为信息载体的硅基光电子技术正在兴起。这种采用微电子和光电子取长补短相融合的硅基光电子技术,能在原来的硅芯片上,让微电子与光电子同时工作,彼此优势互补,使其性能得到大幅提升。硅基光电子技术虽然已取得一系列技术突破,但受限于光源、调控、光子器件研制等技术难题,目前还处于"量少价高"阶段,离大规模市场应用还有一段路要走。

根据上文,作者对硅基光电子技术大规模市场应用的态度是( )。

A. 担忧　　　　　B. 否定　　　　　C. 怀疑　　　　　D. 理性

30. "月球独特的自转倾斜角度,使得太阳光直接照射在其赤道位置,这让月球极地区域的许多陨石坑受到'冷落',有些甚至常年不见阳光,被永久地吞没在黑暗中,就像一个个'冰箱',

它们被称为冷阱",中国科学院天文台研究人员郑永春介绍说。月球极区的这些冷阱,是几十亿年来被彗星和小行星撞击后留下的"伤疤",彗星的撞击可能给月球留下水蒸气、二氧化碳和甲烷等物质,由于月球没有类似地球的臭氧层保护,这些化学物质中的大多数会在阳光下分解并逃逸到太空中,但是,如果这些化学物质最终进入月球极区的冷阱中,它们就可能会摆脱蒸发的命运,被冻结十亿年。

根据材料内容,关于冷阱描述正确的是(　　)。
A. 里面可能含有水蒸气、二氧化碳和甲烷等物质
B. 由月球的公转角度导致的
C. 所有冷阱常年不见阳光,被永久地吞没在寒冷的黑暗中
D. 十几亿年来被彗星和小行星撞击后留下的"伤疤"

31. 智能制造是新一代信息技术与先进制造技术的深度融合,是数字化、网络化和智能化等共性使能技术在制造业产品设计、生产、物流、服务等价值链各环节中的扩散和应用。从全球产业发展趋势看,智能制造是把握新一轮产业革命和科技变革机遇的重要途径。从我国产业结构优化角度看,发展智能制造将有力助推实现制造业高质量发展。近年来,我国智能制造已经取得长足发展。我国制造领域建立起门类齐全的产业体系以及超大市场规模,为发展智能制造奠定了坚实的基础,我国智能制造的应用规模全球领先。

上述文字中,作者未介绍的内容是(　　)。
A. 我国智能制造的发展现状　　　　B. 智能制造面临的挑战
C. 发展智能制造的重要意义　　　　D. 智能制造的主要内涵

32. 国学经典是中华传统文化的典范之作,充分体现了"经世治国"精神。它们或蕴含着古圣先贤们的智慧深见,或承载着古人对人生世态的感慨感悟,或记录着曾经一幕幕真实的历史过程。显而易见,经典的价值无可厚非,但它们产生的时代毕竟离我们很遥远了,在新时代里阅读它们,就要有所思索,选择有现代价值和文化魅力的去读,这样才能让阅读的体验更舒心。

这段文字主要强调的是(　　)。
A. 经世治国是大多数国学经典的典型特征
B. 站在现代的角度去选读国学经典才能提高阅读体验
C. 阅读国学经典时不能囫囵吞枣,而应该取其精华
D. 国学经典富含智慧,值得现代人去阅读、去借鉴

33. 中国的民乐有着深厚的文化底蕴,学艺者要下功夫挖掘、梳理、承继一件件传统乐器背后的历史文脉和技法曲谱,要潜心学习、认真整理、精益求精。民乐的编曲、表现、场景都有创新创造的空间,要敢创想,推动民乐的创造性转化、创新性发展。近年来,不少音乐节目把目光对准传统民乐,用笙、唢呐、扬琴等传统乐器演奏多种音乐曲目;中央民族乐团也走进直播间,为民乐演出打造新的舞台,让更多听众有机会欣赏到丝竹管弦之美。

最适合做这段文字标题的是(　　)。
A. 潜心研究　守护经典　　　　B. 积极创新　走向未来
C. 赓续传统　继往开来　　　　D. 扎根传统　精益求精

34. 通常,小区业主和物业公司发生冲突的原因是双方发生矛盾时没有有效的解决途径。理论上,如果有业主认为物业收费不合理或服务不到位,首选途径是通过业主委员会解决,由其提出召开业主大会进行审议,或者由业主委员会出面交涉。这才是避免冲突的方法。

通过上述文字可以推知( )。

A. 很少有物业公司与小区业主的关系是融洽的
B. 现实情况是,有些小区根本没有业主委员会
C. 物业收费不合理、服务不到位是业主不满的根源
D. 有业主委员会的小区达成一致意见时十分快捷

35. 在人们眼中,雄鹰不仅有展翅高飞、穿越风云的自由与洒脱,而且有无惧风雨、不畏艰险的勇气与力量,成了强者的代名词。雄鹰之所以能够获得人们的赞许与青睐,很重要的原因就在于它拥有一双强健的翅膀,才得以搏击长空、翱翔天际。然而,世界上从来没有生来就会展翅高飞的雄鹰,雄鹰之所以能够成为雄鹰,后天的养成也十分关键。只有经过一次又一次的挥翅锻炼和学习实践,雏鹰才会拥有强健有力的双翼和飞翔所需的技巧与经验。习近平总书记用"雄鹰之双翼"喻指"好干部的知识和经验",生动形象地阐明了知识和经验对于干部成长成才的重要作用。

下列哪一说法与文中提到的观点不相符?( )

A. 和雏鹰学习飞翔一样,干部成长成才所需的知识和经验也不是与生俱来的
B. 学习和实践既是获取知识和经验的重要途径,也是增长能力与才干的必由之路
C. 知识和经验是干部提升能力、增长才干的必备要素,二者不可偏废
D. 干部成长离不开必要的经验,但经验不会从天而降,只能从书本和课堂中得来

根据以下材料,回答 36~40 题。

数字经济是新一轮科技革命和产业变革新的战略机遇。越来越多的企业倾向于利用数据来促进他们的业务流程,而这个过程需要数据中心。

通过数据中心,公司可以大规模存储和处理他们的数据。这些数据中心通过提供稳定性来确保其供应链的平稳运行。它还为物理服务器和数据提供安全性,因而,数据中心成为数字经济的重要资产,将其视为数字经济的底座也毫不为过。

但它也是一个"用电大户"。从微观上看,一个超大型数据中心(以功率密度 2.5kW 为标准机架,机架规模 10 000 个标准机架以上的数据中心)每年的耗电量为亿度级别;从宏观上看,全世界数据中心的年耗电规模已超过 2 000 亿度。

如果从边际的角度看,其实也没有这么恐怖。小的数据中心正在消失,而超大规模的数据中心正在不断涌现,加上制冷和供配电等基础设施技术不断改进,有效降低了数据中心电能利用效率(Power Usage Effectiveness,PUE)值;另外,得益于全球服务器效率以及虚拟化程度的提高,单个计算实例耗电量大幅下降,这促进数据中心总体能效水平提高。相关研究表明,全球数据中心的能耗强度自 2010 年以来每年下降 20%,能源效率显著提升。

_____。数据中心作为"新型基础设施"中的"基础设施",其产生和带动的间接经济效益也将持续增加。以互联网行业数据中心为例,每消耗一度电可带动超过三十元的行业收入,为钢铁行业近两倍。未来传统产业的转型更加离不开数据中心,产业数字化也将带动数据中心更强的经济效益,所以数据中心的重要性不言而喻。

尽管如此,数据中心也应逐步向"低碳数据中心"转变。首先,低碳数据中心的内涵更加丰富,除了降低数据中心 PUE 值,也会考虑数据中心的算力算效,更重要的是会逐步用可再生能源(如风能、太阳能、水能、地热能)取代化石燃料发电等;其次,低碳数据中心是一个中长期的发展过程,不能一蹴而就,需要全面的技术性和经济性规划和评估,支持以科学为基础,制订具体实

施策略的行动计划开展。

36. 对数据中心的未来,文中未提及以下哪一观点?（　　）
   A. 将配备新能源发电站　　　　　　B. 单位能耗将逐渐降低
   C. 成为数字经济的基础设施　　　　D. 传统产业越来越重视数据中心建设

37. 从文中可知,数据中心的功能主要体现在哪些方面?（　　）
   (1)允许公司实现全网络、全虚拟化工作
   (2)存储数据,并可以按照算法处理数据,从中获得商业价值
   (3)确保公司业务产生的数据只能为自己所用
   A. 只有(2)和(3)　　B. 三项都正确　　C. 只有(1)和(2)　　D. 只有(1)和(3)

38. 从文中可知,数据中心向低碳转变,主要措施有(　　)。
   (1)更新制冷设备,提高制冷效果
   (2)采用风电、水电作为能源
   (3)扩大规模,提高虚拟化程度
   A. 只有(1)和(2)　　B. 只有(2)和(3)　　C. 三项都是　　D. 只有(1)和(3)

39. 强调数据中心是"用电大户",其真实意思是指(　　)。
   A. 不是哪个公司都可以使用数据中心　　B. 在支持数据经济方面,数据中心功不可没
   C. 数据中心耗费的能源难以获取　　　　D. 数据中心的能耗总量相当高

40. 结合上下文,在文中第五段横线处填写最恰当的一句是(　　)。
   A. 相比于数据中心的耗电量,数据中心对经济的撬动作用更大
   B. 无论是以前的工业经济,还是现在的数字经济,都是由现代科技塑造出来的繁荣
   C. 随着数据中心总体能效水平提高,数据中心的战略地位越来越重要
   D. 数据中心作为互联网和各行业数字化的技术实体,应用于生产生活的多个环节

巩固提升训练

1. 购物车升级的背后是新消费的崛起。新消费的外生动力在于技术创新、业态升级和服务体验。当前消费者的消费需求不断升级,_____生产端提升供给水平。需求和供给间已不再是_____,而是通过互联网与制造业的深度融合,依托数字经济的发展,架起线上购物与实体生产间的桥梁,生产、流通、分配、消费各个环节的效率和服务都在不断提升。
   填入画横线部分最恰当的一项是(　　)。
   A. 促进　截然对立　B. 迫使　楚河汉界　C. 倒逼　泾渭分明　D. 激发　各自为政

2. 消费者权益保护"无小事"。对于消费者个人及其家庭来说,那些看似不起眼的"小事",实则是关乎自身合法权益的"大事"。如果处理不当,不仅侵害消费者的合法权益,还极易引发纠纷,削弱消费者的获得感与满意度。获得感要在一件件小事中体会,满意度要在一个个业务中积累,忽略"关键小事"有碍大局发展,正所谓"_____"。
   填入画横线部分最恰当的一项是(　　)。
   A. 九层之台,起于垒土　　　　　　B. 千里之行,始于足下
   C. 千里之堤,溃于蚁穴　　　　　　D. 合抱之木,生于毫末

3. 在那个_____颓势初现的晚唐,诗人身陷牛李党争进退维谷,只能是郁郁寡欢,心事重重。而这首《锦瑟》大约写于唐大中二年(公元848年),正是诗人辞官归隐的暗淡岁月,也是他

生命旅程的最后阶段,其心情之苍凉悲苦可想而知,整首诗的情感基调也就_____了。

填入画横线部分最恰当的一项是(　　)。

A. 日薄西山　不言自明　　　　　　B. 穷途末路　不言自明

C. 穷途末路　一锤定音　　　　　　D. 日薄西山　一锤定音

4. 人民至上,这是_____的誓言,更是_____的行动。百年来,党领导人民进行了_____的伟大斗争,中国人民彻底摆脱了被欺负、被压迫、被奴役的命运,成为国家、社会和自己命运的主人,人民民主不断发展,14亿多人口实现全面小康,中国人民对美好生活的向往不断变为现实。

填入画横线部分最恰当的一项是(　　)。

A. 入木三分　念念不忘　轰轰烈烈　　B. 浓墨重彩　抓铁有痕　气势磅礴

C. 铿锵有力　如数家珍　浩浩荡荡　　D. 掷地有声　念兹在兹　波澜壮阔

5. 这样一个大国,这样多的人民,这么复杂的国情,领导者要深入了解国情,了解人民所思所盼,要有"_____,_____"的自觉,要有"治大国如烹小鲜"的态度,丝毫不敢懈怠,丝毫不敢马虎,必须_____、勤勉工作。

填入画横线部分最恰当的一项是(　　)。

A. 如虎添翼　如鱼得水　宵衣旰食　　B. 如履薄冰　如临深渊　夙夜在公

C. 战战兢兢　如胶似漆　废寝忘食　　D. 如临大敌　谨言慎行　呕心沥血

6. 读书可以让人保持思想活力,让人得到智慧启发,让人_____浩然之气。事实证明,阅读在强化文化认同、广泛凝聚民心、振奋民族精神、提高公民素养、淳化社会风气、_____社会主义核心价值观等诸多方面,都具有_____的作用。

填入画横线部分最恰当的一项是(　　)。

A. 产生　弘扬　举重若轻　　　　　　B. 生发　树立　无可比拟

C. 滋养　涵养　不可取代　　　　　　D. 培养　践行　至关重要

7. 纪录片带来的关注,让众多_____的非物质文化遗产焕发新的活力。比如,《舌尖上的中国》播出后,章丘铁锅_____,被一抢而空,推动章丘铁锅锻打技艺得到进一步规范与保护;《我在故宫修文物》走红后,文物修复师成为热门的网红职业……非遗影片热潮不仅让非遗技艺有了精彩绽放的舞台,还为非遗的保护、传承与创新_____了新生力量。

填入画横线部分最恰当的一项是(　　)。

A. 埋没　声名远扬　带来　　　　　　B. 沉睡　名声大振　注入

C. 传统　炙手可热　增添　　　　　　D. 经典　声名鹊起　备份

8. 金秋时节,五彩斑斓的丰收画卷在广袤大地徐徐展开。14亿人的饭碗,依赖有限耕地上的产出,良种的重要性不言而喻。"种地不选种,累死落个空""好种多打粮""千算万算,不如良种合算"……一句句_____而直白的农谚,道出一粒小小的种子如何承载粮食安全这"国之大者"。当良种与土地相遇,丰收的希望便开始_____。

填入画横线部分最恰当的一项是(　　)。

A. 质朴　发酵　　B. 朴实　滋生　　C. 俭朴　点燃　　D. 朴素　孕育

9. 秦国的强大在一定程度上得益于都江堰水利工程。秦国蜀守李冰为解决岷江的泛滥问题,考其地势,采用中流作堰的方法,因势利导,成功制伏_____的岷江,将其分为内江和外江。如此_____的工程布局,堪称人类水利史上的奇迹。

填入画横线部分最恰当的一项是( )。

A. 波澜壮阔 出神入化
B. 势不可当 鬼斧神工
C. 一泻千里 匠心独具
D. 桀骜不驯 巧夺天工

10. 针对人民教育出版社小学数学教材插图问题,教育部高度重视,_____,对全国中小学教材教辅和进入校园课外读物的插图及内容进行了全面排查整改,确保体现正确的政治方向和价值导向,弘扬中华优秀文化,符合大众审美习惯。

填入画横线部分最恰当的一项是( )。

A. 举一反三　　B. 一蹴而就　　C. 融会贯通　　D. 见微知著

11. 下列各项中,没有语病的一项是( )。

A. 改变导致颈椎病的不良习惯是困难还是容易呢? 医生对此的答案是确定的。

B. 近日,随着气温升高,各地农民抢抓农时投入到农业劳作当中,田间地头一派忙碌的劳动景象。

C. 第七次全国人口普查数据显示,我国60岁及以上人口已达2.64亿,预计"十四五"时期这一数字将突破3亿多。

D. 专家组提出,如能将体重指数控制在正常范围内,便可防止人群中40%～50%的慢性病危险因素聚集,可防止10%～20%的冠心病、脑卒中免于发病。

12. 下列各项中,有语病的一项是( )。

A. 他进门唠起家常,接过从锅里刚蒸出、冒着热气的土豆,掰开一块放在嘴里津津有味地吃了起来。

B. 因为有了图画,她即便看不懂应用题里的英文,也能猜出题目里的大意。

C. 这份心理测评问卷经过在多家用人单位的400多个新入职员工中试用,80%反映可信度不高。

D. 新疆要求加强对楼兰古城的保护,国家专门紧急拨款100万元,用于对楼兰古城的抢救性保护。

13. 下列各项中,没有语病的一项是( )。

A. 20世纪60年代,西班牙语美洲叙事文学领域的"文学爆炸",使拉丁美洲文学推向了世界。

B. 傍晚,我们登上回龙山最高处,映入眼帘的是莽莽青山、灼灼晚霞和阵阵凉爽的清风。

C. 现编新教材里的很多课文,对一线经验丰富的教师是再熟悉不过了。

D. 创新不是一蹴而就的,特别是基础科学领域的创新,往往需要"板凳坐得十年冷"的耐心和定力。

14. 下列各项中,没有语病的一项是( )。

A. 月饼创新的落脚点,不仅是要在包装上花样翻新,而是要在口味上与时俱进。

B. 社交媒体上的"家长群"是把双刃剑,它拉近了学校和家庭的距离,降低了老师和家长沟通的成本,同时也会产生很多矛盾。

C. 家暴不是"家务事",反家庭暴力是家庭、国家和社会的共同责任。

D. 理想的平台不是一对一的众声喧哗,也不应该成为一些人攀比、逞能、谋求私利或推卸责任的"角斗场"。

15. 下列选项中有语病的一项是( )。

A. 这些明代成化年间的新出土的碎瓷器型多样,花色繁多,充分展示了当时官窑瓷器的优良品质,大大丰富了成化官窑的品类,为研究成化官窑提供了更多珍贵的实物史料。

B. 景德镇官窑集中了从元至清的历代最优秀的工匠和最好的原料,烧造出当时世界最高水平的瓷器。

C. 据文献记载,每百件成瓷仅有四件能入宫使用,绝大多数瓷器次品、试制品和贡余品都必须被集中砸碎后埋藏入官窑范围内,以禁绝流入民间。

D. 这些碎片随着朝代的更替形成层次清晰的堆积,成为中国唯一能全面延续反映官窑陶瓷生产和文化信息的历史遗存。

16. ①也就是通过人格的自我完善来达到永恒的生命境界
②这种感觉所带来的,绝不仅仅是无可奈何的缕缕忧伤
③而更多的浸透着珍惜时光、热爱生命的积极进取精神
④正如诗中所写:"老冉冉其将至兮,恐修名之不立"
⑤以及由此而产生的时不我待、分秒必争的急切心情
将以上5个句子重新排列,语序正确的是(   )。
A. ④①②③⑤   B. ④⑤②③①   C. ②④③①⑤   D. ②③①⑤④

17. ①原先的小说写作,都是照着惯例在摹写,人们对文学作品有一种心照不宣的固定理解模式
②总之,一批"稀奇古怪"的小说作品出现在读者的视野中,改变了原有的小说书写法则
③当然,这种所谓的文学图式,综合、吸收了多元的文学资源,包括外国文学以及以往流行的中国现当代作家作品和作者自己的生活体验
④1984年或是1985年,常常被视为新小说和新批评的历史元年,因为这时小说和评论似乎都有些新面孔出现
⑤1985年前后情况有了改观,一批小说家试图换一种方式来写,照着自己理解的文学图式写作
⑥作家照着这一模式写作,读者照着这一模式阅读,写作与阅读有一种默契
将以上6个句子重新排列,语序正确的是(   )。
A. ①⑤③④②⑥   B. ④①②③⑤⑥   C. ①③④⑥⑤②   D. ④①⑥⑤③②

18. ①然而,"传承无人"的难题仍然有待破解
②由于现在掌握"非遗"技艺的人大多是高龄的老艺人,这些技艺已到了即将消逝的边缘
③正如多年从事民间文艺抢救工作的作家冯骥才所说,非物质文化遗产是非常脆弱的,往往是"人死艺亡"
④非物质文化遗产作为一种活态文化,它是不能离开传承人而独立存在的
⑤传承人是非物质文化遗产的灵魂,如果没有传承人,非物质文化遗产就根本不会存在
⑥如果不及时让有"活化石"之称的老艺人出来传艺,极有可能出现无法挽回的损失
将以上6个句子重新排列,语序正确的是(   )。
A. ④③⑤①②⑥   B. ③④①⑤②⑥   C. ③④⑤①⑥②   D. ④①⑤②⑥③

19. ①设施农业大有可为,要发展日光温室、植物工厂和集约化畜禽养殖,推进陆基和深远海养殖渔场建设,拓宽农业生产空间领域
②要构建多元化食物供给体系,在保护好生态环境的前提下,从耕地资源向整个国土资源拓展,从传统农作物和畜禽资源向更丰富的生物资源拓展
③"吃饭"不仅仅是消费粮食,肉蛋奶、果菜鱼、菌菇笋等样样都是美食
④向森林、草原、江河湖海要食物,向植物动物微生物要热量、要蛋白,多途径开发食物来源
⑤耕地之外,我国还有40多亿亩林地、近40亿亩草地和大量的江河湖海等资源

⑥解决吃饭问题,不能光盯着有限的耕地,要把思路打开,树立大食物观

将以上6个句子重新排列,语序正确的是(　　)。

A. ①⑥⑤③②④　　B. ⑥①②④③⑤　　C. ⑥③⑤②④①　　D. ①⑥②④③⑤

20. ①此外,在集成各高铁强国先进成熟技术的基础上,中国建立了更加完善的创新体系和试验体系,因而新车型开发周期处于全球领先水平

②速度是反映高铁综合技术水平最主要的指标

③在衡量高铁速度水平的四个指标中,除最高线路试验速度由法国保持外,其余三项纪录均由中国创造

④例如,时速350公里中国标准动车组5年就完成项目立项到实际上线运营,而西门子时速280公里高速动车组从技术招标到批量采购耗时近10年

⑤高铁已经成为中国极少数能够比肩国际技术前沿,甚至在部分领域引领全球技术发展的高技术复杂度产业

将以上5个句子重新排列,语序正确的是(　　)。

A. ④②③①⑤　　B. ②④③⑤①　　C. ⑤②③①④　　D. ③⑤①④②

21. ①学界一般认为美学是以美、美的本质为主要研究对象的学问

②尤其应该辩证综合地研究主客体之间及人与世界之间的审美关系,并以此作为美学研究的主要对象

③但对于美学研究对象问题,历来存在多种不同看法,迄今并无定论

④其实,我们关于美学研究对象的认识可以更加宽泛一些

⑤同所有学科一样,美学的研究对象在某种程度上决定着它的学科性质

⑥不仅要研究作为审美客体的美,同时要研究审美主体的美感

将以上6个句子重新排列,语序正确的是(　　)。

A. ①⑤③④②⑥　　B. ①③④②⑤⑥　　C. ⑤①④②③⑥　　D. ⑤③①④⑥②

22. "_____"。各地各部门要牢固树立人才是第一资源的发展理念,把教师队伍建设作为基础工作,健全中国特色教师教育体系,提升教师教书育人能力,提高教师政治地位、社会地位、职业地位,不断优化教师管理和资源配置,营造全社会尊师重教的浓厚氛围,让教师成为全社会最受尊重和令人羡慕的职业之一。

填入画横线部分最恰当的一项是(　　)。

A. 经师易求,人师难得　　B. 国将兴,必贵师而重傅

C. 桃李不言,下自成蹊　　D. 师也者,教之以事而喻诸德者也

23. 菟丝子只能攀附寄生在其他植物上,它们的生长永远成不了规模,也不能长久,一般是第一年生机勃勃,但第二年、第三年就会枯萎而死。原因何在?主要是它们将寄生植物体的营养成分吸走了太多,导致被寄生的植物生命力和抵抗力迅速下降,抵御不了自然灾害的攻击,最后枯死。_____?所寄生的植物死了,菟丝子也就活不长了,枯死也就在所难免。

填入画横线部分最恰当的一项是(　　)。

A. 皮之不存,毛将焉附　　B. 覆巢之下,安有完卵

C. 茂树之下,岂有丰草　　D. 城门失火,殃及池鱼

24. 指纹是灵长类动物和考拉独有的,似乎具有双重作用,在促进多余水分蒸发的同时,在其底部提供一个水分储存库,以使抓握力最大化。研究人员发现,当手指与不透水的表面接触

时,指纹脊线部毛孔中的汗液会使皮肤更柔软,从而显著增加摩擦力;而脊线汗液的顺应性增加最终会导致毛孔堵塞,防止因释放出过多的水分而降低抓握力。科学家利用高科技激光成像技术研究发现,水分调节由两部分组成,即上述汗孔阻塞过程,以及接触物体时指纹表皮脊线特定横截面形状变化导致的外部多余水分的加速蒸发。无论最初手指肚是湿的还是干的,上述两个过程,_____。

填入画横线部分最恰当的一项是(　　)。
A. 为灵长类动物在干湿环境下提供了进化上的优势
B. 使指纹脊线保持最佳湿度,从而使摩擦力最大化
C. 能够调节皮肤湿度,确保角质层的最佳水合状态
D. 有助于增强对粗糙表面的抓握力和触觉的敏感性

25. 放眼知识原野,遍布鲜花秀草,亦多毒木荆棘。鱼龙混杂,良莠并存。古人说:"_____。"只有不唯书、戒盲从、善思考、勤探究,才能了解真相、认识规律、掌握真理。此乃读书之大道、治学之根本。

填入画横线部分最恰当的一项是(　　)。
A. 人皆知以食愈饥,莫知以学愈愚
B. 尽信书,则不如无书
C. 六经三史,诸子百家,非无可观,皆足为治
D. 读书之法无他,惟是笃志虚心,反复详玩,为有功耳

26. 老子论"道",强调人性的本然状态;孔子论"仁",强调社会的应然状态。在理论逻辑上,老子从道德人心的角度,企图救赎异化的人性;孔子从伦理教化的角度,企图重构崩溃的秩序。在价值取向上,老子之"道"以具体的社会之"德"为理论归趣,其抽象哲学观与社会价值观并无判然界限;孔子之"仁"以社会之"道"为理论指向,其社会价值观与抽象哲学观也无判然界限。

根据这段文字,下列说法不符合作者观点的是(　　)。
A. 老子之"道"与孔子之"仁"构成理论上的互补关系
B. 老子之"道"与孔子之"仁"构成价值观的辩证关联
C. 老子之"道"与孔子之"仁"彰显的价值观相互对立
D. 老子之"道"与孔子之"仁"虽表面相反但深层相济

27. 到2030年,我国数字人整体市场规模将达2 700亿元。数字人应用的多元拓展,得益于我国数字技术的不断进步和产业布局的持续完善。我国数字人产业上下游均已具备一定规模的企业集群,有较深厚的技术积累。看上游,成像设备产品已发展成熟,智能传感器等关键技术正被集中攻坚;看下游,应用领域加速从文娱行业向制造业、现代服务业延伸。同时,数字人产品制作企业高速发展、相关服务平台正加快打造,数字人制作水平明显提升,数字人产业将加快走向成熟。

对这段文字理解不正确的是(　　)。
A. 数字人应用场景将更为广泛　　B. 目前数字人产业仍处在成长期
C. 我国数字人市场发展前景良好　　D. 智能传感器等关键技术已有重大突破

28. 地球自转促进了地球形状的形成。地球自转所产生的惯性离心力,使得地球物质由两极向赤道运动,从而使地球外形呈现出赤道半径大、两极略扁的旋转椭球体的形状,并产生了地球弹性变形。由于日月的引力,地球体发生弹性变形,在海洋面上则表现为海洋潮汐,而地球的自转又使潮汐变为绕地球传播的潮汐波,其传播方向与地球自转方向相反。

对这段文字中画横线的"其",理解最准确的一项是(　　)。

A. 弹性变形　　　B. 日月引力　　　C. 潮汐波　　　D. 海洋潮汐

29. 这方面的逸事较多,有两则小典故至今读来仍有强烈的警示意义。一则是《宋人轶事汇编》记载:钱俶进宝犀带(注释:犀带,指饰有犀角的宝带),太祖曰:"朕有三条带,与此不同。"俶请宣示,上笑曰:"汴河一条、惠民河一条、五丈河一条。"俶大惭服。另一则是《南村辍耕录·缠足》记载:李后主嫔妃宵娘纤丽善舞,后主令宵娘以帛绕脚,素袜舞云中,回旋有凌云之态。"由是人皆效之,以纤弓为妙。以不为者为耻也"。这两则典故一正一反,给出了有力印证。

对上文第一句中"这方面"理解最贴切的是(　　)。

A. 领导干部的生活作风具有"上行下效"的示范效应
B. 严惩腐败是管党治党、赢得民心的"徙木立信"之举
C. "见善则迁,有过则改"可提高个人道德修养
D. "水能载舟,亦能覆舟"是必须牢记的大道理

30. 作物生产系统,是一个作物—环境—社会相互交织的复杂系统,作物生产的高产、优质和高效通常又是矛盾的和难以协调统一的整体,而且,高产、优质和高效三者的主次关系也会随着社会经济的发展而变化,可见农学学科的研究对象不仅涉及自然因素,而且涉及了社会因素。

这段文字意在说明(　　)。

A. 农学学科的研究对象既涉及自然因素又涉及了社会因素
B. 作物生产系统是一个作物—环境—社会相互交织的复杂系统
C. 农学是服务于作物生产的一门综合学科
D. 必须以系统学的观点来认识农学和作物生产

31. 时间是公平的,它不会给任何人多一分,也不会给任何人少一秒;但时间也是有偏向的,惜时如金者往往会得到时间的奖励,虚掷光阴者则会徒留怅然。所谓"勤勉多岁月",或许并不是说勤勉之人就能在人生中额外多一些时间,而是说把点滴时间用在有意义的地方,能让时间更加充实。当别人犹豫不前的时候,你已经在行动;当别人还在睡懒觉的时候,你已在学习充电;当别人选择放弃的时候,你依然在坚持……面对恒定流动的时间,不同的选择会被赋予不同的人生意义。

对这段文字理解不正确的一项是(　　)。

A. 时间对待每个人都是公平的
B. 时间是恒定流动的,但选择是自主的
C. 时间的偏向性要求人们要始终忙碌
D. 对待时间的方式不同会得到不同的人生意义

32. 公元前4世纪早期迦太基曾禁学希腊语,却未见长效,希腊语在北非成了仅次于布匿语的第二语言。被罗马征服后,拉丁语的重要性超过希腊语,成为迦太基人从小习得的语言,城市中受教育者两种语言都会。但整个阿非利加行省仍通行布匿语,也有人说柏柏尔语。在大莱普提斯遗址可见拉丁、布匿双语铭文。剧场和新市场的铭文中记载了出资建造者拥有罗马式三名Annobal Tapapius Rufus,不过仅第三个是纯拉丁名字。

这段文字主要介绍的是(　　)。

A. 迦太基地区的语言发展历史　　　B. 罗马扩张与语言传播的关系
C. 布匿语发展消亡的影响因素　　　D. 考古发现对语言研究的价值

33. 不论是以巴尔扎克为代表的19世纪欧洲文学,还是以鲁迅为先导的中国现代文学,多

半高擎现实主义大旗开垦生活,塑造典型。新时期以来的文学创作,基本也都坚守现实主义立场,比较善于揭露、针砭生活中的负面客观真实,这是完全必要且非常宝贵的。然而,部分小说缺乏对生活中积极因素和正面形象的塑造,缺少对正面价值和情感的呼唤。其实,现实主义创作以人道主义思想为武器,不仅注重剖析社会的阴暗面,也应注重展示生活的亮点;不仅看重批判社会阴暗面的准确性和深刻性,也更看重作家对人物命运的关怀和同情。

这段文字主要批评了新时期以来文学创作中哪个方面的问题?( )

A. 部分小说存在消极负面的倾向　　B. 典型人物的塑造过于刻板单一

C. 作家缺乏对现实生活的关注　　　D. 缺乏对优秀文学传统的继承

34. 在社会发展和日常生活中,企业和家庭的决策不仅受到可见成本的影响,也受到各种不见于会计账本,但却实实在在占用相关人力物力的隐性成本的制约。隐性成本就像暗物质一样,虽然本身很难观测,但可以通过它对相关经济活动的影响推测其大小和变动趋势。从社会发展角度看,如果政策制定者希望全面降低经济活动成本,减轻企业和家庭负担,除了在税费等可见成本方面给予优惠,降低隐性成本也是很重要的一环。

最适合做这段文字标题的是( )。

A. 成本决定决策　　　　　　　　　B. 掣肘发展的"暗成本"

C. 决策的关键"降低成本"　　　　　D. 不可忽视的"隐性成本"

35. 教育上有一个传统,就是在课程设计中把科学与文学、历史对立起来。这种对立是容易从历史上来解释的。在实验科学以前,文学、语言和哲学已经在所有高等学校占领了牢固的地位,实验科学自然必须奋力前进。没有一个筑有堡垒的和坚固的势力集团会轻易放弃它可能占有的垄断地位。但是,无论哪一方面,都认为语言和文学全部是人文主义性质的,而科学则纯粹是属于自然界的。这是一个错误的观念。

接下来最可能要讲的是( )。

A. 文学、历史在高等学校的传统地位　　B. 实验科学是如何迅猛发展起来的

C. 人文学科的垄断地位是如何被打破的　D. 将科学与人文对立为什么是不应该的

根据以下资料,回答 36~40 题。

①几百万年前,气候变化导致森林退化,人类祖先被迫走出森林,到草原上生活。这被认为是人类与其生活在森林里的类人猿亲戚们分化的关键时刻。传统观点认为,在草原上,猿人们很快过上了狩猎者的生活。作为灵长类生物,他们并不具备强健的肌肉和锋利的牙齿,仅凭体力很难成功捕获猎物,不得不依靠精细的社会分工进行合作,并通过发明各种工具和武器捕猎求生。捕猎所获肉食,使得他们获得了丰富的蛋白质,对大脑发育也有某种助益。总之,狩猎的生活方式最终塑造了我们目前熟悉的人类。

②然而,这个观点也并非没有漏洞。在原始人类究竟是否为狩猎者这个问题上,学界始终有不同意见。唐娜·哈特与罗伯特·W.苏斯曼就在他们所著的《被狩猎的人类:灵长类、捕食者和人类的演化》中提出了"人类猎物假说"。他们认为猿人不是猎人,而是各种食肉动物的猎物。这个假说有不少证据支持,其中最有力的证据是原始人类遗留的骨骼中经常包含明显的被啃咬的痕迹。1929 年在北京周口店发现的北京猿人头骨底部有巨大破口,研究者曾一直认为这个现象证明了北京猿人有"人吃人"的习惯。实际上,这一损伤更可能是鬣狗啃噬造成的。在远古时代,有些种类的鬣狗体型巨大,完全有能力咬碎猿人的头骨。

③那么,"原始人类是各种食肉动物的猎物"这个假说对于解释人类的进化又有什么意义

呢？哈特和苏斯曼提出了一些有趣的观点，比如，他们认为语言可能起源于声音警报，在此声音信号系统上继续发展，便慢慢奠定了语言形成的基础。支持"人类猎物假说"的学者认为，人类形成复杂的大脑功能并不是为了更好地协调狩猎行为，而是为了挫败食肉动物的攻击。具有一定智慧的复杂大脑可以使原始人类更好地互相协调，及时制订躲避乃至反制策略。

④除了上述"人类猎物假说"，还有另外一种假说，即"人类长跑者假说"，该观点认为原始人类很可能属于一种本着"机会主义"生存原则的食腐动物，需要长时间在非洲草原四处游走，寻找新鲜的动物尸体食用，这个假说可以解释现代人类为何具有较强的耐力，虽然人类的冲刺能力不如很多食肉或食草动物，但是如果在炎热的非洲草原上进行万米长跑比赛，大部分哺乳动物会输给人类。与其他灵长类动物相比，人类的骨骼与韧带结构更适合长距离奔跑。人类还可以高效利用分布于全身的汗腺来控制体温，防止在炎热环境下长距离奔跑导致的躯体过热。此外，直立行走的姿态和人类的胸腔结构，使人类能在奔跑时更好地调节呼吸。

⑤实际上，在上百万年的进化过程中，人类的生态位并非一成不变，上述假说也许都不全面。真正的人类故事很可能是古老的猿类从猎物和食腐动物向猎人演变的过程，他们作为"猎物""食腐者"所进化出的一些特征，比如为防止被捕猎而形成的复杂社会网络、为了适应食腐生活而逐渐形成的适合长跑的身体结构等，很可能也为后来人类成为"猎人"打下了基础。当人类祖先真正成为合格的猎人之后，智人也就登上了历史舞台，改变了其他各种生物的命运，也让整个地球生态发生了翻天覆地的变化。

36. 下面这段文字最适合放在文章的哪个位置？（　　）
在这种食腐生活模式下，人类进化成了一种需要花大量精力进行"战略思考"的生物。比如，原始人类可能具有一定的计划能力和交流能力，以便在不同个体之间交换动物尸体位置的信息。这些也许对人类大脑的进化起到了推动作用。
A. ①和②之间　　B. ②和③之间　　C. ③和④之间　　D. ④和⑤之间

37. 作者举北京猿人的例子，意在说明（　　）。
A. 远古人类的骨骼尚未进化完善　　B. 远古时期存在"人吃人"的现象
C. 远古时期猛兽对人类形成严重威胁　　D. 远古人类可能是食肉动物的猎物

38. 关于支持"人类长跑者假说"的人体特征和能力，文中未涉及（　　）。
①骨骼结构　　②发音器官　　③图像分辨能力
④听觉神经　　⑤体温调控功能　　⑥直立形态
A. ①⑤⑥　　B. ②③④　　C. ③④⑤　　D. ④⑤⑥

39. 下列哪一说法能在这篇文章中得到印证？（　　）
A. 研究者在远古人类获得生存优势的原因方面已达成共识
B. 人类语言的复杂性得益于原始人类作为猎人的分工协作
C. 具有复杂功能的大脑极大地帮助人类获得了生存优势
D. 长期居于稳定的生态位是从猿人进化到智人的关键

40. 最适合做这篇文章标题的是（　　）。
A. 人类的祖先是猎人还是猎物　　B. 你从哪里来？化石知道答案
C. 人类的攻击性来自远古狩猎生活　　D. 智慧大脑帮助人类走出非洲草原

☆答案及解析见下册P217～P228。

专项二　逻辑推理

考场真题还原

1. 观察数列的变化规律,然后为空缺处选出正确的数:$\sqrt{3}$,2,$\sqrt{6}$,3,$\sqrt{13}$,(　　)。
   A. $3\sqrt{2}$　　　　B. $4\sqrt{2}$　　　　C. 5　　　　D. 4
2. 观察数列的变化规律,然后为空缺处选出正确的数:12,30,60,90,90,(　　)。
   A. 120　　　　B. 65　　　　C. 80　　　　D. 45
3. 2,7,23,47,119,(　　)
   A. 170　　　　B. 125　　　　C. 167　　　　D. 168
4. 根据规律,填入问号处的数字是(　　)。

   A. 44　　　　B. 45　　　　C. 46　　　　D. 43
5. 9,20,42,86,(　　),350
   A. 182　　　　B. 174　　　　C. 180　　　　D. 172
6. 观察数列的变化规律,然后为空缺处选出正确的数:23 746,12 735,75 798,10 733,(　　)。
   A. 34 655　　　　B. 33 666　　　　C. 35 766　　　　D. 32 755
7. 观察数列的变化规律,然后为空缺处选出正确的数:2,-3,10,1,26,(　　)。
   A. 9　　　　B. 12　　　　C. 8　　　　D. 13
8. 根据规律填入问号处的数字是(　　)。

   A. 12　　　　B. 11　　　　C. 13　　　　D. 14
9. 观察数列的变化规律,然后为空缺处选出正确的数:12 452,12 564,12 676,12 788,(　　)。
   A. 12 910　　　　B. 12 911　　　　C. 12 901　　　　D. 12 900
10. 观察数列的变化规律,然后为空缺处选出正确的数:11,22,33,66,121,220,407,(　　)。
    A. 679
    B. 678
    C. 748
    D. 749

11. 根据规律填入问号处的图形是(　　)。

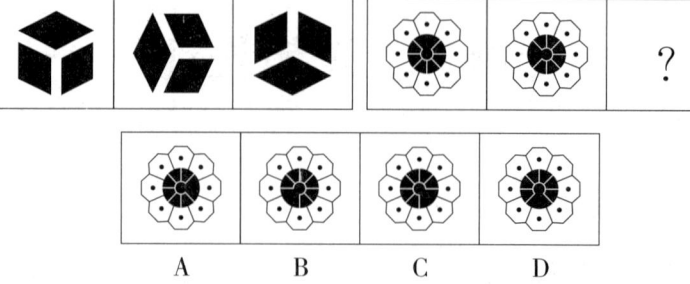

A　B　C　D

12. 根据规律填入问号处的图形是(　　)。

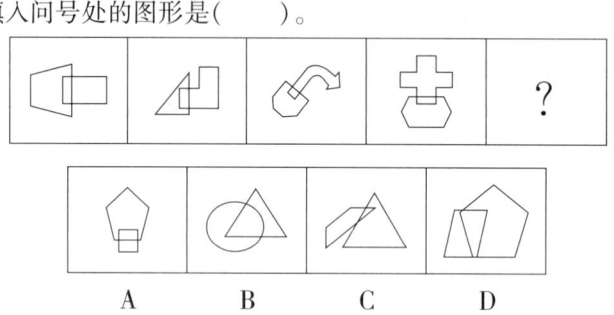

A　B　C　D

13. 根据规律填入问号处的图形是(　　)。

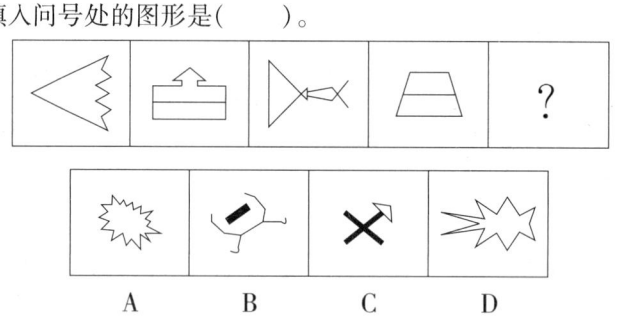

A　B　C　D

14. 根据规律填入问号处的图形是(　　)。

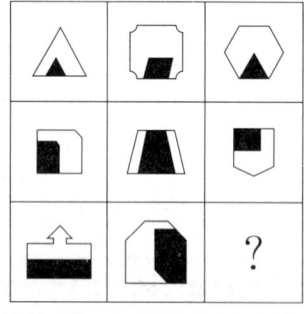

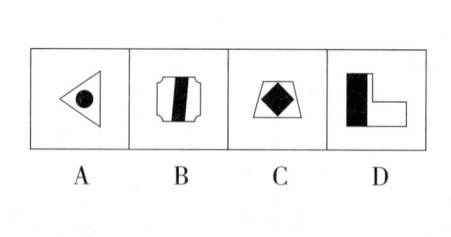

A　B　C　D

15. 根据规律,填入问号处的图形是(　　)。

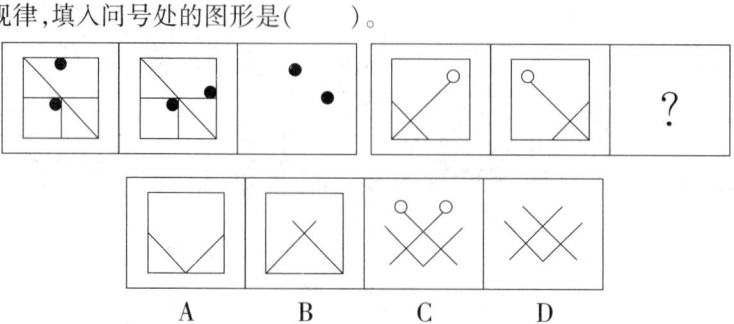

A　B　C　D

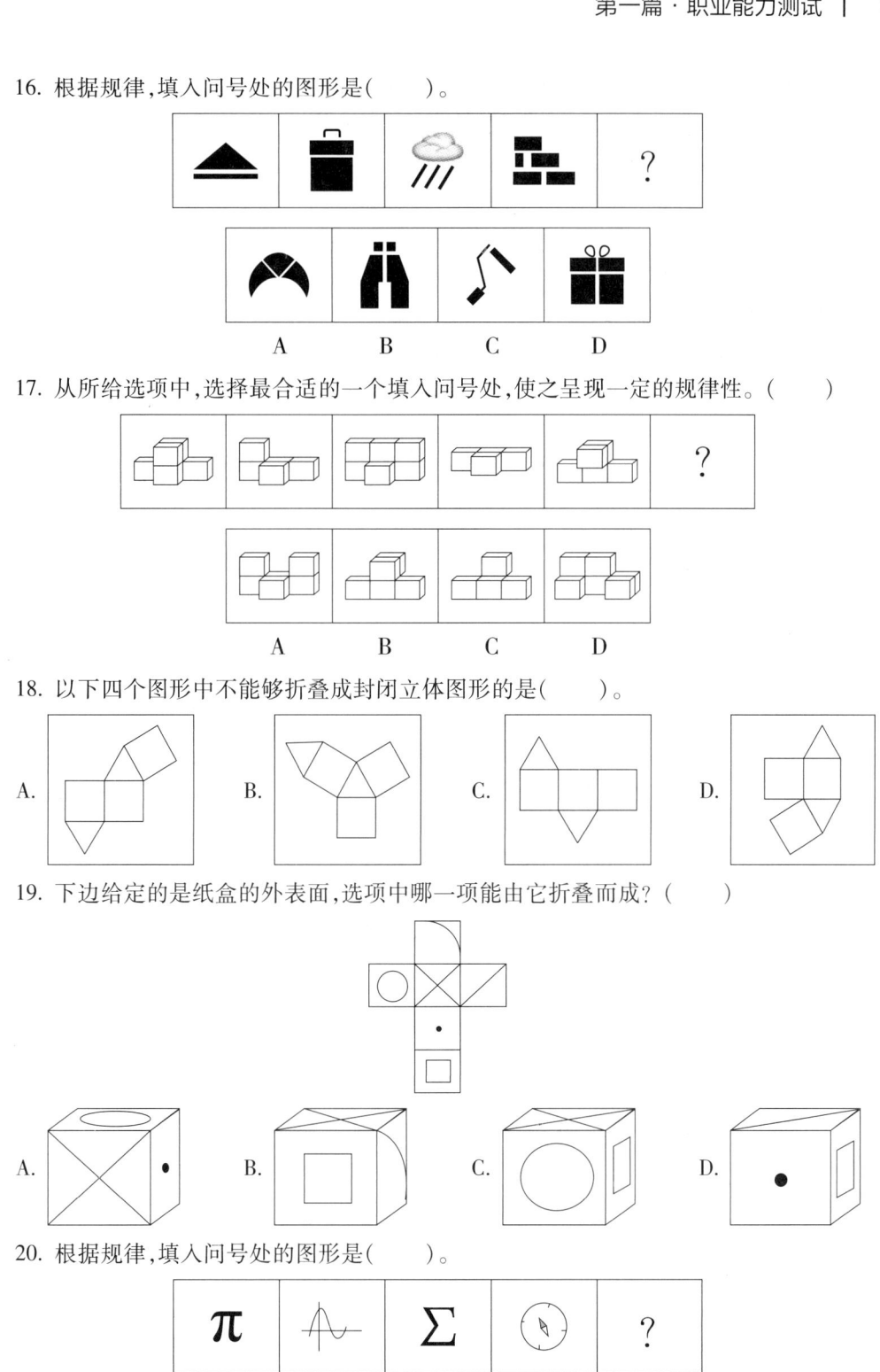

16. 根据规律,填入问号处的图形是( )。

17. 从所给选项中,选择最合适的一个填入问号处,使之呈现一定的规律性。( )

18. 以下四个图形中不能够折叠成封闭立体图形的是( )。

19. 下边给定的是纸盒的外表面,选项中哪一项能由它折叠而成?( )

20. 根据规律,填入问号处的图形是( )。

21. 某学院举办一次学术研讨会议,有23名人员参加。针对与会人员的情况,甲说:"与会人员中至少有6名青年教师是女性。"乙说:"与会人员中至少有7名女性教师已过中年。"丙说:"与会人员中至少有8名女青年是教师。"

已知甲乙丙三人中仅有一人说错了,其他两人都说对了,那么下列关于与会人员的情况判断中正确的是( )。

　　A. 至少有8名女青年教师　　　　B. 至多有8名中年女教师
　　C. 至少有6名青年教师　　　　　D. 至多有6名女教师

22. 某次游戏中,道具是四个盒子,红盒子上写着"有些盒子中没有奖品";蓝盒子上写着"这个盒子里没有奖品";黄盒子上写着"所有盒子中都有奖品";绿盒子上写着"这个盒子里有奖品"。

已知只有一个盒子上写的话是真话。想要得到奖品,应该选哪个盒子?( )

　　A. 黄盒子　　　B. 绿盒子　　　C. 蓝盒子　　　D. 红盒子

23. 如果不加强网络法制建设,那么良好的网络社会就会无法构建。除非建立红客基地,否则无法保证网络安全。

如果以上描述为真,对于构建了良好的网络社会或者没有建立红客基地这一论断,以下说法正确的是( )。

　　A. 网络法制建设加强且网络安全保证
　　B. 网络法制建设没有加强且网络安全无法保证
　　C. 网络法制建设没有加强或者网络安全保证
　　D. 网络法制建设加强或者网络安全无法保证

24. 一则消息称,四川某地的箭竹正在开花,开花后箭竹将会死亡,而且开花的面积正日益扩大。这一片区域是野生大熊猫栖居的地方,而箭竹是大熊猫的食物。当李明看到这则消息时,担忧地说:"野生大熊猫没有了食物,数量肯定锐减,说不定还会消失。"

以下哪项为真,最能消除李明的担忧?( )

　　A. 大熊猫忍饥挨饿的能力很强,野生大熊猫更强
　　B. 造成大熊猫数量锐减的原因不是食物而是区域内食肉动物的增多
　　C. 目前开花的箭竹主要在60岁左右,占当地箭竹总量的20%
　　D. 野生大熊猫数量本来就有限,它们消耗的箭竹数量也同样有限

25. 为提升文化影响力,某市开展古建筑修复工作,通过招标有A、B、C、D共4家工作队需要完成甲、乙、丙、丁、戊、己六栋古建筑的修复工作,已知:

(1)每个工作队至少需要完成一项古建筑的修复工作,每项工作只能由一个工作队完成。
(2)A工作队不能完成戊和己。
(3)如果B工作队完成甲,那么C工作队完成丁。
(4)己只能由一个工作队专门负责。

如果其中一个工作队完成乙、丙、戊三项工作,那么下列哪项不会发生?( )

　　A. D工作队完成己工作　　　　B. A工作队完成丁工作
　　C. C工作队完成丁工作　　　　D. B工作队完成甲工作

26. 甲、乙、丙、丁、戊五个景区有不同的特色,它们分别属于湿地、森林、海滨、采摘和峡谷,这五个景区五一期间的旅游情况是:

(1)游客人数分别是 13 万人、28 万人、33 万人、45 万人、66 万人。

(2)湿地的游客人数最少,海滨的游客人数最多。

(3)丙景区种植草莓、樱桃,来这里的游客人数不是最少的,也不是最多的。

(4)甲景区的游客人数比丁景区的多。

(5)乙景区的游客人数比戊景区的多,但不如丙景区。

已知丁景区的游客人数是 45 万人。

根据上述条件可知,下列选项中一定正确的是(　　)。

A. 乙景区 28 万人,峡谷　　　　　　　B. 甲景区 66 万人,采摘

C. 戊景区 13 万人,湿地　　　　　　　D. 丙景区 33 万人,海滨

27. 火烈鸟的羽毛是红色的,这跟它们的食物有关。火烈鸟的食物主要是蓝绿藻、硅藻和一种叫卤虫的小型甲壳动物,这些食物里都有很丰富的类胡萝卜素。这种物质在火烈鸟的体内不断积累,让火烈鸟羽毛变成红色。

以下哪项为真,最能让上述解释更有说服力?(　　)

A. 以含有类胡萝卜素的动植物当做食物的鸟类有很多,但它们的羽毛都不是红色

B. 火烈鸟新长出来的羽毛通常是白色,但经过一段时间后就会变成红色

C. 研究人员是通过对比全球所有火烈鸟的情况才得出上述结论的

D. 当用不含类胡萝卜素的食物饲养火烈鸟后,它的羽毛通常是灰色或白色

28. 李明报考某大学院校,他要么被录取,要么不被录取。如果李明被该大学录取,那么李明会出去旅游。如果李明没有被录取,那么李明会去复读。

由此可知(　　)。

A. 如果李明出去旅游了,说明他被录取了　　B. 如果李明复读了,说明他没有被录取

C. 李明既不可能去旅游也不可能去复读　　D. 李明要么去旅游,要么去复读

29. 自从工业化时代开始,人类便开始了向海洋中倾倒垃圾的历史。随着难以降解的塑料被广泛应用于生产、生活中,它也不可避免地进入了海洋。然而,人们发现海洋并没有因此而充斥着塑料,一种猜测是,这些塑料垃圾被巨大的海洋生物吞吃掉了,并随着它们的死亡而沉入了海底。

以下哪项为真,最能让人们对上述猜测做出正确或错误的判断?(　　)

A. 海洋生物死亡后不都是沉入海底,有些会被海浪推到岸上

B. 实际上,人类向海洋排放的垃圾是五花八门的,除了塑料,还有纸张、废水

C. 海水具有腐蚀性,而海洋风暴可以将塑料粉碎,一些细菌也能将塑料分解

D. 塑料是一种廉价的材料,而且容易得到,想要禁止它是不可能的

30. 为验证甲种物质对学习能力的促进作用,某大学的研究小组设计了对照实验。实验室共 10 只小白鼠,每天喂食甲种物质;对照组共 10 只小白鼠,除不喂食甲种物质外,其他饮食与实验组相同。半年之后,将两组小白鼠放置在同一迷宫中,测试结果显示实验组 10 只小白鼠全都能走出迷宫,但对照组仅有 3 只小白鼠走出迷宫。由此,该研究小组得出结论:甲种物质对提升学习能力有促进作用。

得出上述结论还需要补充一个前提条件,它是(　　)。

A. 实验时,实验组的小白鼠和对照组的小白鼠的体型无差异

B. 实验开始前,实验组和对照组的小白鼠在学习能力上并没有显著差异

C. 一般来说,在小白鼠身上起作用的物质,同样对人类有效

D. 甲种物质对人体无害,也并没有影响小白鼠的发育

31. 某排球队有8个人,其中3个是广西人,1个是天津人,有2个是北方人,1个是直博生,3个是学生干部。

假设以上信息涉及排球队中的每个人,则以下判断与题干有矛盾的是( )。

A. 没有一个来自吉林的人　　　　　B. 直博生来自北方

C. 天津人既不是直博生也不是学生干部　　D. 有两个学生干部是广西人

32. A、B、C、D、E五支篮球队进行小组单循环赛(每两个队之间赛一场)。循环赛结束之后,各队的胜负情况如下表所示:

篮球队	胜(场)	负(场)
A		
B	0	4
C	1	3
D	4	0
E	2	2

由此可知( )。

A. E队战胜了C队和A队　　　　　B. E队负于C队和A队

C. E队战胜了A队,但负于C队　　D. E队战胜了C队,但负于A队

33. 学校的图书借阅室中,涉及宋代的历史书只放在书架第二层的专业书库中,外文类的典藏书籍只放在书架第三层的盒子中。小李到图书借阅室借了一本外文历史书,则由此可以推出小李借的书( )。

A. 不是涉及宋代的典藏书籍　　　B. 放在第三层的盒子中

C. 不放在书架的第三层　　　　　D. 是涉及宋代的典藏书籍

34. 所有有利于公司发展的想法都是好想法,但并不是每一个好想法都是有利于公司发展的。所有不切实际的想法都不是好想法,但并非每一个不切实际的想法都会被抛弃。

由此可推知,下列选项中一定为真的是( )。

A. 所有有利于公司发展的想法都不会被抛弃

B. 有些不切实际的想法是好想法

C. 小李的一个想法对公司发展没有帮助,因此他的想法一定不是好想法

D. 不切实际的想法都一定不利于公司发展

35. 手机流行以后,已经是人手一部。与此同时,颈椎病的发病率一直呈上升趋势,因为玩手机时,人是低头的,且头部活动范围很小。因此,要改变颈椎病发病率持续上升的趋势,就要限制人们使用手机的时间。

以下哪项为真,则最能削弱上述观点?( )

A. 通过增加颈部活动,可以有效降低颈椎病的产生和恶化

B. 没有手机的时候,颈椎病的发病率远低于手机流行后的数值

C. 手机的屏幕有限,这导致人们在玩手机时,颈椎活动量不足

D. 统计发现,程序员、教师及办公室文员是颈椎病的高发人群

36. 安装家具时,师傅对徒弟说:"所有白色的螺丝都安装在外侧,有些黑色的螺丝安装在外侧。"

由此可知,师傅的意思是(   )。

A. 安装在里面的螺丝,既有黑色也有白色的

B. 安装在外侧的螺丝,要么是白色的,要么是黑色的

C. 如果有白色螺丝安装在里面,那一定是安装错误

D. 如果有黑色螺丝安装在里面,那一定是安装错误

37. 某届国际足球赛事开始前,甲、乙、丙三位球迷分别做出了如下预测:

球迷甲:"巴西队将获得冠军,法国队是亚军。"

球迷乙:"法国队将获得冠军,德国队是亚军。"

球迷丙:"巴西队不会获得冠军,法国队是季军。"

赛事结束后,三位球迷的预测都对了一半,则本届赛事的前三名依次为(   )。

A. 法国队、德国队、巴西队 B. 德国队、法国队、巴西队

C. 法国队、巴西队、德国队 D. 巴西队、德国队、法国队

38. 想要从事语文教师工作的学生,都报考了汉语言文学专业,小季报考了汉语言文学专业,她一定想从事语文教师工作。

为使上述推理成立,必须补充的前提是(   )。

A. 所有报考汉语言文学专业的都想从事语文教师工作

B. 有些语文教师是汉语言文学专业的毕业生

C. 只有汉语言文学专业毕业的,才有资格从事语文教师工作

D. 所有从事语文教师工作的都想报考汉语言文学专业

39. 只有认真准备,才能在金融系统演讲比赛中获奖。小张没有在演讲比赛中获奖,那么他一定没有认真准备。

以下选项的逻辑结构与题干最为相似的是(   )。

A. 不断创新是企业获得市场竞争优势的必要条件。某企业没能获得市场竞争优势,因此一定没有不断创新

B. 如果要最大程度减少粮食浪费,那么就要厉行粮食节约。某单位并没要求厉行粮食节约,所以无法减少粮食浪费

C. 除非对产品非常熟悉,否则无法成为优秀的客户经理。小李是优秀的客户经理,因此他对产品一定很熟悉

D. 如果贷款利率下降,贷款余额就会上升。当前贷款余额没有上升,因此贷款利率一定没有下降

40. 控制面板上有甲、乙、丙、丁四个灯,开启规则是:只有甲灯不亮,乙灯才不亮;如果乙和丙都亮,则丁不亮。

现在,丁亮,甲亮。由此可以推知(   )。

A. 乙和丙都不亮 B. 乙和丙的情况不能确定

C. 乙亮、丙不亮 D. 乙不亮、丙不亮

41. 香农和田野公司是农业产品种植、加工、出口的大型集团,均有自己的农场、工厂。两集

团原料的种植成本在整个成本体系中均占到50%左右,香农集团在出口方面领先于田野集团。香农集团决定降低农场工人的工资以减少成本获得价格竞争优势。而在执行此策略一年后,香农集团的出口份额反而萎缩了。

以下哪项如果为真,最能合理地解释题干中的矛盾现象?(　　)

A. 世界农产品需求在本年度出现了大幅度的降低

B. 香农集团原工人工资比田野集团高20%左右,降低工资并不会使员工受到很大影响

C. 香农集团没有在加工和出口两个环节做到成本的节约

D. 香农集团的农场工人在工资降低后大量跳槽去田野集团,进而出现了原料不足的情况

42. 近年来,智能音箱受到了很多年轻人的喜爱,相关行业产值与日俱增。因此有人估计,再过若干年,制造传统音箱的工厂将会倒闭。

以下最能反驳这种观点的是(　　)。

A. 智能音箱的价格昂贵,还是有很多人愿意购买传统音箱

B. 很多制造传统音箱的工厂也生产智能音箱

C. 智能音箱有时候反应不灵敏,用户体验不好

D. 智能音箱的播放音质不如传统音箱

43. 客户经理在与客户沟通时,可以适当地使用开放式问题,更好地了解客户的真实要求,挖掘服务商机。开放式问题指较为笼统的问题,不对客户圈定回答的范围,给予其较大的回旋余地;封闭式问题是指提出的问题要求客户有一个明确、简短的答案,如"是""不是"等内容。

根据上述定义,下列属于开放式问题的有(　　)个。

(1)"您对目前使用的产品有哪些建议?"

(2)"如果现在由我来为您服务,您还有什么要求?"

(3)"您听过我们新推出的这款新产品了吗?"

(4)"您想购买基金还是债券呢?"

A. 3　　　　　　B. 1　　　　　　C. 2　　　　　　D. 4

44. 机器学习是指机器通过统计学算法,对大量历史数据进行学习,进而利用生成的经验模型指导业务。

根据上述定义,下列不属于机器学习的是(　　)。

A. 某企业利用算法从大量的客户数据和销售数据中找出规律,将客户流失率从25%降低至10%

B. 某视频平台根据用户的观看历史和其他数据点,向用户提供个性化的推荐,帮助用户快速找到适合自己的视频

C. 某公司利用门禁考勤系统的数据,快速筛选出未正常出勤人员,并将出勤结果运用于考核

D. 某公司通过挖掘历史定价数据和一系列其他变量的数据集,以了解影响商品和服务的需求特定的动态因素,对商品动态定价,实现收入最大化

45. 可转换公司债券是债券持有人可按照发行时约定的价格将债券转换成发债公司普通股股票的债券。如果债券持有人不想转换,则可以继续持有债券直到偿还期满时收取本金和利息,或者在流通市场出售变现。如果持有人看好发债公司股票增值潜力,在宽限期之后可以行使转换权,按照预定转换价格将债券转换成股票,发债公司不得拒绝。

根据上述定义,下列表述中正确的是( )。
A. 可转换公司债券,就是一定条件下可以转换为公司普通股股票的债券
B. 可转换公司债券,就是随时可以转换为公司优先股股票的债券
C. 可转换公司债券,可以随意转换为公司的股票,不受任何限制
D. 可转换公司债券,就是随时可以转换为公司普通股股票的债券

巩固提升训练

1. 7,14,33,70,131,( )
A. 264　　　　　　B. 222　　　　　　C. 230　　　　　　D. 623

2. $\frac{32}{7}, 4, \frac{128}{25}, \frac{128}{17}, \frac{512}{43},$ ( )
A. 6　　　　　　B. $\frac{256}{13}$　　　　　　C. $\frac{512}{19}$　　　　　　D. $\frac{512}{53}$

3. 110,121,275,297,( )
A. 321　　　　　　B. 375　　　　　　C. 423　　　　　　D. 462

4. $\frac{8}{15}, \frac{2}{5}, \frac{3}{10}, \frac{9}{40},$ ( ) , $\frac{81}{640}$
A. $\frac{12}{55}$　　　　　　B. $\frac{21}{80}$　　　　　　C. $\frac{27}{160}$　　　　　　D. $\frac{49}{240}$

5. 3,1,6,5,9,25,12,( )
A. 35　　　　　　B. 37　　　　　　C. 125　　　　　　D. 225

6. 请填出问号处的数字。( )

16	9	−6
2	3	14
1	7	?

A. 6　　　　　　B. 13　　　　　　C. 16　　　　　　D. 11

7. 根据规律,填入问号处的数字是( )。

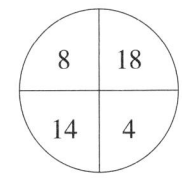

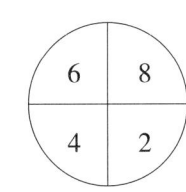

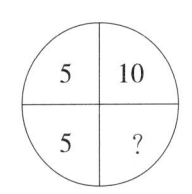

（圆1：8 18 14 4）　（圆2：7 3 5 9）　（圆3：6 8 4 2）　（圆4：5 10 5 ?）

A. 0　　　　　　B. 1　　　　　　C. 2　　　　　　D. 3

8. 根据规律,填入问号处的数字是( )。

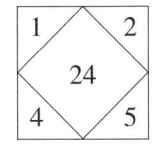

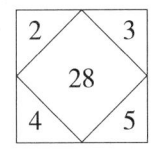

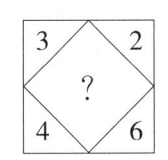

（方块1：1 2 4 5，中间24）（方块2：2 3 4 5，中间28）（方块3：3 2 4 6，中间?）

A. 24　　　　　　B. 26　　　　　　C. 28　　　　　　D. 30

9. $\frac{3}{2}$, 4, 14, 54, (　　)

A. 108　　　　　　B. 164　　　　　　C. 214　　　　　　D. 220

10. 11, 22, 34, (　　)

A. 50　　　　　　B. 48　　　　　　C. 46　　　　　　D. 44

11. 把下面的六个图形分为两类,使每一类图形都有各自的共同特征或规律,分类正确的一项是(　　)。

① 且　② 句　③ 臣　④ 世　⑤ 丘　⑥ 耳

A. ①②④,③⑤⑥　B. ①⑤⑥,②③④　C. ①③⑥,②④⑤　D. ①③④,②⑤⑥

12. 请从四个选项中选出最恰当的一项填入问号处,使题干图形呈现一定的规律性。(　　)

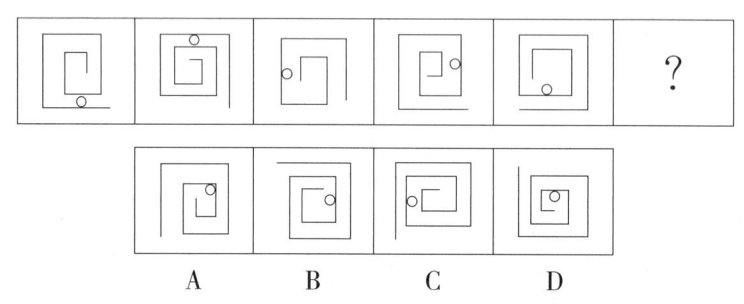

13. 请从四个选项中选出最恰当的一项填入问号处,使题干图形呈现一定的规律性。(　　)

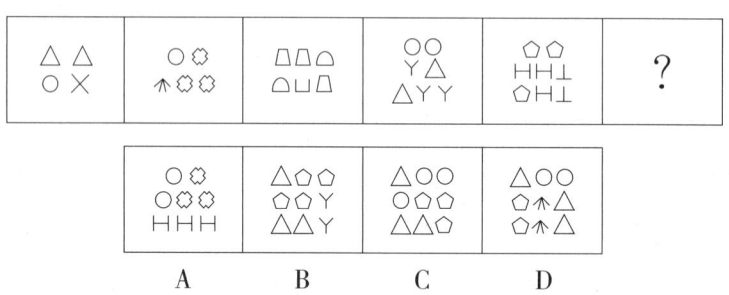

14. 请从四个选项中选出最恰当的一项填入问号处,使题干图形呈现一定的规律性。(　　)

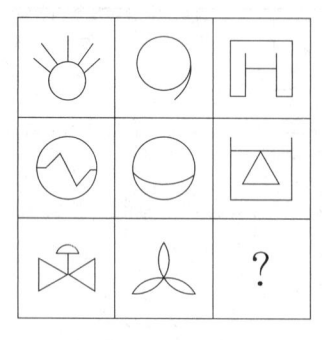

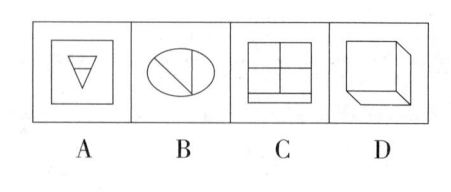

15. 从所给的四个选项中,选择最合适的一个填入问号处,使之呈现一定的规律性。(　　)

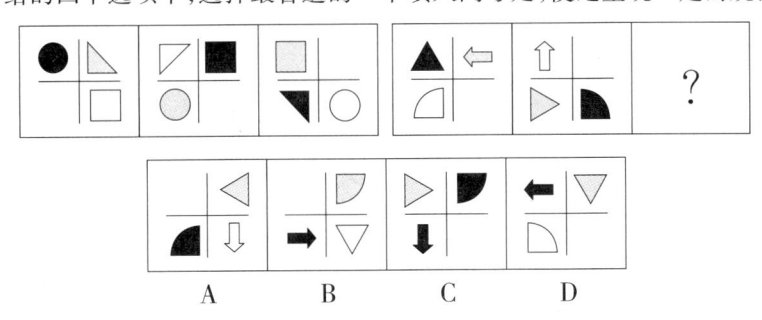

A　B　C　D

16. 从所给的四个选项中,选择最合适的一个填入问号处,使之呈现一定的规律性。(　　)

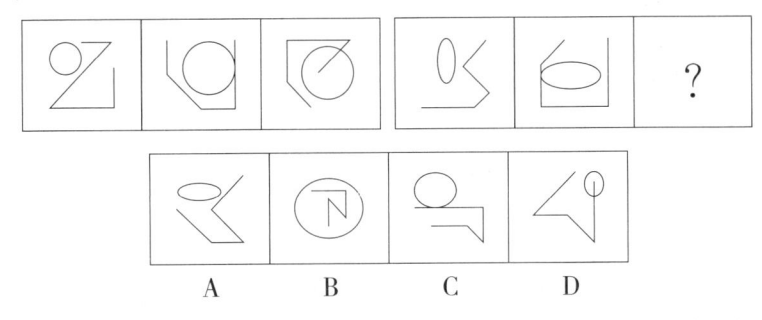

A　B　C　D

17. 从所给的四个选项中,选择最合适的一个填入问号处,使之呈现一定的规律性。(　　)

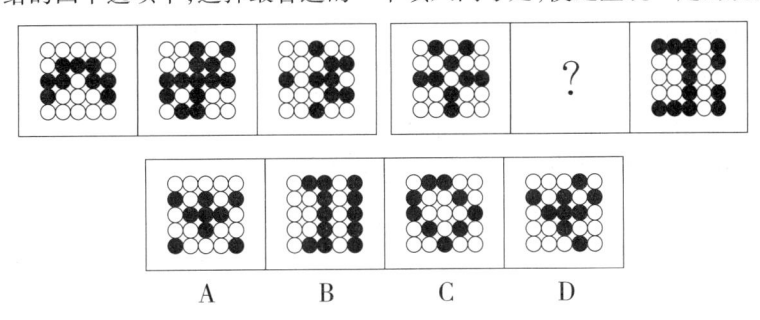

A　B　C　D

18. 左边给定的是纸盒的外表面展开图,下列能由它折叠而成的是(　　)。

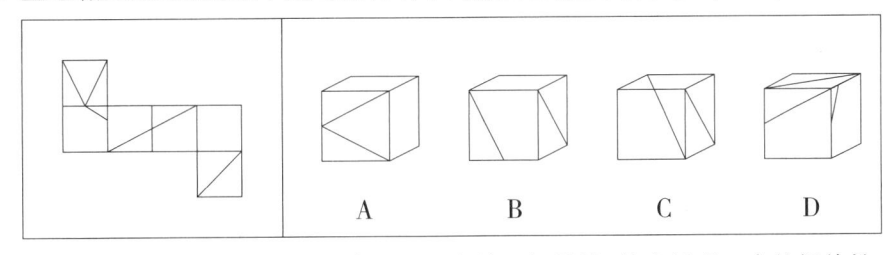

A　B　C　D

19. 从所给的四个选项中,选择最合适的一个填入问号处,使之呈现一定的规律性。(　　)

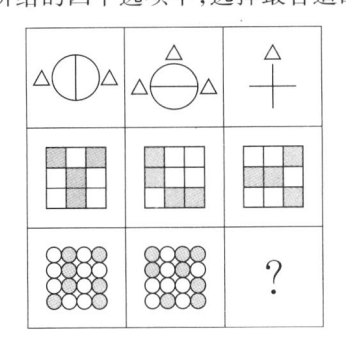

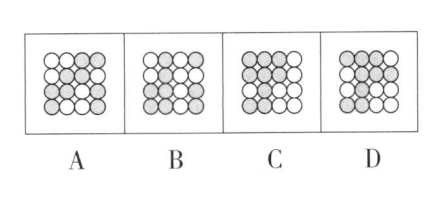

A　B　C　D

20. 左边给定的是纸盒外表面的展开图,下列哪项能由它折叠而成?( )

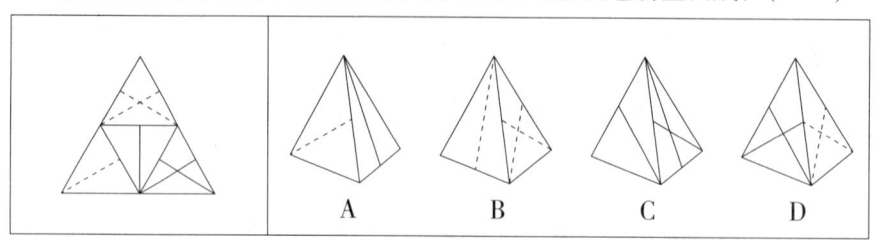

A　　B　　C　　D

21. 所有的五星级志愿者都受到表彰,有的教师是五星级志愿者,于老师是教师。
若以上陈述为真,则以下哪项也一定为真?( )
A. 于老师是五星级志愿者
B. 于老师受到表彰
C. 有的教师受到表彰
D. 所有受到表彰的都是五星级志愿者

22. 小方说:"我这个月如果去春游,就要去梧桐山和仙湖植物园,否则就不去;只有和小雪一起出门,我才会去梧桐山或七娘山;如果要和小雪一起出门,那么我一定要和她做好约定;如果要和她做好约定,她一定有时间。但因为怀念家乡,小雪休假回北方看望家人,为期一个月。"
由此可推知,小方这个月( )。
A. 没去春游　　B. 去了七娘山　　C. 去了仙湖植物园　　D. 和小雪一起出门

23. 距今约2.52亿年前的二叠纪末大灭绝,让超过八成的海洋物种和约九成的陆地物种消失。近期,研究人员运用红外光谱,定量测量了我国西藏南部二叠纪、三叠纪过渡期1 000多粒陆地植物花粉粒的物质含量。结果显示,在二叠纪大灭绝期间,花粉外壁中香豆酸和阿魏酸的含量明显升高。研究人员据此认为,在二叠纪末大灭绝期间,大气紫外线辐射的强度明显增强。
上述论证的成立须补充以下哪项作为前提?( )
A. 植物体内的香豆酸和阿魏酸含量升高,导致食草动物和昆虫大量灭绝
B. 植物通过调节体内香豆酸和阿魏酸的含量来抵抗紫外线对其造成的伤害
C. 2.52亿年前地球臭氧层被破坏,导致大气紫外线辐射的强度明显增强
D. 大气紫外线辐射的强度增强,给地球上的海洋和陆地物种带来巨大的灾难

24. 秋季是大闸蟹产销旺季,尤其如今有了蟹券,送礼人携带起来方便,收礼人也可随时提货,既提升了人们的消费体验,也调节了大闸蟹市场的供销。然而,随着蟹券泛滥,大闸蟹的"水"越来越深,蟹券不再是单纯的"券",逐渐产生了商业风险。因此,大闸蟹行业急需更大范围、更细化的内部约束,为大闸蟹生产、售卖明确方向。
无法支持上述观点的是( )。
A. 蟹券被当作礼品赠送,许多人事后会将蟹券退回,使蟹券以低价被回收,这样的做法已将大闸蟹"证券化",成为一种危险的金融手段
B. 蟹券超发导致蟹券兑换难,蟹券空转,消费者预付金也被商家围猎,大闸蟹价格明降反升、货不对版的情况更是常见
C. 蟹券致使大闸蟹成为"期货",大闸蟹价格将水涨船高,易致使其养殖跟风而上,蟹行业盲目扩大,最终导致蟹贱伤农
D. 蟹券发放、兑换应当由第三方平台予以监督,也可通过售卖平台,制定惩罚举措,督促商家做好蟹券兑换

25. 某中学计划抽调一批骨干教师前往西部地区支教。学校计划抽调2位高一老师、1位高二老师和1位高三老师,并且这4位老师所教科目应各不相同。已知各年级候选人如下:

①高一:历史老师甲、地理老师乙、政治老师丙。
②高二:地理老师丁、语文老师戊。
③高三:政治老师己、数学老师庚。
以下人选符合要求的是(　　)。

A. 甲、乙、丁、庚
B. 甲、乙、戊、己
C. 乙、丙、戊、己
D. 乙、戊、己、庚

26. 某镇计划安排小蒋、小陈、小刘3名干部到甲、乙、丙3个村子驻点,每村只安排1人。3人中有一人是农学专业,一人是法学专业,一人是工学专业。已知:小陈没有前往甲村,农学专业的没有前往甲村,工学专业的去了丙村,小陈不是农学专业。

根据以上表述,以下推论必然正确的是(　　)。

A. 小刘去了甲村
B. 小蒋去了乙村
C. 小刘是工学专业的
D. 小陈是工学专业的

27. 小学生使用铅笔比较多,小孩子经常会咬铅笔,铅笔灰有时也会抹得脸上嘴边到处都是。因此,二年级学生刘馨的妈妈担心孩子长期使用铅笔对健康有害。

以下哪项如果为真,能够为刘馨妈妈的担心提供支持?(　　)

Ⅰ. 铅笔的木杆外面一般涂有彩色的颜料,颜料中含有微量重金属或其他有害物质。
Ⅱ. 儿童的铅笔盒通常很脏,经常咬铅笔会把很多细菌吃进嘴里。
Ⅲ. 现在,铅笔芯都由石墨和黏土混合制作而成,这些制作材料没有毒。

A. Ⅰ和Ⅱ
B. Ⅱ和Ⅲ
C. Ⅰ和Ⅲ
D. Ⅰ、Ⅱ和Ⅲ

28. 随着航天技术的发展,许多人开始打小行星的主意,认为人类可以通过开采小行星"发家致富"。各国科学家提出了多种开发小行星资源的方案,基本想法都是将探测器发射到小行星上,航天员开采资源后带回地球,或直接在太空用于建设。

以下各项如果为真,哪一项不能驳斥科学家的观点?(　　)

A. 大多数小行星重力很弱,常规挖掘的撞击力足以将设备反推到太空中,进入小行星内部开采资源,目前难以实现

B. 即使是近地小行星,距离地球最近时也常有数百万公里,人类访问一次可能需要几个月时间,航天员生活有很大困难

C. 航天计划耗资巨大,而可以带回来的样本极其有限,开采小行星资源能带来的效益远远不及开采过程消耗的资源

D. 从小行星岩石中提取可以制作推进剂的物质,或是可用的材料,可以直接在现场制造航天器的燃料,为航行提供补给

29. 火星的奥林帕斯山是太阳系中已知的最高火山,高度为25 000米,几乎是地球上最高峰——珠穆朗玛峰的3倍。研究人员认为奥林帕斯山具有如此令人称奇的高度,主要是因为相比地球而言,火星的重力较低且火山喷发的频率较高,造山熔岩流在火星上持续的时间比在地球上要长得多,故而形成了巨大火山。以下哪项如果为真,最能削弱上述结论?(　　)

A. 土星、木星属于气体星球,由于没有地幔运动,因此也就没有火山爆发

B. 地球上的河流常会侵蚀山脉的边缘物质,引发山体滑坡,这就限制了山峰生长

C. 金星与地球重力相近,其火山喷发的频率极高,可谓火山密布,但火山大多不高

D. 一些与火星相似的星体,虽火山喷发活跃,熔岩持续出现,但因为星体表面构造的变化,

熔岩无法堆积,故不能形成大型火山

30. 统计表明,美国亚利桑那州死于肺病的人的比例大于其他州死于肺病的人的比例,因此亚利桑那州的气候更容易引起肺病。

以下哪项最能反驳上述论证?(　　)

A. 气候只是引起肺病的一个因素

B. 亚利桑那州的气候对治疗肺病有利,有肺病的人纷纷来到此州

C. 美国人通常不会一生住在一个地方

D. 没有证据证明气候对肺病有影响

31. 2019年哈佛医学院的学者在科学杂志上发表的文章称,吲哚-3-甲醇可抑制癌症发展相关通路,并鼓励大家多吃十字花科蔬菜。

学者提出该倡议基于的前提是(　　)。

A. 吲哚水平较低的人,其肝脏中的脂肪沉积量也较高

B. 吲哚-3-甲醇多见于大白菜、花菜、西兰花等十字花科蔬菜

C. 吲哚-3-甲醇能够在胃酸和肠道菌群的作用下发出抑制炎症的分子信号

D. 根据《中国居民膳食指南》的建议,每天应食用100克十字花科蔬菜

32. 当人们在海洋游泳时,身体会释放一种看不见的电信号。科研人员根据这一情况研制了海洋隐形衣。该隐形衣通过屏蔽身体释放的电信号,使得鲨鱼等海洋生物无法发现人们的踪迹。这样,人们就可以近距离接触并观察鲨鱼等海洋生物。

以下哪项是科研人员假设的前提?(　　)

A. 有些海洋生物利用超声波进行信息交流、觅食、发现并躲避天敌

B. 部分鱼类视网膜中含有很多视锥细胞,能够敏锐地感受水中细微的光线变化

C. 鲨鱼等海洋生物是凭借人体释放的电信号来发现人们踪迹的

D. 该隐形衣非常轻薄,对人们在水下的活动不会形成阻碍

33. 土地荒漠化是人为因素和自然因素综合作用的结果,想要在土地退化的地区恢复人与自然和谐共生的状态,必须提高土地荒漠化防治的科学性。一方面,把握积极作为和有所不为的平衡,即一手抓人工治理,一手抓自然修复;另一方面,提高防治精细化水平。如果同时做到上述两个方面,土地荒漠化防治的科学性自然得到了提高。由此可推出(　　)。

A. 只有在土地退化的地区恢复人与自然和谐共生的状态,才能提高土地荒漠化防治的科学性

B. 如果土地荒漠化防治的科学性得到了提高,则说明在土地退化的地区恢复了人与自然和谐共生的状态

C. 如果土地荒漠化防治的科学性没有得到提高,则说明或者没有把握积极作为和有所不为的平衡,或者没有提升防治精细化水平

D. 如果土地荒漠化防治的科学性得到了提高,则说明把握积极作为和有所不为的平衡,以及提升防治精细化水平一定同时得以实现

34. 从种植面积来看,近三年我国甘蔗播种面积大体呈下降趋势。然而,尽管甘蔗价格在过去三年内都保持平稳,去年我国甘蔗种植者的利润却比前年提高了10%。

以下关于去年的说法中,不能解释甘蔗种植者利润提高原因的是(　　)。

A. 我国甘蔗单位面积产量大幅上涨

B. 我国甘蔗的进口量远大于出口量

C. 甘蔗种植者采用了联合机收模式,节约了收割成本

D. 许多小规模甘蔗种植者通过组织团购低价购买化肥

35. 希望过上好日子的村民都愿意接受就业辅导。村民小王愿意接受就业辅导,因此,他希望过上好日子。

以下选项存在与题干最为相似的逻辑错误的是( )。

A. 该店所有出售的水果都通过了农药残留检测,苹果通过了农药残留检测,因此该店正在出售苹果

B. 张家苗圃在使用了这批肥料后花木长势很好,李家苗圃长势不好,因此李家苗圃没有使用这批肥料

C. 许多坚持运动的儿童身体都比较健康,许多成年人也会坚持运动,因此坚持运动的成年人身体都比较健康

D. 只有经过Ⅲ期临床试验的新药才可能被批准上市,该新药没有经过Ⅲ期临床试验,所以它没有被批准上市

36. 代际责任:指在不超出自身能力的前提下,相邻两代人的一方向另一方主动提供经济帮扶、生活照顾、健康保障、精神抚慰等各种支持的行为。下列不属于代际责任的是( )。

A. 苏女士把父母接到身边后,忙乎了一个多月,带着父母熟悉小区健身器材,到社区老年活动中心打牌下棋,在公园找人聊天,终于帮他们重新找到了"组织"

B. 邵先生和妻子一直在城里忙于打拼,女儿正在读小学。每到寒暑假,邵先生的父母都会专程赶到城里,把孙女接回农村老家痛痛快快地玩上整个假期

C. 罗奶奶像无数为孩子婚事发愁的长辈一样,每到周末就去附近公园的相亲角浏览展板上的照片、简历,觉得合适的就记下基本情况、电话号码。虽然快三十岁的孙女根本不着急,她却一直乐此不疲

D. 毛先生喜欢第一时间把遇到的趣事分享到家族微信群,却很少得到期待的回应,一怒之下退了群。后来,儿子又把他请回,还邀约了几位有同样爱好的长辈,群里逐渐热闹起来,他也时不时点赞或评论几句

37. 情感预判:指文学创作中不是一味表现自我,而是以客观事实为依据,换位思考,设想对方的情感反应并做出判断的手法。下列不属于情感预判的是( )。

A. 欲把西湖比西子,淡妆浓抹总相宜   B. 遥知兄弟登高处,遍插茱萸少一人

C. 洛阳亲友如相问,一片冰心在玉壶   D. 何当共剪西窗烛,却话巴山夜雨时

38. 消费增值:指消费者在不改变原有购物需求的前提下,通过消费次数积累、积分兑换等形式,得到商家用于提高用户黏性的反馈奖励。下列属于消费增值的是( )。

A. 王女士几年来经常使用某品牌护肤品,积攒了不少积分。最近她在购买该产品时用积分兑换了一张8折优惠券,省了不少钱

B. 小何去商城买某品牌冰箱时,另一知名品牌正在搞买新款冰箱赠空气炸锅的活动。小何考虑了一会,就买下了这一新款冰箱

C. 某电商平台最近推出一项服务,帮助消费者优选可提供更好消费权益的商家和服务机构,争取更多的"折扣优惠"

D. 赵女士逛服装城时,冬装专柜正在搞促销,买同一款式的羽绒服,第二件一律半价,她毫不犹豫地买了两件

39. 社交裂变是一种利益驱动的商业模式,通过人与人之间的社交促进产品的传播与销售,本质上是通过利益驱动激励客户从而形成裂变。根据上述定义,下列不属于社交裂变的是(　　)。

　　A. 某微商客户挑选好某个商品后,分享在自己的社交圈,好友帮助砍价后,客户可以低价购买,同时也宣传了该商品

　　B. 某电商平台的客户成功购买商品后,分享其链接,所有点击的人都能获得商家提供的随机金额的优惠券

　　C. 某微信用户在购买到自己喜欢的商品后,经常拍照发在朋友圈中,慢慢地大家都知道她喜欢购买高档奢侈品

　　D. 某咖啡店的老顾客参加"邀请好友免费喝咖啡"的活动后,可以获取一张套餐券

40. 间谍:军官

　　A. 黑洞:臭氧　　　　B. 唐诗:七律　　　　C. 高铁:轨道　　　　D. 沙漠:陆地

41. 玫瑰:百合:鲜花

　　A. 菠萝:椰子:热带　　　　　　　　　　B. 纸巾:铅笔:办公室

　　C. 棉衣:毛衣:裤子　　　　　　　　　　D. 杯子:盘子:餐具

42. 地砖:方砖:长条砖

　　A. 菜肴:荤菜:白菜　　　　　　　　　　B. 零食:素食:熟食

　　C. 青茄:紫茄:番茄　　　　　　　　　　D. 木船:客船:货船

43. 牙齿磨损　之于　(　　)　相当于　(　　)　之于　经济活力

　　A. 年龄大小　用电总量　　　　　　　　B. 牙齿脱落　社会效益

　　C. 坚硬食物　经济疲软　　　　　　　　D. 骨骼磨损　发展指数

44. 足球:运动员:体育场

　　A. 龙舟:划手:河流　　　　　　　　　　B. 协议:国家:世贸组织

　　C. 商品:顾客:厂家　　　　　　　　　　D. 葡萄:酿酒师:啤酒节

45. 洗脸盆:代步车

　　A. 招待所:降压药　　　　　　　　　　　B. 木版画:制冷剂

　　C. 节能灯:传染病　　　　　　　　　　　D. 计算器:液压机

☆答案及解析见下册 P228~P240。

专项三　数学运算

考场真题还原

1. 甲、乙、丙三个人合作完成一项工程,他们的效率之比为5∶4∶7。先由甲、乙两人合作5天,再由乙单独做8天,就可以完成全部工程的50%,如果剩下的工程丙单独完成,还需要(　　)天。

　　A. 11　　　　　　B. 9　　　　　　C. 10　　　　　　D. 8

2. 有若干辆汽车,每辆汽车的载重都是7吨,现在用这些车运输一批货物,若每辆车只装5吨,则所有车都装好后,还剩下16吨;若每辆车都满载,则正好装完。那么,一共有(　　)辆汽车。

　　A. 12　　　　　　B. 6　　　　　　C. 8　　　　　　D. 10

3. 将一些水果分配给单位各办公室,如果每个办公室分3盒,则还剩下2盒,如果每个办公室分4盒,则还少3盒。那么一共有(　　)盒水果。

　　A. 17　　　　　　B. 19　　　　　　C. 15　　　　　　D. 11

4. 某项工程需要在一定的时间内完成,前4天安排了20名工人施工,完成了$\frac{1}{5}$的工作量,为了保证剩下的工程在10天内完成,则还需要增加(　　)名工人。(每名工人的效率相同)

　　A. 1　　　　　　B. 12　　　　　　C. 15　　　　　　D. 8

5. A、B两个旅游团各有50多名游客,两个旅游团中的男游客和女游客的比例分别是4∶5和6∶7,则A旅游团的女游客比B旅游团的女游客(　　)。

　　A. 多2名　　　　B. 少2名　　　　C. 多1名　　　　D. 少1名

6. 甲、乙两人绕着周长为300米的湖同时同地同向出发,甲的速度为6米/秒,乙的速度为3米/秒,甲每一次追上乙之后都减速0.5米/秒,直到两个人的速度相同,则他们出发后的30分钟内,甲和乙以相同速度跑过的路程为(　　)米。

　　A. 990　　　　　B. 569　　　　　C. 900　　　　　D. 780

7. 已知甲、乙、丙三个零件的重量各不相同,且都是整数。第一次称甲和乙,共重50斤;第二次称甲和丙,共重60斤;第三次称乙和丙,共重70斤;那么,三个零件中最轻的那个重(　　)斤。

　　A. 10　　　　　　B. 30　　　　　C. 40　　　　　D. 20

8. 已知一处长方形绿地的周长是36米,且它的一条边的长度是质数,则它的面积最小是(　　)平方米。

　　A. 77　　　　　　B. 32　　　　　C. 56　　　　　D. 45

9. 小李和小张沿着一条5 000米长的环形健身步道锻炼身体,两人都需要跑5 000米。已知小李跑8步的距离小张需要跑5步,小张跑2步的时间里小李能跑4步。现在小李在小张身后400米的地方,两人同时同向出发,则小李到达终点时,小张还需要跑(　　)米。

　　A. 900　　　　　B. 600　　　　　C. 1 000　　　　D. 700

10. 实验室有甲乙丙三瓶溶液,它们溶解的都是同一种物质,已知甲是 100 克,浓度是 6%;乙是 100 克,浓度是 8%;丙是 160 克,浓度是 12%。现从甲乙丙中各取出若干溶液,混合成浓度 10%的溶液尽量多,则需要从甲中取出( )克。

    A. 30   B. 25   C. 20   D. 15

11. 有 100 克某种物质的浓缩液,从中取出 50 克,与 450 克浓度为 10%的同种物质溶液混合,得到新溶液的浓度为 15%,则浓缩液的浓度是( )。

    A. 80%   B. 90%   C. 60%   D. 70%

12. 甲的年龄是乙年龄的 2 倍,乙比丙小 7 岁,3 个人的年龄之和是小于 70 的质数,且该质数各位数字之和为 13,则甲的年龄为( )岁。

    A. 32   B. 30   C. 28   D. 26

13. A、B、C 三种型号生产线生产药品的效率不同。现要生产一批药品,5 条 A 型、4 条 B 型生产线同时开工,2 天正好完成;10 条 A 型生产线和 12 条 C 型生产线同时开工,1 天正好完成;2 条 B 型生产线和 3 条 C 型生产线同时开工,4 天正好完成。如果用 1 条 A 型生产线生产 5 天,再用 2 条 B 型生产线生产 2 天,最后用 3 条 C 型生产线生产剩下的药品,则完成该批药品生产共需要( )天。

    A. 11   B. 8   C. 10   D. 9

14. 某批发商规定,一次购买数量不足 500 个,单价是 126 元;若超过 500 个,但不足 2 000 个,单价是 110 元;若大于等于 2 000 个,则单价是 99 元。甲和乙一同来进货,他们俩合买比分开买要节省 2.84 万元,已知他们分开买一共要支付 22.64 万元,且甲购买量比乙少,则乙要购买( )个。

    A. 1 600   B. 1 500   C. 1 800   D. 1 700

15. 小郑和小周对弈,每一局小郑胜出的概率是 0.3,在五局三胜制且没有平局的情况下,小郑最终胜出的概率约是( )。

    A. 0.41   B. 0.11   C. 0.29   D. 0.16

16. 在一次投票活动中,共有 100 人投票,三名候选人分别为甲、乙、丙,其中在开票环节,前 50 票中有 30 票投给甲,15 票投给乙,5 票投给丙,在接下来的开票过程中,甲至少还需要( )票才能保证甲一定胜出。

    A. 18   B. 38   C. 28   D. 8

17. 甲、乙两网点分别有 8 名和 7 名员工,所有员工的平均年龄为 40 岁。甲网点员工的平均年龄为 35 岁,乙网点每人的年龄各不相同,则乙网点年龄最大的员工至少( )岁。

    A. 49   B. 47   C. 50   D. 46

18. 小李规定自己每天看书的页数都比前一天增加 50%,如果他第一天看书的页数为 32 页,则到第 5 天,他应看书( )页。

    A. 84   B. 102   C. 162   D. 156

19. 公司为激励销售人员,设立了一、二、三等销售奖。今年,得一、二、三等销售奖的销售人员人数之比为 2∶1∶4,这些获奖人员在公司总人数中的占比是 10%,已知获一等奖的人数为 20 人,那么该公司一共有( )人。

    A. 700   B. 760   C. 840   D. 800

20. 为深入推进"双减"工作落地见效,2022年度秋季学期以来,英才小学开设了陶艺、机器人编程、种植等三门课后延时服务课程。某班级的4位同学每人选择了其中的一门课程,若每门课程都有人选,则不同的选课方案有(　　)种。

　　A. 24　　　　　　B. 32　　　　　　C. 36　　　　　　D. 42

21. 现有甲、乙、丙三项工作,要分配给小张、小王、小李三人分别完成,他们三人评估并上报的单独完成用时如下表所示:

	甲	乙	丙
小张	15	8	5
小王	10	10	4
小李	12	11	6

已知,每人认领一项工作,且单独完成,则他们的工时之和最小是(　　)。

　　A. 24　　　　　　B. 28　　　　　　C. 26　　　　　　D. 20

22. 某部门员工,有15人精通PPT制作,有20人善于使用SPSS,只精通PPT制作但不善于使用SPSS的有8人,那么,只善于使用SPSS但不精通PPT制作的有(　　)人。

　　A. 5　　　　　　B. 13　　　　　　C. 7　　　　　　D. 10

23. 李某驾驶一艘船从甲地逆流而上前往乙地,用时4.5个小时;他返回时用了3个小时。已知河水的流速是10公里/时,那么,甲、乙两地之间的路程是(　　)公里。

　　A. 220　　　　　B. 200　　　　　C. 180　　　　　D. 160

24. 某单位计划举办乒乓球比赛,共有甲、乙、丙、丁、戊、己6支队伍报名参加,这6支队伍将被平均分为上午组和下午组进行小组循环赛。其中,甲队和乙队来自同一个部门,不能被分在同一组,则总的分组情况有(　　)种。

　　A. 16　　　　　　B. 14　　　　　　C. 12　　　　　　D. 18

25. 甲瓶盐水溶液的浓度是5%,将它与乙瓶重300克的盐水溶液混合,测得新溶液的浓度是6%,重量是500克,则乙瓶的盐水浓度约是(　　)。

　　A. 6.7%　　　　B. 7.1%　　　　C. 8.0%　　　　D. 5.5%

26. 某银行为在"红心颂党庆百年"征文活动中获一、二、三等奖的员工分别发放奖金1 000元、600元和300元,14名分别获一、二、三等奖的员工共获得奖金7 500元,则有(　　)人获得三等奖。

　　A. 5　　　　　　B. 7　　　　　　C. 8　　　　　　D. 6

27. 小陈用10天时间读了《去规模化:小经济的大机会》的前三分之二部分。后因专业技术职务等级考试临近,小陈打算提前3天读完,则小陈每天的阅读量应比计划提高(　　)。

　　A. $\dfrac{2}{5}$　　　　B. $\dfrac{1}{3}$　　　　C. $\dfrac{1}{2}$　　　　D. $\dfrac{3}{2}$

28. 为了支持某项目顺利开展,甲、乙两个部门各派出3名成员作为预备队员,实际执行中,需要从预备队员中随机抽取3人,要求3人不能全都是一个部门的,则一次就能抽取成功的概率是(　　)。

　　A. 0.9　　　　　B. 0.6　　　　　C. 0.8　　　　　D. 0.7

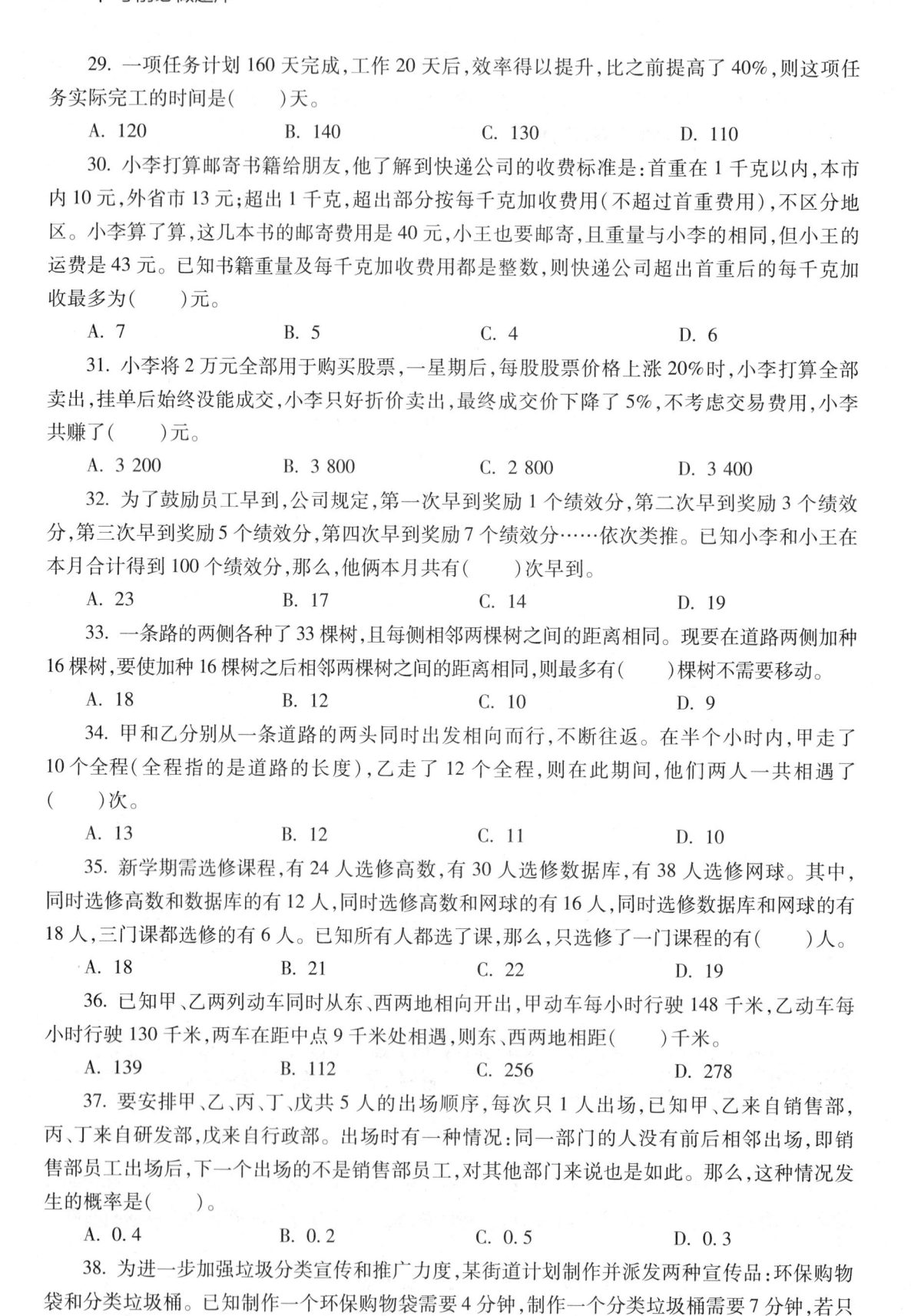

29. 一项任务计划160天完成,工作20天后,效率得以提升,比之前提高了40%,则这项任务实际完工的时间是( )天。
   A. 120　　　　　B. 140　　　　　C. 130　　　　　D. 110

30. 小李打算邮寄书籍给朋友,他了解到快递公司的收费标准是:首重在1千克以内,本市内10元,外省市13元;超出1千克,超出部分按每千克加收费用(不超过首重费用),不区分地区。小李算了算,这几本书的邮寄费用是40元,小王也要邮寄,且重量与小李的相同,但小王的运费是43元。已知书籍重量及每千克加收费用都是整数,则快递公司超出首重后的每千克加收最多为( )元。
   A. 7　　　　　　B. 5　　　　　　C. 4　　　　　　D. 6

31. 小李将2万元全部用于购买股票,一星期后,每股股票价格上涨20%时,小李打算全部卖出,挂单后始终没能成交,小李只好折价卖出,最终成交价下降了5%,不考虑交易费用,小李共赚了( )元。
   A. 3 200　　　　B. 3 800　　　　C. 2 800　　　　D. 3 400

32. 为了鼓励员工早到,公司规定,第一次早到奖励1个绩效分,第二次早到奖励3个绩效分,第三次早到奖励5个绩效分,第四次早到奖励7个绩效分……依次类推。已知小李和小王在本月合计得到100个绩效分,那么,他俩本月共有( )次早到。
   A. 23　　　　　B. 17　　　　　C. 14　　　　　D. 19

33. 一条路的两侧各种了33棵树,且每侧相邻两棵树之间的距离相同。现要在道路两侧加种16棵树,要使加种16棵树之后相邻两棵树之间的距离相同,则最多有( )棵树不需要移动。
   A. 18　　　　　B. 12　　　　　C. 10　　　　　D. 9

34. 甲和乙分别从一条道路的两头同时出发相向而行,不断往返。在半个小时内,甲走了10个全程(全程指的是道路的长度),乙走了12个全程,则在此期间,他们两人一共相遇了( )次。
   A. 13　　　　　B. 12　　　　　C. 11　　　　　D. 10

35. 新学期需选修课程,有24人选修高数,有30人选修数据库,有38人选修网球。其中,同时选修高数和数据库的有12人,同时选修高数和网球的有16人,同时选修数据库和网球的有18人,三门课都选修的有6人。已知所有人都选了课,那么,只选修了一门课程的有( )人。
   A. 18　　　　　B. 21　　　　　C. 22　　　　　D. 19

36. 已知甲、乙两列动车同时从东、西两地相向开出,甲动车每小时行驶148千米,乙动车每小时行驶130千米,两车在距中点9千米处相遇,则东、西两地相距( )千米。
   A. 139　　　　　B. 112　　　　　C. 256　　　　　D. 278

37. 要安排甲、乙、丙、丁、戊共5人的出场顺序,每次只1人出场,已知甲、乙来自销售部,丙、丁来自研发部,戊来自行政部。出场时有一种情况:同一部门的人没有前后相邻出场,即销售部员工出场后,下一个出场的不是销售部员工,对其他部门来说也是如此。那么,这种情况发生的概率是( )。
   A. 0.4　　　　　B. 0.2　　　　　C. 0.5　　　　　D. 0.3

38. 为进一步加强垃圾分类宣传和推广力度,某街道计划制作并派发两种宣传品:环保购物袋和分类垃圾桶。已知制作一个环保购物袋需要4分钟,制作一个分类垃圾桶需要7分钟,若只有一台机器且每次仅能制作一种,所有宣传品制作完毕用时143分钟(假设制作两种宣传品之间的时间忽略不计),则至多制作(　　)个分类垃圾桶。

A. 16　　　　　　B. 17　　　　　　C. 19　　　　　　D. 18

39. 小刘到某市出差,从高铁站乘坐出租车前往酒店时,看到出租车的计费规则:起步价3千米内13元,超出3千米不足8千米的部分,每千米2元,超过8千米不足14千米的部分,每千米3元,14千米以上的部分,每千米按4元计算。到达酒店后,小刘支付打车费101元。那么这段距离是(　　)千米。

A. 28　　　　　　B. 29　　　　　　C. 26　　　　　　D. 27

40. 某自助餐厅推出两种优惠方案:方案一为男士全价,女士打七折;方案二为不分男女,只要三人以上就餐,总价就打八折。若两位男士和两位女士一同前来就餐,则方案一比方案二的总价(　　)。

A. 高12.5%　　　B. 低12.5%　　　C. 低6.25%　　　D. 高6.25%

巩固提升训练

1. 小李从山脚开始登顶,匀速走了1小时后到达一个凉亭,并在凉亭休息了半小时。继续走500米后,恰好完成登顶路程的一半。从山顶沿原路匀速返回时,他走了1小时又到了这个凉亭,继续走半小时回到了山脚,则登顶路程为(　　)米。

A. 2 000　　　　B. 3 000　　　　C. 3 600　　　　D. 4 000

2. 每天早上7:30,小江骑车从家赶往早餐店,花5分钟购买早餐后,又骑车从早餐店向学校出发,差5分钟到8点的时候赶到学校。已知小江骑车的速度为5米/秒,小江家、早餐店、学校的地理位置构成一个等腰三角形,且其中两条边的边长分别为1.5千米和4.5千米,则小江骑车从学校直接回家时,距离家的距离y(千米)和骑车时间t(分钟)的关系满足以下哪个函数图像?(　　)

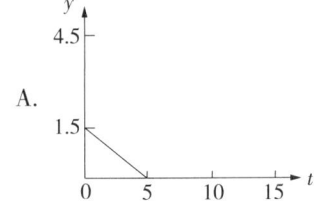

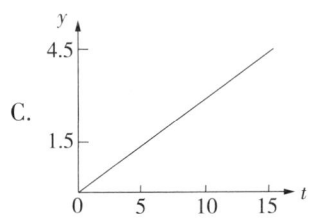

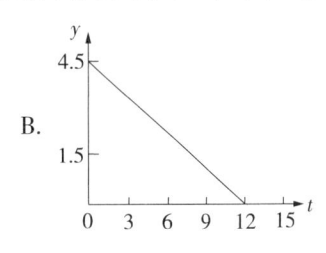

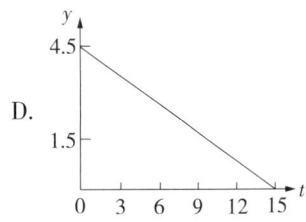

A.　　　　　　　B.　　　　　　　C.　　　　　　　D.

3. 某家庭有爸爸、妈妈、女儿3人,今年每2人的平均年龄加上余下1人的年龄之和,分别为39岁、52岁、53岁,则3人中最大年龄与最小年龄之差为(　　)岁。

A. 22　　　　　　B. 24　　　　　　C. 26　　　　　　D. 28

4. 在一次班级数学考试中,按得分高低将全班同学进行排序,已知前七名的平均分比前五名的平均分少3分,前五名的平均分比前三名少2分,则第六名和第七名的总成绩比第四名和第五名的总成绩低(　　)分。

A. 5　　　　　　B. 10　　　　　　C. 15　　　　　　D. 25

5. 一列长为 210 米的动车以 180 千米/时的速度行驶。某乘客拍窗外风景时,恰好拍到平行铁轨上一列 420 米、相向而行的高速列车,该列车通过窗户的时间是 3.6 秒。若不计窗户长度,则该高速列车的速度为( )千米/时。
   A. 200   B. 240   C. 260   D. 320

6. 在环保知识竞赛中,男选手的平均得分为 80 分,女选手的平均得分为 65 分,全部选手的平均得分为 72 分。已知全部选手人数在 35 人到 50 人之间,则全部选手人数为( )人。
   A. 48   B. 45   C. 43   D. 40

7. 某工厂生产线有若干台相同的机器,平时固定有 5 台机器同时生产,每小时总计可以生产 300 件产品。由于操作机器的人手有限,故每多上线一台机器生产,每台机器平均每小时少生产 2 件产品。问:至少多开多少台机器,才能使生产效率提升 50% 以上?( )
   A. 3 台   B. 4 台   C. 5 台   D. 6 台

8. 轨道交通公司定期进行轨道检修工作,甲、乙两个工程队合作进行需 4 小时完成,甲队单独完成比乙队单独完成快 15 小时,则甲队单独完成需要的时间是( )小时。
   A. 5   B. 6   C. 7   D. 8

9. 某地举办了"铁人三项"体育活动,先进行蛙跳,后游泳,最后竞走到达终点。一位选手在上午 7 点出发,9 点到达终点,全程未休息,其蛙跳、游泳和竞走的速度分别为每小时 2 千米、3 千米和 6 千米。如果蛙跳和竞走的路程相同,则所有项目的总路程是( )千米。
   A. 无法计算   B. 6   C. 8   D. 12

10. 甲地某快递公司有一急件需立即送往乙地,但公司前往乙地的快递车已于早晨 8:15 分以 60 千米/时的速度出发,于是公司在 9:45 分派出另一车从甲地出发追赶第一辆快递车,车速为 75 千米/时。途经丙地后 2 小时,追上了快递车。问:后车通过丙地时与快递车相距多少千米?( )
    A. 30 千米   B. 60 千米   C. 75 千米   D. 90 千米

11. A、B 两座港口相距 300 千米且仅有 1 条固定航道,在某一时刻甲船从 A 港顺流而下前往 B 港,同时乙船从 B 港逆流而上前往 A 港,甲船在 5 小时之后抵达了 B 港,停留了 1 小时后开始返回 A 港,又过了 6 小时追上了乙船,则乙船在静水中的时速为( )千米。
    A. 20   B. 25   C. 30   D. 40

12. 某商场做促销活动,一次性购物不超过 500 元的打九折优惠;超过 500 元的,其中 500 元打九折优惠,超过 500 元部分打八折优惠。小张购买的商品需付款 490 元,小李购买的商品比原价优惠了 120 元。若两人一起结账,可比分别结账节省多少元钱?( )
    A. 10 元   B. 20 元   C. 30 元   D. 50 元

13. 某商家购进一批商品,每件成本 27 元。最初将商品定价为每件 40 元,该商家经过百分率相等的连续两次降价后,每件商品利润率不超过 20%,则每次降价的百分率至少是( )。
    A. 20%   B. 15%   C. 10%   D. 5%

14. 小张去年年底获得一笔总额不超过 5 万元的奖金,她将其中的 60% 用来储蓄,剩下的用来购买理财产品,一年后这笔奖金增值了 5%。已知储蓄的奖金增值了 3.3%。问:购买理财产品的奖金增值了多少?( )
    A. 5.35%   B. 6.45%   C. 7.55%   D. 8.65%

15. 篮子里有苹果和梨两种水果若干个,将这些水果分发给13个人,每人最少拿1个,最多拿2个不同的水果。已知有9个人拿到了苹果,有8个人拿到了梨,最后分完。那么,(　　)人只拿到了苹果。

　　A. 4　　　　　　B. 5　　　　　　C. 6　　　　　　D. 7

16. 某单位有72名职工,为丰富业余生活,拟举办书法、乒乓球和围棋培训班,要求每个职工至少参加一个班。已知三个班报名人数分别为36、20、28,则同时报名三个班的职工数至多是(　　)人。

　　A. 6　　　　　　B. 12　　　　　C. 16　　　　　D. 20

17. 有一块圆形花圃,花匠计划在圆形花圃中用花盆摆设图案进行装饰。现在花匠在圆形上设七个等分点,构思以这些点中的三个顶点连成一个等腰三角形,并在三角形内摆放花盆。问:共有多少种不同的构图方案?(　　)

　　A. 21种　　　　　B. 28种　　　　C. 35种　　　　D. 42种

18. 某自驾游车队由6辆车组成,车队的行车顺序有如下要求:甲车不能排在第一位,乙车必须排在最后一位,丙车必须排在前两位,且任一车辆均不得超车或并行。该车队的行车顺序共有(　　)种可能。

　　A. 36　　　　　B. 42　　　　　C. 48　　　　　D. 54

19. 某公司派出5名人力资源专员去2个一线城市和2个二线城市参加秋季招聘会。若每名专员只去其中一个城市,每个一线城市至少派1名专员,每个二线城市只派1名专员,则不同的派出方法共有(　　)种。

　　A. 81　　　　　B. 108　　　　　C. 120　　　　　D. 144

20. 现有6根钢筋,长度分别为4尺、7尺、8尺、9尺、10尺和12尺。现每次抽取3根首尾相连组成一个三角形,则一共能组成(　　)个不同的三角形。

　　A. 20　　　　　B. 19　　　　　C. 18　　　　　D. 17

21. 小王想报名英语、计算机和会计三个培训班,要求每个培训班都在每周固定时间的晚上上课,且一个晚上只能参加一个培训班。已知小王周一晚上需要值班,且他不希望一周内连续两个晚上不上课也不值班,也不希望把英语和会计课程安排在连续两个晚上。问:有几种不同的安排方式?(　　)

　　A. 12种　　　　B. 20种　　　　C. 24种　　　　D. 36种

22. 中秋节前夕,小赵买了6个外观相同的月饼,其中有3个是蛋黄馅的。回到家后,小赵从中任取3个月饼,里面恰好有1个是蛋黄馅的概率是(　　)。

　　A. $\dfrac{9}{20}$　　　B. $\dfrac{1}{2}$　　　C. $\dfrac{3}{5}$　　　D. $\dfrac{11}{20}$

23. 某场羽毛球单打比赛采取三局两胜制。假设甲选手在每局都有80%的概率赢乙选手,那么这场单打比赛甲有多大的概率战胜乙选手?(　　)

　　A. 0.768　　　　B. 0.800　　　　C. 0.896　　　　D. 0.924

24. 甲、乙、丙3人参加专业测试,考试包含10道题,答对每题得10分,不答或答错不得分。已知每道题3人中至少有2人答对,没有人得100分且任意2人总分都不相同,则最多有(　　)道题3人都答对。

　　A. 3　　　　　　B. 4　　　　　　C. 5　　　　　　D. 6

25. 某会展中心布置会场,从花卉市场购买郁金香、月季花、牡丹花三种花卉各20盆,每盆均用纸箱打包好装车运送至会展中心,再由工人搬运至布展区。若要保证搬出的鲜花中一定有郁金香,则要搬出的花卉盆数是( )盆。
   A. 20   B. 21   C. 40   D. 41

26. 某商品的进货单价为80元,销售单价为100元,每天可售出120件。已知销售单价每降低1元,每天可多售出20件。若要实现该商品的销售利润最大化,则销售单价应降低( )元。
   A. 5   B. 6   C. 7   D. 8

27. 如图所示,纸片ABC的形状为直角三角形,AB = 10厘米,BC = 8厘米。若将纸片沿AD折叠,直角边AC恰好与斜边AB重叠,则△ABD的面积为( )平方厘米。

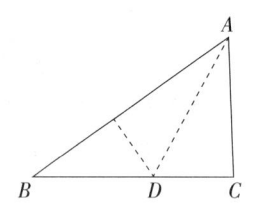

   A. 15   B. 16   C. 18   D. 21

28. 现有一种六角环柱状砖的模具,如图所示,内正六边形边长5厘米,外正六边形边长7厘米,高10厘米。那制作出来的六角环柱状砖体积为( )立方厘米。

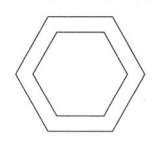

   A. 300   B. 360   C. $300\sqrt{3}$ D. $360\sqrt{3}$

29. 运输公司准备将475箱相同的救灾物资运往灾区。现在有足够多的大、小两种货车可供选择,大货车每辆最多可装载48箱物资,小货车每辆最多可装载32箱物资。每辆大货车配2名驾驶员,每辆小货车配1名驾驶员,目前公司有17名驾驶员可供派遣。若装载物资时,应先装满大货车,再依次装满小货车,且最后一辆小货车的装载率至少要达到$\frac{2}{3}$,则可选择的派车方案有( )种。
   A. 2   B. 3   C. 4   D. 5

30. 运动员小张在400米长的环形跑道上练习跑步,从早上8:00开始,假设他一直保持匀速,且速度为每分钟150米。小张按顺时针的方向出发,1分钟后调头,2分钟后又调头,如此,按照1、2、3、4……分钟后调头进行跑步练习。当小张按顺时针方向回到出发点,且正好需要调头时,结束跑步练习,则小张结束练习时的时间为( )。
   A. 9:45   B. 10:00   C. 10:15   D. 10:30

31. 不到30岁的哥哥今年的年龄正好是弟弟年龄的5倍,若干年后哥哥的年龄将是弟弟的4倍,再过若干年,哥哥的年龄将是弟弟的3倍,则今年两兄弟的年龄差是( )岁。
   A. 12   B. 13   C. 14   D. 15

32. 大学生创业主要集中在高科技、智力服务、连锁加盟和自媒体运营4个领域。某学院今年选择创业的大学毕业生不到50人,其中选择智力服务领域、连锁加盟领域和自媒体运营领域

的分别占 $\frac{1}{7}$、$\frac{1}{2}$ 和 $\frac{1}{3}$，那么该学院今年选择高科技领域的大学毕业生有（　　）人。

A. 1　　　　B. 3　　　　C. 5　　　　D. 7

33. 某柜台有甲、乙、丙、丁四个职员，在工作日四人轮流持有柜台钥匙，谁要是在星期一持有钥匙则要提前半小时到柜台。已知3月2日是星期五，甲在该天持有钥匙。问：甲下一次提前半小时到柜台是在哪天？（　　）

A. 3月12日　　B. 3月5日　　C. 3月26日　　D. 3月19日

34. 现调集一批医护人员支援疫区，其中有 $\frac{4}{7}$ 去往A地，余下的医护人员中 $\frac{5}{6}$ 去往B地，其余的医护人员去往C地。5天后，又从去往A地和C地的医护人员中调走 $\frac{1}{18}$ 去往D地，此时在A地和C地的医护人员有51人。问：此次共调集多少名医护人员支援疫区？（　　）

A. 72名　　B. 84名　　C. 96名　　D. 126名

35. 某灯光秀表演中，无人机群先排列成红、绿两个正方形实心方阵，然后融合并变换灯光，形成一个黄色的正方框形空心方阵。原红方阵最外侧每边有8架无人机，且原红方阵恰好可填满黄方阵的空心，原绿方阵最外侧每边的无人机数量比黄方阵少4架，则参加灯光秀表演的无人机共有（　　）架。

A. 260　　　　B. 233　　　　C. 196　　　　D. 185

36. 某物流公司引进了一套无人智能配货系统，购买系统的费用为80万元，维持系统正常运行的费用包括保养费用和维修费用两部分，每年的保养费用为1万元。该系统的维修费用为第1年1.2万元，第2年1.6万元，第3年2万元……依等差数列逐年递增，则该系统使用（　　）年报废最合算。

A. 15　　　　B. 18　　　　C. 20　　　　D. 22

37. 某社区计划组织志愿者为社区内的独居老人提供服务。按已有志愿者的数量，如果每位志愿者服务10位老人，则有5位老人无人提供服务，如果增加2位志愿者，则每位志愿者最多服务8位老人就能为所有老人提供服务。那么该社区最多有（　　）位独居老人。

A. 50　　　　B. 55　　　　C. 60　　　　D. 65

38. 某市一条大街长12 860米，从起点到终点共设有9个公交站，每两站间的距离均是整数，互不相同，不短于1 200米且不长于1 800米，各段距离至少相差50米，问：最长的一段距离至少为多少米？（　　）

A. 1 617米　　B. 1 618米　　C. 1 782米　　D. 1 783米

39. 某轮船总载重为300吨，若一次载重，只能搭载100辆小型车，20辆中型车，每减少1辆中型车可增加5辆小型车，已知小型车重量为1吨，中型车重量为4吨，且中型车不少于10辆，则该轮船实际载重量最多可达到（　　）吨。

A. 170　　　　B. 180　　　　C. 190　　　　D. 200

40. 有一瓶浓度为15%的盐水500克，每次加入34克浓度为60%的盐水，则至少加（　　）次该盐水，才能使这瓶盐水的浓度超过30%。

A. 6　　　　B. 7　　　　C. 8　　　　D. 9

☆答案及解析见下册P240~P252。

专项四 思维策略

考场真题还原

1. 图书馆每天早上 8 点钟开馆。在开馆之前,门口已经有一些学生在等候。假设每分钟到达图书馆的学生数量一致,在开馆后,如果同时开放 3 个通道,则 20 分钟后将不再有人排队;如果同时开放 4 个通道,则 10 分钟后将不再有人排队。如果同时开放 6 个通道,需要(　　)分钟才能使门口没有人排队。

A. 8 　　B. 5 　　C. 7 　　D. 10

2. 计算:$4758^2-4757×4761-4759^2+4758×4762=$(　　)。

A. 222 　　B. 2 222 　　C. 22 　　D. 2

3. 超市从周一到周日销售 A、B 两种水果,其中 A 水果每天的销量相同,B 水果每天的销量都是前一天的一半。已知周五 A、B 两种水果的销量之和为 320 千克,周六 A、B 两种水果的销量之和为 310 千克,则从周一到周日 A 水果总计比 B 水果多卖出(　　)千克。

A. 845 　　B. 1 465 　　C. 765 　　D. 525

4. 计算:$(1\frac{8}{33}+3\frac{8}{11}+13\frac{2}{3})÷(2\frac{16}{33}+7\frac{5}{11}+27\frac{1}{3})×60=$(　　)。

A. 60 　　B. 20 　　C. 10 　　D. 30

5. 100 个学生参加运动会的三个项目,每人至少参加其中一项,其中未参加 50 米短跑的有 50 人,未参加立定跳远的有 60 人,未参加跳高的有 70 人,则至少有(　　)个人参加了不止一个项目。

A. 10 　　B. 8 　　C. 11 　　D. 9

6. 令:(1)#+#+# = @ +@ ;(2)\$ + \$ + \$ = @ +@ +@ ;(3)#+@ +@ + \$ = 60;则:#+@ + \$ -8 = (　　)。

A. 36 　　B. 35 　　C. 38 　　D. 37

7. 计算:327×328+329×330-2×328×329 = (　　)。

A. 2 　　B. 0 　　C. 1 　　D. 3

8. 如下图所示,每个小正方形的边长都是 1,那么,阴影部分的面积是(　　)。

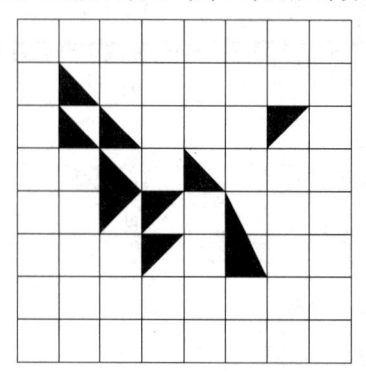

A. 4 　　B. 5 　　C. 4.5 　　D. 5.5

9. 甲、乙、丙三个班级分别每隔7、9、11天做一次大扫除,如果某个周二三个班级同时做了大扫除,则下次三个班级同时做大扫除是在周(　　)。
A. 二　　　　　B. 三　　　　　C. 四　　　　　D. 五

10. 如下图所示,分别在问号处填入一个自然数,使得每条边三个数字之和为24,则填入的三个数字的和是(　　)。

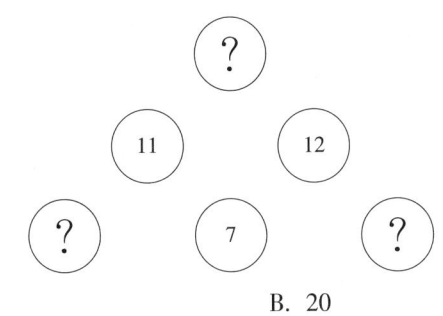

A. 22　　　　　　　　　　　　　B. 20
C. 21　　　　　　　　　　　　　D. 23

11. 计算:$1+\cfrac{1}{1+\cfrac{1}{1+\cfrac{1}{1+\cfrac{1}{7}}}}$=(　　)。

A. $\dfrac{38}{61}$　　　B. $\dfrac{23}{38}$　　　C. $\dfrac{61}{38}$　　　D. $\dfrac{38}{23}$

12. 有4个零件,它们的重量各不相同,且平均重量是20克。在记录时,小刘不小心将其中一个零件的重量记错了,他颠倒了这个零件重量的个位和十位数字。已知该零件的真实重量是一个两位数,且十位、个位都不是零。记错后,4个零件的平均重量是29克,那么,这个零件的真实重量可能是(　　)克。
A. 15　　　　　B. 52　　　　　C. 93　　　　　D. 39

13. 计算:一个自然数能被3整除,它除以5余数是2,且知道这个自然数比200大,但小于220。由此推知,这个自然数各位数字之和是(　　)。
A. 10　　　　　B. 9　　　　　C. 7　　　　　D. 8

14. 如下图所示,4个大小相同的立方体堆叠在一起,它们6个面的数字分别为1、2、3、4、5、6,且位置都一样。那么,组合体表面看得见的数字之和是(　　)。

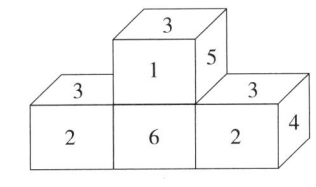

A. 27　　　　　B. 33　　　　　C. 55　　　　　D. 45

15. $\cfrac{3\times\dfrac{2}{2}+4\times\dfrac{4}{3}+5\times\dfrac{6}{4}+6\times\dfrac{8}{5}}{10+\dfrac{1}{2}+\dfrac{2}{3}+\dfrac{3}{4}+\dfrac{4}{5}}+2\,022$=(　　)。

A. 2 022　　　　B. 2 024　　　　C. 2 023　　　　D. 2 025

16. 有7种不同颜色的小球,数量分别为4、7、8、9、10、12、15个,将它们都放在同一个盒子里,那么拿到相同颜色的球最多需要的次数为( )次。

A. 7   B. 8   C. 15   D. 16

17. 计算:$203^{2023}+204^{2023}+205^{2023}$ 的个位数是( )。

A. 7   B. 5   C. 6   D. 4

18. 计算:$(2654+4226+6542+5465)\div(7595+6979+9766+5657)\times(5+6+7+9)\div(2+4+5+6)+2=$( )。

A. 4   B. 5   C. 2   D. 3

19. 某团支部有88人,共举办了三次活动,已知所有人都参加了活动,第一、第二、第三次活动的参加人数分别为52、48、68人,则同时参加三次活动的人数至多为( )人。

A. 45   B. 32   C. 35   D. 40

20. 小明手上有长度分别为1、2、3……9长的木棍各一根,在不折断木棍的条件下从中选用若干根组成正方形,可组成( )种边长不同的正方形。

A. 5   B. 4   C. 7   D. 6

21. 小赵下班时,时钟显示是6时多,回到家后却发现家里的时钟时间和下班时办公室的时钟时间相同,才明白自己下班时把时针和分针看反了。已知小赵平时下班回家的路程不会超过1小时。今天小赵下班回家用了( )分钟。

A. 55   B. 59   C. 50   D. 48

22. 某超市一周年庆典开展优惠活动。如果消费不满150元,则商品按照9折收费;如果超过150元,则150元内的商品按照9折优惠,150元以外的商品按照8折优惠。小李第一次购物消费72元,第二次消费155元。如果小李一次购买所有商品可以节省( )元。

A. 11.5   B. 10.5   C. 8   D. 7

23. 计算:$3.203\times450+4.323\times560+64.06\times27.5+86.46\times22=$( )。

A. 8626   B. 3203   C. 7526   D. 6406

24. 已知 $1^3+2^3+3^3+\cdots+n^3=(1+2+3+\cdots+n)^2$,则 $1^3+3^3+5^3+\cdots+29^3=$( )。

A. 101025   B. 102227   C. 102867   D. 103675

25. 计算:$\dfrac{89^2+99^2+378}{181}=$( )。

A. 100   B. 10000   C. 10   D. 1000

巩固提升训练

1. $2014\times99889988-20142014\times9988=$( )。

A. 102   B. 1   C. 100   D. 0

2. $8989-1111-2222-3333=$( )。

A. 2323   B. 2324   C. 2312   D. 2311

3. $100000-79999-7999-799-79-7=$( )。

A. 12117   B. 11117   C. 11111   D. 11110

4. $(1+\frac{1}{2})\times(1-\frac{1}{2})\times(1+\frac{1}{3})\times(1-\frac{1}{3})\times\cdots\times(1+\frac{1}{100})\times(1-\frac{1}{100})$的值为（　　）。

A. $\frac{101}{100}$　　　　B. $\frac{101}{200}$　　　　C. $\frac{101}{300}$　　　　D. $\frac{201}{400}$

5. $\frac{2\ 017\times 2\ 017-2\ 018\times 2\ 016}{1\ 987\times 1\ 989-1\ 988\times 1\ 988}=$（　　）。

A. -1　　　　B. 1　　　　C. 20　　　　D. -20

6. $a\odot b=4a+3b$，若$5\odot(6\odot x)=110$，则x的值为（　　）。

A. 5　　　　B. 4　　　　C. 3　　　　D. 2

7. $(102+104+\cdots+200)-(101+103+\cdots+199)=$（　　）。

A. 50　　　　B. 150　　　　C. 5　　　　D. 25

8. $(1-\frac{1}{2^2})\times(1-\frac{1}{3^2})\times(1-\frac{1}{4^2})\times\cdots\times(1-\frac{1}{2\ 009^2})\times(1-\frac{1}{2\ 010^2})=$（　　）。

A. 1　　　　B. $\frac{1}{2}$　　　　C. $\frac{1}{2\ 010}$　　　　D. $\frac{2\ 011}{4\ 020}$

9. $7^{2\ 010}+8^{2\ 012}$的个位数是（　　）。

A. 3　　　　B. 5　　　　C. 7　　　　D. 9

10. $1!+2!+3!+\cdots+2\ 010!$的个位数是（　　）。

A. 1　　　　B. 3　　　　C. 4　　　　D. 5

11. $\frac{3\times 4+12\times 16+24\times 32+48\times 64}{1+4^2+8^2+16^2}=$（　　）。

A. 11　　　　B. 14　　　　C. 12　　　　D. 13

12. $\frac{4}{1\times 2\times 3}+\frac{5}{2\times 3\times 4}+\frac{6}{3\times 4\times 5}+\cdots+\frac{11}{8\times 9\times 10}=$（　　）。

A. $\frac{1}{15}$　　　　B. $\frac{17}{15}$　　　　C. $\frac{2}{15}$　　　　D. 15

13. $\frac{51}{76}\div\frac{204}{138}\div\frac{184}{228}$的值与下列哪个数最接近？（　　）

A. 0.45　　　　B. 0.5　　　　C. 0.55　　　　D. 0.6

14. 计算$110.1^2+1\ 210.3^2+1\ 220.4^2+1\ 260.8^2$的值为（　　）。

A. 4 555 940.8　　　　B. 4 555 940.9　　　　C. 4 555 941.18　　　　D. 4 555 940.29

15. $\frac{1}{1+2+3+4+5}+\frac{1}{1+2+3+4+5+6}+\cdots+\frac{1}{1+2+3+4+5+6+\cdots+21}=$（　　）。

A. $\frac{29}{130}$　　　　B. $\frac{23}{99}$　　　　C. $\frac{17}{55}$　　　　D. $\frac{19}{110}$

16. 礼品包装流水线上有四个员工，甲每小时包装的礼品盒数量是乙的5倍还多5个，是丙的4倍还多4个，是丁的6倍还多6个，那么他们中工作效率最低的员工每小时最少包装（　　）个礼品盒。

A. 11　　　　B. 14　　　　C. 9　　　　D. 6

17. 现有一银行，拿出一定数量的资金A用于储户取用，同时每天又会有固定的资金存入银行用于储户的提取。假设每位客户每天取钱的数目相同，如果每天有10位客户，那么这笔钱

A 从开始到取完足够支撑 20 天,如果每天有 15 位客户取钱,则可以支撑 10 天。如果每天有 25 位客户取钱,则这笔钱 A 可以支撑( )天。

A. 8　　　　　　B. 4　　　　　　C. 6　　　　　　D. 5

18. 三名教练都在某健身中心兼职任教,小张说:"我每隔 1 天就能去上一次课。"小李说:"我每隔 4 天去一次。"小王说:"我每隔 6 天去一次。"如果 3 人 7 月 1 日在健身中心相遇,那么最快在( )他们会再次相遇。

A. 8 月 25 日　　B. 8 月 26 日　　C. 9 月 8 日　　D. 9 月 9 日

19. 海关查验了 10 箱唇膏,每箱里有 100 支,已知其中一支是高仿品,但是从外观上看不出来任何区别,正品唇膏一支 4 克,仿品一支 3.8 克,如果要确定哪箱中有高仿品,至少要用天平称( )次。

A. 4　　　　　　B. 3　　　　　　C. 1　　　　　　D. 6

20. A、B、C、D、E 五支排球队进行比赛,每两个队伍之间只能进行一场比赛,已知 A 队比赛了 4 场,B 队比赛了 2 场,C 队比赛了 1 场,D 队比赛了 3 场,那么,E 队已比赛了( )场。

A. 0　　　　　　B. 2　　　　　　C. 1　　　　　　D. 3

21. 山顶观景台是热门景点,每天 9:00 开放,最多可容纳 100 名游客,入口每分钟通过人数为 20 人,出口每分钟通过人数为 15 人,假设每人在观景台停留 2 分钟,则( )开始,观景台上人数达到饱和状态。

A. 9:10　　　　B. 9:14　　　　C. 9:18　　　　D. 9:20

22. 小明和姐姐用 2023 年的台历做游戏,他们将 12 个月每一天的日历一一揭下,背面朝上放在一个盒子里,姐姐让小明一次性帮她抽出一张任意月份的 30 号或者 31 号。问:小明一次至少应抽出多少张日历,才能保证满足姐姐的要求?( )

A. 346 张　　　B. 347 张　　　C. 348 张　　　D. 349 张

23. 3 元一瓶汽水,每两个空瓶可以等价交换一瓶汽水,小明一共有 50 元,那么他最多可以喝( )瓶汽水。

A. 32　　　　　B. 29　　　　　C. 37　　　　　D. 27

24. 若有外观大小相同的 3 枚硬币,其中一枚是轻一些的假币,用天平至少称( )次,就能保证找出假币。

A. 1　　　　　　B. 2　　　　　　C. 3　　　　　　D. 4

25. 某市服务行业举行业务技能大赛,共有 170 多人参赛,其中东区的参赛人数比西区的 2 倍多 1 人,南区的参赛人数比北区多 20%,西区的参赛人数占总人数的 $\frac{1}{7}$,则参赛人数最多的区有( )人参赛。

A. 55　　　　　B. 57　　　　　C. 54　　　　　D. 51

☆答案及解析见下册 P252~P257。

专项五 资料分析

考场真题还原

一、根据以下资料,回答1~5题。

【数据一】

经初步核算,我国2023年一季度生产总值(GDP)核算结果如下:

	绝对额(亿元)	比上年同期增长
GDP	284 997	4.5%
第一产业	11 575	3.7%
第二产业	107 947	3.3%
第三产业	165 475	5.4%
农林牧渔业	12 257	3.8%
#工业	94 823	2.9%
制造业	79 567	2.8%
建筑业	13 574	6.7%
批发和零售业	27 667	5.5%
交通运输、仓储和邮政业	12 092	4.8%
住宿和餐饮业	4 511	13.6%
金融业	26 640	6.9%
房地产业	19 611	1.3%
信息传输、软件和信息技术服务业	13 520	11.2%
租赁和商务服务业	9 692	6.0%
其他行业	50 611	4.0%

注:1. 绝对额按现价计算,增长速度按不变价计算。
2. 三次产业分类依据国家统计局2018年修订的《三次产业划分规定》。
3. 行业分类采用《国民经济行业分类(GB/T 4754-2017)》。
4. 本表GDP总量数据中,有的不等于各产业(行业)之和,这是由数值修约误差所致,未作机械调整。

【数据二】

2023年一季度M省生产总值为13 374.7亿元,按可比价格计算,同比增长3.8%。其中,第一产业增加值为840.1亿元,增长3.3%;第二产业增加值为4 579.8亿元,下降0.9%;第三产业增加值为7 954.8亿元,增长6.7%。

一季度,主要农作物生产良好,初步统计,蔬菜及食用菌产量 1 075.4 万吨,同比增长 3.8%;瓜果产量 10.4 万吨,增长 5.5%。生猪产能持续释放,生猪出栏 1 662.8 万头,增长 1.4%。牛羊禽生产稳定,牛出栏 89.2 万头,同比增长 5.2%;羊出栏 431.2 万只,增长 2.4%;家禽出栏 1.9 亿只,增长 1.3%。水产品稳定增长,水产品总产量 42.7 万吨,同比增长 3.4%。

一季度,全省规模以上工业增加值同比增长 0.4%。规模以上工业企业产品销售率为 96.1%。

分经济类型看,国有企业增加值同比增长 0.3%,集体企业下降 38.9%,股份制企业增长 0.7%,外商及港澳台商投资企业增长 2.8%。

分行业看,41 个大类行业中有 17 个行业增加值保持增长。其中,黑色金属冶炼和压延加工业同比增长 20.2%,电气机械和器材制造业增长 17.0%,石油和天然气开采业增长 9.1%,电力、热力生产和供应业增长 9.0%。

分产品产量看,汽油产量同比增长 17.6%,发电量增长 11.5%,天然气增长 5.7%,钢材增长 21.8%,生铁增长 5.6%,啤酒下降 4.7%。

1~2 月,规模以上工业企业实现利润总额 696.2 亿元,同比下降 1.7%。

第三产业增加值同比增长 6.7%。其中,批发和零售业增加值增长 4.6%,交通运输、仓储和邮政业增长 4.6%,住宿和餐饮业增长 7.3%,金融业增长 8.9%,房地产业增长 0.5%,信息传输、软件和信息技术服务业增长 7.7%。

1. M 省一季度生产总值在全国总量中的比重大约是(　　)。
A. 4.7% B. 7.2%
C. 6.3% D. 5.2%

2. M 省一季度生产总值同比增速较全国增速(　　)。
A. 低 0.7 个百分点 B. 低 0.3 个百分点
C. 数据不足,难以判断 D. 高 0.8 个百分点

3. M 省一季度生产总值中,第三产业所占比重与全国的相比,情况是(　　)。
A. 低了约 0.4 个百分点 B. 高了约 1.4 个百分点
C. 高了约 0.4 个百分点 D. 低了约 1.4 个百分点

4. 下列关于全国经济情况的判断中,正确的有(　　)。
(1)一季度较去年同期呈增长趋势,特别是第三产业,增速最快。
(2)分行业看,与人口流动有关的住宿、餐饮业呈快速增长势头,但房地产业仍未实现增长。
A. 两项判断都不正确 B. 两项判断都正确
C. 仅(2)正确 D. 仅(1)正确

5. 下列关于 M 省一季度生产总值情况的判断中,正确的有(　　)。
(1)该省农业产值所占比重超过三成,工业仍是该省的主要经济形态。
(2)该省工业增加值增长缓慢,有待于出台企业帮扶措施,刺激经济恢复发展。
(3)三产中,增长最好的是第三产业,而第三产业中,增长最好的是金融业。
A. 三项都正确 B. 只有(1)和(3)
C. 只有(1)和(2) D. 只有(2)和(3)

二、根据以下资料,回答 6~10 题。

2022 年,全国研究与试验发展(R&D)经费支出 30 870 亿元,首次突破 3 万亿元,比上年增

长10.4%,连续7年保持两位数增长率;R&D经费与GDP之比为2.55%,比上年提升0.12个百分点。其中,基础研究经费1 951亿元。全年授予专利权432.3万件,比上年下降6.0%。截至年末,有效专利1 787.9万件,其中境内有效发明专利328.0万件。每万人口高价值发明专利拥有量9.4件。全年商标注册617.7万件,比上年下降20.2%。全年共签订技术合同77万项,技术合同成交金额47 791亿元,比上年增长28.2%。

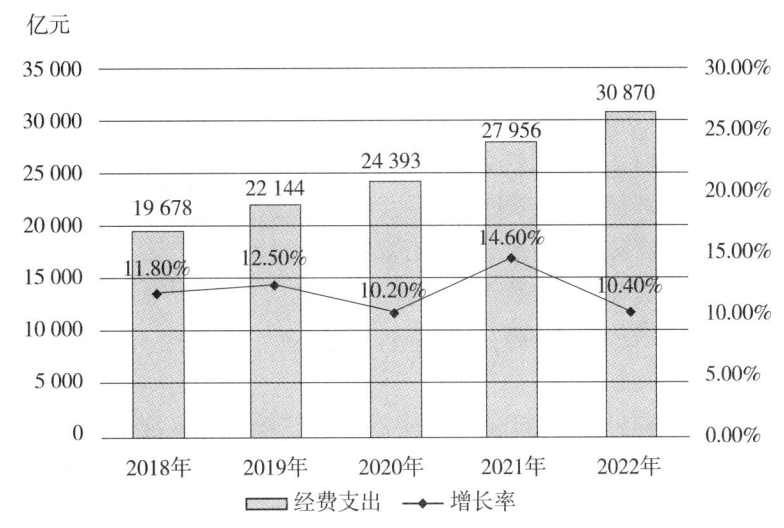

2018—2022年研究与试验发展(R&D)经费支出及其增长速度

2022年专利授权和有效专利情况

指标	专利数(万件)	比上年增长
专利授权数	432.3	-6.0%
其中:境内专利授权	418.7	-5.9%
其中:发明专利授权	79.8	14.7%
其中:境内发明专利授权	68.9	19.2%
年末有效专利数	1 787.9	15.9%
其中:境内有效专利	1 671.9	17.0%
其中:有效发明专利	421.2	17.1%
其中:境内有效发明专利	328.0	21.3%

6. 2021年,我国的国内生产总值约为(　　)万亿元。

　　A. 115　　　　　　　　　　　　B. 121

　　C. 131　　　　　　　　　　　　D. 101

7. 若保持2022年的增长幅度,则我国的研究与试验发展经费支出将在(　　)年超过4万亿元。

　　A. 2024　　　　　　　　　　　　B. 2025

　　C. 2027　　　　　　　　　　　　D. 2026

8. 2022年末,我国境外有效专利数与境内有效专利数的比值约为( )。
   A. 0.12
   B. 0.07
   C. 0.1
   D. 0.03

9. 2022年,专利授权数、发明专利授权数、商标注册量、技术合同成交金额四项统计指标中,较上年负增长的有( )项。
   A. 3
   B. 2
   C. 1
   D. 4

10. 根据上述资料,下列包含关系正确的是( )。
    A. 有效专利数⊇境内有效专利数⊇境内专利授权数
    B. 基础研究经费⊇研究与试验发展经费
    C. 有效专利数⊇有效发明专利数⊇境内有效发明专利数
    D. 专利授权数⊇发明专利授权数⊇境内专利授权数

三、根据以下资料,回答11~15题。

1. 市场规模

巧克力,原产中南美洲。其主要原料可可豆产于赤道南北纬18度以内的狭长地带。作饮料时,常称为"热巧克力"或可可亚。巧克力由多种原料混合而成,但其风味主要取决于可可本身的滋味。可可中含有可可碱和咖啡碱,可带来令人愉快的苦味,经过精湛的加工工艺,巧克力不仅可以保持可可独有的滋味并且让它更加和谐、愉悦和可口。

全球巧克力市场规模整体呈上升趋势,2021年有所下滑,市场规模为1 066亿美元。

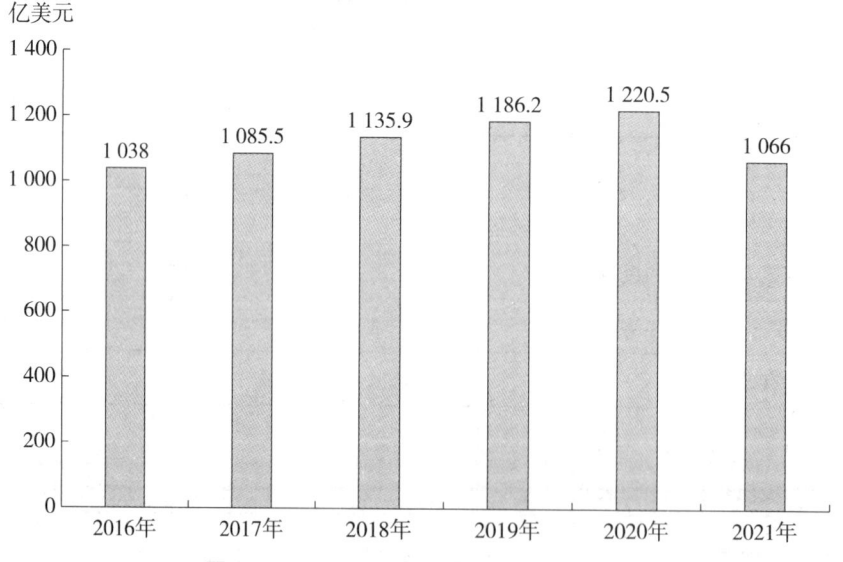

亿美元

年份	市场规模
2016年	1 038
2017年	1 085.5
2018年	1 135.9
2019年	1 186.2
2020年	1 220.5
2021年	1 066

图1 2016—2021年全球巧克力市场规模

中国巧克力销量整体处于下滑的态势。一方面是由于不断丰富的零食品牌在一定程度上分流了巧克力市场,另一方面是由于人们对健康的关注度加深。巧克力大多含有过多的糖分、热量和脂肪,不利于健康。2021年中国巧克力销量约为25.16万吨,预计2022年下滑至25.11万吨。

2. 中国巧克力进出口情况

中国可可及巧克力食品进口金额大于出口金额,且进口量整体呈上升趋势,2022年上半年

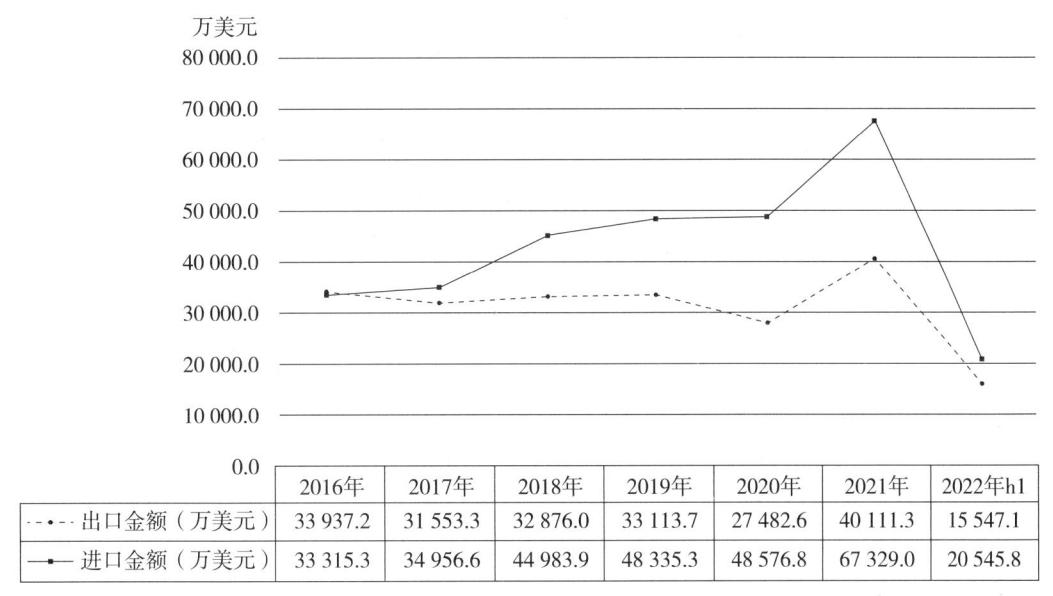

的出口金额为 15 547.1 万美元，进口金额为 20 545.8 万美元。

	2016年	2017年	2018年	2019年	2020年	2021年	2022年h1
出口金额（万美元）	33 937.2	31 553.3	32 876.0	33 113.7	27 482.6	40 111.3	15 547.1
进口金额（万美元）	33 315.3	34 956.6	44 983.9	48 335.3	48 576.8	67 329.0	20 545.8

图 2　2016—2022 上半年中国可可及巧克力食品进出口金额

我国从意大利、俄罗斯、比利时三国进口的可可及巧克力食品占比达到 46%。比利时在 1983 年创建了汉密巧克力品牌，致力于将比利时最好的哈顿巧克力展现在世人面前。85% 的产品出口到全球 60 多个国家，产品种类包括雅致综合巧克力、12 星座心形巧克力、黑松露巧克力。30 年前由 Guy 和 Liliane Foubert 创立的吉利莲，是目前比利时最大的盒装巧克力生产商，每天生产 75 吨高品质的巧克力，销往全球 132 个国家。中国可可及巧克力食品主要出口至中国香港、菲律宾、美国等地区。

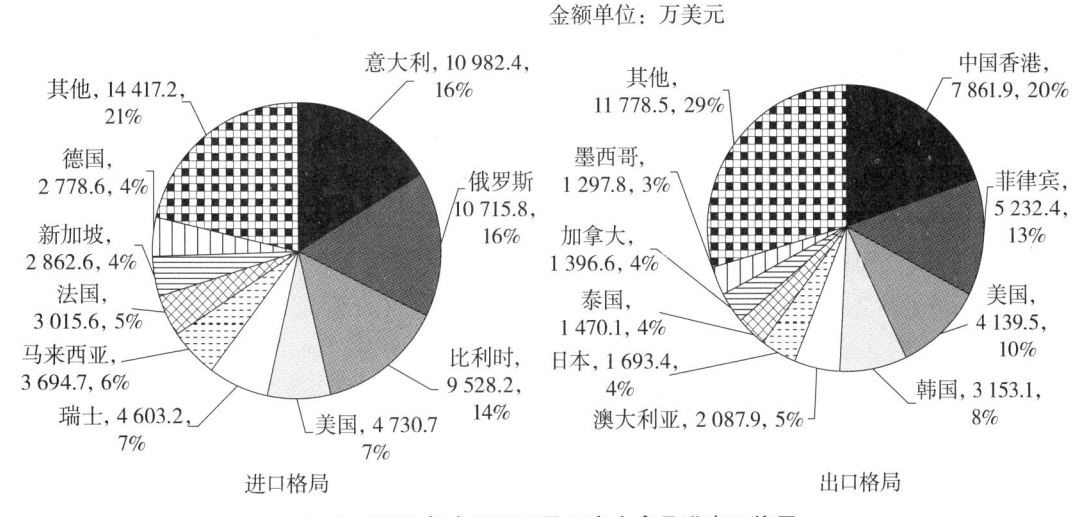

金额单位：万美元

进口格局：其他 14 417.2, 21%；意大利 10 982.4, 16%；俄罗斯 10 715.8, 16%；比利时 9 528.2, 14%；美国 4 730.7, 7%；瑞士 4 603.2, 7%；马来西亚 3 694.7, 6%；法国 3 015.6, 5%；新加坡 2 862.6, 4%；德国 2 778.6, 4%

出口格局：其他 11 778.5, 29%；中国香港 7 861.9, 20%；菲律宾 5 232.4, 13%；美国 4 139.5, 10%；韩国 3 153.1, 8%；澳大利亚 2 087.9, 5%；日本 1 693.4, 4%；泰国 1 470.1, 4%；加拿大 1 396.6, 4%；墨西哥 1 297.8, 3%

图 3　2021 年中国可可及巧克力食品进出口格局

上海市是中国进口可可及巧克力食品最多的地区，2021 年达到 29 616 万美元。在巧克力消费方面，上海堪称中国的前沿阵地，上海巧克力市场约占全国市场容量的 15%。其次为广东省，进口金额达到 16 005 万美元。

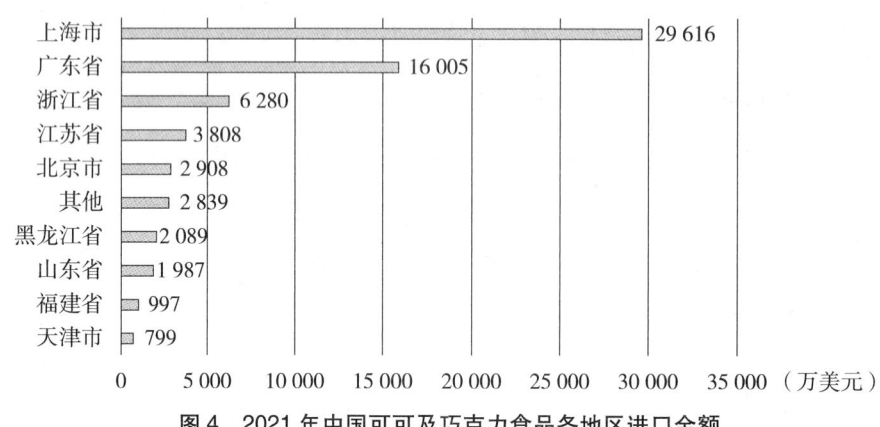

```
上海市               ██████████████████████ 29 616
广东省         ████████████ 16 005
浙江省      ████ 6 280
江苏省     ██ 3 808
北京市     █ 2 908
其他       █ 2 839
黑龙江省   █ 2 089
山东省     █ 1 987
福建省     █ 997
天津市       799
       0   5 000  10 000  15 000  20 000  25 000  30 000  35 000（万美元）
```

图 4　2021 年中国可可及巧克力食品各地区进口金额

11. 2021年全球巧克力市场规模增速比上年(　　)。

A. 下降 9.77 个百分点　　　　　　　B. 下降 15.55 个百分点

C. 下降 15.55%　　　　　　　　　　D. 下降 9.77%

12. 2019—2021 年中国可可及巧克力食品进出口金额合计为(　　)万美元。

A. 301 041.6　　B. 100 707.6　　C. 264 948.7　　D. 164 241.1

13. 2021 年中国出口至美国的可可及巧克力食品以及从美国进口的可可及巧克力食品金额合计为(　　)万美元。

A. 8 887.2　　B. 9 224.2　　C. 8 870.2　　D. 8 742.7

14. 2021 年上海市可可及巧克力食品进口金额比北京市多约(　　)倍。

A. 36.07　　B. 37.07　　C. 9.18　　D. 10.18

15. 根据文章下列说法中错误的是(　　)。

A. 2022 年中国巧克力销量上升至 25.11 万吨

B. 2021 年在可可及巧克力食品进口金额方面,广东和浙江分列第二、第三位

C. 巧克力的主要原料是可可豆

D. 汉密和吉利莲都是比利时巧克力品牌

四、根据以下资料,回答 16~20 题。

2021 年 X 市都市型现代农业生态服务价值年值为 3 923.30 亿元,同比增长 12.9%;贴现值为 12 146.52 亿元,同比增长 11.2%。

从构成农业生态服务价值年值的三个部分看:直接经济价值为 381.23 亿元,同比增长 10.8%。2021 年,在粮食与蔬菜生产快速增长的带动下,全市农林牧渔业总产值增速由负转正,按可比价计算,同比增长 2.8%,实现自 2014 年以来首次增长。供水价值同比增长 38.4%,一是由于河湖补水量大幅增加,2021 年 X 市利用降水量较多的有利时机,大幅增加河湖补水量,改善河湖水生态,河湖补水量同比增长 110.2%;二是受 2020 年南水北调工程停水检修影响,南水北调供水量基数较低,2021 年南水北调供水量同比增长 45.5%。

间接经济价值为 1 095.78 亿元,同比增长 21.9%。2021 年,随着疫情防控常态化,文化旅游活动逐步恢复,X 市旅游总收入同比增长 43.0%,恢复至 2019 年的 66.9%;其中,休闲农业和乡村旅游收入同比增长 30.4%,恢复至 2019 年的 86.6%。

生态与环境价值为 2 446.28 亿元,同比增长 9.5%。其中,水源涵养(存蓄)价值同比增长 25.6%,拉动生态与环境价值增长 4.8 个百分点。2021 年,全市降水量较为丰沛,全年累计降水

量同比增长76.1%,湿地水源涵养(存蓄)量大幅提升。此外,其他各项功能价值均稳步增长。2021年,全市绿化建设力度进一步加大,新增造林绿化面积16万亩、城市绿地400公顷,全市森林覆盖率达到44.6%,比上年提高0.2个百分点;城乡宜居环境稳步提升,公园绿地500米服务半径覆盖率达到87.8%。水生态持续改善,市优良水体比例达到75.7%,永定河综合治理与生态修复扎实推进,全市河流、水库等健康水体占比达85.8%,主要河流成为候鸟迁徙重要廊道。

2021年X市都市型现代农业生态服务价值及增速表

指标名称	年值 2021年(亿元)	年值 比上年增长	贴现值 2021年(亿元)	贴现值 比上年增长
都市型现代农业生态服务价值	3 923.30	12.9%	12 146.52	11.2%
一、直接经济价值	381.23	10.8%	381.23	10.8%
1. 农林牧渔业总产值	269.51	2.8%	269.51	2.8%
2. 供水价值	111.72	38.4%	111.72	38.4%
二、间接经济价值	1 095.78	21.9%	1 095.78	21.9%
1. 文化旅游服务价值	627.33	44.5%	627.33	44.5%
2. 水力发电价值	10.53	20.5%	10.53	20.5%
3. 景观增值价值	457.92	0.5%	457.92	0.5%
三、生态与环境价值	2 446.28	9.5%	?	10.2%
其中:气候调节价值	837.69	8.3%	2 639.21	8.2%
水源涵养(存蓄)价值	531.28	25.6%	661.20	21.7%
环境净化价值	135.74	13.7%	1 131.52	10.5%
生物多样性价值	688.07	1.8%	3 252.48	8.3%
防护与减灾价值	234.91	4.2%	1 801.29	12.5%
土壤保持价值	2.77	83.5%	11.60	41.1%
土壤形成价值	15.81	10.4%	332.02	10.4%

注:1. 年值即年产出价值,是指一年内所产出的都市型现代农业生态服务价值。

2. 贴现值是将未来n(n趋于无穷)年所产生的生态与环境价值(年值)进行折现后,再与直接经济价值和间接经济价值相加得到的总价值。目前该体系只对森林生态系统的生态与环境价值进行了贴现,贴现率取值为5%。

16. 2021年该市都市型现代农业生态服务年值较去年增加了约( )亿元。

A. 448.28　　　　B. 541.69　　　　C. 695.65　　　　D. 325.61

17. 根据资料可知,生态与环境价值的2021年贴现值是( )亿元。

A. 10 669.51　　B. 11 245.85　　C. 9 845.23　　D. 12 458.98

18. 2021年该市都市型现代农业生态服务价值年值构成中,直接经济年值的占比是( )。

A. 10.2%　　　　B. 9.7%　　　　C. 12.6%　　　　D. 11.3%

19. 从资料看,下列哪些因素有利于提升生态与环境价值?(　　)
(1)降水增加　　　(2)河流水质提升　　　(3)市区绿化面积增加
A. 只有(1)和(3)　　B. 只有(1)和(2)　　C. 三项都是　　D. 只有(2)和(3)

20. 2021年该市都市型现代农业生态服务价值中的间接经济价值主要由哪一项拉动?(　　)
A. 水力发电　　B. 农林牧渔　　C. 文化旅游服务　　D. 景观增值

五、根据以下资料,回答21~25题。

2020年5月,社会消费品零售总额31 973亿元,同比下降2.8%(扣除价格因素实际下降3.7%,以下除特殊说明外均为名义增长),降幅比上月收窄4.7个百分点。其中,除汽车以外的消费品零售额28 597亿元,同比下降3.5%。1~5月,社会消费品零售总额138 730亿元,同比下降13.5%,其中,除汽车以外的消费品零售额125 946亿元,同比下降13.0%。2020年5月社会消费品零售总额主要数据如下表所示。

2020年5月社会消费品零售总额主要数据

指标	5月		1~5月	
	绝对量(亿元)	同比增长	绝对量(亿元)	同比增长
社会消费品零售总额	31 973	−2.8%	138 730	−13.5%
其中:除汽车以外的消费品零售额	28 597	−3.5%	125 946	−13.0%
其中:限额以上单位消费品零售额	11 664	1.3%	49 317	−12.7%
其中:实物商品网上零售额	—	—	33 739	11.5%
按经营地分				
城镇	27 881	−2.8%	120 294	−13.5%
乡村	4 092	−3.2%	18 437	−13.0%
按消费类型分				
餐饮收入	3 013	−18.9%	11 346	−36.5%
其中:限额以上单位餐饮收入	645	−15.4%	2 434	−33.9%
商品零售	28 959	−0.8%	127 384	−10.6%
其中:限额以上单位商品零售	11 020	2.5%	46 884	−11.2%
粮油、食品类	1 160	11.4%	6 206	13.4%
饮料类	183	16.7%	819	8.5%
烟酒类	283	10.4%	1 392	−6.3%
服装鞋帽、针纺织品类	1 018	−0.6%	4 067	−23.5%
化妆品类	270	12.9%	1 149	−4.9%
金银珠宝类	203	−3.9%	785	−26.8%
日用品类	525	17.3%	2 311	2.5%
家用电器和音像器材类	738	4.3%	2 746	−18.4%
中西药品类	431	7.3%	2 077	4.9%
文化办公用品类	238	1.9%	1 162	−0.3%
家具类	134	3.0%	495	−17.5%
通信器材类	380	11.4%	1 831	2.3%

(续表)

指标	5月		1~5月	
	绝对量(亿元)	同比增长	绝对量(亿元)	同比增长
石油及制品类	1 448	-14.0%	6 443	-19.6%
汽车类	3 376	3.5%	12 785	-17.0%
建筑及装潢材料类	146	1.9%	552	-14.3%

注：1. 此表速度均为未扣除价格因素的名义增速。
   2. 此表中部分数据因四舍五入,存在总计与分项合计不等的情况。

21. 2020年1~5月,粮油、食品类商品零售额同比增加(　　)亿元。
   A. 733.3　　　B. 334.3　　　C. 224.2　　　D. 674.5

22. 2020年5月,下列四类商品零售中,同比降幅高于商品零售的是(　　)。
   A. 金银珠宝类　　　　　　　B. 服装鞋帽、针纺织品类
   C. 文化办公用品类　　　　　D. 烟酒类

23. 2019年5月,城镇消费品零售额比乡村消费品零售额约多(　　)倍。
   A. 5　　　B. 4　　　C. 8　　　D. 6

24. 2020年1~5月,非限额以上单位餐饮月均收入为(　　)亿元。
   A. 1 566.4　　　B. 2 770.4　　　C. 2 530.4　　　D. 1 782.4

25. 根据上述给定资料,下列表述错误的是(　　)。
   A. 2020年1~5月,所有商品零售类别中粮油、食品类增速最高
   B. 2020年5月,建筑及装潢材料类的零售额同比增长不多于5亿元
   C. 2020年5月,限额以上单位消费品零售额占社会消费品零售总额的三成以上
   D. 2020年1~5月,实物商品网上零售额占社会消费品零售总额的比重低于20%

六、根据以下资料,回答26~30题。

近几年,我市茶产业受到外在因素的冲击,面临一些困难,主要表现在茶树种植规模不大、茶叶线下销售经营不畅等。为改变这一现状,我市出台系列政策文件,助推茶产业进一步发展壮大。

截至2022年年底,全市种植茶园面积18.14万亩,较去年有大幅增长,同时,茶叶产量也有相应增长,但新种植茶苗,需要经过2~3年的生长,才可以采摘新茶。

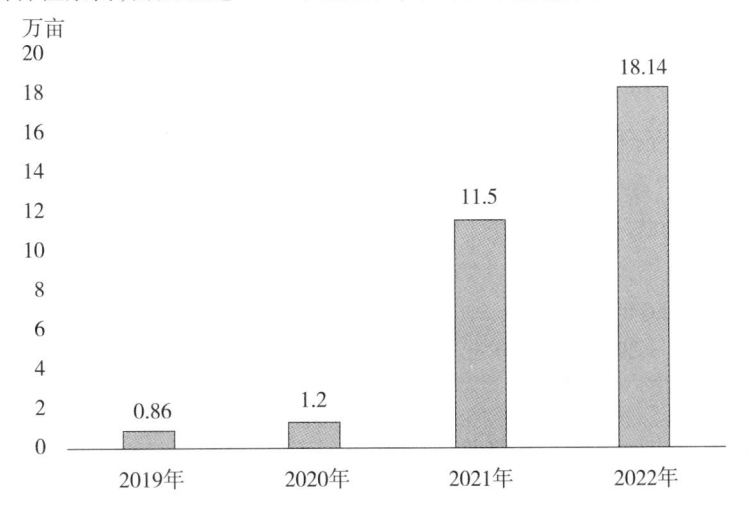

图1　2019—2022年年末我市茶园面积

万吨

```
           421
      389
  325
230
```

2019年   2020年   2021年   2022年

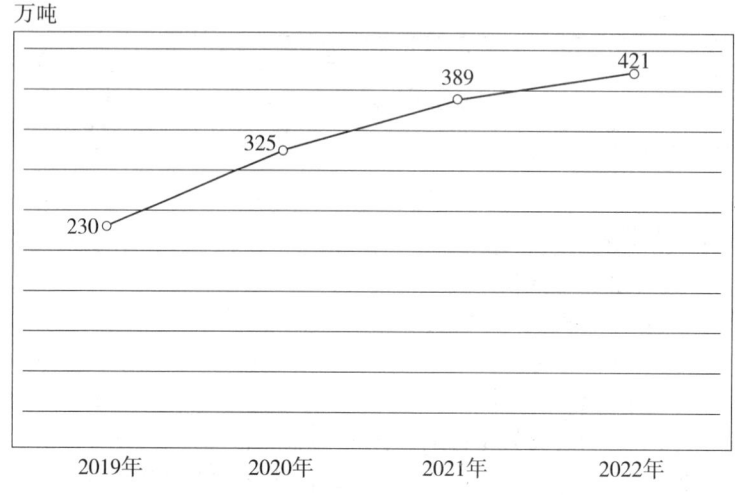

图 2 2019—2022 年年末我市茶叶产量

我市将积极推进茶产业建设,主要措施是:(1)实施生态科学规划茶园布局,坚持适区适种、适品适种,突出优势和特色,在全市最宜区建设生态茶园。(2)加快良种茶苗选育繁育,加强全市茶苗繁育规划,统筹做好全市苗圃基地建设,保障茶苗调度供应。(3)推动茶文旅融合发展,围绕茶叶的生态优势功能、经济功能、健康功能、文化功能,积极探索"茶旅+民宿""茶旅+研学""茶旅+康养"等新业态,全力推进茶文旅融合发展。

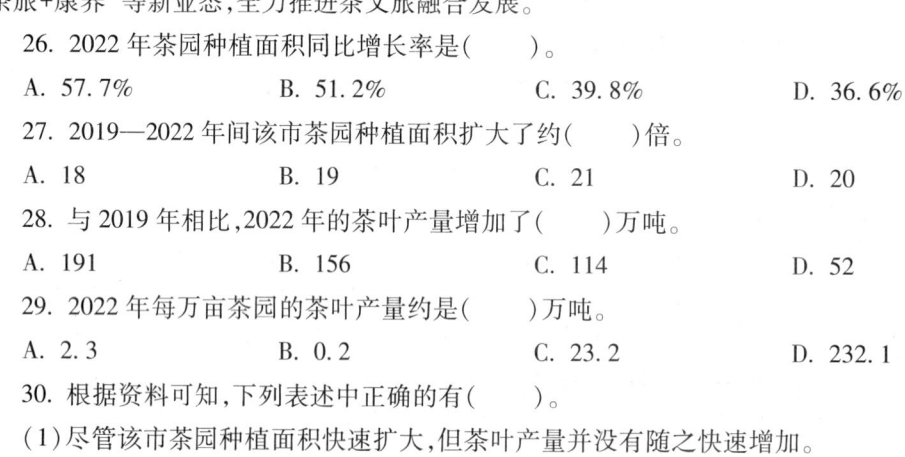

26. 2022 年茶园种植面积同比增长率是(　　)。

A. 57.7%　　　　B. 51.2%　　　　C. 39.8%　　　　D. 36.6%

27. 2019—2022 年间该市茶园种植面积扩大了约(　　)倍。

A. 18　　　　B. 19　　　　C. 21　　　　D. 20

28. 与 2019 年相比,2022 年的茶叶产量增加了(　　)万吨。

A. 191　　　　B. 156　　　　C. 114　　　　D. 52

29. 2022 年每万亩茶园的茶叶产量约是(　　)万吨。

A. 2.3　　　　B. 0.2　　　　C. 23.2　　　　D. 232.1

30. 根据资料可知,下列表述中正确的有(　　)。

(1)尽管该市茶园种植面积快速扩大,但茶叶产量并没有随之快速增加。

(2)目前该市已经初步解决了种植规模问题。

(3)可以预计,2023 年以后,该市茶叶产量将进入高速增长时期。

A. 只有(2)和(3)　　B. 只有(1)和(3)　　C. 只有(1)和(2)　　D. 三项都是

巩固提升训练

一、根据以下资料,回答 1~5 题。

2022—2023 年上半年某地区社会经济发展主要指标

指标	2022 年				2023 年	
	1~3 月累计	1~6 月累计	1~9 月累计	1~12 月累计	1~3 月累计	1~6 月累计
地区生产总值(亿元)	4 004	7 879	12 221	16 908	4 230	8 317

(续表)

指标	2022年 1~3月累计	2022年 1~6月累计	2022年 1~9月累计	2022年 1~12月累计	2023年 1~3月累计	2023年 1~6月累计
第三产业增加值占比	64.3%	63.3%	62.9%	62.2%	65.4%	64.8%
固定资产投资(亿元)	1 323	3 040	4 512	5 875	1 406	3 111
社会消费品零售总额(亿元)	2 112	4 000	5 833	7 832	2 252	4 358
进出口总额(亿元)	1 388	2 988	4 566	6 292	1 443	2 915
出口占进出口总额的比重	58.1%	59.9%	59.7%	60.8%	57.8%	58.1%
实际利用外资(亿美元)	22.8	35.3	41.3	48.5	33.0	39.6
工业用电量(亿千瓦时)	81.6	169.8	264.3	355.3	81.3	173.3

1. 2023年第二季度,该市工业用电量同比增加( )亿千瓦时。
A. 4.5   B. 3.8   C. 11.7   D. 93.0

2. 2022年第一季度~2023年第二季度,该市进出口总额最多的季度是( )。
A. 2022年第二季度   B. 2022年第三季度   C. 2022年第四季度   D. 2023年第二季度

3. 2023年第二季度,该市第三产业增加值是( )亿元。
A. 2 623   B. 2 766   C. 3 262   D. 4 087

4. 2023年上半年,该地区生产总值、社会消费品零售总额、实际利用外资、工业用电量四个指标中同比增速最快的是( )。

    A. 地区生产总值   B. 社会消费品零售总额

    C. 实际利用外资   D. 工业用电量

5. 能够从上述资料中推出的是( )。

    A. 2023年1~6月,该市进口额没有超过1 100亿元

    B. 2023年第二季度,该市出口额环比增速高于进出口总额环比增速

    C. 2022年第二季度~2023年第二季度,该市季度固定资产投资最大值是1 705亿元

    D. 2022年1月~2023年6月,该市月平均社会消费品零售总额超过700亿元

二、根据以下资料,回答6~10题。

2022年,我国网络购物用户8.5亿人,使用率为79.2%;网络直播用户7.5亿人,比上年增长6.8%,占网民总数的70.3%;直播电商行业交易额为3.5万亿元,较2017年增长178倍,直播电商行业渗透率(直播电商行业渗透率=直播电商行业交易额/网络零售交易额)为25.3%;重点监测电商平台直播场次超1.2亿场,较2020年增长5倍;直播电商行业三大平台交易额分别为1.5万亿元、0.9万亿元和0.8万亿元。

2018—2022年我国直播电商行业企业数、用户数和人均年消费额

年份	2018	2019	2020	2021	2022
企业数(家)	3 545	5 684	7 052	15 900	18 700
用户数(亿人)	2.2	2.5	3.7	4.3	4.7
人均年消费额(元)	297	1 775	2 823	4 640	7 450

6. 2022 年我国网络零售交易额为(　　)万亿元。
   A. 0.9　　　　　B. 8.5　　　　　C. 13.8　　　　　D. 15.3

7. 2022 年与 2021 年我国直播电商行业交易额之比为(　　)。
   A. 5∶3　　　　　B. 6∶5　　　　　C. 7∶3　　　　　D. 7∶4

8. 若 2019—2022 年我国直播电商行业企业数、用户数、人均年消费额的年均增速分别用 V1、V2、V3 表示,则下列关系式正确的是(　　)。
   A. V1≤V2≤V3
   B. V2≤V1≤V3
   C. V2≤V3≤V1
   D. V3≤V2≤V1

9. 下列能够表示 2022 年我国直播电商行业三大平台交易额比例关系的示意图是(　　)。

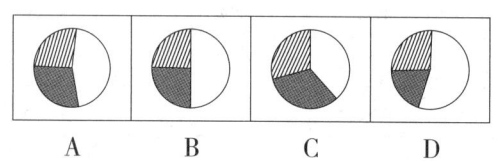

10. 能够从上述资料中推出的是(　　)。
    A. 2017 年我国直播电商行业交易额超过 250 亿元
    B. 2020 年我国直播电商行业直播场次超过 2 000 万场
    C. 2019—2022 年,我国直播电商行业企业数增速逐年加快
    D. 2019—2022 年,我国直播电商行业用户数增加最多的是 2022 年

三、根据以下资料,回答 11~15 题。

独角兽公司是投资界术语,一般指成立不超过 10 年,估值超过 10 亿美元,少部分估值超过 100 亿美元的企业,其不仅是优质和市场潜力无限的绩优股,而且商业模式很难被复制。

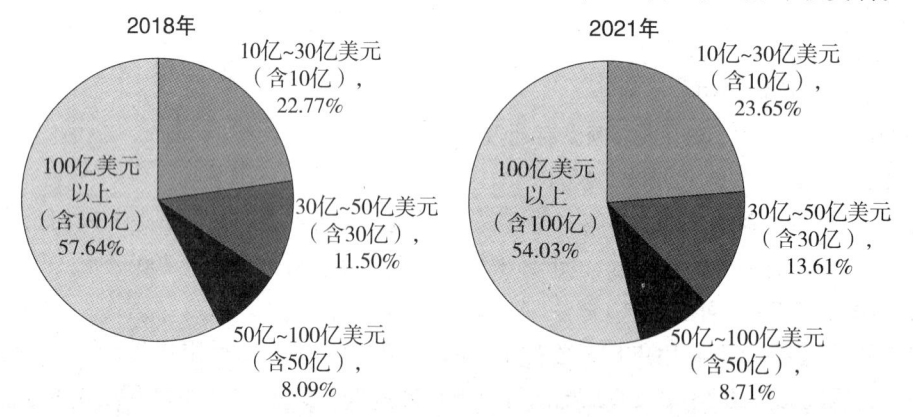

2018 年与 2021 年我国独角兽企业估值分析

2018 年与 2021 年我国独角兽企业数量分布

企业估值	2018 年企业数量(家)	2021 年企业数量(家)
10 亿~30 亿美元(含 10 亿)	145	221
30 亿~50 亿美元(含 30 亿)	32	48
50 亿~100 亿美元(含 50 亿)	13	17
100 亿美元以上(含 100 亿)	13	15

11. 2021年我国独角兽企业数量比2018年增长了约(　　)。
    A. 200%
    B. 150%
    C. 100%
    D. 50%

12. 2021年在我国独角兽企业中随机抽一家,该企业恰好属于估值在100亿美元及以上的可能性大约为(　　)。
    A. 5%
    B. 6%
    C. 8%
    D. 16%

13. 2018年如果想调查我国独角兽企业的经营状况,至少要抽取(　　)家公司才能保证至少有一家公司估值不低于50亿美元。
    A. 27
    B. 59
    C. 178
    D. 191

14. 2021年,我国估值在100亿美元及以上的独角兽企业15家合计估值为7 280亿美元,占据全部独角兽企业估值的54.03%。若2021年我国独角兽企业市场总估值较2018年增长了32.21%,则2018年我国独角兽企业市场总估值约为(　　)亿美元。
    A. 22 750
    B. 13 474
    C. 12 630
    D. 10 191

15. 行业集中度,是指某行业的相关市场内前N家最大的企业(头部企业)所占市场份额(产值、产量、销售额、销售量、职工人数、资产总额等)的总和,是对整个行业的市场结构集中程度的测量指标,用来衡量企业的数目和相对规模的差异,是市场势力的重要量化指标。如果将独角兽企业视为一个行业,而头部企业均选取13家,与2018年相比,2021年的行业集中度(　　)。
    A. 提高
    B. 不变
    C. 降低
    D. 条件不足,无法判断

四、根据以下资料,回答16~20题。

单位:亿元

年份	消费规模
2016	21 015
2017	23 613
2018	26 593
2019	29 919
2020	31 231
2021	34 591

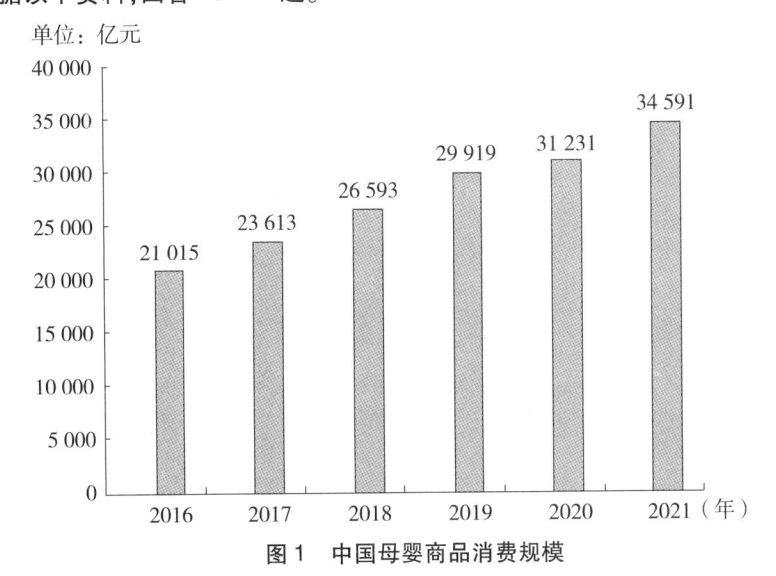

图1　中国母婴商品消费规模

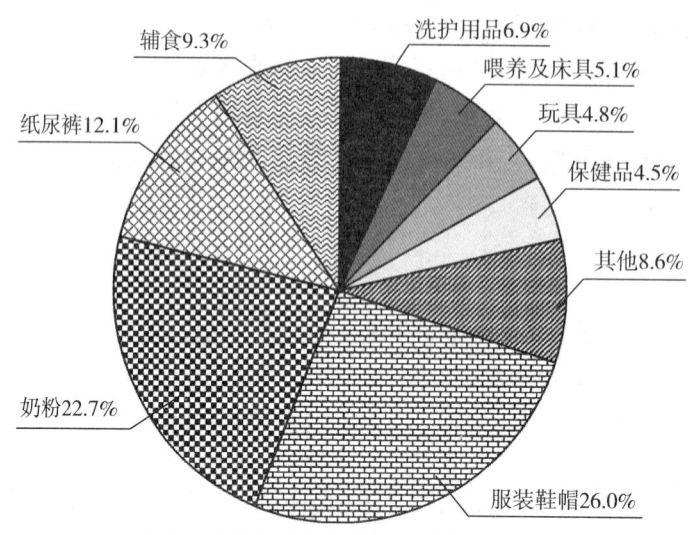

图 2　2021 年中国母婴商品消费品类构成

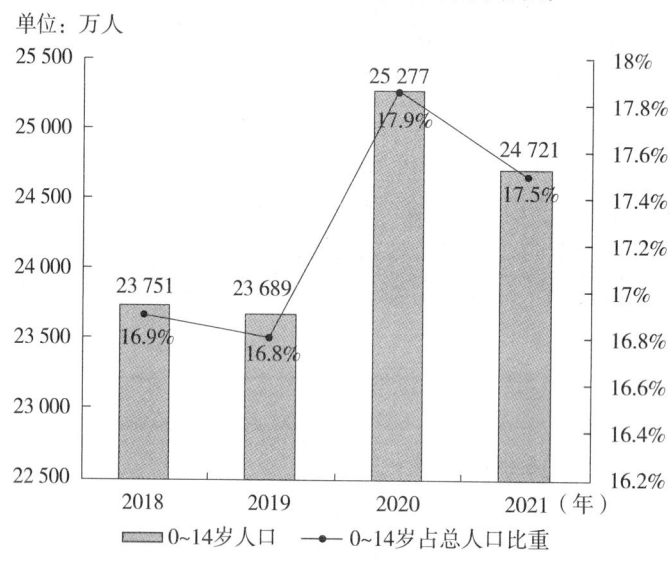

辅食 9.3%
洗护用品 6.9%
喂养及床具 5.1%
玩具 4.8%
保健品 4.5%
其他 8.6%
服装鞋帽 26.0%
奶粉 22.7%
纸尿裤 12.1%

图 3　0~14 岁人口数及占总人口的比重

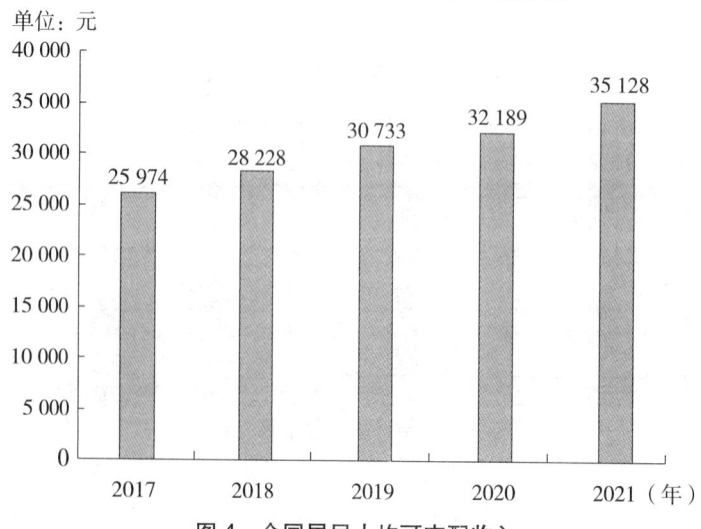

单位：万人

年份	0~14岁人口	占总人口比重
2018	23 751	16.9%
2019	23 689	16.8%
2020	25 277	17.9%
2021	24 721	17.5%

图 4　全国居民人均可支配收入

单位：元

年份	金额
2017	25 974
2018	28 228
2019	30 733
2020	32 189
2021	35 128

16. 2018—2021年期间,我国母婴商品消费规模最大的年份是( )。
   A. 2018年 B. 2019年 C. 2020年 D. 2021年

17. 2018—2021年,我国母婴商品消费规模增长率的变动趋势是( )。

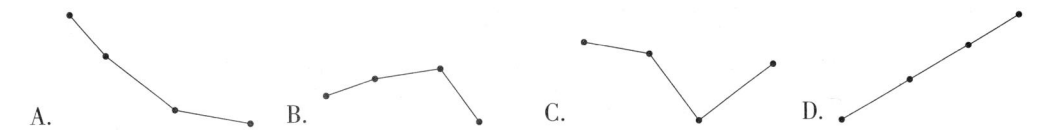

   A.   B.   C.   D.

18. 根据上述资料,在母婴商品消费规模增速最小的年份,其增速最小的原因最可能是( )。
   A. 当年0~14岁人口数较之其他年份最少
   B. 当年0~14岁人口占总人口比重最小
   C. 当年人均可支配收入水平下降
   D. 当年人均可支配收入增速下降

19. 2021年,我国消费最多的母婴商品金额约为( )亿元。
   A. 9 638 B. 8 994 C. 7 852 D. 4 186

20. 比较2018—2021年我国母婴商品消费额与居民人均可支配收入的年增长率,下列说法错误的有几项?
   ①母婴商品消费额的年增长率均超过居民人均可支配收入的年增长率
   ②母婴商品消费额的年增长率均低于居民人均可支配收入的年增长率
   ③母婴商品消费额的年增长率与居民人均可支配收入的年增长率大体一致
   ④母婴商品消费额的年增长率与居民人均可支配收入的年增长率趋势相反
   A. 1 B. 2 C. 3 D. 4

五、根据以下资料,回答21~25题。

2020年1~5月,全国固定资产投资(不含农户)199 194亿元,同比下降6.3%,降幅比1~4月收窄4.0个百分点。其中,民间固定资产投资112 232亿元,下降9.6%,降幅收窄3.7个百分点。从环比速度看,5月固定资产投资(不含农户)增长5.87%。

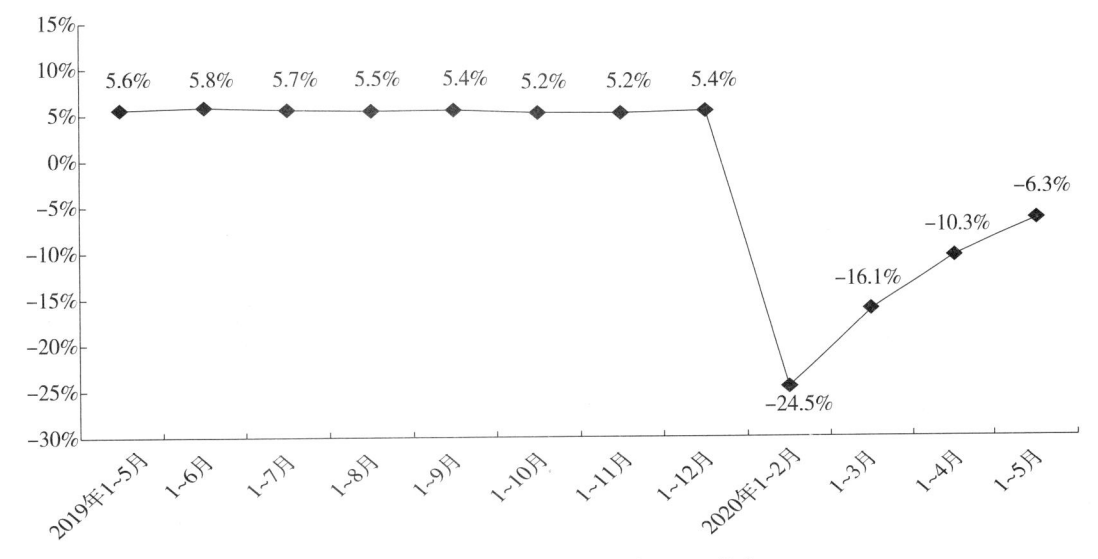

全国固定资产投资(不含农户)同比增速

分产业看,第一产业投资5 634亿元,同比持平,1~4月下降5.4%;第二产业投资60 469亿元,下降11.8%,降幅收窄4.2个百分点;第三产业投资133 091亿元,下降3.9%,降幅收窄3.9个百分点。

第二产业中,工业投资同比下降10.9%,降幅比1~4月收窄4.2个百分点。其中,采矿业投资下降8.7%,降幅收窄0.5个百分点;制造业投资下降14.8%,降幅收窄4.0个百分点;电力、热力、燃气及水生产和供应业投资增长13.8%,增速提高6.2个百分点。

第三产业中,基础设施投资(不含电力、热力、燃气及水生产和供应业)同比下降6.3%,降幅比1~4月收窄5.5个百分点。其中,水利管理业投资下降2.0%,降幅收窄4.0个百分点;公共设施管理业投资下降8.3%,降幅收窄5.3个百分点;道路运输业投资下降2.9%,降幅收窄6.5个百分点;铁路运输业投资下降8.8%,降幅收窄7.3个百分点。

分地区看,东部地区投资同比下降4.0%,降幅比1~4月收窄3.3个百分点;中部地区投资下降15.1%,降幅收窄5.2个百分点;西部地区投资下降0.9%,降幅收窄3.6个百分点;东北地区投资下降2.5%,降幅收窄5.0个百分点。

21. 2019年1~5月,全国固定资产投资(不含农户)约为( )亿元。
  A. 122 204.9   B. 187 388.5   C. 212 587.0   D. 180 592.9

22. 2020年1~3月,全国固定资产投资(不含农户)的降幅比同年1~2月( )个百分点。
  A. 收窄5.8   B. 收窄8.4
  C. 扩大8.4   D. 扩大5.8

23. 下列饼状图中关于2020年1~5月不同产业占全国固定资产投资(不含农户)的比重的描述,最准确的是( )。

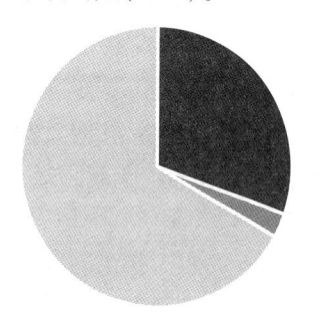

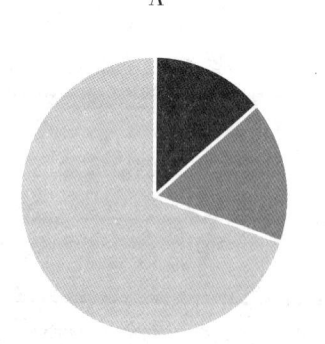

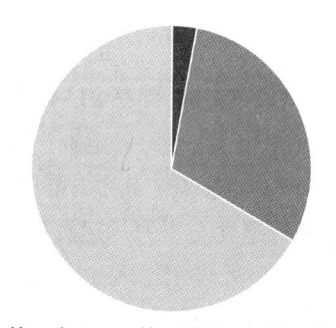

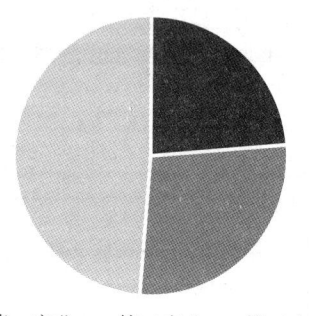

24. 2020年1~5月第三产业中,降幅与2020年1~4月相比收窄的最多的是( )。

A. 公共设施管理业　　　　　　　　B. 水利管理业

C. 铁路运输业　　　　　　　　　　D. 道路运输业

25. 根据资料,下列说法错误的是( )。

A. 2019年1月至2020年5月,全国固定资产投资(不含农户)的增长趋势为先下降再上升

B. 2020年1~5月,东部地区投资的下降幅度较西部地区的大

C. 2020年1~4月,第二产业中工业投资同比下降15.1%

D. 2020年1~5月,民间固定资产投资占全国固定资产投资(不含农户)的比重超过50%

六、根据以下资料,回答26~30题。

党的二十大报告强调,教育、科技、人才是全面建设社会主义现代化国家的基础性、战略性支撑。近年来,广东紧紧围绕制造业当家、聚焦高质量发展,大力实施制造业当家技能人才支撑工程,加快建设一支规模宏大的知识型、技能型、创新型技能人才队伍。2023年,全省技能人才总量达1 934万人,其中高技能人才657万人。

为推动广东技工与广东制造共同成长,近年来,广东紧紧围绕壮大20个战略性产业集群,紧密对接产业升级和技术变革趋势,开展新产业工人职业技能提升工程,培育掌握新技术的产业新工匠。广东充分发挥经济大省、制造业大省的优势,将产教融合、校企合作融入技能人才培养全过程,打造了全国最大的技工教育体系。

2023年,广东共有技工院校148所,实现21个地级以上市技师学院全覆盖;在校生65万人,占全国的$\frac{1}{7}$;面向先进制造业、战略性新兴产业、现代服务业建设233个省级重点专业和50个特色专业;与100多家世界500强企业及国内800多家大型企业开展深度合作,实现教学与企业岗位无缝对接,精准培养产业急需人才。技工院校招生人数、教研成果、技能竞赛、就业率等九项主要指标均居全国第一。

2022年世界技能大赛中,广东共有11位选手代表国家参赛,获7枚金牌、1枚银牌、1枚铜牌和2个优胜奖,金牌数占全国的$\frac{1}{3}$,金牌数及奖牌数,连续4届居全国第一,展现了广东技能人才的精湛技能和职业风采。

26. 2023年广东高技能人才量是全省技能人才总量的( )。

A. 12%　　　　　　　　　　　　　B. 23%

C. 34%　　　　　　　　　　　　　D. 45%

27. 2023年,全国技工院校在校生人数( )。

A. 小于400万人　　　　　　　　　B. 在400万人到500万人之间

C. 在500万人到600万人之间　　　D. 大于600万人

28. 关于广东技能人才培养,以下表述不准确的是( )。

A. 注重产教融合、校企合作

B. 实现教学与企业岗位无缝对接

C. 精准培养产业急需人才

D. 强调提升全体学生技能竞赛成绩

29. 以下不属于广东建设省级重点专业和特色专业所面向产业的是(　　)。
   A. 传统手工业　　　　　　　　　　B. 先进制造业
   C. 战略性新兴产业　　　　　　　　D. 现代服务业

30. 关于广东技工,以下说法有误的是(　　)。
   A. 2023年,广东有全国最大的技工教育体系
   B. 2023年,广东技工院校教研成果居全国第一
   C. 2023年,广东技工院校与233家世界500强企业开展合作
   D. 2022年世界技能大赛,广东金牌数位居全国第一

☆答案及解析见下册P257~P265。

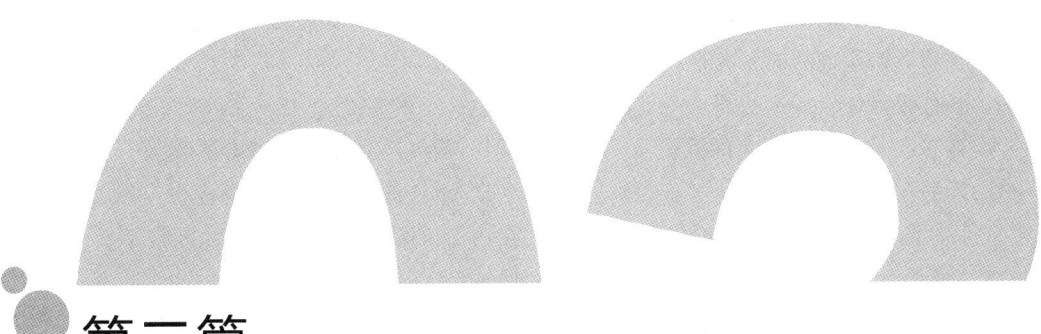

第二篇
专业知识

专项一 微观经济学

考场真题还原

一、单项选择题

1. 关于经济学中的消费者,下列说法错误的是( )。
   A. 消费者具有理性人假设
   B. 消费者进行消费决策时总是面临着取舍,即消费商品获得的效用与支付的价格之间的取舍
   C. 消费者一般是市场价格的接受者
   D. 消费者购买商品时不存在机会成本

2. 下列不会对产品 X 的需求产生影响的一项是( )。
   A. 购买产品 X 的消费者的数量　　　B. 购买产品 X 的消费者的收入
   C. X 的互补品 Y 的价格　　　　　　D. 生产产品 X 的工人的成本

3. 某种商品供需平衡时的价格是均衡价格,在均衡价格状态下,假定其他因素不变,人们的收入普遍增长且市场预期这种增长会持续下去,那么,该商品的均衡价格将( )。
   A. 下降　　　　　B. 上升　　　　　C. 难以判断　　　　　D. 维持不变

4. 某茶叶产地的春茶处于均衡状态,当地银行向茶叶收购企业发放购买春茶的金融扶贫贷款后,激活了当地春茶市场,茶农收入增多。在这一过程中,供求曲线中率先发生的变动是( )。
   A. 供给曲线向左下移动　　　　　B. 需求曲线向右上移动
   C. 供给曲线向右上移动　　　　　D. 需求曲线向左下移动

5. 下列商品中,哪种商品的需求价格弹性最大?( )
   A. 跑步机　　　　B. 食盐　　　　C. 饮用水　　　　D. 手机

6. 供给价格弹性指的是价格的相对变化与所引起的供给量的相对变化之间的比率,计算公式是:供给价格弹性=供给量的相对变动/价格的相对变动。由此可推知,供给价格弹性的数值( )。
   A. 总是正值　　　B. 总是小于1　　　C. 总是为整数　　　D. 总是不为0

7. 2023 年中央一号文件围绕"三农"工作,提出要"抓紧抓好粮食和重要农产品稳产保供"。下列关于影响农产品供给弹性的因素,说法错误的是( )。
   A. 农产品生产周期越长,供给弹性越小
   B. 劳动密集型农产品供给弹性大于技术密集型农产品供给弹性
   C. 农产品价格变动的影响期越长,供给弹性越小
   D. 劳动密集型农产品供给弹性大于资金密集型农产品供给弹性

8. 有些消费者会关注计划购买的商品,等有优惠时再购买。这种购买行为符合哪种效应?( )
   A. 收入效应　　　B. 从众效应　　　C. 替代效应　　　D. 互补效应

9. 需求价格弹性是需求量变动百分比与价格变动百分比的比值,由此可知,需求价格弹性系数(　　)。
   A. 是整数　　　　B. 总大于1　　　　C. 是负值　　　　D. 总小于1

10. 下图展示了我国近30年来居民恩格尔系数统计数据。根据该图,下列说法正确的是(　　)。

   A. 我国居民食品支出减少了　　　　B. 我国居民收入差距缩小了
   C. 我国居民消费结构改善了　　　　D. 我国居民可支配收入增加了

11. 某完全竞争厂商所面临的产品的市场价格为每件12元。该厂商的平均成本为每件15元,其中平均固定成本为每件3元。平均可变成本中的某项原材料过去以每件5元购进而市场价格已下降60%,则该厂商当前的正确决策应该是(　　)。
   A. 按15元价格销售　　　　　　　　B. 立即停产
   C. 短期内继续生产　　　　　　　　D. 生产或不生产均可

12. 下列哪种市场结构对价格调节产品供需的作用最大?(　　)
   A. 完全垄断市场　　B. 完全竞争市场　　C. 垄断竞争市场　　D. 寡头垄断市场

13. 完全竞争要素市场中,生产要素的供给、需求都处于完全竞争状态,不存在垄断行为。这意味着(　　)。
   A. 生产要素的供给量是无限增加的
   B. 生产要素的价格对生产者的需求起不到任何作用
   C. 生产者对生产要素的需求是无限增加的
   D. 生产者可以按照市场价格购买到想要的生产要素

14. 下列两项判断中,正确的是(　　)。
   (1)春季,市场上一斤草莓的价格是20元,购买量是1 000千克,草莓种植商的供应量是1 500千克。小李推断,草莓的均衡价格低于20元。
   (2)垄断竞争市场在资源配置上是无效率的,价格并不能像完全竞争市场那样起到优化资源配置的效果。
   A. (1)(2)都不对　　B. 只有(2)　　　　C. 只有(1)　　　　D. (1)(2)

15. 购买人身保险产品时,保险公司通常会要求购买人提供体检报告,以证明身体健康情况。从经济学角度看,这种做法是为了消除哪一个问题?(　　)
   A. "公地悲剧"问题　B. "搭便车"问题　　C. 逆向选择问题　　D. "寻租"问题

二、多项选择题

1. 外部性的存在使得社会资源配置不当。以下关于外部性的说法正确的有( )。
   A. 排污工厂不向周边居民支付费用,属于正外部性
   B. 校园绿化由周边居民免费共享,属于负外部性
   C. 当存在正外部性时,资源使用不足
   D. 当存在负外部性时,资源使用过量

2. 某种蔬菜当天采摘当天售完,否则会因为不新鲜而无人购买。经过测算,该蔬菜价格定位 M 时,当天采摘的量恰好能够卖完,再多1克也无法卖出。对此情形,下列分析正确的有( )。
   A. 若当天的定价<M,则菜农无法获得最大总收入
   B. 若当天的定价>M,则必然有蔬菜剩下
   C. 若当天的定价=M,则菜农的总收入最大
   D. 只要当天的定价≠M,则菜农总会有蔬菜剩下

3. 小明辞去工作,开办自己的软件公司。辞职前他的工资为50 000元/年。新公司开在小明自己的房子中,房子以前出租给他人,租金为24 000元/年。新公司第一年支出如下:支付给小明自己的工资40 000元,租金0元,其他支出25 000元。以下说法中正确的有( )。
   A. 小明新公司的经济成本为99 000元
   B. 小明新公司的经济成本为89 000元
   C. 小明新公司的会计成本为65 000元
   D. 小明新公司的会计成本为25 000元

4. 近年来,中国的电脑游戏产业发展极其迅猛。电脑游戏市场是典型的垄断竞争市场,垄断竞争市场与完全竞争市场主要的差别在于( )。
   A. 产品是否具有差异性   B. 消费者数量的多寡
   C. 能否自由进入和退出市场   D. 生产厂商数量的多寡

5. 下列关于生产要素的供给的说法,正确的有( )。
   A. 在很高的工资水平上,单个消费者的劳动供给可能随工资的增加而减少
   B. 在考虑土地的自用效用或者土地具有多种用途的情况下,土地的供给曲线一定是一条垂直线
   C. 土地的"自然供给"是固定不变的
   D. 土地的"市场供给"在假定不考虑自用土地的效用时也是固定不变的

三、案例分析题

根据以下案例,回答1~5题。

X公司是一家饮料生产企业。经过市场调查,该公司于12月引入一条先进生产线,该生产线用于生产某款功能性饮料。虽然这款饮料在业内的价格相对较高,但是由于其饮料品质高,口味迎合大众,因此在上市后获得成功。很快,随着销量的增加,X公司面临供货不足的压力,而且,其他企业也快速跟进,市场竞争越来越激烈。X公司的领导者意识到,必须迅速扩大生产规模,而不是在一条生产线上提高产量和挖掘效率。于是,通过各种融资方式,X公司快速建立了五条生产线,解决了供货问题。

由于购买的生产设备较多,设备供应商将价格下调了7个百分点,一共节约费用1 000万元;而随着白砂糖使用量的增加,X 企业也趁机要求白砂糖供应商降低了采购价格。同时,大规模的生产提高了工人的劳动生产率,分散安置的生产线降低了投放产品的运输成本。规模经济使每罐饮料的成本下降了30%,由此,这让 X 企业在市场竞争激烈的时候能够调低价格,从而使产品的市场占有率不断上升。

1. X 企业要实现生产要素投入最优组合,则这时的产量可以通过下列哪项确定?(　　)
A. 等成本线的截距　　　　　　　　B. 短期成本与长期成本的交点
C. 等产量线的斜率　　　　　　　　D. 等产量线和等成本线的切点

2. 当有众多企业跟进生产同质产品,且价格与 X 企业的产品保持一致时,厂商面对的需求曲线(纵轴为 P,横轴为 Q)是(　　)。
A. 一条斜率为正值的直线　　　　　B. 一条与横轴平行的水平直线
C. 一条斜率为负值的直线　　　　　D. 一条垂直于横轴的直线

3. X 企业增加生产线后,市场占有率扩大,已知 X 企业的长期生产函数为 $Q=AL^{\alpha}K^{\beta}$,则可知(　　)。
A. $\alpha+\beta<1$　　　　B. $\alpha+\beta=1$　　　　C. $\alpha+\beta=0$　　　　D. $\alpha+\beta>1$

4. X 企业购买设备和原料的价格下调,假设劳动要素价格不变,购买资金不变,则 X 企业的等成本线(纵轴为 K,横轴为 L)(　　)。
A. 变得更加水平　　　　　　　　　B. 没有变化
C. 变得更加陡峭　　　　　　　　　D. 变得更加弯曲

5. X 企业不选择在一条生产线上提高产量和挖掘效率,是因为在一条生产线上增加投入存在(　　)。
A. 总产量不变规律　　　　　　　　B. 规模收益递增规律
C. 边际产量递减规律　　　　　　　D. 平均产量不变规律

巩固提升训练

一、单项选择题

1. 某产品市场上,A 公司和 B 公司是主要的竞争对手。假如 B 公司降低了其产品的定价,A 公司可以使用哪个变量来评估其价格下降对自己产品销量的影响?(　　)
A. B 公司产品需求对其产品价格的弹性
B. A 公司产品需求对 B 公司产品价格的需求交叉弹性
C. A 公司产品供给对其产品价格的供给弹性
D. A 公司产品的需求收入弹性

2. 当两种商品中一种商品的价格发生变化时,这两种商品的需求量都同时增加或减少,则这两种商品的需求的交叉价格弹性系数为(　　)。
A. 正　　　　　　B. 负　　　　　　C. 0　　　　　　D. 1

3. 当(　　)时,总收益将下降。
A. 价格上升,需求缺乏弹性　　　　B. 价格上升,供给富有弹性
C. 价格上升,需求富有弹性　　　　D. 价格上升,供给缺乏弹性

4. 据统计,A 国某个城镇的恩格尔系数为48.8%,那么可以判断该城镇处于(　　)水平。
A. 贫困　　　　　　B. 温饱　　　　　　C. 小康　　　　　　D. 富裕

5. 经济中短期与长期的划分取决于( )。
   A. 时间的长短
   B. 可否调整产量
   C. 可否调整产品价格
   D. 可否调整生产规模

6. 当( )时,整个社会的资源配置就没有达到最有效率的状态,出现市场失灵现象。
   A. 边际私人收益不等于边际私人成本
   B. 边际社会收益不等于边际社会成本
   C. 边际社会收益等于边际社会成本
   D. 边际私人收益等于边际私人成本

7. 根据替代效应与收入效应的特征,我们可以推断出吉芬品和低档品之间的关系是( )。
   A. 吉芬品不一定是低档品,低档品一定是吉芬品
   B. 吉芬品一定是低档品,低档品也一定是吉芬品
   C. 吉芬品一定是低档品,低档品不一定是吉芬品
   D. 吉芬品不一定是低档品,低档品也不一定是吉芬品

8. 会计账目一般无法反映( )。
   A. 显性成本   B. 可变成本   C. 沉没成本   D. 机会成本

9. 某完全竞争企业面临的产品市场价格为每个100元,平均成本为140元,其中平均固定成本为每个30元,原材料中有一部分的平均变动成本由过去的每个50元下降为35元,则该企业当前的正确决策为( )。
   A. 短期内继续生产
   B. 按140元价格销售
   C. 立即停产
   D. 按150元价格销售

10. 如果政府利用配给的方法来控制价格,这意味着( )。
    A. 供给和需求的变化已不能影响价格
    B. 政府通过移动供给曲线来抑制价格
    C. 政府通过移动需求曲线来抑制价格
    D. 政府通过移动供给和需求曲线来抑制价格

11. 假如你的收入是固定的,而鸡蛋的单位价格是10元,牛奶的单位价格是5元,如果你打算买10单位的鸡蛋和7单位的牛奶,对你而言鸡蛋和牛奶的边际效用分别是40和30。基于经济理性,你最合理的购买决策是( )。
    A. 停止购买
    B. 增加鸡蛋,减少牛奶
    C. 减少鸡蛋,增加牛奶
    D. 都不正确

12. 如果某厂商的边际收益大于边际成本,那么为了取得最利润,( )。
    A. 在任何条件下都应减少产量
    B. 在任何条件下都应增加产量
    C. 在完全竞争条件下应该增加产量,在不完全竞争条件下则不一定
    D. 在不完全竞争条件下应该增加产量,在完全竞争条件下则不一定

13. 有关垄断厂商,下列说法错误的是( )。
    A. 在垄断市场上,垄断厂商是唯一的供给者
    B. 垄断厂商面临的是一条水平的需求曲线
    C. 垄断厂商产品的定价要高于产品的边际成本
    D. 垄断厂商的边际收益曲线位于平均收益曲线的下方

14. 对于长期平均成本曲线(LAC 曲线)的理解,以下叙述错误的是(　　)。

   A. 规模经济带来长期平均成本下降,规模不经济引起长期平均成本上升

   B. 长期平均成本曲线表示厂商在长期内在每一产量水平上可以实现的可行的一般成本

   C. 规模报酬变化表现为先是递增,然后不变,最后递减。这决定了 LAC 曲线的先降后升的特征

   D. 长期平均成本曲线的形态与行业的不同特征有关,但是最终总会达到规模报酬递减的状况

15. 消费者购买商品支付价格以边际效用为标准,根据边际效用递减规律可知,(　　)。

   A. 购买商品越少,边际效用越大,商品价格越低

   B. 购买商品越多,边际效用越大,商品价格越低

   C. 购买商品越少,边际效用越小,商品价格越高

   D. 购买商品越多,边际效用越小,商品价格越低

16. 消费者剩余是(　　)。

   A. 消费者获得的总效用

   B. 消费者购买能力超出实际购买额的差额

   C. 消费者愿意对某商品支付的价格与实际支付的价格之间的差额

   D. 消费者的剩余货币

17. 在线差旅、交通出行、网络购物等诸多网络平台企业纷纷被曝出可能存在大数据"杀熟"行为——购买同样的产品或服务,老客户反而要比新客户花钱更多。针对网络平台企业的"杀熟"行为,以下说法正确的是(　　)。

   A. 这是二级价格歧视在互联网经济中的运用,利用了新老客户需求价格弹性不同

   B. 这是二级价格歧视在互联网经济中的运用,利用了新老客户收入价格弹性不同

   C. 这是一级价格歧视在互联网经济中的运用,利用了新老客户收入价格弹性不同

   D. 这是一级价格歧视在互联网经济中的运用,利用了新老客户需求价格弹性不同

18. 最优生产要素组合是(　　)。

   A. 预算线与无差异曲线切点上的组合　　B. 预算线与等产量曲线切点上的组合

   C. 等成本线与无差异曲线切点上的组合　　D. 等成本线与等产量曲线切点上的组合

19. 某种商品的需求函数为 $Q_d = 30-P$,供给函数为 $Q_s = 3P-10$,当政府对商品实行征税时,则(　　)。

   A. 税费主要由消费者承担　　B. 税费主要由生产者承担

   C. 税费由消费者和生产者平均承担　　D. 税费主要由政府承担

20. 某厂商产量的增长率大于各生产要素投入量的增长率,说明该厂商(　　)。

   A. 生产规模小,处于规模报酬递增状态,可适当扩大规模

   B. 生产规模小,处于规模报酬递减状态,可适当缩小规模

   C. 生产规模大,处于规模报酬递减状态,可适当缩小规模

   D. 生产规模大,处于规模报酬递增状态,可适当扩大规模

21. 如果消费者对某商品的偏好突然增加,同时这种产品的生产技术有很大改进,我们可以预料(　　)。

   A. 该商品的需求曲线和供给曲线都向右移动并使均衡价格和产量提高

B. 该商品的需求曲线和供给曲线都向右移动并使均衡价格和产量下降

C. 该商品的需求曲线和供给曲线都向左移动并使均衡价格上升而均衡产量下降

D. 该商品的需求曲线和供给曲线向右移动并使均衡产量增加,但均衡价格可能上升也可能下降

22. 下列不属于生产要素的是( )。
   A. 农民拥有的土地   B. 企业家的才能
   C. 在柜台上销售的产品——服装   D. 煤矿工人采煤时所付出的低廉的劳动

23. 不完全竞争市场中出现低效率的资源配置是因为产品价格( )边际成本。
   A. 大于   B. 小于   C. 等于   D. 可能不等于

24. 市场不能提供纯粹的公共物品是因为( )。
   A. 公共物品不具有排他性   B. 公共物品不具有竞争性
   C. 消费者都想"免费乘车"   D. 以上三种情况都是

25. 在存在逆向选择问题的保险市场,下列哪种情况最有可能发生?( )
   A. 低风险的人将买不到保险   B. 高风险的人将买不到保险
   C. 市场均衡将是帕累托最优   D. 低风险的人将购买过多的保险

二、多项选择题

1. 已知苹果和桔子互为替代品,其他因素不变的情况下( )会使苹果的需求曲线发生移动。
   A. 苹果的价格上涨   B. 桔子的价格上涨   C. 苹果的产量增加   D. 桔子的产量增加

2. 下列选项中关于"经济人"的假设,说法错误的有( )。
   A. 在研究消费者行为时,假定生产者是追求效用最大化的
   B. "经济人"假设是一种现实状态
   C. 每一个从事经济活动的人都是利己的
   D. "经济人"假设是分析消费者行为的前提

3. 在三级价格歧视中可以得出的结论有( )。
   A. 商家对每个群体内部不同的消费者收取不同的价格
   B. 这种价格歧视手段经常会被企业使用
   C. 定价与消费者的需求弹性有关
   D. 与完全竞争相比会降低社会总福利

4. 完全竞争市场上,厂商的平均收益等于( )。
   A. 边际收益   B. 商品价格
   C. 总收益与出售量的比值   D. 收益增量与出售量的比值

5. 下列关于恩格尔曲线和恩格尔定律的说法,正确的有( )。
   A. 随着人们收入的增加,用于食品支出的部分在人们生活支出中所占比例将下降
   B. 恩格尔曲线可以由消费者收入—供给曲线推导出
   C. 随着人们收入的增加,用于住宅和穿着方面的支出比例将基本不变
   D. 随着人们收入的增加,用于住宅和穿着方面的支出比例将显著增加

6. 下列选项中具有排他性但不具有竞争性的产品有( )。
   A. 不拥挤的收费高速公路   B. 消防

C. 有线电视　　　　　　　　　　　　D. 国防设施

7. 边际报酬递减规律只有在一定条件具备时才会发生作用,以下表述正确的有(　　)。

A. 生产技术水平既定不变

B. 可变的生产要素投入量必须超过某一特定值

C. 投入的生产要素必须固定不变

D. 除一种投入要素可变外,其他投入要素均固定不变

8. 以下关于生产要素供给曲线的说法,正确的有(　　)。

A. 劳动供给曲线是一条后弯曲线

B. 资本的供给在短期内是一条后弯曲线,在长期内是一条垂直线

C. 土地的供给曲线是一条垂直线

D. 资本的供给在短期内是一条垂直线,在长期内是一条后弯曲线

9. 如果只有一种生产要素可以变动,那么,该要素合理投入量应处于(　　)。

A. 生产要素投入的第二区域

B. 平均产量和边际产量都递增的阶段

C. 平均产量和边际产量都递减并且大于0的阶段

D. 平均产量递增,而边际产量递减的阶段

10. "市场失灵"的固有缺陷包括(　　)。

A. 不能排除垄断　　　　　　　　　　B. 不能矫正内部效应

C. 不能有效解决宏观经济波动问题　　D. 不能提供私人物品

11. 下列关于外部性的表述中,正确的有(　　)。

A. 外部经济的存在,通常会使市场主体的活动水平低于社会所需要的水平

B. 外部经济的存在,通常会使市场主体的活动水平高于社会所需要的水平

C. 存在外部不经济时,会造成产品供给过多

D. 外部经济和外部不经济的存在,都意味着资源配置未能达到最优

12. 以下关于需求价格弹性的表述,正确的有(　　)。

A. 如果需求曲线是一条直线,则直线上各点的需求价格弹性不相等

B. 如果需求曲线是一条直线,则直线上越往左上方的点需求价格弹性越大

C. 如果需求曲线是一条直线,则直线上各点的需求价格弹性相等

D. 如果需求曲线是一条曲线,则曲线上不可能存在需求价格弹性相等的两点

13. 下列属于垄断竞争市场结构的行业有(　　)。

A. 玉米　　　　B. 小麦　　　　C. 啤酒　　　　D. 糖果

14. 当消费者处于均衡状态时,(　　)。

A. 消费者可通过改变商品组合而使效用增加

B. 消费者在既定收入和商品价格下得到了最大满足

C. 消费者实现了效用最大化

D. 消费者能够通过增加某种商品的消费来最大化效用

15. 从微观经济分析的角度,经济学通常将市场分为两大类,即用于最终消费的产品市场和用于生产产品的要素市场,产品市场与要素市场的区别有(　　)。

A. 派生需求　　　B. 需求互异　　　C. 价格不同　　　D. 收入不同

三、案例分析题

根据以下案例,回答 1~5 题。

理论分析中所假设的完全竞争市场的条件是非常苛刻的。在现实经济生活中,真正符合条件的完全竞争市场是不存在的。通常只是将一些农产品市场,如大米市场、小麦市场等,看成是比较接近完全竞争市场的市场。既然在现实经济生活中并不存在完全竞争市场,为什么还要建立和研究完全竞争市场模型呢?这是因为,从对完全竞争市场模型的分析中,可以得到关于市场机制及其配置资源的一些基本原理,而且,该模型也可以为其他类型市场的经济效率分析和评价提供一个参照对比。

同时,完全竞争市场的资源利用最优、经济效率最高,可以作为经济政策的理想目标。因此,西方经济学家总是把对完全竞争市场的分析当作市场理论的主要内容,并把它作为一个理想情况,以便和现实比较。

完全竞争行业中 W 厂商的成本函数为 $TC = Q^3 - 6Q^2 + 30Q + 40$。

1. 完全竞争市场的条件不包括(　　)。
   A. 市场上有大量的买者和卖者
   B. 市场上每一个厂商提供的商品都是完全同质的
   C. 所有的资源具有完全的流动性
   D. 信息是不完全的

2. 完全竞争市场下,厂商利润最大化的均衡条件为(　　)。
   A. $P = MC$ B. $TR > TC$ C. $AC = MC$ D. $AC = AR$

3. 假设 W 厂商生产的产品在完全竞争市场上的价格为 66 元,则 W 厂商利润最大化时的利润总额为(　　)元。
   A. 175   B. 176   C. 178   D. 180

4. 由于完全竞争市场供求发生变化,由此决定的新价格为 30 元,在新价格下,W 厂商会(　　)。
   A. 既无利润也无亏损
   B. 获得利润,最大盈利额为 6 元
   C. 亏损,最小亏损额为 8 元
   D. 条件不足,无法确定

5. W 厂商在(　　)的情况下,会停止生产,退出行业。
   A. $P < 21$ B. $P > 21$ C. $P < 20$ D. $P > 20$

☆答案及解析见下册 P266~P275。

专项二 宏观经济学

考场真题还原

一、单项选择题

1. 在经济萧条时,失业率会大幅增加,其中有些属于周期性失业,而当经济重新繁荣时,失业率下降,其中周期性失业也会下降。这说明,周期性失业的产生是源于( )。
   A. 社会总需求不足 B. 经济中自然失业
   C. 经济结构的调整 D. 经济周期性变动

2. 消费物价指数衡量和反映生活费用的变动,下列哪项描述不是消费物价指数的缺点?( )
   A. 没有考虑新产品引入带来的福利增加 B. 没有考虑产品质量的变动
   C. 低估了生活费用的增加 D. 忽略了消费者的替代偏向

3. 当中央银行增加了经济体系中8%的货币供给,关于经济中的供给与需求变化描述正确的是( )。
   A. 产量下降 B. 物价水平下降
   C. 总需求曲线向右移动 D. 总需求曲线向左移动

4. 2022年上半年,中国经济顶住压力,保持平衡增长。下列关于经济增长的说法中,错误的是( )。
   A. 在宏观经济学中,经济增长通常被定义为产量的增加
   B. 经济增长在图形上表现为生产可能性曲线上某一点沿曲线向外移动
   C. 人均总产出增长率的高低体现经济效率的高低
   D. 经济增长率的高低体现了一个国家或地区在一定时期内产出的增长速度

5. 下列关于政府发行公债可能会产生的经济影响说法中,错误的是( )。
   A. 影响通货膨胀率 B. 减轻纳税人负担
   C. 弥补财政赤字 D. 产生财政"挤出效应"

6. 在衡量一个国家的总体债务水平时,国家债务总额与GDP的比率通常被称为宏观杠杆率。下列关于宏观杠杆率的说法中,正确的是( )。
   A. 积极的财政政策有利于降低宏观杠杆率 B. 经济增速放缓会推动宏观杠杆率的上升
   C. 宽松的货币政策有利于降低宏观杠杆率 D. 宏观杠杆率的上升将减小通货膨胀压力

7. 下列曲线与其描述的经济学领域问题的对应关系,正确的是( )。
   A. 微笑曲线——国民收入与人口分配 B. 洛伦兹曲线——政府税收收入与税率
   C. 菲利普斯曲线——失业与通货膨胀 D. 拉弗曲线——产业链与产业附加值

8. 根据凯恩斯的观点,发生流动性陷阱时,与之伴随的金融现象是( )。
   A. 债券发生一券难求现象 B. 市场对货币的需求极小
   C. 利率下降到一个低点 D. 人们不愿意持有货币

9. 在20世纪70年代某小国国内高失业率和高通货膨胀率并存,而这一时期,该小国国内不断出台改善工资的措施,平均工资水平在十年间提高了3倍,许多企业因为工资高而缩减用人需求。由此可见,该小国在该时期发生的通胀属于(　　)。

　　A. 成本推动型　　B. 国外输入型　　C. 直线混合型　　D. 需求拉动型

10. 某市家庭户数为1 000万户,预计其中10%的家庭会在今年购买一套住房,有40%的家庭会在今年购买一辆新能源汽车,已知该市一套住房的平均成交价是100万元,一辆新能源汽车的成交价格是20万元。

　　现设住房交易对GDP的贡献值为M,新能源汽车交易对GDP的贡献值是N,则基于以上数据,下列说法中正确的是(　　)。

　　A. M＝N　　　　　　　　　　　B. M＜N
　　C. M＞N　　　　　　　　　　　D. 两者不具有可比性

二、多项选择题

1. 近年来,党中央提出构建初次分配、再分配、三次分配协调配套的基础性制度安排,多次强调要从分配制度层面把完善第三次分配制度、发挥第三次分配作用作为扎实推进共同富裕的途径之一。下列关于三次分配的说法正确的有(　　)。

　　A. 再分配主要由政府调节机制起作用
　　B. 初次分配主要由市场机制形成
　　C. 第三次分配是基于自愿原则下社会机制作用的资源分配方式
　　D. 第三次分配的主要形式包括社会保障、转移支付等

2. 中国经济仍有较大增长潜力和空间,发展关键是要形成正确的宏观经济政策组合。下列属于宏观经济政策主要目标的有(　　)。

　　A. 财政盈余　　B. 物价稳定　　C. 充分就业　　D. 稳定税收

3. 下列支出中被视为是社会总需求的有(　　)。

　　A. 家庭购买电冰箱的支出　　　　B. 个人通过电商购买境外商品的支出
　　C. 政府购买办公用电脑的支出　　D. 企业购买运货卡车的支出

4. 政府购买性支出增加的经济结果可能有哪些?(　　)

　　A. 直接或间接降低社会总需求,使所需生产资料少
　　B. 直接或间接降低社会总需求,使社会生产状况不断萎缩
　　C. 直接或间接增加社会总需求,使企业利润率提高
　　D. 直接或间接增加社会总需求,使国民总收入逐渐增加

5. 以下关于经济周期四阶段的说法中,正确的有(　　)。

　　A. 在衰退阶段,经济增长已经从周期的波峰开始下降
　　B. 在萧条阶段,经济表现为总需求日益减少,总供给过剩
　　C. 在繁荣阶段,人们的生产热情下降,对未来的信心开始缩减
　　D. 在复苏阶段,经济表现为总需求日益扩大,开始从谷底向上发展

6. 以下关于三部门经济中IS曲线的表述,正确的有(　　)。

　　A. 政府减少购买或者增加税收,IS曲线向左下方移动
　　B. 政府增加购买或者减少税收,IS曲线向右上方移动

C. 投资减少或者储蓄减少,IS 曲线向左下方移动

D. 投资减少或者储蓄增加,IS 曲线向右上方移动

7. 某国政府希望增加本国出口,以促进经济增长。以下哪些措施可以实现这一目标?（　　）

  A. 降低出口商品的生产成本　　　　B. 增加进口商品消费税

  C. 采取货币贬值的政策　　　　　　D. 提高关税,保护本国产业

8. 下列属于治理通货膨胀的紧缩性货币政策的措施有（　　）。

  A. 降低存贷款利率　　　　　　　　B. 公开市场卖出业务

  C. 提高法定存款准备金率　　　　　D. 提高消费信用首付款比例

9. 短期经济和长期经济的区别有（　　）。

  A. 长期价格是灵活的,短期价格是黏性的

  B. 长期关注实际变量,短期关注名义变量

  C. 长期货币是中性的,短期货币对实际经济有影响

  D. 长期关注总供给,短期关注总需求

10. 下列关于决定价格总水平变动因素的说法,正确的有（　　）。

  A. 在其他影响因素不变的情况下,货币供应量增长,价格总水平一般会趋于上升

  B. 如果总需求增长快于总供给的增长,价格总水平就有可能上升

  C. 在其他影响因素不变的情况下,货币流通速度加快,就会促使价格总水平下降

  D. 从长期来看,影响价格总水平的是总需求

  E. 从长期来看,总供给与价格总水平是反方向变动

巩固提升训练

一、单项选择题

1. 宏观经济学中,（　　）国内生产总值（GDP）用现期价格衡量了产品与服务的价值,它是一个（　　）变量。

  A. 名义,存量　　　B. 名义,流量　　　C. 实际,存量　　　D. 实际,流量

2. 关于经济增长和经济发展的关系表述中,正确的是（　　）。

  A. 经济发展是经济增长的基础　　　　B. 经济增长是经济发展的基础

  C. 经济增长是一个比经济发展更广的概念　　D. 没有经济发展就不会有经济增长

3. 宏观经济运行是一种周期性的循环波动,在这种波动中,不同经济指标的变动并非总与宏观经济运行步调一致。下列属于宏观经济先行指标的是（　　）。

  A. 采购经理指数　　　　　　　　　　B. 工业用电量

  C. 居民消费价格指数　　　　　　　　D. 失业率

4. 一般情况下,相对于高收入人群,低收入人群受通货膨胀的影响更明显。对这一结论解释不准确的是（　　）。

  A. 通货膨胀使低收入人群的储蓄倾向更高

  B. 通货膨胀使低收入人群的财务负担更重

  C. 通货膨胀使低收入人群消费支出的增加幅度更大

  D. 通货膨胀使低收入人群的实际收入下降可能性更大

5. 下列属于扩张性财政政策具体措施的是( )。
   A. 增加政府转移支付　　　　　　　B. 减少社会福利支出
   C. 提高税率　　　　　　　　　　　D. 减少国债
6. 以下关于决定价格总水平变动因素的说法,错误的是( )。
   A. 价格总水平的变动与货币供给量的变化呈同方向变动
   B. 如果总需求增长快于总供给的增长,价格总水平就有可能上升
   C. 在其他因素不变情况下,货币流通速度加快,会使价格总水平下降
   D. 从长期来看,总供给变动与价格总水平无关
7. 自然失业率总是正的,因为总是存在( )。
   A. 摩擦性失业和周期性失业　　　　B. 周期性失业和结构性失业
   C. 摩擦性失业和结构性失业　　　　D. 进入和退出劳动力的队伍
8. 假定经济处于完全就业状态,总供给曲线为古典的情形,即总供给曲线垂直时,名义货币供应量增加20%,则( )。
   A. 对价格没有任何影响　　　　　　B. 利率上升
   C. 名义工资上升20%　　　　　　　D. 实际货币供给上升20%
9. 按照收入法计算国内生产总值,其公式是( )。
   A. 国内生产总值=工资+利润+间接税和企业转移支付+折旧+统计误差
   B. 国内生产总值=工资+利息+租金+利润+折旧+统计误差
   C. 国内生产总值=工资+利息+租金+利润+间接税和企业转移支付+统计误差
   D. 国内生产总值=工资+利息+租金+利润+间接税和企业转移支付+折旧+统计误差
10. 如果边际消费倾向是0.8,政府增加公共支出1 000亿元,考虑到货币市场的话,均衡产出的增加最多是( )亿元。
    A. 5 000　　　B. 4 000　　　C. 1 250　　　D. 800
11. 下列不是衡量通货膨胀的价格指数的是( )。
    A. 消费价格指数　　　　　　　　　B. 生产者价格指数
    C. 行业景气指数　　　　　　　　　D. 国内生产总值折算指数
12. 总需求的组成部分包括( )。
    ①消费和净出口　　　　　　　　　②投资和政府购买
    ③储蓄和政府购买　　　　　　　　④消费和储蓄
    A. ①②　　　B. ②③　　　C. ①④　　　D. ③④
13. 下列说法中,正确的是( )。
    A. 当政府增加货币供给时,货币供给曲线左移
    B. 发生流动性陷阱时,货币政策更有效
    C. 当货币的交易需求增加时,货币需求曲线向左下方移动
    D. 货币需求对收入越敏感,LM曲线越陡峭
14. 假设某经济的边际储蓄倾向(MPS)为0.2,存在1 500亿元的通货膨胀缺口,并处于总供给曲线的垂直部分,如果要使经济的价格降回到原来水平,则需要使总需求曲线( )。
    A. 左移8 000亿元　　　　　　　　B. 右移7 500亿元
    C. 左移7 500亿元　　　　　　　　D. 右移8 000亿元

15. 根据IS-LM模型,如果政府提高支出,将导致( )。
   A. 投资上升,产出上升　　　　　　　B. 投资下降,产出上升
   C. 投资上升,产出下降　　　　　　　D. 投资下降,产出下降

16. 下列选项中不可能同时发生的情况是( )。
   A. 结构性失业和成本推动的通货膨胀　B. 需求不足失业和需求拉动的通货膨胀
   C. 摩擦性失业和需求拉动的通货膨胀　D. 失业和通货膨胀

17. 菲利普斯曲线说明了货币政策之间存在矛盾的是( )。
   A. 经济增长与充分就业　　　　　　　B. 经济增长与稳定物价
   C. 稳定物价与充分就业　　　　　　　D. 经济增长与国际收支平衡

18. 按照国内生产总值的核算原则,下列可计入国内生产总值的是( )。
   A. 公债利息　　　　　　　　　　　　B. 购买生活用品的消费
   C. 赌博收入　　　　　　　　　　　　D. 政府转移支付

19. 乘数原理和加速原理的关系是( )。
   A. 乘数原理说明国民收入的决定,加速原理说明投资的决定
   B. 两者都说明投资的决定
   C. 乘数原理解释经济如何走向繁荣,加速原理说明经济怎样陷入萧条
   D. 只有乘数作用时国民收入的变动比乘数、加速数作用相结合时的变动要更大一些

20. 自动稳定器又称内在稳定器,是经济系统自身所存在的一种会减少各种干扰对国家收入冲击的机制,能够在经济繁荣时期自动抑制通货膨胀,在经济衰退时期自动减轻萧条。下列关于"自动稳定器"作用的说法,错误的是( )。
   A. 自发地缓和经济波动
   B. 长期会造成财政拖累作用
   C. 可以通过政府支出的指数化来完全消除其负面影响
   D. 可能影响积极财政政策的效果

21. 通常来说,当一国采取扩张性财政政策和紧缩性货币政策时,会产生( )的结果。
   A. 产出增加,利率不确定　　　　　　B. 产出减少,利率不确定
   C. 产出不确定,利率升高　　　　　　D. 产出不确定,利率下降

22. 在经济衰退时,实际GDP将( )。
   A. 小于潜在GDP　　　　　　　　　　B. 大于潜在GDP
   C. 等于潜在GDP　　　　　　　　　　D. 与潜在GDP的预测没有关系

23. 利率和收入的组合点出现在IS曲线右上方,LM曲线的左上方的区域中,则表示( )。
   A. 投资小于储蓄,且货币需求小于货币供给　B. 投资小于储蓄,且货币供给小于货币需求
   C. 投资大于储蓄,且货币需求小于货币供给　D. 投资大于储蓄,且货币需求大于货币供给

24. 财政政策和货币政策的有效性在很大程度上取决于( )。
   A. 决策人的意愿　　　　　　　　　　B. *IS*曲线和*LM*曲线的交点
   C. *IS*曲线和*LM*曲线的斜率　　　　D. 货币供应量

25. 短期内,经济处于均衡时( )。
   A. 社会可能实现了充分就业

B. 社会可能没有实现充分就业

C. 可能存在通货膨胀缺口,也可能存在通货紧缩缺口

D. 以上都正确

二、多项选择题

1. 国内生产总值的表现形态包括(　　)。

A. 货币形态　　　　B. 产品形态　　　　C. 价值形态　　　　D. 收入形态

2. 导致总需求曲线向右移动的因素包括(　　)。

A. 消费者支出增加　　B. 货币供给减少　　C. 净出口减少　　D. 企业投资增加

3. 影响消费的因素主要包括(　　)。

A. 利率　　　　　　B. 价格水平　　　　C. 收入分配　　　　D. 社会保障制度

4. 若经济处于 IS 曲线的右上方和 LM 曲线的右下方,则(　　)。

A. 投资大于储蓄　　　　　　　　　　B. 投资小于储蓄

C. 货币供给大于货币需求　　　　　　D. 货币供给小于货币需求,利率将上升

5. 按照总需求—总供给模型,总需求增加会使国民收入增加,这种情形的总供给曲线应是(　　)。

A. 凯恩斯主义的总供给曲线　　　　　B. 常规的总供给曲线

C. 长期总供给曲线　　　　　　　　　D. 向右下方倾斜的总供给曲线

6. 财政政策和货币政策都是通过影响以下哪些因素进而影响总需求的?(　　)

A. 利率　　　　　　B. 消费　　　　　　C. 投资　　　　　　D. 价格

7. 影响经济运行出现周期性波动的因素有(　　)。

A. 消费需求的波动　　B. 预期的变化　　C. 投资率的变动　　D. 汇率的变动

8. 运用财政政策来保持国际收支平衡,一般是通过(　　)来实现的。

A. 改变增值税类型　　　　　　　　　B. 发行外债

C. 调整关税税率　　　　　　　　　　D. 修订出口退税政策

9. 为刺激需求而采取的扩张性的财政政策主要运用(　　)等手段。

A. 发行政府债券　　　　　　　　　　B. 提高央行对金融机构的再贴现率

C. 降低央行对金融机构的再贷款率　　D. 增加财政支出

10. 通货膨胀的收入分配效应主要表现有(　　)。

A. 名义收入普遍上升、政府税收增加、公众实际收入降低

B. 产生有利于利润收入者而不利于工资收入者的分配

C. 产生有利于债务人而不利于债权人的分配

D. 产生有利于公众而不利于国家的分配

11. 下列对于实际货币供给的理解,正确的有(　　)。

A. 实际货币供给是剔除物价上涨因素而表现出来的货币所能购买的商品和劳务总额

B. 一国在一定时期内的实际货币供给受名义货币供给与一般物价指数的综合影响

C. 实际货币供给是指一国的货币当局即中央银行根据货币政策的要求提供的货币量

D. 一国的名义货币供给增加,可能引起实际货币供给的增加

12. 关于长期总供给曲线,下列说法正确的有( )。
   A. 是一条垂线   B. 意味着社会达到充分就业状态
   C. 社会上不存在失业   D. 是潜在产量线
13. 根据失业产生的原因,可以把失业区分为自愿性失业和非自愿性失业等,以下属于非自愿性失业的有( )。
   A. 周期性失业   B. 结构性失业   C. 系统性失业   D. 摩擦性失业
14. 根据消费函数曲线与储蓄函数曲线的变化可以看出( )。
   A. 消费函数曲线的斜率较小时,储蓄函数曲线的斜率较大
   B. 消费函数曲线的斜率较大时,储蓄函数曲线的斜率亦较大
   C. 消费函数曲线较平缓时,储蓄函数曲线较陡
   D. 消费函数曲线较陡时,储蓄函数曲线亦较陡
15. 凯恩斯的货币需求理论中,取决于收入的货币需求动机有( )。
   A. 投机动机   B. 保值动机   C. 交易动机   D. 预防性动机

三、案例分析题

根据以下案例,回答1~5题。

凯恩斯的经济理论较好地解释了大萧条的产生原因(有效需求不足),并给出了相应的解决对策(政府干预经济,主要实施财政政策)。凯恩斯认为失业和萧条是人们的心理状态所造成的,但显然,心理状态绝不可能是经济周期的主要原因。

凯恩斯率先解释引致大萧条的经济机制,这标志着现代宏观经济学的建立。虽然在20世纪70年代之后,凯恩斯理论遭受了猛烈的批判,但是毫无疑问,凯恩斯是一个伟大的经济学家,他敢于打破旧的思想的束缚,承认有非自愿失业的存在,首次提出国家干预经济的主张,对整个宏观经济学的贡献是极大的。

在一个凯恩斯经济理论框架中:假设一个只有家庭和企业的两部门经济中,消费 $c=100+0.8y$,投资 $i=150-6r$,实际货币供给 $m=150$,货币需求 $L=0.2y-4r$。(单位:亿元)

1. 根据凯恩斯的基本理论,下列说法错误的是( )。
   A. 国民收入决定于消费和投资   B. 投资由利率和储蓄倾向决定
   C. 利率决定于流动偏好和货币数量 D. 消费由消费倾向和收入决定
2. 【多项选择题】案例中提到的"有效需求"是指由消费需求和投资需求所构成的总需求,下列相关说法正确的有( )。
   A. 消费需求不足是由于边际消费倾向大于1
   B. 投资需求不足是由于资本边际效率在长期内递减
   C. 为解决有效需求不足,必须发挥政府作用
   D. 政府解决有效需求不足时使用财政政策的效果比货币政策好
3. 该经济的投资乘数是多少?( )
   A. 5   B. 1.25   C. 2   D. 2.5
4. 【多项选择题】该经济的产品市场和货币市场同时均衡时,下列选项正确的有( )。
   A. 利率为10%   B. 收入为950亿元
   C. 消费为860亿元   D. 投资为90亿元

5. 【多项选择题】如果货币供给增加 50 亿元,下列选项正确的有(　　)。
   A. 利率为 5
   B. 收入为 1 100 亿元
   C. 消费为 980 亿元
   D. 投资为 120 亿元

根据以下案例,回答 6~10 题。

新冠疫情对 2020 年全球经济的伤害是显而易见的,大多数国家都没有能够维持经济的正增长。

为了减缓衰退,重新振作经济,大多数国家采取了一系列措施刺激经济。这些措施包括给予民众现金补贴,也就是俗称的"直接发钱",针对中小企业的减税、免税等税收优惠,以及"开闸放水"。

在采取刺激经济措施的所有国家中,最为引人注目的是美国。2021 年 1 月,拜登公布了一项价值 1.9 万亿美元的"美国拯救计划"。这项计划的主要内容包括:1 600 亿美元用于全国疫苗计划以及其他防疫工作;1 700 亿美元用于帮助学校安全地重新开学;失业保障方面,补偿金提高至每人每周 400 美元;在现金救济方面,在 2020 年 12 月救济金的基础上,给予工作家庭每人 1 400 美元的救济,将总共的救济金提高到每人 2 000 美元……"美国拯救计划"还包括资助租户、最低工资、税务减免等方面,其主要目的是对居民、小企业、州和地方政府的援助。

通过这种方式,预计 2021 年第一季度,美国居民可支配收入将大幅攀升,第二、三季度则在失业补助等政策的支持下维持较高水平。

随着这项计划落地实施,加上美元作为世界货币的特殊地位,我国一些人开始对国内通货膨胀充满担心。

这种担心不无道理。在经济全球化的当今社会,没有哪个国家不会不受到美国财政政策、经济手段的影响。

从我国与美国的经济联系来看,整体上,美国制造业相比服务业对我国产出的拉动作用更为明显。

以全球投入产出表计算,美国的国防、建筑业、汽车、机械设备等行业拉动我国产出力度最大。而这些产业在美国刺激计划影响下,会得以复苏和发展,因此,我国的一些行业,例如计算机、电子产品和光学产品制造、化学品及化学制品制造、基本金属制造、电力设备制造、采矿和采石等,也将受到拉动。

这些产业的复苏与恢复发展,势必推动国际大宗商品的价格,而 2020 年底至 2021 年初的情形已经验证了这一点。大宗商品价格涨势较快,不仅增加了全球范围内通货膨胀升温预期,也令国际金融市场波动加大,这都将对我国外汇储备规模的稳定形成扰动。

事实证明,风险与机遇不过是硬币的两个面,降低风险,把握机遇,着眼未来,通货膨胀引起的不良效应也终将成为历史上的一次小小波澜,没必要过度焦虑。

6. 【多项选择题】从案例看,美国通货膨胀的主要原因包括(　　)。
   A. 制造业产能得以恢复与发展
   B. 1.9 万亿计划致使美元超发
   C. 税收优惠增强企业消费能力
   D. 国际大宗商品价格持续上涨

7. 美国政府"直接发钱",但同时美国国内有通货膨胀预期,这种政策将直接影响(　　)。
   A. 社会均衡价格
   B. 社会总供给
   C. 减少基础货币总量
   D. 社会总需求

8. 【多项选择题】一般情况下,我们都很"担心"通货膨胀,主要是因为通货膨胀会给民众的生活带来以下哪些不利后果?(   )

   A. 名义收入增加　　　　　　　　B. 实际收入减少
   C. 生活成本增加　　　　　　　　D. 出国旅游更贵

9. 下列属于案例中"开闸放水"政策的是(   )。

   A. 开展正回购　　B. 发行国债　　C. 降低基准利率　　D. 提高再贴现率

10. 从货币数量论角度看,在全球货币超发的背景下,要保证通货膨胀率有所降低,应当让(   )。

    A. 货币增长率>产量增长率
    B. 货币增长率与产量增长率之间不存在直接关系
    C. 货币增长率<产量增长率
    D. 货币增长率=产量增长率

☆答案及解析见下册 P275~P284。

专项三　金融学

> 考场真题还原

一、单项选择题

1. 2023年9月底,某市通过财政统一向机关事业单位1 211名干部职工进行工资全额数字人民币发放。上述发放数字人民币的活动体现了货币的(　　)职能。
   A. 价值尺度　　　　B. 贮藏手段　　　　C. 支付手段　　　　D. 流通手段

2. 消费信用是企业、银行及非银行金融机构向消费者个人提供的信用。以下关于消费信用,说法错误的是(　　)。
   A. 过度的消费信用会增加市场货币数量的投放,造成市场虚假繁荣
   B. 消费信用为消费者超前消费提供了条件,可以刺激人们的消费
   C. 消费信用方式多样,主要有赊销、分期付款和银行贷款等
   D. 消费信用的发展受到人们的消费观念与文化传统、居民的实际收入与生活水平等因素的影响

3. 市场分割假说认为投资者对不同期限的债券有着不同的偏好,不同期限的不同债券不能完全相互替代。这是一个分割的市场。市场分割假说不能解释下列债券利率变动事实中的(　　)。
   (1)不同到期期限的债券的利率随着时间一起波动。
   (2)短期利率较低时,债券收益曲线倾向于向上倾斜;反之则向下倾斜。
   (3)债券的收益曲线几乎总是向上倾斜。
   A. 只有(1)和(2)　　　　　　　　　　B. 只有(1)和(3)
   C. 三项都不能解释　　　　　　　　　D. 只有(2)和(3)

4. 作为银行的银行,中央银行的主要职责体现在(　　)。
   A. 保管和管理国家黄金储备
   B. 代理发售纪念币、国库券
   C. 在公开市场上投放并回笼货币
   D. 为资金困难的商业银行提供资金支持,充当最后贷款人

5. 一般来说,当标的资产价格增加时,远期价格(　　),这意味着,远期合约价值(　　)。
   A. 减小,减小　　　B. 增大,减小　　　C. 减小,增大　　　D. 增大,增大

6. 近年来,我国已初步形成了多层次资本市场。下列关于资本市场的说法正确的是(　　)。
   A. 资本市场上的交易具有融资期限长、流通性相对较差、风险大的特点
   B. 资本市场以短期金融工具为媒介
   C. 资本市场主要包括同业拆借市场、票据贴现市场等
   D. 资本市场是交易期限在1年以内的进行资金融通与借贷的交易市场

7. 李某预计股票指数会在未来 2 个月的时间内下跌 20%,于是借入一批蓝筹股票,卖出后获得一笔资金。持有资金一个月后,趁股票价格低廉时,重新买入之前卖出的股票,归还后,还有富余股票。

上述操作中,李某属于( )。

A. 卖空操作,结果是盈利　　　　　　　B. 买空操作,结果是盈利

C. 买空操作,结果是亏损　　　　　　　D. 卖空操作,结果是亏损

8. 党的二十大报告中强调"健全资本市场功能,提高直接融资比重"。下列关于直接融资的说法中,错误的是( )。

A. 在法律允许的范围内,直接融资主体可以自己决定融资的对象与数量

B. 与间接融资相比,直接融资的风险通常较大

C. 直接融资占比的上升优化了融资结构,有利于缩短资金链条,更好地为实体经济提供资金支持

D. 直接融资工具包括企业债券、公司股票、银行贷款等

9. 它是一种开放式基金,在交易所上市,且跟踪标的指数变化,投资者可以像买卖股票一样买卖该种基金,但申购时须以一篮子股票换取基金份额。

这段话描述的是( )。

A. UFH　　　　　B. ETF　　　　　C. FOF　　　　　D. RIC

10. 关于长短期债券收益率的变化,以下说法正确的是( )。

A. 利率下降周期,长短期债券利差增大

B. 利率下降周期,短期债券收益率下降幅度小于长期债券

C. 利率上升周期,长短期债券利差增大

D. 利率上升周期,长期债券收益率上升幅度大于短期债券

11. 中央银行贴现贷款增加,则基础货币( );商业银行增加信贷,则基础货币( )。

A. 减少;不变　　B. 增加;增加　　C. 减少;增加　　D. 增加;不变

12. 根据剑桥方程式,货币购买力与货币量成( ),物价水平与货币量成( )。

A. 正比;正比　　B. 反比;正比　　C. 反比;反比　　C. 正比;反比

13. 中央银行创造信贷资金的基础是( )。

A. 货币发行权和信贷管理权　　　　　　B. 国家的国际储备及税收

C. 作为最后贷款人的信用　　　　　　　D. 商业银行的存款

14. 央行在金融市场上买入或卖出有价证券,吞吐货币,改变商业银行等存款类金融机构的可用资金,进而影响货币供应和利率。最符合以上描述的是下列哪一种货币政策工具?( )

A. 再贴现　　　B. 公开市场业务　　C. 存款准备金率　　D. 再贷款

15. 2022 年 8 月,LPR(贷款市场报价利率)迎来年内第三次下调。引起 LPR 上下浮动的根本原因是( )。

A. 国家货币政策　　　　　　　　　　　B. 国家财政政策

C. 经济发展增速　　　　　　　　　　　D. 市场资金的供求关系

16. 当前,LPR 已经成为银行发放贷款的主要参考和定价基准,它在利率市场化改革中的好处体现在哪些方面?( )

(1)打破了过去曾经存在的贷款利率隐性下限

(2)疏通货币政策传导机制,增强了利率调控能力

(3)促进了实际利率水平下降,降低企业融资成本

A. 只有(2)和(3)　　B. 三项都是　　C. 只有(1)和(2)　　D. 只有(1)和(3)

17. 央行降低贷款利率,会导致的经济行为是(　　)。

A. 银行减少贷款发放　　　　　　　B. 居民减少消费支出

C. 企业增加投资支出　　　　　　　D. 政府提高税收税率

18. 2022年前三季度我国社会融资规模增量累计为27.77万亿元。下列关于社会融资规模的说法中,正确的是(　　)。

A. 主要反映实体经济通过金融机构获得的间接融资

B. 兼具总量和结构两方面信息

C. 主要从金融机构负债方进行统计

D. 不包括金融机构表外业务相关指标

19. 2020年新发行国债、地方债、公司信用类债券利率较上年降低0.47个百分点。下列关于债券的说法,错误的是(　　)。

A. 如果债券的票面利率固定,则当市场利率下降时,债券的市场价格下降

B. 根据我国个人所得税法的相关规定,国债利息收入可免缴个人所得税

C. 在债券的票面价值中,需要规定票面价值的币种和金额

D. 一般来说,期限较长的债券流动性差,风险相对较大,利率应该定高一些

20. 可转换债券不具备下列哪种特性?(　　)

A. 期权性　　　B. 股权性　　　C. 债权性　　　D. 义务性

21. 央行下调金融机构存款准备金率0.5个百分点,这一决定对实体经济的传导机制为(　　)。

A. 货币供给减少—利率上升—投资和消费减少—实际产出减少

B. 货币供给增加—利率下降—投资和消费增加—实际产出增加

C. 货币需求增加—利率下降—投资和消费增加—实际产出增加

D. 货币需求减少—利率上升—投资和消费增加—实际产出增加

22. 一般国家都规定,不允许外国货币在本国流通,只有将外币兑换成本国货币,才能够购买本国商品和劳务,因此产生了(　　)。

A. 买入汇率　　　B. 卖出汇率　　　C. 中间汇率　　　D. 现钞汇率

23. 中国某出口商出口了一批货物,计价结算货币为美元,金额为500万元,9个月后收到货款。为了防范美元汇率下降的风险,以下哪种金融工具可以达到保值的目的?(　　)

A. 买入9个月期美元看涨期权　　　B. 买入9个月期美元看跌期权

C. 卖出9个月期美元看跌期权　　　D. 卖出9个月期美元看涨期权

24. 数字人民币是面向未来的国家金融基础设施,是数字中国建设的重要组成部分。以下有关数字人民币的说法,不正确的是(　　)。

A. 数字人民币采用的是账户松耦合,数字钱包不需要绑定个人相关账户即可使用,减轻了交易环节对金融中介的依赖,极大地保护了用户隐私

B. 数字人民币设计兼顾了实物人民币和电子支付工具的优势,既具有实物人民币的支付即结算、匿名性等特点,又具有电子支付工具成本低、便携性强、不易伪造等特点

C. 数字人民币由中国人民银行发行,构成中国人民银行的负债,商业银行是最终债务人

D. 与比特币等去中心化的加密数字货币不同,数字人民币是中心化的货币,保障了央行作为货币发行机构的唯一性和权威性

25. 在以下情况中,会导致货币供给增加的是( )。

A. 政府购买增加　　　　　　　　B. 央行从公众手中购买国债

C. 个人购买上市公司债券　　　　D. 企业向公众发售股票

26. 金融衍生工具是指一种根据事先约定的事项进行支付的双边合约,其合约价格取决于或派生于原生金融工具的价格及其变化。下列不属于金融衍生工具的是( )。

A. 备兑权证　　　　　　　　　　B. 沪深300股指期货

C. CDS(信用违约互换)　　　　　D. 外汇

27. 如果100美元兑换人民币625元,则相对于中国用直接标价法表示为( )。

A. $100 = ¥625　　B. ¥100 = $516　　C. ¥625　　D. $625

28. 在套利操作中,套利者通过即期外汇交易买入高利率货币,同时做一笔远期外汇交易,卖出与短期投资期限相吻合的该货币,这种用来防范汇率风险的方法被称为( )。

A. 掉期交易　　B. 货币互换　　C. 货币期权交易　　D. 福费廷

29. 同业拆借市场的利率可以反映( )。

A. 银行利率　　　　　　　　　　B. 短期资金供求状况

C. 货币政策的松紧　　　　　　　D. 金融宏观调控力度

30. 期权是指在未来一定时期可以买卖的权利,是买方向卖方支付一定数量的金额后拥有的在未来一段时间内或未来某一特定日期以事先规定好的价格向卖方购买或出售一定数量的特定标的物的权利,但不负有必须买进或卖出的义务。下列关于期权的说法,错误的是( )。

A. 交易双方的收益和风险对等　　B. 期权的交易对象是选择权

C. 只有期权的买方有选择权而卖方没有　　D. 期权买方可以放弃行使期权

31. 牙买加协定(Jamica Agreement)的主要内容不包括( )。

A. 各成员国在协商的基础上选择统一的汇率制度

B. 国际储备多元化:美元、日元、黄金、特别提款权等

C. 取消黄金官价,黄金非货币化,按照市价自由交易

D. 取消汇率平价和美元中心汇率,确认浮动汇率制

32. 下列关于外汇及外汇储备的说法中,正确的是( )。

A. 当国内总需求大于总供给时,可以动用外汇组织进口,从而调节平衡

B. 货币基金组织中的普通提款权属于外汇储备,特别提款权不属于外汇储备

C. 当国内总需求小于总供给时,可以动用外汇组织进口,从而调节平衡

D. 外汇储备的增长减小了人民币升值压力

33. 2022年9月中旬,离岸人民币兑美元汇率跌破7.0关口,引发市场担忧。其实,在开放经济下,汇率会呈现双向波动,但人民币兑美元汇率贬值也会对经济生活产生一些影响,例如( )。

(1)降低出口商品的竞争力　　　　(2)推升国内通胀压力

(3)引发资本外流

A. 三项都是　　　　　　　　　　B. 只有(2)和(3)

C. 只有(1)和(2)　　　　　　　　D. 只有(1)和(3)

34. 以下不是货币市场特点的是( )。
   A. 风险小　　　　　B. 流动性强　　　　C. 融资期限长　　　D. 收益低

35. 随着国家统计局发布三季度经济数据,债券市场迎来一波下行行情。某债券实际预期收益率约为6%,预期通货膨胀率约为2%,则该债券名义收益率约为( )。
   A. 12%　　　　　　B. 8%　　　　　　　C. 4%　　　　　　　D. 10%

36. 国家通过调节利率高低可以影响经济活动。一般认为,利息增加带来的经济影响是( )。
   A. 刺激需求,生产扩大,经济活动水平上升　　B. 货币供给增加,将引起适度的通货膨胀
   C. 货币供给减少,对生产的影响不能确定　　　D. 抑制需求,缓解通货膨胀

37. 为提升金融机构外汇资金运用能力,中国人民银行决定,自2023年9月15日起,下调金融机构外汇存款准备金率2个百分点,即外汇存款准备金率由现行的6%下调至4%。此举产生的影响是( )。
   A. 减少境内美元流动性,缓解人民币贬值压力
   B. 减少境内美元流动性,缓解人民币升值压力
   C. 增加境内美元流动性,缓解人民币贬值压力
   D. 增加境内美元流动性,缓解人民币升值压力

38. 某物流企业向中国农业银行借入资金100万元,年利率为4%,由于银行要求将贷款额度的20%作为补偿性余额,则该物流企业的实际借款利率为( )。
   A. 5%　　　　　　B. 4%　　　　　　　C. 6%　　　　　　　D. 7%

39. 下列选项中,属于间接融资的是( )。
   A. 丁公司出售业务获取资金　　　　　　B. 乙公司向银行申请贷款
   C. 甲公司发行股票筹措资金　　　　　　D. 丙公司以公司名义购买不动产

40. 下列关于货币政策最终目标之间关系的表述中,不正确的一项是( )。
   A. 国际收支平衡有助于国内物价稳定　　B. 经济增长有助于降低国际开支,稳定物价
   C. 充分就业与经济增长相互促进　　　　D. 物价稳定是经济增长的前提

二、多项选择题

1. 通常来说,下列关于债券利率的风险结构的描述中,正确的有( )。
   A. 债券违约风险越大,利率越低　　　　B. 债券流动性越好,利率越高
   C. 债券流动性越好,利率越低　　　　　D. 债券违约风险越大,利率越高

2. 下列关于货币市场的表述中,正确的有( )。
   A. 货币市场的金融工具具有流动性强的特点
   B. 货币市场的参与主体主要是金融机构而非自然人投资者
   C. 货币市场主要解决短期资金融通需要
   D. 货币市场以各国法定货币为交易标的,不包括各类票据

3. 今年以来,某市综合运用系列金融工具助企纾困,激发经济发展动能,以下属于长期金融工具的有( )。
   A. 商业票据　　　　　　　　　　　　　B. 股票
   C. 公司债券　　　　　　　　　　　　　D. 银行承兑汇票

4. 市场对债券的定价一般采用实际利率加上"利差"或者风险溢价。影响利差或"风险溢价"的因素可能包括( )。

  A. 债券发行人信誉 B. 债券的预期流动性 C. 通货膨胀率   D. 债券发行人类型

5. 下列情形中,属于货币失衡状况的有( )。

  A. 为了提高出口量,某国引导该国货币贬值,带来出口留学费用增加问题

  B. 为了提高货币购买力,某国发行债券回笼货币,带来物价匮乏问题

  C. 为了减少纸质货币的流通,某国开始推行数字货币,带来老年人生活不便问题

  D. 为刺激经济发展,某国长期采取量化宽松政策,带来严重通胀问题

6. 下图为 2023 年 1 月 3 日至 6 月 30 日银行间外汇市场人民币兑美元中间价。根据该图,下列说法正确的有( )。

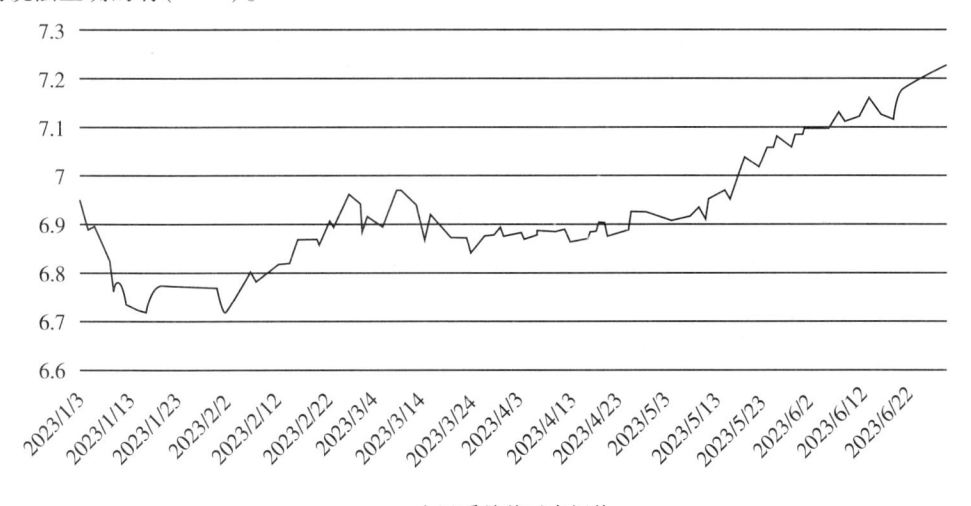

—— 人民币兑美元中间价

  A. 我国人民币汇率一般采用的是直接标价法

  B. 上半年我国的出口商品价格竞争力得到提升

  C. 上半年我国进口企业成本进一步上升

  D. 上半年我国国内资产价格呈下降趋势

7. 近期,建设银行某分行为某贸易企业办理了一笔人民币外汇期权交易,帮助企业提前锁定汇率风险。下列有关期权的说法,正确的有( )。

  A. 按照期权买方执行期权的时限进行区分,可以分为看涨期权与看跌期权

  B. 对于看跌期权的买方来说,到期行使期权的条件是市场价格低于执行价格

  C. 对于看涨期权的买方来说,到期行使期权的条件是市场价格高于执行价格

  D. 与股票、期货等投资工具相比,期权的与众不同之处在于其线性的损益结构

8. 利率的变动为投资者持有债券带来风险,对此,下列说法中正确的有( )。

  A. 若其他条件相同,则票面利率低的债券,利率风险越大

  B. 若其他条件相同,则距离到期日时间越长,债券的利率风险越大

  C. 距离债券到期日越近,债券价格也会越接近面值

  D. 债券的面值越大,承受的利率风险越大

9. 当流通中纸币量大于货币需求量时,会出现( )。

  A. 物价上涨   B. 纸币贬值

C. 物价下跌   D. 通货膨胀
E. 通货紧缩

10. 实施(　　)，会导致利率提高，企业投资意愿下降。
A. 降低贷款的贴现率
B. 提高法定存款准备金率
C. 人民银行通过MLF(中期借贷便利)向商业银行投放基础货币
D. 人民银行在公开市场出售证券

11. 货币供给量等于基础货币与货币乘数的乘积，是货币供给量的最大理论值，而实际上货币供给量往往小于这一理论值，这是因为(　　)。
A. 在商业银行所持有的准备金中，有一部分为法定准备金，商业银行不能动用
B. 商业银行的超额准备金，有时是为了应付意外提现等必要支出，商业银行不能全部动用
C. 有一部分基础货币由中央银行直接投入流通而由社会公众所持有，从而不能被用来进行货币创造
D. 货币供给量是外生的，中央银行完全控制货币供给量

12. 2021年，我国出口同比增长29.9%，贸易顺差达到6 764亿美元，创下了新的纪录。关于贸易顺差，下列说法正确的有(　　)。
A. 对一国的外贸和经济发展来说，长期的贸易顺差并不都是有利的
B. 贸易顺差发生时，一个国家或地区在一定时间内出口贸易总额大于进口贸易总额
C. 贸易顺差也被称为"出超"
D. 贸易顺差是指一个国家或地区在一定时间内国际收入大于国际支出

13. 2020年8月，商务部官网发布《关于印发全面深化服务贸易创新发展试点总体方案的通知》，其中公布了数字人民币试点地区，这让数字人民币再度引发人们的关注。以下有关数字人民币的说法中，正确的有(　　)。
A. 在我国，广大居民消费习惯各有不同，现金支付、非现金支付将长期共存
B. 与比特币不同，中央银行数字人民币具有国家信用
C. 数字人民币与支付宝、微信支付、建行龙支付类似，是央行层面的支付手段
D. 数字人民币可以看作是数字化的人民币现金，功能、属性与纸钞一样

14. 与去年相比，今年同样数量的美元可以兑换更多人民币。这种情况有利于(　　)。
A. 对外发行国债   B. 扩大出口   C. 收回发行的国债   D. 扩大进口

15. 根据我国货币层次的划分方法，当企业的活期存款增加时，以下增加的有(　　)。
A. M_1-M_0 B. M_2 C. M_1 D. M_2-M_1
E. M_0

三、案例分析题

根据以下案例，回答1~5题。

2022年7月22日，中证1000股指期货和期权产品上市。这是中金所发布的第四只金融期货产品，第二只金融期权产品。

从金融发展史上看，金融期货产生于20世纪70年代。当时，布雷顿森林体系解体，世界金融进入浮动汇率时代，各国货币汇率波动剧烈，外汇风险增加。为了规避汇率风险，外汇期货应

运而生。随后,期货、期权等金融产品的种类不断丰富。

金融期货合约的数量、交货时间等都有统一规定。比如中证1000股指期货就规定了以下内容:最低交易保证金是合约价值的8%,最小变动价位是0.2点,最后交易日是合约到期月份的第三个星期五等等。

根据标的物的不同,金融期货可以分为货币期货、利率期货和股票价格指数期货三种。像中证1000股指期货就是股票价格指数期货。合约双方同意在将来某一个特定日期,按照约定的价格买卖中证1000指数,到期后结算。

期权是一种选择权,是买方向卖方支付一定期权费后,获得一种在未来某个时间点,以特定价格买进或卖出一定数量某种商品的权利。当期权标的物是金融资产时,就可以视为是金融期权。

按照期权的权利内容,金融期权有看涨期权和看跌期权之分,前者获得买入的权利,后者获得卖出的权利。另外,按照行权时间,金融期权又可以分为欧式期权和美式期权。以中证1000股指期权为例,它就是欧式期权。

金融期权交易的最大特点是,允许交易者在获取价格有利变化的好处时,能大大降低价格不利变动的损失。因此,当价格变动对自己不利时,交易者可以选择放弃执行期权,这样仅损失期权费,而不是价差。

1.【多项选择题】从案例可知,下列关于金融期权的推论中,正确的有(　　)。

A. 金融期权买方的最大损失是期权费

B. 金融期权合约买卖双方的损益之和等于零

C. 金融期权买方的潜在收益是无限大的

D. 对看涨期权的买方来说,当标的物价格上涨时,他会选择放弃行权

2. 甲买入中证1000股票组合1 000万元,为了套期保值,他在中证1000股指期货上的操作是(　　)。

A. 买入若干张期货合约

B. 卖出若干张期货合约

C. 只有当买入的股票组合浮亏时,才会买入1 000万元的期货合约

D. 不管甲的股票组合盈亏与否,他都不用做任何操作

3. 从案例可知,外汇期货属于(　　)。

A. 利率期货　　　　　　　　　　B. 既是货币期货,也是利率期货

C. 货币期货　　　　　　　　　　D. 股票价格指数期货

4. 根据案例可知,像中证1000股指期权这样的金融期权,买方行使期权的要求是(　　)。

A. 到期日之前的三个工作日内行使

B. 购买后,到期日之前的任意一天都可以行使

C. 到期日后的次日行使

D. 只能在期权到期日当天行使

5. 从案例可推知,中证1000股指期货交割时,需以(　　)方式完成交割。

A. 现金　　　　B. 股票手数　　　　C. 虚拟指数　　　　D. 实物

根据以下案例,回答6~10题。

材料一:

在国际贸易、对外投资和借债中,通常都要使用美元等国际货币计价结算,而不能使用本币

计价,这让本币国家在汇率大幅波动时"很受伤"。比如,20世纪90年代爆发的东南亚金融危机就生动形象地体现了这一点。当时美元持续升值,吸引大量美元离开东南亚等新兴市场。泰国采取固定汇率制度,前期流入泰国的资金大量兑换美元后离开泰国,让泰国的外汇储备在短期内面临枯竭。当放弃固定汇率后,泰国的商业银行因缺少美元而纷纷破产。究其根源,泰国以非本币——美元大举借债而在美元升值回流中无法偿还债务导致金融崩溃。

材料二:

日本经济发展的过程中,存在日元国际化的机会。20世纪70年代,日本经济经过前期积累后,开始进入国际市场,当时许多企业参与国际大宗商品的生产与交易,完全有机会推动大宗商品场外交易中使用日元计价,但是这个时候,并没有统一的力量来推动这件事,致使日本在90年代泡沫经济破碎时彻底丧失了让日元国际化的机会。

材料三:

人民币国际化是随着我国经济实力增强必然出现的趋势。但如果我们不主动把握机会,机会也会瞬息即逝。因此,将人民币国际化当作国家战略来推进是相当有必要的。人民币国际化的最低目标是发挥人民币国际计价功能。通过计价,我国经济和我国各类经济主体才有可能规避汇率波动的风险,规避美元本位制的系统性风险。这需要我国的企业和金融机构走出去,通过资本输出参与到国际经济活动中去。人民币国际化的最终目标是促进中国成为世界金融强国,在世界经济中扮演"全球银行"或"地区银行"的角色,实现国家利益与全球利益的激励相容。

材料四:

美元是世界通用货币,有了美元,到世界任何国家或地区旅游,都可以兑换成当地法定货币。在大宗商品交易中,例如石油交易,美元更是计价和结算的通用货币。而在大众的理解中,美国印钞票就可以用于国际采购,而中国需要出口大规模低附加值产品才能换回国际购买力,这就是美元作为国际货币给发行国带来的好处。其实,美国通过美元的国际化扮演着全球银行的角色。美国通过发行国债来筹集低成本资金,相当于银行吸收存款,而企业和金融机构的全球投资活动就相当于经营银行资产业务,对外投资的高回报可以给充当全球银行的国际货币发行国带来巨大的利差收入。

6. 基于美元的地位,美国国内必然存在的是( )。

A. 强劲的国内消费需求 B. 先进的科学技术

C. 发达的制造业 D. 发达的金融市场

7. 推动日元国际化存在一个关键时期,这说明一国货币国际化的前提条件是( )。

A. 货币流通区域的规模要大

B. 货币发行国有一个便利的金融市场

C. 货币发行国的商品和资本在国际市场上的占比较大

D. 货币交易成本最低

8. 大宗商品通过美元计价,这反映的是货币的哪一种职能?( )

A. 贮藏手段 B. 价值尺度 C. 支付手段 D. 流通手段

9. 东南亚金融危机中,泰国企业为了偿还以美元计价的债务,与危机爆发前相比,需要( )。

A. 支付更少泰铢 B. 支付更多美元

C. 支付更少美元 D. 支付更多泰铢

10. 美国发行美元就可以在全世界购买商品,这实质是美国向世界征收"铸币税"。对此,下列描述正确的是( )。

A. 市场上美元增多,其他国家货币相对美元贬值,美元资产减值
B. 市场上美元增多,其他国家货币相对美元升值,美元资产增值
C. 市场上美元增多,其他国家货币相对美元贬值,美元资产增值
D. 市场上美元增多,其他国家货币相对美元升值,美元资产减值

巩固提升训练

一、单项选择题

1. 在信用关系的价值运动中,货币执行的职能是( )。
   A. 价值尺度　　　B. 流通手段　　　C. 支付手段　　　D. 储藏手段

2. 将每一期产生的利息加入本金一并计算下一期的利息称作( )。
   A. 复利　　　　　B. 利率　　　　　C. 单利　　　　　D. 本息和

3. 下列选项中不属于货币的是( )。
   A. 法定流通的纸币　　　　　　　　B. 个人借记卡中的存款余额
   C. 中央银行发行的可流通的纪念币　　D. 信用卡中的信贷余额

4. 金融机构之间融通资金以解决临时资金不足的市场是( )。
   A. 发行市场　　　B. 资本市场　　　C. 同业拆借市场　D. 流通市场

5. 假设A国基础货币为500亿美元,现金漏损率为9%,法定存款准备金率为10%,超额存款准备金率为5%,则A国的货币供给约为( )亿美元。
   A. 3 733.3　　　B. 2 083.3　　　C. 3 633.3　　　D. 2 270.8

6. 长期债券的利率等于长期债券到期日之前各时间段内人们所预期的短期利率的平均值,这是( )的观点。
   A. 流动性溢价理论　　　　　　　　B. 分割市场理论
   C. 预期理论　　　　　　　　　　　D. 古典利率理论

7. 公开市场操作的优越性表现,不包括( )。
   A. 直接影响货币供应量
   B. 使中央银行能够随时根据金融市场的变化,进行经常性、连续性的操作
   C. 央行可以主动出击
   D. 对货币乘数影响很大,作用力度很强

8. 中央银行提供的基础货币是通过其资产业务流通出去的。下列不属于中央银行提供基础货币途径的是( )。
   A. 对商业银行办理再贴现或发放再贷款,变动对金融机构的债权
   B. 中央银行收购外汇、黄金,变动储备资产
   C. 调整存款利率,影响公众存款意愿
   D. 在公开市场买卖政府债券,变动对政府的债权

9. 金融衍生产品交易能够产生杠杆效应,即当保证金越低时,( )。
   A. 杠杆效应越大,风险越大　　　　B. 杠杆效应越大,风险越小
   C. 杠杆效应越小,风险越大　　　　D. 杠杆效应越小,风险越小

10. 当美元与欧元之间发生汇率变动,由于通常以美元计量外汇储备价值,则在美元对欧元( )时,欧元外汇储备的美元价值会缩水。

  A. 升值   B. 贬值   C. 法定贬值   D. 无法判断

11. 下列属于商业银行派生存款的是( )。

  A. 乙从银行账户中取出 5 万元

  B. 甲将 10 万元存入银行定期账户

  C. 丁将 1 万元转账给朋友丙应急

  D. 丙将从银行贷出的 50 万元重新存入银行活期账户

12. 一家企业拟在金融市场上筹集长期资金,它可以选择的市场是( )。

  A. 债券市场   B. 同业拆借市场   C. 商业票据市场   D. 回购协议市场

13. 下列关于期权交易的观点中,正确的是( )。

  (1)期权交易在不考虑手续费的情况下是一种零和博弈,一方所得即为一方所失。

  (2)期权买方的风险既定,但可获得的利润巨大。

  (3)期权卖方的收益既定,但承担的风险巨大。

  A. 只有(1)和(2)   B. 只有(1)和(3)

  C. 只有(2)和(3)   D. (1)(2)(3)都正确

14. 利息是资金的( )。

  A. 价值   B. 价格   C. 指标   D. 水平

15. 为贯彻落实"房住不炒"政策,各地政府纷纷出台措施,对首套房和二套房的信贷政策进行差异化处理,如提高二套房的首付比例。这样的举措属于( )。

  A. 一般性货币政策工具   B. 直接性货币政策工具

  C. 选择性货币政策工具   D. 间接性货币政策工具

16. 下列属于直接融资行为的是( )

  A. 你向朋友借了 10 万元   B. 你购买了 10 万元理财产品

  C. 你向建设银行申请了 10 万元汽车贷款   D. 以上都是

17. 以下选项中,关于货币市场工具特征的表述,不正确的是( )。

  A. 货币市场工具期限在 1 年以内   B. 货币市场工具表现出本金的高度安全性

  C. 货币市场工具都是短期国债   D. 货币市场工具都是债务契约

18. 混合基金为投资者提供了一种在不同资产类别之间进行分散投资的工具,比较适合较为保守的投资者。它的风险( )股票基金,预期收益率( )债券基金。

  A. 高于、低于   B. 高于、高于   C. 低于、高于   D. 低于、低于

19. ( )不是市场风险的特征。

  A. 由共同因素引起   B. 影响所有股票的收益

  C. 可以通过分散投资来化解   D. 与股票投资收益相关

20. 下列不属于中央银行的业务范围的是( )。

  A. 收取并保管银行存款准备金   B. 为财政部开设财政收支账户

  C. 为大型国有企业提供贷款   D. 在债券市场上购进国债

21. 在给定时间内,单位货币被用来购买最终商品和劳务时的平均次数被称为( )。

  A. 投资乘数   B. 支付乘数   C. 货币乘数   D. 货币流通速度

22. 下列关于金融市场的评价中,正确的一项是( )。
  A. 在我国,不存在类似西方投资银行那样的金融机构
  B. 我国除在国内发行债券外,还可以在外国发行人民币计价的债券,比如扬基债券
  C. 通过设计不同风险级别的金融产品,金融机构可以实现低买高卖,分担风险
  D. 风险越大,资产就越要有吸引人的价格,否则难以出售,这符合金融市场的规律

23. 根据购买力平价理论,决定汇率长期趋势的主导因素是( )。
  A. 国际收支   B. 国内外通货膨胀率差异
  C. 利率   D. 总供给与总需求

24. 如果金银的法定比价为1:20,而市场比价为1:15,按照格雷欣法则,那么这时充斥市场的将是( )。
  A. 银币   B. 金币   C. 银行券   D. 金银混合币

25. 小王投资债券,买入价格为1 000元,持有一年后以1 150元转让,期间获得利息收入100元,则该债券的持有期收益率为( )。
  A. 25%   B. 22%   C. 20%   D. 18%

26. ( )属于货币政策中的间接信用控制。
  A. 信贷配给   B. 窗口指导   C. 流动性比率   D. 利率上限

27. 中央银行在公开市场的购买行为可以( )准备金和基础货币规模,( )货币供给,( )短期利率。
  A. 缩小;减少;降低   B. 扩大;增加;降低
  C. 扩大;减少;增加   D. 缩小;增加;增加

28. 通常被认为是资本市场工具的是( )。
  A. 回购协议   B. 大额可转让银行存单
  C. 金融债券   D. 银行承兑汇票

29. ( )不纳入我国货币供应量M_1统计口径。
  A. 某大学的活期存款   B. 某银行的库存现金
  C. 某个人持有的现金   D. 某工商企业的活期存款

30. 投资者在相同投资收益条件下往往偏好短期债券的高流动性,债券发行方也愿意为长期债券提供风险溢价,同时降低发行费用。但当出现"利率期限倒挂"结构时,债券的价格预期会发生变化。关于利率期限倒挂,以下说法正确的是( )。
  A. 债券利率R与债券到期期限t无关
  B. 债券利率R与债券到期期限t成正比
  C. 债券利率R与债券到期期限t成非线性关系
  D. 债券利率R与债券到期期限t成反比

31. 被称为金边债券的是( )。
  A. 国债   B. 金融债券
  C. 公司债券   D. 资产支持证券

32. 若购买甲、乙两种股票,其相关系数$\rho=1$,并且$\sigma_甲=4\%$,$\sigma_乙=4\%$,$\omega_甲=30\%$,$\omega_乙=70\%$,那么该股票组合的标准差为( )。
  A. 1%   B. 2%   C. 3%   D. 4%

33. 我国习惯上将年息、月息、日息都以"厘"做单位,但实际含义却不同,若年息6厘,月息4厘,日息2厘,则它们分别是指( )。
   A. 年利率为6%,月利率为4‰,日利率为2‱
   B. 年利率为6‰,月利率为4%,日利率为2‰
   C. 年利率为6%,月利率为4‰,日利率为2%
   D. 年利率为6%,月利率为4‰,日利率为2%

34. 利率互换的目的是( )。
   A. 降低融资成本
   B. 管理流动性
   C. 获得目标货币债务
   D. 规避利率风险

35. 关于有效市场假说,以下说法错误的是( )。
   A. 在强有效市场中,任何方法都不能帮助投资者获得超额利润
   B. 在半强有效市场中,基本面分析可以获得超额利润
   C. 在弱有效市场中,技术分析失去作用
   D. 在强有效市场中,内幕信息无用

36. 中央银行和商业银行的货币职能分别是( )。
   A. 提供原始货币、制造派生货币
   B. 制造派生货币、提供原始货币
   C. 促进货币流通、方便货币支付
   D. 方便货币支付、促进货币流通

37. 以下关于金融衍生工具的说法中,错误的是( )。
   A. 金融期权交易双方的权利和义务是对称的,即对于任何一方而言,都既有要求对方履约的权利,又有自己对对方履约的义务
   B. 期货交易具有价格发现功能
   C. 期货合约大致可以分为两类:商品期货和金融期货,其中金融期货包括货币期货、利率期货和股票指数期货
   D. 远期合约交易地点分散,多为OTC交易,期货交易集中在交易所

38. 下列关于金融工具和金融市场的叙述,错误的是( )。
   A. 股票属于直接融资工具,其发行、交易的市场属于直接融资市场
   B. 银行间同业拆借市场属于货币市场,同业拆借是其中的一种短期金融工具
   C. 银行间债券市场属于资本市场,债券回购是其中的一种长期金融工具
   D. 贷款属于间接融资工具,其所在市场属于间接融资市场

39. 货币学派认为货币政策的传导机制是通过( )的变动直接影响收入和支出的。
   A. 利率
   B. 基础货币
   C. 货币供应量
   D. 银行准备金

40. 某人购买一块土地,价格50万元,同时以5 000元的价格卖出一份这块土地的看涨期权合约,约定执行价为51万元,若合约到期时土地价格为52万元,则其净收益为( )万元。
   A. 2.5
   B. 1.5
   C. 0.5
   D. -0.5

41. 在不考虑干预因素的情况下,某国连续5年处于国际收支顺差状态,那么该国出现的情况是外汇储备( ),本国货币升值压力( )。
   A. 减少;增大
   B. 减少;减少
   C. 增加;增大
   D. 增加;减少

42. 弗里德曼认为货币需求函数的特点是( )。
   A. 不稳定
   B. 不确定
   C. 相对稳定
   D. 稳定

43. 以下不属于国际收支逆差通常会引起的后果的是( )。
   A. 货币贬值　　　　B. 外汇储备枯竭　　　C. 货币紧缩　　　　D. 货币升值
44. 下列哪一种货币职能可以没有真实货币?( )
   A. 世界货币　　　　B. 支付手段　　　　　C. 贮藏手段　　　　D. 价值尺度
   E. 流通手段
45. 王先生购买甲公司债券,面值为200元,发行时限是3年,发行价格为190元。若王先生希望该债券的收益率为3%,那么该债券的内在价值是( )元。
   A. 180.05　　　　　B. 183.03　　　　　　C. 203.05　　　　　D. 207.03
46. 某公司投资股票,已知期望报酬率为22%,标准离差为14%,风险报酬系数是5%,无风险报酬率是10%,则该公司的投资报酬率是( )。
   A. 3.18%　　　　　B. 13.18%　　　　　　C. 17.85%　　　　　D. 7.85%
47. 下列属于直接融资的优点的是( )。
   A. 容易实现资金供求期限和数量的匹配　　　B. 投资者承担较小的投资风险
   C. 可以节约交易成本　　　　　　　　　　　D. 不利于降低信息成本和合约成本
48. 将100万元投资于甲资产。甲资产1年预期收益率是12%,市场基准利率是5%。一年后,甲资产的市场价格变为150万元。那么,投资甲资产的风险溢价接近哪个值?( )
   A. 17%　　　　　　B. 50万元　　　　　　C. 6万元　　　　　　D. 7%
49. 甲预计三个月后出国,需要大量美元,于是同银行订立一份协议,约定三个月后以现在的汇率购买美元。这种情形属于( )。
   A. 即期外汇交易　　B. 择期外汇交易　　　C. 掉期外汇交易　　D. 远期外汇交易
50. "降息降准"是日常生活经常听到的金融术语,对我国来说,降息是指( )。
   A. 降低商业银行在央行的存款准备金率　　　B. 降低商业银行发放贷款时的利率
   C. 降低金融机构存贷款基准利率　　　　　　D. 降低金融机构在央行的存贷款基准利率

二、多项选择题

1. 下列关于不兑现纸币的表述中正确的有( )。
   A. 不兑现纸币是政府规定作为法偿货币的纸币
   B. 与商品货币相比,不兑现纸币易于运输
   C. 不兑现纸币不易伪造
   D. 不兑现纸币可以兑换成特定数量的黄金等贵金属
2. 以下有关LPR的说法,正确的有( )。
   A. LPR形成机制倡导让利率自由发挥在资金配置中的作用
   B. 如果CPI和PPI数据均同比下降,则LPR利率提高的概率变大
   C. LPR机制通过推动利率市场化,将帮助企业降低融资成本,对股票市场而言是利好
   D. 一般来说,系统重要性程度高、市场影响力大、综合实力强的银行对LPR利率影响较大
3. 下列关于法定存款准备金率的说法,正确的有( )。
   A. 提高法定存款准备金率降低了货币乘数,达到了收缩货币量的效果
   B. 商业银行变动超额存款准备金,能抵消法定存款准备金率政策的作用
   C. 对货币乘数影响一般,但作用力度很强,往往被当作一剂猛药

D. 使央行能够随时根据金融市场的变化,进行经常性、连续性操作

4. 如果欧元对人民币的贬值幅度接近15%,日元对人民币贬值超过10%。在不考虑其他因素的情况下,下列说法正确的有(　　)。

A. 中国游客在欧洲购物相当于额外打了八五折

B. 中国到欧洲旅游的人数较之过去会有所上升

C. 日本出口到我国的商品价格会上升

D. 我国出口到日本和欧洲的商品会增多

5. 下列关于加息的说法,正确的有(　　)。

A. 利率上调,增加企业融资成本,将抑制社会投资规模

B. 利率上调,抑制居民消费,将增加储蓄用于未来消费

C. 加息将导致收入分配更加合理

D. 加息可抑制通货膨胀

6. 下列属于中央银行行使"银行的银行"职能的有(　　)。

A. 集中保管各商业银行及其他存款机构的准备金

B. 代理国库

C. 组织全国范围内的清算

D. 最后贷款人

7. 我国政策性银行和开发性金融机构的主要资金来源包括(　　)。

A. 资本金　　　B. 财政拨款　　　C. 企业存款　　　D. 发行金融债券

8. 下列关于股息和债券利息的表述中,正确的有(　　)。

A. 股息属于净收益的分配　　　　B. 债券的利息属于费用

C. 股息在所得税前列支　　　　　D. 债券的利息在所得税前列支

9. 下列关于黄金储备的说法,正确的有(　　)。

A. 黄金是比较可靠的保值手段

B. 黄金储备完全是一国主权范围内的事情,可以自动控制,不受任何超国家权力的干预

C. 黄金流动性较高,且收益率偏高

D. 持有黄金的机会成本较高

10. 下列属于直接融资的有(　　)。

A. 发行商业票据　　B. 发行股票　　C. 同业拆借　　D. 银行贷款

11. 具有以小博大特征的证券交易方式有(　　)。

A. 信用交易　　　B. 现货交易　　　C. 期货交易　　　D. 期权交易

12. 在传统的金融市场中,交易的金融工具具有"准货币"特性的市场有(　　)。

A. 同业拆借市场　　B. 回购协议市场　　C. 股票市场　　　D. 债券市场

E. 银行承兑汇票市场

13. 收益率曲线描述的是具有相同(　　)的金融资产的期限与利率之间的关系。

A. 税率结构　　　B. 流动性　　　C. 市场风险　　　D. 信用风险

14. 现金余额说是传统货币数量论的货币需求理论的一种现金余额学说,其主要观点包括(　　)。

A. 人们把通货形态保持的实物价值称为"实物余额",把与保持的实物余额价值相应的通

货数额称为"现金余额"

B. 剑桥方程式 $M=kPy$ 注重货币的贮藏职能,认为现金余额的变化是影响货币流通速度的主要因素

C. 在一般情况下,人们都把财产和收入的一部分用货币形式持有,而另一部分用非货币的形式持有

D. 货币的价值取决于全国居民愿意用通货形式保持的实物价值与货币数量的比例

15. 政府的金融安全网包括( )。

A. 存款保险制度　　　　　　　　　B. 最后贷款人制度

C. 金融当局的审慎监管　　　　　　D. 衍生品保证金制度

16. 下列关于远期合约交易的描述正确的有( )。

A. 集中在交易所进行　　　　　　　B. 是根据客户需求定制的合约

C. 一般不需要缴纳保证金　　　　　D. 以实物交割为主

17. 一般来说,以下属于选取货币政策中介目标的基本标准的有( )。

A. 可测性　　　B. 相关性　　　C. 可控性　　　D. 适应性

18. 利率期限结构理论试图解释具有不同期限的债券之间的利率变动关系。下列关于该理论的表述,正确的有( )。

A. 预期理论可以解释收益率曲线通常向上倾斜

B. 市场分割理论解释了收益率曲线通常向上倾斜

C. 预期理论和市场分割理论的主要不同在于它们对不同期限债券的可替代性有着截然不同的假设

D. 期限选择和流动性溢价理论综合了预期理论和市场分割理论

19. 为了调节国际收支顺差,一国可以采取的政策有( )。

A. 实施扩张性财政政策　　　　　　B. 在外汇市场上抛售外汇

C. 实施紧缩性财政政策　　　　　　D. 本币升值

E. 在外汇市场上购进外汇

20. 按信用创造的主体来划分,信用可以分为商业信用、银行信用、国家信用和消费信用。下列属于消费信用的有( )。

A. 某超市向某人提供额度为 2 000 元的赊销业务

B. 某企业向某超市提供额度为 200 万元的赊销业务

C. 某建材商允许某人对其所购置的装修材料以分期付款方式在 2 年内还清

D. 某银行向某人提供 10 万元的经济适用房贷款

21. 名义货币供给如果超过了实际货币需求,就会引起( )。

A. 货币升值　　　B. 物价上涨　　　C. 物价基本不变　　　D. 货币贬值

22. 国库券的特点有( )。

A. 一种短期政府债券　　　　　　　B. 没有信用风险

C. 流动性最强　　　　　　　　　　D. 没有市场风险

23. 金融市场的特征包括( )。

A. 交易价格体现为资金的合理收益率　　B. 交易对象为金融工具

C. 交易目的主要体现在使用权的交易上　　D. 交易场所主要为有形市场

24. 封闭式基金与开放式基金的区别在于(　　)。
    A. 投资策略不同
    B. 期限和发行规模限制不同
    C. 基金单位交易方式和价格计算标准不同
    D. 投资者身份不同
25. 金融工具,是在金融市场发挥交易作用的金融资产、金融产品、有价证券等。在金融工具的四个性质中,存在正相关关系的有(　　)。
    A. 流动性与收益性
    B. 期限性与流动性
    C. 期限性与收益性
    D. 收益性与风险性
26. 中央银行通过公开市场操作以及调整存款准备金率,可以做到以下哪些事情?(　　)
    A. 影响商业银行存款增减
    B. 影响商业银行业务模式
    C. 影响商业银行负债水平
    D. 影响商业银行放贷能力
27. 下列各项中,可以作为金融衍生品市场标的物的有(　　)。
    A. 股票指数
    B. 利率
    C. 贷款信用
    D. 汇率
28. 金融资产价格波动的原因包括(　　)。
    A. 宏观经济的不稳定性
    B. 过度投机的存在
    C. 大量信用和杠杆交易
    D. 市场操纵机制的作用
29. 经常账户主要包括的科目有(　　)。
    A. 储备资产
    B. 直接投资
    C. 收入
    D. 服务
30. 已知某国货币升值,以下情形可能发生的有(　　)。
    A. 投资者预期本币升值、资本回流,促进汇率进一步上升
    B. 该国物价上涨趋势得以延缓
    C. 投资者预期本币贬值、资本外流,致使汇率有所回落
    D. 该国进口增加、出口减少

三、案例分析题

根据以下案例,回答1~5题。

2001年,美国开始降息,至2003年,美联储降息达25次,长期低利率刺激人们的投资与消费欲望。

2002年至2004年,这期间,美国次贷新增贷款年均增长率为64.2%,近乎疯狂。

次级抵押贷款是美国银行机构的一种业务,主要用来描述具有高违约风险的贷款。次贷借款人通常有信用记录不全、收入偏低等特征。这就为次贷危机爆发埋下了引而未发的大雷。

基于次贷形成的MBS,称为抵押贷款支持债券,是资产证券化产品,以次贷的利息作为债券收益的金融产品。在MBS基础上,通过一番操作,又将其打包成了资产支持商业票据ABCP和债务抵押权益CDO这两种权益凭证,面向商业银行、投资基金等投资者发行。

这样一番安排下来,从最底层的借款人到美国金融体系顶尖的投行都牵涉其中,而这些顶尖投行又跟其他国家的银行机构存在业务往来。这是一张暗网,一旦崩坏,都将深受其害。

2004年6月,美联储开始调高利率,而这将慢慢刺破次贷维持的泡沫。因为随着利率的上升,购房所支付的成本也随之上升。

2007年,美国公司新世纪金融公司申请破产,拉开了次贷危机序幕。当年7、8月份,贝尔斯登在美联储担保下被摩根大通收购,随着雷曼兄弟倒闭,美林证券9月宣布破产保护……

然而危机并没有局限在美国,很快蔓延到欧洲、澳大利亚……各国央行被迫采取直接注入贷款,降低利率和再贴现率等紧急措施,管控银根,降低市场恐慌程度,减缓危机蔓延。

1. 资产支持商业票据ABCP、债务抵押权益CDO属于(　　)。

A. 初级金融衍生品　　　　　　　　B. 二级金融衍生品

C. 三级金融衍生品　　　　　　　　D. 四级金融衍生品

2. 2001年至2003年,美联储25次降息,长期低利率政策起到的作用是(　　)。

A. 刺激房贷需求,推动房价上涨　　B. 抑制房贷需求,推动房价上涨

C. 刺激房贷需求,促使房价下降　　D. 抑制房贷需求,促使房价下降

3. 各国央行采取紧急措施,避免危机蔓延。央行向破产银行提供贷款,体现了其(　　)职能。

A. 保持币值稳定　　B. 缩紧银根　　C. 最后贷款人　　D. 代理国库

4. 资产证券化产品发展的基础在于(　　),一旦缺失,就会造成恐慌。

A. 高于预期的收益　　　　　　　　B. 高于基准利率的利率

C. 充分的市场流动性　　　　　　　D. 基于市场规律的信用

5. 【多项选择题】在次贷危机中,美国经济受到打击,国内消费能力下降,这直接影响主要贸易伙伴的(　　)。

A. 出口值　　　　B. 进口值　　　　C. CPI　　　　D. GDP

根据以下案例,回答6~10题。

1902—1907年,美国的发电量从48亿度增至106亿度多,汽车产量增长了十倍;1905—1907年,美国建成了25 000公里铁路,使用了860万吨钢轨,生产了2万台蒸汽机车和69万节车厢。这些数据无不表明,当时的美国经济呈现出多么空前的繁荣景象。

任何经济的繁荣都需要大量资本的支持。在巨大的资本需求下,美国出现了一种新的金融机构——信托投资公司。在当时,信托投资公司可以做商业银行不能经营的投资业务,但是缺少政府监管。利用这个漏洞,信托投资公司肆无忌惮地吸纳社会资本,转手投向高风险、高收益的行业以及股市。数据显示,到1906年时,纽约一半左右的银行贷款都被信托公司投资在高风险的股市和债券上,金融市场上的风险正在增大。

1906年4月,美国旧金山发生了一次强烈的地震。地震的破坏力很强,整个城市都需要重建,而重建过程需要资金支持。但此时,为弥补战争损失,欧洲各国央行纷纷提高了利率,这导致大量的资本从美国流向欧洲。这两者的交汇导致市面上现金急剧短缺。

1907年,尼克伯克信托公司对一家铜业公司收购失败,这个消息在市场上被认为是这家信托公司将要破产了。尼克伯克信托公司是当时全美第三大信托公司,它的这一负面消息直接引发了投资者的恐慌。投资者涌向这家信托公司,造成了挤兑,最终导致这家公司破产。

该信托公司的倒闭,让银行业认为信托业的风险很大,要求有借贷关系的信托公司还贷,而信托公司又通过出售股票获得资金,这让股市一而再再而三地下跌。此时整个市场上的现金都很缺乏,这导致筹集资金的成本不断攀升。谁拥有现金,谁就有最大的话语权。因此,银行业出现普遍惜贷的行为。谁敢说,明天的利息不会比今天更高呢?谁敢担保,明天被挤兑的不是自己?结果信托业的公司因为不能还贷而破产,其带来的恐慌和债务违约连锁反应式地传播到全美。由此爆发了一次金融危机。

6. 【多项选择题】从案例可知,这次危机中的传导链条有(　　)。

A. 信托公司吸纳社会资本→投资高收益、高风险行业→投资失败→资不抵债导致破产→

银行破产

  B. 投资者担心无法收回本息→信托公司挤兑→银行催信托公司还贷→信托公司出售股票→股市下跌

  C. 欧洲各国央行提高利率→资本流出美国→美国国内现金不足→信托公司倒闭

  D. 美国经济繁荣→资本需求增加→资金使用成本增加→投向高收益行业→行业风险积聚

7. 从案例可知,1907年爆发的危机的根源是(　　)。

  A. 投资失败引发债务违约　　　　B. 市场上流动性不足

  C. 金融体系缺少政府监管　　　　D. 民众对信托公司的挤兑

8.【多项选择题】从案例中可以得到的启示有(　　)。

  A. 商业银行投放信贷时,不能过度集中在相同或相似行业

  B. 商业银行应当控制负债规模

  C. 金融机构应当对自己的收购、重组等行为采取预期管理

  D. 但凡经济繁荣之后,就会以金融/经济危机收场

9. 旧金山地震在1907年金融危机发酵中起到的作用是(　　)。

  A. 导致各行各业不能正常运行　　B. 降低了民众的消费需求和购买力

  C. 提供了基础建设方面的投资机会　　D. 抽走了为数不多的公共资金

10. 案例中,银行惜贷带来的直接后果是(　　)。

  A. 降低了贷款利率　　　　　　　B. 市面上资金更加充沛

  C. 大量信托公司倒闭　　　　　　D. 挤兑风波更加剧烈

根据以下案例,回答11~13题。

  2020年2月28日,美联储主席鲍威尔罕见地对宽松政策松口,他表示,"新型冠状病毒对经济活动构成了不断变化的风险。美联储正在密切监控事态发展及其对经济前景的影响。我们将酌情使用我们的工具和采取行动来支持经济"。

  除了美联储,日本央行、澳洲联储也先后宣布了救市计划。

11. 面对经济下行的不利局面,我们国家目前采取了(　　)的财政政策。

  A. 积极　　　　B. 适度从紧　　　　C. 紧缩　　　　D. 消极

12. 截至2020年4月11日,美国新增申请初次失业金的人数约525万人。这意味着美国过去四周的失业总人数超过2 200万人。按照相关专家的建议,假如社会中出现大量失业,政府应该采取何种举措?(　　)

  A. 提高税率,增加财政收入

  B. 中央银行提高银行法定存款准备金率,增加自己可使用的资金

  C. 增加政府财政支出,创造就业机会

  D. 印发货币,让大家手上都有钱用

13. 通常,利率作为效果最明显的货币工具,很少被使用和调整。针对目前的经济形势,美联储如果准备使用利率这一工具,那么美联储应该(　　)。

  A. 降低存款利率,提高贷款利率　　B. 将存款利率、贷款利率都提高

  C. 降低贷款利率,提高存款利率　　D. 将存款利率、贷款利率都降低

根据以下案例,回答14~16题。

  金融是现代生活中不可缺少的经济内容之一,深入千家万户,人们常常看到多种多样的金

融现象,对金融现象也有多种多样的理解和说法。阅读以下金融现象,选择正确答案。

14.【多项选择题】每天早上中央银行的运钞车在保安的武装押运下将现金送到商业银行,每天晚上又将其运回中央银行现钞库。当晚上又运回去的时候,对中央银行来说,(　　)。

A. 资产增加　　　　B. 资产减少　　　　C. 负债增加　　　　D. 负债减少

15. 2014 年 10 月以来,我国发起了声势浩大的全球追逃追赃的"猎狐行动",6 年引渡 730 多人,其中有 150 多人自首。为什么这些贪官藏匿在国外银行的属于国家的公款能够被成功找到并追回?从金融理论上解释,其直接原因是(　　)。

A. 各国的商业银行之间的直接配合

B. 各国的中央银行之间的直接配合

C. 各国的商业银行都已经联网,天下银行是一家

D. 各国的商业银行的款项都存入各自的中央银行,而各国的中央银行能够直接配合

16. 在实际生活中假现金的现象时常发生,人们对假现金深恶痛绝又防不胜防。为什么现金有假的而银行存款没有假的呢?(　　)

A. 这是由客观经济条件决定的,制造假现金的设施存在,制造假银行存款的设施却没有发明出来

B. 银行存款在银行,银行管理严格,所以不能制假

C. 中央银行为主导、商业银行为主体的现代二级银行体系决定了不可能有假银行存款,因为所有的转账结算最终都在中央银行进行

D. 所有银行存款是在商业银行之间直接联网进行转账结算,不离开商业银行,当然不会有假的

☆答案及解析见下册 P284~P305。

专项四　商业银行经营与管理

考场真题还原

一、单项选择题

1. 下列关于授信额度的说法中,正确的一项是(　　)。
   A. 对同一客户来说,每一家商业银行的授信额度都是相同的
   B. 承兑汇票额度、透支额度不纳入统一授信额度
   C. 授信额度需要综合考虑客户的授信需求、还款能力等情况才能确定
   D. 它是贷款业务中,银行给客户的实际放款金额

2. 下列关于银行本票的认识中,错误的一项是(　　)。
   A. 银行本票可以兑现现金
   B. 银行本票是由商业银行发行的
   C. 银行本票的支付是"见票即付",信誉较高
   D. 银行本票是不记名的,因此可以转让

3. 贾某在商业银行办理现金分期业务,分期金额为 1.8 万元,贾某计划分 3 期,选择手续费分期支付方式,手续费率是 2.7%,那么,每期还款金额(含手续费)是(　　)元。
   A. 6 890   B. 6 000
   C. 6 162   D. 6 486

4. 某企业向某银行申请贷款,双方就主要条件达成一致,但尚未审批。这时,商业银行可出具(　　),令双方约定具有法律效力。
   A. 贷款承诺书   B. 贷款意向书
   C. 借款意向书   D. 借款承诺书

5. 根据《贷款风险分类指引》,"借款人有利用兼并、重组、分立等形式恶意逃废银行债务,本金或利息已逾期"的情况至少应归为(　　),"改变贷款用途"的应至少归为(　　)。
   A. 关注类贷款;可疑类贷款   B. 可疑类贷款;次级类贷款
   C. 次级类贷款;关注类贷款   D. 可疑类贷款;关注类贷款

6. 下列指标中,反映商业银行效率的是(　　)。
   A. 客户结构   B. 负债结构
   C. 不良贷款拨备覆盖率 D. 成本收入比

7. 在各类贷款中,信用贷款的最大特点是(　　)。
   A. 期限短   B. 申请便利,放贷快
   C. 不需要抵押和保证   D. 额度小

8. 下列情形中,不属于固定资产贷款统计对象的是(　　)。
   A. 丙企业投资开发一处写字楼,项目总耗资 13.8 亿元,贷款 5 亿元
   B. 甲企业为扩大产能而新建一处厂房,项目总耗资 3 亿元,贷款 18 亿元
   C. 乙企业为提高生产效率而对原有厂房进行翻新,项目总耗资 200 万元,贷款 80 万元
   D. 丁企业购买猪崽交由农户饲养,购买猪崽耗费 20 万元,贷款 10 万元

9. 全流程管理是个人贷款管理原则之一,对此下列说法中不正确的一项是(   )。

A. 强调按照贷前、贷中和贷后三个环节管理个人贷款发放

B. 强调更加精细化的贷款管理,注重提高贷款管理的有效性

C. 强调将有效的信贷风险管理行为贯穿到每一个贷款环节

D. 强调分解个人贷款管理各个环节,并建立明确的问责机制

10. 银行中间业务是指不构成银行表内资产或表内负债的非利息收入的业务。下列关于银行中间业务的说法中,错误的是(   )。

A. 银行不承担或不直接承担市场风险

B. 银行作为信用活动的一方参与其中

C. 银行以收取服务费、赚取价差的方式获得收益

D. 银行不运用或不直接运用自有资金

11. 商业银行大都从哪一角度对客户进行分级,并据此提供不同的理财业务?(   )

A. 现金流量大小　　B. 风险承受能力　　C. 资产规模大小　　D. 信用状况好坏

12. 在分析客户财务时,商业银行最关心的是(   )。

A. 客户经营的利润是否处于增长周期　　B. 客户现在的负债和资产结构

C. 客户现在和未来的偿债能力　　D. 客户所属行业处于生命周期的哪个阶段

13. 如果两笔贷款的信用风险随着风险因素的变化同时上升,这说明(   )。

A. 两笔贷款是负相关,同时发生风险损失的概率大

B. 两笔贷款是负相关,同时发生风险损失的概率小

C. 两笔贷款是正相关,同时发生风险损失的概率大

D. 两笔贷款是正相关,同时发生风险损失的概率小

14. 银行通常采用客户、行业、区域等限额管理的办法,授信对象多样化,防止单一因素波动对银行造成重大冲击,这种做法在风险管理中被称为(   )。

A. 风险转移　　B. 风险对冲　　C. 风险分散　　D. 风险抑制

15. 商业银行超额备付金率与其短期流动性的关系是(   )。

A. 超额备付金率越低,短期流动性越强

B. 两者之间没有必然联系,一方升高并不能引起另一方变动

C. 只有当超额备付金率超过5%时,才会加强短期流动性

D. 超额备付金率越高,短期流动性越强

16. 与风险管理的其他手段相比,内部控制更侧重从哪一方面控制风险?(   )

A. 通过建立严密的制度管控所有职员的个人行为

B. 通过监控每个角落、每个人的行为实现提前消除风险

C. 在内部人员、部门之间建立相互联系和制约关系

D. 在内部IT系统中设置并非一人能够决策的审批程序

17. 在银行质押贷款中,有客户先到甲银行存一笔定期存款,然后到乙银行用存单办理质押,再以存单丢失为由将存在甲银行的存款取出,客户的这种行为属于哪种风险?(   )

A. 虚假质押风险　　B. 操作风险　　C. 汇率风险　　D. 司法风险

18. 商业银行的资本充足率是重要的监管指标,它的计算公式是(   )。

A. 资本充足率=(总资本-风险加权资产)/对应资本扣除项×100%

B. 资本充足率=(核心资本-对应资本扣除项)/风险加权资产×100%

C. 资本充足率=(总资本-对应资本扣除项)/风险加权资产×100%

D. 资本充足率=(核心资本-风险加权资产)/对应资本扣除项×100%

19. 在银行保函实务中,下列情形中会带来业务风险的是(   )。

(1)无保证金出具保函　　　　　　　(2)保函文本要素不全

(3)未将保函纳入统一授权授信管理

A. 只有(2)和(3)　　　　　　　　　B. 只有(1)和(3)

C. 只有(1)和(2)　　　　　　　　　D. 三项都是

20. 小李作为一名银行员工,他的下列哪项行为符合银行从业人员的职业道德要求?(   )

A. 在客户面前用误导性语言来夸大银行产品优势

B. 与客户之间进行高息资金借贷,充当资金掮客或中介

C. 不受经济利益或外界压力因素影响,保守客户秘密,维护客户合法权益

D. 利用公共传媒平台虚假宣传抬高自己身价以获取客户信任

二、多项选择题

1. 下列关于个人贷款发放管理的表述中,正确的有(   )。

A. 贷款发放需要以办理保险为前提的,应在办结保险后再发放

B. 发放个人贷款时,应遵循一次发放全部的原则

C. 借款合同生效后,银行应按照约定发放贷款

D. 审贷和放贷可以归结到一个部门,目的是更好地服务客户

2. 下列关于个人理财业务的表述中,正确的有(   )。

A. 是针对客户一生的理财过程

B. 是向客户介绍并推销基金、理财等产品的过程

C. 是一种由专业人员提供的资产管理服务

D. 是需要结合客户财务目标、风险偏好才能进行的工作

3. 《2022年第二季度城镇储户问卷调查报告》显示,在居民偏爱的投资方式中,前三位依次为:"银行、证券、保险公司理财产品"、"基金信托产品"和"股票"。通常来说,下列选项正确的有(   )。

A. 信托产品起投门槛高于银行理财产品　　B. 股票风险高于银行理财产品

C. 保险理财产品流动性高于股票　　　　　D. 股票流动性高于信托产品

4. 商业银行在经营过程中会面临各种风险。下列关于商业银行风险表现与风险分类对应关系正确的有(   )。

A. 存款业务中因存款人大量提取现款形成挤兑而引起的风险——操作风险

B. 国际业务中因持有的外汇资产价值随汇率上下波动而引起的风险——市场风险

C. 信贷业务中因信贷客户到期无法偿还债务而引起的风险——信用风险

D. 理财业务中因违规向客户承诺保本收益遭监管处罚而引起的风险——声誉风险

5. 下列关于债项评级的说法中,正确的有(   )。

A. 客户评级的量化基于对违约概率的估计　　B. 债项评级主要是进行风险计量和评价

C. 债项评级独立于客户评级,两者不相同　　D. 债项评级的量化只能是基于预期损失

6. 以下关于商业银行个人存款的说法,正确的有( )。
   A. 除活期存款外,其他存款均不计复利
   B. 个人人民币活期存款按"季度"结息,结息日为每季度末月的20日
   C. 个人人民币活期存款起存金额为1元,计息起点为"角"
   D. 个人人民币活期存款一般在结息日付息
7. 职业操守是银行业从业人员履职的基本规范。以下属于银行业从业人员职业操守的有( )。
   A. 专业胜任　　　B. 依法合规　　　C. 服务为本　　　D. 爱国爱行
8. 下列有关银行安全性指标的说法中,正确的有( )。
   A. 一般而言,不良贷款率低,说明银行不能收回的贷款占总贷款的比例小
   B. 资本充足率反映一家银行的整体资本稳健水平
   C. 按风险程度可将贷款划分为正常、关注、次级、可疑、损失五类,其中后三类合称为不良贷款
   D. 不良贷款拨备覆盖率指标有利于观察银行的拨备政策
9. 下列票据结算方式与出票人对应不正确的有( )。
   A. 银行承兑汇票——付款人银行　　　B. 银行汇票——付款人银行
   C. 支票——付款人银行　　　　　　　D. 银行本票——付款人银行
10. 根据《巴塞尔新资本协议》,( )则视为违约。
    A. 债务人对于银行的实质性信贷债务逾期60天以上
    B. 借款人在某商业银行的贷款被划分为"关注类"
    C. 债务人对于银行的实质性信贷债务逾期90天以上
    D. 除非采取追索措施,如变现抵押品,借款人可能无法全额偿还债务

巩固提升训练

一、单项选择题

1. 下列选项中,符合银行业从业人员职业道德要求的是( )。
   A. 员工丁建议客户将可能触犯法律的申请材料经由第三方代其申请
   B. 员工丙出于私情向家人提供规避银行监管规定的意见和建议
   C. 员工甲向客户销售理财产品时口头保证该产品能达到预期收益率
   D. 员工乙将为客户提供优质高效的服务变为自愿自觉的行动
2. 既可能有风险损失又可能有风险收益的商业银行风险是( )。
   A. 信用风险　　　B. 投机风险　　　C. 流动性风险　　　D. 经营风险
3. 关于个人存款业务,下列说法中正确的是( )。
   A. 储户可以选择计息方式
   B. 各家银行多使用逐笔计息法计算活期存款利息
   C. 存款人必须使用实名
   D. 定期存款不能提前支取
4. 银行通常用( )来估价一个活跃交易的债券。
   A. 市场收益率　　B. 一个债券定价模型　C. 当前市场价格　　D. 期货收盘价

5. 商业银行内部控制不包括( )。
   A. 风险计量   B. 员工管理   C. 风险识别   D. 内控制度
6. 下列关于借记卡的表述,错误的是( )。
   A. 不能透支   B. 不可以预借现金
   C. 有存款利息   D. 申办须进行资信审查
7. 商业银行在国际金融市场上筹措资金,其贷款种类按照贷款期限来划分不包括( )。
   A. 短期信贷   B. 不定期信贷   C. 长期信贷   D. 中期信贷
8. 下列关于银行金融创新过程中客户利益保护的说法,错误的是( )。
   A. 银行应及时、高效处理客户投诉
   B. 银行应对客户的投资损失予以全额赔付
   C. 银行应履行必要的保密义务,妥善保管客户信息
   D. 银行应向客户准确、公平地披露产品信息
9. 在电汇、信汇、票汇三种汇款方式中,下列选项表述正确的是( )。
   A. 信汇方式是目前使用最广泛的方式   B. 票汇方式使用委托书或支付委托书
   C. 从安全方面来看,电汇最不安全   D. 从汇款速度来看,电汇最为快捷
10. 商业银行可以用来发放贷款和进行新的投资的资金是( )。
    A. 基础头寸   B. 金融头寸   C. 可贷头寸   D. 可用头寸
11. 下列个人贷款产品中,属于个人经营类贷款的是( )。
    A. 生产贷款和租赁住房贷款   B. 经营贷款和个人助学贷款
    C. 租赁贷款和个人医疗贷款   D. 专项贷款和流动资金贷款
12. 下列选项中,不属于银行管理基本指标的是( )。
    A. 市场指标   B. 规模指标   C. 效率指标   D. 政策指标
13. 利率市场化加速银行利差收窄,同业竞争更加激烈,经济下行,实体经济有效需求不足,银行监管日益严格,这些对银行的风险管理水平要求越来越高。当前,我国商业银行面临的最主要风险是( )。
    A. 流动性风险   B. 操作风险   C. 信用风险   D. 市场风险
14. 通知放款的活动属于( )。
    A. 短期拆借市场   B. 银行同业拆借市场
    C. 票据承兑市场   D. 票据贴现市场
15. 商业银行不动用本身资金,为顾客提供各类服务的业务是( )。
    A. 负债业务   B. 证券业务   C. 中间业务   D. 同业拆借业务
16. 与第二版巴塞尔资本协议相比,第三版巴塞尔协议改进的内容不包括( )。
    A. 强化资本充足率监管标准   B. 引入杠杆率监管标准
    C. 提出了最低资本要求   D. 建立流动性风险量化监管标准
17. ( )反映银行资本金与风险权重资产的比例关系。
    A. 资本充足率指标   B. 风险加权资产比例指标
    C. 经营收益率比例指标   D. 资产盈利比例指标
18. 下列选项中不属于广义信贷期限的是( )。
    A. 宽限期   B. 还款期   C. 用款期   D. 提款期

19. 从客户等级来看,哪类业务客户等级最高?哪类业务服务种类最齐全?( )

   A. 理财业务;私人银行业务   B. 私人银行业务;理财业务

   C. 理财业务;理财业务   D. 私人银行业务;私人银行业务

20. 下列关于商业银行经济资本分配的表述,错误的是( )。

   A. 经济资本的分配应综合考虑各管理维度的经济资本占用和风险回报

   B. 进行经济资本分配的目标是使银行各业务单元的收益与风险相匹配,保证经济资本被分配到使用效率最高的业务领域

   C. 经济资本的分配应以利润为导向,会计利润高、规模占比大的机构应该分配更多的经济资本

   D. 经济资本的分配实质上是对风险的分配,即明确某一个经营机构、业务或产品所能承受的最大的风险

21. 下列不属于商业银行现金资产的是( )。

   A. 票据贴现   B. 存放同业存款   C. 在中央银行存款   D. 库存现金

22. 商业银行最主要的资金来源是( )。

   A. 资本金   B. 中央银行借款   C. 发行金融债券   D. 存款负债

23. 商业银行合规文化的核心是( )。

   A. 道德意识   B. 法律意识   C. 价值取向   D. 制度传达

24. 个人信用卡的额度是自动调整的,通常,根据规则计算出信用卡的评分,得到与评分相对形成的影子信用额度,只要该额度( )信用卡主人申请的额度,信用卡额度就会自动上涨。

   A. 高于   B. 难以确定   C. 低于   D. 等于

25. 商业银行负债管理理论认为,负债可以保证( ),只要资产收益( )负债成本时,就应该主动负债。

   A. 资本充足;大于   B. 资本充足;小于   C. 流动性;小于   D. 流动性;大于

26. 小王使用某商业银行信用卡消费12 000元,采取分期付款,手续费率为4.79%,共分6期,手续费一次性收取时,则首期还款额为( )元。

   A. 2 350   B. 2 000   C. 2 450   D. 2 574.8

27. 在个人贷款业务中,确定贷款价格时的"贴水"指的是( )。

   A. 中央银行向借款人就通货膨胀率给出的货币补偿

   B. 商业银行为补偿贷款风险向借款人征收的费用

   C. 商业银行向借款人让渡的贷款优惠

   D. 中央银行向商业银行就通货膨胀率给出的货币补偿

28. 下列商业银行业务中,( )可能带来或有负债的增加。

   A. 协议存款   B. 基金产品销售   C. 备用信用证   D. 并购咨询

29. 甲商业银行牵头,组织多家银行按照同一贷款协议共同向某企业提供贷款。这种融资方式是( )。

   A. 托拉斯贷款 B. 辛迪加贷款   C. 恩格尔贷款   D. 康采恩贷款

30. 商业银行的业务性质要求其必须维持存款人、贷款人和整个市场的信心,从这个意义上说,以下哪种风险会对商业银行经济价值构成最大威胁?( )

   A. 操作风险   B. 信用风险   C. 市场风险   D. 声誉风险

31. 商业银行的净稳定资金比例越高,说明( )。
   A. 银行稳定资金来源面临风险,应对中长期资产负债问题的能力越弱
   B. 银行稳定资金来源越充足,应对中长期资产负债问题的能力越强
   C. 银行以短期资金支持长期资产的问题越大
   D. 银行吸收存款的来源多元化,应对操作性风险的能力越强

32. 商业银行提高资本充足率的策略不包括( )。
   A. 补充核心一级资本　　　　　　　　B. 发行优先股
   C. 增加风险权重较低的资产比例　　　D. 增加总资产规模

33. 个人住房贷款中,下列借款人申请调整借款期限能够获批的是( )。
   A. 甲:贷款到期,无欠息,有拖欠本金　　B. 乙:贷款未到期,无欠息,无拖欠本金
   C. 丙:贷款未到期,有欠息,无拖欠本金　　D. 丁:贷款到期,有欠息,有拖欠本金

34. ( )是指银行经营管理不善、违反法规等情况的发生,导致存款人、投资者和银行监管机构对其失去信心而影响银行正常经营所带来的风险。
   A. 法律风险　　　B. 声誉风险　　　C. 操作风险　　　D. 市场风险

35. 商业银行资产管理理论中,认为银行只适宜发放短期的、与商品周转相联系的商业贷款属于( )。
   A. 真实票据理论　　B. 转换理论　　C. 预期收入理论　　D. 超货币供给理论

36. 个人活期储蓄存款按季度结息,存款在存期内遇利率调整,按( )计付利息。
   A. 存单开户日挂牌公告的利率　　　B. 结息日挂牌公告的活期利率
   C. 清户日挂牌公告的活期利率　　　D. 支取日挂牌公告的利率

37. 如果房价大幅下跌,导致购房人财富缩水,无力偿还个人房贷,由此产生的个人住房贷款风险属于( )。
   A. 市场风险　　　B. 利率风险　　　C. 操作风险　　　D. 信用风险

38. 对于A银行来说,借款人张先生已无法用正常收入去偿还本息,需要出售和变卖资产甚至执行抵押担保才能还款。那么张先生的这笔贷款的损失概率在( )。
   A. 5%以下　　　B. 30%~50%　　　C. 50%~70%　　　D. 95%~100%

39. 我国商业银行CAMELS+评级体系中,主要对商业银行的资本充足、( )、管理、盈利、( )和市场风险等要素进行评价。
   A. 资产规模;流动　　　　　B. 资产规模;操作风险
   C. 资产质量;流动性　　　　D. 资产负债;操作风险

40. 对商业银行流动性风险进行监管,主要侧重哪些方面?( )
   (1)监测银行资产负债的期限匹配
   (2)监测银行的净稳定资金比例、优质流动性资产充足率等指标
   A. 两项都是　　　B. 只有(2)　　　C. 两项都不是　　　D. 只有(1)

二、多项选择题

1. 下列关于商业银行业务的描述,正确的有( )。
   A. 贷款承诺业务不属于表外业务
   B. 贷款与金融租赁业务均属于资产业务

C. 单位协议存款和单位定期存款属于负债业务

D. 商业银行的中间业务反映在资产负债表内

2. 银行代理中央银行业务主要包括(　　)。

A. 代理专项资金管理　　　　　　　　B. 代理国库

C. 代理财政性存款　　　　　　　　　D. 代理贷款项目管理

E. 代理金银

3. 固定资产贷款是指银行向借款人发放的用于固定资产项目投资的中长期贷款,包括(　　)。

A. 添置设备贷款　　　　　　　　　　B. 基本建设贷款

C. 技术改造贷款　　　　　　　　　　D. 购买原料贷款

4. 商业银行通常采用(　　)的方式来应对和吸收预期损失。

A. 风险转移　　B. 风险分散　　C. 风险规避　　D. 冲减利润

E. 提取损失准备金

5. 在商业银行风险管理"三道防线"中,属于第二道防线的有(　　)。

A. 风险管理部门　　　　　　　　　　B. 监察稽核部门

C. 公司业务部门　　　　　　　　　　D. 合规部门

E. 内部审计部门

6. 下列金融业务中,属于商业银行资产业务的有(　　)。

A. 贷款业务　　B. 中间业务　　C. 现金资产投资　　D. 票据贴现

7. 下列哪些不是商业银行核心一级资本的组成部分?(　　)

A. 可转债　　B. 商誉　　C. 优先股　　D. 实收资本

8. 下列关于资产负债组合管理的内容,说法正确的有(　　)。

A. 资产组合管理以资本约束为前提

B. 资产组合管理以平衡资金来源和运用为前提

C. 负债组合管理以资本约束为前提

D. 负债组合管理以平衡资金来源和运用为前提

E. 资产负债匹配管理立足资产负债管理

9. 商业银行以营利为经营目标,其主要业务包括(　　)。

A. 发放贷款　　B. 办理结算　　C. 吸收存款　　D. 证券投资

10. 在长期的经营实践中,商业银行管理者形成了一些基本的银行管理原则,包括(　　)。

A. 流动性原则　　B. 盈利性原则　　C. 审慎性原则　　D. 安全性原则

11. 在银行贷款担保的补充机制中,贷款担保的补充途径有(　　)。

A. 重新评估担保品的价值　　　　　　B. 追加保证人

C. 提高担保品的价格　　　　　　　　D. 维护担保品的质量

E. 追加担保品,确保抵押权益

12. 基本存款账户是存款人的主办账户。下列关于基本存款账户的表述,正确的有(　　)。

A. 工资、奖金的发放禁止从基本存款账户中支取

B. 异地常设机构可以申请开立基本存款账户

C. 基本存款账户可以用于借款、现金缴存或其他结算需要

D. 一个单位只能开立一个基本存款账户
13. 对于风险承受能力很高的激进型投资者,适合的理财产品包括(　　)。
A. 较高风险　　　　B. 中等风险　　　　C. 高风险　　　　D. 极低风险
14. 商业银行实行"贷放分控"的管理制度,其中"贷"指的是(　　)。
A. 贷款审查　　　　B. 贷款发放　　　　C. 贷款调查　　　　D. 贷款审批
15. 下列属于银行业从业人员职业操守的有(　　)。
A. 诚实守信　　　　B. 泄露客户隐私　　C. 专业胜任　　　　D. 勤勉履职

☆答案及解析见下册 P305~P317。

专项五 财会基础知识

考场真题还原

一、单项选择题

1. 下列属于企业流动资产的是（　　）。
   A. 机器设备　　　B. 厂房　　　C. 存货　　　D. 专利权

2. 下列事项会导致企业营业利润发生变化的是（　　）。
   A. 环保罚款支出　　　　　　　　B. 销售人员的差旅费支出
   C. 当期确认的所得税费用　　　　D. 企业获得非货币性的公益性捐赠

3. 投资性房地产的后续计量，通常采用成本模式，只有在满足特定条件的情况下才可以采用公允价值模式。以公允价值模式计量的投资性房地产的计量科目是"投资性房地产——公允价值变动"和（　　）。
   A. "投资性房地产减值准备"　　　B. "投资性房地产——成本"
   C. "投资性房地产累计折旧（摊销）"　　D. "投资性房地产"

4. 一般来说，下列各项中，能够反映企业一定时点所拥有的资产、需偿还的债务，以及投资者所拥有的净资产的情况的是（　　）。
   A. 资产负债表　　　　　　　　B. 所有者权益变动表
   C. 现金流量表　　　　　　　　D. 利润表

5. 如果要评价企业股东投资回报价值的大小，最直观的指标是（　　）。
   A. 资产负债率　　B. 总资产周转率　　C. 毛利润率　　D. 净资产收益率

6. 应收账款能够增加销售，但也会带来一定的成本，比如，应收账款占用资金，该资金若投资证券，可获得若干收益，这种成本属于（　　）。
   A. 管理成本　　B. 机会成本　　C. 信用成本　　D. 坏账成本

7. 5月1日，某公司商品库存余额为4.3万元，本月购进2万元，本月销售收入2.8万元，商品毛利率是50%，则月末库存商品成本是（　　）万元。
   A. 1.4　　B. 6.3　　C. 3.5　　D. 4.9

8. 下列各项中，属于企业利用自身的商业信用来获得营运资金的是（　　）。
   A. 银行借款　　B. 其他应收款　　C. 预付账款　　D. 应付账款

9. 企业确认交易性金融资产所得的股利并计入当期损益的条件是（　　）。
   （1）被投资单位已经公告发放股利。　　（2）股利会流入企业账户。
   （3）股利是能够可靠计量的。
   A. 只需要满足（2）（3）　　　　B. 三项需要同时满足
   C. 只需要满足（1）（2）　　　　D. 只需要满足（1）（3）

10. 下列关于本量利分析法的叙述，不正确的是（　　）。
    A. 盈利为零的盈亏平衡实际上意味着项目已经损失了基准收益水平的收益，项目存在着

潜在的亏损

B. 本量利分析法是一种分析产品成本、销售量和销售利润三个变量之间关系的决策方法

C. 盈亏平衡分析可以对项目的风险情况及项目对各个因素不确定性的承受能力进行判断

D. 盈亏平衡分析以盈利为零作为盈亏平衡点,再考虑基准收益率,是一种动态分析

11. 下列关于固定资产处置的处理中,不符合规定的是( )。

A. 企业出售、转让、报废固定资产或发生毁损,应当将处置收入金额全部计入当期损益

B. 固定资产的账面价值是固定资产成本扣减累计折旧和累计减值准备后的金额

C. 企业将发生的固定资产后续支出计入固定资产成本的,应当终止确认被替换部分的账面价值

D. 企业持有待售的固定资产,应当对其预计净残值进行调整

12. 企业下列经济活动中,引起资产类项目和负债类项目同时减少的是( )。

A. 销售产品一批,货款未收   B. 用银行存款归还企业的短期贷款

C. 赊购原材料   D. 从银行提取现金

13. 审计过程中,发现被审计企业实收资本存在问题,如要审查实收资本的真实存在,可采取哪些措施?( )

(1)审阅银行存款、固定资产等账簿,寻找有无贷记与出资者投资一致的资金记录。

(2)盘点清查存货等实物资产,并审阅收到这些财产的验收手续等文书。

(3)针对增减变动的实收资本,检查是否有补充合同等依据。

A. 只有(1)和(2)   B. 只有(1)和(3)   C. 只有(2)和(3)   D. 三种措施都是

14. 银行客户经理小李对某企业财务状况进行分析时,将该企业现金流量表部分摘录如下("+"代表现金流量净额为正值,"-"代表现金流量净额为负值),则对该企业现金净流量构成的分析,下列说法正确的是( )。

经营活动产生的现金流量	-
投资活动产生的现金流量	+
筹资活动产生的现金流量	+

A. 企业经营和投资状况良好,这时仍然进行融资,如果没有新的投资机会,会造成资金的浪费

B. 企业经营状况良好,在内部经营稳定进行的前提下,通过筹集资金进行投资,往往是处于扩张时期,应当着重分析投资项目的盈利能力

C. 企业靠借钱维持生产经营的需要,财务状况可能恶化,应着重分析投资活动现金净流入是来自投资收益还是收回投资,如果是后者则形势非常严峻

D. 企业经营和投资活动良性循环,融资活动虽然进入偿还期,但财务状况比较安全

15. 下列流动性指标中,用于衡量企业短期偿债能力的是( )。

A. 存贷比   B. 流动性覆盖率

C. 净稳定资金比例   D. 流动比率

16. 企业以现金偿还到期的银行长期借款,将导致( )。

A. 负债内部增减变动,负债与资产总额不变   B. 资产、负债同时减少

C. 资产增加、负债减少   D. 资产、负债同时增加

17. 甲公司从建设银行借取了一笔需要在5年后归还本金的贷款。该笔贷款所对应的每年的利息支出,不可能计入( )。

　　A. 营业外支出　　　B. 财务费用　　　C. 在建工程　　　D. 管理费用

18. 甲企业由于资金周转困难到乙银行办理票据贴现业务,甲企业应当将实际收到金额与应收票据票面金额之间的差额,计入( )。

　　A. 财务费用　　　B. 销售费用　　　C. 管理费用　　　D. 营业外收入

19. P企业在2022年3月5日向M公司发出并购意向,双方在4月18日订立合同,约定P企业出资80亿元购买M公司90%的股票,在2022年9月23日,P企业支付了全部款项并划拨了股票归属。上述事项中,购买日是哪一天?( )

　　A. 2022年3月5日　　　　　　　　B. 2022年4月18日
　　C. 2022年10月23日　　　　　　　D. 2022年9月23日

20. 有些企业在债务重组时采取了"债转股",约定债务人在未来某个时点有义务以约定价格回购股权,但该股权不能在市场上交易。下列关于上述债务重组方式的评论中,正确的是( )。

　　A. 肯定不是通过权益工具清偿债务的方式

　　B. 这是债务转权益工具方式

　　C. 这是以资产清偿债务方式

　　D. 这是组合偿债方式,也是债务转权益工具方式

21. 下列选项中,反映当天全部业务活动情况并轧平当天全部账务的重要工具是( )。

　　A. 科目日结单　　　B. 日计表　　　C. 总账　　　D. 余额表

22. P企业和M公司合并,合并后,P企业和M公司均注销,在两家公司资产基础上设立了一家新的N公司。这种合并方式属于( )。

　　A. 吸收合并　　　B. 新设合并　　　C. 平行合并　　　D. 控股合并

23. 某企业初始计量持有待售的非流动资产,会计数字显示,当前资产的账面价值<其公允价值减去出售费用后的净值,则这时应做何种处理?( )

　　A. 该企业应将账面价值调整为新的净值　　B. 该企业应将账面价值减记至公允价值
　　C. 该企业不需要对账面价值进行调整　　　D. 该企业应将账面价值减记至原来的80%

24. 银行在对企业信贷客户进行财务审查的过程中,必须同时根据企业资产负债表和利润表计算出的财务指标是( )。

　　A. 存货周转率　　　B. 资产负债率　　　C. 现金比率　　　D. 成本费用利润率

25. 关于会计核算的基本前提,下列说法中不正确的是( )。

　　A. 会计基本假设包括会计主体、持续经营、会计分期和货币计量

　　B. 如果企业发生破产清算,经相关部门批准后,可以继续适用持续经营假设

　　C. 在我国,以公历年度作为企业的会计年度,即公历1月1日至12月31日

　　D. 会计的货币计量假设,包含了两层含义:一是以货币作为会计的统一计量单位;二是作为会计计量单位的货币,其币值是稳定不变的

26. 无论费用是否包括损失,都应具有一定特征,以下表述不正确的是( )。

　　A. 企业偿债性支出和向投资者分配利润,减少了所有者权益,一般应归入费用

　　B. 费用最终会导致企业资源的减少,这种减少具体表现为企业的资金支出

C. 企业的所有者权益会随收入增长而增加,费用的增加会减少所有者权益

D. 费用可能表现为资产的减少,或负债的增加,或者两者兼而有之

27. 某企业进行一项投资,有甲、乙两个方案,甲方案的计算期为16年,净现值为240万元,乙方案的计算期为12年,计算使用的折现率是8%。某企业使用最短计算期法将甲方案的净现值调整为( )。

A. $240×(P/A,8\%,12)×(A/P,8\%,16)$
B. $240×(A/P,8\%,12)×(P/A,8\%,16)$
C. $240×(P/A,8\%,12)×(P/A,8\%,16)$
D. $240×(A/P,8\%,12)×(A/P,8\%,16)$

28. 某公司拟进行一项固定资产投资决策,设定折现率为10%,有四个方案可供选择。其中:甲方案的净现值率为-12%;乙方案的内部收益率为9%;丙方案的项目计算期为10年,净现值为960万元,$(P/A,10\%,10)=6.1446$;丁方案的项目计算期为11年,年等额净回收额为136.23万元。最优的投资方案是( )。

A. 甲方案   B. 乙方案   C. 丙方案   D. 丁方案

29. 股票增值权模式的适用范围是( )。

A. 现金流量比较充裕的非上市公司和上市公司

B. 现金流量比较充裕且比较稳定的上市公司和现金流量比较充裕的非上市公司

C. 业绩稳定型的上市公司及其集团公司、子公司

D. 业绩稳定的上市公司及其集团公司

30. A公司将开发一种新的产品,形成更强的市场竞争力。这一产品需要初始投资300万元人民币,预期残值为0,可用5年(直线法折旧)。新产品价格预期为每单位1.5万元,每单位新产品的变动生产成本为0.5万元,固定成本(不含初始投资的折旧额)为100万元,则A公司每年需要销售( )单位新产品,才能达到会计盈亏平衡点。(所得税税率为25%)

A. 160   B. 150   C. 170   D. 180

31. 假设A企业在上个月的生产过程中取得的销售收入为3 000万元,生产成本为1 700万元,响应国家号召,为乡村捐款100万元,但因为排放污水对社会造成的损失折算为150万元,则上个月A企业的社会成本为( )万元。

A. 1 750   B. 1 700   C. 1 850   D. 1 950

32. 在公司信贷业务中,要获知客户的负债在其资金来源中所占比重,需要对客户的哪项情况进行分析?( )

A. 盈利水平   B. 资金结构   C. 盈利能力   D. 营运能力

33. 在银行衡量企业偿债能力时,速动比率是一个重要的指标。影响企业速动比率可信性的最主要因素是( )。

A. 短期证券的变现能力   B. 存货的变现能力
C. 流动资产的变现能力   D. 应收账款的变现能力

34. A注册会计师审计某企业时,发现该企业财务指标中应收账款周转率波动较大,那么,可能是以下哪些情况导致的?( )

(1)年末销售额意外增减。   (2)顾客群体发生变动。
(3)产品结构发生变化。

A. (1)(2)(3)都有可能   B. 只有(1)和(3)
C. 只有(1)和(2)   D. 只有(2)和(3)

35. 下列各项中,属于动态要素、能体现企业经营成果的是( )。
    A. 利润　　　　　　B. 负债　　　　　　C. 资产　　　　　　D. 所有者权益
36. 企业财务数据的真实性核查,是信贷业务贷前调查的重要环节之一。客户经理小王通过第三方渠道了解到,某目标企业客户在其财务报告对外发布之后,发现一个期末存货被夸大的重大错误,则这个错误对已经发布的年报会产生什么影响?( )
    A. 低估流动资产　　低估毛利润　　低估总资产
    B. 高估流动资产　　高估毛利润　　高估总资产
    C. 低估流动资产　　高估毛利润　　高估总资产
    D. 高估流动资产　　低估毛利润　　低估总资产
37. 2019年年底,客户经理小王在贷后检查中发现,他负责的某上市公司客户,其股东替该上市公司偿还了一笔1 500万元的应付账款,这项业务的经济实质表明其属于对企业的资本性投入,则下列关于该公司的处理正确的是( )。
    A. "应付账款"科目余额减少,"资本公积——其他资本公积"科目余额增加
    B. "应付账款"科目余额减少,"货币资金"科目余额增加
    C. "应付账款"科目余额减少,"营业外收入"科目余额增加
    D. "应付账款"科目余额减少,"资本公积——股本溢价"科目余额增加

二、多项选择题

1. 商业银行对信贷企业客户进行财务分析时,下列说法错误的有( )。
   A. 对于绝大多数企业来说,筹资活动现金流是最重要的现金流来源
   B. 对于企业资产的分析,不需要考虑企业的行业特性
   C. 应收账款占比较大,可能说明企业对下游客户议价能力不强
   D. 存货占比很大,说明企业的产品肯定存在问题,出现滞销
2. 银行客户经理小张若想要分析评价企业的营运能力,可以参考的指标有( )。
   A. 存货周转率　　B. 速动比率　　C. 流动比率　　D. 应收账款周转率
3. 处理无形资产摊销时,摊销期包括( )。
   A. 当月减少的无形资产,当月不再摊销
   B. 当月增加的无形资产,下一个月初开始摊销
   C. 当月增加的无形资产,当月开始摊销
   D. 当月减少的无形资产,下一个月不再摊销
4. H公司在2018年发生了以下事项,其中影响该公司当期损益的有( )。
   A. 处置某固定资产获得400万元　　　　B. 其他权益工具投资公允价值的增加
   C. 因产品质量保证而确认的预计负债　　D. 收到某客户的违约金300万元
5. 某企业的资产负债率偏高,但信贷人员觉得其偿债能力依然可控,可能的原因有( )。
   A. 企业所处行业正处于快速成长期　　　B. 企业所处行业属于资金密集型行业
   C. 企业所处行业属于劳动密集型行业　　D. 企业处于资产流动性较强的行业
6. 资产负债表的下列项目中,可以根据有关总账科目余额直接填列的有( )。
   A. 应收票据　　B. 短期借款　　C. 长期借款　　D. 应付票据

7. A、B、C、D、E 五家公司均为股份有限公司,A 公司的总经理为 B 公司的董事长,B 公司拥有 C 公司 80%的表决权资本,拥有 D 公司 10%的表决权资本,且 D 公司的总经理为 B 公司派出;E 公司为 B 公司的常年客户,E 公司每年 60%的原材料从 B 公司购入,E 公司拥有 A 公司 55%的表决权资本。上述公司之间存在关联方关系的有(　　)。

　　A. A 公司与 C 公司　　　　　　　　B. A 公司与 E 公司
　　C. B 公司与 E 公司　　　　　　　　D. A 公司与 B 公司

8. 流动资产是指可以在 1 年或者超过 1 年的一个营业周期内变现或者耗用的资产。下列属于流动资产的有(　　)。

　　A. 预收账款　　B. 预付账款　　C. 存货　　D. 短期投资

三、案例分析题

根据以下案例,回答 1~3 题。

贷前调查是银行信贷业务的重要风险防线。在贷前调查中,客户的涉外报表是银行了解客户的重要工具。客户经理赵小平在走访某目标客户时,获得该公司 2017 年资产负债表(简表)相关信息如下:

资产负债表(2017 年 12 月 31 日)

单位:万元

资产		负债及所有者权益	
货币资金	30 000	应付账款	20 000
应收账款	#	长期借款	#
存货	#	实收资本	30 000
固定资产	#	留存收益	20 000
资产合计	#	负债及所有者权益合计	#

补充资料:

(1)长期借款与所有者权益之比:0.2。
(2)营业成本与营业收入比率:80%。
(3)存货周转率(存货按年末数计算):10 次。
(4)应收账款周转天数(按营业收入和应收账款年末数计算,不考虑应收票据,一年按 365 天计算):18.25 天。
(5)总资产周转率(总资产按年末数计算):3 次。

1. 根据上述资料,可测算出该公司 2017 年的营业收入为(　　)万元。
　　A. 240 000　　B. 180 000　　C. 90 000　　D. 150 000

2. 根据资产负债表(简表)及补充资料,可测算出该公司的资产负债率为(　　)。
　　A. 52.5%　　B. 37.5%　　C. 45%　　D. 60%

3. 关于该公司 2017 年期末存货和应收账款,下列说法正确的是(　　)。
　A. 存货为 30 000 万元,应收账款为 10 000 万元
　B. 存货为 19 200 万元,应收账款为 10 000 万元
　C. 存货为 30 000 万元,应收账款为 12 000 万元
　D. 存货为 19 200 万元,应收账款为 12 000 万元

根据以下案例，回答第 4~6 题。

一公司成立于 2010 年 2 月，注册资本 5 000 万元，公司主营实木门、实木复合门、护墙板、木质家具的生产、销售。目前，在某银行有流动资金贷款 2 500 万元，固定资产贷款 2 000 万元，公司在该行开立了基本结算账户。

4.【多项选择题】现金流是企业的第一还款来源，关于贷款企业的现金流情况，以下阐述正确的有( )。

　　A. 该企业投资活动净现金流为负数，说明企业可能购置了固定资产或进行了对外投资

　　B. 该企业本年度经营活动净现金流是正数，说明其经营周转状况一定没有问题

　　C. 若企业的经营活动净现金流为负数且与企业的净利润不匹配，可能是企业的回款能力不足

　　D. 从勾稽关系来看，企业在没有现金等价物的情况下，现金流量表的期末净值一定等于资产负债表里的货币资金期末净值

5.【多项选择题】银行客户经理小夏在调查该公司的财务信息时发现，该公司的存货周转次数增加，可能的原因有( )。

　　A. 企业盈利能力下降　　　　　　　B. 企业资产管理效率提高
　　C. 企业的存货周转期延长　　　　　D. 企业存货流动性增强

6.【多项选择题】该企业 2016 年年底的流动比率为 1.5，若该企业再赊购一批材料，将会导致企业( )。

　　A. 营运资本增加　　　　　　　　　B. 流动比率降低
　　C. 存货周转次数增加　　　　　　　D. 速动比率降低

巩固提升训练

一、单项选择题

1. 下列选项，影响利润表中"营业利润"项目的是( )。

　　A. 计提固定资产减值准备　　　　　B. 固定资产报废损失
　　C. 发生所得税费用　　　　　　　　D. 接受现金捐赠

2. 某企业 2024 年 12 月份发生下列支出：年初支付保险费 12 万元，本月摊销 1 万元；计划支付下年第一季度房租 20 万元，实际支付 15 万元，5 万元尚未支付；支付本月办公开支 2 万元。按照收付实现制和权责发生制分别确认本月费用( )万元。

　　A. 18;23　　　　B. 17;3　　　　C. 18;18　　　　D. 17;23

3. 下列各项中，符合收入会计要素定义的是( )。

　　A. 出售商品收取的增值税销项税额　　B. 出售固定资产获得的净收益
　　C. 出售材料收入　　　　　　　　　　D. 出售专利权获得的净收益

4. 商业银行对其开发的贷款计提贷款风险准备金，这体现了会计信息质量要求的( )。

　　A. 可靠性　　　　　　　　　　　　B. 实质重于形式
　　C. 谨慎性　　　　　　　　　　　　D. 重要性

5. 下列属于流动资产的是( )。

　　A. 无形资产　　　　　　　　　　　B. 存放中央银行款项
　　C. 吸收存款　　　　　　　　　　　D. 预收保费

6. 下列各项关于交易性金融资产的表述,不正确的是( )。
   A. 取得交易性金融资产所发生的相关交易费用应当在发生时计入投资收益
   B. 资产负债表日交易性金融资产公允价值与账面余额的差额计入当期损益
   C. 交易性金融资产购买价款中包含的已到付息期尚未领取的债券利息计入入账成本
   D. 出售交易性金融资产时应将其公允价值与账面余额之间的差额确认为投资收益

7. 下列各项中不会导致固定资产账面价值发生增减变动的是( )。
   A. 盘盈固定资产   B. 固定资产发生日常修理费用
   C. 以固定资产对外投资   D. 计提减值准备

8. 甲公司一台用于生产 M 产品的设备预计使用年限为 10 年,预计净残值为零。假定 M 产品各年产量基本均衡。下列折旧方法中,能够使该设备第一年计提折旧金额最多的是( )。
   A. 工作量法   B. 年限平均法   C. 双倍余额递减法   D. 年数总和法

9. 研究开发活动无法区分研究阶段和开发阶段的,当期发生的研究开发支出应在报表中确认为( )。
   A. 营业外支出   B. 无形资产   C. 管理费用   D. 研发费用

10. 下列经济业务,会引起会计等式中资产和负债同时增加的是( )。
    A. 借入长期借款,存入银行   B. 提取现金,发放工资
    C. 用银行存款支付货款   D. 应付票据转为应付账款

11. 王某拿到公司的序时账簿,则从这本账簿中可以直接知道( )。
    A. 会计期间内,销售总额是多少   B. 甲业务发生时间是否比乙业务早
    C. 公司生产了多少产品   D. 公司股东在本月的收益是多少

12. 下列资产项目中,每年年末必须进行减值测试的是( )。
    A. 使用寿命不确定的无形资产   B. 投资性房地产
    C. 债权投资   D. 固定资产

13. 下列项目会使企业现金流量减少的是( )。
    A. 购买无形资产   B. 长期待摊费用摊销
    C. 固定资产折旧   D. 无形资产摊销

14. 若流动比率大于 1 ,则下列结论一定成立的是( )。
    A. 速动比率大于 1   B. 营运资金大于 0
    C. 资产负债率大于 1   D. 短期偿债能力绝对有保障

15. 评价企业盈利状况的辅助指标是( )。
    A. 每股收益   B. 总资产报酬率
    C. 市盈率   D. 盈余现金保障倍数

16. 下列各项中,能够引起现金流量净额发生变动的是( )。
    A. 以存货抵偿债务
    B. 以银行存款支付采购款
    C. 将现金存为银行活期存款
    D. 以银行存款购买 2 个月内到期的债券投资

17. 甲公司经营一家电商平台,入驻商家自行负责商品的采购、定价、发货及售后服务。甲公司与商家约定按照货款的 2% 向商家收取佣金。甲公司向消费者提供产品后,除有义务协助

客户进行售后服务、投诉之外,无其他义务。2023年12月31日,甲公司向平台的消费者销售了1 200张不可退的三年期电子购物卡,每张卡的面值为1 000元,总额120万元。假设不考虑相关税费的影响,当日,甲公司应确认的合同负债为( )万元。

A. 2.4　　　　B. 120　　　　C. 0.8　　　　D. 0

18. 原始凭证和记账凭证的相同点是( )。

A. 编制时间相同　　　　　　　　B. 所起作用相同

C. 当事人的经济责任相同　　　　D. 所反映的经济业务内容相同

19. 甲企业于2024年8月1日以980元购买了面额为1 000元的新发行债券,票面利率为10%,每年付息一次,到期还本,该企业如果持有该债券至到期日,则到期收益率( )。

A. 低于10%　　　　　　　　　　B. 高于10%

C. 等于10%　　　　　　　　　　D. 不能确定

20. 2024年1月1日,甲公司通过向乙公司股东定向增发2 500万股普通股(每股面值为1元,市价为4元),取得乙公司70%股权,并控制乙公司,另以银行存款支付业务咨询费200万元。双方约定,如果乙公司未来3年平均净利润增长率超过10%,甲公司需要另外向乙公司原股东支付500万元的合并对价;当日,甲公司预计乙公司未来3年平均净利润增长率很可能超过10%。该项交易前,甲公司与乙公司及其控股股东不存在关联方关系。不考虑其他因素,甲公司该项企业合并成本为( )万元。

A. 10 700　　　　B. 10 500　　　　C. 10 000　　　　D. 10 200

21. 商业银行的"实收资本"科目的贷方记录的内容不包括( )。

A. 客户存入的资金　　　　　　　B. 投资者投入的本金

C. 盈余公积转增资本　　　　　　D. 按法定程序结转的资本公积

22. 假定其他条件不变,下列各项经济业务中,会导致公司总资产净利率上升的是( )。

A. 从银行提取现金备用　　　　　B. 用资本公积转增股本

C. 用现金购买原材料　　　　　　D. 用银行存款归还银行借款

23. A、B两公司均投入500万元的资本,本年获得利润30万元,但A公司获得的是现金,B公司为应收账款,若分析的结论为二者的收益水平相同,则得出此结论的原因为( )。

A. 没有考虑利润的取得时间　　　B. 没有考虑投入资本与利润的关系

C. 没有考虑利润的获得与承担风险的关系　　D. 没有考虑企业的生产能力

24. 因技术进步、市场需求变化等原因,甲公司生产的某类卷烟销量锐减,经管理层决议,于2024年10月1日暂停生产该产品,生产该类产品的生产线也暂停使用,拟对外出售。不考虑其他因素,2024年甲公司对该生产线的会计处理正确的是( )。

A. 将该生产线划分为持有待售类别

B. 暂停使用该生产线时停止计提折旧

C. 对该生产线进行减值测试,如发生减值应计提减值准备

D. 该生产线在资产负债表中以公允价值列报

25. 关于经济周期中的经营理财策略,下列说法不正确的是( )。

A. 在企业经济复苏期,企业应当增加厂房设备

B. 在企业经济繁荣期,企业应减少劳动力,以实现更多利润

C. 在经济衰退期,企业应减少存货

D. 在经济萧条期,企业应裁减雇员

26. 某公司2024年的市净率为5倍,市盈率为20倍,每股收益为2元,则该公司2024年的每股净资产为(　　)元。
   A. 10　　　　　　B. 20　　　　　　C. 3　　　　　　D. 8

27. 在其他条件不变的情况下,会引起总资产周转次数指标上升的经济业务是(　　)。
   A. 用银行存款购入一台设备　　　　B. 借入一笔短期借款
   C. 用现金偿还负债　　　　　　　　D. 收回一笔应收账款存入银行

28. 下列成本中属于企业短期经营决策相关成本的是(　　)。
   A. 沉没成本　　　　　　　　　　　B. 边际成本
   C. 无差别成本　　　　　　　　　　D. 共同成本

29. 某公司在编制资金预算时,期末现金余额要求不低于10 000元,资金不足则向银行借款,借款金额要求为10 000元的整数倍。若"现金余缺"为-55 000元,则应向银行借款的金额为(　　)元。
   A. 40 000　　　　B. 70 000　　　　C. 60 000　　　　D. 50 000

30. 关于杜邦财务分析体系,下列说法不正确的是(　　)。
   A. 净资产收益率是一个综合性最强的财务比率
   B. 以总资产净利率和权益乘数为基础
   C. 考虑了财务风险因素
   D. 净资产收益率是杜邦分析体系的起点

31. 2019年1月1日,甲公司取得银行贷款2 000万元,约定贷款年限为5年,年利率为6%,按季付息,原实际利率为6%。甲公司已按季支付所有利息。2024年12月31日,甲公司出现严重资金周转困难,多项债务违约,无法偿还贷款本金,贷款银行同意就该项贷款进行债务重组,即免除甲公司500万元债务本金,并将未偿还的债务本金1 500万元展期到2024年12月31日,年利率为8%。假设市场利率为7%,剩余债务公允价值为1 560万元,则甲公司此时在"长期借款"项目核算的金额为(　　)万元。
   A. 1 560　　　　B. 0　　　　C. 1 528.3　　　　D. 1 500

32. 甲公司预投资一新项目,计划投资额100万元,该项目建成后,预计每年可获得净利润15万元,年折旧率为10%,则静态投资回收期为(　　)年。
   A. 2　　　　　　B. 3　　　　　　C. 4　　　　　　D. 5

33. 下列因素中,与经营杠杆系数大小成反向变动的是(　　)。
   A. 单价　　　　B. 单位变动成本　　　C. 固定经营成本　　　D. 利息费用

34. 甲公司按年利率10%向银行借款1 000万元,期限1年。若银行要求甲公司维持借款金额10%的补偿性余额,该项借款的有效年利率为(　　)。
   A. 9.09%　　　　B. 10%　　　　C. 11%　　　　D. 11.11%

35. 某公司全年(360天)材料采购量预计为7 200吨,假定材料日耗均衡,从订货到送达正常需要3天,鉴于延迟交货会产生较大损失,公司按照延误天数2天建立保险储备。不考虑其他因素,材料再订货点为(　　)吨。
   A. 40　　　　　B. 80　　　　　C. 60　　　　　D. 100

二、多项选择题

1. 下列各项中,影响固定资产折旧的因素有(   )。
   A. 固定资产原价
   B. 固定资产的预计使用寿命
   C. 固定资产预计净残值
   D. 已计提的固定资产减值准备

2. 在资产负债表日,甲公司下列各项资产或负债产生可抵扣暂时性差异的有(   )。
   A. 账面价值为800万元、计税基础为1 200万元的投资性房地产
   B. 账面价值为100万元、计税基础为60万元的交易性金融资产
   C. 账面价值为180万元、计税基础为200万元的交易性金融负债
   D. 账面价值为60万元、计税基础为0的合同负债

3. 下列各项薪酬,应根据职工提供服务的受益对象分配计入相关资产成本或费用的有(   )。
   A. 住房公积金
   B. 因解除劳动关系而给予职工的补偿
   C. 职工教育经费
   D. 以现金结算的股份支付

4. 某企业为增值税一般纳税人,委托其他单位加工应税消费品,该产品收回后继续加工应税消费品。下列各项中,应计入委托加工物资成本的有(   )。
   A. 发出材料的实际成本
   B. 支付给受托方的加工费
   C. 支付给受托方的增值税
   D. 受托方代收代缴的消费税

5. 企业在计量资产可收回金额时,下列各项中,属于资产预计未来现金流量的有(   )。
   A. 未来年度因实施已承诺重组减少的现金流出
   B. 为维持资产正常运转发生的现金流出
   C. 资产持续使用过程中产生的现金流入
   D. 未来年度为改良资产发生的现金流出

6. 下列各项措施中,可降低应收账款周转天数的有(   )。
   A. 延长信用期限
   B. 提高信用标准
   C. 提高坏账准备计提比率
   D. 提高现金折扣率

7. 关于递延年金,下列说法中正确的有(   )。
   A. 递延年金终值的大小与递延期无关
   B. 递延年金现值的大小与递延期有关
   C. 递延期越长,递延年金的现值越大
   D. 递延年金是指第一次收付发生在第二期或第二期以后的年金

8. 一般而言,存货周转次数增加,其所反映的信息有(   )。
   A. 盈利能力下降
   B. 存货周转期延长
   C. 存货流动性增强
   D. 资产管理效率提高

9. 已知A、B两个独立投资方案期限相同,A方案的原始投资额现值为30 000元,未来现金净流量现值为31 500元,净现值为1 500元;B方案的原始投资额现值为3 000元,未来现金净流量现值为4 200元,净现值为1 200元,则下列说法正确的有(   )。
   A. 应当采用净现值法进行比较
   B. 应当采用现值指数法进行比较
   C. A方案优于B方案
   D. B方案优于A方案

10. 与应收账款机会成本有关的因素有（　　）。
A. 应收账款平均余额　　　　　　　B. 销售成本率
C. 变动成本率　　　　　　　　　　D. 资本成本率

三、案例分析题

根据以下案例,回答 1~4 题。

以下是 A 公司财务相关事件的记录：

事件 1：A 公司本年度财务票据中有几张发票存在问题,其中一张发票是采购打印器材的,该发票金额有更改的迹象。经调查,更改后的金额确实是实际发生金额,并有相关单位的印章,A 公司财务部门以原始凭证进行入账处理。

事件 2：A 公司上游原料商找到公司管理层索要欠款 50 万元,经管理层领导授意,财务主管让新来的出纳用转账支票的形式提供给该客户。该客户去银行提款时,银行以 A 公司存款余额不足为由退票。

事件 3：A 公司经营管理会决定,财务经理签章后,可以对外发布年度财务会计报告。

事件 4：由于公司办公楼层调整,A 公司财务部由 3 楼搬到 15 楼,财务部相关会计档案销毁,其中一辆在用的汽车的原始凭证（已经过期）也被一并销毁。

事件 5：原财务人员小李在工作期间有些工作存在问题,而新入职的员工小王在交接时也未发现问题。领导了解情况时,离职人员以已经离职为由,表示不应该承担责任,应该由现有负责人承担。

1. 下列关于事件 1 中打印器材发票的处理,正确的是（　　）。
A. 公司财务对该事件的处理是正确的
B. 公司财务的处理手续不符合相关规定
C. 发票金额出错,应当由开票单位领导、财务负责人签字、盖章
D. 发票金额出错,在更改处有出具相关单位的印章即可

2. 对于事件 5 的描述,正确的是（　　）。
A. 小李的解释理由可以理解
B. 小李的行为不符合职业道德,但是不应承担法律责任,因为其是为公司干活,公司应该承担所有后果
C. 小李需要对工作期间的问题承担法律责任
D. 交接后,所有问题由小王承担

3. 根据相关规定,对外报送的财报不需（　　）签字、盖章。
A. 会计机构负责人　　　　　　　　B. 公司负责人
C. 总会计师　　　　　　　　　　　D. 财务部相关人员

4. 对于事件 4 的行为,下列描述正确的是（　　）。
A. 该行为不违法,但是确实考虑不周
B. 对于还在使用的汽车的原始凭证的销毁行为是违法的
C. 该事件的处理是合理合法的
D. 超过保管期限的档案可以销毁或者丢弃

☆答案及解析见下册 P317~P328。

第三篇
综合知识

专项一　常识

考场真题还原

一、单项选择题

1. 习近平总书记继承发展马克思主义建党学说，深刻总结党的历史经验特别是新时代全面从严治党实践经验，创造性提出"（　　）"这一重大命题，为如何建设长期执政的马克思主义政党这一重大课题指明了方向。
   A. 全过程人民民主　　B. 人民民主监督　　C. 加强理论学习　　D. 党的自我革命

2. 习近平总书记指出，人心是最大的政治，（　　）是凝聚人心、汇聚力量的强大法宝。
   A. 统一战线　　B. 群众路线　　C. 民主路线　　D. 独立自主

3. 赵匡胤在陈桥兵变中黄袍加身，被拥立为帝，结束了（　　）的战乱局面。
   A. 五代十国　　B. 唐朝末期　　C. 梁朝末期　　D. 隋晋南北朝

4. "日照香炉生紫烟，遥看瀑布挂前川。飞流直下三千尺，疑是银河落九天。"
   以上诗句是指（　　）的壮丽风景。
   A. 雁荡山　　B. 庐山　　C. 黄山　　D. 蓬莱

5. 龙门石窟、莫高窟和云冈石窟等石窟属于（　　）建筑。
   A. 印度教　　B. 伊斯兰教　　C. 佛教　　D. 道教

6. 有人说，长江造就了从巴山蜀水到江南水乡的千古文脉，下列诗句中有三项与长江有关，除了（　　）。
   A. 京口瓜洲一水间，钟山只隔数重山
   B. 天门中断楚江开，碧水东流至此回
   C. 江东子弟多才俊，卷土重来未可知
   D. 如今直上银河去，同到牵牛织女家

7. 人的眼睛结构由瞳孔等多个部分组成，其中一个是位于瞳孔和巩膜之间的圆环状组织，它含有斑点、细丝、条纹等细节特征。尤为重要的是，自组织形成后，在成年人的生命周期里都是保持不变的，因此可以用于识别身份。这种生物识别技术是（　　）。
   A. 虹膜识别　　B. 晶状体识别　　C. 巩膜识别　　D. 瞳孔识别

8. 在党的领导下，民主制度不断健全、民主形式不断丰富、民主渠道不断拓宽。中国共产党实行的民主是（　　）。
   A. 全过程人民民主　　B. 全社会民主　　C. 全公民民主　　D. 全体系民主

9. 下列诗句描写的情景与季节对应错误的一组是（　　）。
   A. 满园花菊郁金黄，中有孤丛色似霜——秋季
   B. 千里莺啼绿映红，水村山郭酒旗风——春季
   C. 小荷才露尖尖角，早有蜻蜓立上头——夏季
   D. 山明水净夜来霜，数树深红出浅黄——冬季

10. 下列历史时期中可能会发生的情形是（　　）。
    A. 考古人员在东汉时期的古墓中发现写在竹简上的《兰亭序》

B. 秦朝时,一支从西域而来的商队受到西域都护府的保护,顺利抵达咸阳

C. 明朝时,北京有大量戏台,供人们欣赏京剧、杂技、皮影戏

D. 唐玄宗时期,通过海路来唐朝贸易的船舶向官府缴纳税款

11. 黄金分割是指将整体一切为二,其比值约为( )。

A. 0.725　　　　B. 0.618　　　　C. 0.561　　　　D. 1.618

12. 近年来我国航天科技发展进步神速,成就举世瞩目,而中国进行载人航天研究的历史可以追溯到20世纪70年代初,当时第一颗人造地球卫星是"( )"。

A. 神舟一号　　B. 曙光一号　　C. 天宫一号　　D. 东方红一号

13. 党的二十大报告中指出,全面建成社会主义现代化强国,总的战略安排是分两步走:从( )基本实现社会主义现代化;从( )把我国建成富强民主文明和谐美丽的社会主义现代化强国。( )是全面建设社会主义现代化国家开局起步的关键时期。

A. 二〇二〇年到二〇三五年;二〇三五年到本世纪中叶;未来五年

B. 二〇二〇年到二〇二五年;二〇二五年到二〇三五年;未来五年

C. 二〇二〇年到二〇二五年;二〇二五年到本世纪中叶;未来十年

D. 二〇二〇年到二〇二五年;二〇二五年到二〇三五年;未来十年

14. 1935年1月,中共中央召开政治局扩大会议,集中全力解决红军长征途中具有决定意义的军事上和组织上的问题,确立了党中央的正确领导,实现了伟大历史转折,在最危急的关头挽救了党、挽救了红军、挽救了中国革命。这就是著名的( )。

A. 古田会议　　B. 瓦窑堡会议　　C. 哈达铺会议　　D. 遵义会议

15. "折柳"在中国文学中的含义是( )。

A. 送别　　　　B. 祝寿　　　　C. 会客　　　　D. 返乡

16. 下列成语描述的历史事件按照时间排序正确的一项是( )。

A. 三顾茅庐—四面楚歌—完璧归赵—精忠报国

B. 完璧归赵—四面楚歌—三顾茅庐—精忠报国

C. 卧薪尝胆—焚书坑儒—程门立雪—铁杵成针

D. 焚书坑儒—卧薪尝胆—铁杵成针—程门立雪

17. 以下选项中,( )是杜甫在永泰元年离开成都时所作诗句,是对自己漂泊江流、无处落脚的感慨。

A. 飘飘何所似,天地一沙鸥　　　　B. 滟滟随波千万里,何处春江无月明

C. 离别家乡岁月多,近来人事半消磨　　D. 深林人不知,明月来相照

18. 刘禹锡诗云:"朱雀桥边野草花,乌衣巷口夕阳斜。旧时王谢堂前燕,飞入寻常百姓家。"诗句中的"乌衣巷"位于的城市是( )。

A. 南京　　　　B. 西安　　　　C. 成都　　　　D. 杭州

19. ( )是世界上第一部关于农业和手工业生产的综合性著作,被外国学者称为"中国17世纪的工艺百科全书"。

A.《农政全书》　B.《齐民要术》　C.《天工开物》　D.《王祯农书》

20. "四书五经"是我国古代科举考试的内容,下列著作中属于"五经"的是( )。

A.《春秋》　　　B.《大学》　　　C.《孟子》　　　D.《论语》

21. 下列关于中国历代著名改革的说法,错误的是(　　)。
   A. 秦国商鞅变法主张废井田,开阡陌
   B. 北魏孝文帝改革主张王田私属,不许买卖
   C. 北宋王安石变法主张青苗法,募役法
   D. 明朝张居正改革主张整顿吏治,实行"一条鞭法"

22. 下列形容天气的语句是(　　)。
   A. 夜来风雨声,花落知多少　　　　B. 四季无寒暑,一雨便成秋
   C. 人间四月芳菲尽,山寺桃花始盛开　　D. 五原春色归来迟,二月垂杨未挂丝

23. 京剧作为我国著名剧种,和中医、国画并称为"中国三大国粹"。下列关于京剧的表述,正确的是(　　)。
   A. 人们习惯上称戏班、剧团为"杏园"
   B. 京剧当中的"净"指女性角色
   C. "梅派"唱腔创始人是京剧艺术大师梅兰芳先生
   D. 《梁山伯与祝英台》是京剧经典曲目之一

24. 以下关于中国古代医学,说法不正确的是(　　)。
   A. 中医的"四诊法"是由扁鹊总结得出的
   B. "五禽戏"是华佗模仿狮、鹿、熊、猿、鹤五种动物所创的中国传统健身方法
   C. "医圣"是指东汉末年的张仲景
   D. 麻沸散是世界上最早的麻醉剂

25. 毛泽东同志总结中国近代历次运动失败时曾说:"没有农民办不成大事,光有农民办不好大事。"下列事件属于"光有农民办不好大事"的是(　　)。
   A. 洋务运动　　B. 辛亥革命　　C. 戊戌变法　　D. 义和团运动

26. 世界三大主粮,占世界食物来源一半以上的谷类植物是(　　)。
   A. 大麦、玉米、水稻　　　　B. 高粱、水稻、粟
   C. 燕麦、高粱、玉米　　　　D. 小麦、水稻、玉米

27. 汉武帝时期,董仲舒提出"兴太学,置明师,以养天下之士"的建议,此处的太学属于(　　)。
   A. 贵族子弟教育机构　　　　B. 国家最高教育机构
   C. 文学、武学等专科教育机构　　D. 地方官府教学机构

28. 隋朝时开凿的南北大运河以(　　)为中心。
   A. 涿郡　　B. 余杭　　C. 长安　　D. 洛阳

29. 唐三彩被誉为"东方艺术瑰宝",迄今已有1 300余年历史,关于它的说法中错误的一项是(　　)。
   A. 唐三彩成品以黄、绿、白三色为主,也有褐色、蓝色等颜色
   B. 唐三彩最早是在洛阳一带出土的,因为盛行于唐,故冠以"唐"
   C. 唐三彩的烧制工艺已经失传,今人已经无法烧制唐三彩的器物
   D. 唐三彩的造型多,有骆驼、马等动物,也有武士俑、女俑等

30. 1954年9月,第一届全国人民代表大会第一次会议在北京召开。该会议的首要任务是审议通过了我国第一部(　　),其确立了我国社会主义社会的根本政治制度,规定了公民的基

本权利和义务,使中国人民的基本人权得到了基本保障,同时还确立了国家体制的基本格局和基本政治制度,具有十分重要的意义。

A.《中华人民共和国宪法》　　　　　　B.《中国人民政治协商会议章程》
C.《中国人民政治协商会议共同纲领》　　D.《中华人民共和国土地改革法》

二、多项选择题

1. 蔺相如智勇双全,是战国时期赵国人。与其有关的事迹演化成的成语有(　　)。
   A. 一鸣惊人　　B. 仁人志士　　C. 负荆请罪　　D. 完璧归赵

2. 习近平总书记在党的二十大报告中指出,十年来,我们经历了对党和人民事业具有重大现实意义和深远历史意义的三件大事:(　　)。
   A. 完成脱贫攻坚、全面建成小康社会的历史任务,实现第一个百年奋斗目标
   B. 找到了自我革命这一跳出治乱兴衰历史周期律的第二个答案
   C. 中国特色社会主义进入新时代
   D. 迎来中国共产党成立一百周年

3. 中国式现代化具有以下哪些鲜明的中国特色?(　　)
   A. 物质文明和精神文明相协调的现代化　　B. 人与自然和谐共生的现代化
   C. 全体人民共同富裕的现代化　　　　　　D. 人口规模巨大的现代化
   E. 走和平发展道路的现代化

4. 习近平总书记在党的二十大报告中指出,从现在起,中国共产党的中心任务就是(　　)。
   A. 创造人类文明新形态
   B. 团结带领全国各族人民全面建成社会主义现代化强国、实现第二个百年奋斗目标
   C. 推动构建人类命运共同体
   D. 以中国式现代化全面推进中华民族伟大复兴

5. 党章中明确提出了中国共产党的三大历史任务,分别是(　　)。
   A. 实现全体人民共同富裕　　　　　B. 推进现代化建设
   C. 维护世界和平与促进共同发展　　D. 完成祖国统一

6. 下列选项中属于天文学的长度单位的有(　　)。
   A. 秒差距　　B. 兆米　　C. 英里　　D. 光年

7. 中国古都协会通过并经过国内史学家承认的八大古都中,两宋时期的名都是指(　　)。
   A. 杭州　　B. 西安　　C. 洛阳　　D. 开封

8. 党的二十大报告开篇强调了"弘扬伟大建党精神"。伟大建党精神包括(　　)。
   A. 坚持真理、坚守理想　　　B. 对党忠诚、不负人民
   C. 不怕牺牲、英勇斗争　　　D. 践行初心、担当使命

9. 下列关于日常生活的说法,正确的有(　　)。
   A. 为了使用方便和最大限度地利用材料,机器上用的螺母大多是六角形
   B. 在加油站不能使用手机,因为它在使用时产生的射频火花很容易引起爆炸,发生危险
   C. 交通信号灯中红色被用作停车信号是因为红色波长最长
   D. 家中遇煤气泄漏事件,应立即使用房间的电话报警

10. 下列应对自然灾害的做法,正确的有(   )。
   A. 地震时不要使用电梯
   B. 躲避龙卷风最安全的地方是楼顶
   C. 发现有泥石流迹象,要向沟谷两侧山坡或高地跑
   D. 火灾逃生时,为防浓烟呛人,可用打湿的毛巾捂鼻
11. 物理原理在日常生活中被广泛运用,给人们带来很大的便利,例如杠杆原理。下列工具中运用了杠杆原理的有(   )。
   A. 筷子 B. 扳手 C. 撬棍 D. 指甲刀
12. 下列关于中国航天技术的说法,正确的有(   )。
   A. 我国的运载火箭均属于"长征"系列
   B. 中国现在已建成的航天器发射场有酒泉、西昌、西宁三处
   C. 中国于1970年成功发射了第一颗人造地球卫星"东方红一号"
   D. "嫦娥工程"是中国启动的第一个探月工程
13. 楚辞的代表作家有(   )。
   A. 屈原 B. 婵娟 C. 宋玉 D. 李斯
14. 莎士比亚是文艺复兴时期伟大的剧作家和诗人,其主要作品有(   )。
   A.《哈姆雷特》 B.《奥赛罗》
   C.《罗密欧与朱丽叶》 D.《唐璜》
15. "他们位居中国版图的地理中心,历经秦汉唐宋三筑两迁,却从来都是卧虎藏龙,这里的每一块砖石都记录着历史的沧海桑田,这里的每一个细节都印证着民族的成竹在胸。"这是央视写给历史名城汉中市的颁奖词。下列与汉中相关的事件和人物,搭配正确的有(   )。
   A. 丝绸之路——张骞 B. 造纸发明——蔡伦
   C. 六伐曹魏——诸葛亮 D. 明修栈道,暗度陈仓——张良

巩固提升训练

一、单项选择题

1. 古往今来,经济发展离不开货币。过去历朝历代都会发行法定铸币,比如,较为有名的"五铢钱"是(   )皇帝在位时发行的。
   A. 汉高祖刘邦 B. 唐太宗李世民
   C. 明太祖朱元璋 D. 汉武帝刘彻
2. 宋元时期是我国科技发展的第二个黄金时期,居于世界领先地位的科技成就有(   )。
   ①沈括创制的"十二气历" ②郭守敬的《授时历》
   ③张衡发明的"地动仪" ④印刷术、指南针、火药和火器发明和使用
   A. ①②③④ B. ②③④ C. ①②④ D. ①③④
3. 莫扎特是欧洲伟大的古典主义音乐家之一。下列选项中的作品都是由他创作的是(   )。
   A.《命运交响曲》《唐璜》《魔笛》
   B.《英雄交响曲》《费加罗的婚礼》《蓝色多瑙河》
   C.《费加罗的婚礼》《唐璜》《魔笛》

D.《唐璜》《费加罗的婚礼》《英雄交响曲》

4. 抗日战争是中国人民反侵略第一次取得胜利的民族解放战争,下列选项搭配正确的是( )。

A. "九一八"事变——全面抗日战争从此爆发

B. 西安事变——抗日民族统一战线正式形成

C. 台儿庄大捷——中国抗战以来的第一次大捷

D. 百团大战——八路军主动出击日军的最大规模战役

5. 以下没有收录在鲁迅小说集《呐喊》中的是( )。

A.《十月》　　　B.《孔乙己》　　　C.《狂人日记》　　　D.《阿Q正传》

6. 中国传统农历属于阴阳历,在古代主要用于指导( )活动。

A. 祭祀天地　　　B. 农业生产　　　C. 社会生活　　　D. 商业贸易

7. 下列场景设计符合历史常识的是( )。

A. 燕太子丹与荆轲坐在八仙桌两侧,秉烛夜谈,谋划赴咸阳刺杀秦王计划

B. 魏征劝谏李世民时说道:"陛下当先天下之忧而忧,后天下之乐而乐。"

C. 毛泽东幽默地对李宗仁说:"德邻先生,你这次归国,是误上了贼船了。"

D. 越王勾践兵败后给吴王夫差当奴仆,以红薯充饥,每晚睡在柴垛上

8. 下列关于我国的航空航天成就,按时间先后排序正确的是( )。

①实现了我国首次空间出舱活动

②实现我国首次在太空人工栽培蔬菜

③完成载人天地往返运输系统首次应用性飞行

④首次进行空间站舱外试验性维修作业

A. ④①②③　　　B. ①③②④　　　C. ②④①③　　　D. ③①②④

9. 诗句"登高见百里,桑野郁芊芊"中蕴含着一定的物理知识,体现了光的( )。

A. 直线传播　　　B. 折射　　　C. 衍射　　　D. 波粒二象性

10. 下列古诗中描写的景点,与其他三项不在同一个省份的是( )。

A. 毕竟西湖六月中,风光不与四时同　　　B. 阁中帝子今何在?槛外长江空自流

C. 四顾无边鸟不飞,大波惊隔楚山微　　　D. 横看成岭侧成峰,远近高低各不同

11. 下列选项中,最能反映墨家学派的主要思想观点的是( )。

A. "无为而治"思想　　　　　　　　　B. "社会和谐"思想

C. "兼爱""非攻"思想　　　　　　　D. "民贵君轻"思想

12. 年龄称谓是古代指代年龄的称呼,古人的年龄有时候不用数字表示,而是用其他称谓来表示。下列选项中年龄称谓对应不正确的是( )。

A. 束发——15岁　　　　　　　　　　B. 不惑——40岁

C. 知天命——60岁　　　　　　　　　D. 古稀——70岁

13. 下列选项中属于地理学著作的是( )。

A.《天工开物》　　B.《梦溪笔谈》　　C.《齐民要术》　　D.《水经注》

14. 边塞诗人是指古代以边疆地区生活和自然风光为题材写作的诗人。下列不属于边塞诗人的是( )。

A. 高适　　　　　B. 岑参　　　　　C. 李白　　　　　D. 王昌龄

15. 我国几乎所有的省区都有喀斯特地貌的分布,但这种地貌多分布于( )。
    A. 广西、云南、贵州　　　　　　　　　B. 青海、四川、湖北
    C. 河北、河南、甘肃　　　　　　　　　D. 福建、湖南、广东

16. 下列关于我国名山大川的说法,正确的是( )。
    A. 齐云山是我国四大佛教名山之一　　　B. "五岳"中的南岳是恒山
    C. 黄河是我国第一大河　　　　　　　　D. 我国最高的山峰是珠穆朗玛峰

17. 厄尔尼诺现象是一种在世界范围内造成周期性极端天气的气候现象,其表象是发生厄尔尼诺现象时( )。
    A. 太平洋中、东部海域大范围内海水温度异常升高,海水水位上涨
    B. 太平洋中、东部海域大范围内海水温度异常升高,海水水位下降
    C. 太平洋中、东部海域大范围内海水温度异常降低,海水水位上涨
    D. 太平洋中、东部海域大范围内海水温度异常降低,海水水位下降

18. 战国时期,新兴地主阶级推动了各诸侯国的变法运动,其中秦国( )比较彻底,使秦国逐渐成为各诸侯国中实力最强的国家。
    A. 吴起变法　　　B. 商鞅变法　　　C. 戊戌变法　　　D. 王安石变法

19. 被誉为世界上第一次群众性的政治性的无产阶级革命运动是( )。
    A. 法国里昂工人起义　　　　　　　　　B. 英国宪章运动
    C. 西里西亚纺织工人起义　　　　　　　D. 巴黎公社运动

20. 下列与"塞下秋来风景异,衡阳雁去无留意"有关的说法,错误的是( )。
    A. 词作者是北宋杰出的政治家
    B. "秋来"之后的下一个节气是秋分
    C. 词中事物变化的根本原因在于地球的公转
    D. "衡阳雁去"源于北雁南飞至衡阳回雁峰而止的传说

21. 下列成语与所涉人物对应错误的是( )。
    A. 祖逖——中流击楫　　　　　　　　　B. 马援——马革裹尸
    C. 伍子胥——倒行逆施　　　　　　　　D. 范雎——瞒天过海

22. 下列诗句和节日对应的是( )。
    A. 遥知兄弟登高处,插遍茱萸少一人——中秋
    B. 千门万户曈曈日,总把新桃换旧符——元旦
    C. 但愿人长久,千里共婵娟——重阳
    D. 日暮汉宫传蜡烛,轻烟散入五侯家——元宵

23. 科举制度是中国古代通过考试选拔官吏的制度。下列关于科举制度的说法,不正确的是( )。
    A. 武则天开创武举,用于选拔军事将才　　B. 乡试每三年一次,又叫作大比、春闱
    C. 殿试前三名依次为状元、榜眼、探花　　D. 清朝末年,科举制度最终被彻底废除

24. 李白为人爽朗大方,爱饮酒作诗,喜交友,创作了很多有关友情的诗。下列诗句没有表达友情的是( )。
    A. 故人西辞黄鹤楼,烟花三月下扬州　　　B. 山阴道士如相见,应写黄庭换白鹅
    C. 仰天大笑出门去,我辈岂是蓬蒿人　　　D. 桃花潭水深千尺,不及汪伦送我情

25. 新文化运动的基本口号是"德先生"和"赛先生",即( )。

　　A. 民主和科学　　B. 德行和竞赛　　C. 法治和民主　　D. 实践和自由

26. ( )是生命活动中不可缺少的物质,在人体内能直接参与新陈代谢,而且可以直接被人体吸收。

　　A. 葡萄糖　　B. 纤维素　　C. 蛋白质　　D. 脂质

27. 下列做法不符合运动常识的是( )。

　　A. 剧烈运动后要及时补充盐分　　B. 做扩胸类动作时应配合呼气

　　C. 饭前高强度运动利于肌肉形成　　D. 扭伤时应先冷敷后热敷

28. ( )直接影响了中国共产党的诞生和发展,被作为旧民主主义革命和新民主主义革命的分水岭。

　　A. 辛亥革命　　B. 五四运动　　C. 洋务运动　　D. 义和团运动

29. 宋朝政府积极鼓励海外贸易,在广州、杭州等地设置的管理海外贸易的机构是( )。

　　A. 市舶机构　　B. 城管机构　　C. 枢密机构　　D. 按察机构

30. ( )是中国古代第一部数学专著,其出现标志着中国古代数学形成了完整的体系。

　　A.《周髀算经》　　B.《海岛算经》　　C.《孙子算经》　　D.《九章算术》

31. 习近平总书记在党的二十大报告中指出,全党同志务必( ),坚定历史自信,增强历史主动,谱写新时代中国特色社会主义绚丽的华章。

　　(1)不忘初心、牢记使命。　　(2)谦虚谨慎、艰苦奋斗。

　　(3)敢于斗争、善于斗争。　　(4)坚定理想、绝不动摇。

　　A.（1）（2）（3）（4）　　B. 仅（1）（2）（3）

　　C. 仅（3）（4）　　D. 仅（1）（2）

32. 党的二十届三中全会提出,( )是全面建设社会主义现代化国家的首要任务。

　　A. 高质量发展　　B. 高水平对外开放

　　C. 保障和改善民生　　D. 继续完善和发展中国特色社会主义制度

33. 习近平总书记在党的二十大报告中提出,( )是社会主义民主政治的本质属性,是最广泛、最真实、最管用的民主。

　　A. 全心全意为人民

　　B. 深入群众、深入基层

　　C. 全过程人民民主

　　D. 实现好、维护好、发展好最广大人民根本利益

34. 习近平总书记在党的二十大报告中提出,实践告诉我们,中国共产党为什么能,中国特色社会主义为什么好,归根到底是( )。

　　A. 中国化的马克思主义行

　　B. 中国特色社会主义思想行

　　C. 马克思主义行,是中国化时代化的马克思主义行

　　D. 我们始终站在人民的立场、把握人民的愿望、尊重人民的创造

35. 党的二十届三中全会审议通过了《中共中央关于进一步全面深化改革、推进中国式现代化的决定》,进一步全面深化改革的总目标是( )。

　　A. 以中国式现代化全面推进强国建设、民族复兴伟业

B. 全面建成高水平社会主义市场经济体制,基本实现社会主义现代化

C. 创造更加公平、更有活力的市场环境,实现资源配置效率最优化和效益最大化

D. 继续完善和发展中国特色社会主义制度,推进国家治理体系和治理能力现代化

36. 党的二十大报告首次提出"(　　)"目标。

 A. 加快建设农业强国　　　　　　B. 全面推进乡村振兴

 C. 坚决守牢确保粮食安全　　　　D. 拓宽农民增收致富渠道

37. 下列俗语与物理化学原理对应错误的是(　　)。

 A. 人要忠心,火要空心——柴火架空,加大与氧气的接触面积

 B. 雷雨发庄稼——雷雨时,可以增加土壤中的磷肥

 C. 百炼成钢——降低生铁中的碳含量

 D. 酒香不怕巷子深——分子运动

38. (　　)被称为"近代科学之父",他从实验中总结出自由落体定律、惯性定律等,推翻了亚里士多德物理学的许多臆断,奠定了经典力学的基础。

 A. 阿基米德　　　　　　　　　　B. 哥白尼

 C. 伽利略　　　　　　　　　　　D. 牛顿

39. 1978年5月11日,《实践是检验真理的唯一标准》一文在(　　)发表,揭开了解放思想的序幕,为改革开放做了重要的思想准备。

 A.《光明日报》　　　　　　　　　B.《人民日报》

 C.《解放军报》　　　　　　　　　D.《红旗》杂志

40. 中国古代没有先进的科技来预报天气,古人通过长期的劳动生活实践积累了许多预报天气的智慧。下列体现天气预测功能的诗句是(　　)。

 A. 黄梅时节家家雨,青草池塘处处蛙　　B. 东边日出西边雨,道是无晴却有晴

 C. 溪云初起日沉阁,山雨欲来风满楼　　D. 花气袭人知骤暖,鹊声穿树喜新晴

二、多项选择题

1. 2024年7月15日至18日,中国共产党二十届三中全会在北京举行。这次全会提出了进一步全面深化改革必须贯彻的"六个坚持"重大原则。下列选项中属于这"六个坚持"原则的有(　　)。

 A. 坚持党的全面领导　　　　　　B. 坚持以制度建设为主线

 C. 坚持问题导向　　　　　　　　D. 坚持守正创新

2. 下列关于生活常识的说法,正确的有(　　)。

 A. 夏天不宜穿深色衣服,深色比浅色更易吸收辐射热

 B. 驱肠虫药若饭后服用,不易达到最好的驱虫效果

 C. 按照建筑采光要求,相同高度的住宅群,昆明的楼房间距应比哈尔滨的大

 D. 在汽车玻璃清洗液中加入适当比例的酒精,可使其清洗效果更好

3. 我国国家能源局紧紧围绕"四个革命、一个合作"能源安全新战略和碳达峰碳中和目标实现,以壮大清洁能源产业为重点,努力推动可再生能源高质量发展。下列选项中,属于清洁能源的有(　　)。

 A. 水能　　　　B. 风能　　　　C. 太阳能　　　　D. 潮汐能

4. 下列属于全球四大卫星导航系统的有(　　)。
   A. 北斗卫星导航系统　　　　　　　　B. 全球卫星定位系统
   C. 格洛纳斯卫星导航系统　　　　　　D. 伽利略卫星导航系统

5. 下列著名战役中,属于以少胜多的有(　　)。
   A. 巨鹿之战　　　B. 牧野之战　　　C. 官渡之战　　　D. 淮海战役

6. 教育、科技、人才是中国式现代化的基础性、战略性支撑。必须深入实施(　　),统筹推进教育科技人才体制机制一体改革。
   A. 科教兴国战略　　　　　　　　　　B. 人才强国战略
   C. 创新驱动发展战略　　　　　　　　D. 科技成果转化战略

7. 1922年7月16日至23日,中国共产党第二次全国代表大会在上海举行。大会指出,现阶段的最低纲领是(　　)。
   A. 打倒军阀　　　　　　　　　　　　B. 推翻国际帝国主义的压迫
   C. 统一中国为真正的民主共和国　　　D. 实现社会主义、共产主义

8. 汉族先民自古就将汉族原居地划分为九个区域,即所谓的"九州"。根据《尚书·禹贡》的记载,下列属于九州的有(　　)。
   A. 冀州　　　　　B. 徐州　　　　　C. 扬州　　　　　D. 豫州

9. 我国古典文学成就卓越,下列概括准确的有(　　)。
   A.《诗经》是我国第一部诗歌总集,主要表现手法是赋、比、兴
   B. 鲁迅称司马迁的《史记》是"史家之绝唱,无韵之离骚"
   C.《三国演义》是我国章回小说的开山之作
   D. 郭沫若"写鬼写妖高人一等,刺贪刺虐入木三分"的对联,是对清代蒲松龄文言小说《聊斋志异》的评价

10. 下列属于我国古代农业水利重大工程的有(　　)。
    A. 都江堰　　　B. 郑国渠　　　C. 苏北灌溉总渠　　　D. 京杭大运河

11. 宋词是一种相对于古体诗的新体诗歌之一,标志着宋代文学的最高成就。下列有关宋代词人的表述,正确的有(　　)。
    A. 苏轼,"唐宋八大家"之一,词开豪放一派,其代表作有《念奴娇·赤壁怀古》
    B. 李清照,婉约词派的代表人物,其词善用白描手法,语言清丽,代表作有《如梦令》
    C. 辛弃疾,北宋爱国诗人,词风豪放,其代表作有《永遇乐·京口北固亭怀古》
    D. 柳永,婉约词派代表人物,其代表作有《雨霖铃》

12. 隋唐两朝时期,中国最大的政治、经济和文化中心分别是(　　)。
    A. 扬州　　　　　B. 洛阳　　　　　C. 京都　　　　　D. 长安

13. 关于暴雨洪水的应急常识,下列表述正确的有(　　)。
    A. 在地铁站遭遇暴雨洪水倒灌时,要在工作人员的引导下转移至高楼层
    B. 被洪水卷入,尽可能抓住树木等各种漂浮物
    C. 开车通过有积水的道路时,应快速驶过,到水位低的地方
    D. 在野外突遇暴雨来不及逃离时,可用腰带等把自己和大树捆绑在一起

14. 文景之治、光武中兴、贞观之治、开元盛世、康熙盛世,涉及的朝代有(　　)。
    A. 汉朝　　　　　B. 唐　　　　　C. 宋　　　　　D. 清

15. 下列作品、作家、国别对应正确的有（　　）。
A. 《欧也妮·葛朗台》——巴尔扎克——法国
B. 《基督山伯爵》——大仲马——法国
C. 《死魂灵》——果戈理——英国
D. 《红字》——霍桑——美国

16. 下列选项中，属于党的二十大报告提出的"五个必由之路"的有（　　）。
A. 团结奋斗是中国人民创造历史伟业的必由之路
B. 贯彻新发展理念是新时代我国发展壮大的必由之路
C. 中国特色社会主义是实现中华民族伟大复兴的必由之路
D. 坚持党的全面领导是坚持和发展中国特色社会主义的必由之路

17. 下列选项中属于"六艺"的有（　　）。
A. 射箭　　　　　B. 书法　　　　　C. 绘画　　　　　D. 驾车

18. 公元前221年，秦建立起我国历史上第一个统一的中央集权的封建国家，其采取的巩固统一的措施包括（　　）。
A. 建立专制统治，地方实行分封制　　B. 统一货币、文字和度量衡
C. 修筑长城　　　　　　　　　　　　D. 加强思想统治，实行"焚书坑儒"

19. 升华指物质由固体直接变成气体的过程。下列现象属于升华的有（　　）。
A. 樟脑球变小　　　　　　　　　　　B. 固体酒精燃烧
C. 白炽灯灯丝变细　　　　　　　　　D. 冬天嘴里呼出白雾

20. 下列成语及与之相关的主要历史人物，对应正确的有（　　）。
A. 望梅止渴——曹操　　　　　　　　B. 四面楚歌——项羽
C. 悬梁刺股——勾践　　　　　　　　D. 指鹿为马——赵括

☆答案及解析见下册P329~P342。

专项二　法律

考场真题还原

一、单项选择题

1. 李某是 H 公司的销售人员,持有多份盖章的该公司空白合同。李某离职后,仍持有这些合同,并以这些合同与毫不知情的 G 公司订立了购买合同。那么,此事件中合同的效力是(　　)。

　　A. 特定　　　　　　B. 难以明确　　　　　C. 有效的　　　　　D. 无效的

2. 根据《中华人民共和国商业银行法》,商业银行不得向关系人发放信用贷款。这里,"关系人"指的是(　　)。

　　A. 商业银行的信贷业务人员　　　　　　B. 商业银行所在地的政府部门
　　C. 商业银行的自然人客户　　　　　　　D. 商业银行的所有工作人员

3. 下列关于个体工商户的表述中,正确的一项是(　　)。

　　A. 个人经营的个体工商户,以家庭财产承担债务
　　B. 个体工商户经营中不能起字号
　　C. 自然人依法登记从事工商业经营的,视为个体工商户
　　D. 个体工商户不能以家庭名义经营

4. 甲是 G 企业代表,乙是 H 企业代表。甲在跟乙接触中,了解到 H 企业关于投标某项目的内容。后来甲在跟朋友丙吃饭时,泄露了标书内容,恰好丙也在投标那个项目。丙得知内容后调整了自己的标书,顺利承接了项目。这对 H 企业造成了巨大损失。

　　对此,下列说法中正确的是(　　)。

　　(1)甲对丙是泄露 H 企业商业秘密的行为。
　　(2)甲负有赔偿 H 企业损失的责任。

　　A. 两项都不正确　　B. 只有(2)正确　　C. 两项都正确　　D. 只有(1)正确

5. 根据《中华人民共和国保险法》的规定,保险代理人、保险经纪人及其从业人员在办理保险业务中,不能有以下哪些行为？(　　)

　　(1)利用业务便利为其他机构或者个人牟取不正当利益。
　　(2)伪造、擅自变更保险合同,或者为保险合同当事人提供虚假证明材料。
　　(3)串通投保人、被保险人或者受益人,骗取保险金。

　　A. 只有(1)和(3)　　　　　　　　　　B. 三项行为都不能有
　　C. 只有(1)和(2)　　　　　　　　　　D. 只有(2)和(3)

6. 甲以自己的生产设备为抵押,先后向乙借款 10 万元(未办理抵押登记),向银行借款 25 万元(已办理抵押登记),向丙借款 15 万元(已办理抵押登记)。借款到期后,甲因个人原因无法对以上债权人履行还款义务,法院依法拍卖了甲的生产设备,共计 45 万元。关于以上债权的实现,下列选项说法正确的是(　　)。

　　A. 先偿还银行 25 万元,再偿还丙 15 万元,最后偿还乙 5 万元

B. 先偿还乙 10 万元,剩余款项按照银行和丙的债权比例偿还

　C. 先偿还乙 10 万元,再偿还银行 25 万元,最后偿还丙 10 万元

　D. 按照乙、银行、丙的债权比例偿还

7. 甲公司向乙公司开具金额为 100 万元的汇票以支付货款,付款人是某银行。乙公司因欠丙公司货款,欲将该汇票背书转让给丙公司。下列做法符合法律规定的是( )。

　A. 若甲公司在出票时就在票据上记载"不得转让",乙公司将票据背书转让给丙公司,丙公司仍然可以享有票据权利

　B. 乙公司若将该汇票背书转让给丙公司,则需经过甲公司的同意

　C. 乙公司在背书转让时,在汇票上记载"不得转让"字样

　D. 乙公司在银行拒绝承兑后,又将该汇票背书转让给丙公司

8. 养宠物是一种时尚,宠物伤人事件也多有发生。对此,下列说法正确的是( )。

　A. 宠物伤人,需要区分是谁的过错,如果是受害人过错造成,饲养人可不承担民事责任

　B. 宠物伤人,不管是饲养人的过错还是受害人的过错,双方都要承担责任

　C. 宠物伤人,不管原因如何,饲养人应当承担民事责任

　D. 宠物伤人,罪在宠物,与饲养人并无关系

9. 甲公司将一套生产设备租赁给乙公司使用,租赁期间,经询问确认乙公司无购买意向后,甲公司将该生产设备卖给丙公司。根据相关法律规定,下列关于买卖合同与租赁合同效力的表述中,正确的是( )。

　A. 买卖合同有效,租赁合同须经两公司同意后才继续有效

　B. 买卖合同无效,租赁合同继续有效

　C. 买卖合同有效,租赁合同自买卖合同生效之日起终止

　D. 租赁合同继续有效,买卖合同有效

10. 关于商业银行贷款业务,下列说法中不符合法律规定的是( )。

　A. 商业银行应当按照中国人民银行规定的贷款利率的上下限,确定贷款利率

　B. 商业银行贷款,应当实行审贷合一、统一审批的制度

　C. 任何单位和个人不得强令商业银行发放贷款或者提供担保

　D. 商业银行贷款,借款人应当提供担保

11. 根据《中华人民共和国消费者权益保护法》,经营者采用网络、电视、电话、邮购等方式销售商品,消费者有权自收到商品之日起七日内退货,且无需说明理由。下列商品中符合上述规定的是( )。

　A. 在线下载的数字化商品　　　　　　B. 消费者定作的

　C. 未拆封的计算机软件、音像制品　　D. 交付的报纸、期刊

12. 在建设工程中,如果施工合同无效,但建设工程经验收合格的,承包人可以参照合同中关于工程价款的约定要求( )。

　A. 折价赔偿　　B. 全额赔偿　　C. 折价补偿　　D. 全额补偿

13. 发生债务人不履行到期债务,且双方没有约定债权履行相关内容时,债权人可以( )。

　A. 仅第三人提供物的担保的,债权人只能就此物的担保实现债权

　B. 仅第三人提供物的担保的,债权人可以就物的担保实现债权,或者请求保证人承担保证责任

C. 债务人与第三人同时提供物的担保的,债权人可以自行选择其中一方实现债权

D. 债务人与第三人同时提供物的担保的,债权人应当先就第三人提供的物的担保实现债权

14. 对涉嫌不正当竞争的行为,下列说法正确的是(　　)。

A. 举报人必须采取实名举报的方式

B. 只有利害关系人才能如实举报

C. 任何单位和个人有权向监督检查部门举报

D. 举报人可在举报中透露重大商业机密以佐证举报属实

15. 村民甲将其承包的土地流转给当地一家农业科技公司进行规模化种植。该公司为购置设备急需资金,用甲的土地作担保向银行贷款 50 万元。根据相关法律规定,下列说法正确的是(　　)。

A. 甲流转土地其实是流转土地的所有权

B. 该担保行为需经过甲的口头同意

C. 该公司是用土地的经营权作担保

D. 甲的流转行为需经本村集体经济组织书面同意

16. 陈某在某超市以 90 元购买一盒牛奶,食用后全家上吐下泻,为此支付医疗费 1 000 元。事后发现,其所购牛奶在出售时已超过保质期,陈某遂要求超市赔偿。对此,下列判断错误的是(　　)。

A. 陈某有权要求该超市退还其购买牛奶所付的价款

B. 陈某在购买时未仔细查看商品上的生产日期,应当负主要责任

C. 超市销售超过保质期的食品属于违反法律禁止性规定的行为

D. 陈某有权要求该超市赔偿 1 000 元医疗费,并增加赔偿 900 元

17. 日常中经常听到"财年"一词,对于国家来说,这等同于"预算年度"。不同国家的预算年度的起始日期是不同的。我国的预算年度是(　　)。

A. 公历 1 月 1 日起,至 12 月 31 日止　　B. 公历 4 月 1 日起,至次年 3 月 31 日止

C. 公历 10 月 1 日起,至次年 9 月 30 日止　　D. 公历 1 月 31 日起,至次年 1 月 31 日止

18. 定金,是指当事人约定的,为保证债权的实现,由一方在履行前预先向对方给付的一定数量的货币或者其他代替物。下列关于定金的说法,正确的是(　　)。

A. 合同双方可以约定逾期支付定金的违约责任

B. 债务人履行债务后,定金应当抵作价款或者收回

C. 定金的数额可以由当事人任意约定

D. 定金合同从定金合同成立之日起生效

19. 某市法院对发生在一小区电梯里的抢劫案件做出判决,实施抢劫的左某一审被判处 13 年有期徒刑,并处罚金 2 万元。在本案中,承担举证责任的应该是(　　)。

A. 人民检察院　　B. 人民法院　　C. 被害人家属　　D. 犯罪嫌疑人

20. 王先生的银行卡通过第三方支付平台被分批次盗刷 2 000 元,而王先生的密码未泄露,银行卡也未丢失。银行在征得王先生同意后,对被盗账户进行了紧急冻结,并积极联络第三方支付平台协助王先生追回资金。该银行维护了王先生的(　　)。

A. 自主选择权　　B. 公平交易权　　C. 财产安全权　　D. 信息知情权

21. 在《中华人民共和国劳动合同法》中,用人单位可以解除劳动合同的情形,不包括(   )。

  A. 严重违反用人单位的规章制度的   B. 被用人单位警告,通报批评的

  C. 在试用期间被证明不符合录用条件的   D. 被追究刑事责任的

22. 周文、郑武、张天、李元四人是大学同学,毕业后,四人共同开办了一家创意工厂,周文提供了经营场所,郑武和李元分别提供了10万元作为启动基金,张天提供了自身的创意才华,负责工厂的产品研发。周文和张天参与了工厂的日常经营,而郑武和李元没有参与,只按照约定参与年终盈利分红。那么,该创意工厂的合伙人是(   )。

  A. 郑武、李元   B. 周文、张天

  C. 周文、张天、郑武和李元   D. 周文、郑武和李元

23. 在企业所得税的征收管理中,以下表述不正确的是(   )。

  A. 企业应当自月份或者季度终了之日起60日内,向税务机关报送预缴企业所得税纳税申报表,预缴税款

  B. 企业应当自年度终了之日起5个月内,向税务机关报送年度企业所得税纳税申报表

  C. 企业在年度中间终止经营的,应自实际经营终止之日起60日内,向税务机关办理当期企业所得税汇算清缴

  D. 企业所得税按纳税年度计算,纳税年度自公历1月1日起至12月31日止

24. 信息时代,个人信息安全需要全方位重视。以下不属于侵犯公民个人信息安全权的是(   )。

  A. 李某利用整理快递包裹之机,偷拍快递面单2万余张并汇总整理后在网上贩卖

  B. 张某将远程控制软件安装在朋友手机上,用于获取朋友的位置、通话记录等

  C. 某车企在门店安装摄像设备,在客户不知情的情况下共采集上传客户人脸照片43万余张

  D. 某小区业主在自愿采集人脸信息的基础上,使用人脸识别进入小区

25. 人民法院受理破产申请后发生的费用中,为破产费用的是(   )。

  A. 债务人财产受无因管理所产生的费用

  B. 债务人财产致人损害所产生的费用

  C. 管理、变价和分配债务人财产所产生的费用

  D. 因债务人不当得利所产生的费用

26. 下列各项中,不能进行行政复议的是(   )。

  A. 行政处罚行为   B. 行政裁决行为   C. 行政立法行为   D. 行政征收行为

27. 根据《中华人民共和国政府采购法》的规定,政府采购应当采购本国货物、工程和服务,但也有例外。下列选项中,不属于例外情形的是(   )。

  A. 需要采购的货物、工程或者服务无法以合理的商业条件获取

  B. 需要采购的货物、工程或者服务在中国境内无法获取

  C. 为在中国境外使用而进行的采购

  D. 政府采购限额标准以上的货物、工程和服务的行为

28. 《中华人民共和国立法法》规定,全国人民代表大会及其常务委员会的立法程序主要有以下四个步骤:

①法律的公布　　　　　　　　　②法律草案的审议
③法律议案的提出　　　　　　　④法律议案的表决和通过

上述立法程序按照时间先后顺序排列,正确的是(　　)。

A. ①②③④　　B. ③②④①　　C. ③④②①　　D. ②①④③

29. 对限制人身自由的行政强制措施不服提起的诉讼,由(　　)人民法院管辖。

A. 户籍所在地　　　　　　　　B. 经常居住地
C. 单位所在地　　　　　　　　D. 被告所在地或者原告所在地

30. 甲公司向乙公司购买货物,按照政府指导价签订了购买合同,乙公司逾期交付货物时,遇价格变化。下列选项中,就交付价格说法正确的是(　　)。

A. 乙公司逾期交付货物,遇价格上涨时,按照现价格酌情减少价格
B. 乙公司逾期交付货物,遇价格上涨时,按照原价格
C. 乙公司逾期交付货物,遇价格下降时,按照现价格酌情增加价格
D. 乙公司逾期交付货物,遇价格下降时,按照原价格

二、多项选择题

1. 根据《中华人民共和国商业银行法》的有关规定,下列属于商业银行业务范围的有(　　)。

A. 代表政府与外国发生金融业务关系　　B. 发放短期、中期和长期贷款
C. 发行金融债券　　　　　　　　　　　D. 从事同业拆借

2. 《中华人民共和国个人信息保护法》明确建立了以"知情同意"为核心的个人信息处理规则,为商业银行个人信息保护工作进一步规范化提供了指导。以下说法符合该法律规定的有(　　)。

A. 公开个人信息处理规则,明示处理的目的、方式和范围
B. 基于个人同意处理个人信息的,个人有权撤回其同意
C. 除为履行法定义务、为保障公共利益等特殊情形外,处理个人信息应当征得个人同意
D. 处理个人信息不得超出正当需要,收集范围、保存期限等均应按照最小必要原则确定

3. 甲某想要设立保险公司,关于其应当具备的条件,下列选项中说法错误的有(　　)。

A. 可行性研究报告
B. 投资人认可的筹备组负责人和拟任董事长、经理名单及本人认可证明
C. 有符合规定的注册资本
D. 设立申请书

4. 票据是出票人依法签发,由自己无条件支付或委托他人无条件支付一定金额的有价证券,它的功能体现在哪些方面?(　　)

A. 通过票据贴现获得现款　　　　B. 结算以抵销债务
C. 通过背书将票据转让给他人　　D. 异地支付

5. X公司为支付货款向Y公司开具一张金额为50万元的银行承兑汇票,付款银行为甲银行。X公司收到Y公司货物后发现有质量问题,立即通知甲银行停止付款。另外,X公司尚欠甲银行贷款60万元未清偿,Y公司尚欠甲银行贷款80万元未清偿。下列说法错误的有(　　)。

A. 甲银行可以X公司尚欠其贷款未还为由拒绝付款

B. 甲银行可以Y公司尚欠其贷款未还为由拒绝付款

C. X公司有权以货物质量瑕疵为由请求甲银行停止付款

D. 如甲银行在接到X公司通知后仍向Y公司付款,由此造成的损失,甲银行应承担责任

6. 支票在日常生活和商业活动中已经成为一种常见的支付工具。下列关于支票的说法,正确的有(   )。

A. 支票是出票人签发的,委托办理支票存款业务的银行或者其他金融机构在见票时,无条件支付确定的金额给收款人或者持票人的票据

B. 支票上的金额可以通过出票人以授权补记的方式记载

C. 普通支票、现金支票、转账支票可以背书转让

D. 出票人不可以在支票上记载自己为收款人

7. X公司向Y银行贷款300万元,将其一套生产设备、原材料、半成品等抵押给Y银行,并签订抵押合同,但未办理抵押登记。抵押期间,未经Y银行同意,X公司以市场价格将生产设备转让给善意第三人Z公司,并已交付。贷款到期后,X公司不能向Y银行清偿到期债务。下列关于该抵押权的说法中,错误的有(   )。

A. 该抵押权虽已设立但不能对抗Z公司

B. 该抵押权因抵押物不特定而不能设立

C. Y银行有权对Z公司从X公司购买的生产设备行使抵押权

D. 该抵押权因未办理抵押登记而不能设立

8. 居民合法收入的存取业务在我国一直受到法律严格保护。根据《中华人民共和国商业银行法》的规定,下列说法正确的有(   )。

A. 商业银行有权冻结或者划拨个人储蓄存款

B. 某企业有权要求商业银行查询其员工的个人存款

C. 商业银行办理个人储蓄存款业务,应当遵循存款自愿、取款自由、存款有息、为存款人保密的原则

D. 商业银行应当保证储蓄存款本金和利息的支付,不得违反规定拒绝支付储蓄存款本金和利息

9. 下列情形属于国家赔偿范围的有(   )。

A. 李某因盗窃被判刑,为达到保外就医目的而自伤

B. 警察接到报警后,拒不出警造成财物被抢劫

C. 警察王某的儿子玩王某的手枪走火,致人伤残

D. 民事诉讼中,申请人张某提供担保后,法院未及时采取保全措施致使判决无法执行,给张某造成损失

10. 小李8岁、小张6岁。某日放学后,两人觉得无聊,便相约到山上玩耍。由于山上碎石特别多,两人就随手拾起向远处掷。农民老黄刚好在山下经过,被石头砸伤,花去医疗费5 000元。对此,下列说法正确的有(   )。

A. 小李、小张构成共同危险行为

B. 小张的监护人承担医疗费

C. 小李的监护人与小张的监护人共同承担医疗费

D. 由于小李与小张都是未成年人,属于意外事件,应由老黄自己承担医疗费

巩固提升训练

一、单项选择题

1. 某银行客户老吴到网点办理银行账户信息查询业务,想要查询并打印其妻子名下的一个银行账户明细,老吴并没有其妻子的委托公证书,银行工作人员仍然为其办理了查询业务。这种行为侵害了老吴妻子的(　　)。

　　A. 财产安全权　　　　B. 自主选择权　　　　C. 公平交易权　　　　D. 信息安全权

2. 在量刑上,洗钱罪属于(　　)。

　　A. 职务侵占罪　　　　　　　　　　　　　　B. 破坏金融管理秩序罪

　　C. 金融诈骗罪　　　　　　　　　　　　　　D. 挪用资金罪

3. 黄某是李某的债权人,周某又是黄某的债权人,李某与周某之间不存在债务关系。三人约定:李某向周某履行债务。但李某事后并未履行,这时,(　　)。

　　A. 黄某应当向李某承担违约责任　　　　　　B. 黄某应当向周某承担违约责任

　　C. 周某应当向黄某承担违约责任　　　　　　D. 李某应当向黄某承担违约责任

4. 李大爷有甲、乙、丙三子,李大爷去世后,没有留下遗嘱。在遗产处理前,甲明确表示放弃继承,乙明确表示要继承,丙没有做出任何表示。丙的行为视为(　　)。

　　A. 放弃继承　　　　B. 接受继承　　　　C. 丧失继承权　　　　D. 转让继承

5. 甲公司为购买货物而将所持有的汇票背书转让给乙公司,但因担心此方式付款后对方不交货,因此在背书栏中记载了"乙公司必须按期保证交货,否则不付款"的字样。乙公司在收到汇票后没有按期交货。根据票据法律制度的规定,下列表述中,正确的是(　　)。

　　A. 背书无效

　　B. 背书有效,乙公司的后手持票人应受上述记载约束

　　C. 背书有效,但是上述记载没有汇票上的效力

　　D. 票据无效

6. 下列属于不正当竞争行为的有(　　)。

①假冒或者仿冒知名商标的行为

②广告中信息虚假,误导消费者的误导性宣传行为

③采取贿赂手段,取得中标资格的商业贿赂

④许诺高额回扣,要求他人以同样方式发展下线的多层次传销

　　A. 只有①②　　　　B. 只有③④　　　　C. 只有②③④　　　　D. 四种行为都是

7. 我国宪法规定,"中华人民共和国公民有劳动的权利和义务。国家通过各种途径,创造劳动就业条件,加强劳动保护,改善劳动条件,并在发展生产的基础上,提高劳动报酬和福利待遇"。劳动权属于公民的(　　)。

　　A. 获得赔偿权　　　B. 社会经济权利　　　C. 文化教育权利　　　D. 人格权

8. 甲、乙双方签订买卖合同,约定甲支付货款一周后乙交付货物。甲未在约定日期付款,却请求乙交货。根据合同法律制度的规定,对于甲的请求,乙可行使的抗辩权是(　　)。

　　A. 不安抗辩权　　　B. 先诉抗辩权　　　C. 不履行抗辩权　　　D. 先履行抗辩权

9. 甲与乙签订借款合同,并约定由乙将自己的钻戒出质给甲,但其后乙并未将钻戒如约交付给甲,而是把该钻戒卖给了丙。丙取得钻戒后,与甲因该钻戒权利归属发生纠纷。根据物权

法律制度的规定,下列关于该钻戒权利归属的表述,正确的是(　　)。

A. 丙不能取得该钻戒的所有权,因为该钻戒已质押给甲

B. 丙能取得该钻戒的所有权,但甲可依其质权向丙追偿

C. 丙能取得该钻戒的所有权,甲不能向丙要求返还该钻戒

D. 丙能否取得该钻戒的所有权,取决于甲是否同意

10. 在京津冀一体化不断发展的过程中,各家商业银行也借助这一战略机遇,纷纷进行分支机构网点布局。下列关于商业银行分支机构的说法,正确的是(　　)。

A. 商业银行的分支机构具有法人资格,其民事责任自行承担

B. 商业银行在中华人民共和国境内的分支机构,应按行政区划设立

C. 商业银行设立分支机构必须经国务院银行业监督管理机构或者其省一级派出机构审查批准

D. 商业银行对其分支机构实行全行统一核算、统一调度资金、分级管理的财务制度

11. 根据反垄断法律制度的规定,我国反垄断法适用的地域范围的确定原则是(　　)。

A. 属人原则　　　　　　　　　　　　B. 属地原则

C. 属人原则+效果原则　　　　　　　D. 属地原则+效果原则

12. 2023年12月,钟某将名下的一处房屋出售给梁某,双方签订了买卖合同并约定于2024年6月付清全部房款后办理过户手续。2024年1月,该处房屋价格上涨,钟某后悔过早出售该房屋,又将该房屋出售给张某并约定在2024年5月办理过户手。2024年4月,钟某将房屋重复出售的行为暴露,此时该房屋属于(　　)。

A. 钟某所有　　　　　　　　　　　　B. 梁某所有

C. 张某所有　　　　　　　　　　　　D. 梁某与张某共同所有

13. 小李同学今年12岁,在某课外辅导机构上课期间被不相识的周某刺伤。经查,周某为M单位职工,其子曾在该辅导机构学习,虽然花费不少钱,但升学失败,周某偷偷携带刀具到该机构乱砍乱刺,以发泄不满情绪。小李同学人身受到侵害,关于承担侵权责任的主体,下列说法正确的是(　　)。

A. 辅导机构承担所有侵权责任

B. 周某承担所有侵权责任

C. 周某承担侵权责任,辅导机构承担补充责任

D. 辅导机构承担侵权责任,周某承担补充责任,但事后辅导机构可向周某追偿

14. 某公司以一项发明专利作为质押,通过市中小企业信用担保有限责任公司担保,获得5.7亿元贷款融资。下列可以进行质押担保的有(　　)。

①债券　　　　②隐私权　　　　③股权　　　　④知识产权

A. ①②③　　　B. ①②④　　　C. ①③④　　　D. ②③④

15. 住宅不受侵犯属于我国公民的(　　)。

A. 政治自由权利　　B. 人身自由权利　　C. 文化教育权利　　D. 人格尊严权利

16. 下列人员在我国享有选举权的是(　　)。

A. 十六岁的高中生甲　　　　　　　　B. 间歇性精神病人乙

C. 英国籍华裔丙　　　　　　　　　　D. 被剥夺政治权利的丁

17. 李某在下夜班的路上捡到一个首饰盒,由于物品贵重,李某特地在媒体上发布了招领公告,发布1年后仍无人认领,则首饰盒的归属是(　　)。

A. 李某常住地派出所　　　　　　　　B. 国家

C. 首饰盒遗落地的派出所　　　　　　　　D. 李某自行处理

18. 郑某因某次生产事故导致大脑损伤,不能辨认自己的行为。若郑某有配偶王某、父亲、表姑以及弟弟,且均具有监护能力。根据我国相关法律规定,郑某的监护人是(　　)。

　　A. 郑某弟弟　　　B. 郑某父亲　　　C. 配偶王某　　　D. 郑某表姑

19. 法所体现的公平、正义,是统治阶级所承认的公平、正义。这是因为(　　)。

　　A. 法是一种社会意识形态

　　B. 法反映的内容是由社会物质生活条件决定的

　　C. 法反映的思想永恒不变

　　D. 法反映的是统治阶级的根本利益和共同意志

20. 甲、乙、丙三人成立有限责任公司,三人均以货币出资,实缴资本为260万元,其中甲160万元,乙80万元,丙20万元。公司分工上,甲负责技术,乙为执行CEO,丙负责销售工作。那么,三人中谁才是控股股东?(　　)

　　A. 只有甲和乙　　　　　　　　　　　　B. 只有乙

　　C. 三人都是控股股东　　　　　　　　　D. 只有甲

21. 根据现行银行贷款制度,关于商业银行贷款,下列哪一说法是正确的?(　　)

　　A. 商业银行与借款人订立贷款合同,可采取口头、书面或其他形式

　　B. 借款合同到期未偿还,经展期后到期仍未偿还的贷款,为呆账贷款

　　C. 政府部门强令商业银行向市政建设项目发放贷款的,商业银行有权拒绝

　　D. 商业银行对关系人提出的贷款申请,无论是信用贷款还是担保贷款,均应予拒绝

22. 伪造、变造金融票证罪在客观上表现为伪造、变造金融票证的行为,以下不属于该行为的是(　　)。

　　A. 伪造、变造信用证或者附随的单据、文件

　　B. 骗取他人信用卡并使用

　　C. 伪造、变造委托收款凭证、汇款凭证、银行存单等其他银行结算凭证

　　D. 伪造、变造汇票、支票、本票

23. 2024年10月8日,甲提出将其正在使用的轿车赠送给乙,乙欣然接受。10月21日,甲将车交付给乙,但未办理过户登记。交车时,乙向甲询问车况,甲称"一切正常,放心使用"。事实上,该车三天前曾出现刹车失灵,故障原因尚未查明。乙驾车回家途中,刹车再度失灵,车毁人伤。根据合同法律制度的规定,下列表述中,正确的是(　　)。

　　A. 甲、乙赠与合同的成立时间是2024年10月8日

　　B. 双方没有办理过户登记,因此轿车所有权尚未转移

　　C. 该赠与合同的成立时间是2024年10月21日

　　D. 赠与合同是无偿合同,因此乙无权就车毁人伤的损失要求甲赔偿

24. 根据劳动合同法律制度的规定,劳动者不需事先告知用人单位即可解除劳动合同的情形是(　　)。

　　A. 用人单位未按照劳动合同约定提供劳动保护的

　　B. 用人单位违章指挥、强令冒险作业危及劳动者人身安全的

　　C. 用人单位以欺诈手段使劳动者在违背真实意思的情况下签订劳动合同致使劳动无效的

　　D. 用人单位未及时足额支付劳动报酬的

25. 根据企业破产法律制度的规定,下列关于商业银行破产分配顺序的表述,正确的是( )。

A. 破产财产优先支付个人储蓄存款本息

B. 破产财产在支付清算费用后,优先支付个人储蓄存款本息

C. 破产财产在支付清算费用、所欠职工工资和劳动保险费用后,优先支付个人储蓄存款本息

D. 破产财产在支付清算费用、所欠职工工资和劳动保险费用、所欠税款后,优先支付个人储蓄存款本息

26. 根据个人所得税法律制度的规定,下列各项中,不属于个人所得税免税项目的是( )。

A. 个人转让著作权所得　　　　B. 国家规定的福利费

C. 保险赔款　　　　　　　　　D. 退休工资

27. 根据保险法律制度的规定,下列关于保险经纪人的表述,正确的是( )。

A. 保险经纪人可以是个人

B. 保险经纪人可同时向投保人和保险人收取佣金

C. 保险经纪人代表投保人的利益从事保险经纪行为

D. 保险经纪人是保险合同的当事人

28. 根据信托法律制度的规定,下列关于受益人的表述,正确的是( )。

A. 受益人可以是一人或者多人　　B. 委托人不得是同一信托的唯一受益人

C. 受托人可以是同一信托的唯一受益人　　D. 受托人不可以成为受益人

29. 甲、乙、丙、丁合谋,集中资金优势、持股优势联合买卖或者连续买卖证券,影响证券交易价格,从中牟取利益。在《中华人民共和国证券法》规定的禁止的交易行为中,这种行为属于( )。

A. 内幕交易　　B. 欺诈客户　　C. 虚假陈述　　D. 操纵市场

30. 根据《中华人民共和国银行业监督管理法》,以下哪项不属于银行业监督管理机构在对银行业金融机构进行现场检查时可以采取的措施?( )

A. 进入银行业金融机构进行检查

B. 询问银行业金融机构的工作人员,要求其对有关检查事项作出说明

C. 查阅、复制银行业金融机构与检查事项有关的文件、资料,对可能被转移、隐匿或者毁损的文件、资料予以封存

D. 直接冻结银行业金融机构的账户资金

31. 根据《中华人民共和国反洗钱法》,客户身份资料在业务关系结束后、客户交易信息在交易结束后,金融机构应当将相关信息至少保存( )年。

A. 3　　　　B. 5　　　　C. 8　　　　D. 10

32. 根据《中华人民共和国立法法》,关于法律适用,下列哪个选项是错误的?( )

A. 行政法规的效力高于地方性法规

B. 部门规章效力高于地方政府规章

C. 法律不溯及既往,但为了更好地保护公民、法人和其他组织的权利和利益而作的特别规定除外

D. 法律之间对同一事项的新的一般规定与旧的特别规定不一致,不能确定如何适用时,由全国人大常委会裁决

33. 下列不属于《中华人民共和国中国人民银行法》规定的中国人民银行的职能的是( )。

　　A. 制定和执行货币政策　　　　　　B. 防范和化解金融风险
　　C. 管理中央公共财政支出　　　　　　D. 维护金融稳定

34. 李某去某影楼拍摄个人写真,双方签订合同,约定李某支付拍摄费2 000元,合同中未涉及影楼可无偿使用顾客照片的条款。后李某发现影楼将自己的照片用于对外宣传。影楼的做法侵犯了李某的( )。

　　A. 生命健康权　　　B. 肖像权　　　C. 财产权　　　D. 姓名权

35. 甲有一祖传下来的翡翠,价值连城。后因甲遭受意外急需用钱,某日甲与翡翠商乙签订了书面合同,约定以80万元的价格卖与乙,过两日等乙筹好钱便一手交钱一手交物。第二日,甲又遇另一翡翠商丙,丙欲出100万元购买,双方当即完成交付。下列选项中,说法正确的是( )。

　　A. 丙完成了对翡翠的取得,乙可以向丙主张其损失
　　B. 因甲与乙的合同在先,甲又与丙完成了翡翠买卖,所以乙可以向甲主张欺诈
　　C. 该翡翠归丙所有,因甲与丙已经完成交付
　　D. 该翡翠归乙所有,因乙与甲的合同在先

36. 红星超市发现其经营的"荷叶牌"速冻水饺不符合食品安全标准,拟采取的下列哪一措施是错误的?( )

　　A. 立即停止经营该品牌水饺　　　　　B. 通知该品牌水饺生产商和消费者
　　C. 召回已销售的该品牌水饺　　　　　D. 记录停止经营和通知情况

37. 村民张三计划向银行贷款,下列财产不得抵押的是( )。

　　A. 张三的自有住房
　　B. 村企业的厂房
　　C. 土地所有权
　　D. 通过公开协商方式承包的土地承包经营权

38. 甲、乙拟共同投资设立丙有限责任公司(以下简称"丙公司"),约定由乙担任法定代表人。在公司设立过程中,甲以丙公司名义与丁公司签订房屋租赁合同。后丙公司因故未成立,尚欠丁公司房租20万元。下列关于该租金清偿责任的表述,正确的是( )。

　　A. 由甲承担全部责任　　　　　　　　B. 由甲、乙依出资比例按份承担责任
　　C. 由乙承担全部责任　　　　　　　　D. 由甲、乙承担连带责任

39. 甲保险公司在与乙公司订立保险合同时已经知道乙公司隐瞒投保设备存在隐患的情况,但仍然决定承保,在保险期限内,此设备发生了保险事故,甲保险公司应当( )。

　　A. 承担赔偿或者给付保险金的责任　　B. 拒绝进行赔付
　　C. 终止保险合同　　　　　　　　　　D. 部分履行赔偿或者给付保险金的责任

40. 王某卖水果时因斤两纠纷被买家李某殴打,其间,李某还用水果摊的板凳砸王某。李某殴打结束转身离开后,王某持水果刀追了20多米,将李某捅成重伤。关于本案,下列说法正确的是( )。

　　A. 王某的行为属于正当防卫,不构成犯罪

B. 王某的行为不属于正当防卫,构成故意伤害罪

C. 王某的行为属于防卫过当,构成故意伤害罪

D. 王某的行为属于防卫过当,构成过失致人重伤罪

41. 根据公司法律制度的规定,公司债券募集办法中应当载明的主要事项不包括(   )。

A. 债券总额和债券的票面金额　　　B. 债券担保情况

C. 公司总资产额　　　D. 债券的发行价格、发行的起止日期

42. 甲公司因生产需要,准备购入一套大型生产设备。4月1日,甲公司向乙设备厂发出了一份详细的书面要约,并在要约中注明:请贵公司于4月20日前答复,否则该要约将失效。该要约到达乙设备厂后,甲公司拟撤销该要约。根据合同法律制度的规定,下列关于该要约能否撤销的表述,正确的是(   )。

A. 该要约可以撤销,只要乙设备厂尚未发出承诺

B. 该要约可以撤销,只要乙设备厂的承诺尚未到达甲公司

C. 该要约可以撤销,只要乙设备厂尚未为履行合同做准备工作

D. 该要约不得撤销,因为要约人在要约中确定了承诺期限

43. 贷前调查是互联网贷款业务的必备环节,在这一环节查验借款人身份信息,应当至少查询哪些方面的信息?(   )

A. 借款人性别、家庭住址、婚姻状况、联系电话

B. 借款人姓名、家庭住址、婚姻状况、联系电话

C. 借款人姓名、身份证号、联系电话、银行账户

D. 借款人性别、职业年龄、联系电话、银行账户

44. 甲向乙借款,为担保债务履行,将一辆汽车出质给乙。质押期间乙不慎将汽车损坏。根据物权法律制度的规定,下列表述中,正确的是(   )。

A. 乙应当承担赔偿责任　　　B. 甲有权拒绝归还借款并要求乙赔偿损失

C. 乙有权要求甲重新提供担保　　　D. 甲有权要求延期还款

45. 下列关于个人信息的相关说法,正确的有(   )。

①生物识别和金融账户属于敏感个人信息。

②宗教信仰和工作单位不属于敏感个人信息。

③个人信息不包括匿名化处理后的信息。

④个人信息处理者处理不满十四周岁未成年人个人信息的,应当制定专门的个人信息处理规则。

A. ①②③　　　B. ①②④　　　C. ①③④　　　D. ②③④

二、多项选择题

1. 下列关于法律与道德的区别的表述中,正确的有(   )。

A. 法律属于社会制度的范畴;道德属于社会意识形态的范畴

B. 法律强调权利与义务的平衡;道德强调对他人、对社会集体履行义务,承担责任

C. 法律由国家强制力保证实施;道德主要凭借社会舆论、人们的内心信念、宣传教育等手段来实现

D. 法律规范是最基本的规范体系;道德规范体现统治阶级意志

2. 2024年7月5日,甲授权乙以甲的名义将甲的一台笔记本电脑出售,价格不得低于5 000元。丙委托乙购买一台笔记本电脑,价格不得高于6 000元。乙遂以甲的名义以6 000元将笔记本电脑卖给丙。下列表述中,正确的有(　　)。

　　A. 若丙不同意、甲同意,则该行为有效　　B. 乙是滥用代理权的行为

　　C. 若甲、丙均同意,该行为有效　　D. 若甲不同意,该行为无效

3. 陈某向李某购买一批水泥,价款为10万元,合同履行前,李某未经陈某的同意,将价款债权转让给王某,并通知陈某直接向王某付款。陈某与李某未约定合同权利不得转让。下列关于李某的转让行为效力的表述,错误的有(　　)。

　　A. 李某的转让行为无效,陈某仍应向李某付款

　　B. 李某的转让行为有效,但如陈某仍向李某付款,可发生清偿效力

　　C. 李某的转让行为有效,陈某应向王某付款

　　D. 李某的转让行为效力待定,取决于陈某是否表示同意

4. 根据《中华人民共和国民法典》的规定,下列关于是否免除侵权责任的说法,正确的有(　　)。

　　A. 甲因纠纷殴打乙,乙不断躲闪,其因躲闪不及用木棍回击,致甲面部轻微伤,乙无须对甲的受伤承担侵权责任

　　B. 甲突遇乙家的烈性犬追咬,慌不择路,闯入丙的家中,致使丙宅的大门受损,甲无须对丙宅大门的损失承担侵权责任

　　C. 甲在入住某宾馆之后,将房门紧锁,在房间内自杀,宾馆无须对甲的死亡承担侵权责任

　　D. 甲追赶盗窃自己钱包的乙,乙因逃跑撞到了丙,致使丙受伤,甲应适当赔偿丙的损失

5. 根据《中华人民共和国商业银行法》的规定,下列表述错误的有(　　)。

　　A. 商业银行的工作人员不得在任何组织中兼职

　　B. 商业银行对任何一个关系人的贷款余额不得超过商业银行资本余额的20%

　　C. 个人所负数额较大债务到期未能清偿的人不能招聘为商业银行的高级管理人员

　　D. 商业银行的高级管理人员及信贷业务人员不能从本银行取得贷款

6. 关于人身保险,以下说法不正确的有(　　)。

　　A. 法人可以成为投保人

　　B. 法人可以成为被保险人

　　C. 未出生的胎儿可以成为被保险人

　　D. 无行为能力人不能成为以死亡为给付保险金条件的人身保险的被保险人,但监护人可以为无行为能力人投保

7. 甲在乙网络平台向丙公司购买了2台空气加湿器,通过乙网络平台提供的分期付款业务进行了付款。此后,丙公司进行了发货操作,但实际并未发货。甲由于一直未收到货物,故诉讼至法院,要求退还货款并予以赔偿。关于本案,说法正确的有(　　)。

　　A. 本案属于网络购物合同纠纷

　　B. 甲若将乙网络平台和丙公司一并起诉,法院不应予以支持

　　C. 乙网络平台在所有情况下都能因合同的相对性而免责

　　D. 乙网络平台为甲与丙提供虚拟的交易场所,本身并不参与交易

8. 根据合同法律制度的规定,下列属于违约方承担违约责任的形式的有( )。
   A. 行使撤销权				B. 继续履行
   C. 支付违约金				D. 赔偿损失

9. 根据物权法律制度的规定,下列关于建设用地使用权期限的表述,正确的有( )。
   A. 居住用地为 70 年			B. 工业用地为 50 年
   C. 商业用地为 50 年			D. 综合用地为 40 年

10. 甲公司签发一张出票后 1 个月到期的银行承兑汇票给乙公司,记载付款人为 P 银行,赵某作为保证人在汇票上签章,但未记载被保证人名称,汇票到期日前乙公司向 P 银行提示承兑被拒绝,则下列表述正确的有( )。
    A. 该汇票的被保证人为 P 银行		B. 该汇票的被保证人为甲公司
    C. 乙公司可以向 P 银行追索		D. 乙公司可以向赵某追索

11. 甲、乙共谋去某商场行窃,为此二人曾一同去该商场踩点,并购置了行窃工具。之后,两人抵达该商场,甲留在商场外观望,乙撬门进入,乙在窃取了价值数万元的物品后,认为放火可以破坏现场。于是,乙在离开前用打火机点燃了商场内的纸张,待乙从商场出来后,甲、乙二人逃离现场。回去分赃时,乙把放火之事告诉了甲。根据《中华人民共和国刑法》的规定,下列说法正确的有( )。
    A. 乙独自构成盗窃罪			B. 甲、乙构成共同放火罪
    C. 甲、乙构成共同盗窃罪		D. 乙独自构成放火罪

12. A 小区王某等住户因车位问题与该小区的开发商 B 公司发生争议。B 公司与王某等住户的购房合同规定:B 公司将为本楼住户提供地下停车场的停车车位。但王某等住户搬进小区后,发现 B 公司已将该楼 50 多套房连同地下停车场卖给了 C 公司。C 公司明确表示,地下停车场的车位仅供本楼本单位的职工使用,其他住户要停车必须按每天 15 元的标准缴费。下列说法正确的有( )。
    A. 地下停车场属于业主共有部分,B 公司无权转让
    B. 王某等住户可以根据其与 B 公司的购房合同追究 B 公司的违约责任
    C. 王某等住户有权无偿使用地下停车场的停车车位
    D. C 公司是地下停车场的新的所有权人,有权决定地下停车场的使用方式

13. 张某从甲商店购买了乙厂生产的一款烟花,该烟花由丙物流公司负责从乙厂运输到甲商店。张某在正常燃放该烟花的过程中,烟花异常爆炸导致张某受伤。下列说法正确的有( )。
    A. 如果是因为丙物流公司的过错使烟花存在缺陷使张某受伤,甲商店和乙厂可以拒绝张某的赔偿请求
    B. 张某可以要求丙物流公司赔偿
    C. 张某可以要求甲商店赔偿
    D. 张某可以要求乙厂赔偿

14. 赠与合同履行后,受赠人有特定忘恩行为时,赠与人有权撤销赠与合同。根据合同法律制度的规定,下列各项中,属于此类忘恩行为的有( )。
    A. 受赠人严重侵害赠与人近亲属的合法权益
    B. 受赠人严重侵害赠与人的合法权益

C. 受赠人不履行赠与合同约定的义务

D. 受赠人对赠与人有扶养义务而不履行

15. 某股份制商业银行严格遵守《中华人民共和国商业银行法》，对存款人加以保护。该商业银行采取的下列措施中，符合《中华人民共和国商业银行法》规定的有(　　)。

A. 按照中国人民银行的规定，向中国人民银行交存存款准备金，留足备付金

B. 在业务办理中从不拖延支付存款本金和利息

C. 按照中国人民银行规定的存款利率的上下限，确定存款利率，并予以公告

D. 为帮助甲公司追讨欠款，积极提供欠款一方的账户信息

☆答案及解析见下册 P342~P361。

专项三　计算机

考场真题还原

一、单项选择题

1. ChatGPT 是人工智能技术驱动的自然语言处理工具，以其为代表的生成式 AI 技术得到了广泛关注。生成式 AI 技术的核心原理是基于(　　)算法，生成具有一定逻辑性和连贯性的语言文本、图像音频等内容。

　　A. 计算机视觉　　　B. 云计算　　　C. 区块链　　　D. 深度学习

2. 大数据在金融业的应用非常广泛，特别是在交易欺诈识别方面能够识别用户的交易行为而避免损失，(　　)是交易欺诈识别的应用。

　　A. 在不同银行的转账行为

　　B. 手机和电脑同时交易的行为

　　C. 信用卡刷卡交易行为

　　D. 利用多种数据来源识别用户非正常的交易行为

3. 数据分析就是利用一些数据分析工具、手段、方法或者思维，从海量和异构的数据中发现(　　)，从而揭示出数据背后的真相，为人们提供决策的依据，指导业务发展。

　　A. 模式　　　　　B. 价值　　　　　C. 信息　　　　　D. 规律

4. 要求编写程序实现：将一张长 150 厘米、宽 60 厘米的长方形纸板，分割成若干个面积最大且面积相等的正方形，计算正方形边长是多少。请补充代码。(　　)

```
int len=150,wid=60;
int ans=1;//边长
int min=len>=wid? wid：len;
for(int i=min;i>=1;i--)
{ if(_____)
  { ans=i;
    break;
  }
}
printf("%5d",ans)
```

　　A. min%len==0&&min%wid==0　　　B. len%i==0&&wid%i==0

　　C. len%min==0&&wid%min==0　　　D. i%len==0&&i%wid==0

5. 要将文档中的图片设置为"阴影"样式，则选中图片后的操作路径是(　　)。

　　A. 图片样式→图片边框→格式→阴影

　　B. 图片工具→格式→图片样式→图片边框→阴影

　　C. 图片工具→格式→图片样式→图片效果→阴影

D. 图片样式→图片效果→格式→阴影

6. 栈是一种常用的数据结构,它以"先进后出"的方式管理数据,在( )时会被用到。

A. 递归调用　　　　B. 其他三项均是　　　C. 表达式求值　　　　D. 函数调用

7. 在 Excel 工作表中电话号码"010123456789"的正确输入为( )。

A. =010123456789　　B. ″010123456789　　C. 010123456789　　D. ′010123456789

8. 互联网金融是借助于互联网平台开展金融交易,充分利用互联网理念和思维模式来推动金融项目的创新,实现与客户的无缝对接,为客户提供更高质量的服务。下面哪项不是互联网金融的特点?( )

A. 监管强　　　　　B. 覆盖广　　　　　C. 效率高　　　　　D. 成本低

9. 智能化聊天工具能够听懂人们的话,还能在指示下完成邮件撰写、编写代码。聊天工具的智能化越高,带给人们的感觉也就越"震撼",因为人们在交互中完全感觉不到是在跟"机器"沟通交流。从技术上看,要实现这种效果,离不开聊天工具对人类话语的分析以及话语含义的正确理解,实现这种目的的技术是( )。

A. 程序语言处理　　B. 自然语言处理　　C. 机器语言处理　　D. 脑机语言处理

10. 数据库管理系统(DBMS)是一种操纵和管理数据库的大型软件,以下关于数据库管理系统的技术特点,表述错误的是( )。

A. 为用户提供了方便的用户接口　　　　B. 具有较高的数据和程序独立性

C. 增加了系统的脆弱性　　　　　　　　D. 采用复杂的数据模型

11. 物联网的基本形态是物与物的连接,而在这个网络中,每一个物品都需要有一个唯一的"身份",以表示它在物联网中是独一无二存在的。比如在仓储管理中,每件货物都有一个标签,通过扫描这个标签来获知货物的信息,从而实现物品管理,这种标签是基于哪种技术实现的?( )

A. 射频识别　　　　B. 辐射识别　　　　C. 图像识别　　　　D. 红外识别

12. 请修复以下 SQL 查询语句,以获取 HR 部门员工的姓名和薪资,并按照薪资降序排列( )。

SELECT employee_name,salary,department

FROM employees

WHERE department=′HR′

ORDER BY salary DESC;

A. 替换第一行为:SELECT employee_name,salary

B. 代码没有错误

C. 替换第三行为:WHERE salary=′HR′

D. 替换第三行为:WHERE department LIKE′HR′

13. 加密技术通常分为两大类:"对称式"和"非对称式"。以下说法正确的是( )。

A. 对称式加密就是加密和解密使用的不是同一个密钥但位数相同

B. 对称式加密就是加密和解密使用的同一个密钥但位数不同

C. 非对称式加密就是加密和解密所使用的不是同一个密钥

D. 非对称式加密就是加密和解密所使用的是同一个密钥

14. A 公司办公场地位于一栋楼房的不同层内,因业务发展,需将公司内部各部的计算机连接成网,便于实现资源共享。出于安全考虑,该公司网络不允许与互联网相连。请问该公司网

络属于哪种类型？（　　）

A. 互联网（Internet）　　B. 城域网（MAN）　　C. 广域网（WAN）　　D. 局域网（LAN）

15. 某大型超市中的几台收银机突然同时发生了网络故障，无法提供收银服务，服务员很抱歉地请排队等候的顾客移至其他收银台完成付款，却发现所有收银台都不可以付款。最终维修人员发现是控制室中央设备出现故障导致的。据此可以推断，这个大型超市中收银台网络互连的拓扑结构可能属于（　　）。

A. 树型结构　　B. 星型结构　　C. 总线型结构　　D. 环型结构

16. 下列关于数字签名的说法，错误的是（　　）。

A. 数字签名没有提供消息内容的机密性

B. 数字签名系统必须要有数据加密功能

C. 报文摘要适合数字签名，但不适合数据加密

D. 数字签名不可改变

17. 以下有关芯片的说法中，不正确的是（　　）。

A. 芯片具有控制和放大信号的功能

B. 中央处理器CPU就是一个芯片

C. 芯片具有运算、处理任务的作用

D. 芯片是现代电子设备的核心，可应用于通信、医疗等多个领域

18. 数字钱包是基于区块链技术开发的应用，它起到的作用与现实中的钱包相似。现实中，个人拥有自己的钱包，也只有本人才有权限打开钱包，进行消费，否则就是违法。而在数字钱包中，确保钱包只有被它的主人打开，并进行消费，依靠的是（　　）。

A. 密文交易记录　　B. 私钥

C. 公钥　　D. 银行交易区块

19. 银行开展信贷业务时需要了解客户的信用状况。基于人工智能、大数据技术，以及客户过往的信用资料，再利用信用评分模型就可以得到客户的信用分数。构建信用评分模型首先是分类，而分类依靠的是影响违约的因素，每一种因素都有发生概率，根据这些概率，判定贷款可能收回的可能性。这种分类方法最终以一个树状分支样子呈现出各种选择的路径，因此被称为（　　）。

A. 决策树　　B. 神经网络　　C. 区别分析　　D. 思维树

20. 云计算作为分布式计算的一种，与传统的网络应用模式相比，云计算平台能够根据用户的需求快速配备计算能力及资源。这体现了其哪一特点？（　　）

A. 灵活性高　　B. 按需部署　　C. 可靠性高　　D. 动态可扩展

21. 在金融领域，金融舆情的产生、扩大和传播对投资者、金融机构、金融业乃至宏观经济运行都会产生重要影响。利用人工智能技术，我们可以从网络上就相关舆情进行文本抓取，生成数据库，并进而捕获文本局部特征的性能，提取文本中的局部连续短语、时间等特征，以此完成对舆情的分析和建议。这种对文本特征进行分析处理的技术领域是（　　）。

A. 词云分析　　B. 自然语言处理　　C. 舆情画像　　D. 文本编码分析

22. 加密货币是一种基于密码学原理而创造出来的交易媒介，例如比特币。加密货币诞生之初就与现代法定货币的发行、流通有所不同。其中最为典型的一点是：加密货币没有一个中心化的监管体系，而这个监管体系是现代法定货币发行、流通所必不可少的部分。加密货币的

这一特征是基于哪项技术实现的？（   ）

　　A. 公钥私钥技术　　B. 微容器技术　　C. 分布式账本　　D. 散列函数技术

23. 现在,有些第三方互联网公司提供了一种服务,这种服务主要面向构建区块链应用程序的公司,在这种服务中,企业可以访问在云上创建和开发的应用程序。此应用程序与任何其他具有智能合约和其他相关区块链功能的本地托管区块链应用程序一样。该服务的优势在于企业无需担心任何类型的基础架构(如服务器)的管理和安装,而是依赖基于云的服务提供商来完成所有这些与区块链 IT 相关的工作。这种服务是(　　)。

　　A. 智能合约服务(CaaS)　　　　　　B. 基础架构即服务(IaaS)
　　C. 区块链 App 开发服务(AaaS)　　D. 区块链即服务(BaaS)

24. 在数字经济时代,企业产生的数据不仅巨大,而且类型多样,它们需要安全而且廉价的存储服务。一些云计算服务商针对该需求,提供高度可扩展的数据存储服务,而且是以原始格式存储,对数据类型、大小没有固定限制,也没有定义特殊用途。这种形式的数据服务是(　　)。

　　A. 数据湖　　B. 数据中台　　C. 数据海　　D. 数据仓库

25. 数据已成为数字经济时代的国家基础性战略资源,各国纷纷将大数据上升为国家战略。下列有关大数据的说法,错误的是(　　)。

　　A. 大数据蕴藏着巨大价值,能够有力推动经济转型发展,提升国家治理现代化水平
　　B. 大数据具有数据体量巨大、数据种类繁多、流动速度快、价值密度高等特点
　　C. 大数据的"大"是相对的,通常来说,分析和解决的问题越宏观,所需要的数据量就越大
　　D. 大数据价值链包括数据采集、流通、储存、分析与处理、应用等环节

26. 人工智能与产业的融合更加紧密,人工智能的应用也逐步迈向更高水平,下列应用中,目前运用人工智能技术不可以实现的是(　　)。

　　A. 辅助医生进行医疗诊断　　　　　B. 辅助教师进行作业批改
　　C. 根据关键词进行美术创作　　　　D. 完全模拟人脑思考和认知

27. 提供可用的、便捷的、按需的网络访问,进入可配置的计算资源共享池,资源包括网络、服务器、存储、应用软件和服务等,只需要投入很少的管理工作或是与服务商进行很少的交互,这些资源就能快速被提供。以上描述的技术是(　　)。

　　A. 知识图谱　　B. 云计算　　C. 物联网　　D. 移动支付

28. 智能手机与可穿戴移动设备中,采用(　　)功能可实现门禁、移动身份识别、防伪等应用。

　　A. SIMpass 技术　　　　　　　　　B. 蓝牙技术
　　C. 非接触式射频识别(RFID)　　　D. 近场通信(NFC)

29. 通过与环境交互,接受奖惩信号不断学习提高的机器学习算法是(　　)。

　　A. 动态学习　　B. 强化学习　　C. 深度学习　　D. 迁移学习

30. 在金融大数据中,每一行数据都有可能涉及个人的身份证号、手机号、银行卡号,信用卡号、家庭住址、存款等信息。出于保护用户的考虑,在分析数据前需要对这些信息进行处理,处理方式通常是将其改造成其他信息,然后再进行分析或用于测试。在大数据分析中,这种操作被称为(　　)。

　　A. 数据改造　　B. 数据脱敏　　C. 数据刷库　　D. 多方隐匿

二、多项选择题

1. 以下关于人工智能的说法中,正确的有( )。
   A. 人脸识别和语音识别是典型的人工智能应用
   B. 人工智能在金融领域的应用场景主要有智能客服、智能身份识别、智能营销、智能风控等
   C. 人工智能是引领新一轮科技革命和产业变革的重要驱动力
   D. 人工智能技术的重点是让计算机系统更简单,从而帮助企业更好地进行管理和决策

2. 以下描述不属于云存储的有( )。
   A. 通过网络使用企业中的每台机器上的磁盘空间,数据分散地存储在企业的各个角落
   B. 通过网络技术、分布式文件系统、服务器虚拟化、集群应用等技术将网络中海量的异构存储设备构成可弹性扩张、低成本、低能耗的共享存储资源池,共同对外提供数据存储和业务访问功能的一个系统
   C. 按照数据结构来组织、存储和管理数据的仓库
   D. 将数据保存到普通文档中

3. 开源是互联网技术发展的方式之一,开源的好处是软件的开发与应用更加可控、稳定和安全。下列选项中属于开源软件的有( )。
   A. Docker   B. MATLAB   C. Apache   D. Linux

4. 以下不同的场景中,使用的分析方法正确的有( )。
   A. 根据商家最近一年的经营及服务数据,利用聚类算法判断出商家在各自主营类目下所属的商家层级
   B. 根据商家近几年的成交数据,利用聚类算法拟合出用户未来一个月可能的消费金额公式
   C. 根据用户最近购买的商品信息,用决策树算法识别买家性别
   D. 利用关联规则算法分析出购买了汽车坐垫的买家,是否适合推荐汽车脚垫

5. 数据挖掘技术能够发现隐藏在数据间的相互关系,从而更好地掌握事物发展规律。下列数据挖掘技术中,强调数据间关联关系分析的有( )。
   A. 特征分析   B. Web挖掘   C. 回归分析   D. 关联规则

6. 关于Internet网上的计算机地址,下列说法正确的有( )。
   A. 使用域名或IP地址表示   B. 所有域名的长度是固定不变的
   C. IP地址是唯一的   D. 域名不是唯一的

7. 卷积神经网络是人工智能、机器学习的代表算法之一,它能按照阶层结构对信息进行平移不变分类,具有表征学习能力。该算法用途广泛,可应用在( )等领域。
   A. 图像识别   B. 姿态估计   C. 语言处理   D. 字符检测

8. 如果把大数据比作一种产业,那么这种产业实现盈利的关键,在于提高对数据的"加工能力",通过"加工"实现数据的"增值",这里的"加工"主要包括( )。
   A. 预测性分析   B. 可视化分析   C. 数据挖掘算法   D. 语义引擎

9. 作为搜索引擎的基础和重要组成部分,网络爬虫技术的作用显得尤为重要。下列关于网络爬虫技术的说法,正确的有( )。
   A. 网络爬虫技术的运用,既为互联网发展带来巨大经济和技术效益,也在公民的个人信息安全方面埋下隐患

B. 网络爬虫从海量数据中对符合某种特定规则的数据实现批量采集,可以大大提高数据的发掘效率与利用率

C. 网络爬虫是指按照人工编写的规则和指令,能够自动从互联网中抓取有关信息的程序或脚本代码

D. 理论上,如果指定适当的初始页面集和网络搜索策略,网络爬虫就可以遍历整个网络

10. 以下选项中属于TCP/IP模型的有(　　)。

A. 传输层　　　　B. 网络层　　　　C. 数据链路层　　　　D. 应用层

巩固提升训练

一、单项选择题

1. 在PowerPoint的幻灯片浏览视图下,不能完成的操作是(　　)。
   A. 调整个别幻灯片位置　　　　B. 删除个别幻灯片
   C. 编辑个别幻灯片内容　　　　D. 复制个别幻灯片

2. 在Excel工作表中,B6单元格的内容为公式"=A5*C2",若用命令将B6单元格的内容复制到D8单元格中,则D8单元格的公式为(　　)。
   A. "=A5*E4"　　B. "=A5*C2"　　C. "=C7*C2"　　D. "=C5*C2"

3. Windows操作系统中,常用的网络故障检测命令是(　　)。
   A. ping　　B. test 127.0.0.1　　C. dir　　D. regedit 127.0.0.1

4. 区块链技术"去中心化"的本质是去除(　　)。
   A. 加密　　B. 中介　　C. 验证　　D. 审核

5. 智能数据分析方法可分为两种类型,其中,主要涉及数据的智能化解释,以及如何将这种解释以可视化或符号化的形式表示出来的方法,称作(　　)。
   A. 数据归纳　　B. 数据清洗　　C. 数据规范　　D. 数据抽象

6. TCP/IP体系结构中的网络接口层对应于OSI参考模型的(　　)。
   A. 网络层　　　　　　　　　　B. 物理层
   C. 数据链路层　　　　　　　　D. 物理层与数据链路层

7. 操作系统上承软件,下接硬件,没有操作系统,一般人很难操作计算机。某台计算机装有一款操作系统,当多个用户通过不同的终端使用它时,用户彼此独立互不干扰,并且这些用户感觉好像这台计算机完全为他所用,这种操作系统是(　　)。
   A. 实时系统　　B. 集中操作系统　　C. 分布操作系统　　D. 分时系统

8. 以太网交换机进行转发决策时,使用的PDU地址是(　　)。
   A. 目的物理地址　　B. 源物理地址　　C. 目的IP地址　　D. 源IP地址

9. 某种分布式网络中,参与者共享所拥有的CPU、存储等硬件资源,构成网络节点,一个节点能够被其他节点直接访问而无须经过中间实体,网络中各节点的地位平等,网络权利相同。节点通过协议共享部分资源。这种网络是(　　)。
   A. PSS　　B. P2P　　C. ASS　　D. SAS

10. 在电子邮件中所包含的信息(　　)。
    A. 只能是文字　　　　　　　　B. 只能是文字与图像信息
    C. 只能是文字与声音信息　　　D. 可以是文字、声音、图像、视频信息

11. 毁坏系统资源、切断通信线路或使文件系统变得不可用,这属于网络安全攻击的哪一种形式?（　　）

A. 阻断　　　　　　B. 伪造　　　　　　C. 截取　　　　　　D. 篡改

12. 在 Excel 中,在 A1 单元格输入=SUM（8、7、8、7）,其值为（　　）。

A. 15　　　　　　　B. 30　　　　　　　C. 7　　　　　　　D. 8

13. 下列关于双核技术的叙述,正确的是（　　）。

A. 双核是指主板上有两个 CPU　　　　B. 双核是利用超线程技术实现的

C. 双核是指 CPU 上集成两个运算核心　　D. 主板上最大的一块芯片就是核心

14. 计算机病毒可以使整个计算机瘫痪,病毒是（　　）。

A. 一条命令　　　　B. 一段特殊的程序　　C. 一种生物病毒　　D. 一个芯片

15. TCP/IP 是一种（　　）。

A. 网络操作系统　　B. 网络通信/讯协议　　C. 网络体系结构　　D. 内存容量

16. 如果在 Excel 中输入公式后,出现"#NULL!"提示,那么错误的原因是（　　）。

A. 公式或函数中某些数字有问题

B. 在公式中使用了不能识别的文本

C. 使用了不正确的区域运算符或引用的单元格区域的交集为空

D. 单元格引用无效

17. 下列行为或攻击可以被防火墙防范的是（　　）。

A. 数据驱动式攻击　　　　　　　　B. 感染病毒文件的传递

C. 内部人员访问未授权站点　　　　D. 内部人员窃取资料

18. 芯片制造工艺一直处于发展中,从 14 纳米到 10 纳米,再到现在的 5 纳米,数字越低,芯片的先进程度也就越高。那么,14 纳米、10 纳米、5 纳米指的是（　　）。

A. 两个晶体管之间的间隔　　　　　B. 晶体管的宽度

C. 芯片单层的厚度　　　　　　　　D. 芯片的对角线长度

19. 算法是一个程序的灵魂,是软件最核心的部分,例如人工智能等,算法也是其根本核心。以下哪项不属于算法的基本特征?（　　）

A. 输出　　　　　　B. 无穷性　　　　　　C. 可行性　　　　　　D. 输入

20. 下列程序段执行后的输出结果为（　　）。

```
int sum = 0, n = 10;
do
{
    sum = sum+n;
    n++;
}while(n<10);
printf("%d,%d", sum, n);
```

A. 10,11　　　　　　B. 0,11　　　　　　C. 0,10　　　　　　D. 以上都错

21. 下列选项中,（　　）不是计算机局域网的主要特点。

A. 地理范围有限　　　　　　　　　B. 数据传输速率高

C. 通信延迟时间较短,可靠性较高　　D. 构建比较复杂

22. 在 Excel 提供的四类运算符中,优先级最高的是( )。

　　A. 算术运算符　　　B. 比较运算符　　　C. 文本运算符　　　D. 引用运算符

23. 某些品牌的手机可以使用无线充电技术进行充电,充电器把家用电源的交流电转换为磁场,放入磁场的手机会产生电动势,将磁场转化为电能。这种技术利用的是哪种方式传输的能量?( )

　　A. 能量场平衡　　　B. 无线电波　　　C. 光电效应　　　D. 电磁感应

24. 数据预处理指的是在进行数据分析之前,先对采集到的原始数据所进行的一系列操作,旨在提高数据质量,为后期分析工作奠定基础。数据预处理技术不包括以下哪一项?( )

　　A. 数据转换　　　B. 数据规约　　　C. 数据采集　　　D. 数据清理

25. 银行只有一个窗口可以办理某项业务,有多个客户在等待办理该业务,若要用计算机模拟该情形,宜采用的数据结构是( )。

　　A. 循环链表　　　B. 栈　　　C. 队列　　　D. 树

26. 虚拟专用网络(VPN)的功能是在公用网络上建立专用网络,进行加密通信。按 VPN 的应用分类,不包括的类型是( )。

　　A. Access VPN　　　B. Extranet VPN　　　C. Intranet VPN　　　D. Internet VPN

27. 某局域网内可能有部分电脑感染病毒,网管人员此时应首先( ),来避免病毒的进一步扩散。

　　A. 打开系统的防火墙进行数据包过滤　　　B. 关闭服务器系统

　　C. 启动杀毒软件进行查杀　　　D. 断开感染病毒电脑的物理网络连接

28. 当前,人工智能应用研究的两个最重要、最广泛的领域为( )。

　　A. 专家系统、机器学习　　　B. 机器学习、智能控制

　　C. 图形识别、自然语言理解　　　D. 专家系统、自动规划

29. 现设计一个计算机猜数小游戏,规则是指定一个猜数范围,记下心中的数,单击"开始"按钮让计算机猜,如果猜中,告诉计算机"正确",否则告诉它"大了"还是"小了"。这个游戏程序中使用的查找算法是( )。

　　A. 二分法查找　　　B. 顺序查找　　　C. 无序查找　　　D. 静态查找

30. 下列关于区块链的描述中,错误的是( )。

　　A. 存储在区块链上的交易信息是高度加密的

　　B. 区块链是一个分布式共享账本和数据库

　　C. 区块链可在不可信的网络进行可信的信息交换

　　D. 区块链的共识机制可有效防止记账节点信息被篡改

31. 在计算机系统中,各种复杂的运算被分解为一系列的算术运算和逻辑运算,由( )执行。

　　A. 运算器　　　B. 寄存器　　　C. 控制器　　　D. 存储器

32. 设有学生关系 S(SNO, SNAME, DEPT)和选课关系 SC(SNO, CNO, GRADE),下列语句中能正确执行的是( )。

　　A. SELECT CNO FROM S;

　　B. SELECT SNAME, DEPT FROM S, SC WHERE GRADE>80 AND S. SNO=SC. SNO;

　　C. SELECT FROM S WHERE SNO IN (SELECT SNO FROM SC WHERE GRADE=90);

D. SELECT CNO, COUNT(*) FROM SC WHERE COUNT(*)>50;

33. 小李开车闯了红灯,被电子摄像头拍摄并记录,交通管理部门识别这次违章是利用了人工智能技术当中的(　　)。
    A. 模拟仿真技术　　　　　　　　B. 物联网技术
    C. 模式识别技术　　　　　　　　D. 虚拟现实技术

34. 高级语言不能被机器直接识别,将其翻译成(　　)才能在计算机上运行。
    A. 机器语言　　B. 代码语言　　C. 编程语言　　D. 汇编语言

35. 机器人通过各种传感器来感知外部世界,这属于信息技术的(　　)方面。
    A. 通信技术　　B. 感测技术　　C. 网络技术　　D. 计算机技术

36. 第五代移动通信技术(5th generation mobile networks,简称5G)是最新一代蜂窝移动通信技术,5G网络中基于蜂窝系统的近距离数据直接传输技术是D2D通信技术(device-to-device communication),蜂窝网络引入D2D通信技术可以(　　)。
    ①减轻基站负担　　　　　　　　②降低端到端的传输时延
    ③提升频谱效率　　　　　　　　④降低终端设备发射功率
    A. 只有②③④　　B. 只有①和③　　C. 只有①②④　　D. ①②③④

37. (　　)计算机将有助于解决当今经典计算机不可能解决的计算问题,包括模拟医疗药物和材料科学中使用真实分子的复杂性,优化金融投资绩效,等等。
    A. 量子　　B. 超级　　C. 集群　　D. 云

38. 训练机器学习如何找到"好西瓜",并通过如下步骤实现:首先判断西瓜的色泽是否为青绿色？接着判断瓜蒂是否蜷缩？第三是判断敲起来,西瓜的声音是否浑浊？经过这些判断,如果都是"是"便可得到"这个瓜是好瓜"的结论。这个过程是哪种机器学习方法？(　　)
    A. 贝叶斯分类器　　B. 决策树　　C. 神经网络　　D. 统计学习

39. 金融机构的数据中心资产极其重要,其安防、资产管理要求较高。通过对机柜及内部设备加装某种电子标签,在出入口及机柜内部安装识读设备后,识读设备就可以自动写入、读出电子标签的数据,然后将数据上传至网络,令监测人员实时看到数据中心资产的使用和流动情况。这种物体识别技术是(　　)。
    A. 磁卡识别技术　　　　　　　　B. 条码识别技术
    C. GPS室内定位技术　　　　　　D. RFID射频识别技术

40. "云安全(Cloud Security)"计划是网络时代信息安全的最新体现,它融合了一些新兴技术和概念,但一般不包括(　　)。
    A. 包过滤防火墙　　　　　　　　B. 并行处理
    C. 未知病毒行为判断　　　　　　D. 网格计算

41. (　　)是一种可以创建和体验虚拟世界的计算机仿真系统,它利用计算机生成一种模拟环境,是一种多源信息融合的、交互式的、三维动态视景和实体行为的系统仿真,使用户沉浸到该环境中。
    A. 虚拟现实技术(VR)　　　　　B. 影像现实(CR)
    C. 增强现实技术(AR)　　　　　D. 混合虚拟技术(MR)

42. 在人脸识别技术中,面貌检测是指在动态的场景与复杂的背景中判断是否存在面像,并分离出这种面像。将所有面像集合视为一个面像子空间,并基于检测样品与其在子空间的投影之间的距离判断是否存在面像。此方法属于（　　）。

A. 样品学习法　　　B. 特征子脸法　　　C. 参考模板法　　　D. 人脸规则法

43. 我们的日常生活中有大量图像识别的情境。比如,手机支付时,会扫描面部特征;进出小区时,会扫描车牌来决定放行与否。这种智能化的工具通常是识别面部关键位置之间的关系,通过识别车牌上的地区和数字、字母,与后台数据进行对比,然后得出支付、放行等决策。在实现这种功能的过程中,主要依赖的是哪一项技术？（　　）

A. 浅度神经网络　　　　　　　　　　B. 递归神经网络
C. 灰度神经网络　　　　　　　　　　D. 卷积神经网络

44. 移动支付给人们的生活带来很大便利,如今,除刷脸支付外,还出现了一种"刷掌支付"。支付时,消费者只要让摄像头扫描手掌就可以完成支付。这种技术的基本原理是根据消费者手掌中的掌纹来识别消费者的身份,只要与账户留存信息属于同一人,就可以完成支付。说到底,这属于（　　）技术。

A. 射频识别　　　B. 生物识别　　　C. 体温识别　　　D. 静脉识别

45. 人工智能产业链包括基础技术支撑、人工智能技术及人工智能应用三个层次。其中,人工智能技术是基于（　　）提供的存储资源和大数据,通过（　　）建模,开发面向不同领域的应用技术。

A. 应用层；机器学习　　　　　　　　B. 应用层；深度学习
C. 基础层；机器学习　　　　　　　　D. 基础层；深度学习

二、多项选择题

1. 常用的网络安全防护技术包括（　　）。

A. 网络加密　　　B. 身份认证　　　C. 防火墙　　　D. 容错存储

2. 下列属于计算机硬件系统的有（　　）。

A. 运算器　　　B. 控制器　　　C. 存储器　　　D. 输入设备

3. 在文档中插入图片,想要文字随着图片移动而移动,移动时,图片上下左右均有文字,那么图片的环绕方式可以选择（　　）。

A. 穿越型环绕　　　B. 紧密型环绕　　　C. 嵌入型环绕　　　D. 上下型环绕

4. 下列关于计算机设备间信息交换的说法,正确的有（　　）。

A. 内存可以直接和CPU进行信息交换
B. Cache可以直接和硬盘进行信息交换
C. 硬盘可以直接和CPU进行信息交换
D. 打印机可以直接和内存进行信息交换

5. SQL语言具有（　　）的功能。

A. 数据定义　　　B. 关系规范化　　　C. 数据控制　　　D. 数据操纵
E. 数据加密

6. 以下几个数中,相等的数有（　　）。

A. FH　　　B. 15D　　　C. 17Q　　　D. 1110B

7. 微处理器是微型计算机的核心设备,下列属于影响微处理器性能的指标的有（　　）。

A. 内核数量　　　B. 接口类型　　　C. 快速缓存　　　D. 字长

8. 仅依托三种基本结构就可以构成一个算法,它们是( )。
   A. 主次结构   B. 循环结构   C. 判断结构   D. 顺序结构
9. 一般认为,互联网金融模式有三个核心部分,以下属于其核心部分的有( )。
   A. 信息处理   B. 资源配置   C. 支付方式   D. 金融中介
10. CPU 不可以直接访问的存储器有( )。
    A. 主存   B. 辅存   C. 磁盘   D. 光盘
11. 虚拟现实是一种可以创建和体验虚拟世界的计算机系统,下列属于虚拟现实应用的有( )。
    A. 机车驾驶模拟装置系统   B. 计算机太空旅游系统
    C. 机票预订系统   D. 计算机集成制造系统
12. 大数据金融重点关注金融大数据的处理分析与可视化等相关内容,一般而言,金融大数据的核心技术包括( )。
    A. 数据文件层   B. 数据存储与管理层
    C. 基础底层   D. 数据分析与可视化层
13. 下列关于电脑病毒的说法中,不正确的有( )。
    A. 病毒可能是因电脑硬件损坏而被感染的
    B. 病毒本身也是一种特殊的程序
    C. 操作不当或增添不兼容的硬件有可能感染病毒
    D. 电脑运行中发出的电磁辐射引起的
14. 云计算是一种通过互联网以服务的方式提供动态可伸缩的虚拟化资源的计算模式。这种模式可以实现( )等功能。
    A. 随时获取   B. 按需使用   C. 随时扩展   D. 按使用量付费
15. 关于计算机网络的分类,以下选项中正确的有( )。
    A. 按网络拓扑结构划分:总线型、环型、星型和树型等
    B. 按网络覆盖范围和计算机间的连接距离划分:局域网、城域网、广域网
    C. 按传送数据所用的结构和技术划分:资源子网、通信子网
    D. 按通信传输介质划分:低速网、中速网、高速网

☆答案及解析见下册 P361~P376。

专项四　管理与市场营销

考场真题还原

一、单项选择题

1. 小李认为,在工作中不落人之后,如果有机会,应该展现自己的长处,得到大家的认可,在团队中不可或缺,而不是可有可无。他的这种想法,反映了哪种需要?（　　）
   A. 自我实现的需要　　B. 安全的需要　　C. 社交的需要　　D. 尊重的需要

2. 企业中存在非正式沟通,与正式沟通相比,它具有的特点是(　　)。
   A. 主要满足个别员工的特殊癖好　　　　B. 传播速度更快
   C. 信息失真更严重　　　　　　　　　　D. 信息的全面性较高

3. 一些大型企业为了进入某个产业而组建起包括销售、研发、运维人员在内,多达 20~30 人的团队,以实现快速突破,有针对性提供产业问题解决方案。这种团队属于(　　)。
   A. 虚拟团队　　　　　　　　　　　　　B. 跨职能团队
   C. 自我管理型团队　　　　　　　　　　D. 多团队系统

4. 为了提高组织效率,有些银行进行了扁平化管理改革,组织的管理层次减少,管理者的管理幅度加大。下列关于管理幅度的说法,正确的是(　　)。
   A. 如果员工充分了解自己的工作并掌握组织中的各种流程,管理者将难以应付更大的管理幅度
   B. 管理幅度越宽,组织的管理层次越少,管理人员的费用会大幅度上升
   C. 管理幅度应视管理者和员工的技能、能力以及工作性质等因素的不同而定
   D. 其他所有条件不变,管理幅度越窄,越易控制,组织就越有效率

5. 计划是建立在一定条件基础上的,确定这些条件不仅在于只有对它们认识得清楚、深刻,计划工作才更有效,更在于成员能统一认识,执行计划更加协调。
   上述论述强调计划管理中的哪一步骤的重要性?（　　）
   A. 要有方法选择可行的行动计划　　　　B. 要对成员进行思想动员,统一认识
   C. 要有效地确定计划的前提条件　　　　D. 要从过去发生的事件中汲取经验

6. 目标管理是一种重要的推进计划的流程与方法。下列有关目标管理的说法,正确的是(　　)。
   A. 目标管理目的在于通过目标激励来调动员工的积极性,从而保证实现总目标
   B. 目标管理是一种自上而下的管理,下级只需要服从上级的安排
   C. 目标管理以员工的自我管理、自我控制为中心,不允许其自我安排工作进度
   D. 目标管理以管理员工的工作态度、在岗时间和工作强度为重点

7. 小李晋升部门经理后发现,有许多工作需要其他部门的配合。面对这种情况,根据卡茨的三种管理能力理论,他应当着重提高哪方面的能力?（　　）
   A. 人际关系技能　　B. 概念技能　　C. 领导指挥技能　　D. 技术技能

8. 下列哪句话体现了管理职能中的计划职能？（　　）
   A. 强将手下无弱兵　　　　　　　B. 知己知彼,百战百胜
   C. 人心齐,泰山移　　　　　　　　D. 谋定而后动

9. 在开发过程中,5位研究员针对疑难问题提出了12种解决方案,然后又针对每种方案的可行性、经济性进行讨论,这种方法是(　　)。
   A. 头脑风暴法　　B. 专家法　　C. 否定法　　D. 比较分析法

10. 组织中,信息通过的等级越多,它到达目的地的时间也越长,信息失真率也越大。这种信息连续地从一个等级到另一个等级所发生的变化,被称为(　　)。
    A. 信息衰减现象　　　　　　　　B. 信息链传递现象
    C. 管理幅度虚增现象　　　　　　D. 管理十二月现象

11. 某位管理者学习了期望理论后,打算基于该理论激励员工,那么他首先要做的是(　　)。
    A. 分析自己在管理方式上属于哪种类型
    B. 明确每个员工个性中的最大特征是什么
    C. 分析所管理的团队整体上所具有的特征是什么
    D. 明确每个员工希望获得的最大满足是什么

12. 管理中由于条件的限制,决策通常遵循的是(　　)。
    A. 满意原则　　B. 举手原则　　C. 随机原则　　D. 最优原则

13. 领导生命周期理论也称领导寿命循环理论,该理论指出,在被领导者日趋成熟时,领导者的行为要做出相应的调整,这样才能称为有效的领导。根据领导生命周期理论,当下属的成熟度处于成熟阶段时,应采取的领导方式是(　　)。
    A. 低工作—低关系　　B. 低工作—高关系　　C. 高工作—高关系　　D. 高工作—低关系

14. 宜家是瑞典的一家跨国性的私有家用品零售企业,在全球多个国家拥有分店,与其他家居零售商采用大量产品线、持有各种存货、高压促销以及不断实行"减价"和优惠的战略不同,宜家在商场里开辟了儿童游乐区,提供北欧餐饮,没有高压推销的员工,店内服务很少,顾客需要自己取货和组装家具,形成了独特的产品属性,打破了产品的生命周期,宜家的定位战略属于(　　)。
    A. 正向定位　　B. 逆向定位　　C. 专一定位　　D. 分离定位

15. 某银行针对私营业主、高校学生、代发工资等客群,设计不同的金融服务方案以更好地做好客户服务。该银行采用的目标市场策略是(　　)。
    A. 集中性营销策略　　B. 进攻型营销策略　　C. 关系型营销策略　　D. 差异性营销策略

16. 某网点员工对一项新产品的营销方案产生分歧,于是网点负责人组织网点员工开展头脑风暴,深入分析不同营销方案的利弊,最后网点员工就该产品营销方案达成一致,并积极开展营销。上述事例中体现了网点负责人处理冲突的哪种态度？（　　）
    A. 压制　　B. 回避　　C. 缓和　　D. 正视

17. 下列关于激励的说法,错误的一项是(　　)。
    A. 要激励员工,就要了解并善用人的行为规律
    B. 员工能被激励的前提是,员工有想要得到的东西
    C. 员工的动机是很难被获知的,激励只能针对群体而不是个体

D. 只有让员工始终保持工作热情,组织才能实现好的绩效

18. 以利益驱动为核心,借助客户的社交关系实现金融产品或服务传播的营销方式是(　　)。

　　A. 事件营销　　　　　　　　　　B. 外联营销
　　C. 裂变营销　　　　　　　　　　D. 红利营销

19. 市场定位对于企业进行目标市场营销至关重要。下列关于市场定位的说法中,错误的是(　　)。

　　A. 市场定位是企业根据竞争者产品所在区域,确定本企业产品的位置
　　B. 企业可以从产品性能与用途、质量水平等方面进行市场定位
　　C. 市场定位的目的是使企业的产品和形象在目标消费者的心理上占据独特、有价值的位置
　　D. 除了要以客户需求为导向,市场定位也要与时俱进,紧跟时代步伐

20. 为了提高招聘的有效性,人力资源部经理针对本次招聘进行培训,告诫大家要避免几个心理误区。其中,被应聘者某一突出特点影响招聘者的注意,而使其他素质的特点被忽视,该现象被称为(　　)。

　　A. 晕轮效应　　　　　　　　　　B. 首因效应
　　C. "只听不看"现象　　　　　　　D. "脱线风筝"现象

二、多项选择题

1. 春节前夕,某银行推出了"金钞"压岁福利套餐,对于购买十套以上的客户,可在原有价格基础上享受85折优惠。此外,该银行还购买了出租车显示屏广告,迅速把优惠消息发布了出去。该银行抓住了市场营销中的哪些要素?(　　)

　　A. 价格　　　　B. 促销　　　　C. 渠道　　　　D. 产品

2. 商业银行差异化营销是指银行在提供金融服务时,针对不同的细分市场和不同客户的金融需求,提供独特的金融产品和服务以及不同的营销组合策略,在最大限度地满足客户需求的同时,获得独特的市场地位和竞争优势。下列有关差异化营销的说法,正确的有(　　)。

　　A. 商业银行实施差异化营销的关键是细分市场,确认目标客户群体,提供一揽子服务解决方案
　　B. 实施差异化营销是满足客户多样性需求的现实需要
　　C. 商业银行实施差异化营销的基础是建立和运用客户资料库
　　D. 商业银行实施差异化营销可通过加强品牌推广管理,打造品牌形象差异化,形成品牌忠诚度

3. 当前,人工智能、移动互联网、传感器和社会协作系统等在不断颠覆人们的生活、工作和沟通方式。数字化给管理者带来的效率提升是显而易见的,但随之带来的信息超载,也给管理者带来不小的沟通障碍。除了信息超载,管理者还面临哪些有效沟通的障碍?(　　)

　　A. 过滤　　　　B. 情绪　　　　C. 民族文化　　　　D. 防卫

4. 撇脂定价法是一种在产品生命周期的最初阶段,把产品价格定得很高,以攫取最大利润的方法。下列哪些情形适用撇脂定价法?(　　)

　　A. 消费者购买力强　　　　　　　B. 市场需求水平低
　　C. 与同类商品差异性较大　　　　D. 市场需求对价格不敏感

5. 某行长特别擅长运用激励手段提升员工士气、打造良好团队氛围。根据激励的双因素理论,下列属于真正激励因素的有(　　)。

   A. 工资　　　　　　　　　　　B. 良好的人际关系
   C. 个人晋升　　　　　　　　　D. 工作成就

6. 下列属于组织文化基本功能的有(　　)。

   A. 服务功能　　B. 凝聚功能　　C. 辐射功能　　D. 激励功能

7. 关于如何实现有效的控制,下列说法正确的有(　　)。

   A. 控制应该突出重点,强调例外　　　B. 控制应该具有灵活性、及时性和适度性
   C. 控制过程应避免出现目标扭曲问题　D. 控制应该同计划与组织相适应

8. 目标管理中的目标是一个多层次的体系和网络。好的组织目标通常具备的特征包括(　　)。

   A. 可度量和定量化　　　　　　B. 具有挑战性,不管是否可以实现
   C. 具有明确的时间框架　　　　D. 与组织的有关成员进行过沟通

9. 菲德勒权变理论认为,影响领导风格有效性的环境因素主要包括(　　)。

   A. 领导者与下属之间的关系　　B. 任务结构
   C. 职位权力　　　　　　　　　D. 下属成熟度

10. 某集团企业以房地产起家,后来制订了多元化发展战略,开始在现有产业的基础上投资发展电影、娱乐、旅游、食品等附属产业,该集团企业的发展战略属于(　　)。

    A. 同心多元化战略　　　　　　B. 复合多元化战略
    C. 相关多元化战略　　　　　　D. 非相关多元化战略

巩固提升训练

一、单项选择题

1. 确定合理的管理宽度是组织设计的一项重要内容,下列选项中说法正确的是(　　)。

   A. 管理宽度越窄,组织层次越少
   B. 管理宽度越宽,组织层次越多
   C. 不同的管理者、下属素质、工作性质等因素将决定管理宽度
   D. 管理宽度的确定仅取决于管理者的管理能力

2. 强化理论认为强化方式分为正强化和负强化两种类型。对正强化和负强化的运用,下列说法正确的是(　　)。

   A. 正强化要保持间断性,负强化要保持连续性
   B. 正强化要保持连续性,负强化要保持连续性
   C. 正强化要保持连续性,负强化要保持间断性
   D. 正强化要保持间断性,负强化要保持间断性

3. 战略管理的核心是(　　)。

   A. 一定程度上潜移默化企业员工的思维模式和行为模式
   B. 最大限度地满足用户的需要
   C. 增强企业的核心竞争力
   D. 对企业现在和未来的整体效益活动实行全局性管理

4. 根据赫塞和布兰查德的情境领导理论,当员工有能力完成工作任务,但却不愿意从事此项工作时,应该采取( )领导风格。
   A. 高任务—低关系　　　　　　　　　B. 低任务—高关系
   C. 高任务—高关系　　　　　　　　　D. 低任务—低关系

5. 古人云"运筹帷幄之中,决胜千里之外",这里的"运筹帷幄"体现了管理的( )。
   A. 计划职能　　B. 组织职能　　C. 领导职能　　D. 控制职能

6. 下列关于企业经营决策的说法,错误的是( )。
   A. 选定决策者是企业经营决策的起点
   B. 确定目标是企业经营决策的前提
   C. 企业经营决策应充分考虑决策条件的制约
   D. 企业经营决策应建立在调查研究、综合分析、评价和选择的基础上

7. 头脑风暴法的创始人奥斯本为该方法的实施提出了几项原则,其中不包括( )。
   A. 对别人的建议不作任何评价,将相互讨论限制在最低限度内
   B. 在所有建议的基础上,由小组成员对其进行打分,累计分数最多的就是最后的决策
   C. 鼓励每个人独立思考,广开思路,想法越新颖、奇异越好
   D. 建议越多越好,参与者不要考虑建议的质量,想到什么就应该说什么

8. 管理者拥有下列哪一项权力时,会对下属产生更强的威慑或压力?( )
   A. 支配权　　B. 奖赏权　　C. 强制权　　D. 专家权

9. 在管理工作中,控制的基本目的是( )。
   A. 实现创新　　B. 改变现状　　C. 节省资源　　D. 维持现状

10. 张某是某工厂的车间主任,当车间工人遇到冲突或其他问题时,他需要及时处理冲突和解决问题。请问张某作为管理者扮演的角色是( )。
    A. 决策制定角色　　B. 联络角色　　C. 人际关系角色　　D. 信息传递角色

11. 泰勒提出的科学管理理论的中心问题是( )。
    A. 促进科技进步　　B. 加强人的管理　　C. 提高劳动生产率　　D. 增强责任感

12. 有些上级领导喜欢事事对下级管理者工作做指导,让下级有一种畏首畏尾,不敢放开去做的感受。这说明,这些上级领导的管理行为中,没有处理好哪一关系?( )
    A. 上下级管理者之间的权限　　　　　B. 下级管理者工作任务和奖惩之间的匹配
    C. 上下级之间沟通的方式　　　　　　D. 下级管理者工作能力与任务的匹配

13. 下列管理行为中,能有效激励员工工作行为的是( )。
    A. 不断增加团队工作任务总量,并给予看得见拿得到的相应奖励
    B. 将任务明确地告诉团队成员,不解释原因,事后针对团队进行评价考核
    C. 将比较困难的任务完全交给不能完全胜任的员工,希望他突破能力限度
    D. 让研发人员去给客户讲解产品特性,以补齐他们工作技能的短板

14. 在涉及组织内大量人力和物力资源调配,影响全局利益时,应该选择哪些沟通方式?( )
    (1)正式沟通　　(2)非正式沟通　　(3)书面沟通　　(4)口头沟通
    A. 只有(1)和(3)
    B. 只有(3)

C. 只有(1)

D. 四种形式都可以,应根据具体内容权变抉择

15. 沟通在现代企业管理中显得极为重要,其最根本的目的是(　　)。

A. 展示才能和影响力　　　　　　B. 激励或影响人的行为

C. 将工作布置下去　　　　　　　D. 将信息传递给别人

16. 杰克·韦尔奇将"无边界管理"理念运用于通用电气的经营管理,创造了一个超大型组织的全新经营管理模式,这种理念旨在(　　)。

A. 消除企业内部的等级制度　　　B. 界定企业部门之间的功能

C. 建立命令传递的唯一信道　　　D. 重组企业各项业务的流程

17. 刘强是某大型商场的总经理,近日通过调查发现:商场基层员工近期工作效率下滑、缺勤率上升、工作积极性下降,基层员工与客户的不和谐事件也呈上升趋势。员工普遍反映:工作枯燥乏味,没有挑战性与职业生涯规划,无法有效施展自己的才能;沟通机会少,没有有效的沟通平台;大龄未婚员工人数日渐上升,员工的这些情况反映出在高层次需要没有得到满足时,对低层次的需要就会显得更加渴望,这符合(　　)的观点。

A. 奥尔德弗 ERG 理论　　　　　B. 赫茨伯格双因素理论

C. 马斯洛需求层次理论　　　　　D. 麦克利兰三重需求理论

18. 假设某一企业所处的环境不确定性较高,企业有三种不同形态的核心项目,项目之间有共享稀缺资源的压力,这样的企业适合采取(　　)组织结构。

A. 矩阵式　　　B. 事业部式　　　C. 职能式　　　D. 直线—职能式

19. 人们缺乏有效沟通的机会、能力或动机,是导致冲突的重要原因。若双方缺少沟通机会,则各自容易用来解释和预期对方行为的是(　　)。

A. 心理定势　　　B. 心理归因　　　C. 心理诠释　　　D. 心理预期

20. 前景理论是由卡尼曼(Kahneman)通过修正最大主观期望效用理论发展而来的。由该理论引申出以下四个基本结论,其中不正确的是(　　)。

A. 大多数人对损失比对收益更加敏感

B. 大多数人对得失的判断往往根据心情决定

C. 大多数人在面临损失的时候是风险喜好的

D. 大多数人在面临获利的时候是风险规避的

21. 下列说法中属于经验决策的是(　　)。

A. "眉头一皱,计上心来"　　　　B. "谋""断"分工,"外脑"辅助

C. 信息优先,科学预测　　　　　D. 程序科学,方案优选

22. 某企业总经理近来发现信息从基层传递到自己这里所花的时间很长,而且传递到自己这里的信息出现了很大程度的失真,对整个企业计划的控制过程变得复杂了。许多下属管理人员抱怨自己在企业中的地位渺小。由此可推断,该企业出现这种情况的组织方面的主要原因最可能在于(　　)。

A. 管理幅度较小,管理层次较多

B. 总经理的管理幅度太宽,以至于无法对企业进行有效管理

C. 总经理对企业的管理花费的精力太少

D. 企业员工不听从领导,工作不努力

23. 某大企业人才济济、设备精良,长期以来以管理正规、有序而自诩。但近来该企业业绩不佳,尤其是干部群士气低落,管理人员和技术人员的流失率逐年升高。从管理职能分析,该企业最有可能是( )工作存在问题。

　　A. 计划职能　　B. 组织职能　　C. 领导职能　　D. 控制职能

24. 组织文化具有某种程度的强制性和改造性,其效用是帮助组织指导员工的日常活动,使其能快速地适应外部环境因素的变化。这句话描述了组织文化的( )。

　　A. 适应功能　　B. 整合功能　　C. 导向功能　　D. 发展功能

25. 某银行在给新员工分配工作任务时,注重新员工自身的个人差异,因此新员工能够很好地利用自己的能力完成工作目标。该支行的做法主要体现了人员配备的哪项原则?( )

　　A. 促进发展原则　　　　　　　B. 任人唯贤原则
　　C. 量才适用原则　　　　　　　D. 因事择人原则

26. "皮格马利翁效应",人们也称其为"罗森塔尔效应",说明了在管理活动中,管理者可以运用( )来激发员工的斗志。

　　A. 培训　　B. 暗示　　C. 沟通性会议　　D. 游说策动

27. 某大型企业的经营业务涉及小家电、医疗健康、软件开发等多个领域。在小家电行业,该企业占据全国30%的市场份额,处于领先地位;在医疗健康行业,该企业市场份额逐步上升,利润不断增加,发展前景较好;在软件开发行业,该企业经营业绩较差,短期内很难取得利润。

　　根据以上描述,该企业总体战略适宜采取( )。

　　A. 收缩战略　　B. 稳定战略　　C. 组合战略　　D. 增长战略

28. 某产品在试销成功后,销售额不断增长,成本迅速降低,促销费用也相对减少,利润迅速上升。该产品处于产品生命周期的( )。

　　A. 引入期　　B. 成长期　　C. 成熟期　　D. 衰退期

29. 通过聘用和培训比竞争者更为优秀的人员以获取差别优势。这属于市场定位战略中的( )战略。

　　A. 服务差异化　　B. 形象差异化　　C. 人员差异化　　D. 产品差异化

30. 某银行网点客户资源不足,且周边同业网点较多,产品同质化严重,竞争激烈。网点负责人分析网点经营形势后,确立了发展思路,督促网点员工为每一位客户提供一流的服务,网点的口碑和客户资源得到了有效提升。该网点在客户关系管理上的导向是( )。

　　A. 服务导向型　　B. 价格导向型　　C. 产品导向型　　D. 关系导向型

31. 销售增长率很低,但市场占有率很高,现金收入多的产品属于( )。

　　A. 金牛产品　　B. 明星产品　　C. 风险产品　　D. 衰退产品

32. 俗话说"酒香不怕巷子深",从营销的角度看,这种观念认为( )。

　　A. 提升产品的质量是最重要的　　　B. 努力满足客户的需求就能赢得市场
　　C. 应依赖口碑来推销产品　　　　　D. 盈利的根基于把握正确的推销方式

33. 企业把创新产品的价格定得较低,以吸引大量顾客,提高市场占有率,这种定价策略叫作( )。

　　A. 撇脂定价　　B. 渗透定价　　C. 目标定价　　D. 加成定价

34. 对于负需求市场,营销管理的任务是( )。

　　A. 刺激市场营销　　B. 改变市场营销　　C. 反市场营销　　D. 维持市场营销

35. 康师傅在推出方便面后,又相继推出矿泉水、茶饮料等产品,这种做法属于(　　)。
   A. 品牌延伸策略　　B. 产品差异化策略　　C. 扩大产品组合策略　　D. 多品牌策略
36. 品牌忠诚度是在购买决策中多次表现出来的对某个品牌有偏向性的行为反应,也是消费者对某种品牌的心理决策和评估过程。它由五级构成,以下选项中属于最高级的是(　　)。
   A. 情感购买者　　　B. 承诺购买者　　　C. 满意购买者　　　D. 习惯购买者
37. 生产商利用广告和公共关系手段,极力向消费者介绍产品,使他们产生兴趣,吸引、诱导他们来购买。这种策略属于(　　)。
   A. 推动策略　　　　B. 拉引策略　　　　C. 销售促进　　　　D. 人员推销
38. 关于银行客户经理的营销技巧,以下说法正确的是(　　)。
   A. 客户经理的营销技巧应以客户需求为基础
   B. 客户经理营销技巧的高低体现在能否完成产品销售
   C. 客户经理对客户的产品配置可以不遵循产品风险测试及产品适合度评估
   D. 客户经理在营销前可以不用进行准备,主要看客户经理随机应变的能力
39. 某企业将生产的沐浴露和洗发露分别冠以不同的品牌,该企业采用的品牌战略属于(　　)。
   A. 单一品牌战略　　B. 独立品牌战略　　C. 伞形品牌战略　　D. 主副品牌战略
40. 关于产品生命周期理论的意义,以下说法不正确的是(　　)。
   A. 产品生命周期引导人们通过产品生命周期,了解和掌握出口的动态变化,为制定对外贸易的产品战略、市场战略提供了理论依据
   B. 产品生命周期理论揭示了任何产品都和生命有机体一样,有一个"诞生—成长—巅峰"的过程
   C. 借助产品生命周期理论,可以分析判断产品处于生命周期的哪一阶段,推测产品发展的趋势
   D. 产品生命周期理论反映出当代国际竞争的特点,即创新能力和模仿能力是获得企业生存能力和优越地位的重要因素

二、多项选择题

1. 管理就是带领别人去实现目标的过程。这说明(　　)。
   A. 保证有效地实现组织的目标是管理活动的目的
   B. 管理依附于组织的活动,离开了组织就谈不上管理
   C. 管理者的水平要通过其带领下属的业绩来衡量
   D. 一个差的管理者其下属也不可能是精兵强将
2. 关于Y式沟通的特点,以下选项中正确的有(　　)。
   A. 信息中间环节多,可能使上级不了解下级的真实情况
   B. 信息传递和解决问题的速度较快,组织控制比较严格
   C. 组织成员之间缺少直接和横向沟通,不能越级沟通
   D. 包括节点在内,全体成员的满意程度比较高
3. 直线型组织结构的特点包括(　　)。
   A. 组织中每一位主管人员对其直接下属有直接职权
   B. "一个人,一个头"

C. 可越级指挥

D. 主管人员在其管辖范围内拥有绝对的或完全的职权

4. 根据现代激励理论,下列因素中真正能对组织员工产生激励作用的有(   )。

A. 职业认同　　　B. 职业保障　　　C. 工作的挑战性　　　D. 工作条件

5. 推式策略以直接方式,运用人员推销手段,把产品推向销售渠道,该策略的适用情况包括(   )。

A. 市场较分散,分销渠道较长,销售队伍较少

B. 产品的使用、维修、保养方法不需要进行示范

C. 产品具有很高的单位价值,如特殊品、选购品等

D. 企业经营规模小或无足够资金用以执行完善的广告计划

6. 组织文化以其愿景、使命、价值观等核心内容影响着组织的战略发展导向,使组织具备了潜在的巨大凝聚力和向心力。关于组织文化,以下说法正确的有(   )。

A. 所有的组织都有文化,但并不是所有文化都相同程度地影响组织成员的行为和行动

B. 一般而言,组织文化的最初来源通常反映组织创建者的愿景

C. 组织文化是组织成员共有的能够影响其行为方式的价值观、原则、传统和做事方式

D. 在绝大多数组织中,共有的价值观和惯例会随着时间的推移而演变

7. 建立强大的口碑运作机制,并以此来影响消费者,可以遵循的基本原则有(   )。

A. 和病毒一样具有快速"传播性"

B. 生命周期最初阶段进行口碑营销设计最有效

C. 利用受众自身来传递口碑

D. 用数据说话,衡量效果

8. 对于战略管理,下列说法正确的有(   )。

A. SWOT分析是战略管理中一种非常重要的战略分析方法

B. 在战略管理过程中,识别出组织当前的使命、目标和战略是重要的步骤

C. 甲银行的"三大战略"属于企业战略

D. 有效的战略会带来组织高绩效

9. 下列营销策略中,可以用于确定目标市场的有(   )。

A. 成本领先营销策略　　　　　　B. 无差异性营销策略

C. 差异性营销策略　　　　　　　D. 撇脂营销策略

10. 下列环境要素中,属于市场营销宏观环境的有(   )。

A. 政治法律　　　　　　　　　　B. 营销中介

C. 科学技术　　　　　　　　　　D. 竞争者

11. 下列各项中不属于企业短期决策的有(   )。

A. 企业的日常营销　　　　　　　B. 投资方向的选择

C. 人力资源的开发　　　　　　　D. 组织规模的确定

12. 某银行在春节来临之际,特别向老年客户推出了一款"压岁金钞"产品,主要用于老年客户作为新年礼物赠送给自己的晚辈。该银行在销售"压岁金钞"产品的过程中运用了消费者市场的(   )。

A. 地理细分　　　B. 人口细分　　　C. 心理细分　　　D. 行为细分

13. 计划工作对于一个组织来说具有重要意义。下列关于一个组织进行计划工作的目的,说法正确的有( )。

　　A. 计划给出组织所要达成的目标,明确其成员努力的方向,有利于组织从宏观上掌控全局

　　B. 以计划来应对变化,使得组织在动荡的环境中完全消除未来发展的不确定性

　　C. 通过强调组织各个部门或子系统的协调,将无效或者低效率的活动降到最低程度,以提高组织的效率

　　D. 计划工作所设立的目标可用于控制,作为控制的标准,及时纠正偏差

14. 下列选项中,( )属于差别定价。

　　A. 公园门票对某些社会成员给予优惠　　B. 剧院里不同位置的座位票价不同

　　C. 工作用电和生活用电的价格不同　　D. 打长途电话,白天和夜间的价格不同

15. 市场领导者在整个市场中占有最大的市场份额,在价格变化、新产品开发、销售渠道、促销战略等方面对行业内其他公司起着领导作用,其战略属于保护现有市场份额方面的有( )。

　　A. 正面对抗战略　　B. 堡垒战略　　C. 寻找新使用者　　D. 创新战略

☆答案及解析见下册 P376~P391。

专项五　统计、决策、数学、物理

考场真题还原

一、单项选择题

1. 某银行有意识地选择几家县域支行调查农户贷款发放情况。这种调查方式属于( )。

　　A. 典型调查　　　　　　　　　　B. 全面调查
　　C. 随机抽样调查　　　　　　　　D. 重点调查

2. 为评估下辖各网点业务量,优化人员配置,某分行每天统计各网点到店客户数量。这项工作开展了一个月,从未有数据缺漏,则构建起的数据为( )。

　　A. 非平衡面板数据　　　　　　　B. 时间序列数据
　　C. 平衡面板数据　　　　　　　　D. 截面数据

3. 某网点对到店客户满意度(0,1,2,……10分)与排队时间(分钟)之间的关系进行研究,收集到10组数据。下列统计图中,最适合反映上述两个变量间相关关系的是( )。

　　A. 箱形图　　　　　　　　　　　B. 条形图
　　C. 散点图　　　　　　　　　　　D. 饼图

4. 如下图所示,杆的一端位置被固定但可以自由旋转,杆上某个点(三角形定点处)为一个支点。若分别单独在A、B、C三点处施加同样的力F,则在( )点施加力时,杆更容易折断。

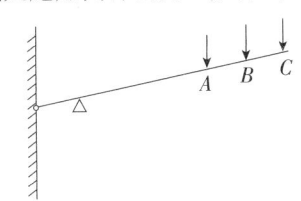

　　A. C　　　　B. A　　　　C. 无法判断　　　　D. B

5. 下表列出了两个变量之间的部分关系:

x	-2	-1	$\frac{1}{2}$	3	4
y	2	1	$\frac{1}{2}$	3	4

以下四个选项中,哪张图能准确反映两个变量之间的关系? ( )

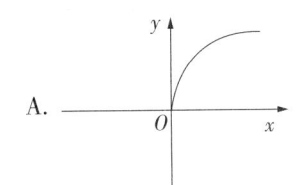

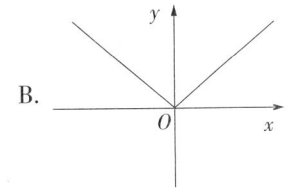

C. [图] D. [图]

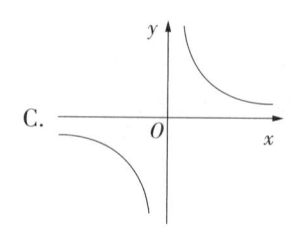

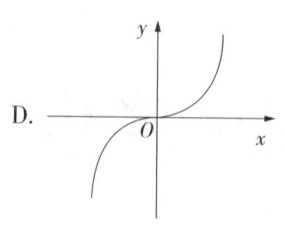

6. 若只有两个事件 A、B，A 与 B 的概率表示为 $P(AB)$ 或 $P(A,B)$ 或 $P(A\cap B)$，该概率表示两个事件共同发生的概率，即(　　)。

　　A. 边缘概率　　　　B. 相关概率　　　　C. 联合概率　　　　D. 条件概率

7. 二维随机变量分布 $F(x,y)$ 具有若干基本性质，以下选项的相关表述不正确的是(　　)。

　　A. 对于任意 (x_1,y_1)，(x_2,y_2)，$x_1<x_2$，$y_1<y_2$，不等式成立：$F(x_2,y_2)\cdot F(x_2,y_1)+F(x_1,y_1)\cdot F(x_1,y_2)\geqslant 0$

　　B. $0\leqslant F(x,y)\leqslant 1$，且对于任意固定的 y，$F(-\infty,y)=0$，对于任意固定的 x，$F(x,-\infty)=0$，$F(-\infty,-\infty)=0$，$F(\infty,\infty)=1$

　　C. $F(x+0,y)=F(x,y)$，$F(x,y+0)=F(x,y)$，即 $F(x,y)$ 关于 x 右连续，关于 y 则左连续

　　D. $F(x,y)$ 是变量 y 的不减函数，即对于任意的 y，当 $x_2>x_1$ 时，$F(x_2,y)\geqslant F(x_1,y)$；对于任意固定的 x，当 $y_2>y_1$ 时，$F(x,y_2)\geqslant F(x,y_1)$

8. 不定积分 $\int x^3(\ln x+1)dx$ 的结果是(　　)。

　　A. $\dfrac{1}{4}x^4\ln x-\dfrac{1}{4}x^4+C$　　　　　　B. $\dfrac{1}{4}x^4\ln x+\dfrac{1}{4}x^4+C$

　　C. $\dfrac{1}{4}x^4\ln x+\dfrac{3}{16}x^4+C$　　　　　D. $\dfrac{1}{4}x^4\ln x-\dfrac{3}{16}x^4+C$

9. 某银行招聘面试暑期实习生，已知共有 42 人参加面试，平均面试成绩 81 分，最高分 97 分，最低分 70 分。根据上述信息，对于面试成绩情况，可以得出的统计量是(　　)。

　　A. 标准差　　　　B. 协方差　　　　C. 极差　　　　D. 方差

10. 某网点为从甲、乙、丙三人中选出一人参加知识竞赛，组织了三次模拟竞赛，甲、乙、丙的平均成绩分别为 93 分、95 分、90 分，标准差分别为 11 分、15 分、6 分，则可以判断(　　)。

　　A. 无法判断谁的成绩更稳定　　　　B. 丙的成绩更稳定
　　C. 乙的成绩更稳定　　　　　　　　D. 甲的成绩更稳定

二、案例分析题

根据以下案例，回答 1~3 题。

G 银行打算集中采购一批智能机器人，用于各网点引导顾客办理业务。M 企业是该银行的潜在供应商之一。M 企业称，在有电的情况下，他们的智能机器人已经批量生产，数据显示，它们能持续工作 1 000 个小时而不出故障，标准差是 100 个小时。

G 银行先购进 81 台智能机器人，放到各个网点试用。如果试用后发现，的确如 M 企业所说，则会再购买一批。一段时间后 G 银行发现，这些智能机器人出现首次故障的平均时长是 990 个小时。

1. 设 M 企业智能机器人首次故障的平均时长为 μ，采用左侧检验，则 H_0 是(　　)。

　　A. $\mu<1\,000$　　B. $\mu\geqslant 990$　　C. $\mu\geqslant 1\,000$　　D. $\mu<990$

2. 采用左侧检验,计算统计量 Z 值是( )。
A. 10
B. -0.81
C. 0.1
D. -0.9

3. 已知 $\alpha = 0.05$,且 $Z_{0.05} = -1.645$,则 G 银行是否决定再购买一批?为什么?( )
A. 不购买,统计最 $Z < Z_{0.05} = -1.645$,因此要拒绝 H_0,接受 H_1
B. 不购买,统计量 Z 的绝对值>1.645,因此不能拒绝 H_0
C. 购买,统计量 Z 的绝对值<1.645,因此不能拒绝 H_0
D. 购买,统计量 $Z > Z_{0.05} = -1.645$,因此要拒绝 H_0,接受 H_1

根据以下案例,回答 4~6 题。

某农贸公司有 P01、P02 两个蔬菜基地,P01 每周可产出蔬菜 100 吨、P02 可产出 200 吨。这些蔬菜当周都要运送到甲、乙、丙三个批发市场销售。三个批发市场每周的销量都是 100 吨。

从基地到批发市场的运费(元/吨)如下表所示:

基地	运费		
	甲	乙	丙
P01	500	300	500
P02	400	100	200

已知该农贸公司在甲、乙、丙批发市场也都有仓库,该公司的蔬菜可以在上述五个地点中转,但最终都要在批发市场销售。转运也需要运费,每吨的运费情况是:

P01 和 P02 之间是 100 元/吨;

甲和乙之间是 200 元/吨;

甲和丙之间是 100 元/吨;

乙和丙之间是 300 元/吨。

4. 每个地点可允许的最大转运量是( )吨。
A. 200
B. 400
C. 100
D. 300

5. 运费最少时,P01 将蔬菜运往( )。
A. 乙
B. 丙
C. P02
D. 甲

6. 每周的运费最少是( )万元。
A. 9
B. 6
C. 8
D. 7

根据以下案例,回答 7~9 题。

某公司投资运营 M 项目,并为该项目设立专门的银行账户。该账户上是运作该项目的流动资金,以活期存款形式备用。

为了保证项目正常运作,该账户内资金额需大于等于 0,所需资金均由公司转入,当需要时,转入时间极短,可忽略不计。

已知,每月该项目需要流动资金 144 万元,每次转账费用是 4 050 元,留存在项目账户的现金也会产生资金占用等财务管理费用,平均每月每万元的费用是 25 元。(管理费用和转账费用不从该项中扣除)

该公司想要知道,以何种频率转账,才能让每月资金占用等费用成本最低。

据此回答问题。

7. 在当前资金需求下,公司每隔 2 个月转一次账到项目账户,则每次至少需要转(　　)万元。

   A. 216　　　　　　B. 288　　　　　　C. 366　　　　　　D. 432

8. 在每月资金占用等费用成本最低时,应间隔(　　)个月转 1 次账。

   A. 1.5　　　　　　B. 1　　　　　　　C. 2　　　　　　　D. 2.5

9. 每月资金占用等费用成本最低是(　　)元。

   A. 4 400　　　　　B. 5 400　　　　　C. 3 600　　　　　D. 6 900

根据以下案例,回答 10~12 题。

小李计划长途自驾旅行。下图是他的行程图。图中编号 A—G 代表不同的城市,线段旁的数字表示相邻两个城市之间的公里数(注意:图为示意图。线段长短并不代表两个城市之间的实际距离)。

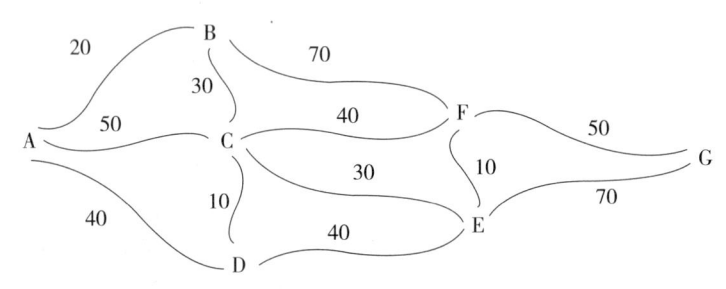

10. 小李从 A 城市出发,每个城市都去且只去一次,但最终还要回到 A 城市,那么,他的最短行程是(　　)公里。

    A. 280　　　　　　B. 290　　　　　　C. 310　　　　　　D. 350

11. 小李从 A 城市出发,每个城市都去且只去一次,那么,最短的行程是(　　)公里。

    A. 150　　　　　　B. 180　　　　　　C. 170　　　　　　D. 160

12. 旅行途中,小李发现一份道路修建规划,该规划说明:政府要在 A—G 七座城市之间修建城际铁路,连接所有城市,路线及里程与上述路程图相同。那么,城际铁路的最小长度是(　　)公里。

    A. 160　　　　　　B. 150　　　　　　C. 180　　　　　　D. 170

根据以下案例,回答 13~15 题。

某商业银行在甲小区设立一个 24 小时 ATM 机服务点,该服务点短期内仅有 1 台 ATM 机,可以满足小区居民自助存取款。经大数据分析可知,每天早上 8:00 至晚上 8:00 的 12 个小时是该 ATM 机的主要服务时间,其中,平均每 20 分钟就有一位顾客前来,而且每位顾客办理业务的平均时长是 5 分钟。

13. 主要服务时间内,ATM 机处于繁忙的概率是(　　)。

    A. 0.25　　　　　　B. 0.37　　　　　　C. 0.65　　　　　　D. 0.14

14. 等待使用 ATM 机的平均顾客数是(　　)人。

    A. 1/4　　　　　　B. 1/3　　　　　　C. 1.2　　　　　　D. 1

15. 顾客平均等待时间是(　　)。

    A. 3 分 20 秒　　　B. 2 分 30 秒　　　C. 1 分 40 秒　　　D. 4 分 10 秒

巩固提升训练

一、单项选择题

1. 平衡车的力学模型简化如图所示,当用力沿箭头方向推动平衡车时,关于平衡车的描述正确的是( )。

   A. 为保持平衡,车轮会向左加速
   B. 为保持平衡,车轮会向右加速
   C. 如果小车正在向左加速运动,则容易翻倒
   D. 如果小车正在向右加速运动,则不容易翻倒

2. 质量分别为 m_a 和 m_b 的 a、b 两个小木块,木块 a 与斜面和水平面间的滑动摩擦因数相同,均为 μ_1,木块 b 与斜面和水平面间的滑动摩擦因数相同,均为 μ_2,斜面倾角为 θ。两个木块从斜面的位置 A 由静止下滑,经 B 点在水平面上滑行一段时间后停下(如图甲所示),用传感器采集到它们的速度—时间图象(如图乙所示)。

   根据所给信息进行判断,下列选项中说法正确的是( )。

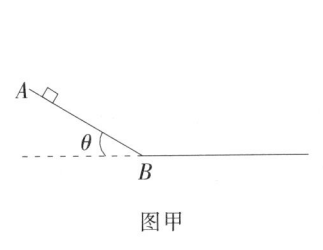

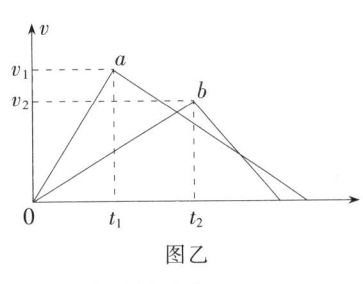

   A. 木块 b 在到达 B 点时的速度大于木块 a 到达 B 点时的速度
   B. 木块 b 的质量比较大
   C. 木块 a 在水平面上滑行的距离比木块 b 长
   D. 木块 a 在斜面的加速度比木块 b 小

3. 已知行列式 $|\boldsymbol{A}| = \begin{vmatrix} a_1 & a_2 & a_3 & a_4 \\ 3 & 3 & 2 & 2 \\ 1 & 2 & 3 & 4 \\ 1 & 1 & -2 & -2 \end{vmatrix} = 8$,则代数余子式 $A_{21}+A_{22}=($)。

   A. 2   B. 3   C. 4   D. -2

4. 设 $\boldsymbol{A}=(\boldsymbol{\alpha}_1,\boldsymbol{\alpha}_2,\boldsymbol{\alpha}_3)$ 为 3 阶方阵,则 $|\boldsymbol{A}|=($)。

   A. $|(\boldsymbol{\alpha}_1-\boldsymbol{\alpha}_2,\boldsymbol{\alpha}_2-\boldsymbol{\alpha}_3,\boldsymbol{\alpha}_3-\boldsymbol{\alpha}_1)|$
   B. $|(\boldsymbol{\alpha}_1+\boldsymbol{\alpha}_2,\boldsymbol{\alpha}_2+\boldsymbol{\alpha}_3,\boldsymbol{\alpha}_3+\boldsymbol{\alpha}_1)|$
   C. $|(\boldsymbol{\alpha}_1+2\boldsymbol{\alpha}_2,\boldsymbol{\alpha}_2+2\boldsymbol{\alpha}_3,\boldsymbol{\alpha}_3)|$
   D. $|(\boldsymbol{\alpha}_1,\boldsymbol{\alpha}_2+\boldsymbol{\alpha}_3,2\boldsymbol{\alpha}_3+\boldsymbol{\alpha}_1)|$

5. 设 $0<P(A)<1, 0<P(B)<1, P(A|B)+P(\bar{A}|\bar{B})=1$,则( )。

   A. 事件 A 和 B 互不相容
   B. 事件 A 和 B 相互对立
   C. 事件 A 和 B 互不独立
   D. 事件 A 和 B 相互独立

6. 不定积分 $\int \sin x \cos x dx$ 不等于( )。

   A. $\dfrac{1}{2}\sin^2 x+C$ B. $\dfrac{1}{2}\sin^2 2x+C$ C. $-\dfrac{1}{4}\cos 2x+C$ D. $-\dfrac{1}{2}\cos^2 x+C$

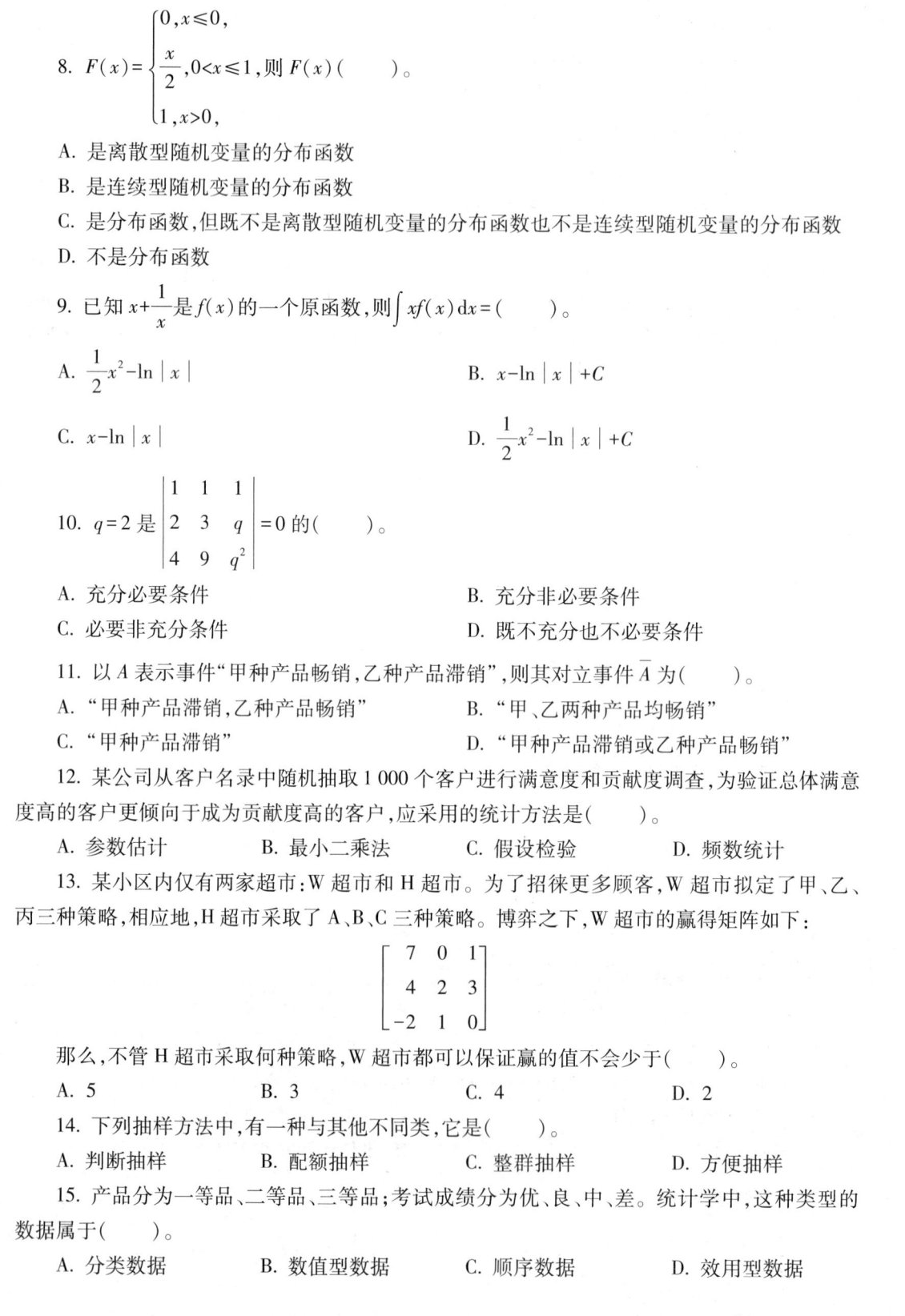

7. 设事件 A,B 及 $A\cup B$ 的概率分别是 $0.4,0.3,0.6$,则 $P(A\bar{B})=$ (   )。

A. 0.1　　　　　B. 0.3　　　　　C. 0.5　　　　　D. 0.6

8. $F(x)=\begin{cases}0,x\leqslant 0,\\ \dfrac{x}{2},0<x\leqslant 1,\\ 1,x>0,\end{cases}$ 则 $F(x)$ (   )。

A. 是离散型随机变量的分布函数

B. 是连续型随机变量的分布函数

C. 是分布函数,但既不是离散型随机变量的分布函数也不是连续型随机变量的分布函数

D. 不是分布函数

9. 已知 $x+\dfrac{1}{x}$ 是 $f(x)$ 的一个原函数,则 $\int xf(x)\mathrm{d}x=$ (   )。

A. $\dfrac{1}{2}x^2-\ln|x|$　　　　　　　　　B. $x-\ln|x|+C$

C. $x-\ln|x|$　　　　　　　　　　　D. $\dfrac{1}{2}x^2-\ln|x|+C$

10. $q=2$ 是 $\begin{vmatrix}1 & 1 & 1\\ 2 & 3 & q\\ 4 & 9 & q^2\end{vmatrix}=0$ 的(   )。

A. 充分必要条件　　　　　　　　　B. 充分非必要条件

C. 必要非充分条件　　　　　　　　D. 既不充分也不必要条件

11. 以 A 表示事件"甲种产品畅销,乙种产品滞销",则其对立事件 $\bar{A}$ 为(   )。

A. "甲种产品滞销,乙种产品畅销"　　　B. "甲、乙两种产品均畅销"

C. "甲种产品滞销"　　　　　　　　　D. "甲种产品滞销或乙种产品畅销"

12. 某公司从客户名录中随机抽取 1 000 个客户进行满意度和贡献度调查,为验证总体满意度高的客户更倾向于成为贡献度高的客户,应采用的统计方法是(   )。

A. 参数估计　　　B. 最小二乘法　　　C. 假设检验　　　D. 频数统计

13. 某小区内仅有两家超市:W 超市和 H 超市。为了招徕更多顾客,W 超市拟定了甲、乙、丙三种策略,相应地,H 超市采取了 A、B、C 三种策略。博弈之下,W 超市的赢得矩阵如下:

$$\begin{bmatrix}7 & 0 & 1\\ 4 & 2 & 3\\ -2 & 1 & 0\end{bmatrix}$$

那么,不管 H 超市采取何种策略,W 超市都可以保证赢的值不会少于(   )。

A. 5　　　　　　B. 3　　　　　　C. 4　　　　　　D. 2

14. 下列抽样方法中,有一种与其他不同类,它是(   )。

A. 判断抽样　　　B. 配额抽样　　　C. 整群抽样　　　D. 方便抽样

15. 产品分为一等品、二等品、三等品;考试成绩分为优、良、中、差。统计学中,这种类型的数据属于(   )。

A. 分类数据　　　B. 数值型数据　　　C. 顺序数据　　　D. 效用型数据

二、案例分析题

根据以下案例，回答 1~3 题。

将一项工作拆分为 W01~W05 五个部分后，要分派给甲、乙、丙、丁、戊五个人，每人只做一个部分。经过评估，每人单独完成各个部分工作的时间如下表所示（单位：天）。

工人	W01	W02	W03	W04	W05
甲	5	9	8	16	13
乙	8	10	18	15	11
丙	7	10	13	9	8
丁	7	8	15	7	11
戊	7	10	13	11	7

工作安排时，应令耗费天数最少。

1. 工作 W03 应指派给谁？（　　）
A. 甲　　　　B. 丙　　　　C. 戊　　　　D. 丁

2. 应指派乙做哪一部分的工作？（　　）
A. W01　　　B. W02　　　C. W05　　　D. W04

3. 分派好工作后，所有人一起工作，则（　　）天后该项工作可完结。
A. 7　　　　B. 10　　　　C. 39　　　　D. 22

根据以下案例，回答 4~6 题。

四台机器分别加工四个不同零件的用时（单位：小时）如下表所示：

机器	零件 M	零件 N	零件 P	零件 K
机器 01	13	26	24	15
机器 02	21	15	25	26
机器 03	20	25	27	24
机器 04	18	19	22	20

已知机器每小时使用费为 1 800 元。

据此回答问题。

4. 加工四个零件的最低费用是（　　）万元。
A. 13.14　　B. 12.96　　C. 12.78　　D. 13.32

5. 在费用最低时，零件 M 由（　　）加工。
A. 机器 01　B. 机器 04　C. 机器 03　D. 机器 02

6. 已知四台机器同时开始加工，则在费用最低时，至少需要经过（　　）个小时才能完成全部任务。
A. 18　　　B. 22　　　C. 15　　　D. 20

根据以下案例，回答 7~9 题。

某商场准备上新一批玩具，有大、中、小三种进货方案，上新后面临三种状况：销路好、销路一般、销路差。各方案在不同状况下的损益如下表所示：

方案	状态		
	销路好	销路一般	销路差
大批进货	132	95	-20
中批进货	105	60	27
小批进货	66	36	15

7. 若采用等可能性法,则该商场应做出的决策是(　　),此时的期望值为(　　)。

A. 大批进货;57.3　　　　　　　　B. 中批进货;64

C. 大批进货;69　　　　　　　　　D. 小批进货;39

8. 采用乐观系数法,若 $\alpha=0.8$,则该商场应做出的决策是(　　);若 $\alpha=0.6$,则该商场应做出的决策是(　　)。

A. 大批进货;大批进货　　　　　　B. 大批进货;中批进货

C. 中批进货;中批进货　　　　　　D. 中批进货;大批进货

9. 按照最小最大后悔值法,该商场应做出的决策是(　　),此时的最大后悔值为(　　)。

A. 大批进货;27　　　　　　　　　B. 中批进货;27

C. 小批进货;47　　　　　　　　　D. 中批进货;35

根据以下案例,回答 10~12 题。

投资中风险和收益不过是一枚硬币的两面,是无法只要收益而不承受风险的。但是,我们可以通过投资组合来尽可能地降低风险,放大收益。本着这个思路,李某准备将 200 万元分散投资在甲、乙两个金融产品上,他能承受的亏损是 36 万元。

甲、乙两个金融产品的情况如下:

(1)甲产品的最大收益率是 100%,最大亏损率是 30%。

(2)乙产品的最大收益率是 50%,最大亏损率是 10%。

(3)甲、乙两个产品的投资周期均为 1 年。

李某想找一个最佳投资方案。

10. 在最佳投资方案中,李某的预期最大总收益是(　　)万元。

A. 160　　　　B. 120　　　　C. 100　　　　D. 140

11. 在最佳投资方案中,李某购买甲产品的资金额是(　　)万元。

A. 100　　　　B. 40　　　　C. 60　　　　D. 80

12. 在最佳投资方案中,李某的预期最大总亏损是(　　)万元。

A. 18　　　　B. 22　　　　C. 12　　　　D. 36

☆答案及解析见下册 P391~P397。

第四篇 英 语

专项一 选词填空

考场真题还原

1. Providing long-term care for these victims will further _____ Haiti's already scarce medical resources.

  A. drain   B. flutter   C. drift   D. frame

2. Based on records from ancient Athens, each year young Athenian women collaborated to _____ a new woolen robe that they used to dress a statue of the goddess.

  A. whirl   B. weave   C. twist   D. wrestle

3. Researchers gathered a _____ amount of data about the local plant life to conduct the following experiment.

  A. formidable   B. surplus   C. quantitative   D. massive

4. Given the present uncertainties, investors _____ the review to be overseen by an independent expert, rather than the board.

  A. may have preferred   B. must have preferred

  C. could have preferred   D. should have preferred

5. In many countries the wages of the lowest-paid, the people thought to be most _____ losing their job to a robot, are rising the fastest.

  A. in search of   B. in exchange for

  C. at risk of   D. at the expense of

6. Tom thought he _____ track this wolf and see where it lived.

  A. used to   B. would rather   C. had better   D. was to

7. The solution to this problem is not to try to use money as an _____ to do housework, but to get children involved in housework much earlier, when they actually want to do it.

  A. incentive   B. integrity   C. inspection   D. illumination

8. _____ the northern hemisphere's winter arrives, the problem of fogged-up car windscreens becomes more pressing for drivers.

  A. Since   B. For   C. If   D. As

9. "I was not interested in being part of the world as it was going. So I left everything—family, university, friends, the sports team, and _____ in a completely different direction," the old sailor said.

  A. set off   B. live off   C. keep off   D. break off

10. "The extent _____ these medical findings are generalized will likely determine the course of medical progress," the expert said.

  A. to which   B. which   C. where   D. for which

11. China plans to give nuclear power a key role in replacing coal in the coming decades—_____ green peers including wind, solar and hydropower —and this intention has been reinforced by the current global energy shortage.

A. to join   B. joined   C. to be joined   D. joining

12. This year's budget fully _____ inflation and the past global recession.

A. take a delight in   B. made allowance for   C. place premium on   D. give rise to

13. The coming of the Bronze Age saw the development of various kinds of metal Chinese lanterns, _____ palace lanterns were the most ornate.

A. where   B. which   C. in that   D. of which

14. The health organization said the artificially produced form of fat is _____ for half a million early deaths each year. Products containing trans fat are commonly found in baked goods and cooking oils.

A. responsible   B. characteristic   C. representative   D. typical

15. The traditional bias towards exporters is also _____, and measures must be taken to meet the situation.

A. in the question   B. out of question   C. in question   D. out of the question

16. Gone are the days when people needed to go to a physical bank to _____ or withdraw money. Today online banking allows for seamless financial transactions.

A. deposit   B. depose   C. repose   D. replicate

17. Over the last decade, progress of economic growth _____ . Experts predicted 2059 as the year the wage gap _____ close.

A. has stalled; would   B. has stalled; had
C. has been stalled; had   D. has been stalled; would

18. People in snowy climates have grown _____ seeing great mounds of the white snow shunted off to one side in parking lots and sidewalks.

A. superior to   B. persisting in   C. pointed to   D. accustomed to

19. Records like "Jingle Bell Rock" (1957) by American country singer, _____ no longer generate many physical-format sales, have still been catapulted up the rankings every year around Christmas.

A. for which   B. which   C. whose   D. in which

20. This company was sued for deliberately declining to recall faulty products endangering lives _____ profit.

A. in case of   B. in terms of   C. in possession of   D. in pursuit of

21. The launch of the new product will _____ the company's 10th anniversary; both will be held on this Friday.

A. coincide with   B. tap into   C. take on   D. comply with

22. Many countries _____ emissions if it means sacrificing their economic growth.

A. are equivalent to cut   B. are desperate for cutting
C. are obedient to cut   D. are reluctant to cut

23. After the car accident took place, an ambulance was on the _____ within minutes.
    A. whole   B. hunt   C. spot   D. run

24. More than one in four businesses in Europe _____ that a lack of staff is preventing them from producing more.
    A. saying   B. says   C. said   D. say

25. New technology has _____ development of an online "virtual library".
    A. enabled   B. engaged   C. enticed   D. enrolled

26. We must ensure that all patients have _____ to high quality care.
    A. access   B. excess   C. entry   D. exit

27. There is a research that shows that people who are curious, ask questions, are constantly learning, actually _____ longer.
    A. live   B. to live   C. living   D. lives

28. The government will _____ you for any damage done to your house during the severe flood.
    A. supplement   B. remedy   C. retrieve   D. compensate

29. Science doesn't choose a party, it simply _____ evidence.
    A. submits to   B. abides by   C. adheres to   D. yields to

30. I have a very high _____ for him and what he has achieved.
    A. honour   B. esteem   C. respect   D. regard

巩固提升训练

1. Grandmothers strap wicker baskets to their backs, wielding sticks _____ to rake the forest floor and hook from it some mushrooms.
    A. with which   B. in which   C. which   D. for which

2. Consequently, a sustainable business model can _____ companies to better adapt to complex environments and achieve sustainable competitive advantages.
    A. render   B. ensure   C. enable   D. cause

3. He is such a detached person, living alone on a remote island, _____ the vagaries of fate.
    A. adapting himself to   B. indifferent to
    C. in dread of   D. concerned about

4. It's too risky to grow soybeans, and the income is less _____ than growing corn. In other words, you don't lose money growing corn. Soybean yields are too low.
    A. productive   B. common   C. rational   D. stable

5. We normally _____ exchanges for all purchases, but we have no more of this design in stock.
    A. are offering   B. are offered   C. offer   D. have offered

6. Culture may do more than mirror history, _____ its citizen's thinking and language.
    A. even influencing   B. may even influence
    C. it may even influence   D. that it may even influence

7. As a cook, she _____ to open her own restaurant, but she never had enough money.

　　A. hoped　　　　　B. should hope　　　C. have hoped　　　D. had hoped

8. He thought himself unable to handle the situation _____ pressure was heavy.

　　A. which　　　　　B. when　　　　　　C. what　　　　　　D. where

9. A recent study finds companies whose CEOs committed a personal indiscretion—such as infidelity, substance abuse and dishonesty—experienced a/an _____ in shareholder value.

　　A. abolition　　　　B. tendency　　　　C. decline　　　　　D. restriction

10. A recent survey by the University of Aurora Business School _____ that three out of every four new businesses are started with funds from personal saving accounts.

　　A. finding　　　　　B. founded　　　　 C. found　　　　　 D. find

11. By the time Ms. Okada _____ in Incheon for the sales meeting, she had already completed preliminary negotiations by telephone.

　　A. has arrived　　　B. arrived　　　　　C. will arrive　　　D. arrives

12. IBM now has incentive to _____ or fire employees before that Dec. 15 date.

　　A. lay down　　　　B. lay off　　　　　C. lay aside　　　　D. lay out

13. To meet the ethical requirements, the participants were informed that their involvement in the study was voluntary and that their personal privacy would be treated _____.

　　A. proudly　　　　　B. secretly　　　　C. confidentially　　D. confidently

14. It is on this _____ that I say that human civilization may have come from some planet in the universe.

　　A. premise　　　　　B. pretext　　　　　C. evidence　　　　D. presentation

15. There is no single cause of climate change; several factors such as greenhouse gas emissions, deforestation, and human activities have come together to _____ the issue.

　　A. exacerbate　　　　B. tangle　　　　　C. relieve　　　　　D. deceive

16. This chapter gives an overview of three-dimensional (3D) textiles in sports and leisure clothing _____ manufacturing processes and product requirements.

　　A. in connection with　B. in common with　C. regardless of　　D. with respect to

17. Many more variants exist in our gene repertoire. However, whether and how these genetic differences affect our taste and eating habits _____.

　　A. has still worked out　　　　　　　　B. is still being worked out
　　C. has still been worked out　　　　　　D. is still working out

18. The facilities in the museum have been adapted to give _____ to wheelchairs.

　　A. rise　　　　　　　B. way　　　　　　C. access　　　　　　D. road

19. Education about consumption taxes is more likely to boost growth, _____ the growth effects of income and capital taxes are ambiguous.

　　A. while　　　　　　B. for　　　　　　　C. when　　　　　　D. if

20. It is widely accepted that any _____ from social norms is likely to be sanctioned.

　　A. discrimination　　B. indifference　　　C. deviation　　　　D. device

21. The report _____ was read with interest by businessmen.
   A. about the fiscal crisis   B. for the fiscal crisis
   C. on the fiscal crisis   D. regard to the fiscal crisis

22. Scientists say climate change and human activity have increasingly led to the melting of pieces of _____ Antarctic ice.
   A. surplus   B. quantitative   C. formidable   D. massive

23. Her first call of the day is to a woman poised at the door to her apartment, debating _____ to take that quick walk to get groceries.
   A. whether   B. where   C. what   D. how

24. Democrats will complain the president overemphasizes punishment _____ prevention and treatment.
   A. with due regard for   B. at the expense of
   C. for the sake of   D. with respect to

25. Hurricane Katrina passed in my own surroundings and _____ many local residents.
   A. involved   B. entailed   C. panicked   D. panic

26. The company has not performed very well during the last quarter. _____, it has still managed to turn a profit and retain most of its clients.
   A. Even if   B. Despite   C. Nevertheless   D. So

27. The average small business starts with just $10,000 in initial _____, most of which comes from the business owner's personal savings, while just over a quarter are funded by bank loans and lines of credit.
   A. wealth   B. debt   C. capital   D. fees

28. For many years, people there had long believed that the world economy had _____ them _____. They had become used to seeing their young people leave for jobs in other places.
   A. passed; on   B. passed; by
   C. passed; off   D. passed; out

29. The area of triangle is equal _____ half the product of the base and altitude.
   A. at   B. to   C. into   D. for

30. Most hospitals tell their staff to try to _____ aggressive visitors and patients. Hospital leaders want to avoid getting bad reviews from patients.
   A. heap praise on   B. lose faith in
   C. make peace with   D. take the blame for

31. On February 9th this South Korean farce became the first foreign-language film _____ Best Picture at the Academy Awards.
   A. to crown   B. to be crowned
   C. being crowned   D. to have been crowned

32. It appears reasonable to assume that, other things being _____, most hostel tenants would prefer single to shared rooms.
   A. coherent   B. done   C. level   D. equal

33. _____ before we depart the day after tomorrow, we should have a wonderful dinner party.

A. Had they arrived   B. Were they arriving

C. Would they arrive   D. Were they to arrive

34. The country has an aging population and a sever _____ of young workers.

A. shortage   B. failure   C. rich   D. absence

35. _____ the pressure, the gymnast executed her routine to near perfection, earning the 14.633 points to claim the gold.

A. Due to   B. Lest   C. Apart from   D. Despite

36. _____ donated the prizes handed out on the first evening to children participating in the History of Montville Quiz.

A. They   B. Theirs   C. Some   D. What

37. A letter sent by air mail should arrive _____ the one sent by regular mail.

A. quicker before   B. fast than

C. rapidly than   D. sooner than

38. When prices go up, sales go down. And when the sales go down, factories cut production and _____ workers.

A. lay out   B. lay off   C. lay against   D. lay on

39. Susan's voice still remained _____ even if she was getting annoyed.

A. still   B. calm   C. serene   D. quiet

40. Jenny Jinya is a German freelance illustrator who created a series of relatable comics, _____ what it's like growing up shy.

A. show   B. having shown   C. showing   D. being shown

41. Further evidence that American is becoming more health-conscious: total gym membership in the United States _____ from around 17 million people in 1987 to more than 41 million people, according to the latest trade figures.

A. has grown   B. has growth   C. to grow   D. are growing

42. Every year when the graduation season comes, this company which is favored by the majority of graduates _____ job applications.

A. was fit in with   B. was swamped with

C. was compatible with   D. was conducive to

43. When the fish wants to _____ with the environment to hide from its enemies, it can take on the color of its immediate surroundings: the ocean floor, a rock, a piece of coral, whatever.

A. fill up   B. get along with   C. blend in   D. put up

44. Lowering interest rates could have disastrous _____ for the economy.

A. circumstances   B. sequences   C. conquers   D. consequences

45. At least 20 people died when flood swept _____ rural areas in west Tennessee.

A. beyond   B. beneath   C. through   D. across

☆答案及解析见下册P398~P406。

专项二 阅读理解

考场真题还原

Passage 1
Bee Brains Could Teach Robots to Make Split-second Decisions

The phrase "busy as a bee" certainly applies to the brains of honey bees. The insects have to balance effort, risk and reward, avoid predators, and make accurate assessments of which flowers are the most likely to offer food for their hive while they fly. Speed and efficiency are thus critical to their survival, and scientists are taking a look at their brains to understand how. A study published recently explores how millions of years of evolution engineered honey bee brains to make these lightning-fast decisions and reduce their risks.

"Decision-making is at the core of cognition. It's the result of an evaluation of possible outcomes, and animal lives are full of decisions," co-author and comparative neurobiologist at Australia's Macquarie University Andrew Barron said in a statement. A honey bee has a brain smaller than a sesame seed. And yet she can make decisions faster and more accurately than we can. A robot programmed to do a bee's job would need the backup of a supercomputer.

Barron cites that today's autonomous robots primarily work with the support of remote computing and that drones have to be in wireless communication with some sort of data centre. Looking at how bees' brains work could help design better robots that explore more autonomously.

In the study, the team trained 20 bees to recognize five different coloured "flower disks". The blue flowers always had sugar syrup, while the green flowers always had tonic water that tasted bitter to the bees. The other colours sometimes had glucose. Then, the team introduced each bee to a makeshift garden where the flowers only had distilled water. Each bee was filmed and the team watched over 40 hours of footage, tracking the path the insects took and timing how long it took for them to make a decision.

"If the bees were confident that a flower would have food, then they quickly decided to land on it, taking an average of 0.6 seconds," HaDi MaBouDi, co-author and computational neuroethologist from the University of Sheffield in England, said in a statement. "If they were confident that a flower would not have food, they made a decision just as quickly."

If the bees were unsure, they took significantly more time—1.4 seconds on average and the time reflected the probability that a flower contained some food. Next, the team built a computer model that aimed to <u>replicate</u> the bees' decision-making process. They noticed that the structure looked similar to the physical layout of a bee's brain. They found that the bees' brains could make complex autonomous decision-making with minimal neural circuits.

"Now we know how bees make such smart decisions, we are studying how they are so fast at gathering and sampling information. We think bees are using their flight movements to enhance their visual system to make them better at detecting the best flowers," co-author and theoretical and computational biologist at the University of Sheffield James Marshall said in a statement. He believes that nature will inspire the future of the AI industry, as millions of years of insect brain evolution have led to these incredibly efficient brains that require minimal power.

1. What does the underlined word "replicate" mean in the 6th paragraph?

A. Repeat.　　　　B. Conclude.　　　　C. Change.　　　　D. Intervene.

2. For what purpose did the researchers carry out this study?

A. To help design robots that work autonomously.

B. To shed light on how insects evolve in nature.

C. To better understand how bees' brains work.

D. To discover the principle of animals' decision-making.

3. What will a bee act if the bee is unsure whether the flower has food or not?

A. It makes its decision between 0.6 and 1.4 seconds.

B. It makes its decision in about 0.6 seconds.

C. It makes its decision in about 1.4 seconds, and the shorter the time, the more likely it is that there is food inside.

D. It makes its decision in about 1.4 seconds, and the longer the time, the more likely it is that there is food inside.

4. According to the article, which of the following statement is TRUE?

A. Bees use flight movements to better detect the best flowers.

B. Autonomous robots can already work on their own right now.

C. Flower disks were made to test the speed of bees to distinguish food.

D. A robot programmed to do a bee's job would do better than a bee.

5. What is the author's purpose in writing this article?

A. To express a pessimistic view about the future robot industry.

B. To praise the power of natural evolution.

C. To appeal to people to learn from nature.

D. To appeal to people to protect bees.

Passage 2

Bamboo is the fastest-growing and most regenerative plant on Earth. And with more than 1,600 species in the world, its uses are limited only by our imaginations. It's been used for thousands of years to make everything from flutes to the elements of infrastructure. Today, bamboo provides the raw materials for oodles of things including textiles, flooring, furniture, toilet paper and even bicycles.

The superhero of the grass family, the real genius of bamboo lies in its flexibility, resilience and ecological sustainability. But when it comes to bike-building, bamboo is a unique alternative. It has a higher strength-to-weight ratio than steel, is more impact-resistant than carbon fibre and absorbs vibration better than any other material used for building frames. It's much lighter than steel, more comfortable than vibrating aluminium and cheaper than carbon fibre.

Meet Craig Calfee, a master bike tech pioneer and owner of Calfee Design in La Selva Beach, California. In 1991, with the support of three-time Tour de France champion Greg LeMond, Calfee built the first all-carbon bikes to compete in the Tour de France and is also a world-class innovator and manufacturer of bamboo bike frames.

So, what makes bamboo an ideal alternative medium for fashioning bicycle frames? "Bamboo is available almost anywhere, often for free," Calfee explains. "It absorbs vibration better than any other frame building material. It doesn't require expensive tools to work with it. Plus, it doesn't require paint to make it look good—a basic clear coat will do."

Surprisingly, many parts of a bamboo bike beyond just the frame itself can be made from bamboo and much of it can be assembled without welding(连接). Building with bamboo is not without its challenges. It has to be sealed properly to prevent splitting. And unlike manufactured materials, bamboo is by nature inconsistent in size, shape, diameter and thickness. But Calfee has had years of experience in determining what works and what doesn't.

"You just have to get used to the 'rules' needed for working in bamboo. Just like every material has its own idiosyncrasies(风格) or 'rules', bamboo is no different," says Calfee. "For example, one must address the corrosion of steel when making items from steel. With bamboo, one must address the issue of splitting, which is caused by changes in moisture content. So, it must be sealed up very well," he says.

As for performance, bamboo bikes are suitable for riding on all terrains and even outperform other bikes in some ways. "The vibration damping [the limiting of vibration] aspect is quite noticeable," says Calfee. "And it has been proven that reducing vibration reduces fatigue. Bamboo also withstands abuse better than carbon fibre or thin-walled aluminium. But its main feature is the ecological friendliness and easy availability. Bamboo sequesters carbon and therefore has a negative carbon footprint."

6. Which one is NOT the advantage of bamboo compared to other materials?

A. More comfortable than vibrating aluminium.   B. Much lighter than steel.

C. More impact-resistant than carbon fibre.   D. Much smoother than wood.

7. Which of the following statements is FALSE?

A. Calfee built the first bamboo bike to compete in the Tour de France.

B. Not all parts of a bicycle can be made from bamboo.

C. Bamboo absorbs vibration better than any other frame building material.

D. Bamboo bicycles suffer the risk of splitting.

8. How does bamboo's capability of absorbing vibration help cyclists?

A. It helps cyclists save money.   B. It helps cyclists remove fatigue.

C. It enables cyclists to ride faster.   D. It enables cyclists to ride stable and steadily.

9. What must be addressed when making items of bamboo?

A. Bamboo material should be protected from corrosion.

B. Bamboo material shouldn't be painted.

C. All parts need to be sealed up from splitting.

D. All parts need to be assembled with welding.

10. Choose the best title for this article.

A. How Bamboo Bicycles Are Made?

B. Can Bamboo Built Bicycles Outperform Traditional Bicycles?

C. The Cheaper Alternative: Bamboo Built Bicycles

D. A Bicycle Built of Bamboo Is an Eco-friendly Ride

Passage 3

Writing letters and having them hand-delivered was probably the most basic and long-standing means of communication, but some people wanted to remove the human element entirely. Just as we now rely on wireless networks and microchips to do our heavy lifting, earlier generations used homing pigeons to deliver their messages across long distances. In movies and television, we have all seen homing pigeons (or ravens) delivering messages, but what is the story behind this bizarre ability?

While delivering messages on horseback or on foot was satisfactory, it also came with a lot of unpredictable variables. More than 3,000 years ago, the first such improvement on message delivery was made, when homing pigeons were first introduced. While studying the patterns and movements of birds, it appeared that they even after for aging, hunting and soaring for miles in every direction, they were able to guide themselves home.

Pigeons tend to be easy to get, quick to breed, and highly "in tune" with their sense of direction. In particular rock pigeons were chosen and interbred to create homing pigeons, essentially birds that could find their way home. These pigeons would be trained very carefully, gradually being taken further and further from its "nest" before being released and flying home. In this way, pigeons could be programmed to fly home from a range of different locations. Pigeons could use visual cues, like natural landmarks, and gradually develop a known path back to its home base.

Unfortunately, this meant manually transporting large amounts of pigeons in one direction, before having them released with a message attached to their leg, hoping that they would return to the original location.

These messages were typically small rolls of parchment or paper, stored in a small glass or metal tube. Once the message was written and stored, the homing pigeon would be released to fly home, thus delivering the message on time and skipping over traffic, natural disasters, divulging, dishonesty, and human error.

Now, rock pigeons were particularly gifted in this homing ability due to their strong magneto reception skills. For those of you who don't know, magneto reception is an innate ability in certain life forms to detect and orient themselves based on magnetic fields.

Rock pigeons that showed the strongest ability were bred to create powerful and reliable homing pigeons! Interestingly enough, it has been found that homing pigeons are much more accurate going long distances in the north and south direction, rather than east and west, due to the natural direction of the magnetic fields (flowing between the North Pole and South Pole). The biggest trouble, obviously, was the one-way trip for the birds (over land) before they could bereleased to fly home. Fortunately, this issue was solved through experimentation. It was found that homing pigeons could be fed in one place, and deliver messages to the other. In this way, the birds could be coaxed to fly back and forth between two points, carrying messages to and fro. The speed, efficiency, and lack of human variability was finally achieved!

11. Which of the following is NOT mentioned as a method of communication before the advent of instantaneous communication and the Internet?

A. Sending messages through satellites and microchips.

B. Using homing pigeons to deliver messages.

C. Using ravens to deliver messages.

D. Writing letters and having them horsed-delivered.

12. What is the characteristic that made pigeons easily find the way home?

A. They were easy to capture and breed.

B. They developed auditory system to differentiate geographic locations.

C. They had a strong perception of magnetic fields.

D. They were interbred to get better variety.

13. Which of the following difficulties can not be overcome by pigeon delivery?

A. Dishonest messengers.　　　　　　B. Unexpected delays.

C. A lack of guaranteed privacy.　　　　D. Loss of messages.

14. What is the benefit of homing pigeons being fed in one place and sending messages to another?

A. Manually transporting large amounts of pigeons in one direction.

B. Making round-trip flights between two places possible.

C. Training them to better identifying the direction.

D. Helping them learn to cross obstacles and deal with extreme weather.

15. Which of the following is true according to the passage?

A. Messages are usually written on small bamboo pieces stored in a small glass or metal tube, tied to the leg of the homing pigeon.

B. Homing pigeons can use natural landmarks and other visual cues to help navigate.

C. The rock pigeon is one special breed of homing pigeon.

D. The homing pigeon is equally sensitive to the north-south and east-west directions.

Passage 4

Imagine, for a moment, that you had no birth certificate and your age was simply based on the way you feel inside. How old would you say you are?

Like your height or shoe size, the number of years that have passed since you first entered the world is an unchangeable fact. But everyday experience suggests that we often don't experience ageing the same way, with many people feeling older or younger than they really are.

Scientists are increasingly interested in this quality. They are finding that your "subjective age" may be essential for understanding the reasons that some people appear to flourish as they age — while others fade. "The extent to which older adults feel much younger than they are may determine important daily or life decisions for what they will do next," says Brian Nosek at the University of Virginia.

Its importance doesn't end there. Various studies have even shown that your subjective age also can predict various important health outcomes, including your risk of death. In some very real ways, you really are "only as old as you feel".

A torrent of new studies during the last 10 years have explored the potential psychological and physiological consequences of this discrepancy.

One of the most intriguing strands of this research has explored the way subjective age interacts with our personality. It is now well accepted that people tend to mellow as they get older, becoming less extroverted and less open to new experiences — personality changes which are less pronounced in people who are younger at heart and accentuated in people with older subjective ages.

Interestingly, however, the people with younger subjective ages also became more conscientious and less neurotic — positive changes that come with normal ageing. So they still seem to gain the wisdom that comes with greater life experience. But it doesn't come at the cost of the energy and exuberance of youth. It's not as if having a lower subjective age leaves us frozen in a state of permanent immaturity.

Feeling younger than your years also seems to come with a lower risk of depression and greater mental well-being as we age. It also means better physical health, including your risk of dementia, and less of a chance that you will be hospitalised for illness.

16. Which of the following is the most appropriate definition of "subjective age"?

A. It is the life experience one has rather than the physical growth.

B. It is one's spiritual state in others' impressions.

C. It is one's subjective perception of another's well-being.

D. It is one's age according to his/her feeling instead of the actual age.

17. After the last paragraph of this passage, what will the author most probably write about next?

A. Suggestions about how to adapt to the aging process.

B. Demonstrations on the problems people face as they get older.

C. Impacts of different subjective age on personality.

D. Reasons why subjective age has such important impact.

18. Why are scientists becoming more interested in "subjective age"?

A. Because they think it may be influencing how people change differently as they age.

B. Because they realize that it is essential to understand one's emotion changes.

C. Because they have found that it is necessary for people to know themselves better.

D. Because they believe that its impact has become more salient in modern times.

19. According to the passage, which of the following statements is INCORRECT?

A. People with older subjective age are less open to new experiences.

B. People with younger subjective age are as energetic and more mature.

C. People with younger subjective are getting more and more extroverted.

D. People with older subjective age may have more mental and physical problems.

20. What does the author mean by saying "In some very real ways, you really are 'only as old as you feel' " in the 4th paragraph?

A. Your subjective age could better show your personal state.

B. People with older subjective age tend to have higher health risks.

C. You are younger than your real age pronounces.

D. Only our feeling about how old we are matters.

Passage 5

In the roughly 250 years since the Industrial Revolution the world's population, like its wealth, has exploded. Before the end of this century, however, the number of people on the planet could shrink for the first time since the Black Death. The root cause is not a surge in deaths, but a slump in births.

In 2000 the world's fertility rate was 2.7 births per woman, comfortably above the "replacement rate" of 2.1, at which a population is stable. Today it is 2.3 and falling. The largest 15 countries by GDP all have a fertility rate below the replacement rate. That includes America, China and India. The result is that in much of the world the patter of tiny feet is being drowned out by the clatter of walking sticks. The prime examples of ageing countries are no longer just Japan and Italy but also include Brazil, Mexico and Thailand.

As the old die and are not fully replaced, populations are likely to shrink. Outside Africa, the world's population is forecast to peak in the 2050s and end the century smaller than it is today. Even in Africa, the fertility rate is falling fast.

Whatever some environmentalists say, a shrinking population creates problems. The world is not close to full and the economic difficulties resulting from fewer young people are many. The obvious one is that it is getting harder to support the world's pensioners. Retired folk draw on the output of the working-aged, either through the state, which levies taxes on workers to pay public pensions, or by cashing in savings to buy goods and services or because relatives provide care unpaid.

But whereas the rich world currently has around three people between 20 and 64 years old for everyone over 65, by 2050 it will have less than two. The implications are higher taxes, later retirements, lower real returns for savers and, possibly, government budget crises.

Low ratios of workers to pensioners are only one problem stemming from collapsing fertility. As we explain this week, younger people have more of what psychologists call "fluid intelligence", the ability to think creatively so as to solve problems in entirely new ways. This youthful dynamism complements the accumulated knowledge of older workers. It also brings change. Patents filed by the youngest inventors are much more likely to cover breakthrough innovations. Older countries—and, it turns out, their young people—are less enterprising and less comfortable taking risks.

Elderly electorates ossify politics, too. Because the old benefit less than the young when economies grow, they have proved less keen on pro-growth policies, especially housebuilding. Creative destruction is likely to be rarer in ageing societies, suppressing productivity growth in ways that compound into an enormous missed opportunity.

21. The number of people will collapse before the end of this century because _____ .
    A. the birth rate is decreasing   B. the pandemic impacts the birth rate
    C. there is an increase in deaths   D. the planet cannot hold too many people
22. The fertility rate today is _____ .
    A. the same as that of 2000   B. close to 2.1 and dropping
    C. lower than the replacement rate   D. already below 2.1
23. According to the article, ageing countries include the following except _____ .
    A. Brazil   B. Thailand   C. India   D. Japan
24. Which of the following is not the problem caused by shrinking population according to the article?
    A. Housebuilding will be impacted.
    B. It will be more difficult to support retired people.
    C. Innovation breakthroughs might be less.
    D. The unemployment rate will be higher.
25. Which of the following statements is false?
    A. Shrinking population will cause economic difficulties.
    B. Ageing society will cause higher taxes and later retirement.
    C. The world is close to full and population has to be controlled.
    D. It is predicted that outside Africa, the world's population will peak in the 2050s and then fall.

Passage 6
FedLate

America's financial plumbing is overdue a spot of maintenance. The current payment "rails" on which it is based — built by a group of the country's biggest banks to replace paper cheques — are more than half a century old and run on antiquated code. Although robust, the system is painfully slow. American payments are less sophisticated than those in the rest of the rich world, and indeed those in much of the poor world, too.

It is a problem the Federal Reserve is trying to fix with a centralised instant-payments system, which it launched on July 20th. Aptly called FedNow, this will allow Americans to ping money to their compatriots, via their existing financial institutions, and for payments to settle straight away. All told, 35 banks and 16 payment providers have signed up to use the service.

Most American bank transfers are cheap but processed in batches, often taking days to settle. Peer-to-peer(点对点支付) networks, like Cash App, appear much quicker to customers but, beneath the surface, rely on the old system. Regulators have warned that funds held on such apps might not qualify for deposit insurance (存款保险) in the event of a failure. Credit cards, which offer juicy rewards at the cost of even juicier fees, also use existing rails. According to the San Francisco Fed, nearly a third of payments last year were made using plastic.

Typically, Americans use different methods for different types of payment: a water bill is paid via bank transfer; $100 owed to a friend is sent through a payment app; a purchase on Amazon is made with a credit card. A single, real-time payments solution should improve the quality of all.

JPMorgan Chase(摩根大通) and Wells Fargo(富国银行), two heavyweight banks, have signed up to FedNow. But Wall Street is not entirely on board: a longer list of institutions, including Bank of America(美国银行), Citigroup(花旗银行) and Goldman Sachs(高盛), is absent. Although the older system is slow, it is also profitable for those involved. Financial institutions can take advantage of slow settlements to park cash in interest-bearing short-term securities overnight, or merely keep the money at the Fed to accrue interest. They also pocket late-payment fees and some make money from their own instant-payment systems, such as The Clearing House(清算所), which is run by a group of banks.

Other countries are also light years ahead of America. In India, for example, instant payments are the norm, accounting for 81% of domestic electronic transactions last year. In Thailand and Brazil, they accounted for 64% and 37% respectively. Emerging markets have embraced instant payments in part because of demography (consumers are younger and more open to change), in part because of a crackdown on cash (policymakers are keen to shrink the size of grey markets, and increase tax takes) and in part because, unlike in America, new payment systems did not have to push aside existing ones, and those who benefited from them.

Mass adoption will face one more hurdle: the American consumer, over whom paper-based payments retain a particular hold. According to ACI Worldwide, a payments firm, around a fifth of all cash transfers in the country happen via cheque. Still, it will be nice for them to have the option, just like the rest of the world.

26. What does the underlined word "plastic" mean?

A. Pay by credit card. B. Pay by virtual account.

C. Pay by cheque. D. Pay by Bitcoin.

27. Which of the following statements is TRUE?

A. American payments are less advanced than many countries of the poor world.

B. In America, new payment systems did not have to push aside existing ones.

C. Financial institutions welcome FedNow because they can take advantage of slow settlements.

D. Most cash transfers in America happen via cash or cheque.

28. According to the article, which one is the potential challenge for mass adoption?

A. The American consumer, who is already used to paper-based payments.

B. Financial institutions that can take advantage of the previous system.

C. Financial institutions that are reluctant to join FedNow.

D. The American consumer, who is already bored with paper-based payments.

29. What is the author's attitude toward FedNow?

A. FedNow is useless to American consumer.

B. FedNow may make a change to America's payment system.

C. FedNow has been long-awaited.

D. FedNow will help the U.S economy grow.

30. What is the main idea of the article?

A. Instant payments finally reach America with FedNow, causing a knock-on effect on Wall Street.

B. Instant payments finally reach America with FedNow, the country's consumer does not welcome.

C. Instant payments finally reach America with FedNow, the country's banks are not entirely on board.

D. Instant payments finally reach America with FedNow, posing a challenge to existing payment systems.

巩固提升训练

Passage 1
Scientists Find New Way to Kill Disease-Carrying Mosquitoes

Scientists say they nearly eliminated disease-carrying mosquitoes on two islands in China using a new technique. The downside: it may not be practical for larger areas and may cost a lot of money.

In the experiment, researchers targeted Asian tiger mosquitoes, invasive white-striped bugs that can spread dengue fever, Zika and other diseases. They used a novel approach for pest control: first, they infected the bugs with a virus-fighting bacterium, and then zapped them with a small dose of radiation.

Zapping is meant to sterilize the mosquitoes. And releasing mosquitoes infected with a bacterial strain not found in wild mosquitoes would stop them from reproducing. Mosquitoes need to have the same type to make young that will survive.

For 18 weeks in 2016 and 2017, the team led by Zhiyong Xi at Michigan State University released male mosquitoes onto two small islands near Guangzhou, China, a region plagued by dengue fever. The number of female mosquitoes responsible for disease spread plummeted by 83% to 94% each year, similar to other methods like spraying insecticides and using genetically modified mosquitoes. Some weeks, there were no signs of disease-carrying mosquitoes.

No technique so far has had that kind of success, Xi said.

The problem, though, was that it required swarming the islands with lots of mosquitoes, up to 4 million each week. Over the two years, the number totaled to around 200 million mosquitoes released.

Scott O'Neill of the World Mosquito Program was concerned by the number of bugs needed for even these small islands, the largest of which was three times the size of New York's Central Park.

"It's hard for me to see how this can be scaled up to help residents," he said in an email.

Biologist Brian Lovett at the University of Maryland in Bethesda said this isn't a once and done process.

"You have to keep doing it. And if you don't keep doing it, then populations can fairly quickly re-establish," he said.

That's exactly what happened in the experiment: Mosquitoes either buzzed in or matured from young larvae to replace those that died. It's going to require constant monitoring and, potentially, a lot of money, Lovett said.

Costs will go down as the technology advances, the researchers said. They estimate it could range from $42 to $66 per acre of land per year. That's on par with agricultural pest sterilization methods and cheaper than some insecticides, which mosquitoes are increasingly becoming resistant to, Xi said.

The team has an ongoing project in an area roughly four times larger than their original sites.

1. What kind of method did the scientists use to kill disease-carrying mosquitoes?

A. They infected the bugs with a virus-fighting bacterium to make them instantly dead.

B. They sterilized mosquitoes by means of radiation and bacterium infection.

C. They used radiation to change their virus-carrying genes.

D. They innovated a new chemical insecticide to kill them.

2. Which of the following statements is not true according to the passage?

A. Xi's team is working on a new project which involves a larger research base.

B. Xi's method can effectively eliminate disease-carrying mosquitoes in his experimental area.

C. Both male and female mosquitoes are responsible for disease spread.

D. Asian tiger mosquitoes can spread dengue fever, Zika and other diseases.

3. What was Brian Lovett's opinion on this method?

A. Scientists needed to constantly release these new varieties of mosquitoes.

B. This method is not desirable, as it made mosquitoes increasingly resistant.

C. It was a way to solve the problem of mosquitoes raging once and for all.

D. He believed that this method needed further improvement to spread.

4. How did Xi respond to Scott and Brian's opinions?

A. He would reduce his dependence on technology advances.

B. He would shift his focus on agricultural pest sterilization and insecticides.

C. He still believed this method was promising.

D. He agreed with them.

5. What is the author's attitude towards this method?

A. Subjective.　　　　B. Objective.　　　　C. Negative.　　　　D. Supportive.

Passage 2

As companies including Facebook, Google, Amazon and Walmart see plateauing user numbers at home and escalating tensions between the American and Chinese tech industries, they're looking more closely at India. Although the South Asian nation has long had more potential than payoff, its hundreds of millions of digital neophytes hunger for everything from streams of Bollywood films to boxes of breakfast cereal from online grocers. The coronavirus pandemic has hurt growth, but it's done little to slow global interest in a country that's on track to overtake Germany and Japan to be the world's No.3 economy by 2039.

This year's investment rush began in January when Amazon.com Inc. founder Jeff Bezos, on a visit to Delhi, declared "the 21st century will be India's" and announced a $1 billion investment to help small businesses there track inventory, sales, and accounts. In July, Sundar Pichai, CEO of Google's parent Alphabet Inc., pledged $10 billion to digitize India, including a $4.5 billion investment in Jio. The next day, Walmart Inc. said it would spend $1.2 billion on its Indian subsidiary, Flipkart, which faces growing competition from Amazon and, yes, Jio.

Until the arrival of Jio, which means "live" in Hindi, foreigners dominated India's tech sector. The country is Facebook's biggest national market, with 328 million social network accounts and more than 400 million subscribers to its WhatsApp messaging service. Amazon controls almost a third of e-commerce there, with more than 500,000 small businesses using its platforms. Netflix Inc. and Amazon Prime dominate video streaming.

Jio is poised to challenge those companies and more. Since its founding just four years ago, it's built a 4G network covering virtually every corner of India and become its leading mobile phone carrier. To keep customers glued to their handsets, it offers shopping, movie and music streaming, video conferencing, and online news, and it's expanding into banking, e-learning, and apps for farmers. "Few companies have the potential to transform a country's digital ecosystem in the way Jio Platforms is doing in India," KKR & Co. boss Henry Kravis said in a note after committing $1.5 billion.

Jio's rise worries some market watchers. Its cutthroat wireless data pricing and packages that offer free voice calls dramatically expanded Internet access but helped drive a half-dozen rivals out of business. With its formidable bank account and ties to industry giants, Jio is ready to become a Big Tech player in its own right, says Urvashi Aneja, director of technology consultant Tandem Research. Jio's expansion, combined with economic fallout from the pandemic, could allow it to crowd out smaller players by giving preference to its own services, Aneja says. "Regulators need to ensure that Jio doesn't grow into a monopoly," she says.

Reliance boss Ambani hasn't publicly addressed those concerns, but he envisions a buoyant future for Jio. In recent years it has bought or invested in more than 20 startups in education, e-commerce, health care, and more. In May, Jio launched a grocery delivery service in 200 cities that it plans to link with millions of mom and pop stores, allowing customers to see what's in stock and place orders for speedy delivery.

6. What does the underlined word "plateauing" mean in the first paragraph?

A. Deteriorating.　　B. Increasing.　　C. Stagnating.　　D. Skyrocketing.

7. The underlined sentence "The coronavirus pandemic … economy by 2039." in the first paragraph tells us that _____.

A. Germany and Japan are quite interested in investing in India

B. India's economic growth has not been impacted by the pandemic

C. India will be the world's third largest economy very soon

D. global investors are optimistic about the market of India

8. Among the following companies, which is not mentioned to have invested in India this year?

A. Walmart.　　B. Microsoft.　　C. Google.　　D. Amazon.

9. Foreign companies face challenges from Jio not because _____.

A. it provides shopping, movie and music streaming to its customers

B. it has extended its business to banking and e-learning

C. its 4G network has very wide coverage in India

D. the government banned some foreign companies to protect the local one

10. Jio's business has covered many fields except _____.

A. grocery delivery service　　　　　　B. healthcare

C. education　　　　　　　　　　　　　D. insurance

Passage 3

People often discuss the dangers of too much stress, but lately a very different view of stress is gaining popularity: this view of stress, held by members of the positive stress movement, argues that stress might actually be beneficial. The positive stress movement is made up of people such as Zachary Rapp who are looking for an edge in a competitive world, and Rapp's routine is a good example of followers of the movement. He wakes up most mornings at dawn, goes for a run, sips black coffee while ripping through emails, and then steps into a freezing cold shower. This is a routine designed to reduce the stress of running simultaneously three different health and biotechnology companies for 18 hours a day.

Although Rapp's practices may sound extreme, he is part of a growing movement, consisting largely of tech industry workers who claim that such radical tactics will help them live better and longer. Inspired by influential figures in different fields, including entertainers, athletes, entrepreneurs and scientists, positive stress practitioners seek out some combination of extreme temperatures, restrictive diets, punishing exercise routines and general discomfort.

Rapp argues that positive stress keeps him balanced. In addition to running and freezing showers, Rapp uses ice baths, hot yoga, and unconventional eating practices such as eliminating dairy, sugar, alcohol and various other foods high in carbohydrates. He believes that these practices, which put stress on his body, actually make him feel less stress from work. However, Rapp does not credit anyone in particular for his choices: he said he started using these methods in college, where he got into the habit of taking ice baths to recover from sports. He got back into it while trying to get his three companies off the ground.

Rapp works long hours and sleeps only five to seven hours a night but he said he only gets sick once a year. For him, the difference between day-to-day stress, like the kind we feel when moving apartments, and positive stress is that the latter involves pushing the body to extremes and forcing it to build up a tolerance.

One thought leader in the positive stress world is Dutch extreme athlete Wim Hof, who earned the name "ice man" for his ability to withstand severe cold using deep breathing exercises. Hof's ideas have become popular among tech industry elites and, thanks to Hof, cold showers are now a trend; indeed, some even call it a form of therapy.

But it is important to note that not everyone agrees with these practitioners; indeed, some medical professionals argue that positive stress is not for everyone, and that it might even be dangerous for people who are unhealthy or older.

11. What do we learn about followers of the positive stress movement?

A. They are usually quite sensitive to different types of stress.

B. They hold a different view on stress from the popular one.

C. They derive much pleasure from living a very hectic life.

D. They gain a competitive edge by enjoying good health.

12. What do followers of the positive stress movement usually do to put their ideas into practice?

A. They keep changing their living habits.　　B. They network with influential figures.

C. They seek jobs in tech industries.　　D. They apply extreme tactics.

13. What does Zachary Rapp say about his unconventional practices?

A. They help him combat stress from work.

B. They enable him to cut down living expenses.

C. They enable him to recover from injuries and illnesses.

D. They help him get three companies enlisted all at once.

14. What can be inferred from the passage about day-to-day stress?

A. It is harmful to one's physical and mental health.

B. It does not differ in essence from positive stress.

C. It is something everybody has to live with.

D. It does not help build up one's tolerance.

15. What do some medical professionals think of positive stress?

A. Its true effect remains to be verified.

B. Its side effect should not be ignored.

C. Its effect varies considerably from person to person.

D. Its practitioners should not take it as a form of therapy.

Passage 4

A growing number of countries want to phase out coal entirely, a transition eased by cheap natural gas and the plunging cost of wind and solar power. That is good news. Coal has been the largest engine of climate change to date, accounting for nearly a third of the rise in average temperatures since the Industrial Revolution. Any pressure on it therefore counts as progress.

Asia accounts for 75% of the world's coal demand. The Chinese government has taken steps to limit pollution and support renewables. Yet coal consumption there rose in 2018, as it did the year before. In India coal demand grew by 9% last year. In Vietnam it swelled by almost a quarter. To keep the rise in global temperatures to no more than 1.5℃ relative to pre-industrial times, climatologists insist that almost all coal plants must shut by 2050, which means starting to act now. Today's trends would keep the last coal plant open until 2079, estimates UBS, a bank Asia's coal-fired power regiment has a sprightly average age of 15, compared with a creaky 40 years in America, close to retirement.

There are several reasons for this, but one stands out: government support. In India stateowned companies invest more than ＄6bn in coal mining and coal-fired power each year; state-backed banks provide some ＄10.6bn in financing. Indonesia doles out more than ＄2bn annually for consumption of coal-fired power. China supports coal not just at home but abroad, supplying about $9.5bn a year in foreign funding. Japan and the Republic of Korea finance coal projects outside their borders, too.

Government support is hardly surprising. State-backed coal firms make money and create jobs. Wind turbines and solar panels provide power only intermittently; for now, dirtier power plants are needed as back up. Gas is pummelling coal in America, but remains a bit-player in India and much of South-East Asia, since it has to be imported and is relatively expensive.

Nevertheless, governments betting on coal face three big risks. One is environmental. Emissions from coal plants that are already built — let alone new ones — will ensure that the world exceeds the level of carbon-dioxide emissions likely to push global temperatures up by more than 1.5℃.

There is an economic risk, too. Public-sector zeal for coal is matched only by private-sector distaste. Banks, including Asian ones, have increasingly said they will stop funding new coal plants. Wind and solar farms make coal look increasingly expensive. A study has found that private banks provided three-quarters of loans to Indian renewables projects last year; state-backed banks doled out two-thirds of those for coal.

And then there is politics. Voters do not like breathing soot. More of them are concerned about climate change, too, as they face unpredictable growing seasons, floods and droughts.

16. According to this passage, which energy is the key factor to climate change?

A. Oil.　　　　　　B. Coal.　　　　　　C. Gas.　　　　　　D. Panels.

17. The second paragraph tells us that _____ .

A. China has taken measures to curb carbon emissions

B. India is home to the largest increase of coal demand

C. all the coal plants will be closed in 2050

D. Asia's coal-fired power plants are close to retirement

18. Which of the following statements is true?

A. Government support is an important factor for rising coal demand in Asia.

B. Japanese government does not support coal.

C. Solar power is the most used energy in rich countries.

D. Gas is playing a bigger role in most Asian countries.

19. Government supporting coal may face three risks except _____ .

A. cultural risk　　　B. environmental risk　　C. economic risk　　　D. risk of politic

20. Coal may cause the following problems except _____ .

A. rising temperature on earth　　　　　　B. air pollution

C. unpredictable seasons　　　　　　　　　D. bankruptcy of state-owned companies

Passage 5

A study on creativity found that there isn't one "creativity" center of the brain. Instead, it emerges from the interplay of complex brain activity involving multiple more basic systems. "In further understanding this science, we can consciously influence ourselves to have greater creativity," says Bailey, president of Bailey Strategic Innovation Group, a consulting firm that focuses on the brain science of interpersonal connectivity.

Our world is increasingly designed to be distracting. Bailey says brain-science research shows distractions reduce your cognitive abilities. "All you need to do is glance at the phone, whether it makes a noise or not, and your brain jumps to all of the things you could be doing on it, such as checking email, checking your stocks, or playing a game," he says. "When you come back to your brainstorming session, your brain doesn't just jump right back there. You have to ramp back up to where you were at the same cognitive level, which takes time." To improve brainstorming sessions, either solo or in a group, remove distractions from your space, such as putting away your phone and shutting down you email.

Sometimes when you're brainstorming, it can help to recall things from the past. Introducing scent is a way you can engage your long-term memories, says Bailey. "If you were at a food festival and the environment was inspiring, and you want to recreate that environment for a future project, introduce some smells that you would have encountered, and you'll have better recall of some details of that event," he says. "Our long-term memories exist in part of the brain that's directly connected to our olfactory bulb (嗅球) in the limbic system."

Creativity and brainstorming feed off feel-good chemicals in your brain, such as dopamine, serotonin, and endorphins. Bailey says background music can be helpful for releasing feel-good chemicals — but with a caveat.

"When you have lyrical music, what your brain wants to do is jump into following the lyrics, singing along," he says. A cheat is to find the instrumental version of your favorite songs. "It's much easier for your brain to tune it out but you also get the benefit of the music," he says.

Brainstorming can be a collaborative effort, but it can also be a very individual effort brought forward in a collaborative fashion afterwards. Bailey says introverts are often bad at large group brainstorming sessions because they tend to think about things first, process them completely, and then say them out loud. "Traditional group brainstorming sessions are extroverts' playground," says Bailey. "When you understand how the brains work, you can improve outcomes by giving the topic or idea you want the group to brainstorm around in advance."

For example, Bailey says you can share a few questions ahead of time, and suggest that everyone comes to the meeting with a few ideas written down. "What it does is it allows the introverts to process the question completely," he says. "They'll feel more comfortable sharing their ideas in the session. Then you'll get more participation from both the introverts and the extroverts."

21. Why can scent help engage long-term memories?

A. The location where long-term memories are stored is linked to part of the brain that controls smell.

B. Because the part of the brain where long-term memories exist is in limbic system connected with olfactory bulb.

C. Because our long-term memories are stored in olfactory bulb.

D. Because the scent is closely related to what had happened at the time.

22. Which of the following is not true according to the passage?

A. Trying to mute your phone modulation is salutary during brainstorming.

B. Positive chemicals are produced in the process of creating.

C. Counting for introverted and extroverted brainstorming styles are necessary.

D. Brainstorming involves collaborative efforts as well as individual independent thinking.

23. What can we know about the first paragraph?

A. Bailey works for an introspective brain research company.

B. Creativity is genetically determined, not acquired by hard work.

C. Creativity arises from the interaction of complex brain activity.

D. There is a basic system in brain to maintain your brain in a creative state.

24. How to help introverts create well in brainstorming?

A. Giving them topics or several questions ahead of time.

B. Tutoring them to process questions completely.

C. Offering tips in advance about answers related to brainstorming.

D. Engaging group brainstorming with special care from directors.

25. Which of the following is not the suggestion to do brainstorming?

A. Removing distraction.　　　　　　B. Positive cognitive responses are suggested.

C. Engaging long-term memory.　　　D. Turning off lyrics.

Passage 6

The subject of automation and its role in our economy has taken hold in American public discourse. Technology broadly and automation specifically are dramatically reshaping the way we work. And we need to have a plan for what's still to come.

We don't have to look further than our own communities to see the devastating impact of automation. From automated warehouses to cashierless grocery stores to neighborhood libraries that offer self-checkout lanes instead of employing real people—automation is increasingly replacing jobs and leaving too few good new jobs behind.

The statistics in manufacturing are staggering. Despite the widespread fears about trade, a recent report showed that just 13 percent of jobs lost in manufacturing are due to trade—the rest of the losses have been due to advances in technology.

That is why more people are criticizing the ever-increasing role of technology in our economy. Our country is manufacturing more than ever before, but we are doing it with fewer workers. However, it's not just factories that are seeing losses—software and information technology are also having a dramatic impact on jobs most people think are secure from the forces of a rapidly-changing economy. Something transformative is happening in America that is having an adverse effect on American families. Whether policymakers and politicians admit it or not, workers have made clear their feelings about their economic insecurity and desire to keep good jobs in America.

So why are people so insistent on ignoring the perils of automation? They are failing to look ahead at a time when planning for the future is more important than ever. Resisting automation is futile: it is as inevitable as industrialization was before it. I sincerely hope that those who assert that automation will make us more effective and pave the way for new occupations are right, but the reality of automation's detrimental effects on workers makes me skeptical. No one can currently say where the new jobs are coming from or when, and any sensible company or country should prepare for all alternatives.

I'm not overstating the danger: look at what's happened to the labor force. According to economic research, one in six working-age men, 25-54, doesn't have a job. Fifty years ago, nearly 100 percent of men that age were working. Women's labor force participation, meanwhile, has slipped back to the level it was at in the late 1980s.

American families and prominent business leaders are aware that there's a big problem with automation. The value of a college degree is diminishing, and our upward mobility is declining. If we want an economy that allows everyone to be economically secure, we need to start thinking about how we can rightfully address automation.

26. What can we observe from the author's description of our communities?

A. The growing passion for automation.
B. The shift from manual jobs to IT ones.
C. Their changing views on employment.
D. Their fading employment opportunities.

27. What do we learn from a recent report?

A. The manufacturing sector is declining at a fast rate.
B. The concerns about the effect of trade are exaggerated.
C. The fears about trade have been spreading far and wide.
D. The impact of trade on employment has been staggering.

28. What does the passage tell us about American workers in an era of transformation?

A. They feel ignored by politicians.
B. They feel increasingly vulnerable.
C. They keep adapting to the changes.
D. They keep complaining but to no avail.

29. What does the author think of automation?

A. It will have the same impact as industrialization.
B. It provides sensible companies with alternatives.
C. Its alleged positive effects are doubtful.
D. Its detrimental effects are unavoidable.

30. What should we attach importance to when dealing with automation?

A. College graduates' job prospects.
B. Women's access to employment.
C. People's economic security.
D. People's social mobility.

Passage 7

One of the bad habits of Britons is a habit for mourning the country's decline. To be cured of this, Britain would probably need a different history. It was the first industrial nation. From that starting-point, its influence could only ever go in one direction: downwards. There is a large literature blaming long-term decline on sloth, complacency and amateurism. Brexit is just another opportunity to lament lost relevance.

This sense of decline is felt keenly in capital markets. Sterling was once the global currency but it now accounts for less than 5% of foreign-exchange reserves. Britain's money markets used to stand out in Europe for their high interest rates; but no longer. And Britain's stock market is a shadow of its former self. Big IPOs are as rare as rocking-horse dung. This scarcity along with years of share underperformance has seen Britain's share of global market capitalisation shrink markedly.

So accepted has the narrative of decline become, that it is probably time to bet the other way. The economy is poised for a sharp recovery. London's bourse is stuffed with the shares of companies—miners, banks and energy firms—that ought to do well in an environment of rising inflation. And though fixing the structural deficiencies of Britain's capital markets is a big task, it is not impossible.

On cyclical grounds, there is a strong case for Britain. The immediate outlook for the economy is rosier than almost anywhere. Brexit is done. The world has kept turning. And politics is more stable. The FTSE All-Share index is heavy with the kind of cyclical stocks that have been in favour recently. But, lamentably, it is light on the digital champions of tomorrow. This is not for lack of innovation. Britain is rather good at fostering startups. There are various tax breaks to help fledgling companies raise seed capital.

The country still attracts more venture capital than any other in Europe. London is an asset in this regard. If your ambition is to build a globally relevant technology company, it helps to start it in a global city. Berlin is cool and cheap, but lacks a world-class university. Paris is pretty, but French labour laws are a pain. London can be an easier place for the footloose entrepreneur to settle—though a lot rests on how post-Brexit visa schemes work.

When Britain says "it is open for business", it is taken to mean that its most promising firms are available to be gobbled up by foreign bidders. If there were local alternatives to such deals, its public markets might begin to look more attractive. Decline might even be reversed. In any event, though, the gloom has gone far enough. The case against sterling assets is oversold.

31. What bad habit do the Britons have according to the passage?

A. They like to mourn the decline of their country.

B. They refuse to accept recent innovations.

C. They are over-worried about economic uncertainties.

D. They feel not satisfied with their industrialization.

32. Which of following is the sign for Britain's economic decline?

A. High interest rates. B. Few big IPOs.

C. More share of global market capitalization. D. Large foreign-exchange reserves of sterling.

33. What is the author's attitude towards Britain's economic recovery?

A. Positive. B. Suspicious. C. Critical. D. Negative.

34. What makes Britain weak to recover according to the passage?

A. Lack of innovation. B. Lack of future digital champions.

C. Conservative politics. D. Various corporate taxes.

35. What do the Britain mean by saying "it is open for business" (in Para. 6)?

A. Britain will spend more on importing food than selling abroad.

B. Britain's foreign investment law allows more deals in technology.

C. Foreign merger can be done to Britain's most promising firms.

D. A general tariff is to be imposed on foreign imports.

Passage 8

Apple has dropped its long-promised bombshell on the data-tracking industry. The latest version (14.5) of iOS—the operating system of the iPhone—included a provision that required app users explicitly to confirm that they wished to be tracked across the internet in their online activities. At the heart of the switch is a code known as "the identifier for advertisers" or IDFA. It turns out that every iPhone comes with one of these identifiers, the object of which is to provide advertisers with aggregate data about the user's interests. For years, iPhone users have had the option to switch it off by digging into privacy settings of their devices, but very few bothered to do that.

From 14.5 onwards, however, they couldn't avoid making a decision and you didn't have to be a Nobel laureate to guess that most iPhone users would opt out. This explains why those who profit from the data-tracking scheme had for months been angry about Apple's betrayal. Some counteroffensives included attacks on Apple's monopolistic control over its App store and charges of rank hypocrisy—that changes in version 14.5 were not motivated by Apple's concerns for users' privacy but by its own plans to enter the advertising business. And so on.

The computerised, high-speed system in which online ads are traded is currently unregulated. Often the problem with tech regulation is that our legal systems need to be overhauled to deal with digital technology. But the irony in this particular case is that there's no need for such an overhaul: Europe already has the law in place. It's the GDPR (General Data Protection Regulation), which is part of the legal code of every EU country and has provision for imposing punishments for infringers. The problem is that it's not being effectively enforced.

Why not? The answer is that the EU delegates regulatory power to the relevant institutions—in this case data protection authorities (DPA)—of its member states. And these local outfits are overwhelmed by the scale of the task and are lamentably under-resourced for it. Half of Europe's DPAs have only five technical experts or fewer. And the Irish data protection authority, on whose patch most of the tech giants have their European headquarters, has the heaviest enforcement workload in Europe and is clearly swamped.

So here's where we are: an online system has been running wild for years, generating billions in profits for its participants. We have a powerful law on the statute book that in principle could bring it under control, but which we appear unable to enforce. And the only body that has, to date, been able to exert real control over the aforementioned scheme is a giant private company that itself is subject to serious concerns about its monopolistic behaviour. It really is time to worry.

36. What is true about the iPhone with the latest version of iOS?

A. Its users' online activities will be tracked on other devices.

B. Its users have to decide whether data-tracking is allowed.

C. It has been proved to be beneficial for online businesses.

D. It will provide more accurate data to advertisers.

37. Why have those profiting from data-tracking been angry?

A. Because of the possibly high opt-out rate.

B. Because of the clearly illegal act of Apple.

C. Because of the violation of their privacy.

D. Because of the emergence of violent counterattack.

38. Which of the following is true about the GDPR?

A. It is not implemented successfully now.

B. It is adopted in a few EU countries.

C. It should be overhauled as soon as possible.

D. It bans the trade of online ads.

39. Which one is true about the data protection authorities in Europe?

A. They transfer their regulatory power to the EU.

B. They lack resources to handle heavy workloads.

C. They fail to cooperate with local experts.

D. They are swamped with paperwork.

40. How does the author feel about Apple's control over the data-tracking scheme?

A. Relieved.　　　B. Puzzled.　　　C. Concerned.　　　D. Encouraged.

Passage 9

All of the 2019 Nobel Prizes in science were awarded to men. That's a return to business as usual, after biochemical engineer Frances Arnold won in 2018, for chemistry, and Donna Strickland received the 2018 Nobel Prize in physics.

Strickland was only the third female physicist to get a Nobel following Marie Curie in 1903 and Maria Goeppert-Mayer 60 years later. When asked how that felt, she noted that at first it was surprising to realize so few women had won the award, "But, I mean, I do live in a world of mostly men, so seeing mostly men doesn't really ever surprise me either."

The rarity of female Nobel laureates raises questions about women's exclusion from education and careers in science. Female researchers have come a long way over the past century. But there's overwhelming evidence that women remain underrepresented in the STEM fields of science, technology, engineering and math.

Studies have shown those who persist in these careers face explicit and implicit barriers to advancement. Bias is most intense in fields that are predominantly male where women lack a critical mass of representation and are often viewed as tokens or outsiders.

Traditional stereotypes hold that women "don't like math" and "aren't good at science." Both men and women report these viewpoints, but researchers have empirically disputed them. Studies show that girls and women avoid STEM education not because of cognitive inability, but because of early exposure and experience with STEM, educational policy, cultural context, stereotypes and a lack of exposure to role models.

For the past several decades, efforts to improve the representation of women in STEM fields have focused on countering these stereotypes with educational reforms and individual programs that can increase the number of girls entering and staying in what's been called the STEM pipeline—the path from K-12 to college to postgraduate training.

These approaches are working. Women are increasingly likely to express an interest in STEM careers and pursue STEM majors in college. Women now make up half or more of workers in psychology and social sciences and are increasingly represented in the scientific workforce, though computer and mathematical sciences are an exception.

More women are graduating with STEM Ph. D. s and earning faculty positions. But they encounter glass cliffs and ceilings as they advance through their academic careers. They face a number of structural and institutional barriers in academic STEM careers.

In addition to issues related to the gender pay gap, the structure of academic science often makes it difficult for women to get ahead in the workplace and to balance work and life commitments. Bench science can require years of dedicated time in a laboratory. The strictures of the tenure-track process can make maintaining work-life balance, responding to family obligations, and having children or taking family leave difficult, if not impossible.

41. What did Donna Strickland mean when she was asked how she felt?

A. She still felt surprised why there were few women that had won the Nobel Prize.

B. She thought that men deserved the awards as they made great contribution.

C. She no longer felt surprised as there were always more men in her career and life.

D. She was surprised by the fact that there were so few women in her world.

42. Why does the author think that bias is most serious in fields where there are mostly men?

A. Because women in these fields do not have women role models.

B. Because these fields need more men who has more power and more expertise.

C. Because men in these fields usually have higher positions.

D. Because there aren't enough women that can stand up for themselves in the group.

43. According to the passage, which of the following statements is INCORRECT?

A. Females avoid choosing STEM fields, because they think they are less capable.

B. Women have started pursuing STEM majors in colleges and in career.

C. The increase of women workers is not the case in computer and mathematical science.

D. Education has played a helpful role in changing people's stereotypes.

44. According to the passage, the barriers women face in academic STEM careers include the following EXCEPT _____ .

A. they are isolated in networking and social opportunities

B. they are receiving less pay than their male colleagues

C. they are less likely to get promoted even they are more capable

D. they have to take more responsibilities at home

45. What is the main idea that the author intends to convey through the article?

A. The Nobel Prize awards have neglected women's contribution in science.

B. Women have been working hard to seek more equality in science work.

C. Women have been facing barriers in STEM but are gaining more attention.

D. Education has to put more effort to cultivate women scientists.

☆答案及解析见下册P406~P431。

专项三 完形填空

考场真题还原

Passage 1
What is Cell Phone Etiquette?

Cell phones have become an unavoidable part of modern life for many people, but their presence in so many places can lead to situations in which users are inconsiderate of others. Just as general rules of etiquette 1 among cultures, so do rules of cell phone etiquette. Still, some basic principles cross cultural norms — common sense and courtesy are the cornerstones of polite cell phone use. Respecting public and personal space, maintaining privacy, and not disturbing others are some general principles a person should keep in 2 when using a mobile phone.

Cell phone etiquette is usually at its most important in public spaces, where one loud talker can disturb a large number of people. How a person uses his or her phone in more private situations matters too, however, to those who are concerned with being considerate. Many people find it rude when someone takes a cell phone call on a date or during a private social 3 with others. Along the same lines, it's usually thought to be inconsiderate to take a call in the middle of a conversation; if the caller were there in person, he or she would likely wait to politely interrupt at a more appropriate time. When in a small group or one-on-one situation, it's best for someone receiving the call to not 4 unless it's an emergency.

Public settings such as restaurants, waiting rooms, and subways are usually bad places for casual cell phone conversations. 5 the user is expecting an important call, it would be best to put the ringer on vibrate or silent mode and let any calls that do not need to be answered immediately go to voice mail. This is not only more considerate to other people in the public space, but it also helps the caller maintain his or her privacy by not divulging personal information in public.

1. A. arise   B. create   C. vary   D. bear
2. A. touch   B. check   C. harmony   D. mind
3. A. interaction B. conversation   C. engagement   D. behavior
4. A. hang up   B. call on   C. pick up   D. put off
5. A. If   B. Unless   C. Otherwise   D. While

Passage 2

The tea that has delighted and fascinated the world for millennia has finally received top-level global recognition as a shared cultural treasure of mankind. Traditional tea processing techniques and their associated social practices in China were added to UNESCO's Representative List of the Intangible Cultural Heritage of Humanity.

The status and honor were __6__ by the Intergovernmental Committee for the Safeguarding of Intangible Cultural Heritage, hosted in Rabat, Morocco. It __7__ knowledge, skills and practices concerning management of tea plantations, picking of tea leaves, and the processing, drinking and sharing of tea.

According to UNESCO, in China traditional tea processing techniques are closely associated with geographical location and natural environment, resulting in a __8__ range between 18°~37°N and 94°~122°E.

The techniques are mainly found in the provinces and autonomous regions of Zhejiang, Jiangsu, Jiangxi, Hunan, Anhui, Hubei, Henan, Shaanxi, Yunnan, Guizhou, Sichuan, Fujian, Guangdong and Guangxi. Associated social practices, however, are spread throughout the country and shared by multiple ethnic groups. Over 2,000 tea __9__, mainly in six categories—green, black, yellow, oolong, white and dark — are grown in China.

Tea-related customs are not only found across the country, but also influenced the rest of the world through the ancient Silk Road and trade routes.

As a document from the Ministry of Culture and Tourism to UNESCO explained, tea is __10__ in Chinese people's daily life. Steeped or boiled tea is served in homes, workplaces, tea houses, restaurants, temples and used as an important medium for communication in socializing and ceremonies such as weddings, apprentice-taking and sacrifices.

6. A. conferred   B. counted   C. confirmed   D. confined
7. A. takes on   B. disposes of   C. makes up   D. consists of
8. A. province   B. profile   C. attribution   D. distribution
9. A. seedlings   B. deficiencies   C. varieties   D. branches
10. A. scarce   B. productive   C. superior   D. prevailing

Passage 3

The rise in private American space missions has led to increasing calls for rules on what can be transported to the moon. Individuals and groups have criticized plans by private companies to send things that might not be suitable for the lunar surface. The __11__ came from companies that have contracts with the American space agency NASA to provide space flight services and carry equipment and supplies to the moon. Such __12__ launched from rockets are known as payloads. The efforts are part of NASA's Commercial Lunar Payload Services (CLPS) program. It aims to __13__ the nation's major space missions to private companies in an effort to reduce costs.

The CLPS program plans to __14__ several landers to the moon in the coming years. The landers will be carrying instruments and exploring tools to help humans learn more about the moon and its surroundings. But some missions also plan on sending goods that could be used in advertising. Leslie Tennen, a lawyer who specializes in international space law, told Reuters news agency, "We're just at the beginning of exploring the moon, and we need to be careful we're not contaminating it." She said she thinks __15__ should be taken to prevent the spread of what she calls "litter" on the moon.

Last month, one privately-built lunar lander aimed to __16__ on the surface of the moon. But the spacecraft, called Peregrine, developed a fuel leak shortly after launch and did not make it to the moon. Reuters reports that under U. S. law, materials can be transported to the moon as long as they do not __17__ certain general guidelines set by the U. S. Federal Aviation Administration (FAA).

The FAA requires companies to show that a payload launched from Earth does not "jeopardize public health and __18__, U. S. national security or international obligations" of the U. S. This rule __19__ most materials to be sent to the moon.

But legal experts think the issue will likely gain more attention as more private missions make successful landings on the lunar surface. And this could lead to new legal __20__ on what can be transported to the moon.

A. send	B. touch down	C. care	D. permits
E. call for	F. safety	G. restrictions	H. materials
I. violate	J. hand over	K. proposals	L. training

巩固提升训练

Passage 1

You don't have to climb a mountain to experience the woes of elevation. Plenty of favorite travel spots __1__ on high, such as Cusco, Peru, at 11,152 feet, and Leh, India, at 11,550 feet. At altitude, there's less oxygen in the air, which can leave you __2__ for breath just trying to walk up a street.

What exactly is happening to the body? "First it increases breathing, which can feel like a shortness of breath," says Peter Hackett, director of the Institute for Altitude Medicine in Colorado. "Second the blood vessels in the brain __3__, so that there's more blood and therefore more oxygen. That gives the sensation of a headache."

Symptoms of acute mountain sickness, or AMS as it's known, include trouble sleeping, nausea, loss of appetite, and fatigue. If you keep going higher and ignore signals from your body, you could develop HAPE, high altitude pulmonary edema, or HACE, high altitude cerebral edema, both of which are very serious.

All that said, some of the best views on Earth are seen from up high. The key to your success? Go up slowly. __4__ over two or three days, if possible, and using these tips will help you feel good at the top.

Follow these tips

Take it easy: During the first day or two at altitude, don't __5__ yourself. Do a little exercise, but give your body time to adjust.

Sample the snacks: Stick to small meals the first few days, because the digestive system can become stressed at elevation.

Guzzle water: Drink plenty of H_2O prevents dehydration, which has symptoms similar to those of acute mountain sickness.

Shield your skin: Ultraviolet light increases by five percent per thousand feet of altitude, so accessorize with protective gear such as sunglasses, a broad-brimmed hat, and sunscreen.

1. A. headquarter   B. situate   C. perch   D. sit
2. A. grabbing   B. gasping   C. grasping   D. groaning
3. A. shrink   B. oversize   C. burst   D. expand
4. A. Declining   B. Traveling   C. Ascending   D. Arriving
5. A. overestimate   B. overtake   C. overwhelm   D. overexert

Passage 2

O'Plerou Grebet is a 22-year-old graphic design student in Ivory Coast. Everywhere he looks, he sees signs of Western influence—from the glass skyscrapers and malls lining the streets in his home city of Abidjan to the way his peers spoke and dressed. "We are living like we're Western people," he says. "It's like we are not proud of our own culture." That even __6__ the symbols he texts to friends using the messaging apps on his phone. So he used his design skills to create digital stickers that depict what he thinks is missing from __7__ keyboard culture: symbols of history and daily life in Ivory Coast and neighboring countries.

In 2018, he released a free pack of over 360 stickers in a mobile app called "Zouzoukwa", which means "image" in the local Bété language. __8__ on Android and iPhone, it now has over 120,000 downloads. People can use the stickers on their phones like emoji. The icons reflect life and culture in Ivory Coast and the surrounding region. They include traditional masks, African __9__ like the djembe drum (a goblet-shaped hand drum) and people clad in a variety of prints, fabrics and clothing that reflect regional __10__. There are also everyday objects: cans of soda, cubes of bouillon (a key ingredient in many African dishes) and popular types of chips and candy.

6. A. appeals to   B. subscribes to C. attaches to   D. applies to
7. A. global   B. local   C. digital   D. official
8. A. Flexible   B. Preferable   C. Feasible   D. Available
9. A. tools   B. appliances   C. instruments   D. equipment
10. A. experience   B. interests   C. heritage   D. trends

Passage 3

The U.S. economy grew 2.3% last year, the Commerce Department said Thursday. That's a __11__ from the previous year, when the economy grew 2.9%. And it's well short of the 3% growth target set by the White House.

"We anticipate that consumer spending, spurred by rising wages and __12__, will remain strong," CBO Director Phillip Swagel told a House committee on Wednesday. "We also expect business investment to __13__ as several of the factors that weighed on businesses last year abate." Swagel's forecasts for the rest of the decade are less rosy, with annual GDP growth slumping to an average of just 1.7%. "That growth rate is lower than the historical average because of long-term demographic trends," Swagel said. "The United States is an __14__ society. That means the growth of our labor force will be slower in the future than it has been in the past."

The government has tried to lure more people into the workforce with a combination of carrots and sticks. The carrots include tax cuts that increase take-home pay. The sticks include work requirements and other __15__ to safety-net programs such as food stamps. A strong job market has drawn more people off the sidelines into the workforce. Labor force participation has climbed from a low of 62.4% to 63.2% today, although rates in the U.S. still lag those in other countries.

11. A. advantage   B. boom   C. slowdown   D. mismanagement
12. A. trade policy B. household wealth C. financial literacy D. housing prices
13. A. change   B. rebound   C. overcome   D. negotiate
14. A. broken   B. diverse   C. aging   D. industrial
15. A. uncertainties B. adjustments   C. judgments   D. comments

Passage 4

If you think life is wonderful and expect it to stay that way, then you may have a good chance of living to a ripe old age, at least that is what the findings of a new study suggest. That study found that participants who reported the highest levels of optimism were far more likely to live to age 85 or __16__. This was compared to those participants who reported the lowest levels of optimism. It is __17__ that the findings held even after the researchers considered factors that could __18__ the link, including whether participants had health conditions such as heart disease or cancer, or whether they experienced depression. The results add to a growing body of evidence that certain psychological factors may predict a longer life __19__. For example, previous studies have found that more optimistic people have a lower risk of developing chronic diseases, and a lower risk of __20__ death. However, the new study appears to be the first to __21__ look at the relationship between optimism and longevity. The researchers __22__ that the link found in the new study was not as strong when they factored in the effects of certain health behaviors, including exercise levels, sleep habits and diet. This suggests that these behaviors may, at least in part, explain the link. In other words, optimism may __23__ good habits that bolster health. It is also important to note that the study found only a __24__, as researchers did not prove for certain that optimism leads to a longer life. However, if the findings are true, they suggest that optimism could serve as a psychological __25__ that promotes health and a longer life.

A. affect	B. henceforth	C. reconciled	D. beyond
E. foster	F. span	G. conceded	H. noteworthy
I. trait	J. premature	K. specifically	L. correlation

☆答案及解析见下册 P431~P437。

全国银行招聘考试专用教材

考前必做题库

（下册·答案）

中公教育全国银行招聘考试研究中心 ◎编著

立信会计出版社

第一篇　职业能力测试

专项一　言语理解与表达参考答案及解析

考场真题还原

1. A　解析：先看第二空，根据"对比展览""让观众……看到"可知空缺处填入词语有直接具体之意，据此排除 B 项"抽象"和 C 项"兴奋"。再看第一空，"相辅相成"是指两件事物互相配合，互相补充，缺一不可。"交相辉映"是指各种光亮、色彩等互相映照。根据"各有渊源……首次相遇"可知"相辅相成"与句意不符，排除 D。代入 A 项，验证第三空。"感知……的形成过程"搭配恰当，符合逻辑。

2. D　解析：(1)句，由"敢于主动放弃""决心和勇气"可知，句子表达的是企业管理层推进改革的决心很大。"大刀阔斧"形容办事果断而有魄力，填入恰当；"筚路蓝缕"形容创业的艰苦，与文意不符，排除 B、C。(2)句，"盈利"指扣除成本后获得利润，与"亏损"相对；"营利"指谋求利润，与"公益"相对。根据"企业的经营"和"在国际上竞争"可知句子说的是在国际上无法获得经营利润，填入"盈利"恰当，排除 A。

点拨　作答选词填空题时，可从语境分析的角度快速入手解题。语境有解释、补充、限定的功能，分析语境可以帮助我们更好地理解语义。

3. D　解析：(1)句，"休整"指休息整顿，多用于军队、团体或者个人整体；"修整"指修理使完整或整齐。与"被暴雨冲毁的田间路"搭配，应选"修整"，排除 A、B。(2)句，"泄漏"主要指液体、气体等从某个地方漏出，"泄露"通常指不应该让人知道的事情被人知道了，与"信息"搭配，应选择"泄露"，排除 C。(3)句，"惘然"指失意的样子或者心里好像失掉了什么东西的样子，用来形容高中到大学身份的转变恰当。故本题选 D。

4. B　解析：(1)句，空缺处描述的是志愿者钻进起火的树林阻断火势的情景，"前仆后继"是指前面的人倒下了，后面的人继续跟上去，形容英勇斗争，不怕牺牲，不符合志愿者救火的语境，排除 A、C。(2)句，"怜惜"意为爱惜、同情爱护；"怜悯"意思是对遭受打击或不幸的人表示同情。由"生活中遭遇不幸的人""觉得人生不该如此"可知，"怜悯"更符合语境。故本题选 B。

5. D　解析：第一空，由"、"可知，所填词语与"良莠不齐"构成并举关系，表示第三方测评行业好坏混杂之意。"高下立判"表示事物之间在进行比较时，实力、强弱差距悬殊，孰高孰低、谁胜谁负，很容易就能判断出。其强调的是差距明显，与文意不符，排除 A、C。"鱼龙混杂"比喻好坏混杂在一起，成分复杂，与"良莠不齐"并列恰当。第二空，"众所周知"指大家都知道，"顾名思义"指从事物的名称联想到它的含义。空缺处后的句子为对"第三方测评"应如何测评的具体解释，填入"顾名思义"恰当，排除 B。故本题选 D。

6. D　解析：第一空，"汗牛充栋"形容书籍多，不适用于形容音乐、书法、国画等，排除 B、C。第二空，由句意可知，空缺处的意思是中国艺术教育与中华民族的独特艺术创造相关联，因此具有独特的文化属性，"渊源"比喻事物的本源，与空缺处含义不符，排除 A。"禀赋"原指人的体魄、智力等方面的素质,用在此处指中国艺术教育的文化素质和内涵合适。故本题选 D。

7. C 解析:(1)句,"入木三分"形容书法刚劲有力,也用来形容议论、见解深刻,常用于形容见解、议论、书法笔力等;"鞭辟入里"形容能透彻说明问题,切中要害,常用于形容言论、文章、学识等。空缺处用于形容《证券分析》这本书,用"鞭辟入里"更恰当,据此排除 A、D。(2)句,"剥削"指无偿地占有别人的劳动或产品,主要是凭借生产资料的私人所有权来进行的,多用于经济(例如工资)方面的;"剥夺"指用强制的方法夺取或依照法律取消,多用于政治(例如权利)方面的。文段意为不让妇女接受教育,"剥夺"填入恰当。故本题选 C。

8. A 解析:第一空,根据"短平快""慢工出细活"可知空缺处填入词语表示雕刻手艺跟社会节奏"不一样或者相反"之意,"背道而驰"比喻两件事方向、目标完全相反,符合句意;"如出一辙"比喻两件事情非常相似,与句意不符,排除 B、D。第二空,"阐释"指阐述并解释,侧重于分析;"诠释"侧重于对某事的讲解、证明。根据句意可知空缺处强调雕刻匠人的行为是对"工匠精神"最好的说明,故填入"诠释"更为恰当。故本题选 A。

9. C 解析:(1)句,"锦衣玉食"形容豪奢的生活,侧重"豪奢","丰衣足食"形容生活宽裕,侧重"丰足"。由前文"不会心心念念安逸舒适的衣食居住"和后文"是为了获得精神上的愉悦"可知,"锦衣玉食"填入更符合科学家们不追求奢靡物质生活而追求精神愉悦的高贵品质,排除 B、D。(2)句,"庇护"指包庇、袒护,多搭配不好的方面,例如庇护坏人、庇护缺点;"维护"指保全、保护,多搭配好的方面,例如维护群众利益。所填词语搭配"世间的正义与公正","维护"填入恰当,排除 A。故本题选 C。

10. A 解析:划线部分在段首,有统领全文的作用,因此应对后文内容进行归纳概括。文段首先指出水资源的格局影响着发展格局,并由此引出了南水北调的作用和意义,然后通过叙述南水北调工程的完成因素,强调了强大国力是高效高质完成南水北调工程的有力保证。填入段首的句子应体现这一层含义。A 项是对后文内容的高度概括,符合文意,保留。B、C、D 三项均未强调国力支撑,排除。

11. C 解析:由"有这份能力就要……"可知,横线后内容是对横线处所填内容的具体说明,因此横线处所填内容应体现"有多大能力就要为社会做多少贡献"之意。A 项,句意是别人一次就能做到的,我反复一百次;别人十次就能做到的,我反复一千次。强调要用勤奋弥补不足,与文意无关,排除。B 项,句意是不要认为坏事很小就去做,不要认为好事很小就不去做,与文意无关,排除。C 项,句意是不得志时要坚守本心,修身养性,博闻强识。显达时就要负起重任,造福天下。强调的是根据自身的能力发挥自己的力量。兼济天下,在文段中就是指关心公益事业,捐助公益事业。符合文意,当选。D 项,句意是宇宙不停运转,人应效法天地,永远不断地前进,强调的是发奋进取,与文意无关,排除。

12. D 解析:A 项表意不明,不能确定"1 000人"是否是来自9家航空公司的。B 项表意不明,"前者用户中未成年用户占更高比例"可以理解为"前者比后者的未成年用户比例高",也可理解为"前者所有年龄段用户里未成年用户比例更高"。C 项不合逻辑,可去掉"等与民生相关的"。D 项无语病。

13. A 解析:A 项没有语病,当选。B 项,"是……重要原料"与"都离不开它"句式杂糅,可删除"都离不开它"。C 项,"更为间接"与"效果更快"不合逻辑,可将"更为间接"改为"更为直接"。D 项,"把自己对国家的热爱没有表现在口头上"语序不当,可改为"没有把自己对国家的热爱表现在口头上"。

14. D 解析：观察选项，首句在②⑤之中，②引出粉煤灰，⑤指出粉煤灰中的有害物质，根据行文规则，②应做首句，排除A、B。①④⑤三句讲的都是粉煤灰不规范处理的害处，③讲的是处理措施，因此①④⑤三项应连在一起，排除C。故本题选D。

15. D 解析：分析选项可知，首句应在②⑤之中，⑤提出科学技术的发展对人们生活的影响，②具体指向人工智能这项科学技术，根据行文逻辑，应先提出话题，再具体分析，故⑤做首句更合适，排除A、B。同理，②引出人工智能，④指出人工智能对各个领域的影响，②应在④前，排除C。验证D项逻辑，⑤②④由科学技术引出人工智能的话题，并分析其对各领域的影响，①③具体指出人工智能对教育领域的影响及当前任务，逻辑通顺。故本题选D。

16. D 解析：A项不合逻辑；B项语序不当，可以修改为"停留、觅食、栖息和繁衍"；C项搭配不当，可以修改为"既有常驻湿地的留鸟，也有季节性出现的候鸟，还有偶尔途经该地区小憩的旅鸟"；D项无语病，当选。

17. C 解析：观察选项可知，首句分别为②或⑤。⑤包含指代词"它"，作为首句指代不明，②是对智慧城管概念的介绍，引出了文段论述的话题，作为首句恰当。排除B、D。①提到"数据共享"，⑤提到"汇聚数据"，依照事理逻辑，应先有数据才能共享，故⑤应在①之前，排除A。验证C项，②引出智慧城管的话题，⑤①说明智慧城管如何发挥作用，④③说明智慧城管取得的效果。C项顺序符合逻辑。

点拨 作答语句排序题时，首先可以考虑从首句入手解题，排除干扰项。首句一般是介绍背景、引出话题，不含有指代词、转折词等。本题可以通过首句排除B、D。

18. B 解析：A项，"大多以……为主"句式杂糅，排除。B项没有语病，当选。C项，主谓搭配不当，"产量"不能使用和销往其他国家。D项，"来源"和"来自"语义重复，应去掉其一。

19. D 解析：观察选项，可知首句为①或②，②点明2021年我国电影现状，①则为对未来我国电影的发展展望，故②更适合作为首句，据此排除B、C。A、D两项只有①的位置不同，①为对未来我国电影的发展展望，④③⑤则为对目前电影的分析，故①更适合放在尾句，排除A。验证D项行文逻辑，②介绍2021年我国电影的数量和票房，④③⑤说明票房前10名中有8部题材广泛的国产影片，从票房和题材的广泛性上，彰显了我国电影创作的新局面，①总结说明我国电影行业正朝着高质量的方向发展。逻辑无误。故本题选D。

点拨 作答语句排序题时，也可以考虑通过尾句排除干扰项，尾句通常是结论性的句子。本题可以通过尾句排除A。

20. D 解析：A项否定失当，"不能不说"为双重否定，表达肯定含义，"不能不说是没有问题的"意思是"没有问题"，与句意相反，排除。B项，"千头万绪"与"压力"搭配不当，排除。C项，"世界上目前最先进的"语序不当，应为"目前世界上最先进的"，排除。D项无语病。

21. B 解析：分析可知，②中的"它们"指代的是①中的服装企业，故两句顺序为①②，排除A、D。分析B、C两项，区别在于④①②和⑤③的顺序，⑤③是服装的定义及其重要作用，④①②是我国服装生产的情况及未来的发展趋势。根据逻辑顺序，应先对服装进行总体介绍，再具体说明我国服装行业的现状和发展趋势，故正确顺序应为⑤③④①②，排除C。故本题选B。

22. B 解析：文段横线前先是通过滇池的例子说明绿色治理的重要性，然后说明通过绿色发展能让中国生态环境变得更美好，横线后由"汇聚起更加磅礴的伟力……一定能……"指出要继续绿色发展让环境更美好，横线处所填句子应起到承上启下的作用，表达努力恢复自然环境之意，且与横线前《千里江山图》呼应，B项符合句意要求。

A项指做一件事情,其功劳建立于当代,而其所产生的利益将惠及千秋万代,而文段所说为恢复自然环境,填入没B项恰当,排除;C项强调自然界中各种生物和事物之间相互依存和谐共存,D项指远望江水好像流到天地外,近看山色缥缈若有若无,均与句意不符。故本题选B。

23. A 解析:空缺处位于段首,有总领全文的作用,根据横线后"我国各民族在文化上……""同世界其他文明……",可知文段强调中华文明不仅自己历史文化悠久,还善于接纳学习世界其他文明的优秀文化,A项符合句意要求。其余三项皆无法体现"始终以开放胸怀同世界其他文明开展交流互鉴"之意,排除。故本题选A。

24. A 解析:文段首先指出了体育设施建设的重要性,并通过数据说明,2012年至2022年间我国在学校体育设施建设方面的发展状况。最后,文段指出了完善的体育设施在学生提升自身素养、促进学生个性化发展等方面发挥的积极作用。因此,文段主要说明的是学校体育设施建设对学生发展的重要性。A项符合文段主旨,保留。B项体现的是文段数据部分的内容,不是文段重点,排除。C项概念变化,将体育设施建设是支撑学校"体育改革发展"的基础替换为"改革发展"的基础,说法错误,排除。D项为文段尾句部分内容,对文段主旨的概括不全面,排除。

25. C 解析:文段首先指出,国际竞争本质上是科技的竞争,是科研人员的竞争,接着指出科技的突破不是一蹴而就的,需要积累甚至迭代,是十几年如一日的坚守,最后由"这"引出观点,科研人员要甘坐"冷板凳",打好基础。因此,文段强调的是科研人员的耐心和坚持对科技发展的重要性。A项,文段未提及如何加强基础研究,排除。B项,文段未提及与科学研究相关的体制机制保障,排除。C项符合文段主旨,当选。D项,文段未提及科学研究弄虚作假的话题,排除。

26. A 解析:文段首句说明培育弘扬科学家精神的重要性,然后说明科学家精神的关键是要有好奇心,并以牛顿为例说明科学家之所以愿坐科学探索的"冷板凳"是因为内心充满好奇,阿基米德、门捷列夫因为好奇引发持续思考最终才有所发现。故文段意在说明科学家精神的培养离不开好奇心,对应A。B、C、D三项均未说明好奇心对于科学家精神培育的作用,排除。

27. D 解析:文段首先介绍了随着虚拟货币等新型洗钱手段的出现,反洗钱监测的难度进一步扩大,然后得出一个结论:在此背景下,如何实现对虚拟货币可疑交易行为的监测,成为摆在各家商业银行面前的现实问题。下文应围绕得出的结论进行论述,即具体论述应怎样做才能实现对虚拟货币可疑交易行为的监测。D项,利用大数据对虚拟货币可疑交易行为进行监测,与前文衔接恰当,当选。A项的内容文段已提及,属于本文信息,排除。B项,应先说采用什么方式监测,再说监测的标准,即B项应在D项之后论述,排除。C项,应先说具体的监测方式,再进一步讨论如何提高监测效率,即C项应在D项之后论述,排除。

28. A 解析:文段为并列结构,分别从新能源汽车驱动力和自动驾驶技术两个方面说明目前新能源汽车驱动的技术选择。A项与此相符,当选。B、C两项仅针对新能源汽车驱动力,不全面。D项,"目前没有应用"与"不代表未来不会应用"均无法从文段得出。

29. D 解析:文段首先介绍硅基光电子技术正在兴起的背景以及优势,然后基于现实客观情况来分析硅基光电子技术大规模市场应用的可能,即"硅基光电子技术虽然已取得一系列技术突破,但受限于光源、调控、光子器件研制等技术难题,目前还处于'量少价高'阶段,离大规模市场应用还有一段路要走"。故作者的态度是客观理性的,D项正确。

30. A 解析:由"彗星的撞击可能给月球留下水蒸气、二氧化碳和甲烷等物质……如果这些化学物质最终进入月球极区的冷阱中,它们就可能会摆脱蒸发的命运,被冻结十亿年"可知,A项描述正确,当选。B项概念变化,由"月球独特的自转倾斜角度,使得……冷阱"可知,冷阱是月球自转导致的,该项描述错误,排除。C项概念变化,由"有些甚至常年不见阳光,被永久地吞没在黑暗中,就像一个个'冰箱',它们被称为冷阱"可知,选项将"有些"偷换为"所有",排除。D项概念变化,由"月球极区的这些冷阱,是几十亿年来被彗星和小行星撞击后留下的'伤疤'"可知,"十几亿年"描述错误,排除。

31. B　解析:文段先是介绍什么是智能制造,随后说明其发展的重要意义,最后说明我国智能制造的现状。故A、C、D三项皆进行了介绍,智能制造面临的挑战作者未介绍。故本题选B。

32. B　解析:分析可知,文段首先指出了国学经典的地位和精神,并肯定了其蕴含的价值;接着指出了经典产生的年代离现代已经很遥远了,必须有思索、有选择地阅读,才能提升阅读体验。因此,文段强调的是在现代如何正确地阅读经典以提升阅读体验,对应B。A项非文段重点,排除。C项,文段强调的是有选择性地阅读经典,不是"不能囫囵吞枣",也不是"值不值得读",排除C、D。故本题选B。

33. C　解析:文段首先指出中国民乐有深厚的文化底蕴,学艺者需要潜心学习来继承;然后讲述当下对民乐的创造性转化、创新性发展,并通过具体例子进行说明。由此可知,文段主要强调的是对于民乐需要传承和创新,C项与之一致,适合作为标题。A、D两项只涉及传承,B项只涉及创新,皆不全面,排除。

34. B　解析:文段先是说明小区业主和物业公司发生冲突是因为没有有效解决矛盾的途径。然后通过"理论上"后的内容引出理想化状态为通过业委委员会召开业主大会或出面交涉进行解决,这样可以避免冲突。由此可以推出,现在这些小区依旧存在普遍矛盾是因为业主委员会的缺失,B项表述与之一致,当选。A项,文段只说了双方发生冲突的原因,但是据此无法推出"很少……是融洽的",排除。C项,"业主不满的根源"无法从文段推出。D项,文段只说了有业主委员会可以避免冲突,但是达成一致的速度无法由文段推出。

35. D　解析:根据"世界上从来没有生来就会展翅高飞的雄鹰……"可知A项观点与文段相符。根据"只有经过一次又一次的挥翅锻炼和学习实践……"可知B项观点与文段相符。根据尾句"'雄鹰之双翼'喻指'好干部的知识和经验'"可知C项"二者不可偏废"符合文段观点。根据"只有经过一次又一次的挥翅锻炼和学习实践""阐明了知识和经验对于干部成长成才的重要作用"可知,经验来自学习和实践,并非"只能从书本和课堂中得来",故D项与文段观点不符。

36. A　解析:A项文段未提及,当选。B项,由第四段"单个计算实例耗电量大幅下降"可推知,排除。C项,由第二段"将其视为数字经济的底座也毫不为过"及第五段"数据中心作为'新型基础设施'中的'基础设施'"可推知,排除。D项,由第五段"未来传统产业的转型更加离不开数据中心"可推知,排除。

37. A　解析:(1)"实现全网络,全虚拟化工作"从文段无法得出。(2)由第二段"公司可以大规模存储和处理他们的数据"和第五段"产生和带动的间接经济效益也将持续增加"可推出。(3)由第二段"通过数据中心,公司可以大规模存储和处理他们的数据……还为物理服务器和数据提供安全性"可推出。故本题选A。

38. C　解析:(1)由文段第四段"制冷和供配电等基础设施技术不断改进,有效降低了数据中心电能利用效率值"可推知。(2)由第六段"会逐步用可再生能源(如风能、太阳能、水能、地热能)取代化石燃料发电等"可推知。(3)由第四段"超大规模的数据中心正在不断涌现""得益于全球服务器效率以及虚拟化程度的提高,单个计算实例耗电量大幅下降,这促进数据中心总体能效水平提高"可推知。故本题选 C。

39. D　解析：第三段指出数据中心是"用电大户"，通过数据具体说明其耗电量大。因此强调数据中心是"用电大户"，主要是说明其能耗总量高。故本题选 D。

40. A　解析：分析可知，第三、四段主要在说数据中心的能耗问题，第五段主要是说数据中心所带来的经济效益，空缺处位于第五段段首，应起到承上启下的作用，即说明数据中心虽然能耗大但产生的经济效益更大，A 项与之一致。B 项，"现代科技"与第五段所说内容无关，排除。C 项，"随着……越来越……"的逻辑关系从文段无法得出，且第五段主要说的是经济效益，"战略地位"未体现，排除。D 项，"应用于生产生活的多个环节"与第五段所述内容无关，排除。

巩固提升训练

1. C　解析：先看第二空，由对照词"不再是……而是……"可知，所填词语应与"深度融合"构成相反相对关系，体现界限分明之意。"截然对立"强调的是对立，"各自为政"强调的是各干各的，两词均不含界限分明之意，排除 A、D。

再看第一空，由"新消费的外生动力在于技术创新、业态升级和服务体验"可知，正常情况是生产端升级推动消费升级，而所填词语应表示消费升级从反向推动生产端供给水平升级。"迫使"指用强力或压力使（做某事）。"倒逼"指逆向逼迫；反向推动。用来形容消费端反过来推动生产端供给水平升级，用"倒逼"更恰当，排除 B。

2. C　解析：由"正所谓"可知，所填词语是对前文"忽略'关键小事'有碍大局发展"的解释说明，应表示忽略关键小事会对整个大局的发展产生不良影响之意。"九层之台，起于垒土"比喻事是从最基本开始，经过逐步的积累，才能有所成就。"千里之行，始于足下"比喻做事的成功在于由小到大、由少到多的逐步积累。"千里之堤，毁于蚁穴"比喻微小的隐患会酿成大的灾难或损失。"合抱之木，生于毫末"比喻做事要脚踏实地，一步一个脚印。四个选项中，A、B、D 三项均强调积累的重要性，只有 C 项强调忽略细节的负面影响，符合文意。

3. A　解析：第一空，根据"颓势初现的晚唐"可知，所填词语应与"颓势初现"含义相近，体现走向衰败之意。"日薄西山"比喻衰老的人或腐朽的事物临近死亡，填入符合文意，保留 A、D。"穷途末路"形容无路可走，语义程度过重，排除 B、C。

第二空，根据"也"可知，前后文构成并举关系，所填词语应与"可想而知"含义相近，强调不用说明就能想到之意。A 项，"不言自明"指不用说话就能明白，与"可想而知"含义相近，保留。D 项，"一锤定音"比喻凭某个人的一句话做出最后决定，不符合文意，排除。故本题选 A。

4. D　解析：第一空，所填词语应能与"誓言"搭配。"入木三分"形容书法刚劲有力，也用来形容议论、见解深刻。"浓墨重彩"形容着力叙述或描写，也形容醒目突出，分量重。两词均与"誓言"搭配不当，排除 A、B。第二空，"如数家珍"形容对列举的事物或叙述的故事十分熟悉。"念兹在兹"形容对某事非常重视，念念不忘。句意强调的是党对人民至上的重视，未强调熟悉，排除 C。验证第三空，"波澜壮阔的伟大斗争"表述恰当。故本题选 D。

5. B　解析：由"要有……的自觉"可知，前两空所填词语要用来形容领导者的某种自觉意识。第一空，"如虎添翼"指好像老虎增加了一对翅膀，比喻强有力的人得到帮助变得更加强有力。文段没有表达领导者得到帮助的意思，填入与句意不符，排除 A。"如临大敌"形容高度警惕，戒备森严，词义程度过重，排除 D。第二空，"如胶似漆"形容感情炽烈，难舍难分。其多指夫妻恩爱，而此处的修饰对象为领导者，排除 C。"如履薄冰""如临深渊"均侧重行事十分小心谨慎。二者填入表示领导者要行事谨慎,恰当。验证第三空,"夙夜在公"指从早到晚,勤于公务,形容勤政尽职。其填入对应"勤勉工作",符合语境。故本题选B。

6. C 解析:先看第三空,句意是阅读在强化文化认同等诸多方面都具有重要的作用,所填词语应体现阅读的重要性。"举重若轻"比喻处理艰难问题或进行繁重的工作时都显得很轻松。其填入与文段无关,排除A。"无可比拟"指没有可以相比的。形容独一无二,特别突出。其填入词义程度过重,排除B。再看第二空,由"强化文化认同、广泛凝聚民心、振奋民族精神、提高公民素养、淳化社会风气"可知,阅读更多地作用于人们的精神层面,"践行"侧重于实际行动,填入与文段语境不符,排除D。验证第一空,"滋养"指供给养分;补养。其填入符合句意。故本题选C。

7. B 解析:第一空,"非物质文化遗产"应是"被埋没","埋没"填入存在语法错误,排除A。第二空,由"被一抢而空"可知,所填词语应形容章丘铁锅在纪录片播出后名气大涨、深受欢迎。"炙手可热"形容气焰很盛,权势很大。其与文意无关,排除C。第三空,"注入"指灌入或流入。"备份"指备用而准备的另外一份。由"焕发新的活力""新生力量"可知,句意是强调非遗影片热潮为非遗的保护、传承与创新带来了新生力量。文段没有强调备用,"备份"填入与文段语境不符,排除D。故本题选B。

8. D 解析:第一空,所填词语形容"农谚",由"种地不选种,累死落个空""好种多打粮""千算万算,不如良种合算"可知,这些农谚是通俗易懂、直接说出人们心声的。"质朴""朴实""朴素"都有"不矫饰、不浮夸"的意思,且都可以搭配"农谚",保留A、B、D。"俭朴"指俭省朴素,通常用来形容人,不能和"农谚"搭配,排除C。

第二空,所填词语搭配"丰收的希望",结合"当良种与土地相遇"可知,当种下良种的时候,丰收的希望便开始产生、萌芽。"发酵"比喻事态持续发展,与"希望"搭配不当,排除A。"滋生"指繁殖、引起,多用于不好的事物,不符合语境,排除B。"孕育"比喻既存的事物中酝酿着新事物,符合语境。故本题选D。

9. D 解析:第一空,由"岷江的泛滥"以及"制伏"可知,所填词应能表达岷江水灾严重、不好治理之意。A项,"波澜壮阔"比喻声势雄壮或规模巨大,不能表达岷江水灾泛滥之意,排除。B项,"势不可当"形容来势十分迅猛,不能抵挡,填入与"制伏"矛盾,排除。C项,"一泻千里"形容江河奔流直下,流得又快又远,也比喻文笔或乐曲气势奔放,也形容价格猛跌不止。其填入不能体现出岷江水灾泛滥、不好治理之意,排除。D项,"桀骜不驯"形容性情强暴不驯顺,可生动地表达岷江水灾不易治理的特点,保留。

验证第二空,"巧夺天工"形容技艺十分巧妙,可表达都江堰工程布局之巧妙,也能与"堪称人类水利史上的奇迹"呼应。故本题选D。

10. A 解析:"针对人民教育出版社小学数学教材插图问题""对全国中小学教材教辅和进入校园课外读物的插图及内容进行了全面排查整改"是对空缺处的解释说明。文意为由小学数学教材插图问题入手,去排查全国其他教材可能面临的问题。因此空缺处所填词语应体现从一件事情出发,类推到其他事情之意。"举一反三"比喻从一件事情类推而知道其他许多事情,A项填入符合文意。

"一蹴而就"比喻事情轻而易举,一下子就成功。其填入不符合语境,排除B。"融会贯通"指把各方面的知识和道理融化汇合,得到全面透彻的理解。文段没有强调"融化汇合",其填入不符合语境,排除C。"见微知著"指见到事情的苗头,就能知道它的实质和发展趋势。其侧重指由事物的苗头推断发展趋势,填入不符合语境,排除 D。

11. B 解析:A 项指代不明,"对此"可以指代困难也可以指代容易,排除。B 项无语病,当选。C 项成分赘余,应删除"3 亿"后的"多",排除。D 项否定失当,"可防止 10%~20% 的冠心病、脑卒中免于发病"双重否定表示肯定,应删除"免于"或改为"可使 10%~20% 的冠心病、脑卒中免于发病",排除。故本题选 B。

12. C 解析:A、B、D 三项无语病。C 项成分赘余,"经过"和"在……中"应择一使用。

13. D 解析:A 项"使……推向"搭配不当,"使"应改为"将",排除。B 项动宾搭配不当,"清风"不能"映入眼帘",可将"和阵阵凉爽的清风"删掉,排除。C 项不合逻辑,"……课文,对一线经验丰富的教师……熟悉不过了"主客倒置,后半句应改为"对一线经验丰富的教师来说",排除。D 项没有语病,当选。

14. B 解析:A 项"不仅是……而是……"搭配不当,"不仅是"应改为"不是",排除。B 项没有语病,当选。C 项语序不当,"家庭、国家和社会"应改为"家庭、社会和国家"或者"国家、社会和家庭",排除。D 项主宾搭配不当,"平台"不能是"众声喧哗",应改为"众声喧哗之所",排除。

15. A 解析:A 项有语病,"这些明代成化年间的新出土的碎瓷器型多样"语序不当,应将"明代成化年间的"移到"新出土的"之后,当选。B、C、D 三项均没有语病,排除。故本题选 A。

16. D 解析:观察各句,发现②中"不仅仅"和③中"而更多"之间存在承接关系,应配对使用,①中的"也就是"是对前文的升华,即对②③内容的进一步总结。三句应紧密相连,顺序为②③①,排除 A、C。继续观察④⑤,④中所引用诗句的含义是只觉得老年在渐渐来临,担心美好的名声不能树立,与⑤中"时不我待、分秒必争的急切心情"衔接恰当,且由④中的"正如"可知,其是对⑤的总结,故④应在⑤之后,排除 B。故本题选 D。

17. D 解析:观察可知,选项首句分别是①和④,①介绍原先的小说写作模式以及人们对文学作品的理解模式,④介绍 1984 年或是 1985 年小说和评论出现新变化。对比之下,首句不好确定。⑥有指代词"这一模式",故其前句应该围绕"模式"展开论述。选项中⑥前分别为②、⑤、④、①。四句中只有①提到"固定理解模式",故⑥前应为①,锁定 D。验证 D 项,④指出 1984 年或是 1985 年被视为新小说和新批评的历史元年,①⑥介绍这之前的小说写作情况,⑤③②介绍 1985 年之后小说写作出现的变化,D 项顺序符合逻辑。

18. D 解析:观察选项可知,首句在③④之间选择。③以"正如……所说"开头,是对前文的举例,不应作为首句,排除 B、C。然后分析 A、D 两项,③是⑥"无法挽回的损失"的具体说明,⑥不能作为尾句,排除 A。故本题选 D。

19. C 解析:观察选项,首句分别为①和⑥。①指出设施农业大有可为,要发展设施农业,拓宽农业生产空间领域;⑥指出解决吃饭问题,不能只盯着耕地,要打开思路,树立大食物观。①的发展设施农业,拓宽农业生产空间领域是⑥中打开思路,树立大食物观的具体措施,应该在⑥之后,故⑥更适合作为首句,排除 A、D。对比 B、C 两项,⑥之后分别是①和③。相比①的发展设施农业,③指出"吃饭"不仅仅是消费粮食,还包括其他美食,与⑥的"解决吃饭问题"话题呼应,衔接更为紧密,故⑥③应相连,排除 B。故本题选 C。

20. C 解析:首先从选项首句入手,④以"例如"开头,属于举例论证的内容,不适合作为首句,排除 A。然后浏览其余题干语句,②指出速度是反映高铁综合技术水平最主要的指标,③进一步说明在衡量高铁速度水平的四个指标中我国取得的成就,两者话题一致,应前后紧密相连,顺序为②③,排除B、D。故本题选C。

21. D　解析:通读题干,③指出对于美学研究对象问题,历来存在多种不同看法,①介绍学界对美学研究对象的看法,故①应是对③"不同看法"的具体论述,①应置于③后,符合要求的只有D。验证D,⑤③引出美学研究对象的话题,①介绍学界的观点,④承接学界观点说明我们关于美学研究对象的认识可以更加宽泛一些,⑥②是对"宽泛"的展开论述。逻辑无误。故本题选D。

22. B　解析:横线处位于段首,可考虑起总领全文或引出下文的作用。横线后指出各地各部门要牢固树立人才是第一资源的发展理念,加强教师队伍建设,健全教育体系,提升教师能力,提高教师地位,优化教师管理和资源配置,营造全社会尊师重教的氛围。后文围绕重视教师这一话题展开论述,按照话题统一的原则,所填句子也应与此话题一致。

A项的意思是找一个只是传授经学知识的老师很容易,找一个教你怎么做人且以自己的行为加以示范的老师却很难。其重在对比两种类型的老师,与强调重视教师的话题不一致,排除。

B项的意思是当一个国家想要振兴和发展时,必须尊重教师和重视传授专业技能的师傅。与后文话题一致,保留。

C项的意思是桃树、李树不会说话,但它们的花和果实会把人吸引过去,树下踩出小路来。比喻为人诚挚,自会有强烈的感召力而深得人心。与后文话题不一致,排除。

D项的意思是作为教师,不仅要教授学生具体的事物和技能,还要传授和示范优良的品德和行为准则。其阐述的是教师的职责,与后文强调重视教师的话题不一致,排除。

23. A　解析:空缺处句子位于文段中间,应起到承上启下的作用。文段首先指出菟丝子只能攀附在其他植物上,且生长永远成不了规模,一般在第二年、第三年就会枯萎;接着分析原因,即它们将寄生植物体的营养成分吸走太多,导致被寄生的植物抵御不了自然灾害的攻击,最后枯死。尾句指出所寄生的植物死了,菟丝子也就活不长了。画横线部分应表达菟丝子与其寄生的植物之间的密切关系,说明其生存状况严重依赖所寄生植物的生存状况。A项"皮之不存,毛将焉附"意思是皮都没有了,毛还长在哪儿?比喻事物没有基础,就不能存在。其中"皮"指的是被寄生的植物,"毛"指的是菟丝子,填入衔接恰当。

B项,"覆巢之下,安有完卵"意思是鸟窝翻落下来不会有完好的鸟蛋,比喻整体覆灭,个体不能幸免。菟丝子和所寄生植物之间并不是整体和个体的关系,填入与句意不符,排除。C项,"茂树之下,岂有丰草"意思是大树下面怎么会生长茂盛的草呢?比喻在强大的势力下,弱者会受到压制和侵害。菟丝子枯死并非受到强大势力的压制,排除。D项,"城门失火,殃及池鱼"意思是城门着了火,大家都用护城河的水救火,水用尽了,鱼也就干死了。比喻因牵连而受祸害或损害。菟丝子的死并不是被牵连而无辜受累,而是吸干了所寄生植物的养分从而害了自己,且所填短语应为问句,此项为陈述句,排除。

24. B　解析:文段首先指出指纹具有双重作用,在促进多余水分蒸发的同时,可以使抓握力最大化。随后用研究人员的发现举例,说明指纹如何帮助增加摩擦力和防止降低抓握力。之后通过科学家的研究发现进一步说明水分调节由两部分组成。最后通过"无论最初手指肚是湿的还是干的,上述两个过程"得出结论。空缺处位于尾句末端,应对前文做出总结,即无论最初手指肚是湿的还是干的,指纹都会调节水分,帮助增加摩擦力,增强抓握力。B项填入契合话题,且与前文衔接恰当。A项"进化上的优势"偏离文段话题,且"灵长类动物"相比原文段首的"灵长类动物和考拉",概念范围也发生了变化,排除。C项"角质层的最佳水合状态"偏离文段话题,排除。D项"粗糙表面"和"触觉的敏感性"偏离文段话题,排除。

25. B 解析:横线处位于文段段中,所填句子应起到承上启下的作用。横线前讲的是有益和无益的知识并存;横线后强调不唯书、戒盲从、善思考、勤探究的必要性,并指出这种方式是读书之大道、治学之根本。由此可知,所填句子应体现读书时独立思考的重要性。A项强调的是学习对于提升人们智慧的重要性,填入与上下文衔接不当,排除。B项意为读书如果拘泥于书本甚至迷信书本,那还不如没有书本。其填入强调读书时要独立思考,恰当。C项强调的是圣贤学说对治理国家的作用,填入与上下文衔接不当,排除。D项强调的是读书的方法,填入与上下文衔接不当,排除。

26. C 解析:由"在理论逻辑上,老子从道德人心的角度,企图救赎异化的人性;孔子从伦理教化的角度,企图重构崩溃的秩序"可知,老子和孔子分别从道德人心和伦理教化的角度进行了论述,其理论构成"互补关系",A项符合作者观点。

由"在价值取向上,老子之'道'……,其抽象哲学观与社会价值观并无判然界限;孔子之'仁'……,其社会价值观与抽象哲学观也无判然界限"可知,老子之"道"与孔子之"仁"彰显的价值观具有相似性,二者并非"相互对立",B项"辩证关联"符合作者观点,C项"相互对立"与作者观点相反。

由文段整体可知,老子之"道"与孔子之"仁"在理论逻辑上虽有不同,但在价值取向上两者是相似的,因此D项"虽表面相反但深层相济"也符合作者观点。

27. D 解析:A项,由"数字人应用的多元拓展""应用领域加速从文娱行业向制造业、现代服务业延伸"可知,该项理解正确,排除。B项,由"智能传感器等关键技术正被集中攻坚""相关服务平台正加快打造""数字人产业将加快走向成熟"可知,该项理解正确,排除。C项,由"到2030年,我国数字人整体市场规模将达2 700亿元""我国数字人产业上下游均已具备一定规模的企业集群……数字人产业将加快走向成熟"可知,该项理解正确,排除。D项,由"智能传感器等关键技术正被集中攻坚"可知,"已有重大突破"表述不准确,该项理解错误。

28. C 解析:根据就近原则,指代词"其"所指代的内容在前文。分析"其"前文的内容,由"……在海洋面上则表现为海洋潮汐,而地球的自转又使潮汐变为绕地球传播的潮汐波,其传播方向……"可知,"其"前文主要引出了绕地球传播的潮汐波,故"其传播方向"指的是潮汐波的传播方向,"其"指代的应为"潮汐波"。故本题选C。

29. A 解析:"这方面"位于段首,后文的两则小典故是对其的解释说明。第一则典故讲的是吴越国末代君王钱俶,曾向宋太祖赵匡胤进献了一条饰有犀角的宝带。赵匡胤看了眼宝带,霸气地对钱俶说:"朕有三条玉带,与你用宝物做的玉带不一样。"钱俶以为是赵匡胤有比他的犀牛角玉带更好看的玉带,便请赵匡胤让他看看宝物。赵匡胤大笑着对他说:"一条为汴河,一条称惠民河,一条谓五丈河。"钱俶听完,对赵匡胤的格局大为叹服,同时也感觉惭愧。第二则典故讲的是南唐后主李煜的嫔妃窅娘,身轻如燕,擅长跳舞。李后令纤丽善舞的窅娘用丝帛绕脚,把脚缠成新月形,在六尺高的金莲花上回旋起舞。金莲上装饰着流光溢彩的璎珞珠宝和彩带,丽人宛如凌云而飘,姿态曼妙。于是宫内其他嫔妃为了争宠纷纷效仿,把脚缠成新月形,不为者反倒被嘲笑。这两则小典故,一个讲宋太祖赵匡胤将百姓和江山放在心中,并对进贡君王钱俶有正向的示范作用;一个讲南唐后主李煜宠爱嫔妃窅娘,众人纷纷效仿其行为。一正一反,共同说明了上级领导的喜恶对下属的影响,对应A。

B项表述的是严惩腐败可以赢得民心和信任,两则典故均未提到腐败问题,排除。C项表述的是君子见到美善的品行就倾心追随、努力学习,有了错误就迅速改正,这样可以提高个人道德修养,两则典故均与提高个人道德修养无关,排除。D项"水能载舟,亦能覆舟"论述的是统治者和老百姓的关系,强调的是要重视人民群众,两则典故均与此无关,排除。故本题选 A。

30. A 解析:文段是分总结构,先指出作物生产系统是复杂系统,作物生产的高产、优质和高效通常是矛盾和难以协调统一的整体;接着进一步指出这三者的主次关系也会随着社会经济的发展而变化;最后通过"可见"总结提出——农学学科的研究对象既涉及自然因素,又涉及了社会因素。尾句即文段观点句,A项表述与此相符。B项是分说内容,不是文段观点,排除。C、D两项,文段中均未提及,排除。

31. C 解析:A项理解正确,由"时间是公平的,它不会给任何人多一分,也不会给任何人少一秒"可推出。B、D两项理解正确,由"面对恒定流动的时间,不同的选择会被赋予不同的人生意义"可推出。C项理解不正确,"要求人们要始终忙碌"文段未提及,无中生有,当选。

32. A 解析:文段首句指出公元前4世纪早期迦太基禁学希腊语,但未见长效,希腊语在北非仍是仅次于布匿语的第二语言;接着指出迦太基被罗马征服后,拉丁语的重要性超过希腊语,但整个阿非利加行省仍通行布匿语,也有人说柏柏尔语;最后通过列举大莱普提斯遗址可见拉丁、布匿双语铭文进行举例说明。综合可知,文段主要介绍了公元前4世纪和被罗马征服后迦太基地区语言发展的情况,对应 A。B、C、D 三项均未涉及"迦太基地区",偏离文段重点,排除。

33. A 解析:文段首先指出 19 世纪欧洲文学、中国现代文学和新时期以来的文学基本坚守现实主义立场,并肯定这一立场具有的意义;然后由"然而"一转,指出部分小说缺少"对正面价值和情感的呼唤";最后由"其实"进一步说明现实主义不应只剖析社会的阴暗面,也应注重展示生活的亮点并看重作家对人物命运的关怀和同情。由此可知,转折之后是重点,即批判部分小说缺少正面因素,存在消极负面的倾向,对应 A。B、D 两项文段均未提及,排除。C项与"新时期以来的文学创作,基本也都坚守现实主义立场"相悖,排除。

34. D 解析:文段首先表明企业和家庭决策不仅受到可见成本的影响,也受到隐性成本的制约;接着论述隐性成本虽然本身很难观测,但其大小和变动趋势可以被推测;最后指出要想减轻企业和家庭负担,降低隐性成本也是很重要的一环。因此,文段意在说明隐性成本的重要性,文段标题应与此相关。D项与文段内容对应,作为标题恰当。A、C两项未提及文段关键词"隐性成本",作为标题不恰当,排除。B项的"暗成本"表述不准确,作为标题不恰当,排除。

35. D 解析:文段尾句提到语言和文学全部是人文主义性质的,科学纯粹是属于自然界的这种观念是错误的,下文应承接尾句论述,即讨论为什么这一观念是错误的,D项与此相符。A项"文学、历史在高等学校的传统地位"为已有信息,排除。B、C两项内容与尾句无关,排除。

36. D 解析:所给文段讲的是食腐生活模式对人类进化的影响,且由"在这种食腐生活模式下"可知,该文段前文应出现关键词"食腐生活",且下文应承接"人类的进化"这一话题。由原文可知,④段介绍了"人类长跑者假说",认为原始人类很可能属于一种本着"机会主义"生存原则的食腐动物,⑤段探讨了人类的进化情况,因此该段文字应放在④和⑤之间,排除A、B、C。

37. D 解析:本题的相关内容在②段。②段首先指出在原始人类究竟是否为狩猎者这个问题上,学界始终有不同意见;然后引出"人类猎物假说",并说明这种观点认为猿人不是猎人而是各种食肉动物的猎物;最后举北京猿人的例子进一步证明观点:北京猿人头骨底部的损伤更可能是鬣狗啃噬造成的,即猿人不是猎人,而是各种食肉动物的猎物,D项正确。A项,"远古人类的骨骼"与文章无关,排除。B项,"'人吃人'的现象"与"实际上"之后的内容相悖,排除。C项偏离主题词"猎物",且文章说的是"食肉动物","猛兽"表述不准确,排除。

38. B 解析:由④段"与其他灵长类动物相比,人类的骨骼与韧带结构更适合长距离奔跑"可知,①文中有涉及。由④段"人类还可以高效利用分布于全身的汗腺来控制体温,防止在炎热环境下长距离奔跑导致的躯体过热。此外,直立行走的姿态和人类的胸腔结构,使人类能在奔跑时更好地调节呼吸"可知,⑤⑥文中有涉及。②④在文中并没有相关论述,当选。

39. C 解析:A项不能得到印证,由⑤段"上述假说也许都不全面。真正的人类故事很可能是古老的猿类从猎物和食腐动物向猎人演变的过程"可知,"已达成共识"表述错误,排除。

B项不能得到印证,由③段"他们认为语言可能起源于声音警报……便慢慢奠定了语言形成的基础"可知,文章只介绍了人类语言的形成,未提及人类语言的复杂性得益于什么,排除。

C项能得到印证,由③段段尾"具有一定智慧的复杂大脑可以使原始人类更好地互相协调,及时制订躲避乃至反制策略"可推知,当选。

D项不能得到印证,由第⑤段"实际上,在上百万年的进化过程中,人类的生态位并非一成不变"可知,"长期居于稳定的生态位"与文章论述不符,且"关键"无中生有,排除。

40. A 解析:文章首先介绍原始人类成为狩猎者的背景及原始人类为捕获猎物所做出的改变;然后引出了在原始人类究竟是否为狩猎者这个问题上学界始终有不同意见,并具体介绍了"人类猎物假说"以及"人类长跑者假说";最后说明上述假说也许都不全面,并对人类在上百万年进化过程中的情况作了假设论述。由此可知,文章围绕原始人类在漫长进化过程中究竟是猎人还是猎物的身份谜团进行论述,文章标题应是对这一内容的准确概括。A项当选。

B项,人类从哪里来这个话题非文段重点,且"化石"只对应"人类遗留的骨骼",是具体论证内容,概括不全面,排除。C项,"人类的攻击性"文章未提及,无中生有,排除。D项,"智慧大脑"对应第③段部分内容,非文章重点,排除。

专项二 逻辑推理参考答案及解析

考场真题还原

1. A 解析:将原数列的数化进根号内依次为$\sqrt{3}$、$\sqrt{4}$、$\sqrt{6}$、$\sqrt{9}$、$\sqrt{13}$。

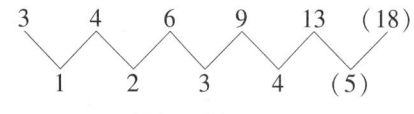

3　　4　　6　　9　　13　　(18)
　1　　2　　3　　4　　(5)　　作差
　　　　　　　　　　　　公差为1的等差数列

故所求为$\sqrt{18}=3\sqrt{2}$。

2. D 解析:

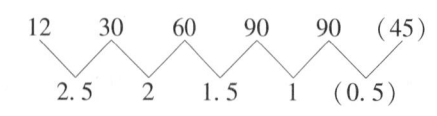

12　　30　　60　　90　　90　　(45)
　2.5　　2　　1.5　　1　　(0.5)　　后项除以前项
　　　　　　　　　　　　　　公差为-0.5的等差数列

故本题选D。

3. C 解析:数列中各项可依次改为2^2-2、3^2-2、5^2-2、7^2-2、11^2-2、(13^2-2),底数是质数列,故所求为$13^2-2=167$。

4. C 解析:周围三个数字和的2倍等于中间数字。$(10+4+1)\times2=30$,$(8+9+4)\times2=42$,$(10+11+2)\times2=46$。

5. B 解析:方法一:第一项×2+2=第二项,即9×2+2=20,20×2+2=42,42×2+2=86,86×2+2=(174),(174)×2+2=350,故所求为174。

方法二:相邻两项作差。

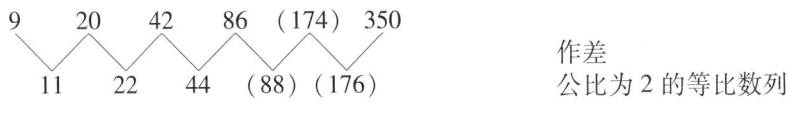

9　20　42　86　(174)　350
　11　22　44　(88)　(176)

作差
公比为2的等比数列

故本题选B。

6. D 解析:每项均为5位数,将每项分为3部分,千位和万位为第一部分,百位为第二部分,个位和十位为第三部分。每项第二部分数字均为7,第三部分-第一部分=23。选项中只有D项满足。

7. D 解析:两两一组,前项-后项的差依次为5、9、(13),是公差为4的等差数列,故所求为26-13=13。

8. C 解析:外圈数字加和÷2=中间数字,即(17+13+6)÷2=18、(18+8+8)÷2=17,依此规律,所求为(5+14+7)÷2=13。故本题选C。

9. D 解析:数列是公差为112的等差数列,下一项为12 788+112=(12 900)。

10. C 解析:从第四项起,每项等于前三项之和,即11+22+33=66、22+33+66=121、33+66+121=220、66+121+220=407、121+220+407=(748)。故本题选C。

11. D 解析:题干每组图形的组成元素相同,只是位置不同,可考虑图形的旋转等规律。观察发现,前一个图形逆时针旋转90°可得到后一个图形,按此规律,可得问号处图形如D项所示。

12. A 解析:观察题干图形,发现每个图形均由两个小图形组成,且两个小图形相交,相交处为四边形。故本题选A。

13. D 解析:题干图形的对称轴方向依次为横向、纵向、横向、纵向,因此问号处的图形对称轴方向应为横向,只有D项符合。

14. D 解析:观察题干图形,每个图形均由内外两个图形构成,且内部图形和外部图形均相接。第一行,内部图形和外部图形有1条公共边;第二行,内部图形和外部图形有2条公共边;第三行,内部图形和外部图形有3条公共边。

15. C 解析:观察发现,每组图形具有一定的相似性,可以考虑图形的叠加规律。每组的前两个图形叠加后去同存异,可以得到第三个图形。故本题选C。

16. D 解析:观察发现,题干图形均包含若干部分,可以考虑图形的部分数规律。题干图形的部分数依次为2、3、4、5、(6),选项中只有D项的部分数为6。故本题选D。

17. A 解析:题干图形的俯视图均相同,形式都是 ,只有A项符合。

18. D 解析:以给定图形的三角形面作为顶面和底面折叠,A、B、C三项中,三个正方形面均可作为侧面围成封闭立体图形。D项中,有两个正方形面折叠后是重合的,故D项不能折叠成封闭立体图形。

19. D 解析:A项,若正面和顶面正确,侧面图形应该为弧线,与题干不符,排除;B项,正面和顶面是相对面,相对面不相邻,排除;C项,顶面和侧面是相对面,相对面不相邻,排除;D项,可由题干折叠而成。

20. D 解析:观察发现,题干图形差异较大,有的有封闭区域,有的没有封闭区域,可由此入手进行解题。题干奇数项图形为开放图形,偶数项图形为封闭图形。只有D项是开放图形。

21. C 解析：题干中甲和丙都有提到女青年教师，甲说至少有6名，丙说至少有8名，根据三人中有两人是对的，可知甲和丙中至少有一人是对的，因此至少有6名青年教师。

A项，若"至少有8名女青年教师"，则甲和丙的话一定正确，乙的话不能确定是否正确，排除；B项，若"至多有8名中年女教师"，则甲乙丙的话均不能确定是否正确，排除；D项，若"至多有6名女教师"，则丙和乙的话一定错误，不符合题干说的仅有一人说错，排除。故本题选C。

22. C 解析：红盒子和黄盒子上写的话为矛盾关系，必有一真一假。由"只有一个盒子上写的话是真话"可知，蓝盒子和绿盒子上写的话是假话，由此推出蓝盒子里有奖品。

23. D 解析：题干推理关系为：①不加强网络法制建设⇒良好的网络社会就会无法构建。②不建立红客基地⇒无法保证网络安全。已知"构建了良好的网络社会或者没有建立红客基地"，根据①可知"加强网络法制建设"，根据②可知"无法保证网络安全"，对比选项，只有D项正确。

24. C 解析：题干论据：大熊猫的食物——箭竹开花后会死亡，而且开花的面积正日益扩大。李明的担忧：野生大熊猫会因没有了食物，数量会锐减甚至消失。

A项，指出野生大熊猫忍饥挨饿能力强，并不能说明食物减少后野生大熊猫数量是否会锐减，不能消除李明的担忧。B项，指出大熊猫数量减少的原因是食肉动物的增多，与食物减少后野生大熊猫数量是否减少无关，不能消除李明的担忧。C项，指出开花的箭竹只占总量的一小部分，说明大熊猫并不存在食物缺乏的情况，可以消除李明的担忧。D项，指出野生大熊猫数量少，吃得也少，并不能说明食物减少后大熊猫数量是否会减少，不能消除李明的担忧。

25. D 解析：由题干信息，A工作队不能完成戊和己，且乙、丙、戊三项工作由一个工作队完成，可知A工作队也不能完成乙、丙，则A工作队只能完成甲、丁中的一项。由条件(3)可知，B工作队完成甲⇒C工作队完成丁，此时A工作队无工作可选，故B工作队不能完成甲工作。

26. C 解析：由(1)(2)可知湿地旅游人数为13万，海滨旅游人数为66万。由(3)丙景区种植草莓、樱桃可推出丙景区可采摘。由(4)(5)可知游客人数甲>丁，丙>乙>戊，结合"丁景区旅游人数45万"，可推出甲景区为海滨，旅游人数为66万；丙景区为采摘，旅游人数为33万；乙景区旅游人数为28万，戊景区为湿地，旅游人数为13万。根据题干条件，不能确定乙景区和丁景区的特色。

27. D 解析：题干的解释是：火烈鸟食物中很丰富的类胡萝卜素在体内不断积累，让火烈鸟羽毛变成红色。

A项，指出其他鸟类以含有类胡萝卜素的动植物当做食物，其羽毛不是红色，但是并不能说明火烈鸟的情况，排除。B项，火烈鸟的羽毛新长出来是白色，一段时间后变成红色，只能说明火烈鸟羽毛的颜色不是先天的，是后天形成的，但是是否与其食物有关，不明确。C项，只能说明上述的结论可能涵盖所有火烈鸟的情况，但是并未指出火烈鸟的羽毛颜色与其食物之间的关系，不能很好地支持上述解释。D项，从反面说明，火烈鸟羽毛的颜色与其食物有直接的关系，使题干的解释更有说服力。

28. D 解析：题干推理结构：①被录取⇒去旅游；②不被录取⇒去复读。

A项，推理结构：去旅游⇒被录取。肯定①的后件，不能进行有效推理，不能推出。B项，推理结构：去复读⇒不被录取。肯定②的后件，不能进行有效推理，不能推出。C、D两项，根据题干可知，李明报考某大学院校只有被录取和不被录取两种结果，因此旅游和复读必然会发生一件，C项错误，D项正确。

29. C　解析：题干论据：随着难以降解的塑料被广泛应用于生产、生活中,它也不可避免地进入了海洋。然而,人们发现海洋并没有因此而充斥着塑料。题干猜测：塑料垃圾被巨大的海洋生物吞掉并随着它们的死亡而沉入了海底。

A项,指出一些海洋生物在死后会被海浪推到岸上,而不是沉入海底,并不能判断死亡后沉入海底的海洋生物数量,不能据此判断题干猜测的正误。B项,指出人类向海洋排放的垃圾是五花八门的,与题干论述无关,不能据此判断题干猜测的正误。C项,指出海洋可以通过海水腐蚀、风暴粉碎、细菌分解等方式让塑料垃圾消失,说明塑料垃圾并非被巨大的海洋生物吞掉并随着它们的死亡而沉入了海底,可以据此判断题干猜测错误。D项,指出塑料是一种廉价的材料,与题干论述无关,不能据此判断题干猜测的正误。

30. B　解析：题干论据：喂食甲种物质的实验组的10只小白鼠全都能走出迷宫,不喂食甲种物质的对照组仅有3只小白鼠走出迷宫。题干结论：甲种物质对提升学习能力有促进作用。

A项,如果实验组的小白鼠和对照组的小白鼠的体型有差异,题干的论证依然成立,不是题干结论成立需要补充的前提条件。B项,如果实验开始前,实验组和对照组的小白鼠在学习能力上就存在显著差异,则题干的论证不再成立,因此该项是题干结论成立需要补充的前提条件。C项,指出在小白鼠身上起作用的物质同样对人类有效,与题干论述无关,不是题干结论成立需要补充的前提条件。D项,指出甲种物质对人体无害,也不影响小白鼠的发育,与题干论述无关,不是题干结论成立需要补充的前提条件。

31. D　解析：题干所给条件：①8名排球队员且介绍了排球队中的每个人；②3个是广西人,1个是天津人,有2个是北方人,1个是直博生,3个是学生干部。由题干信息可知,2个北方人一定包含1个天津人,若上述信息均描述不同的人员,则人数最多有9人。

A项,若没有一个来自吉林的人,只要题干中的3个广西人或2个北方人中,有1个直博生,或者1个学生干部,即存在队员为8人的情况,与题干不矛盾。B项,若直博生来自北方,则排球队员存在一种情况为：3个广西人,2个北方人(包含1个天津人),3个学生干部,存在队员为8人的情况,与题干不矛盾。C项,若天津人既不是直博生也不是学生干部,只要另1个北方人,或3个广西人中,能有1个直博生,或者有1个学生干部,则仍存在队员为8人的情况,与题干不矛盾。D项,若有两个学生干部是广西人,则3个广西人和3个学生干部最多只能描述4个人,再加上2个北方人,1个直博生,则最多只能有7人,与题干信息矛盾。

32. D　解析：A、B、C、D、E五支篮球队进行小组单循环赛(每两个队之间赛一场),可知共 $C_5^2=10$(场)比赛,胜、负总场次均为10场,且每支篮球队参加4场比赛。由此可知,A队胜3场,负1场。由于D队4场全胜,故A队负于D队,战胜了B、C、E队。由此可知,E队负于A、D队,战胜了B、C队。故本题选D。

33. A　解析：题干信息可用以下文氏图表示(其中虚线表示二者之间的关系不确定)：

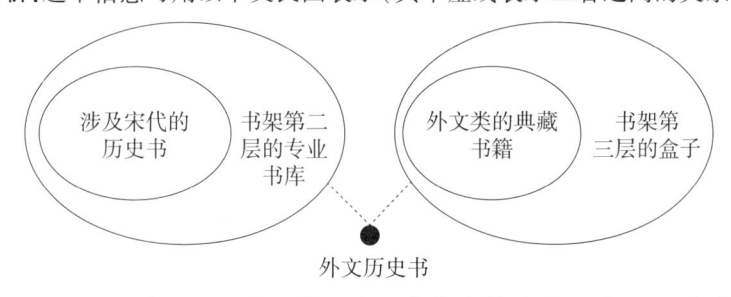

根据上图可知,涉及宋代的历史书和外文类的典藏书籍为全异关系,因小李借的是外文历

史书,则涉及宋代和外文类的典藏书籍二者必有一个条件不符,否则和题干矛盾,则小李借的书必然不是涉及宋代的典藏书籍,A项正确、D项错误。故本题选A。

34. D 解析:题干条件为:①所有有利于公司发展的想法⇒好想法;②有些好想法不利于公司发展;③所有不切实际的想法⇒不是好想法;④有些不切实际的想法不会被抛弃。

A项,根据题干条件①③④可得有些不利于公司发展的想法不会被抛弃,A项无法推断真假。B项,与③为矛盾关系,该项一定为假。C项,根据②可知有些好想法不利于公司发展,可以推出有些不利于公司发展的想法是好想法。故该项不能必然推出。D项,①③进行连锁推理可以推出所有不切实际的想法都不利于公司发展。故该项一定为真。

35. A 解析:题干的观点是:要改变颈椎病发病率持续上升的趋势,就要限制人们使用手机的时间。

A项,指出要改变颈椎病发病率持续上升的趋势,可以通过增加颈部活动,而不一定要限制人们使用手机的时间,削弱了题干的观点。B项,指出没有手机的时候,颈椎病的发病率低,但是限制使用手机之后,颈椎病的发病率是否会降低,不明确。C项,手机屏幕有限,导致人们颈椎活动量不足,但是并未说明限制使用手机是否能改变颈椎病发病率持续上升的趋势,不能削弱题干观点。D项,指出了颈椎病的高发人群,但是并未说明限制使用手机时间是否能改变颈椎病发病率持续上升的趋势,不能削弱题干观点。

36. C 解析:A项,根据"所有白色的螺丝都安装在外侧"可知,安装在里面的螺丝没有白色的。排除。B项,"要么是白色的,要么是黑色的"表示"白色的螺丝"和"黑色的螺丝"只能选择其一,根据题干可知,白色的螺丝和黑色的螺丝可以同时安装在外面,二者可以同时存在。排除。C项,根据"所有白色的螺丝都安装在外侧"可知,不安装在外侧的一定不是白色螺丝,因此如果有白色螺丝安装在里面,一定是安装错误。D项,根据题干"有些黑色的螺丝安装在外侧",不能推出黑色螺丝能不能安装在里面。排除。

37. D 解析:题干条件中球迷甲和球迷丙的两个猜测都是相互矛盾的,由"三位球迷的预测都对了一半"可知,巴西队获得冠军或者没获得冠军必然一真一假,那么法国队获得冠军必然为假,则球迷乙的预测前半句为假,后半句为真,即德国队是亚军。进而可知球迷甲的前半句为真,后半句为假,球迷丙的前半句为假,后半句为真,故前三名依次为巴西队、德国队、法国队。

38. A 解析:从题干可以得出:从事语文教师工作的学生都报考了汉语言文学专业。要想由"小季报考了汉语言文学专业"得出"她一定想从事语文教师工作",需要"报考汉语言文学专业的都想从事语文教师工作"作为前提,A项正确。B项只说了汉语言文学专业,不能作为前提,排除。C项和D项与题干前半句的表述一致,不能作为前提,排除。故本题选A。

39. A 解析:题干的推理形式是:A(在金融系统演讲比赛中获奖)⇒B(认真准备),非A⇒非B。

A项的推理形式是:A(获得市场竞争优势)⇒B(不断创新),非A⇒非B。B项的推理形式是:A(减少粮食浪费)⇒B(厉行粮食节约),非B⇒非A。C项的推理形式是:A(成为优秀的客户经理)⇒B(对产品非常熟悉),A⇒B。D项的推理形式是:A(贷款利率下降)⇒B(贷款余额上升),非B⇒非A。只有A项与题干推理最为相似。

40. C 解析:题干推理:①乙不亮⇒甲不亮;②乙亮且丙亮⇒丁不亮。已知丁亮,否定了②的后件,推出否定的前件,即:乙不亮或者丙不亮。又知甲亮,否定了①的后件,推出否定的前件,即乙亮。根据选言命题推理规则,所以丙一定不亮。故本题选C。

点拨 本题考查假言命题,需要掌握假言命题常考的联结词。前推后:如果……则……、只要……就……、一……就……、若……则……;后推前:只有……才……、不……不……、除非……否则不……。

41. D 解析:题干矛盾是:香农集团决定降低农场工人的工资以减少成本获得价格竞争优势,而执行此策略一年后香农集团的出口份额反而萎缩了。

A 项,年度需求下降可以说明为什么出口量下降但并不能说明为什么出口份额萎缩,不能解释题干矛盾。B 项,降低工资,员工不受影响,与出口份额无关,不能解释题干矛盾。C 项,没有在加工和出口环节做到节约只能让价格竞争优势减弱,不能说明为什么出口份额萎缩,不能解释题干矛盾。D 项,说明可能是因为工人跳槽,原材料不足导致生产量降低,从而导致出口份额萎缩,能够解释题干矛盾。

42. B 解析:题干论据:智能音箱受到了很多年轻人的喜爱,相关行业产值与日俱增。结论:若干年后,制造传统音箱的工厂将会倒闭。

A 项,指出智能音箱昂贵,很多人还是愿意购买传统音箱,但是这些人的购买量会不会让传统音箱厂家不倒闭并不清楚,不能反驳。B 项,指出很多制造传统音箱的工厂也生产智能音箱,说明即使越来越多的人购买智能音箱,制造传统音箱的工厂也可以通过制造智能音箱保证盈利,因此不会倒闭,可以反驳。C 项,指出智能音箱有些不足的地方,对于人们是否会因此而去购买传统音箱,进而导致传统音箱不会倒闭不可知,不能反驳。D 项,指出智能音箱的音质不好对于人们是否会因此而去购买传统音箱,进而导致传统音箱不会倒闭不可知,不能反驳。

43. C 解析:开放式问题的定义要点:①问题笼统;②不圈定回答的范围。

(1),建议可以有很多种,其答案不是固定的,符合定义。

(2),要求可以有很多种,其答案不是固定的,符合定义。

(3),能用听过或没听过回答,有明确的、简短的答案,不符合要点①②。

(4),能用基金或债券回答,有明确的、简短的答案,不符合要点①②。

综上所述,属于开放式问题的有 2 个。故本题选 C。

44. C 解析:机器学习定义要点:①机器通过统计学算法,对大量历史数据进行学习;②利用生成的经验模型指导业务。

A 项,"利用算法从大量的客户数据和销售数据中找出规律"符合定义要点①,"将客户流失率从 25% 降低至 10%"符合定义要点②,排除。B 项,"根据用户的观看历史和其他数据点"符合定义要点①,"向用户提供个性化的推荐"符合定义要点②,排除。C 项,"利用门禁考勤系统的数据"没有体现对历史数据的学习,不符合定义要点①,"筛选出未正常出勤人员,并将出勤结果运用于考核"没有体现指导业务,只是对公司内部的考核有指导,不符合定义要点②,保留。D 项,"挖掘历史定价数据和一系列其他变量的数据集"符合定义要点①,"对商品动态定价,实现收入最大化"符合定义要点②,排除。

45. A 解析:可转换公司债券定义关键信息:债券持有人可按照发行时约定的价格将债券转换成发债公司普通股股票,在宽限期之后可以行使转换权,按照预定转换价格将债券转换成股票。

A 项,根据题干可知,持有人在宽限期之后可以行使转换权,将债券转换成为股票,说法正确。B、C、D 三项,根据题干可知,持有人在一定条件下才可以行使转换权,并非可以随时、随意转换,表述错误。

巩固提升训练

1. B 解析:三级等差数列。

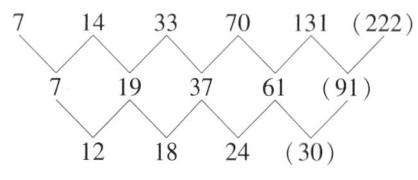

7　14　33　70　131　(222)
　7　19　37　61　(91)　　后项减前项
　　12　18　24　(30)　　后项减前项
　　　　　　　　　　　　公差为6的等差数列

故本题选B。

2. B 解析:将原数列改写为 $\frac{32}{7}, \frac{64}{16}, \frac{128}{25}, \frac{256}{34}, \frac{512}{43}$,各项分母是公差为9的等差数列,分子是公比为2的等比数列。括号内应填入 $\frac{512 \times 2}{43+9} = \frac{1024}{52} = \frac{256}{13}$。故本题选B。

3. D 解析:数列各项满足百位数字+个位数字=十位数字,即 $1+0=1,1+1=2,2+5=7,2+7=9$,依次代入各选项,只有462满足该规律。故本题选D。

4. C 解析:观察后几项分数,分子之间具有3倍关系,分母之间具有4倍关系,可据此改写前几项,寻找规律。原数列可改写为 $\frac{\frac{1}{3}}{\frac{5}{8}}, \frac{1}{\frac{5}{2}}, \frac{3}{10}, \frac{9}{40}, (\frac{27}{160}), \frac{81}{640}$。分子 $\frac{1}{3}$,1,3,9,(27),81,是公比为3的等比数列;分母 $\frac{5}{8}, \frac{5}{2}$,10,40,(160),640,是公比为4的等比数列。故本题选C。

5. C 解析:数列有增有减,且项数较多,可以考虑组合数列。奇数项依次为3,6,9,12,是公差为3的等差数列;偶数项依次为1,5,25,是公比为5的等比数列。括号中所填数字是偶数项,应填入 $25 \times 5 = 125$。故本题选C。

6. D 解析:每行、每列数字中最大项或者最小项的位置不固定,可考虑每行、每列数字之和的关系。从每行或每列来看,三个数之和都是19,应填入 $19-1-7=19-14-(-6)=11$。

7. A 解析:规律为左上角+左下角=右上角+右下角。$8+14=18+4=22,7+5=3+9=12,6+4=8+2=10,5+5=10+(0)=10$。故本题选A。

8. D 解析:中间数字是四个角数字之和的2倍,$(1+2+5+4) \times 2 = 24, (2+3+4+5) \times 2 = 28$,按此规律,应填入 $(3+2+4+6) \times 2 = 30$。故本题选D。

9. C 解析:数列各项依次递增,可考虑作差寻找规律。另外,相邻两项有近似4倍的关系,也可尝试包含乘法运算的递推规律。

方法一,后项减前项的差依次为2,5,10,40,是公比为4的等比数列,应填入 $40 \times 4 + 54 = 214$。故本题选C。

方法二,$\frac{3}{2} \times 4 - 2 = 4, 4 \times 4 - 2 = 14, 14 \times 4 - 2 = 54$,可推出规律:前项$\times 4 - 2 =$后项,应填入 $54 \times 4 - 2 = 214$。故本题选C。

10. B 解析:十位数字1,2,3,(4),是连续自然数;个位数字1,2,4,(8),是公比为2的等比数列。应填入48。故本题选B。

11. C 解析:观察发现,题干图形均为汉字,但笔画数、汉字结构等方面均没有规律。再次观察发现,题干图形均含有封闭区域,可考虑封闭区域数规律。图形①③⑥均含有 3 个封闭区域,图形②④⑤均含有 1 个封闭区域。故本题选 C。

12. B　解析:题干每个图形均由若干线条和一个圆构成,且圆所处的位置有所变化,考虑位置规律。每个图形以最外侧的线为起点,由外向内线条依次标记数字 1、2、3、4、5、6、7……,第一个图形的圆圈位于 1 号线条,第二个图形的圆圈位于 2 号线条,即圆圈所处的线条编号依次增加 1,排除 C、D。再次观察发现,圆圈的位置均位于线条中间。故本题选 B。

13. B　解析:题干图形均由若干小图形组成,可考虑小图形的种类等数量规律。观察发现,题干小图形个数分别为 4、5、6、7、8,依次增加 1,故问号处图形小图形个数应该为 9,排除 A。进一步观察可发现,小图形种类数均为 3 且每个图形中都包含开放小图形,只有 B 项符合。

14. D　解析:观察发现,题干图形的部分数均是 1,排除 A。再次观察发现,每列三个图形的封闭区域数依次为 1、2、3,且第一列图形由直线和曲线构成,第二列图形均由曲线构成,第三列图形均由直线构成,只有 D 项符合。

15. B　解析:题干图形构成元素相同,只是小图形的颜色和位置不同,可以考虑图形元素的颜色或位置变化规律。第一组图形中,每个图形都含有圆形、三角形、正方形三种元素,且每种元素分别出现黑、白、灰三种颜色。将此规律运用到第二组图形中,可得问号处图形中应含有白色三角形、黑色箭头、灰色扇形,只有 B 项符合要求。

16. D　解析:题干图形均由一个直线图形和一个圆组成,且二者的位置不同,可考虑两个图形间的位置关系。每组图形中,圆与直线图形的位置关系依次为相离、相切、相交。故本题选 D。

17. D　解析:题干图形均由黑圆和白圆构成,但在移动和叠加方面均不存在规律。进一步观察发现,题干图形整体较为规整,可以考虑对称性。每组图形均为轴对称图形,且对称轴方向依次顺时针旋转 45°。故本题选 D。

18. C　解析:A 项,题干展开图中只有一个空白面,该项中有两个空白面,排除。B 项,假设正面与顶面正确,则右侧面对角线的方向错误,排除。C 项,可以由题干展开图折叠而成。D 项,假设正面和顶面正确,则右侧面线条的位置错误,排除。

19. C　解析:题干中每行图形的组成元素相似,但又不完全相同,优先考虑组合叠加。第一行前两个图形叠加,去同存异得到第三个图形;第二行前两个图形叠加,相同为白、不同为黑得到第三个图形,第三行依此规律可得问号处图形如 C 项所示。

20. B　解析:A 项,若左侧面正确,则右侧面直线位置错误,排除。B 项,可以由题干所给图形折成,当选。C 项,若右侧面正确,左侧面应为含有两条虚线的面,排除。D 项,若右侧面正确,左侧面应为含有一条虚线的面,排除。

21. C　解析:题干命题:①所有的五星级志愿者都受到表彰;②有的教师是五星级志愿者;③于老师是教师。

A 项,由②可知,有的教师是五星级志愿者,但"有的教师"不一定包含于老师,因此无法确定于老师是否是五星级志愿者,不一定为真。B 项,由①②可知,有的教师受到表彰,但"有的教师"不一定包含于老师,因此无法确定于老师是否受到表彰,不一定为真。C 项,由①②可知,有的教师受到表彰,一定为真。D 项,由①可知,有的受到表彰的是五星级志愿者,由"有的"不能推出"所有",不一定为真。

22. A　解析:题干推理:①去春游⇒去梧桐山和仙湖植物园;②去梧桐山或者去七娘山⇒和小雪一起出门;③和小雪一起出门⇒和小雪做好约定;④和小雪做好约定⇒小雪有时间;⑤小雪

回北方一个月。

②③④连锁推理可得:⑥去梧桐山或者去七娘山⇒和小雪一起出门⇒和小雪做好约定⇒小雪有时间。根据⑤可知,小雪本月没有时间,否定了⑥的后件,可推出否定的前件,小方既不去梧桐山也不去七娘山,同时也没有和小雪一起出门。小方不去梧桐山,否定了①的后件,可推出否定的前件,即小方这个月不去春游。A项推断正确,B、D两项推断错误。根据已知无法推断小方是否去了仙湖植物园,C项无法推出。故本题选A。

23. B　解析:题干结论:在二叠纪末大灭绝期间,大气紫外线辐射的强度明显增强。题干论据:在二叠纪末大灭绝期间,花粉外壁中香豆酸和阿魏酸的含量明显升高。结论和论据之间存在明显跳跃,前提需能在论据和结论之间建立联系。

A项,指出植物体内的香豆酸和阿魏酸含量升高,导致食草动物和昆虫大量灭绝,并未在论据和结论之间建立联系,不是题干论证成立必须补充的前提。

B项,指出植物通过调节体内香豆酸和阿魏酸的含量来抵抗紫外线对其造成的伤害,因此香豆酸和阿魏酸含量的升高可能是为了抵抗增强的紫外线,在论据和结论之间建立了联系,是题干论证成立必须补充的前提。

C项,指出2.52亿年前地球臭氧层被破坏,导致大气紫外线辐射的强度明显增强,未涉及香豆酸和阿魏酸,不能在论据和结论之间建立联系,不是题干论证成立必须补充的前提。

D项,指出大气紫外线辐射的强度增强,给地球上的海洋和陆地物种带来巨大的灾难,未涉及香豆酸和阿魏酸,不能在论据和结论之间建立联系,不是题干论证成立必须补充的前提。

24. D　解析:题干论据:随着蟹券泛滥,大闸蟹的"水"越来越深,蟹券不再是单纯的"券",逐渐产生了商业风险。题干观点:大闸蟹行业急需更大范围、更细化的内部约束,为大闸蟹生产、售卖明确方向。

A项,指出许多人事后会将蟹券退回,使蟹券以低价被回收,这种将大闸蟹"证券化"的做法成为一种危险的金融手段,说明大闸蟹行业需要内部约束,支持了题干观点。B项,指出蟹券超发带来的一系列不良影响,说明大闸蟹行业需要内部约束,支持了题干观点。C项,指出蟹券对蟹农的消极影响,说明大闸蟹行业需要内部约束,支持了题干观点。D项,指出如何对蟹券的发放与兑换进行约束,并未涉及大闸蟹行业是否需要内部约束,与题干论述无关,无法支持题干观点。

25. B　解析:已知所抽调的老师须符合的条件为"2位高一老师,1位高二老师,1位高三老师,并且4位老师所教科目各不相同"。

代入A项,乙和丁均是地理老师,所教的科目相同,不符合条件。代入B项,符合条件。代入C项,丙和己都是政治老师,所教科目相同,不符合条件。代入D项,已和庚均是高三老师,不符合条件。

26. D　解析:题干涉及人与专业匹配,为朴素推理问题。观察发现"小陈""甲村""农学专业"重复出现,考虑从关联信息入手。由农学专业的没有前往甲村,工学专业的去了丙村可知,农学专业的去了乙村,法学专业的去了甲村。由小陈没有前往甲村可知,小陈不是法学专业的且小陈不是农学专业,则小陈是工学专业的,去丙村。剩下两个人的专业及驻点村子根据已知条件无法确定。

27. A　解析:题干论据:小学生使用铅笔比较多,小孩子经常会咬铅笔,铅笔灰有时也会抹得脸上嘴边到处都是。刘馨妈妈的担心:孩子长期使用铅笔对健康有害。

Ⅰ,指出铅笔的木杆外面一般涂有颜料,颜料中含有有害物质,说明小孩子咬铅笔时会将有害物质摄入体内,因此长期使用铅笔对健康有害,支持了刘馨妈妈的担心。

Ⅱ,指出儿童的铅笔盒通常很脏,经常咬铅笔会把很多细菌吃进嘴里,也说明长期使用铅笔对健康有害,支持了刘馨妈妈的担心。

Ⅲ,指出现在的铅笔芯的制作材料没有毒,说明铅笔芯不会对小孩子的健康产生危害,质疑了刘馨妈妈的担心。

综上,Ⅰ和Ⅱ为刘馨妈妈的担心提供了支持。故本题选A。

28. D 解析:科学家的观点:将探测器发射到小行星上,航天员开采资源后带回地球,或直接在太空用于建设,通过这样的方式可以"发家致富"。

A项,指出利用常规挖掘方法进入小行星内部开采资源,目前难以实现,说明开发小行星资源的方案不可行,可以驳斥科学家的观点。B项,指出人类访问一次小行星可能需要几个月时间,航天员生活有很大困难,说明开发小行星资源的方案不可行,可以驳斥科学家的观点。C项,指出开采小行星资源能带来的效益远远不及开采过程消耗的资源,说明开发小行星资源的方案达不到"发家致富"的目的,可以驳斥科学家的观点。D项,指出可以利用小行星岩石中的物质,直接在现场制造航天器的燃料,为航行提供补给,说明开发小行星资源的方案可行,支持了科学家的观点。

29. B 解析:题干结论:奥林帕斯山具有如此令人称奇的高度,主要是因为相比地球而言,火星的重力较低且火山喷发的频率较高,造山熔岩流在火星上持续的时间比在地球上要长得多,故而形成了巨大火山。

A项,指出土星、木星没有火山爆发,与火星的情况无关,不能削弱题干结论。B项,指出地球上的河流常会侵蚀山脉的边缘物质,引发山体滑坡,限制了山峰生长,说明地球上没有像火星上奥林帕斯山一样的高山,是因为地球有河流侵蚀,而不是因为重力和火山喷发,能削弱题干结论。C项,指出金星与地球重力相近,其火山喷发的频率极高,但火山大多不高,与火星的情况无关,不能削弱题干结论。D项,指出一些与火星相似的星体,因为表面构造的变化,熔岩无法堆积,故不能形成大型火山,说的是与火星相似的星体没有高山的原因,而题干讨论的是火星有高山的原因,二者话题不一致,不能削弱题干结论。

30. B 解析:题干论据:亚利桑那州死于肺病的人的比例大于其他州死于肺病的人的比例。题干结论:亚利桑那州的气候更容易引起肺病。

A项,指出气候只是引起肺病的一个因素,说明气候可以引起肺病,但无法确定亚利桑那州的肺病死亡情况是否和该州的气候有关,不能反驳题干论证。B项,指出亚利桑那州的气候对治疗肺病有利,有肺病的人纷纷来到此州,说明并不是亚利桑那州的气候更容易引起肺病,而是由于此处的气候对治疗肺病有利,因此吸引了大量肺病患者来此疗养,从而导致了该州死于肺病的人的比例较高,有力地反驳了题干论证。C项,指出美国人通常不会一生住在一个地方,与题干论述无关,不能反驳题干论证。D项,指出没有证据证明气候对肺病有影响,由此并不能说明气候因素不能使人们患上肺病,更不能说明亚利桑那州的气候和肺病之间的关系,不能反驳题干论证。

31. B 解析:题干论据:吲哚-3-甲醇可抑制癌症发展相关通路。题干倡议:鼓励大家多吃十字花科蔬菜。

A项,指出吲哚-3-甲醇的水平与肝脏中的脂肪沉积量相关,但没有说明十字花科蔬菜和吲哚-3-甲醇的关系,不能作为题干倡议成立的前提。B项,指出吲哚-3-甲醇多见于十字花科蔬菜,而吲哚-3-甲醇可抑制癌症发展相关通路,因此建议大家多吃十字花科蔬菜,在论据和倡议之间建立了联系,可以作为题干倡议成立的前提。C项,指出吲哚-3-甲醇对于抑制炎症存在一定作用,但未提及十字花科蔬菜,不能作为题干倡议成立的前提。D项,指出每天应食用100克十字花科蔬菜,与题干论证无关,不能作为题干倡议成立的前提。

32. C 解析:题干由海洋隐形衣通过屏蔽身体释放的电信号,使得鲨鱼等海洋生物无法发现人们的踪迹,得出"人们就可以近距离接触并观察鲨鱼等海洋生物"的结论。要求选择使该论证成立的假设前提,需要在前提和结论之间建立联系。

A项,说明屏蔽电信号也无法阻止海洋生物发现人们的踪迹,削弱了题干结论。B项,说明部分鱼类是靠光线感知的,屏蔽电信号并不能完全阻止海洋生物发现人们的踪迹,削弱了题干结论。C项,鲨鱼等海洋生物是通过人体释放的电信号来发现人们的踪迹的,所以穿了隐形衣就能避免被鲨鱼等海洋生物发现,是科研人员假设的前提。D项,隐形衣不会对人们的水下活动形成阻碍,不是必需的前提条件。

33. C 解析:题干推理关系:①在土地退化的地区恢复人与自然和谐共生的状态⇒提高土地荒漠化防治的科学性;②把握积极作为和有所不为的平衡且提高防治精细化水平⇒提高土地荒漠化防治的科学性。

A项,推理关系:提高土地荒漠化防治的科学性⇒在土地退化的地区恢复人与自然和谐共生的状态。肯定了①的后件,无法进行有效推理,不能推出。

B项,推理关系:提高土地荒漠化防治的科学性⇒在土地退化的地区恢复了人与自然和谐共生的状态。肯定了①的后件,无法进行有效推理,不能推出。

C项,推理关系:没有提高土地荒漠化防治的科学性⇒没有把握积极作为和有所不为的平衡,或者没有提升防治精细化水平。否定②的后件能推出否定的前件,可以推出。

D项,推理关系:提高土地荒漠化防治的科学性⇒把握积极作为和有所不为的平衡且提升防治精细化水平。肯定了②的后件,无法进行有效推理,不能推出。

34. B 解析:题干现象:在甘蔗价格平稳、甘蔗播种面积大体呈下降趋势的情况下,种植者的利润却提高了。

A项,说明即使种植面积下降,但总产量大幅上升,而价格又保持平稳,因此甘蔗种植者利润提高了,能够解释题干现象。B项,甘蔗的进口量大于出口量不能说明种植面积下降,甘蔗价格不变,甘蔗种植者利润提高,不能解释题干现象。C项,甘蔗种植者采用新的收割模式节约了收割成本,因此可能造成甘蔗种植者利润率提高,能够解释题干现象。D项,许多小规模甘蔗种植者低价购买化肥,降低了生产成本,因此可能造成甘蔗种植者总体利润率提高,能够解释题干现象。

35. A 解析:逻辑推理结构:A(希望过上好日子的村民)⇒B(愿意接受就业辅导),C(村民小王)⇒B,因此,C⇒A。

A项,推理结构:A(该店出售的水果)⇒B(通过了农药残留检测),C(苹果)⇒B,因此,C⇒A。与题干逻辑错误相似。

B项,推理结构:A(张家苗圃)且B(使用了这批肥料)⇒C(花木长势很好),D(李家苗圃)⇒非C,所以,D⇒非B。与题干逻辑错误不同。

C项,推理结构:A(许多儿童)且B(坚持运动)⇒C(身体健康),所以,D(许多成年人)且

B⇒C。与题干逻辑错误不同。

D项,推理结构:A(新药可能被批准上市)⇒B(经过Ⅲ期临床试验),C(该新药)⇒非B,所以,C⇒非A。与题干逻辑错误不同。

36. C 解析:代际责任的定义要点:①相邻两代;②一方向另一方主动提供经济帮扶、生活照顾、健康保障、精神抚慰等各种支持。

A项,"苏女士和她的父母"符合定义要点①,"带着父母熟悉小区,在公园找人聊天,帮他们找到了'组织'"体现了生活照顾,符合定义要点②,属于代际责任。B项,"邵先生和他的父母"符合定义要点①,"邵先生的父母在寒暑假把孙女接回农村玩"体现生活照顾,符合定义要点②,属于代际责任。C项,"罗奶奶和她的孙女"不是相邻的两代,不符合定义要点①,不属于代际责任。D项,"毛先生和他的儿子"符合定义要点①,"邀约了几位与父亲有同样爱好的长辈到群里"体现精神抚慰,符合定义要点②,属于代际责任。

37. A 解析:情感预判定义的关键信息:以客观事实为依据,换位思考,设想对方的情感反应并做出判断。

A项,意思是:若把西湖比作美人西施,淡妆浓抹都是那么得适宜。诗人运用比喻和拟人修辞手法,描述西湖之美,不涉及换位思考和设想对方的情感反应,不符合定义。

B项,意思是:遥想兄弟们今日登高望远时,头上插满茱萸只少我一人。诗人在重阳节时,换位思考,遥想远在家乡的兄弟按照重阳节的风俗而登高时,也在怀念自己,符合定义。

C项,意思是:如果洛阳的亲友问起我来,就说我的心依然像玉壶里的冰一样纯洁,未受功名利禄等世情的玷污。诗人即将与好友分离之时,换位思考,设想洛阳亲友问起自己的情况,嘱托友人如何回复,符合定义。

D项,意思是:何时才能和你坐在西窗下,一边剪去烛芯,一边追述今日巴山夜雨之时我们互相思念。诗人在巴山夜雨之时,换位思考,想到妻子也在思念自己,设想与妻子团聚的情形,符合定义。

38. A 解析:消费增值的定义要点:①通过消费次数累积、积分兑换等形式;②得到商家用于提高用户黏性的反馈性奖励。

A项,王女士购买经常使用的某品牌护肤品,使用积分兑换了一张8折优惠券,符合定义。B项,购买新款冰箱赠送空气炸锅,是商家搞的活动,不是通过消费次数累积、积分兑换等形式,不符合定义要点①。C项,某电商平台推出的服务帮消费者争取"折扣优惠",并未提及消费次数累积、积分兑换等形式,不符合定义要点①。D项,冬装专柜搞促销是商家搞的活动,不是通过消费次数累积、积分兑换等形式,不符合定义要点①。

39. C 解析:社交裂变的定义要点:①方式:通过人与人之间的社交促进产品的传播与销售;②目的:通过利益驱动激励客户从而形成裂变;③本质:一种利益驱动的商业模式。

A项,客户挑选好某个商品后分享在社交圈,好友帮助砍价后客户可以低价购买,即基于利益的驱动,通过社交圈促进产品的传播与销售,符合定义。

B项,电商平台的客户成功购买商品后分享链接,所有点击的人都能获得商家提供的优惠券,即基于利益的驱动,通过社交圈促进产品的传播与销售,符合定义。

C项,用户买到自己喜欢的商品后发在朋友圈,大家只是知道了她喜欢购买高档奢侈品,并未通过人与人之间的社交促进产品的传播与销售,也不是利益驱动激励客户的商业模式,不符合定义,不属于社交裂变。

D项,老顾客参加"邀请好友免费喝咖啡"的活动后可获得套餐券,即基于利益的驱动,通过人与人之间的社交促进产品的传播与销售,符合定义。

40. B 解析:间谍和军官是交叉关系。A项,黑洞和臭氧之间无明显关系,与题干关系不一致。B项,唐诗和七律是交叉关系,与题干关系一致。C项,高铁在轨道上运行,与题干关系不一致。D项,沙漠是陆地的一部分,与题干关系不一致。

41. D 解析:玫瑰和百合是并列关系,二者都属于鲜花。A项,菠萝和椰子是并列关系,二者都生长在热带,与题干关系不一致。B项,办公室中有纸巾和铅笔,与题干关系不一致。C项,棉衣和毛衣是并列关系,二者都不属于裤子,与题干关系不一致。D项,杯子和盘子是并列关系,二者都属于餐具,与题干关系一致。

42. D 解析:方砖和长条砖是反对关系,二者和地砖都是交叉关系。A项,白菜和荤菜都属于菜肴,与题干关系不一致。B项,零食、素食、熟食三者是交叉关系,与题干关系不一致。C项,青茄和紫茄都是茄子,二者是反对关系,与番茄不是交叉关系,与题干关系不一致。D项,客船和货船是反对关系,二者和木船都是交叉关系,与题干关系一致。

43. A 解析:代入A项,牙齿磨损程度可以反映年龄大小,用电总量可以反映经济活力,前后关系一致。代入B项,牙齿磨损可能会导致牙齿脱落,社会效益和经济活力没有明显的关系,前后关系不一致。代入C项,坚硬食物可能会导致牙齿磨损,经济疲软说明经济活力不足,前后关系不一致。代入D项,牙齿磨损属于骨骼磨损的范畴,发展指数和经济活力是相互影响的关系,前后关系不一致。

44. A 解析:运动员在体育场里踢足球,体育场是一个有形的场所。A项,划手在河流上划龙舟,河流是一个有形的场所,与题干关系一致。B项,国家在世贸组织签订协议,但世贸组织是一个国际组织,并不是一个有形的场所,与题干关系不一致。C项,顾客从厂家购买商品,但厂家不是一个有形的场所,且与题干关系不一致。D项,葡萄是酿酒师酿酒的原材料之一,葡萄与啤酒节无必然联系,酿酒师参加啤酒节,与题干关系不一致。

45. A 解析:洗脸盆与代步车都是根据自身的功能命名的。A项,招待所与降压药都是根据自身功能命名的,与题干关系一致。B项,木版画是根据原材料命名的,与题干关系不一致。C项,节能灯与传染病都是根据自身特征命名的,与题干关系不一致。D项,计算器是从功能角度命名的,液压机是从工作原理角度命名的,与题干关系不一致。

专项三 数学运算参考答案及解析

考场真题还原

1. A 解析:设甲、乙、丙的效率分别为5、4、7,设剩余50%的工程丙单独做需要t天,则$(5+4)×5+4×8=7t$,解得$t=11$。

2. C 解析:设共有x辆汽车,根据货物的总量一定有$5x+16=7x$,解得$x=8$。故本题选C。

3. A 解析:方法一,设单位一共有x个办公室。根据水果盒数一定可列得方程$3x+2=4x-3$,解得$x=5$。所以一共有$5×3+2=17$(盒)水果。故本题选A。

方法二,"每个办公室分3盒,则还剩下2盒",因为办公室数和水果盒数均为整数,所以水果盒数减2应能被3整除,同理,水果盒数加3应能被4整除。选项中只有A项符合。

点拨 若题中所求的结果为整数,可考虑利用整除及其性质快速确定答案。本题中,因办公室数和水果盒数均为整数,结合题干条件,可直接判断答案为 A。

4. B 解析:设每名工人的效率均为 1,则前 4 天完成的工作量为 20×1×4=80,总的工作量为 80×5=400,剩余工作总量为 400-80=320,若要在 10 天内完成,则至少需要 320÷10=32(名)工人,即还需要增加 32-20=12(名)工人。故本题选 B。

5. A 解析:根据题意可知,A 旅游团的人数为 4+5=9 的整数倍,B 旅游团的人数为 6+7=13 的整数倍,则 A 旅游团有 54 人,B 旅游团有 52 人。A 旅游团的女游客比 B 旅游团的女游客人多 $54\times\dfrac{5}{4+5}-52\times\dfrac{7}{6+7}=2$(名)。故本题选 A。

6. A 解析:因甲的速度为 6 米/秒,乙的速度为 3 米/秒,甲需要追上乙(6-3)÷0.5=6(次)两人速度才能一样。分析如下:

①甲从出发到第一次追上乙所用的时间为 300÷(6-3)=100(秒),此时甲的速度变为 6-0.5=5.5(米/秒)。

②甲从第一次追上到第二次追上乙所用的时间为 300÷(5.5-3)=120(秒),此时甲的速度变为 5.5-0.5=5(米/秒)。

③甲从第二次追上到第三次追上乙所用的时间为 300÷(5-3)=150(秒),此时甲的速度变为 5-0.5=4.5(米/秒)。

④甲从第三次追上到第四次追上乙所用的时间为 300÷(4.5-3)=200(秒),此时甲的速度变为 4.5-0.5=4(米/秒)。

⑤甲从第四次追上到第五次追上乙所用的时间为 300÷(4-3)=300(秒),此时甲的速度变为 4-0.5=3.5(米/秒)。

⑥甲从第五次追上到第六次追上乙所用的时间为 300÷(3.5-3)=600(秒),此时甲的速度变为 3.5-0.5=3(米/秒)。

综上所述,共用了 100+120+150+200+300+600=1 470(秒),30 分钟即 1 800 秒,则所求为 3×(1 800-1 470)=990(米)。故本题选 A。

7. D 解析:设甲、乙、丙三个零件的重量分别为 x 斤、y 斤、z 斤,根据题意可得 $\begin{cases} x+y=50 \\ x+z=60 \\ y+z=70 \end{cases}$,联立解得 $x+y+z=(50+60+70)\div 2=90$,代入方程组可得 $\begin{cases} x=20 \\ y=30 \\ z=40 \end{cases}$,则甲零件最轻,重量为 20 斤。故本题选 D。

8. B 解析:设长方形绿地的长、宽分别为 x、y 米,则 $x+y=36\div 2=18$(米),因为一条边为质数,则 x、y 可能的值为(16,2)、(15,3)、(13,5)、(11,7),面积最小为 2×16=32(平方米)。故本题选 B。

9. C 解析:速度=路程÷时间,根据题意可知,小李与小张的速度之比=相同时间之内跑的步数之比×每步距离之比= $\dfrac{4}{2}\times\dfrac{5}{8}=5:4$,则小李跑 5 000 米,小张跑了 5 000÷5×4=4 000(米),小张还需要跑 5 000-4 000=1 000(米)。故本题选 C。

10. A 解析:甲乙浓度都比 10% 低,丙浓度比 10% 高,要混合配成 10% 的溶液,肯定要用丙去配。乙丙按1∶1的量可以配出,甲丙按1∶2的量可以配出。丙的量是160克,要想配出10%的溶液尽量多,优先用消耗丙少的乙去配,乙有100克可以配出200克。此时丙还剩60克,和甲配,消耗30克甲配出90克10%的溶液,所以配出10%的溶液尽量多,需要从甲中取出30克。

11. C 解析:方法一,设浓缩液的浓度为 x,根据溶液混合前后溶质质量不变,可列等式 $50×x+450×10\%=(50+450)×15\%$,解得 $x=60\%$。故本题选C。

方法二,设浓缩液的浓度为 x,根据十字交叉法有:

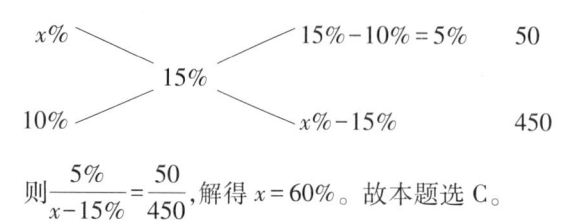

```
    x%              15%-10%=5%      50
         15%
    10%             x%-15%          450
```

则 $\dfrac{5\%}{x-15\%}=\dfrac{50}{450}$,解得 $x=60\%$。故本题选C。

12. B 解析:设乙的年龄为 x 岁,则甲的年龄为 $2x$ 岁,丙的年龄为 $x+7$ 岁,则三个人的年龄和为 $2x+x+x+7=4x+7$。$4x+7<70$,且为质数,又因 $13=6+7=5+8=4+9$,只有67为质数,则 $4x+7=67$,解得 $x=15$。故甲的年龄为30岁。故本题选B。

13. A 解析:用 A、B、C 分别表示每种型号每条生产线的效率,这批药品总数量为 T。根据题意可得:

$(5A+4B)×2=T$ ……①;$(10A+12C)×1=T$ ……②;$(2B+3C)×4=T$ ……③。

由①=②可得 $B=1.5C$,由①=③可得 $A=1.2C$。令 $C=1$,则 $A=1.2$,$B=1.5$,则该批药品的工作总量为 $10×1.2+12×1=24$。

设所求为 t 天,则 $5×1.2+2×1.5×2+3×1×(t-5-2)=24$,解得 $t=11$。故本题选A。

14. A 解析:两人合买需要支付 $22.64-2.84=19.8$(万元),即198 000元。若两人合买总个数不足2 000个,则一共买了 $198\,000÷110=1\,800$(个),两人中购买较少的人肯定少于500个,则合买节省的钱最多为 $500×(126-110)=8\,000$(元)$≠2.84$(万元),所以两人合买总数应大于等于2 000个,单价为99元,则两人一共买了 $198\,000÷99=2\,000$(个),若两人分别购买的数量均大于500个,则合买节省的钱为 $2\,000×(110-99)=22\,000$(元)$≠2.84$(万元),所以两人中购买较少的人肯定少于500个。设甲购买量为 x 个,乙购买量为 $(2\,000-x)$ 个。可列得方程 $126x+(2\,000-x)×110=226\,400$,解得 $x=400$。乙要购买 $2\,000-400=1\,600$(个)。故本题选A。

15. D 解析:小郑每一局胜出的概率是0.3,而每一局输的概率为 $1-0.3=0.7$。分情况讨论如下:①当小郑前3局全胜出,概率为 $0.3×0.3×0.3$;②小郑在前3局胜出2次,在第4局最终胜出,概率为 $C_3^2×0.3^2×0.7×0.3$;③当小郑在前4局胜出2次,在第5局最终胜出,概率为 $C_4^2×0.3^2×0.7^2×0.3$。分类相加,在五局三胜制且没有平局的情况下,小郑最终胜出的概率为 $0.3×0.3×0.3+C_3^2×0.3^2×0.7×0.3+C_4^2×0.3^2×0.7^2×0.3=(1+2.1+6×0.49)×0.3×0.3×0.3≈0.16$。

16. A 解析:还剩 $100-50=50$(张)选票,丙的得票最少,为保证甲胜出,故应将剩下的票全部给甲和乙。先给乙15张票使甲、乙票数相等,此时剩余 $50-15=35$(张)票,甲要胜出,因 $35÷2=17……1$,故甲至少再得 $17+1=18$(张)票。故本题选A。

17. A 解析:乙网点员工的年龄和为 $40×(8+7)-35×8=320$(岁)。要使乙网点年龄最大的员工年龄最小,其他人年龄要尽可能大。设乙网点年龄最大的员工至少 x 岁,则第二大到最小的员工的最大年龄依次为 $(x-1)$、$(x-2)$、$(x-3)$、$(x-4)$、$(x-5)$、$(x-6)$,根据题意可列得方程 $x+(x-1)+(x-2)+(x-3)+(x-4)+(x-5)+(x-6)=320$,解得 $x=48.X$,所求为最少,则向上取整,为49。乙网点年龄最大的员工至少49岁。故本题选A。

点拨 作答和定最值问题时,若题干没有明确要求各组数据的大小,则要考虑数据相等的情况;若题干明确各组数据互不相等,则要考虑数据按连续整数分配的情况。本题中,要求乙网点每人的年龄各不相同,因此考虑其年龄按连续整数分配。

18. C 解析:方法一,根据题意可知,小李每天看的书的页数构成了首项为32、公比为1.5的等比数列,则第2天、3天、4天、5天分别应看的书依次为32×1.5=48(页)、48×1.5=72(页)、72×1.5=108(页)、108×1.5=162(页)。故本题选C。

方法二,根据题意可知,小李每天看的书的页数构成了首项为32、公比为1.5的等比数列,根据等比数列通项公式可知,第5天应看书32×1.5^4=162(页)。

19. A 解析:根据题意可知,获二、三等奖的人数分别为20÷2=10(人)、10×4=40(人),获奖人数有20+10+40=70(人),则公司一共有70÷10%=700(人)。故本题选A。

20. C 解析:4位同学选择3门课程,每门课程都有人选,则有2人选择了同一门课程。首先,从4人中选2人,这两人选的课程相同,有C_4^2种;然后,从3门课程中选一门课程有2人选择,有C_3^1种;最后剩下的2人从剩下的2门课程中各选一门课程,有A_2^2种,则不同的选课方案有$C_4^2 \times C_3^1 \times A_2^2 = 36$(种)。故本题选C。

21. A 解析:当每人认领一项工作且单独完成时,要想工时之和最小,则应让每人认领自己擅长的工作,即用时短的工作。结合表格可知,单独完成甲、乙、丙三项工作用时最短的人员分别是小王(10)、小张(8)、小王(4),则单独完成甲工作、丙工作,小王均是最优人选。但是每人只能认领一项工作,此时需分情况讨论:①当小王负责甲工作时,小张负责乙工作,小李负责丙工作,工时之和为10+8+6=24;②当小王负责丙工作时,小张负责乙工作,小李负责甲工作,工时之和为4+8+12=24。综上,他们完成这三项工作的工时之和最小是24。故本题选A。

22. B 解析:根据题意可画文氏图如下,既精通PPT又善于使用SPSS的有15-8=7(人),则只善于使用SPSS但不精通PPT制作的有20-7=13(人)。故本题选B。

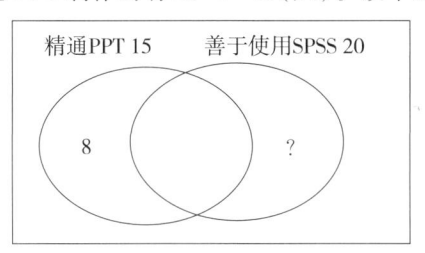

23. C 解析:设这艘船在静水中的船速为$v_{船}$公里/时,根据题意可得$(v_{船}-10) \times 4.5 = (v_{船}+10) \times 3$,解得$v_{船}=50$,所以甲、乙两地之间的路程是$(50+10) \times 3 = 180$(公里)。故本题选C。

24. C 解析:方法一,根据题意可知,上午组、下午组各有3支队伍。因"甲队和乙队来自同一个部门,不能被分在同一组",则首先安排甲、乙队伍,有2种安排方法;其次,从剩余的4支队伍中选择2支安排在上午组,则剩余的2支在下午组即可,有$C_4^2 \times 1 = 6$(种)安排方法;分步相乘,总的分组情况有2×6=12(种)。

方法二,根据题意可知,上午组、下午组各有3支队伍,从6支队伍中选择3支安排在上午组,则剩余的3支队伍在下午组,有$C_6^3 \times 1 = 20$(种)安排方法;若甲队和乙队被安排在同一组,有2种方法,再从剩余的4支队伍中选择1支安排在这两队所在的组,有4种选择,共有2×4=8(种)安排方式;所以总的分组情况有20-8=12(种)。

25. A 解析：方法一，设乙瓶的盐水浓度为x，根据题意可得$(500-300)×5\%+300×x=500×6\%$，解得$x≈6.7\%$。

方法二，设乙瓶的盐水浓度为x，根据十字交叉法可得：

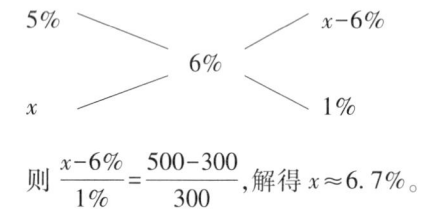

```
5%           x-6%
      6%
x            1%
```

则$\dfrac{x-6\%}{1\%}=\dfrac{500-300}{300}$，解得$x≈6.7\%$。

26. B 解析：设获一、二、三等奖的员工分别有x、y、z人。根据获奖人数为14人，奖金总额为7 500元，可列得方程$\begin{cases}x+y+z=14\\1\,000x+600y+300z=7\,500\end{cases}$，化简得$4y+7z=65$。$4y$一定是偶数，65为奇数，则$7z$一定为奇数，$z$为奇数，排除C、D两项；若$z=5$，则$y=7.5$，不为整数，排除A。

验证：$z=7$，代入方程解得$y=4$，$x=3$，符合题意。

27. D 解析：设前10天每天的阅读量为x，则这本书共有$10x÷\dfrac{2}{3}=15x$，按计划应再读5天，要想提前3天读完，每天的阅读量为$(15x-10x)÷(5-3)=\dfrac{5}{2}x$，比计划提高了$\left(\dfrac{5}{2}x-x\right)÷x=\dfrac{3}{2}$。

28. A 解析：甲、乙两个部门共派出$3+3=6$（名）成员，总事件为从这6人中任选出3人，可得总样本数为$C_6^3=20$；所求事件为从6人中任选出3人时，这3人不能全都是一个部门，对立事件为这3人全都是一个部门，即要么都来自甲部门，要么都来自乙部门，样本数为2，则所求事件概率为$1-\dfrac{2}{20}=0.9$。故本题选A。

29. A 解析：设这项任务原计划每天的工作量为1，则总的工作量为160，则这项任务实际完工的时间是$20+(160-20×1)÷(1+1×40\%)=120$（天）。故本题选A。

30. D 解析：小李和小王两人邮寄书籍的重量相同，则超过首重部分每千克加收费用一样，但小李邮寄的费用比小王少3元，所以小李邮寄的是市内，小王邮寄的是外省市。所以小李超出首重部分的加收费用是$40-10=30$（元），根据题意，可知每千克的加收费用是30的因数，且每千克加收费用不超过首重费用，则快递公司超出首重后的每千克加收最多为6元。故本题选D。

31. C 解析：小李一共赚了$2×(1+20\%)×(1-5\%)-2=0.28$（万元）$=2\,800$（元）。

32. C 解析：设小李本月早到x次，小王本月早到y次。由题意可知，从第一次开始，两人绩效分构成首项为1，公差为2，末项分别为$2x-1$和$2y-1$的等差数列。根据平均数求和公式"$\dfrac{首项+末项}{2}×项数$"列得方程$\dfrac{1+(2x-1)}{2}×x+\dfrac{1+(2y-1)}{2}×y=100$，化简得$x^2+y^2=100$。

方法一，$x^2+y^2=100$可改写成$(x+y)^2=100+2xy$，由此可得$x+y$一定是个偶数，选项中只有C项满足，代入验证，当$x+y=14$时，$xy=48$，可解得x、y中一个为6、一个为8，满足题意。

方法二，$x^2+y^2=100$可改写为$x^2+y^2=10^2$，且x、y均为整数，可联想到常见的勾股数（6、8、10），即x、y中一个为6、一个为8。他俩本月共有$6+8=14$（次）早到。故本题选C。

33. A 解析：最初在道路一侧种植33棵树有$33-1=32$（个）间隔，设每个间隔距离为m。共加种16棵树，则每侧加种8棵树，每侧共有$33+8-1=40$（个）间隔，设每个间隔距离为n，则

$32m=40n$，整理得 $4m=5n$。若要不需要移动的树最多，则需间隔尽可能小，故 $m=5, n=4$。所以每侧有 $40×4÷(4×5)+1=9$（棵）树不需要移动，则两侧最多有 $2×9=18$（棵）树不需要移动。

34. C 解析：根据题意可知，甲、乙走完一个全程所用的时间分别为 $\frac{0.5}{10}$ 小时、$\frac{0.5}{12}$ 小时。设全程长为 s 米，则甲、乙的速度分别为 $s÷\frac{0.5}{10}=20s$（米/时）、$s÷\frac{0.5}{12}=24s$（米/时）。两人从出发到第一次相遇所用的时间为 $s÷(20s+24s)=\frac{1}{44}$（小时），后面每相遇一次所用时间均为从出发到第一次相遇的 2 倍，即为 $2×\frac{1}{44}=\frac{1}{22}$（小时）。设共相遇了 n 次，则 $\frac{1}{44}+\frac{1}{22}×(n-1)≤0.5$，解得 $n≤11.5$，向下取整，即共相遇了 11 次。故本题选 C。

35. A 解析：根据三集合容斥原理，选修了高数、数据库、网球三门课的总人数是 $24+30+38-12-16-18+6=52$（人）。其中，只选修两门课的人数是 $12+16+18-3×6=28$（人），则只选修了一门课的有 $52-28-6=18$（人）。故本题选 A。

36. D 解析：设甲、乙经过 t 小时相遇，结合题意作图如下：

甲 |——148t——中点——130t——| 乙
            9

根据图中线段关系可得，$148t-9=130t+9$，解得 $t=1$，故两地相距 $(148+130)×1=278$（千米）。

37. A 解析：方法一，总事件为"安排甲、乙、丙、丁、戊共 5 人的出场顺序"，总的样本数为 $A_5^5=5×4×3×2×1=120$。因甲、乙来自销售部，丙、丁来自研发部，戊来自行政部，且同一部门的人没有前后相邻出场，根据戊的位置分类，具体如下表所示：

第1位	第2位	第3位	第4位	第5位	方法数
戊	销售部或研发部选1人	从剩余的部门选1人	剩余两人位置固定		$2×2×2=8$
销售部或研发部选1人	戊	从剩余的部门选1人	剩余两人位置固定		$2×2×2=8$
销售部或研发部选1人	从剩余的部门选1人	戊	剩余两人进行全排列		$2×2×2×2=16$
销售部或研发部选1人	从剩余的部门选1人	人员确定	戊	人员确定	$2×2×2=8$
销售部或研发部选1人	从剩余的部门选1人	剩余两人位置固定		戊	$2×2×2=8$

综上，所求事件样本数为 $8+8+16+8+8=48$，所求概率为 $\frac{48}{120}=0.4$。故本题选 A。

方法二，总事件为"安排甲、乙、丙、丁、戊共 5 人的出场顺序"，总的样本数为 $A_5^5=5×4×3×2×1=120$。所求事件为"同一部门的人不连续出场"，其对立事件为"至少有 1 个部门的人前后相邻出场"，有两种情况：一是 2 个部门的人都相邻时，可将 3 个部门看成 3 个整体进行排序，再将销售部和研发部的人内部分别进行排序，共有 $A_3^3×A_2^2×A_2^2=3×2×2×2=24$（种）情况；二是只有 1 个部门的人相邻时，先从销售部和研发部中选择 1 个部门相邻，将其看作一个整体与戊进行全排列，并将该部门的人内部进行排序，有 $2×2×2=8$（种）情况，此时再将内部不相邻的部门的人插入到已经排好的3个空中的2个,有3×2=6(种)情况,则共有8×6=48(种)情况,则所求概率为$1-\dfrac{24+48}{120}=0.4$。故本题选A。

38. B 解析:设制作了x个环保购物袋,y个分类垃圾桶,则有$4x+7y=143$,$4x$为偶数、143为奇数,则$7y$为奇数,即y为奇数,排除A、D。代入B项,$4x+7×17=143$,解得$x=6$,符合题意;代入C项,$4x+7×19=143$,解得$x=2.5$,不是整数,排除。故至多制作17个分类垃圾桶。

39. B 解析:乘车距离到14千米时,需要支付13+(8-3)×2+(14-8)×3=41(元),则14千米以上的部分共(101-41)÷4=15(千米),所以这段距离是14+15=29(千米)。故本题选B。

40. D 解析:设自助餐每人的全价为100元,则七折后的价格是70元,八折后的价格是80元。两位男士和两位女士一同前来就餐,若选择方案一,所需费用为100×2+70×2=340(元);若选择方案二,所需费用为80×4=320(元),则方案一比方案二的总价高$\dfrac{340-320}{320}×100\%=\dfrac{1}{16}×100\%=6.25\%$。故本题选D。

巩固提升训练

1. B 解析:小李上山时从山脚到凉亭用时1小时,下山时从凉亭到山脚用时0.5小时,故下山速度是上山速度的2倍。设上山速度为v米/时,则下山速度为$2v$米/时,根据"路程=速度×时间",有$(v×1+500)×2=2v×(1+0.5)$,解得$v=1\ 000$,则登顶路程为$2×1\ 000×(1+0.5)=3\ 000$(米)。故本题选B。

2. D 解析:由于三角形两边之和大于第三边,则两条边边长分别为1.5千米和4.5千米的等腰三角形,三边长度只能是1.5千米、4.5千米、4.5千米。差5分钟到8点即7:55,则路上共花费了55-30=25(分钟),其中5分钟购买早餐,骑车25-5=20(分钟)。5米/秒=300米/分,则骑车共走了20×300=6 000(米)=6(千米),刚好等于1.5千米+4.5千米,即从家到早餐店和从早餐店到学校的距离,则从学校直接回家的距离为4.5千米。当$t=0$时,$y=4.5$,排除A、C两项;共需要4.5×1 000÷300=15(分钟),即当$t=15$时,$y=0$。故本题选D。

3. D 解析:设3人年龄分别为a、b、c。根据题意有$\dfrac{a+b}{2}+c=39$……①,$\dfrac{a+c}{2}+b=52$……②,$\dfrac{b+c}{2}+a=53$……③,易得c最小,a最大,③-①可得$\dfrac{c-a}{2}+a-c=14$,则$a-c=28$。故本题选D。

4. C 解析:设前七名平均分为1分,则前五名平均分为4分,前三名平均分为6分。前七名总分为7,前五名总分为20,前三名总分为18。故第四名和第五名总分为20-18=2(分),第六名和第七名总分为7-20=-13(分),第六名和第七名的总成绩比第四名和第五名的总成绩低2-(-13)=15(分)。故本题选C。

5. B 解析:设高速列车的速度为v千米/时,由题意可知,坐在动车上的乘客看高速列车驶过其窗口的过程可看作相遇问题,相遇路程为高速列车的车长,相遇时间为3.6秒,根据"相遇路程=速度和×时间",则$\dfrac{420}{1\ 000}=(180+v)×\dfrac{3.6}{3\ 600}$,解得$v=240$。故本题选B。

6. B 解析:已知总的平均分和部分平均分,可使用十字交叉法快速求得人数比。

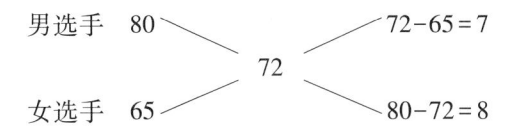

```
男选手  80 ╲       ╱ 72-65=7
            72
女选手  65 ╱       ╲ 80-72=8
```

男女选手的人数比为7∶8,因此参赛选手总人数应为15的倍数,又根据全部选手人数在35人到50人之间,只有45满足题意。故本题选B。

7. B 解析:5台机器每小时生产300件产品,则每台机器每小时生产60件,设多开了x台机器,根据题意有$(60-2x)(5+x)>300×1.5$,即$(30-x)(5+x)>225$。从小到大代入选项,当x至少为4时,不等式成立。故本题选B。

8. A 解析:方法一,设甲队单独完成工作需T小时,则乙队单独完成工作需要$(T+15)$小时,两队的工作效率分别为$\frac{1}{T}$和$\frac{1}{T+15}$,结合题目条件,有$\frac{1}{T}+\frac{1}{T+15}=\frac{1}{4}$,化简得$T^2+7T-60=0$,即$(T-5)(T+12)=0$,解得$T=5$或$T=-12$(舍去)。故本题选A。

方法二,将A项代入,甲队单独完成需要5小时,则乙队单独完成需要5+15=20(小时),两队合作需要$\frac{1}{\frac{1}{5}+\frac{1}{20}}=4$(小时),符合题目条件。故本题选A。

9. B 解析:方法一,全程用时2小时,设蛙跳和竞走的路程均为S,则总路程为$3×(2-\frac{S}{2}-\frac{S}{6})+2S=6$(千米)。故本题选B。

方法二,根据"蛙跳和竞走的路程相同",结合等距离平均速度公式"$\frac{2×v_1×v_2}{v_1+v_2}$",可推出蛙跳和竞走的平均速度为$\frac{2×2×6}{2+6}=3$(千米/时),已知游泳的速度为3千米/时,可推出全程的平均速度为3千米/时。全程用时为2小时,则所有项目的总路程是3×2=6(千米)。故本题选B。

10. A 解析:方法一,因为后车途经丙地后2小时,追上了快递车,所以追及距离为(75-60)×2=30(千米),即后车通过丙地时与快递车相距30千米。故本题选A。

方法二,根据题意,先出发的快递车比后出发的车早出发1.5小时,设后车出发t小时后追上前车,则有$75t=60×(t+1.5)$,解得$t=6$,故后车经过4小时到达丙地,此时与快递车相距60×(4+1.5)-75×4=30(千米)。故本题选A。

11. C 解析:设甲、乙两船在静水中的速度分别为$v_甲$、$v_乙$,水速为$v_水$。甲船从A港顺流前往B港花费了5个小时,则$v_甲+v_水=300÷5=60$(千米/时)。甲船从B港口出发时,乙船已经行驶了5+1=6(小时),甲船追上乙船用了6小时。

方法一,根据"追及距离=追及时间×速度差",有$6(v_乙-v_水)=6(v_甲-v_乙)$,化简整理可得$v_乙=\frac{v_甲+v_水}{2}$,则$v_乙=60÷2=30$(千米/时)。

方法二,从B港到甲船追上乙船的地点,甲船行驶了6小时,乙船行驶了6+6=12(小时),甲、乙两船所用时间之比为6∶12=1∶2。已知"路程相同时,速度比等于时间的反比",两船均为逆水航行,所以$\frac{v_甲-v_水}{v_乙-v_水}=\frac{2}{1}$,化简可得$v_乙=\frac{v_甲+v_水}{2}$,则$v_乙=60÷2=30$(千米/时)。

12. D 解析:500元商品促销后需付款500×0.9=450(元),即优惠了500-450=50(元)。由此可知,小张和小李购买的商品原价均超过了500元。两人一起结账时,小李优惠的120元没有变化;小张超过500元的部分打八折,也没有变化,但是500元的部分,之前打九折,现在可以打八折,节省了500×(0.9-0.8)=50(元)。或者,小张支付490元,没有变化;小李超过500元的部分打八折,也没有变化,500元的部分之前打九折,现在打八折,节省了50元。故本题选D。

13. C 解析:设每次降价的百分率至少为x,根据"利润率=$\frac{售价-成本}{成本}$",有 $\frac{40\times(1-x)(1-x)-27}{27}\leq 20\%$,解得$x\geq 1-\sqrt{\frac{27\times(1+20\%)}{40}}=10\%$。故本题选C。

14. C 解析:方法一,设购买理财产品的奖金增值了$x\%$,运用十字交叉法:

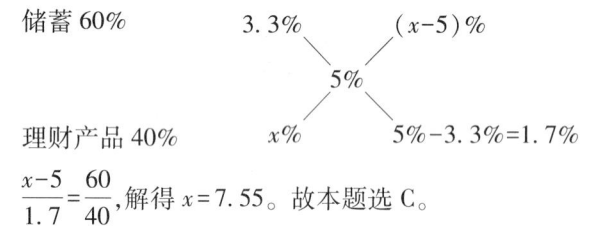

储蓄60%　　　3.3%　　　　(x-5)%

　　　　　　　　　　5%

理财产品40%　　x%　　　　5%-3.3%=1.7%

$\frac{x-5}{1.7}=\frac{60}{40}$,解得$x=7.55$。故本题选C。

方法二,特值法:题干给出的是增值比例,可设奖金总额为100,简化计算。设小张去年年底获得的奖金总额为100元,则用来储蓄的有100×60%=60(元),用来购买理财产品的有40元。奖金增值了100×5%=5(元),储蓄增值了60×3.3%=1.98(元),理财产品增值了5-1.98=3.02(元),购买理财产品的奖金增值了$\frac{3.02}{40}$=7.55%。故本题选C。

15. B 解析:方法一,由题意知,每人最少拿1个,拿两种水果的有9+8-13=4(人),则只拿苹果的有9-4=5(人)。故本题选B。

方法二,共有13个人拿到水果,拿到梨的有8人,每人最少拿1个,则只拿到苹果的人数等于没拿到梨的人数,有13-8=5(人)。故本题选B。

16. A 解析:根据三集合容斥公式可知:三个班报名人数-同时报两个班人数-同时报三个班人数×2=总人数。若要使同时报名三个班人数最多,则同时报名两个班人数应最少,最少为0,故所求为(36+20+28-72)÷2=6(人)。故本题选A。

17. A 解析:每一个点都可以作为等腰三角形的顶点,再确定腰长有多少种情况即可。先选定等腰三角形的顶点,有7种情况。对于每一个确定顶点,都有3种不同腰长的等腰三角形,且不会出现等边三角形,共有3×7=21(种)构图方案。故本题选A。

18. B 解析:乙车固定为最后一位,仅对剩余5辆车进行排序即可。依据丙的位置可分成两类情况:①当丙排在第一位时,剩余4辆车可随意排列,有A_4^4种情况;②当丙排在第二位时,甲不能排第一位,应先从其他3辆车中选1辆排在第一,为C_3^1,剩余3辆车随意排列,为A_3^3,共有($C_3^1 \times A_3^3$)种情况。

综上所述,分类相加,总情况有$A_4^4+C_3^1\times A_3^3$=24+18=42(种)。故本题选B。

19. C 解析:根据题意,可以首先从5名人力专员中选择2名,进行捆绑后派往其中一个一线城市,然后剩余3名人力专员分别派往剩余3个城市,则所求为$C_5^2\times C_2^1\times A_3^3$=120(种)。

20. C 解析:在一个三角形中,任意两边之和大于第三边,任意两边之差小于第三边。从6根钢筋里任选3根,共有C_6^3=20(种)情况,其中只有(4,7,12)和(4,8,12)这两种情况不能组成三角形,所以一共能组成20-2=18(个)不同的三角形。故本题选C。

21. B 解析:根据题意,需要在周二到周日6个晚上选择3个晚上参加培训班,要求不能连续空2天,则有以下几种情况:①周二、周四、周六;②周三、周四、周六;③周三、周五、周六;④周三、周五、周日。①④中没有连续的两个晚上,可将3门课全排列;②③中不能把英语和会计课程安排在连续两个晚上,先从连续的两天中选择一天安排计算机课程,剩下的两天排列另两门课程。共有 $A_3^3 \times 2 + C_2^1 \times A_2^2 \times 2 = 20$(种)不同的安排方式。故本题选B。

22. A 解析:总事件为从6个月饼中任取3个,总样本数为 $C_6^3 = 20$;所求事件为从3个蛋黄馅月饼中取1个、从3个非蛋黄馅月饼中取2个,样本数为 $C_3^1 \times C_3^2 = 9$,则所求概率为 $\dfrac{9}{20}$。

23. C 解析:甲赢得比赛有两种情况:一是前两局连胜,概率为 $0.8^2 = 0.64$;二是前两局一胜一负、第三局获胜,概率为 $C_2^1 \times 0.8 \times 0.2 \times 0.8 = 0.256$,甲获胜的概率为 $0.64 + 0.256 = 0.896$。

24. B 解析:根据"每道题3人中至少有2人答对,没有人得100分且任意2人总分都不相同",若想3人都答对的题目尽可能多,则每个人的得分尽可能高且任意2人的总分都不相同,则3人得分最高依次为90分、80分、70分,则所求为 $(90+80+70-100\times 2) \div 10 = 4$(道)。

25. D 解析:利用最不利原则,要保证搬出的鲜花中一定有郁金香,那么需要把月季花和牡丹花全部搬出,此时再搬出一盆一定是郁金香。所以至少需要搬出 20+20+1 = 41(盆)。

26. C 解析:设销售单价应降低 x 元,总利润为 W 元,则降低后的销售单价为 $(100-x)$ 元,销量为 $(120+20x)$ 件,进货单价为80元,则总利润 $W = (120+20x)(100-x-80) = 20(20-x)(6+x)$,$W=0$ 时的两个根为 $x_1 = 20$,$x_2 = -6$,则当 $x = (20-6) \div 2 = 7$ 时,W 最大。故本题选C。

27. A 解析:设直角边 AC 恰好与斜边 AB 重叠的点为 O,如下图所示。

方法一,设 DC 长为 x 厘米,由于 ABC 为直角三角形,因此 $AC = \sqrt{10^2 - 8^2} = 6$(厘米),且由题意可知,$DO = DC = x$ 厘米,$BD = (8-x)$ 厘米,$AO = AC = 6$ 厘米,则 $BO = AB - AO = 10 - 6 = 4$(厘米),$\angle DOB = 90°$。在直角 $\triangle DOB$ 中,根据勾股定理,$x^2 + 4^2 = (8-x)^2$,解得 $x = 3$。因此 $\triangle ABD$ 的面积为 $\dfrac{1}{2} \times 3 \times 10 = 15$(平方厘米)。故本题选A。

方法二,设 DC 长为 x 厘米,由于 ABC 为直角三角形,因此 $AC = \sqrt{10^2 - 8^2} = 6$(厘米),且由题意可知,$DO = DC = x$ 厘米,$BD = (8-x)$ 厘米,$\angle DOB = 90°$。又 $\triangle DOB \sim \triangle ACB$,因此有 $\dfrac{DO}{AC} = \dfrac{DB}{AB}$,即 $\dfrac{x}{6} = \dfrac{8-x}{10}$,解得 $x = 3$;因此 $\triangle ABD$ 的面积为 $\dfrac{1}{2} \times 3 \times 10 = 15$(平方厘米)。故本题选A。

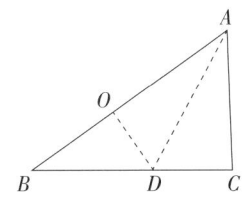

28. D 解析:正六边形可看作由六个等边三角形拼合而成,等边三角形的面积 = $\dfrac{1}{2} \times$ 底 $\times$ 高 = $\dfrac{1}{2} \times$ 边长 $\times \dfrac{\sqrt{3}}{2} \times$ 边长 = $\dfrac{\sqrt{3}}{4} \times$ 边长^2,则正六边形的面积 = $\dfrac{\sqrt{3}}{4} \times$ 边长$^2 \times 6 = \dfrac{3\sqrt{3}}{2} \times$ 边长^2,棱柱的体积 = 底面

积×高。故六角环柱状砖的体积为$\frac{3\sqrt{3}}{2}\times 7^2\times 10-\frac{3\sqrt{3}}{2}\times 5^2\times 10=\frac{3\sqrt{3}}{2}\times 24\times 10=360\sqrt{3}$(立方厘米)。

29. B 解析:根据题意,使用小货车,每名驾驶员最多可运送物资 32 箱;使用大货车,每名驾驶员最多可运送物资 48÷2=24(箱),故优先考虑小货车。若全部使用小货车,可运送 475÷32=14.8X(车)物资。因 1 辆大货车满载时运送的物资相当于$\frac{48}{32}=1.5$(辆)小货车满载时运送的物资,故每增加 1 辆大货车,小货车的运送量减少 1.5 车,具体如下表:

大货车辆数	小货车辆数	驾驶员数量	最后一车装载率
0	475÷32=14.8X,即 15	15	0.8X 车
1	14.8X-1.5=13.3X,即 14	2+14=16	0.3X 车
2	14.8X-3=11.8X,即 12	2×2+12=16	0.8X 车
3	14.8X-4.5=10.3X,即 11	3×2+11=17	0.3X 车
4	14.8X-6=8.8X,即 9	4×2+9=17	0.8X 车

因 $0.8X>\frac{2}{3}$,$0.3X<\frac{2}{3}$,则当大货车分别使用 0 辆、2 辆、4 辆时,满足条件,可选择的派车方案共有 3 种。故本题选 B。

30. B 解析:每次调头都比前一次多跑 1 分钟,第一段路程为顺时针跑 150×1=150(米),距离出发点为顺时针方向 150 米,记为+150。第二段路程为逆时针跑 150×2=300(米),距离出发点为逆时针方向 150 米,记为-150。以此类推,每段路程的终点距离出发点+150、-150、+300、-300、+450、-450、……、$+150\times\frac{n+1}{2}$、$-150\times\frac{n}{2}$。根据题意,结束时应正好回到出发点,则$150\times\frac{n+1}{2}$应为 400 的整数倍,设$150\times\frac{n+1}{2}=400m$,整理得3(n+1)=16m,因为 3 和 16 互质,则 n+1 最小为 16,则 n=15,跑步练习的时间为$\frac{(1+15)\times 15}{2}=120$(分钟),即 2 小时,结束练习时的时间为 10:00。故本题选 B。

31. A 解析:根据题意,哥哥的年龄在不同年份中分别是弟弟的 5 倍、4 倍和 3 倍,由于年龄差不变,则二者的年龄差依次是弟弟年龄的 4 倍、3 倍和 2 倍,年龄为整数,则年龄差应同时为 4、3、2 的倍数,仅 A 项符合。故本题选 A。

32. A 解析:根据"选择智力服务领域、连锁加盟领域和自媒体运营领域的分别占$\frac{1}{7}$、$\frac{1}{2}$和$\frac{1}{3}$",可知某学院今年选择创业的大学毕业生人数能被 42(7、2、3 的最小公倍数)整除,由于毕业生不到 50 人,因此只能是 42 人。选择高科技领域的大学毕业生占比为$1-\frac{1}{7}-\frac{1}{2}-\frac{1}{3}=\frac{1}{42}$,有$42\times\frac{1}{42}=1$(人)。故本题选 A。

33. C 解析:工作日四人轮流持有柜台钥匙,星期一持有钥匙的人要提前半小时到柜台,3 月 2 日是星期五,甲在该天持有钥匙,可列表分析甲下一次提前半小时到柜台的时间。

星期日	星期一	星期二	星期三	星期四	星期五	星期六
×					甲	×
×				甲		×
×			甲			×
×		甲				×
×	甲					×

过了3个星期零3天,即3×7+3=24(天),甲需要提前半小时到柜台,当天为3月26日。

34. B 解析:设总人数为$42x$,则去往A地的有$42x×\frac{4}{7}=24x$,去往B地的有$(42x-24x)×\frac{5}{6}=15x$,去往C地的有$42x-24x-15x=3x$,从A地和C地调走$\frac{1}{18}$去往D地后两地还剩余51人,有$(24x+3x)×(1-\frac{1}{18})=51$,解得$x=2$。所以此次共调集$42×2=84$(名)医护人员支援疫区。

35. A 解析:因原红色方阵最外侧每边有8架无人机,则红色方阵共有$8×8=64$(架)无人机;设原绿色方阵最外侧每边有x架无人机,则黄色方阵最外侧有$(x+4)$架无人机,根据红色无人机数+绿色无人机数=黄色无人机数,则有$64+x^2=(x+4)^2-64$,解得$x=14$,所求为$64+14×14=260$(架)。故本题选A。

36. C 解析:要使报废最合算,则应使系统使用的年均费用最少。设系统使用n年报废,则n年保养费用共计n万元,维修费用共计$n×1.2+\frac{n(n-1)}{2}×0.4=(0.2n^2+n)$万元,系统使用$n$年的年均费用为$(n+0.2n^2+n+80)÷n=0.2n+\frac{80}{n}+2\geq 2\sqrt{0.2n×\frac{80}{n}}+2=10$(万元),当且仅当$0.2n=\frac{80}{n}$时等号成立,且$n$为正整数,此时$n=20$,所以该系统使用20年报废最合算。故本题选C。

37. B 解析:由题意可知,老人总数减5能被10整除,故排除A、C。代入B项,志愿者为$(55-5)÷10=5$(人),再加2人为7人,$7×8=56$(人),满足每位志愿者最多为8位老人提供服务。代入D项,志愿者有$(65-5)÷10=6$(人),增加2人为8人,$8×8=64$(人),则有1位志愿者需要服务9位老人,排除。故本题选B。

38. D 解析:9个公交站有8段距离,要使最长的一段距离尽量小,需要其余段的距离尽量大。设最长的一段距离至少为x米,其余7段的距离由长到短最大依次为$(x-50)$米、$(x-100)$米、……、$(x-300)$米、$(x-350)$米,有$x+x-50+x-100+\cdots+x-300+x-350=8x-\frac{7×(50+350)}{2}=12\,860$,解得$x=1\,782.5$,因$x$应为整数,所以最长的一段距离至少为1 783米。故本题选D。

39. C 解析:每减少1辆中型车可增加5辆小型车,5辆小型车比1辆中型车重1吨,减少的中型车越多载重量增加得越多。根据题干要求,搭载100辆小型车和20辆中型车,载重量为180吨。减少1辆中型车可增加5辆小型车,载重量就增加$1×5-4=1$(吨)。题目要求中型车不少于10辆,最多减少10辆,载重量增加10吨,最多可载重$180+10=190$(吨)。故本题选C。

40. C 解析:方法一,设至少加入浓度为60%的盐水x克,由十字交叉法可得:

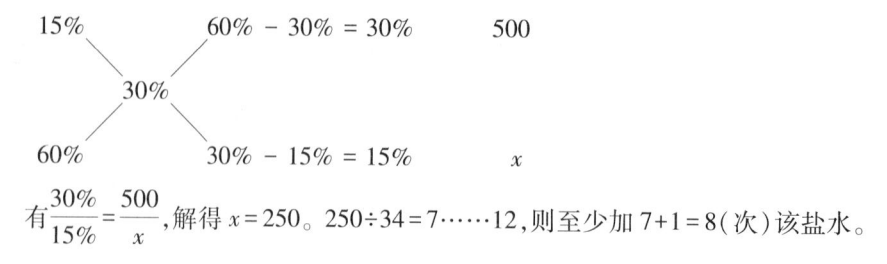

$$\begin{array}{cccc}
15\% & & 60\%-30\%=30\% & 500 \\
& 30\% & & \\
60\% & & 30\%-15\%=15\% & x
\end{array}$$

有 $\dfrac{30\%}{15\%}=\dfrac{500}{x}$,解得 $x=250$。$250\div 34=7\cdots\cdots 12$,则至少加 $7+1=8$(次)该盐水。

方法二,设至少加 x 次该盐水,这瓶盐水浓度才会超过 30%,则有 $\dfrac{15\%\times 500+60\%\times 34x}{500+34x}>30\%$,解得 $x>7.X$。由于 x 为正整数,最小为 8。故本题选 C。

专项四　思维策略参考答案及解析

考场真题还原

1. B　解析:设每分钟每个通道可通过 1 人,每分钟到达图书馆的学生数量为 x 人,所求为 y 分钟,根据开馆时等候的学生数量一定可得,$20\times(3-x)=10\times(4-x)=y\times(6-x)$,解得 $x=2$,$y=5$。

2. D　解析:原式 $=4\ 758^2-(4\ 759-2)\times(4\ 759+2)-4\ 759^2+(4\ 760-2)\times(4\ 760+2)=4\ 758^2-2\times 4\ 759^2+4\ 760^2-4=(4\ 759-1)^2-2\times 4\ 759^2+(4\ 759+1)^2=2$。故本题选 D。

3. B　解析:周五两种水果的销量比周六多 $320-310=10$(千克),又因为 A 水果每天的销量相同,B 水果每天的销量都是前一天的一半,可得到周六 B 水果卖出了 10 千克,则 A 水果每天卖出 $310-10=300$(千克),一周卖出 $300\times 7=2\ 100$(千克),B 水果周日卖出了 $10\div 2=5$(千克),则从周日到周一每天卖出的水果构成首项为 5,公比为 2 的等比数列,那么一周卖出了 $\dfrac{5\times(1-2^7)}{1-2}=635$(千克),A 水果总计比 B 水果多卖出 $2\ 100-635=1\ 465$(千克)。

4. D　解析:方法一,原式 $=(1+\dfrac{8}{33}+3+\dfrac{24}{33}+13+\dfrac{22}{33})\div(2+\dfrac{16}{33}+7+\dfrac{15}{33}+27+\dfrac{11}{33})\times 60=(18+\dfrac{21}{33})\div(36+\dfrac{42}{33})\times 60=30$。

方法二,原式 $=(\dfrac{41}{33}+\dfrac{41}{11}+\dfrac{41}{3})\div(\dfrac{82}{33}+\dfrac{82}{11}+\dfrac{82}{3})\times 60=[41\times(\dfrac{1}{33}+\dfrac{1}{11}+\dfrac{1}{3})]\div[82\times(\dfrac{1}{33}+\dfrac{1}{11}+\dfrac{1}{3})]\times 60=41\div 82\times 60=30$。故本题选 D。

5. A　解析:根据题意画文氏图如下,阴影部分表示只参加了两个项目的人。

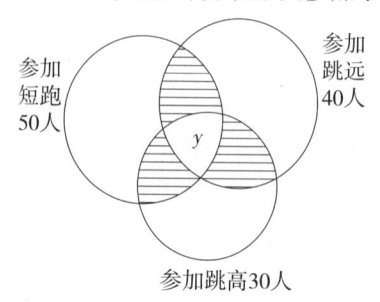

根据题意,参加 50 米短跑的有 50 人,参加立定跳远的有 40 人,参加跳高的有 30 人,设只参

加了两个项目的有x人,参加了三个项目的有y人,由容斥原理可得$100=50+40+30-x-2y$,整理可得$x+2y=20$。参加不止一个项目的有$(x+y)$人,而$x+y=20-y$,要想$x+y$最小,则y尽量大,最大为10,此时$x=0$,故至少有$0+10=10$(人)参加了不止一个项目。故本题选A。

6. D 解析:由(1)可得,$\#=\frac{2}{3}@$;由(2)可得,$\$=\frac{4}{3}@$,代入(3)可得,$\frac{2}{3}@+@+@+\frac{4}{3}@=60$,解得$@=15,\#=10,\$=20$,则$\#+@+\$-8=10+15+20-8=37$。故本题选D。

7. A 解析:原式$=(328-1)\times 328+329\times(329+1)-2\times 328\times 329=328^2-328+329^2+329-2\times 328\times 329=(329-328)^2+1=2$。

8. D 解析:阴影部分的面积为$9\times 1\times 1\times \frac{1}{2}+1\times 2\times \frac{1}{2}=5.5$。

9. B 解析:根据题意,甲、乙、丙三个班级分别每8、10、12天做一次大扫除,则120天后再次同时大扫除,$120\div 7=17\cdots\cdots 1$,即下次三个班级同时做大扫除是在周三。

10. C 解析:设顶端的数字为x,左下角的数字为y,右下角的数字为z。$x+11+y=y+7+z=x+12+z=24$,解得$x=4,y=9,z=8$。填入的三个数字的和是$4+9+8=21$。故本题选C。

11. D 解析:原式$=1+\dfrac{1}{1+\dfrac{1}{1+\dfrac{1}{1+\dfrac{8}{7}}}}=1+\dfrac{1}{1+\dfrac{1}{1+\dfrac{1}{\dfrac{15}{8}}}}=1+\dfrac{1}{\dfrac{38}{23}}=\dfrac{38}{23}$。故本题选D。

12. A 解析:零件重量的个位和十位数字颠倒后的重量比实际重量重$(29-20)\times 4=36$(克)。选项中只有A项满足。故本题选A。

13. B 解析:方法一,因这个自然数能被3整除,则该自然数的各位数字之和能被3整除,结合选项,满足题意的只有B项。

方法二,一个除以5余2的自然数,尾数只能为2或7,在200~220中,符合条件的只有202、207、212、217,其中能被3整除的只有207,则有$2+0+7=9$。故本题选B。

14. D 解析:结合顶部和右下角的立方体可知,1和2为相对面,3和6为相对面,4和5为相对面。所以组合体表面看得见的数字之和是$(5+3+1+2)+(3+1+2+4+5)+(6+3)+(1+2+3+4)=45$。故本题选D。

15. B 解析:原式$=\dfrac{(2+1)\times\dfrac{2}{2}+(3+1)\times\dfrac{4}{3}+(4+1)\times\dfrac{6}{4}+(5+1)\times\dfrac{8}{5}}{10+\dfrac{1}{2}+\dfrac{2}{3}+\dfrac{3}{4}+\dfrac{4}{5}}+2\,022=\dfrac{2+\dfrac{2}{2}+4+\dfrac{4}{3}+6+\dfrac{6}{4}+8+\dfrac{8}{5}}{10+\dfrac{1}{2}+\dfrac{2}{3}+\dfrac{3}{4}+\dfrac{4}{5}}+2\,022=\dfrac{2\times(10+\dfrac{1}{2}+\dfrac{2}{3}+\dfrac{3}{4}+\dfrac{4}{5})}{10+\dfrac{1}{2}+\dfrac{2}{3}+\dfrac{3}{4}+\dfrac{4}{5}}+2\,022=2\,024$。故本题选B。

16. B 解析:考虑最不利情况,当7种不同颜色的小球都拿出1个时,只要再任取1个,即可保证能拿到相同颜色的球,故所求为$7+1=8$(次)。

17. C 解析:3的多次方的个位数依次为3、9、7、1、3、9、7、1……,循环周期为4,$2\,023\div 4=505\cdots\cdots 3$,则$203^{2\,023}$的个位数为7;4的多次方的个位数依次为4、6、4、6……,循环周期为2,$2\,023\div 2=1\,011\cdots\cdots 1$,则$204^{2\,023}$的个位数为4;5的多次方的个位数均为5,则$205^{2\,023}$的个位数是

5。综上所述,7+4+5=16,个位数为6。

18. D　解析:观察原式,第一个括号中2 654、4 226、6 542、5 465的个位、十位、百位、千位均有2、4、5、6这四个数字;同理,第二个括号中7 595、6 979、9 766、5 657的个位、十位、百位、千位均有5、6、7、9这四个数字,则原式=(17 000+1 700+170+17)÷(27 000+2 700+270+27)×27÷17+2=1 111÷1 111+2=3。故本题选D。

19. D　解析:要使同时参加三次活动的人数尽量多,则同时参加两次活动的人数尽量少,最少为0,故所求为(52+48+68-88)÷2=40(人)。

20. A　解析:根据题意可知,9根木棍的长度和为5×9=45,组成的正方形的周长=4×边长,且小于45,则边长≤11,分类讨论如下表所示。

边长	边1	边2	边3	边4
11	2+9	3+8	4+7	5+6
10	1+9	2+8	3+7	4+6
9	4条边可从1+8、2+7、3+6、4+5、9中选择4个			
8	8	1+7	2+6	3+5
7	7	1+6	5+2	4+3

由上表可知,可组成5种边长不同的正方形。故本题选A。

21. A　解析:根据题意可知,下班时办公室的时钟分针一定在"6—7"之间,时针一定在"5—6"之间。设下班回家的过程中,时针走过n度到达分针的位置,则分针走过$(360-n)$度到达时针的位置,因此分针与时针在相同的时间内共同走过$n+360-n=360$(度)。已知时针每分钟走0.5度,分针每分钟走6度,故小赵下班回家用了360÷(0.5+6)≈55(分钟)。故本题选A。

22. C　解析:方法一,根据题意,若消费满150元实际支付150×0.9=135(元),因72<135,则第一次购物只打了九折,原价为72÷0.9=80(元);155>135元,则第二次购物原价超过150元,为150+(155-135)÷0.8=175(元)。故两次购买商品的原价为80+175=255(元),一次购买所有商品实际支付135+(255-150)×0.8=219(元),可以节省72+155-219=8(元)。

方法二,若消费满150元实际支付150×0.9=135(元),因72<135<155,说明第一次购物只打了九折,第二次购物150元内打九折,超过150元部分打8折。若一次购买所有商品,则第二次购物的实际消费不会变,第一次购物的花费由原来打九折变为打八折,少支付原价的10%,第一次花费的原价为72÷0.9=80(元),将少支付80×10%=8(元)。

23. C　解析:原式=32.03×45+43.23×56+32.03×2×27.5+43.23×2×22=32.03×(45+2×27.5)+43.23×(56+2×22)=3 203+4 323=7 526。故本题选C。

24. A　解析:$1^3+3^3+5^3+\cdots+29^3 = 1^3+2^3+3^3+4^3+5^3+\cdots+29^3-(2^3+4^3+6^3+\cdots+28^3)=(1+2+3+\cdots+29)^2-2^3\times(1^3+2^3+3^3+\cdots+14^3)=[\frac{29\times(1+29)}{2}]^2-8\times(1+2+3+\cdots+14)^2=435^2-8\times[\frac{14\times(1+14)}{2}]^2=435^2-8\times105^2=189\ 225-88\ 200=101\ 025$。故本题选A。

25. A　解析:原式$=\frac{(90-1)^2+(100-1)^2+378}{181}=\frac{90^2+1-180+100^2+1-200+378}{181}=\frac{90^2+100^2}{181}=\frac{18\ 100}{181}=100$。故本题选A。

巩固提升训练

1. D　解析:原式=2 014×9 988×10 001-2 014×10 001×9 988=0。

2. A　解析:原式=8 989-(1 111+2 222+3 333)=8 989-6 666=2 323。
   另解,题目四个选项的尾数不同,可以使用尾数法,结果的尾数应为9-1-2-3=3。

3. B　解析:原式=100 000-80 000-8 000-800-80+4-7=100 000-88 880-3=11 117。

4. B　解析:原式=$\frac{3}{2} \times \frac{1}{2} \times \frac{4}{3} \times \frac{2}{3} \times \frac{5}{4} \times \frac{3}{4} \times \cdots \times \frac{100}{99} \times \frac{98}{99} \times \frac{101}{100} \times \frac{99}{100}$=($\frac{3}{2} \times \frac{4}{3} \times \frac{5}{4} \times \cdots \times \frac{100}{99} \times$ $\frac{101}{100}$)×($\frac{1}{2} \times \frac{2}{3} \times \frac{3}{4} \times \cdots \times \frac{98}{99} \times \frac{99}{100}$)=$\frac{101}{2} \times \frac{1}{100}$=$\frac{101}{200}$。故本题选B。

5. A　解析:原式=$\frac{2\,017 \times 2\,017-(2\,017+1)(2\,017-1)}{(1\,988+1)(1\,988-1)-1\,988 \times 1\,988}$=$\frac{2\,017 \times 2\,017-2\,017 \times 2\,017+1}{1\,988 \times 1\,988-1-1\,988 \times 1\,988}$=-1。

6. D　解析:6⊙x=4×6+3x,5⊙(6⊙x)=4×5+3×(4×6+3x)=20+72+9x=110,解得x=2。

7. A　解析:原式=(102-101)+(104-103)+…+(200-199)=1×50=50。故本题选A。

8. D　解析:原式=$(1-\frac{1}{2}) \times (1+\frac{1}{2}) \times (1-\frac{1}{3}) \times (1+\frac{1}{3}) \times \cdots \times (1-\frac{1}{2\,010}) \times (1+\frac{1}{2\,010})$=$\frac{1}{2} \times$ $\frac{3}{2} \times \frac{2}{3} \times \frac{4}{3} \times \cdots \times \frac{2\,009}{2\,010} \times \frac{2\,011}{2\,010}$=$\frac{1}{2} \times \frac{2\,011}{2\,010}$=$\frac{2\,011}{4\,020}$。故本题选D。

9. B　解析:7的n次方个位数变化为7、9、3、1,变化周期为4,2 010除以4余2,所以$7^{2\,010}$的个位数是9。8的n次方个位数变化为8、4、2、6,变化周期为4,2 012能被4整除,所以$8^{2\,012}$的个位数是6。9+6=15,所求个位数为5。故本题选B。

10. B　解析:1!=1,2!=2,3!=6,4!=24,5!=120,6!=720,……之后阶乘的积的个位数都为0,则原式的个位数等于1!+2!+3!+4!的个位数,1+2+6+4=13,则所求为3。

11. C　解析:原式=$\frac{12+12 \times 16+12 \times 64+12 \times 256}{1+4^2+8^2+16^2}$=$\frac{12 \times (1+4^2+8^2+16^2)}{1+4^2+8^2+16^2}$=12。

12. B　解析:原式=$\frac{1}{2} \times [4 \times (\frac{1}{1 \times 2}-\frac{1}{2 \times 3})+5 \times (\frac{1}{2 \times 3}-\frac{1}{3 \times 4})+\cdots+11 \times (\frac{1}{8 \times 9}-\frac{1}{9 \times 10})]$

    =$\frac{1}{2} \times (\frac{4}{1 \times 2}+\frac{1}{2 \times 3}+\frac{1}{3 \times 4}+\cdots+\frac{1}{8 \times 9}-\frac{11}{9 \times 10})$

    =$\frac{1}{2} \times (2-\frac{11}{90}+\frac{1}{2}-\frac{1}{3}+\frac{1}{3}-\frac{1}{4}+\cdots+\frac{1}{8}-\frac{1}{9})$

    =$\frac{1}{2} \times (\frac{5}{2}-\frac{11}{90}-\frac{1}{9})$=$\frac{1}{2} \times (\frac{5}{2}-\frac{7}{30})$=$\frac{17}{15}$。

    点拨　本题主要考查裂项拆分,主要针对类似$\frac{1}{n(n+1)}$的列式,可利用$\frac{1}{n(n+1)}$=$\frac{1}{n}$-$\frac{1}{n+1}$去简化。

13. C　解析:原式=$\frac{51}{76} \times \frac{138}{204} \times \frac{228}{184}$=$\frac{51}{204} \times \frac{228}{76} \times \frac{138}{184}$=$\frac{1}{4} \times 3 \times \frac{23 \times 6}{23 \times 8}$=$\frac{9}{16}$≈0.56。

14. B　解析:尾数法。结果的后两位尾数为0.01+0.09+0.16+0.64=0.9,B项符合。

15. C　解析:原式$=\dfrac{2}{(5+1)\times 5}+\dfrac{2}{(6+1)\times 6}+\cdots+\dfrac{2}{(21+1)\times 21}=2\times(\dfrac{1}{5}-\dfrac{1}{6}+\dfrac{1}{6}-\dfrac{1}{7}+\cdots+\dfrac{1}{21}-\dfrac{1}{22})=2\times(\dfrac{1}{5}-\dfrac{1}{22})=\dfrac{17}{55}$。

16. C　解析:由题干条件得出每小时员工包装礼品盒数量的关系:甲=5×乙+5=4×丙+4=6×丁+6,可知工作效率最低的员工为丁。简化等式得出甲=5×(乙+1)=4×(丙+1)=6×(丁+1),设甲每小时最少包装60(4、5、6的最小公倍数)个礼品盒,则丁每小时最少包装60÷6-1=9(个)礼品盒。故本题选C。

17. D　解析:设每位客户每天取走的钱为1,每天固定的资金存入量为x,由$10\times 20\times 1-20x=15\times 10\times 1-10x$得出每天固定的资金存入量$x$为$(10\times 20\times 1-15\times 10\times 1)\div(20-10)=5$,则A=$10\times 20\times 1-20\times 5=100$。若每天有25位客户取钱,则这笔钱A可以支撑$100\div(25\times 1-5)=5$(天)。

18. D　解析:小张每隔1天去一次,即每2天去一次;小李每隔4天去一次,即每5天去一次;小王每隔6天去一次,即每7天去一次;2、5、7的最小公倍数是70,即1日之后的第70天会再次相遇,那么7月1日之后的第70天是9月9日。故本题选D。

点拨　本题在审题时,一定要注意"每n天"和"每隔n天"的区别,一字之差就可能导致结果错误,每隔n天=每$(n+1)$天。

19. B　解析:将10箱唇膏分为3份,每份分别为3箱,3箱,4箱。先取两份3箱的称重(第一次称重),有两种情况:①若平衡,则高仿品在第三份中。将第三份的4箱分成3份,每份分别为1箱,1箱,2箱,取出两份1箱的称重(第二次称重),若平衡则高仿品在第三份中,再将第三份的2箱称重(第三次称重),较轻的那箱有高仿品。②若不平衡,则高仿品在较轻的3箱中。再将这3箱分为3份,每份1箱,任取两箱称重(第二次称重),若平衡则高仿品在第三份中;若不平衡则高仿品在较轻的那箱。故至少要用天平称3次。

20. B　解析:根据A队比赛了4场,可知A和其他队都进行了比赛,则C只和A进行了比赛。D赛了3场,则D和A、B、E各赛了一场,B队比赛2场,则和A、D各赛了一场,所以,E和A、D各赛了一场,比赛了2场。

21. B　解析:从9:00开始有游客进入观景台,从9:02开始有游客离开观景台。在9:02时,观景台上共有$20\times 2=40$(人),还可以容纳60人。在9:02之后,每分钟都有20个人进入,15个人离开,即每分钟观景台上的人数净增长5人,所以到人数饱和还需要$60\div 5=12$(分钟)。9:02再过12分钟为9:14,所以从9:14开始,观景台上的人数达到饱和状态。故本题选B。

22. C　解析:除2月外,一年中的30、31号共有18个。2023年为平年,有365天,根据最不利原则,至少应抽出$365-18+1=348$(张),才能保证抽到一张30号或31号。

23. A　解析:$50\div 3=16\cdots\cdots 2$,所以能买到16瓶汽水,1瓶汽水等于一个空瓶加上一个瓶内的汽水,2个空瓶可以换一个空瓶加上一个瓶内的汽水,则1个空瓶等于1个瓶内汽水,所以16个空瓶能换回16个瓶内汽水。故最多可以喝16+16=32(瓶)汽水。故本题选A。

24. A　解析:任选两枚硬币放在天平两端,若天平平衡,说明这两枚硬币重量是相等的,则第三枚硬币为假币。任选两枚硬币放在天平两端,若天平不平衡,说明这两枚中较轻的为假币。综上,不管哪种情况3枚硬币只需要称1次就一定能找出假币。故本题选A。

25. C　解析:根据"西区的参赛人数占总人数的$\dfrac{1}{7}$",可知总人数能被7整除,共有170多人,170÷7=24.X(人),则参赛总人数为25×7=175(人),西区参赛人数为25。根据"东区的参赛人数比西区的2倍多1人",可知东区参赛人数为2×25+1=51(人)。南区和北区的参赛人数共175-25-51=99(人),北区参赛人数为99÷(1+1.2)=45(人),南区参赛人数为99-45=54(人)。所以参赛人数最多的区是南区,参赛人数为54人。

专项五 资料分析参考答案及解析

考场真题还原

1. A 解析:由材料可知,2023年一季度M省生产总值为13 374.7亿元,全国生产总值为284 997亿元,则所求为 $\frac{13\ 374.7}{284\ 997}$ =4.X%。故本题选A。

2. A 解析:由材料可知,2023年一季度M省生产总值同比增长3.8%,全国同比增速为4.5%,则所求为3.8%-4.5%=-0.7%,即低0.7个百分点。故本题选A。

3. B 解析:由材料可知,2023年一季度M省生产总值为13 374.7亿元,其中,第三产业增加值为7 954.8亿元;全国2023年一季度生产总值为284 997亿元,第三产业增加值为165 475亿元,则所求为 $\frac{7\ 954.8}{13\ 374.7} - \frac{165\ 475}{284\ 997} \approx \frac{7\ 954.8}{13\ 400} - \frac{165\ 475}{285\ 000} \approx 59.4\% - 58.1\% = 1.3\%$,即高了约1.3个百分点,选择最接近的B。

4. D 解析:(1)由材料可知,全国2023年一季度生产总值同比增长4.5%,一季度较去年同期呈增长趋势。第三产业增加值同比增速(5.4%)大于第一产业增加值同比增速(3.7%)、第二产业增加值同比增速(3.3%),第三产业增加值同比增速最快,正确,排除A、C两项。

(2)由材料可知,2023年一季度全国分行业看,住宿和餐饮业同比增长13.6%,呈快速增长势头;房地产业同比增长1.3%,实现增长,错误。

则仅(1)正确,故本题选D。

5. D 解析:(1)第一产业是指农、林、牧、渔业(不含农、林、牧、渔服务业)。由材料可知,2023年一季度M省生产总值为13 374.7亿元,其中,第一产业增加值为840.1亿元。由于第一产业增加值占M省生产总值的比重为 $\frac{840.1}{13\ 374.7}$ <10%,则该省农业产值所占比重小于一成,错误。故本题选D。【注:此处农业产值近似认为是农业增加值】

验证:(2)由材料可知,2023年一季度,全省规模以上工业增加值同比增长0.4%,该省工业增加值增长缓慢,正确。

(3)由材料可知,2023年一季度M省第一产业增加值增长3.3%,第二产业增加值下降0.9%,第三产业增加值增长6.7%,增长最好的是第三产业;第三产业中,批发和零售业增加值增长4.6%,交通运输、仓储和邮政业增长4.6%,住宿和餐饮业增长7.3%,金融业增长8.9%,房地产业增长0.5%,信息传输、软件和信息技术服务业增长7.7%,增长最好的是金融业(8.9%),正确。

6. A 解析:由文字材料可知,2022年,全国研究与试验发展(R&D)经费支出30 870亿元,比上年增长10.4%;R&D经费与GDP之比为2.55%,比上年提升0.12个百分点。所求为 $\frac{30\ 870}{1+10.4\%}$ ÷

$(2.55\%-0.12\%) \approx \frac{31\ 000}{1.1\times 2.4\%} = \frac{31\ 000}{0.026\ 4} \approx 1\ 170\ 000$(亿元)$=117$(万亿元),A项最接近。

7. B 解析:由材料可知,2022年我国的研究与试验发展经费支出为30 870亿元,同比增长10.4%。假设n年后超过4万亿元,则可列式为:$30\ 870\times(1+10.4\%)^n>40\ 000$。根据选项,当$n$取2时:$30\ 870\times(1+10.4\%)^2<31\ 000\times(1+11\%)^2\approx 31\ 000\times 1.23=38\ 130$,不满足;当$n$取3时:$30\ 870\times(1+10.4\%)^3>30\ 870\times(1+31.2\%)>30\ 870+30\ 800\times 0.3=30\ 870+9\ 240>40\ 000$亿元,满足,则2022+3=2025年超过4万亿元。故本题选B。

8. B 解析:由表可知,2022年末,我国有效专利数为1 787.9万件,其中,境内有效专利数为1 671.9万件,境外有效专利数为1 787.9-1 671.9=116(万件),所求为$\frac{116}{1\ 671.9}\approx\frac{120}{1\ 700}\approx 0.07$。

9. B 解析:由材料可知,2022年,专利授权数比上年下降6.0%,发明专利授权数比上年增长14.7%,商标注册量比上年下降20.2%,技术合同成交金额比上年增长28.2%,则四项统计指标中,较上年负增长的有2个。故本题选B。

10. C 解析:A项,由材料可知,境内有效专利数不全包含境内专利授权数,错误。B项,由文字材料可知,研究与试验发展经费包含基础研究经费,错误。C项,由表格可知,C项正确,直接选C。

验证D项,由材料可知,发明专利授权数与境内专利授权数为不同分类,为交叉关系,不是包含关系,错误。

11. B 解析:由图1可知,2019—2021年全球巧克力市场规模分别为1 186.2亿美元、1 220.5亿美元、1 066亿美元,则所求为$\frac{1\ 066-1\ 220.5}{1\ 220.5}-\frac{1\ 220.5-1\ 186.2}{1\ 186.2}\approx -\frac{150}{1\ 200}-\frac{34}{1\ 200}=-\frac{184}{1\ 200}=-15.X\%$,即下降约15.X个百分点。故本题选B。

12. C 解析:由图2可知,2019—2021年中国可可及巧克力食品进出口金额合计为33 113.7+48 335.3+27 482.6+48 576.8+40 111.3+67 329.0,观察选项末两位不同,计算末两位,37+53+26+68+13+90,则计算结果末两位为87。故本题选C。

13. C 解析:由图3可知,2021年中国出口至美国的可可及巧克力食品以及从美国进口的可可及巧克力食品金额合计为4 139.5+4 730.7=8 870.2(万美元)。故本题选C。

14. C 解析:由图4可知,2021年上海市可可及巧克力食品进口金额为29 616万美元,北京市为2 908万美元,所求为$\frac{29\ 616}{2\ 908}-1=10.X-1=9.X$倍。故本题选C。

15. A 解析:由材料可知,2021年中国巧克力销量约为25.16万吨,预计2022年下滑至25.11万吨,并不是上升,说法错误,故本题选A。

验证:B、C、D三项在材料中均可查到,均正确。

16. A 解析:由文字资料第一段可知,2021年X市都市型现代农业生态服务价值年值为3 923.30亿元,同比增长12.9%,根据"增长量$=\frac{现期值}{1+增长率}\times$增长率",所求为$\frac{3\ 923.30}{1+12.9\%}\times 12.9\% \approx \frac{3\ 923.30}{1+\frac{1}{8}}\times \frac{1}{8}=\frac{3\ 923.30}{9}=43X$(亿元),最接近A。故本题选A。

点拨 当列式中的百分数接近特征分数时,可将百分数近似转化为一些特征分数,达到简化计算的目的。本题中,$12.9\% \approx 12.5\% = \frac{1}{8}$,因此可以将百分数转化为分数简化计算。

17. A 解析:由表格可知,都市型现代农业生态服务价值贴现值=直接经济价值贴现值+间接经济价值贴现值+生态与环境价值贴现值,则所求为12 146.52-381.23-1 095.78,选项最后一位各不相同,可判断末位数字,2-3-8,最后一位为1。故本题选 A。

点拨 选项最后一位各不相同,可只取每个数据的末位数据进行计算,通过确定尾数判断正确答案。

18. B 解析:由文字资料第一、第二段或表格第三、第四行可知,2021年该市都市型现代农业生态服务价值年值为3 923.30亿元,直接经济价值为381.23亿元,根据公式"比重=$\frac{部分值}{整体值}$×100%",所求为$\frac{381.23}{3\ 923.30}×100\%<10\%$,只有B项符合。故本题选 B。

19. C 解析:由资料第四段可知,降水增加、河流水质提升、市区绿化面积增加都有利于生态与环境价值提升。故本题选 C。

20. C 解析:由表格可知,间接经济价值由文化旅游服务价值、水力发电价值、景观增值价值组成,排除B。根据公式"拉动……增长=$\frac{部分增长量}{整体基期值}$",整体基期值一样,故只需比较部分增长量即可。

2021年水力发电价值增长量为$\frac{10.53}{1+20.5\%}×20.5\%$,文化旅游服务价值增长量为$\frac{627.33}{1+44.5\%}×44.5\%$,景观增值价值增长量为$\frac{457.92}{1+0.5\%}×0.5\%$。观察可知,627.33>457.92>10.53,且44.5%>20.5%>0.5%,所以文化旅游服务价值增长量最大,拉动增长的数值最大。故本题选 C。

21. A 解析:由表格倒数两列数据可知,2020年1~5月,粮油、食品类商品零售额为6 206亿元,同比增长13.4%。根据同比增长量=$\frac{现期量×同比增长率}{1+同比增长率}$,可知所求为$\frac{6\ 206×13.4\%}{1+13.4\%} \approx \frac{6\ 206}{1+\frac{2}{15}}×\frac{2}{15}=6\ 206×\frac{2}{17}=73X$(亿元)($\frac{2}{15} \approx 13.3\% \approx 13.4\%$)。故本题选 A。

22. A 解析:由表格第三列数据可知,2020年5月商品零售同比增长-0.8%,金银珠宝类同比增长-3.9%,服装鞋帽、针纺织品类同比增长-0.6%,文化办公用品类同比增长1.9%,烟酒类同比增长10.4%。同比降幅高于商品零售的只有金银珠宝类。故本题选 A。

23. D 解析:由表格第二列和第三列数据可知,2020年5月城镇消费品零售额27 881亿元,同比增长-2.8%;乡村消费品零售额4 092亿元,同比增长-3.2%。根据基期量=$\frac{现期量}{1+同比增长率}$,可知2019年5月城镇为$\frac{27\ 881}{1-2.8\%}$亿元,乡村为$\frac{4\ 092}{1-3.2\%}$亿元,多几倍即倍数-1,则所求为$\frac{27\ 881}{1-2.8\%}÷\frac{4\ 092}{1-3.2\%}-1=\frac{27\ 881}{4\ 092}×\frac{1-3.2\%}{1-2.8\%}-1 \approx \frac{27\ 881}{4\ 092}-1 \approx 7-1=6$倍。故本题选 D。

24. D 解析:由表格倒数第二列数据可知,2020年1~5月餐饮收入11 346亿元,其中限额以上单位餐饮收入2 434亿元,则非限额以上单位餐饮收入11 346-2 434=8 912(亿元),则所求为 8 912÷5＝1 7XX（亿元）。故本题选 D。

25. D　解析：A 项，由表格最后一列数据可知，2020 年 1～5 月，所有商品零售类别中粮油、食品类增速最高，为 13.4%，正确。

B 项，由表格最后一行数据可知，2020 年 5 月，建筑及装潢材料类零售额为 146 亿元，同比增长 1.9%，根据同比增长量＝$\frac{现期量×同比增长率}{1+同比增长率}$，所求为 $\frac{146×1.9\%}{1+1.9\%}$<150×2%＝3（亿元），正确。

C 项，由表格第二列数据可知，2020 年 5 月，社会消费品零售总额 31 973 亿元，其中，限额以上单位消费品零售额 11 664 亿元，占比为 11 664÷31 973>11 000÷33 000>30%，正确。

验证 D 项，由表格倒数第二列数据可知，2020 年 1～5 月，社会消费品零售总额 138 730 亿元，其中实物商品网上零售额 33 739 亿元，占比为 33 739÷138 730>33 000÷140 000>20%，错误。

26. A　解析：由图 1 可知，2022 年茶园种植面积为 18.14 万亩，2021 年为 11.5 万亩，则所求为 $\frac{18.14-11.5}{11.5}=\frac{6.64}{11.5}$＝57.X%。故本题选 A。

27. D　解析：由图 1 可知，2019 年该市茶园种植面积为 0.86 万亩，2022 年为 18.14 万亩，所求为 $\frac{18.14}{0.86}-1$≈21－1＝20（倍）。故本题选 D。

28. A　解析：由图 2 可知，2022 年该市茶叶产量为 421 万吨，2019 年为 230 万吨，则所求为 421－230＝191（万吨）。故本题选 A。

29. C　解析：由图 1、2 可知，2022 年该市茶园种植面积为 18.14 万亩，产量为 421 万吨，则所求为 $\frac{421}{18.14}$＝2X（万吨/万亩）。故本题选 C。

30. D　解析：由文字材料可知，截至 2022 年年底，全市种植茶园面积 18.14 万亩，较去年有大幅增长，同时，茶叶产量也有相应增长，但新种植茶苗，需要经过 2～3 年的生长，才可以采摘新茶，结合图 1、图 2 数据可知，(1)正确，排除 A。由图 1 可知，2021 年、2022 年全市种植茶园面积有大幅增长，(2)正确，排除 B。由文字材料及图 1 可知，新种植茶苗，需要经过 2～3 年的生长，才可以采摘新茶，而该市种植茶园面积在 2021 年有大幅增长，则在 2023 年及之后茶叶产量将进入高速增长时期，(3)正确，排除 C。故本题选 D。

巩固提升训练

1. B　解析：第二季度数值＝1～6 月累计值－1～3 月累计值。由表格最后一行可知，2023 年该市 1～6 月工业用电量累计 173.3 亿千瓦时，1～3 月累计 81.3 亿千瓦时；2022 年 1～6 月工业用电量累计 169.8 亿千瓦时，1～3 月累计 81.6 亿千瓦时。根据"增长量＝现期值－基期值"，所求为 (173.3－81.3)－(169.8－81.6)，各选项末尾数字不同，可只计算末尾数字，计算结果最后一位为 8。只有 B 项符合。故本题选 B。

2. C　解析：由表格倒数第四行可知，2022 年第二季度该市进出口总额为 2 988－1 388＝1 600（亿元），2022 年第三季度为 4 566－2 988＝1 5XX（亿元），2022 年第四季度为 6 292－4 566＝1 7XX（亿元），2023 年第二季度为 2 915－1 443＝1 4XX（亿元），最多的季度是 2022 年第四季度。

3. A　解析：由表格第三、第四行可知，2023 年 1～6 月该市地区生产总值为 8 317 亿元，第三产业增加值占比为 64.8%；1～3 月地区生产总值为 4 230 亿元，第三产业增加值占比为 65.4%。

根据"部分值=整体值×比重",所求为 8 317×64.8%-4 230×65.4%≈8 300×65%-4 200×65%=(8 300-4 200)×65%=4 100×65%=2 665(亿元),最接近 A。故本题选 A。

4. C 解析:增长率=$\dfrac{现期值-基期值}{基期值}$。由表格第三列和最后一列可知,2023 年上半年,该市地区生产总值、社会消费品零售总额、实际利用外资、工业用电量四个指标同比增速分别为 $\dfrac{8\ 317-7\ 879}{7\ 879}=\dfrac{4XX}{7\ 879}<10\%$,$\dfrac{4\ 358-4\ 000}{4\ 000}=\dfrac{358}{4\ 000}<10\%$,$\dfrac{39.6-35.3}{35.3}=\dfrac{4.3}{35.3}>10\%$,$\dfrac{173.3-169.8}{169.8}=\dfrac{3.X}{169.8}<10\%$,最大的是实际利用外资。故本题选 C。

5. B 解析:A 项,由表格倒数第三、第四行结合"部分值=整体值×比重"可知,2023 年 1~6 月,该市进口额为 2 915×(1-58.1%)≈2 900×42%=1 218(亿元),超过 1 100 亿元,不能推出。

B 项,由表格倒数第三行可知,2023 年 1~6 月该市出口占进出口总额的比重为 58.1%,1~3 月出口占进出口总额的比重为 57.8%,根据混合平均的知识,混合后的比重应介于两部分比大小之间,因此,2023 年 4~6 月(第二季度)出口占进出口总额的比重高于 58.1%,即第二季度比重>第一季度比重,比重环比上升。由比重增长量的核心结论可知,比重环比上升即部分(出口)环比增速大于整体(进出口)环比增速,则 2023 年第二季度,该市出口额环比增速高于进出口总额环比增速,能够推出。故本题选 B。

验证:C 项,由表格第五行可知,2022 年第二季度,该市固定资产投资为 3 040-1 323=1 717(亿元)>1 705(亿元),故最大值不是 1 705 亿元,不能推出。

D 项,由表格倒数第五行可知,2023 年 1~6 月社会消费品零售总额累计值为 4 358 亿元,2022 年 1~12 月累计值为 7 832 亿元,共有 6+12=18(个)月份,根据"平均数=$\dfrac{总量}{份数}$",所求为 $\dfrac{7\ 832+4\ 358}{18}=\dfrac{12\ 190}{18}=6XX(亿元)$,未超过 700 亿元,不能推出。

6. C 解析:由文字材料可知,直播电商行业渗透率=直播电商行业交易额/网络零售交易额。2022 年,我国直播电商行业交易额为 3.5 万亿元,直播电商行业渗透率为 25.3%,则所求为 $\dfrac{3.5}{25.3\%}$,略小于 $\dfrac{3.5}{25\%}$=3.5×4=14(万亿元)。与 C 项最接近。故本题选 C。

7. D 解析:由文字材料可知,2022 年直播电商行业交易额为 3.5 万亿元;由表格倒数第二列可知,2021 年我国直播电商行业用户数为 4.3 亿人,人均年消费额为 4 640 元。根据"直播电商行业交易额=直播电商行业用户数×人均年消费额",则 2021 年我国直播电商行业交易额为 4.3×4 640≈4.3×4 600=19 780(亿元)≈2(万亿元)。所求为 3.5∶2=7∶4。故本题选 D。

8. B 解析:年均增长率=$\sqrt[增长次数]{\dfrac{末期值}{初期值}}-1$。题干三个指标涉及的增长次数均为 2022-2018=4,故比较年均增长率的大小可直接比较 $\dfrac{末期值}{初期值}$ 的大小。2019—2022 年我国直播电商行业企业数、用户数、人均年消费额的 $\dfrac{末期值}{初期值}$ 分别为 $\dfrac{18\ 700}{3\ 545}$、$\dfrac{4.7}{2.2}$、$\dfrac{7\ 450}{297}$,因 $\dfrac{18\ 700}{3\ 545}=5.X$,$\dfrac{4.7}{2.2}=2.X$,$\dfrac{7\ 450}{297}=2X$,所以 $\dfrac{4.7}{2.2}<\dfrac{18\ 700}{3\ 545}<\dfrac{7\ 450}{297}$,则可推出 V2≤V1≤V3。故本题选 B。

9. A 解析：由文字材料可知，2022年我国直播电商行业三大平台交易额分别为1.5万亿元、0.9万亿元和0.8万亿元。1.5<0.9+0.8，则白色部分占比应不足一半，排除B、D；1.5约是0.8的2倍，则白色部分应约是斜线部分的2倍，排除C。故本题选A。

10. B 解析：A项，由文字材料可知，2022年我国直播电商行业交易额为3.5万亿元，较2017年增长178倍，由"基期值=$\dfrac{现期值}{1+增长倍数}$"可知，2017年我国直播电商行业交易额为$\dfrac{3.5\times10^4}{178+1}$=1XX（亿元）<250（亿元），不能推出。

B项，由文字材料可知，2022年，我国重点监测电商平台直播场次超1.2亿场，较2020年增长5倍。由"基期值=$\dfrac{现期值}{1+增长倍数}$"可知，2020年我国重点监测电商行业直播场次超过$\dfrac{1.2}{1+5}$=0.2（亿场）=2 000（万场），显然直播电商行业直播场次>重点监测直播电商行业直播场次，因此2020年我国直播电商行业直播场次超过2 000万场，能够推出。故本题选B。

验证：C项，根据表格数据，结合公式"增长率=$\dfrac{现期值-基期值}{基期值}$"可知，2021年我国直播电商行业企业数增速为$\dfrac{15\ 900-7\ 052}{7\ 052}$=$\dfrac{8\ XXX}{7\ 052}$>100%，2022年为$\dfrac{18\ 700-15\ 900}{15\ 900}$=$\dfrac{2\ 800}{15\ 900}$<100%，则2021年我国直播电商行业企业数增速大于2022年，增速不是逐年加快，不能推出。

D项，由表格第三行可知，2021年我国直播电商行业用户数增加4.3-3.7=0.6（亿人），2022年增加4.7-4.3=0.4（亿人），前者大于后者，则用户数增加最多的不是2022年，不能推出。

11. D 解析：由表格可知，2018年我国独角兽企业数量为145+32+13+13=203（家），2021年的数量为221+48+17+15=301（家）。根据"增长率=$\dfrac{现期值}{基期值}$-1"，所求为$\dfrac{301}{203}$-1≈$\dfrac{300}{200}$-1=50%。

12. A 解析：求可能性即求概率，所求为$\dfrac{估值100亿美元及以上的企业数量}{总的企业数量}$。由表格可知，2021年企业估值在100亿美元及以上的企业数量有15家，2021年我国独角兽企业数量为221+48+17+15=301（家），则所求为$\dfrac{15}{301}$≈$\dfrac{15}{300}$=5%。故本题选A。

13. C 解析：本题为求最值问题，利用最不利原则，所求=最不利情况数+1。最不利的情况即抽取了所有估值低于50亿美元的企业，再任取一家企业就可保证至少有一家公司估值不低于50亿美元。由表格第二列可知，2018年公司估值低于50亿美元的企业数量有145+32=177（家），则所求为177+1=178（家）。故本题选C。

14. D 解析：题干给出2021年我国估值在100亿美元及以上的企业合计估值及其占全部企业估值的比重，根据"整体值=$\dfrac{部分值}{比重}$"，可知2021年我国独角兽企业总估值为$\dfrac{7\ 280}{54.03\%}$亿美元。再结合题干2021年企业市场总估值较2018年增长了32.21%，根据"基期值=$\dfrac{现期值}{1+增长率}$"，可知所求为$\dfrac{7\ 280}{54.03\%}$÷(1+32.21%)≈$\dfrac{7\ 280}{\dfrac{5}{9}\times(1+\dfrac{1}{3})}$=$\dfrac{7\ 280}{\dfrac{5}{9}\times\dfrac{4}{3}}$=$\dfrac{7\ 280\times27}{20}$=364×27=9 8XX（亿美元），最接近D。故本题选D。

15. D 解析：由题干可知，行业集中度 = $\dfrac{\text{头部企业市场份额}}{\text{市场份额}}$，题目要求 2021 年较 2018 年行业集中度的变化，而材料和题干只给出了不同企业估值的企业数量，并未给出市场份额的相关数据，故无法判断。故本题选 D。

16. D 解析：由图 1 可知，2018—2021 年期间，我国母婴商品消费规模逐年递增，因此，在此期间内，我国母婴商品消费规模最大的年份是 2021 年(34 591 亿元)。故本题选 D。

17. C 解析：由图 1 可知，2017—2021 年我国母婴商品消费规模分别为 23 613 亿元、26 593 亿元、29 919 亿元、31 231 亿元、34 591 亿元。后面题目均会用到 2018—2021 年我国母婴商品消费规模的同比增速，故可以计算出实际值。

根据"增长率 = $\dfrac{\text{现期值-基期值}}{\text{基期值}}$"可得，2018 年我国母婴商品消费规模增长率为 $\dfrac{26\,593-23\,613}{23\,613} = \dfrac{2\,980}{23\,613} \approx 12.6\%$，2019 年为 $\dfrac{29\,919-26\,593}{26\,593} = \dfrac{3\,326}{26\,593} \approx 12.5\%$，2020 年为 $\dfrac{31\,231-29\,919}{29\,919} = \dfrac{1\,312}{29\,919} \approx 4.4\%$，2021 年为 $\dfrac{34\,591-31\,231}{31\,231} = \dfrac{3\,360}{31\,231} \approx 10.8\%$。

比较可知，2020 年的增长率最小，其余三年的增长率比较接近，只有 C 项符合。

18. D 解析：根据前一题可知，在 2018—2021 年中，母婴商品消费规模增速最小的年份是 2020 年的 4.4%；由图 1 可知，2017 年增速为 $\dfrac{23\,613-21\,015}{21\,015} = \dfrac{2\,5XX}{21\,015} > 10\%$，大于 2020 年增速，因此我国母婴商品消费规模增速最小的年份是 2020 年。

由图 3 可知，2020 年 0～14 岁人口数及占总人口比重均是 2018—2021 年中最大的，不是最少的，排除 A、B；由图 4 可知，2020 年人均可支配收入大于 2019 年，收入水平没有下降，排除 C。

验证 D 项，由图 4 可知，2019 年人均可支配收入增速为 $\dfrac{30\,733-28\,228}{28\,228} = \dfrac{2\,XXX}{28\,228}$，2020 年为 $\dfrac{32\,189-30\,733}{30\,733} = \dfrac{1\,XXX}{30\,733}$，前者分子大分母小，分数值大，则 2020 年人均可支配收入增速下降，可能是我国母婴商品消费规模增速最小的原因。故本题选 D。

19. B 解析：由图 2 可知，2021 年我国各类母婴商品消费所占比重最大的是服装鞋帽，为 26.0%。由图 1 可知，2021 年中国母婴商品消费规模为 34 591 亿元。根据"部分值 = 整体值×比重"，所求为 34 591×26.0% ≈ 35 000×26.0% = 9 100(亿元)，B 项最接近。

20. D 解析：根据①中的"均"可知，题干中的"年增长率"指的是同比增长率。根据前面题目可知，2018—2021 年我国母婴商品消费额的同比增长率分别为 12.6%、12.5%、4.4%、10.8%。

由图 4 可知，2018 年我国居民人均可支配收入的同比增长率为 $\dfrac{28\,228-25\,974}{25\,974} = \dfrac{2\,254}{25\,974} \approx 8.7\%$，2019 年为 $\dfrac{30\,733-28\,228}{28\,228} = \dfrac{2\,505}{28\,228} \approx 8.9\%$，2020 年为 $\dfrac{32\,189-30\,733}{30\,733} = \dfrac{1\,456}{30\,733} \approx 4.7\%$，2021 年为 $\dfrac{35\,128-32\,189}{32\,189} = \dfrac{2\,939}{32\,189} \approx 9.1\%$。

①，2020 年母婴商品消费额的年增长率低于居民人均可支配收入的年增长率，说法错误；

②，2018—2019 年、2021 年母婴商品消费额的年增长率均高于居民人均可支配收入的年增长

率,说法错误;③,只有2020年母婴商品消费额的年增长率和居民人均可支配收入的年增长率相差了0.3个百分点,比较接近,其余年份的增长率相差较大,不符合大体一致,说法错误;④,2018—2021年母婴商品消费额的年增长率先降后升,2018—2021年居民人均可支配收入的年增长率先升再降再升,并非题干所说的趋势相反,说法错误。综上所述,说法错误的有4项。故本题选D。

21. C　解析:根据文字第一段"2020年1~5月,全国固定资产投资(不含农户)199 194亿元,同比下降6.3%",结合公式"基期值=$\frac{现期值}{1+增长率}$"可得,2019年1~5月全国固定资产投资(不含农户)为$\frac{199\ 194}{1-6.3\%}$>199 194亿元,只有C项符合。

22. B　解析:由折线图可知,2020年1~3月,全国固定资产投资(不含农户)的降幅为16.1%,1~2月的降幅为24.5%,降幅收窄24.5-16.1=8.4(个)百分点。故本题选B。

23. B　解析:由文字第一段、第二段可知,2020年1~5月第一产业投资占全国固定资产投资(不含农户)的比重为$\frac{5\ 634}{199\ 194}≈\frac{5\ 634}{200\ 000}≈2.8\%$,只有B项符合。

24. C　解析:根据文字第四段可知,2020年1~5月公共设施管理业投资降幅比1~4月收窄5.3个百分点,水利管理业投资降幅收窄4.0个百分点,铁路运输业投资降幅收窄7.3个百分点,道路运输业投资降幅收窄6.5个百分点,降幅收窄最多的是铁路运输业。故本题选C。

25. A　解析:A项,材料中并未给出2019年1月至2020年5月各月全国固定资产投资(不含农户)的具体数值或各月较上月的增长情况,故无法判断增长趋势。说法错误。故本题选A。

验证:B项,根据文字最后一段可知,2020年1~5月,东部地区投资的下降幅度为4.0%,西部地区投资的下降幅度为0.9%,4.0%>0.9%,东部地区投资的下降幅度大于西部地区。说法正确。

C项,根据文字第三段可知,2020年1~5月,工业投资同比下降10.9%,降幅比1~4月收窄4.2个百分点,则2020年1~4月,第二产业中工业投资同比下降10.9%+4.2%=15.1%。说法正确。

D项,根据文字第一段可知,2020年1~5月,民间固定资产投资占全国固定资产投资(不含农户)的比重为$\frac{112\ 232}{199\ 194}$>50%。说法正确。

26. C　解析:由材料第一段可知,2023年,广东省技能人才总量为1 934万人,其中高技能人才有657万人。根据"比重=$\frac{部分值}{整体值}$",所求为$\frac{657}{1\ 934}$=3X%,只有C项符合。故本题选C。

27. B　解析:由材料第三段可知,2023年,广东省技工院校有在校生65万人,占全国的$\frac{1}{7}$。根据"整体值=$\frac{部分值}{比重}$",所求为65÷$\frac{1}{7}$=65×7=455(万人)。故本题选B。

28. D　解析:由材料第二段可知,2023年,广东……将产教融合、校企合作融入技能人才培养全过程,A项表述准确。由材料第三段可知,2023年,广东……实现教学与企业岗位无缝对接,精准培养产业急需人才,B、C两项表述准确。材料最后一段给出了广东技能人才参加世界技能大赛的成绩,但未强调提升全体学生技能竞赛成绩,D项表述错误。故本题选D。

29. A 解析:由材料第三段可知,2023年,面向先进制造业、战略性新兴产业、现代服务业建设233个省级重点专业和50个特色专业,则广东建设省级重点专业和特色专业所面向的产业是先进制造业、战略性新兴产业、现代服务业,不包括传统手工业,故本题选A。

30. C 解析:A项,由材料第二段可知,2023年,广东……打造了全国最大的技工教育体系,说法正确。B、C两项,由材料第三段可知,2023年,广东……与100多家世界500强企业及国内800多家大型企业开展深度合作,技工院校招生人数、教研成果等九项主要指标均居全国第一。B项说法正确,C项说法错误。D项,由材料最后一段可知,2022年世界技能大赛中,广东……金牌数及奖牌数,连续4届居全国第一,说法正确。故本题选C。

第二篇　专业知识

专项一　微观经济学参考答案及解析

◎ 考场真题还原

一、单项选择题

1. D　解析：机会成本是指将有限资源用于某种特定的用途而放弃其他各种用途所获得的最高收益。人们从事各项经济活动，作出各种经济决策，都必须考虑机会成本，以免得不偿失。消费者在消费时也会考虑机会成本，因为人们只有有限的收入和财富。当消费者决定用手中的货币购买某种商品时，这些货币就不能用来购买其他需要的商品。D项说法错误。

2. D　解析：影响需求数量的因素：①商品自身的价格；②消费者的收入水平；③相关商品的价格；④消费者的偏好；⑤消费者对商品价格的预期；⑥消费者的人数。A、B、C三项均会对产品X的需求产生影响。生产产品X的工人的成本，即产品X的生产成本下降，该商品的供给数量增加；产品X的生产成本上升，该商品的供给数量减少。生产成本的变动会对产品X的供给产生影响，不会对产品X的需求产生影响。

3. B　解析：根据供求定理，在其他条件不变的情况下，需求变动分别引起均衡价格和均衡数量的同方向变动；供给变动引起均衡价格的反方向变动，引起均衡数量的同方向变动。题干中假定其他因素不变，人们的收入普遍增长且市场预期这种增长会持续下去，对大多数商品来说，这种情况下消费者会增加对商品的需求，均衡价格也随之上升。故本题选B。

4. B　解析：在春茶市场上，茶农是供给者，茶叶收购企业是需求者。本题中，当地银行给茶叶收购企业发放购买春茶的金融扶贫贷款，相当于给需求者提供流动资金，从而会激活市场活力。而向需求者提供贷款支持会率先影响需求，导致需求曲线向右移动，按照供求定理，均衡价格和均衡数量均增加，茶农收入增多。B项当选，D项不选。若向供给者提供利好政策则会率先影响供给，导致供给曲线向右移动。A、C两项不选。

5. A　解析：需求价格弹性是指一定时期内一种商品的需求量变动对于该商品价格变动的反应程度。影响需求价格弹性的因素主要有以下几个：

(1)商品的可替代性。一般来说，一种商品的可替代品越多，相近程度越高，则该商品的需求价格弹性就越大；相反，该商品的需求价格弹性就越小。

(2)商品用途的广泛性。一般来说，一种商品的用途越是广泛，它的需求价格弹性就可能越大；相反，用途越是狭窄，它的需求价格弹性就可能越小。

(3)商品对消费者生活的重要程度。一般来说，生活必需品的需求价格弹性较小，非必需品的需求价格弹性较大。

(4)商品的消费支出在消费者预算总支出中所占的比重。消费者在某商品上的消费支出在预算总支出中所占的比重越大，该商品的需求价格弹性可能越大；反之，则越小。

(5)所考察的消费者调节需求量的时间。一般来说,所考察的调节时间越长,则需求的价格弹性就可能越大;反之,则越小。

食盐、饮用水属于生活必需品,需求价格弹性很小;而一般情况下,手机比跑步机对消费者的生活更重要,所以跑步机比手机的需求价格弹性更大。故本题选A。

点拨 需求价格弹性系数值小于1的商品缺乏弹性。需求价格弹性系数值大于1的商品富有弹性。

6. A 解析:根据供给定理,在其他因素保持不变的条件下,商品的价格和供给量成同方向变动。因此,在通常情况下,商品的供给量的变化量和价格的变化量的符号是相同的。所以供给价格弹性的数值(供给量的相对变动/价格的相对变动)总是正值。A项当选。供给价格弹性的数值可能是任何正数,不一定是整数。C项不选。供给价格弹性根据数值大小分为五种类型:供给价格弹性大于1表示富有弹性,供给价格弹性小于1表示缺乏弹性,供给价格弹性等于1表示单一弹性或单位弹性,供给价格弹性等于∞表示完全弹性,供给价格弹性等于0表示完全无弹性。B、D两项不选。故本题选A。

7. C 解析:影响农产品供给弹性的因素:①农产品生产周期的长短。生产周期长,供给弹性小;生产周期短,供给弹性大。A项正确。②农业资源的丰富程度。农业资源丰富,农产品供给弹性大;农业资源缺乏,农产品供给弹性小。③农产品成本的高低。生产成本增加的幅度如果大于价格上升的幅度,则盈利减少,供给量增加少,供给弹性小。④农产品价格变动影响期的长短。若影响期长,生产者能及时对生产做出调整,改变供给量,则供给弹性大;若价格变动的影响期短,生产者未能及时对生产做出调整,则供给弹性小。C项错误。⑤生产条件改变的难易。劳动密集型产品生产规模变动较容易,供给弹性相对较大;资金或技术密集型产品生产规模变动较困难,供给弹性较小。B、D两项正确。⑥农产品商品率的高低。农产品自给所占比重大,商品率低,价格变化对供给量影响小,供给弹性小;农产品商品率高,供给弹性大。

8. A 解析:A项当选。收入效应是由商品的价格变动所引起的实际收入水平的变动,进而由实际收入水平变动所引起的商品需求量的变动。假如其他所有条件相同,降价则会使消费者的福利增加:原来一定收入买不到的商品能够买到,或者如果继续购买和原来同样数量的这种产品,就会有一部分收入省下来。从某种意义上说,消费者会感觉更加富有,省下来的这部分收入可以用在更多这种产品购买上,也可以用在其他产品购买上。

B项不选。从众效应作为一个心理学概念,是指个体在真实的或臆想的群体压力下,在认知上或行动上以多数人或权威人物的行为为准则,进而在行为上努力与之趋向一致的现象。从众效应个体受到群体影响的时候,往往会怀疑并改变自己的观点、判断和行为,朝着与大多数人一致的方向变化。

C项不选。替代效应是由商品的价格变动所引起的商品相对价格的变动,进而由商品的相对价格变动所引起的商品需求量的变动,即当一种产品的价格下降时,这种产品也会变得相对便宜。也就是说,它相对于其潜在的替代品来说,变得更有吸引力了。比如A产品价格的下降可能会导致一个家庭的购买模式从其他替代品向A产品转移。

D项不选。互补效应是指拥有不同特点和资源的双方相互配合、相互补充,使资源达到最优配置的状态,也就是双方共赢。

9. C 解析:需求价格弹性是需求量变动百分比与价格变动百分比的比值,因此该系数不一定是整数,其绝对值可能大于、小于或等于1。A、B、D三项均不选。由于价格与需求量成反方向的变动关系,因此价格下降,需求量增加;价格上升,需求量减少。因此,需求量和价格的相对变化量符号相反,所以需求价格弹性系数为负值。但需要注意的是,在实际运用中,对弹性的考察只注重量的变化,所以一般需求价格弹性系数都取其绝对值。故本题选 C。

10. C　解析:食品支出占家庭支出的比重即是恩格尔系数,其反映的是居民生活水平的高低。越富裕的家庭,食品支出占比越低。根据联合国粮农组织的划分标准,恩格尔系数在 60% 以上为贫困,50%~59% 为温饱,40%~49% 为小康,30%~39% 为富裕,30% 以下为最富裕。由图可知,近 30 年来,我国居民恩格尔系数基本呈下降趋势,反映出我国居民消费结构在改善。但该数据并不能说明我国居民食品支出减少、可支配收入增加以及收入差距缩小。A、B、D 三项均不选。故本题选 C。

11. C　解析:对于完全竞争厂商,当价格大于平均可变成本时,则继续生产;当价格小于平均可变成本时,则立即停产。

在平均可变成本中的某项原材料价格未变化时,该厂商的平均成本为每件 15 元,其中平均固定成本为每件 3 元,则平均可变成本=平均成本-平均固定成本=15-3=12(元)。

当该项原材料的市场价格下降 60% 后,平均可变成本=12-(5×60%)=9(元)。

此时,厂商的市场价格(P=12 元)大于平均可变成本(AVC=9 元),此时,厂商的经济利润大于 0,厂商将获得盈利,则该厂商当前会选择继续生产。故本题选 C。

12. B　解析:在完全竞争市场中,由于产品具有同质性且存在大量的买者和卖者,排除了所有垄断和限制,产品价格只与供求关系有关。因此,在完全竞争市场中,价格调节对产品供需的作用最大。故本题选 B。

13. D　解析:生产要素市场与产品市场相似,都是由生产者和消费者的行为共同决定价格,并以此过程调节经济资源的有效配置。生产要素不是无限可得的,其供给是有限的。A 项错误。

生产者对生产要素的需求是引致需求或派生需求,因为生产者对生产要素的需求是从消费者对最终消费品的需求中间接派生出来的。引致需求反映了生产要素市场和产品市场之间的联系。生产者对生产要素的需求量在很大程度上取决于消费者对产品的需求量。C 项错误。

生产者对生产要素的需求是联合需求或复合需求,即对生产要素的需求具有相互依赖性,各种生产要素要共同发挥作用才能生产最终产品。联合需求的一个重要后果是,对每一种生产要素的需求数量将取决于所有生产要素的价格,同时受其他生产要素需求数量的影响,反过来这种生产要素的需求量和价格也会影响其他生产要素的需求。B 项错误。

完全竞争生产者在购买要素时是完全竞争的,即生产者完全是要素市场价格的接受者。所以,生产者面临的要素供给曲线是一条水平线,就是说生产者可以按现行市场价格购买到其想要的生产要素。D 项正确。

14. C　解析:商品的均衡价格是在市场供求力量的自发调节下形成的。当市场价格偏离均衡价格时,市场上会出现需求量和供给量不相等的非均衡状态。供给量大于需求量,一方面会使需求者压低价格来购买商品,另一方面会使供给者减少商品的供给量,这样一来,该商品的市场价格必然会下降,一直降到均衡价格的水平。本题中,市场的供给量(1 500 千克)大于需求量(1 000 千克),故此时草莓的市场价格高于均衡价格,(1)正确。市场的竞争程度越高,则市场的效率越高;市场的垄断程度越高,则市场的效率越低。由于垄断竞争市场具有垄断性的因素,因此,其效率要略低于完全竞争市场。垄断竞争市场在资源配置上应该是缺乏效率而不是无效率,(2)错误。故本题选 C。

15. C　解析:A 项不选。"公地悲剧"理论认为,作为一项资源或财产,公地有许多拥有者,这些拥有者都有使用权,但没有权力阻止其他人使用,而每一个人都倾向于过度使用,从而造成资源的枯竭。过度砍伐的森林、过度捕捞的渔业资源及污染严重的河流和空气,都是"公地悲剧"的典型例子。

B 项不选。"搭便车"问题,即因为公共产品具有非竞争性和非排他性,就算自己不支付代价,也不会从该消费中被排除,可以和承担费用的人一样进行消费。

C 项当选。逆向选择是指由交易双方信息不对称和市场价格下降产生的劣质产品驱逐优质产品,进而出现市场交易产品平均质量下降的现象。在金融市场上,逆向选择是指市场上那些最有可能造成不利(逆向)结果(即造成违约风险)的融资者,往往就是那些寻求资金最积极而且最有可能得到资金的人。由于保险公司并不能完全知悉被保险人的情况,因此购买人在购买人身保险产品时,保险公司通常会要求其提供体检报告,以证明身体健康情况,这是在消除信息不对称中的逆向选择问题。

D 项不选。政府运用行政权力对企业和个人的经济活动进行干预和管制,妨碍了市场竞争的作用,从而创造了少数有特权的人取得超额收入的机会。这种超额收入被称为"租金"。谋求这种权力以获得租金的活动,被称作"寻租活动",俗称"寻租"。

二、多项选择题

1. CD　解析:外部性一般包括正外部性和负外部性。正外部性通常是指行为实施人的行为对他人或者公共环境利益产生"溢出效应",而受益人不必支付相应的费用,就可以无偿享用行为人带来的福利。负外部性是指行为实施人的行为对他人或者公共环境利益造成了损失,而行为人却不需要为此损失承担相应的成本。排污工厂不向周边居民支付费用,属于负外部性;校园绿化由周边居民免费共享,属于正外部性。A、B 两项说法错误。

无论是正外部性还是负外部性,都会导致资源配置不当。在正外部性的条件下,经济主体的私人收益小于社会收益,但社会从私人经济活动中所得到的额外利益,并未通过一定的手段或途径转移到该经济主体手中,这使该经济主体不会增加生产或消费。在此情况下,从社会福利的角度看,该经济主体对资源的使用不足。在负外部性的条件下,经济主体的私人成本小于社会成本,该经济主体也并不承担超过私人成本的那部分成本,因而该经济主体的生产量或消费量超过了社会所能接受的最适宜数量。此时,从社会福利的角度看,该企业对社会资源的使用过量。所以,外部性的存在使得社会资源使用不当:正外部性时,资源使用不足;负外部性时,资源使用过量。C、D 两项说法正确。

2. ABC　解析:题干中的商品属于易腐商品。对于易腐商品来说,根据需求曲线在刚好能卖掉全部商品的数量上制定的价格就是能得到最大收入的最优价格(即本题中的 M)。C 项说法正确。由题干可知若当天的定价>M,必然有蔬菜剩下;若当天的定价<M,则此时的供给量小于需求量,不会有蔬菜剩下,但总收入会因为单位价格过低而减少。A、B 两项说法正确,D 项说法错误。故本题选 ABC。

3. AC　解析:经济成本=显成本+隐成本。显成本,即会计成本,是指厂商在生产要素市场上购买或租用他人所拥有的生产要素的实际支出。隐成本是指应支付给厂商自有的且被用于生产过程中的那些生产要素的总价格。经济学中成本的概念都是用机会成本去衡量的,机会成本是指生产者所放弃的使用相同的生产要素在其他生产用途中所能获得的最高收入。

会计成本为实际发生的货币支出,因此,小明新公司的会计成本＝40 000＋0＋25 000＝65 000(元)。经济成本不只包括会计成本,还包括隐成本,隐成本包括小明占用自己房子的机会成本24 000元、雇用自己劳动的机会成本＝50 000－40 000＝10 000(元)。因此,小明新公司的经济成本＝65 000＋24 000＋10 000＝99 000(元)。

点拨 从机会成本的角度看,正常利润属于成本,并且属于隐成本。

4. AC　解析:垄断竞争市场的主要特征如下:①具有很多的生产者和消费者,这点和完全竞争市场相同。②产品具有差异性,这是与完全竞争市场的主要区别。③进入或退出市场比较容易,障碍较小。相比较而言,完全竞争市场进入或退出时没有任何障碍。故本题选AC。

5. ACD　解析:在考虑土地的自用效用或者土地具有多种用途的情况下,土地的供给曲线会向右上方倾斜。B项说法错误。故本题选ACD。

三、案例分析题

1. D　解析:等产量线是指在技术水平不变的条件下,生产同一产量的生产要素投入量的所有不同组合的轨迹。等成本线是指在既定的生产要素和既定的生产要素价格条件下,生产者可以购买到的生产要素的各种不同数量组合的轨迹。把厂商的等产量线和等成本线置于同一坐标系中,等产量线与等成本线的切点,就是生产的均衡点或最优要素组合点。它表示在既定的产量条件下,生产者应该选择等产量线与等成本线切点处的要素组合,才能实现最小的成本。

2. B　解析:当市场中的众多企业生产同质产品,且产品价格与X企业的产品保持一致时,这个市场可以看作完全竞争市场。在完全竞争市场中,厂商是既定价格的接受者,所以它的需求曲线是一条由既定市场价格水平出发的水平线。

3. D　解析:柯布-道格拉斯生产函数的一般形式为$Q=AL^{\alpha}K^{\beta}$,Q为产量,L和K分别为劳动投入量和资本投入量,A、α、β为三个参数,$A>0$,$0<\alpha$、$\beta<1$。根据柯布-道格拉斯生产函数中的参数α和β之和,可以判断规模报酬的情况,若$\alpha+\beta>1$,则为规模报酬递增;若$\alpha+\beta=1$,则为规模报酬不变;若$\alpha+\beta<1$,则为规模报酬递减。本题中,由X企业增加生产线后,市场占有率扩大可以看出,厂商此时的规模报酬递增,因此$\alpha+\beta>1$。

4. C　解析:等成本线是在既定的生产成本和生产要素价格条件下,生产者可以购买到的生产要素的各种不同数量组合的轨迹。在购买资金不变的条件下,X企业劳动要素价格不变,仅购买劳动要素的数量不变;购买设备和原料的价格下调,仅购买资本要素的数量增加,因此等成本曲线变得更加陡峭。

5. C　解析:边际产量递减规律,即在技术水平和其他要素投入量不变的条件下,连续等量地增加一种可变要素的投入量,当该可变要素投入量小于某一特定值时,增加该要素投入量带来的边际产量是递增的;当这种可变要素投入量连续增加并超过这一特定值时,增加该要素投入所带来的边际产量是递减的。因此,X企业不选择在一条生产线上提高产量和挖掘效率,原因在于在一条生产线上增加投入存在边际产量递减规律。

巩固提升训练

一、单项选择题

1. B　解析:需求的交叉价格弹性表示在一定时期内一种商品的需求量的变动对于它的相

关商品的价格变动的反应程度。A公司产品与B公司产品为替代品,A公司评估B公司产品降价对A公司产品销量的影响可以使用需求的交叉价格弹性。故本题选B。

2. B　解析:假设两种商品是正常品,当价格下降时,两种商品的需求量同时增加,说明这两种商品是互补品。互补品的交叉价格弹性系数为负。

3. C　解析:A项,当商品的需求缺乏弹性时,则价格上升使得销售量下降的幅度小于价格上升的幅度,从而总收益增加;B、D两项,供给价格弹性与总收益无关;C项,当商品的需求富有弹性时,则价格上升使得销售量减少的幅度大于价格上升的幅度,从而总收益下降。

4. C　解析:恩格尔系数是家庭食品支出占家庭消费支出总额的比重。其数值越小,说明生活越富裕,数值越大则说明生活水平越低。根据联合国粮农组织提出的标准,恩格尔系数大于59%为贫困,50%~59%为温饱,40%~50%为小康,30%~40%为富裕,低于30%为最富裕。故本题选C。

5. D　解析:在微观经济学中,短期和长期的划分以生产者能否变动全部要素投入的数量作为标准。短期指生产者来不及调整全部生产要素的数量,至少有一种生产要素的数量是固定不变的时间周期。长期指生产者可以调整全部生产要素的数量的时间周期。

6. B　解析:市场机制一般只能保证资源配置的边际私人收益和边际私人成本相等,而无法保证边际社会收益和边际社会成本相等。当边际社会收益和边际社会成本不相等时,对整个社会而言,资源的配置就没有达到最有效率的状态。这就是市场失灵。

7. C　解析:根据替代效应和收入效应的特征,替代效应使吉芬品和低档品的价格与需求量成反方向变动,收入效应使吉芬品和低档品的价格与需求量成同方向变动,但对于吉芬品而言,其收入效应的作用很大,以至于超过了替代效应的作用,从而使得总效应与价格成同方向变动。因此,吉芬品是特殊的低档品,即吉芬品一定是低档品,但低档品不一定是吉芬品。故本题选C。

8. D　解析:机会成本是指生产者所放弃的使用相同生产要素在其他生产用途中所能得到的最高收入。机会成本是经济学中的隐性成本概念,并不是实际发生的费用和支出,因而会计账目不能反映机会成本。显性成本、可变成本、沉没成本都是实际发生的费用和支出,可以通过会计账目反映出来。

9. A　解析:在完全竞争市场的短期均衡中,原本平均可变成本为110元,大于价格100元,应该立即停产,但原材料下降15元后,平均可变成本变为95元,小于价格100元,厂商短期内应继续生产。

10. C　解析:解决短缺的途径一般有三种:价格、排队和配给制。当商品出现短缺时,可以通过提高价格使得一部分消费者自动退出交易市场;当价格不能发生变化时,可以实行排队制度和配给来解决问题。就配给制而言,拥有配给授权的人的消费欲望才能得到满足(比如在票证年代买什么都要凭票),也就是说配给制可以使得一部分人的消费欲望无法得到满足。表现在图形上就是通过移动需求曲线来抑制价格。

11. C　解析:消费者在一定的货币收入约束下,实现自己效用最大化的条件为 $MU_X/MU_Y = P_X/P_Y$,即消费者所购买的任意两种商品的边际效用之比等于这两种商品的市场价格之比。本题中单位货币鸡蛋的边际效用为40/10=4,单位货币牛奶的边际效用为30/5=6;因此,应该增加对牛奶的购买,减少对鸡蛋的购买。

12. B　解析:厂商利润最大化的均衡条件是边际收益等于边际成本。在一般情况下,边际收益是递减的,而边际成本是递增的,边际收益大于边际成本,表示继续增加产量所获得的收益大于其付出的成本,增加产量使总利润增加,因此厂商会继续增产,直到边际成本等于边际收益,厂商取得最大利润。这一普遍规律不因市场结构不同而发生变化。

13. B **解析:** 垄断厂商的需求曲线向右下方倾斜。

14. B **解析:** LAC 曲线表示厂商在长期内在每一产量水平上可以实现的最小的平均成本。

15. D **解析:** 边际效用递减规律是指假定消费者对其他商品的消费数量保持不变,则消费者从某商品连续增加的每一消费单位中所得到的效用增量是递减的。边际效用价值认为,产品的需求价格,不取决于总效用,而取决于边际效用。消费数量少,边际效用高,需求价格也高;消费数量多,边际效用低,需求价格也低。

16. C **解析:** 消费者剩余是消费者对某种商品或服务愿意支付的最高价格与消费者真实支付价格之间的差额。

17. D **解析:** 一级价格歧视是指每一单位产品都有不同的价格,即假定垄断者知道每一个消费者对任何数量的产品所要支付的最大货币量,并以此决定其价格,所确定的价格正好等于对产品的需求价格,因而获得每个消费者的全部消费者剩余。需求价格弹性是需求量变动对价格变动反应程度的指标。二级价格歧视是指垄断厂商根据不同的购买量和消费者确定的价格。在二级价格歧视下,购买相同数量产品的每个人都支付相同的价格,因此不是不同的人之间,而是不同的产量之间存在价格歧视。大数据"杀熟"根据不同消费者的消费需求来确定不同的价格,属于一级价格歧视,反映企业利用了新老客户需求价格弹性的不同。

18. D **解析:** 为了实现既定成本条件下的最大产量或既定产量条件下的最小成本,企业必须选择最优的生产要素组合,使得两要素的边际技术替代率等于两要素的价格之比,此时该要素组合点在等成本线与等产量线的切点上。而最优生产要素组合就是这些切点的轨迹。

19. A **解析:** 某种商品的需求函数为 $Q_d=30-P$,供给函数为 $Q_s=3P-10$,通过图形可以看出该商品的需求曲线更为陡峭,供给曲线相对平缓,因此需求相对于供给缺乏弹性,税费主要由消费者承担。故本题选 A。

20. A **解析:** 产量增加的比例大于各种生产要素增加的比例称为规模报酬递增;产量增加的比例等于各种生产要素增加的比例称为规模报酬不变;产量增加的比例小于各种生产要素增加的比例称为规模报酬递减。一般来说,在长期生产过程中,企业的规模报酬的变化呈现出以下规律:当企业从最初的很小的生产规模开始逐步扩大的时候,企业面临的是规模报酬递增的阶段。在企业得到了由生产规模扩大所带来的产量递增的全部好处后,一般会继续扩大生产规模,将生产保持在规模报酬不变的阶段。这个阶段可能比较长。在这以后,企业若继续扩大生产规模,就会进入一个规模报酬递减的阶段。从题干可以判断,该厂商生产规模小,处于规模报酬递增的阶段,可以适当扩大规模。

21. D **解析:** 消费者对商品的偏好突然增加,在每一价格水平对该商品的需求量都将增加,在图形上表现为需求曲线向右移动,导致商品的需求增加,价格上升;同时,商品的生产技术有很大改进,在每一价格水平上能提供的该商品的数量都将增加,在图形上表现为供给曲线向右移动,均衡产量增加,价格下降。结合需求曲线和供给曲线可以看出,最终均衡数量增加,均衡价格的变化由供给曲线和需求曲线移动量的相对大小来决定。

22. C **解析:** 生产要素是指产品生产过程中所必需的所有资源投入,包括劳动、资本、土地和企业家才能。用于销售的最终产品不属于生产要素。

23. A **解析:** 由于垄断厂商面临的需求曲线位于边际收益曲线的上方,垄断厂商按边际成本等于边际收益原则定价时,价格高于边际成本,从而使消费者福利受到损失。故垄断使得资源配置低效率是因为其产品价格高于其边际成本,价格机制调节资源配置的作用失灵。

24. D 解析:市场不能提供纯粹的公共物品的原因:①公共物品具有非排他性;②公共物品具有非竞争性;③搭便车问题。

25. A

二、多项选择题

1. BD 解析:非苹果自身价格发生变化,会使苹果的需求曲线发生移动,而苹果自身价格变化不会使苹果的需求曲线发生移动,A项不选;苹果的产量增加影响的是苹果的供给而非需求,C项不选;桔子价格的上涨,使得消费者减少桔子的需求增加苹果的需求,使苹果的需求曲线向右移动,B项当选;桔子的产量增加,其市场价格下降,消费者会增加桔子需求减少苹果的需求,使苹果需求曲线向左移动,D项当选。故本题选BD。

2. AB 解析:在研究消费者行为时,假定消费者是追求效用最大化的。"经济人"假设只是一种理想化状态,现实中的情况并非总是如此。

3. BCD 解析:三级价格歧视是指厂商对同一种商品在不同的市场或者不同的消费群体收取不同的价格。三级价格歧视中,制造商对每个群体内部不同的消费者收取相同的价格,但不同需求弹性群体的价格不同。在每一个群体内部与统一定价相似,存在正的社会福利净损失,与完全竞争相比降低了社会总福利。A项不符合题意,C、D两项符合题意。

三级价格歧视是最常用的价格歧视手段。在实践中,企业往往利用品牌差异、产品差异并结合其他营销手段来达到三级价格歧视的目的。它是一种有效的价格策略,不仅有助于增强企业竞争力,实现其经营目标,而且顺应了消费者的心理差异,满足了消费者多层次的需要。B项符合题意。

4. ABC 解析:平均收益指厂商平均每销售一单位产品所获得的收入,厂商的平均收益=总收益/销售量。C项当选,D项不选。

在完全竞争市场上,由于厂商是既定市场价格的接受者,所以完全竞争厂商的需求曲线是一条由既定市场价格水平出发的水平线。厂商的收益取决于市场上对其产品的需求状况,或者说,厂商的收益取决于厂商的需求曲线的特征。完全竞争厂商的水平的需求曲线又表示:在每一个销售量上,厂商的销售价格是固定不变的。于是,必然会有厂商的平均收益等于边际收益,且等于既定的市场价格的结论,即必有 $AR=MR=P$。A、B两项当选。

5. AC 解析:恩格尔曲线表明:随着人们收入的增加,用于食品支出的部分在人们生活支出中所占的比例将下降,用于住宅和穿着方面的支出比例将基本不变,用于其他方面的支出比例会增加。A、C两项正确,D项错误。恩格尔曲线是由收入-消费曲线推导出的。B项错误。

6. ABC 解析:排他性是指一种物品具有的可以阻止一个人使用该物品的特性。竞争性是一个人使用一种物品将减少其他人对该物品的使用的特性。既有排他性又有竞争性的物品为私人物品,如衣服、拥挤的收费道路。具有排他性但不具有竞争性的物品称为俱乐部物品,如消防、有线电视、不拥挤的收费道路。具有竞争性但没有排他性的物品为公共资源,如海鱼、拥挤的不收费道路。既无排他性又无竞争性的物品为公共物品,如国防、不拥挤的不收费道路。

7. ABD 解析:边际报酬递减规律:在技术水平不变的条件下,连续等量地把一种可变要素增加到其他生产要素上,在该要素投入量小于某一特定值时,它所带来的边际产量是递增的;当该要素的连续投入量超过某一特定值时,它所带来的边际产量是递减的。

8. ACD 解析:工资增加会有替代效应和收入效应两种,所以导致劳动的供给曲线是一条后弯曲线。另外,土地的数量一般不会变化,所以土地的供给曲线是一条垂直线;而资本的供给曲线短期是一条垂直线,长期也是一条后弯曲线。

9. AC 解析:短期生产分为三阶段:在第一阶段,平均产量递增,边际产量大于平均产量,因而增加可变要素投入量是有利的,任何有理性的厂商通常不会把可变投入的使用量限制在这一阶段内。在第二阶段,总产量继续以递减的幅度增加,一直达到最大值。相应地,边际产量继续递减,直至等于零。平均产量在最大值处与边际产量相等并转而递减,并且边际产量小于平均产量。在第三阶段,总产量递减和边际产量为负值,这表明,此时只要减少可变要素投入量,就可以增加总产量。因此,生产进行到第二阶段最合适,这一区域是生产要素合理投入区域,又称经济区域。

10. AC 解析:"市场失灵"的固有缺陷表现为以下几项:①不能排除垄断对资源配置的扭曲;②不能矫正外部效应以达到最佳资源配置状态;③不能提供公共物品;④不能解决收入分配不公问题;⑤不能有效解决宏观经济波动问题等。

11. ACD 解析:外部经济的存在,通常会使私人收益小于社会收益,即通常会使市场主体的活动水平低于社会所需要的水平。B项错误。其余三项表述均正确。

12. AB 解析:如果需求曲线是一条直线,则直线上各点的需求弹性不相等,直线上越往左上方的点,需求弹性越大。

13. CD 解析:垄断竞争市场的特征有:①市场上具有很多的生产者和消费者;②产品具有差别性;③进入或退出市场比较容易,障碍较小。垄断竞争是比较符合现实生活的市场结构,许多产品都可列入这种市场,如啤酒、糖果等产品。

14. BC 解析:消费者均衡是指在既定收入和商品价格下,消费者购买一定数量的各种商品所能获得的总效用最大时的状态,此时改变商品组合会使总效用减少。A、D两项分别提到消费者可以通过改变商品组合和增加某种商品的消费来提高效用,与消费者均衡的含义相矛盾。

15. BCD 解析:从微观经济分析的角度,经济学通常将市场分为两大类,即用于最终消费的产品市场和用于生产产品的要素市场。产品市场与要素市场有以下明显区别:①供求换位;②需求互异;③价格不同;④收入不同。

点拨 产品市场和生产要素市场相互依存、相互制约。由于这种关系的存在,从整个社会生产过程来看,成本、收入和价值这三个经济范畴具有如下恒等关系:产品成本=要素收入=产品价值。

三、案例分析题

1. D 解析:完全竞争市场的四个条件:①市场上有大量的买者和卖者;②市场上每一个厂商提供的商品都是完全同质的;③所有的资源具有完全的流动性;④信息是完全的。完全竞争市场上的信息是完全的,市场上的每一个买者和卖者都掌握与自己的经济决策有关的一切信息。每一个消费者和每一个厂商都可以根据自己所掌握的完全信息,做出自己的最优经济决策,从而获得最大的经济利益。

2. A 解析:厂商利润最大化的均衡条件为 $MR=MC$;在完全竞争市场中,$MR=AR=P$,故 $P=MC=AR=MR$。

3. B 解析：W厂商的成本函数为 $TC=Q^3-6Q^2+30Q+40$，则其 $MC=3Q^2-12Q+30$，又知 $P=66$（元），根据利润最大化的条件 $P=MC$，有 $66=3Q^2-12Q+30$，解得 $Q=6$ 或 $Q=-2$（舍去）。最大利润 $\pi=TR-TC=PQ-(Q^3-6Q^2+30Q+40)=176$（元）。

4. C 解析：由于完全竞争市场供求发生变化，新的价格 $P=30$ 元，W厂商是否发生亏损要根据 $P=MC$ 所决定的均衡产量计算利润的正负来确定。

根据 $30=3Q^2-12Q+30$，解得 $Q=4$ 或 $Q=0$（舍去）。

此时，利润 $\pi=TR-TC=PQ-(Q^3-6Q^2+30Q+40)=-8$（元）。

可见，当价格为 30 元时，厂商会发生亏损，最小损失额为 8 元。

5. A 解析：W厂商退出行业的条件是 P 小于 AVC 的最小值。由 $TC=Q^3-6Q^2+30Q+40$ 可得，$TVC=Q^3-6Q^2+30Q$，则 $AVC=\dfrac{TVC}{Q}=Q^2-6Q+30$。对 AVC 求导，算出最低平均可变成本，即 $\dfrac{\mathrm{d}AVC}{\mathrm{d}Q}=0$，也就是 $2Q-6=0$，解得 $Q=3$。当 $Q=3$ 时，$AVC=21$，只要价格 $P<21$，W厂商就会停止生产。

专项二 宏观经济学参考答案及解析

考场真题还原

一、单项选择题

1. A 解析：周期性失业又称总需求不足的失业，是由整体经济的支出和产出水平下降即总需求不足引起的短期失业。这种失业与经济中周期性波动是一致的，在经济繁荣时周期性失业率下降，经济萧条时周期性失业率上升。在复苏和繁荣阶段，各厂商争先扩充生产，就业人数普遍增加。在衰退和谷底阶段，由于社会需求不足，前景黯淡，各厂商又纷纷压缩生产，大量裁减雇员，失业增加。

2. C 解析：消费物价指数的不足包括三个方面：①替代偏向。它没有考虑到随着时间的推移，消费者用变得较便宜的物品替代原有物品的能力，D项不选。②新产品的引进。它没有考虑到由新物品引进导致的单位货币购买力的提高，A项不选。③无法衡量的质量变动。它无法衡量出物品与服务质量的变动，B项不选。消费物价指数一般高估了生活费用的增加。

3. C 解析：中央银行增加了经济体系中8%的货币供给属于扩张性的货币政策，财政政策和货币政策均属于需求管理政策，总需求增加表现为总需求曲线向右移动，故C项说法正确，D项说法错误。假设此时总供给曲线为常规形态（向右上方倾斜），总需求曲线右移使得产量上升、物价水平上升；假设总供给曲线是古典总供给曲线，为一条位于经济的潜在产量或充分就业产量水平上的垂直线，总需求曲线右移只能造成物价水平上涨，并不能改变产量；假设总供给曲线是凯恩斯总供给曲线，则只要国民收入或产量处于小于充分就业的水平，总需求曲线右移会使产量增加，而不会改变物价水平。故A、B两项说法错误。故本题选C。

点拨 西方古典学派认为，在长期中，价格和货币工资具有伸缩性；凯恩斯认为，货币工资具有"刚性"；西方学者认为以上两种观点是极端状态，在通常的或常规的情况下，货币工资和价格水平的调整位于这两个极端之间。基于此，总供给曲线被分为古典总供给曲线、凯恩斯总供给曲线和常规总供给曲线。

4. B　解析：在宏观经济学中，经济增长通常被定义为产量的增加，产量既可以表示为经济的总产量，也可以表示为人均产量。经济增长的程度可以用增长率来描述。A项说法正确。

生产可能性曲线用来表示经济社会在既定资源和技术条件下所能生产的各种商品最大数量的组合，反映了资源稀缺性与选择性的经济学特征。经济增长意味着社会生产能力的不断提高，生产能力的提高使生产可能性曲线向外移动。B项说法错误。

经济增长率的高低体现了一个国家或一个地区在一定时期内总产出的增长速度，也是衡量一个国家总体经济实力增长速度的标志。而人均总产出增长率的高低则体现了经济效率的高低。C、D两项说法正确。

5. B　解析：政府发行公债，对经济的影响是双重的。公债在起到弥补财政赤字、促进经济社会发展作用的同时，如果发行超过一定限度，则会给经济社会发展带来消极的影响。这些影响主要有：①如果不考虑政府偿还能力，长期实行赤字财政政策，通过发行公债取得收入弥补财政赤字，会使财政背上沉重的负担；②会增加纳税人负担；③政府取得公债收入，可能会产生财政"挤出效应"；④如果公债发行过多地被银行承购，会增加流通中货币量，并通过货币乘数进一步扩大货币流量，有可能引发通货膨胀。A、C、D三项说法均正确，B项说法错误。故本题选B。

6. B　解析：宏观杠杆率是指债务总规模与GDP的比值，经济增速放缓会推动宏观杠杆率上升。宏观杠杆率的上升意味着负债收入比上升，经济主体的债务负担加重，违约风险也随之上升，因此宏观杠杆率通常被作为判断经济风险的重要指标。故B项正确。

7. C　解析：微笑曲线描述的是产业链与产业附加值之间的关系。在产业链中，附加值更多体现在两端的设计和销售，处于中间环节的制造业附加值最低。A项对应错误。

洛伦兹曲线研究的是国民收入在国民之间的分配问题。洛伦兹曲线反映了收入分配的不平等程度。弯曲程度越大，收入分配越不平等，反之亦然。B项对应错误。

菲利普斯曲线是用来表示失业与通货膨胀之间相关关系的曲线。根据短期菲利普斯曲线，通货膨胀率高时，失业率低；通货膨胀率低时，失业率高。C项对应正确。

拉弗曲线描述的是政府税收收入与税率之间的关系。当税率在一定的限度以内时，提高税率能增加政府税收收入，但超过这一限度时，再提高税率反而导致政府税收收入减少。D项对应错误。

点拨　需要注意本题所说菲利普斯曲线为短期菲利普斯曲线。垂直于自然失业率水平的长期菲利普斯曲线表明，在长期中不存在失业与通货膨胀的替换关系。但在考试中，若无专门说明，一般认为所指菲利普斯曲线为短期菲利普斯曲线。

8. C　解析：流动性陷阱是指利率极低时，人们认为利率不大可能再下降，或者说证券价格不大可能再上升而只会跌落，因而会将所有的有价证券全部换成货币。不管有多少货币，人们都愿意持在手中，以免证券价格下跌遭受损失。市场对货币的需求趋于无限大，人们宁愿持有现金而不愿持有证券。C项正确，其他三项均错误。

9. A　解析：成本推动型通货膨胀又称供给通货膨胀，是指在没有超额需求的情况下，由供给方面成本的提高所引起的一般价格水平持续和显著的上涨。成本推动型通货膨胀包括工资推动型通货膨胀、利润推动型通货膨胀和进口成本推动型通货膨胀。其中工资推动型通货膨胀是指不完全竞争的劳动力市场所造成的过高工资导致的一般价格水平的上涨。由题干可知，该小国国内不断出台改善工资的措施使得平均工资水平上涨，劳动价格上涨使单位劳动力成本增加，劳动力成本增加使得用人单位缩减用人需求造成失业率升高，接着总供给也随劳动力成本增加而下降,造成物价水平上升,所以就出现了高失业率和高通货膨胀率并存的现象。因此,该小国的通货膨胀属于成本推动型通货膨胀,A 项当选。

国外输入型通货膨胀是指在一国开放、世界经济一体化的条件下,当国外发生通货膨胀时,通过进口产品而带动国内同类产品价格提高,或受国外高价产品的影响,国内其他非进口类产品价格也会随之提价,到一定程度时会形成普遍性通货膨胀。B 项不选。

直线混合型通货膨胀全称"直线式"混合型通货膨胀,属于供求混合型通货膨胀。直线混合型通货膨胀起因于需求的过度扩张,在一般情况下,产量不会下降,价格呈直线上升。C 项不选。

需求拉动型通货膨胀是指经济发展过程中货币的总需求大于总供给时引发的价格总水平的持续上升。D 项不选。

10. C 解析:GDP(国内生产总值)是指经济社会(即一国或一地区)在一定时期内运用生产要素所生产的全部最终产品(物品和劳务)的市场价值。支出法核算 GDP 公式为:GDP = 消费(C)+投资(I)+政府购买(G)+净出口(NX)。

住房交易属于投资,新能源汽车交易属于消费,二者对 GDP 的贡献值即住房交易的市场价值和新能源汽车交易的市场价值,则 M = 1 000×10%×100 = 10 000(万元),N = 1 000×40%×20 = 8 000(万元),M>N。

二、多项选择题

1. ABC 解析:初次分配是根据土地、资本、劳动力、技术、数据等各种生产要素在生产过程中的贡献进行分配。初次分配主要由市场机制形成,政府通过税收杠杆和法律法规进行调节和规范,一般不直接干预初次分配。B 项说法正确。

再分配是指政府根据法律法规,在初次分配基础上通过税收、社保、转移支付等方式在各收入主体之间进行的收入再次分配过程,具有强制性、兜底性、保障性特点,扮演着调节收入差距、促进社会整体公平和共同富裕的功能。再分配主要由政府调控机制起作用,政府进行必要的宏观管理和收入调节,是保持社会稳定、维护社会公正的基本机制。A 项说法正确,D 项说法错误。

第三次分配是指企业、社会组织、家族、家庭或个人等基于自愿原则和道德准则,以募集、捐赠、资助、义工等公益慈善方式开展的扶危济困等分配行为,具有较强的公益性和自愿性,分配形式多样、运作方式灵活、帮扶对象千差万别,渗透力强,是对初次分配和再分配的有益补充。C 项说法正确。

2. BC 解析:宏观经济政策的主要目标:物价稳定、充分就业、经济增长和国际收支平衡。

3. ACD 解析:总需求是经济社会对产品和劳务的需求总量,这一需求总量通常以产出水平来表示。总需求由消费需求、投资需求、政府需求和国外需求构成,衡量的是经济中各种行为主体的总支出,如家庭购买的电冰箱是消费需求、企业购买的卡车是投资需求、政府购买的办公设备是政府需求等,故 A、C、D 三项均属于总需求。国外需求是指国外对本国商品和劳务的需求,而个人通过电商购买境外商品的支出属于本国对国外商品的需求,故 B 项不属于总需求。

4. CD 解析:政府购买是指各级政府购买物品和劳务的支出,它是政府支出的一部分。对生产领域来说,当政府购买性支出增加时,政府对社会产品需求增长,市场价格水平上升,企业利润率提高,刺激企业扩大再生产,进而增加对生产要素和劳动力的需求,带动社会总需求连锁性膨胀。当政府购买性支出减少时,政府对社会产品需求减少,市场价格水平下降,企业利润率降低,企业的投资需求减弱,进而导致社会总需求降低。

对分配领域来说,当购买性支出普遍增加时,由于促进了社会生产增长,特别是为政府提供所需商品或劳务的企业的生产增长,国民收入随之增加,资本的利润率和劳动力的工资率都会有所提高;而当购买性支出普遍减少时,由于社会生产因此而萎缩,特别是为政府提供所需商品或劳务的企业的生产萎缩,国民收入随之减少,资本的利润率和劳动力的工资率都会有所下降。A、B两项说法错误,C、D两项说法正确。故本题选CD。

点拨 政府购买和转移支付均为政府支出。但它们的不同在于:政府购买是政府直接采购的物品和劳务,这些都计入GDP;转移支付是政府对个人的支付,是再分配已有的收入,并没有物品和劳务的交换,不计算在GDP中。

5. ABD 解析:衰退阶段是从繁荣到萧条的过渡时期,这时经济开始从顶峰下降,但仍未达到谷底。这一阶段的特征:生产开始减少,投资开始减少,信用开始紧缩,价格水平迅速下降,失业开始急剧增加,公众对未来的情绪由乐观转向悲观。A项说法正确。

在经济萧条阶段,国民收入与经济活动低于正常水平。这一阶段的特征:生产急剧减少,投资急剧减少,信用急剧紧缩,价格水平迅猛下降,企业破产倒闭,失业急剧增加,公众对未来的预期悲观。经济总体表现为总需求日益减少,总供给过剩,商品和要素市场存在大量的积压。B项说法正确。

在经济繁荣阶段,国民收入与经济活动高于正常水平。这一阶段的特征:生产迅速增加,投资增加,信用扩张,价格水平上升,就业增加,公众对未来预期乐观。C项说法错误。

复苏阶段是从萧条到繁荣的过渡时期。这一阶段的特征:投资快速增加,商品价格水平、股票价格、利率等逐渐上升,信用逐渐活跃,就业人数也在逐渐增加,公众对未来的情绪逐渐高涨,开始由悲观转向乐观。经济总体表现为总需求日益扩大,过剩产能逐步消化,经济开始从整个周期的谷底向上发展。D项说法正确。

点拨 关于经济周期的阶段有不同的说法,有的经济学家认为经济周期可以分为两个大的阶段——扩张阶段和收缩阶段;有的经济学家认为经济周期可以分为四个阶段——繁荣、衰退、萧条和复苏,其中,繁荣与萧条是两个主要阶段,衰退与复苏是两个过渡性阶段。

6. AB 解析:在三部门经济中,均衡条件变为$c+i+g=c+s+t$,此时,i、g、s和t中任何一个变量发生变动都会引起IS曲线移动。

(1)投资变动引起的IS曲线移动:投资增加是指投资水平增加,也就是在不同利率下投资都等量增加。因此,投资增加Δi则投资曲线$i(r)$向右移动Δi,这将使IS曲线向右移动。

(2)储蓄变动引起的IS曲线移动:设投资保持不变,若储蓄水平增加Δs,则消费水平就会下降Δs,IS曲线会向左移动,类似地,储蓄减少使IS曲线右移。

(3)政府购买变动引起的IS曲线移动:政府增加购买支出对国民收入的作用与增加投资类似,因而会使IS曲线平行右移。

(4)税收变动引起的IS曲线移动:税收增加类似于投资或消费减少,税收减少类似于投资或消费增加。因此,税收增加会使IS曲线平行左移,税收减少会使IS曲线平行右移。

7. AC 解析:降低本国出口商品的生产成本,可以提高其国际竞争力,增强本国出口商的积极性,扶持本国产业。这一措施可以实现增加本国出口的目标,A项当选。

由于进口消费税的存在,进口商需要向海关缴纳一定的税款,这就会使得进口商的成本相对较高。同时,如果进口消费税率过高,还可能会使得一些进口商的进口业务受到影响。B项是对进口的影响,不选。

采取货币贬值的政策可以促进本国经济增长,因为货币贬值会使该国同样价格的商品的外币价值降低,出口增加,进而刺激就业和投资,拉动经济增长。C项当选。

提高进口商品的关税,对本国的产业具有保护作用。通过提高关税,可以减少进口商品的数量,促进本地产业的增长,实现对国家经济的保护。D项是关税对进口的影响,不选。

8. BCD 解析:紧缩性货币政策是通过削减货币供给的增长来降低总需求水平,包括提高再贴现率、公开市场卖出业务、提高法定存款准备金率、提高利率、加强信贷控制等。

9. ABCD 解析:宏观经济中的短期和长期概念是依据价格变化的时间特性来区别的。在长期中,价格有伸缩性,即富有弹性,并能对供给和需求的变化做出反应。在短期中,许多价格在某个以前决定的水平上是"黏性"的。长期经济中,货币中性,产出既定,关注与货币供给无关的实际变量;短期经济中,货币非中性,名义变量与实际变量相互影响,货币供给对实际经济有影响。在短期中,总需求移动引起经济中物品与劳务产量的波动;在长期中,总需求移动影响物价总水平,但不影响产量,所以短期中更多地关注总需求的变化,长期中更多地关注总供给。

10. ABD 解析:决定价格总水平变动的因素包括货币供给量、货币流通速度、总产出,总需求和总供给。由公式 $MV=PT$(费雪方程式)可以看出,价格总水平的变动与货币供给量、货币流通速度的变化成正比,而与总产出的变化成反比。A项表述正确,C项表述错误。

价格总水平是由总需求和总供给共同决定的。如果总需求增长快于总供给的增长,价格总水平就有可能上升;反之,如果总需求增长慢于总供给的增长,价格总水平就有可能下降。从长期看,总供给曲线是一条垂直于横轴的直线。总供给变动与价格总水平无关,故影响价格总水平的是总需求。B、D两项表述正确。

从短期来看,价格总水平上升,总供给扩大,价格总水平下降,总供给减少,价格总水平和总供给成同方向变动。E项表述错误。

巩固提升训练

一、单项选择题

1. B 解析:宏观经济学中,名义GDP用现期价格衡量了产品与服务的价值,实际GDP用一组不变价格衡量了产品与服务的价值。在统计国民经济规模时,有存量和流量两种角度。从流量角度来看,可以看出在一定期间(比如1年)内发生了多少经济活动。用数字来表示国民经济的全体活动水平的流量变量有GDP、GNP等指标,所以GDP是一个流量变量。故本题选B。

2. B 解析:经济发展是一个比经济增长更广的概念,C项错误。经济增长是经济发展的基础,没有一定的经济增长就不会有经济发展,A、D两项错误。

3. A 解析:根据经济指标的性质及因果关系,反映宏观经济波动的指标可分为先行指标、同步指标和滞后指标。

(1)先行指标总是比宏观经济更早地发生转折,提前于经济周期到达高峰或低谷。利用先行指标可以预判短期经济总体景气状况,从而进行预警、监测并制定应对措施。如采购经理指数(PMI)、消费者信心指数、新开工项目计划总投资等。A项当选。

(2)同步指标与经济周期到达高峰或低谷的时间大致相同,主要用于反映国民经济正在发生的情况。如国内生产总值、规模以上工业增加值、工业用电量、铁路货运量等。B项不选。

(3)滞后指标比总体经济更晚发生转折,落后于经济周期到达高峰或低谷,主要用于检验对宏观经济发展状况的判断是否准确。如居民消费价格指数(CPI)、企业利润、失业率等。C、D两项不选。

4. A　解析:通货膨胀时期,物价上涨,高收入阶层在剔除物价的影响后,对实际收入的影响相对较小,相反,低收入阶层的实际收入下降的可能性却很大。另外通货膨胀的发生,使得低收入阶层为了维持既定的福利水平(包括消费水平)从而增加财务支出,压缩储蓄与投资,损害了低收入阶层的长期福利。故本题选 A。

5. A　解析:要实行扩张性的财政政策,可采取的措施有增发国债、增加政府购买和转移支付、减少税收等。扩张性的财政政策通过财政分配活动来增加和刺激社会总需求的增长,降低失业率,使得经济尽快复苏。A 项当选。紧缩性的财政政策是通过采取减发国债、减少政府购买和转移支付、提高税率等措施来削弱消费与投资,减少总需求,以稳定物价的宏观经济政策。当经济处于繁荣时期,总需求大于总供给,通货膨胀严重,政府就要实行紧缩性的财政政策。提高税率、减少国债均属于紧缩性的财政政策。C、D 两项不选。社会福利支出属于政府转移支付,故减少社会福利支出属于紧缩性的财政政策。B 项不选。故本题选 A。

6. C　解析:价格总水平的变动与货币供给量、货币流通速度的变化呈同方向变动,A 项说法正确,C 项说法错误。从短期来看,价格总水平由总需求和总供给共同决定,如果总需求增长快于总供给的增长,价格总水平就有可能上升;如果总需求增长慢于总供给的增长,价格总水平就有可能下降。从长期来看,总供给变动与价格总水平无关。B、D 两项说法正确。

7. C　解析:失业一般可分为摩擦性失业、结构性失业、周期性失业等。摩擦性失业是来自正常的劳动力市场变动的失业,结构性失业是来自特定的地区或行业就业机会减少的失业。只存在摩擦性失业和结构性失业的状态就是充分就业,充分就业下的失业率为自然失业率。由于摩擦性失业和结构性失业总是存在的,所以自然失业率总是正的。

8. C

9. D　解析:按收入法,国内生产总值=工资+利息+租金+利润+间接税和企业转移支付+折旧+统计误差。

点拨　收入法是用要素收入亦即企业生产成本核算国内生产总值。资本折旧,它虽不是要素收入,但包括在应回收的投资成本中,故也应计入 GDP。

10. A　解析:政府公共支出增加会引起产出的数倍增加,此倍数即乘数,为边际储蓄倾向的倒数,$1 \div (1-0.8) = 5$。所以均衡产出的增加最多是 $1\,000 \times 5 = 5\,000$(亿元)。

11. C

12. A　解析:总需求包括消费需求、投资需求、政府需求(政府购买)和国外需求(净出口)。

13. D　解析:当政府增加货币供给时,货币供给曲线右移;发生流动性陷阱时,货币政策无效;当货币的交易需求增加时,货币需求曲线向右上方移动;货币需求对收入越敏感,k 值越大,LM 曲线斜率越大,LM 曲线越陡峭。

14. C　解析:边际储蓄倾向(MPS)是储蓄曲线的斜率,它是介于 0 和 1 之间的正数,也就是说储蓄随着收入增加而增加,而且储蓄增加的幅度小于收入增加的幅度。该经济存在通货膨胀缺口,说明经济过热,此时应降低总需求。由边际储蓄倾向可得政府投资乘数为 5,因此总需求曲线应左移 $1\,500 \times 5 = 7\,500$(亿元)。

15. B　解析:在 IS-LM 模型中,如果政府提高支出,则意味着实施了扩张性的财政政策,此时 IS 曲线向右平行移动,从而使得产出上升,利率上升。由于利率的上升,会导致投资下降,即政府支出的增加导致了私人部门投资下降,产生了"挤出效应"。故本题选 B。

16. B 解析：需求不足失业是因为需求不足一般都出现在经济的萧条时期，是周期性出现的。需求拉动的通货膨胀又叫超额需求通货膨胀，是指总需求超过了总供给，拉开"膨胀性缺口"，造成物价水平普遍持续地上涨，即以"过多货币追求过少商品"。需求不足失业与需求拉动的通货膨胀不可能同时发生。

17. C 解析：菲利普斯曲线是用来表示失业与通货膨胀之间交替关系的曲线，即说明了货币政策目标之间存在矛盾的是稳定物价和充分就业。

18. B 解析：国内生产总值（GDP）是指经济社会（即一国或一地区）在一定时期内运用生产要素所生产的全部最终产品和劳务的市场价值。政府转移支付和公债利息属于政府支出，但由于没有相应的物品或劳务的交换发生，因而不计入GDP。非生产性活动以及地下交易、黑市交易等不计入GDP，如家务劳动、自给自足性生产、赌博和毒品的非法交易等。B项属于消费，可以计入GDP。

19. A 解析：乘数原理和加速原理都说明了投资和国民收入之间的关系。乘数原理是指投资的变动引起国民收入数倍的变动，而加速原理是指国民收入的变动会引起投资若干倍的变动。前者说明国民收入的决定，后者说明投资的决定。

20. C 解析：政府支出的指数化是一种财政政策工具，它的目的是使政府支出与某些经济指标（如通货膨胀率或人口增长）挂钩，从而自动调整政府支出水平。自动稳定器的负面影响可能包括在特定经济环境下，如严重衰退或高通胀时期，其效果可能不够显著或适得其反。此时，政府支出的指数化可能作为一种补充手段，通过更精确地调整政府支出水平，来抵消这些负面影响。然而，政府支出的指数化并非没有其局限性。例如，确定合适的指数以及调整幅度可能是一个复杂的过程，需要考虑到多种经济因素和政策目标。此外，过度依赖指数化可能导致政策反应过于机械，无法充分考虑到经济中的复杂性和不确定性。因此，政府支出的指数化有可能在一定程度上消除自动稳定器的负面影响，但并非能完全消除，这需要谨慎操作，并结合其他政策工具来实现。同时，还需要根据具体的经济环境和政策目标来评估其效果，并进行适时的调整。C项错误。

21. C 解析：扩张性的财政政策导致 IS 曲线向右移动，紧缩性的货币政策会使 LM 曲线向左移动，根据IS-LM均衡分析可知，此时利率上升、产出不确定。C项正确。采用扩张性财政政策和扩张性货币政策的结果是产出增加、利率不确定；采用紧缩性财政政策和紧缩性货币政策的结果是产出减少，利率不确定；采用紧缩性财政政策和扩张性货币政策的结果是产出不确定，利率下降。A、B、D三项均不是采取扩张性财政政策和紧缩性货币政策会产生的结果。

22. A 解析：当经济衰退时，经济体的所有资源未得到充分利用，实际GDP小于潜在GDP。

23. A 解析：若利率和收入的组合点位于 IS 曲线的右上方，表示 $I<S$，产品市场上总需求小于总供给。该组合点位于 LM 曲线的左上方，表示 $L<M$，货币市场上货币需求小于货币供给。

24. C 解析：当 IS 越陡峭时，财政政策效果越大，货币政策效果越小；LM 越陡峭时，货币政策效果越大，财政政策效果越小。财政政策和货币政策的有效性在很大程度上取决于 IS 和 LM 曲线的斜率。

25. D 解析：经济处于短期均衡时，计划产量与计划支出相等，但是这个均衡产量未必就是实现充分就业的产量。如果在均衡产量水平上，正好使愿意工作的全部劳动力都被雇用，那只是一个巧合，此时的均衡产量水平恰好处于充分就业的水平上。因此，在短期均衡时，社会有可能实现了充分就业，也可能没有实现（如经济萧条期，大量工人失业），甚至实际雇佣量有可能超过正常情况下充分就业的水平(例如社会需求紧急扩张,企业为满足需求,加班加点地生产,超额使用劳动力)。如果在均衡产量水平上,就业高于充分就业水平,则称存在通货膨胀缺口,反之,如果就业低于充分就业水平,则称存在通货紧缩缺口。

二、多项选择题

1. BCD　解析:国内生产总值有三种形态,即价值形态、收入形态和产品形态。

2. AD　解析:使消费者支出增加的事件(如减税、股市高涨)、使企业投资增加的事件(如企业乐观情绪增加)、政府购买增加(如增加城市公共项目的支出)、使净出口增加的事件(如国外经济繁荣)、货币供给增加等均会使总需求曲线向右移动。A、D两项当选,B、C两项不选。

3. ABCD　解析:在日常生活中,除了收入、利率、价格水平、收入分配、社会保障制度,也会影响消费行为。

4. BD　解析:若经济处于 IS 曲线的右上方,$i<s$,有超额产品供给;若经济处于 LM 曲线的右下方,$L>m$,有超额货币需求。

5. AB　解析:长期总供给曲线是一条位于经济的潜在产量或充分就业产量水平的垂直线。在长期中,经济的就业水平或产量并不随着价格水平的变动而变动,而始终处在充分就业的状态。C 项不选。

宏观经济学共有三种形状的短期总供给曲线,即古典总供给曲线、凯恩斯总供给曲线和常规总供给曲线。古典总供给曲线也是长期总供给曲线,其代表的政策含义是增加需求的政策并不能改变产量,而只能造成物价上涨,甚至通货膨胀。凯恩斯的总供给曲线被认为是一条水平线。凯恩斯总供给曲线的政策含义是,只要国民收入或产量处在小于充分就业的水平,那么,国家就可以使用增加需求的政策来使经济达到充分就业状态。西方学者认为,在通常的或常规的情况下,经济的短期总供给曲线是向右上方延伸的,价格水平越高,经济中的企业提供的总产出就越多,因此增加总需求会使国民收入增加。A、B两项当选,D项不选。

6. ABC　解析:无论是财政政策还是货币政策,都是通过影响利率、消费、投资进而影响总需求,使就业和国民收入得到调节。

7. ABC　解析:导致经济运行出现周期性波动的因素包括投资率的变动、消费需求的波动、技术进步的状况、预期的变化、经济体制的变动、国际经济因素的冲击等。

8. CD　解析:通过关税税率调整、出口退税政策修订等财政政策的实施,可对包括汇率、商品结构、国际市场价格、国内外经济波动等因素进行调节,缩小国际收支差距。

9. AD　解析:在经济衰退时期,通过发行国债、增加财政支出和减少税收来刺激总需求、降低失业率,使经济尽快复苏,这被称为扩张性财政政策。

10. ABC　解析:通货膨胀的收入分配效应表现在通货膨胀有利于利润收入者而不利于工资收入者;不利于债权人而有利于债务人;有利于政府而不利于公众。通货膨胀使公众名义收入提高,达到纳税起征点的人增加,还有许多人进入更高税率。这样,政府的税收增加而公众的实际收入下降。

11. ABD　解析:名义货币供给是指一国货币当局即中央银行根据货币政策的要求提供的货币量,这个量并不是完全以真实商品和劳务表示的货币量,它包括由供给量引起的价格变动的因素。C 项错误,其余各项均正确。

12. ABD　解析:若宏观经济均衡处于长期总供给曲线上,则经济中的失业率是自然失业率。C项说法错误,其余各项说法均正确。

13. **ABD** 解析:非自愿性失业,又称"需求不足的失业",是指工人愿意接受现行工资水平与工作条件,但仍找不到工作而形成的失业。在经济学家看来,非自愿性失业有以下几个基本类型:摩擦性失业、结构性失业、季节性失业、工资性失业、周期性失业、隐蔽性失业。

点拨 失业有很多种分类方法,这些类别并不总是能截然分开,可能有重叠和交叉。

14. **AC** 解析:消费函数曲线的斜率为边际消费倾向,储蓄函数曲线的斜率为边际储蓄倾向。边际消费倾向与边际储蓄倾向之和恒等于1。

15. **CD** 解析:根据流动性偏好,凯恩斯的货币需求理论将持有货币的动机分为交易动机、预防性动机和投机动机三类。其中,交易动机、预防性动机主要取决于收入,与收入正相关;投机动机主要取决于利率,与利率有负向关系。

三、案例分析题

1. **B** 解析:投资由利率和资本边际效率决定。投资与利率呈反方向变动关系,与资本边际效率成正方向变动关系。

2. **BCD** 解析:凯恩斯认为,形成资本主义经济萧条的根源是消费需求和投资需求所构成的总需求不足以实现充分就业。消费需求不足是由于边际消费倾向小于1,即人们不会把增加的收入全部用来增加消费,而投资需求不足是由于资本边际效率在长期内递减。为解决有效需求不足,必须发挥政府作用,用财政政策和货币政策来实现充分就业。由于存在"流动性陷阱",因此货币政策效果有限,增加收入主要靠财政政策。

3. **A** 解析:由 $c=100+0.8y$,可知边际消费倾向 $MPC=0.8$。因此投资乘数为 $k=\dfrac{1}{1-MPC}=\dfrac{1}{1-0.8}=5$。

4. **ABCD** 解析:由产品市场的均衡条件即投资等于储蓄可得:
$$y=100+0.8y+150-6r$$
整理得 IS 曲线方程式为:
$$y=1\,250-30r$$
由货币市场均衡条件即货币供给等于货币需求可得:
$$150=0.2y-4r$$
整理得 LM 曲线方程式为:
$$y=750+20r$$
由 IS 曲线方程式和 LM 曲线方程式联立得:
$$\begin{cases} y=1\,250-30r \\ y=750+20r \end{cases}$$
解得:$r=10$,$y=950$ 亿元,$c=860$ 亿元,$i=90$ 亿元。

5. **ABCD** 解析:如果货币供给增加50亿元,此时 LM 曲线方程式为:
$$y=1\,000+20r$$
重新联立 IS 曲线方程式和 LM 曲线方程式得:
$$\begin{cases} y=1\,250-30r \\ y=1\,000+20r \end{cases}$$

解得：$r=5$，$y=1\,100$ 亿元，$c=980$ 亿元，$i=120$ 亿元。

6. BC　解析：A项不选。案例提到的是在美国的刺激计划影响下，我国的制造业产能得以恢复和发展，不是美国通货膨胀的原因。B项当选。1.9万亿美元的纾困计划，意味着美联储加印超发1.9万亿美元。货币的发行量远超流通中实际货币需求量，会引起商品价格普遍和持续的上涨，引发通货膨胀。C项当选。刺激计划的减税政策增强消费，导致过度需求，引发通货膨胀。D项不选。国际大宗商品价格持续上涨是美国"放水"的结果，不是其通货膨胀的成因。

7. D　解析：美国政府"直接发钱"属于扩张性的财政政策，财政政策和货币政策均属于需求管理政策，因此这种政策直接影响的是社会总需求。而且在美国国内有通货膨胀预期的前提下，居民倾向于消费而非储蓄（因为利率低于通货膨胀率会导致货币购买力下降），也会进一步增加社会总需求。

8. BCD　解析：通货膨胀是指货币的发行量超过流通中实际货币需求量而引起的商品和劳务的价格普遍和持续上涨的现象。发生通货膨胀时，在短期内工资刚性，名义收入不变，且工资后续的提高或政府采用指数化增加名义收入的政策不是通货膨胀带来的不利后果。A项错误。通货膨胀会使收入落后于上升的物价水平，导致实际收入减少。B项正确。通货膨胀导致货币的购买力降低，生活成本增加。C项正确。货币贬值，出国旅游更贵。D项正确。

9. C　解析："开闸放水"意味着中央银行要向市场投放流动性，即要实施扩张的货币政策。C项，降低基准利率属于扩张性的货币政策，正确。A、D两项都属于收回流动性的货币政策，不选。B项，发行国债属于财政政策，不选。故本题选C。

10. C　解析：货币数量论在解释通货膨胀方面的基本思想是，每一次通货膨胀背后都有货币供给的迅速增长。该理论认为，通货膨胀来源于三方面，即货币流通速度、货币增长和产量增长，通货膨胀率=货币增长率-产量增长率+货币流通速度。如果货币流通速度不变且收入处于其潜在的水平上，则通货膨胀的产生主要是货币供给增加的结果。故要保证通货膨胀率降低，货币增长率应小于产量增长率。

专项三　金融学参考答案及解析

考场真题还原

一、单项选择题

1. C　解析：A项不选。价值尺度是指货币以自身价值作为尺度来衡量其他一切商品的价值。B项不选。贮藏手段是指货币退出流通领域，被人们当作社会财富的一般代表加以贮藏。C项当选。支付手段是指在发生赊购赊销的情况下，货币用于清偿债务所执行的职能。"实行工资全额数字人民币发放"体现了货币的支付手段职能。D项不选。流通手段是指货币充当商品交换的媒介。

2. C　解析：消费信用是企业、银行或其他金融机构以商品、货币或劳务的形式向消费者个人提供的信用。其实质是通过赊销或消费贷款等方式为消费者提供超前消费的条件，促进商品的销售和刺激人们的消费。B项说法正确。

消费信用的主要形式有以下三种：

(1)赊销。零售商向消费者以延期付款方式销售商品，多用于日常的零星购买，属于短期消费信用。

(2)分期付款。消费者在购买商品时,先支付一部分货款,然后按合同分期加息支付其余款项。这种形式多用于购买高档耐用消费品,如房屋、汽车等,属于长期消费信用。

(3)消费信贷。银行及其他金融机构采用信用放款或抵押贷款方式,对消费者购买消费品发放贷款,规定期限偿还本金,最长时间可达20~30年。消费信贷按接受贷款的对象不同可分为两种:一是买方信贷,即对购买消费品的消费者直接发放贷款;二是卖方信贷,即以分期付款单做抵押对销售消费品的商业企业发放贷款,或由银行和以信用方式出售商品的商业企业签订合同,银行向商业企业放款,消费者偿还银行贷款。C项说法错误。

消费信用实际上是货币的提前投放,使货币实际投放量增加,成为信用膨胀的一个因素。消费信用以牺牲未来购买力换取提前消费,会造成市场虚假繁荣,增加市场货币流通量。A项说法正确。

消费信用应该控制在适度范围内。一般来说,制约消费信用的主要因素有总供给能力与水平、居民的实际收入与生活水平、资金供求关系、消费观念与文化传统等。D项说法正确。

3. A 解析:在关于利率的期限结构方面,有三个重要的经验事实:①不同期限的债券利率往往是同向波动的;②如果短期利率低,则收益曲线向右上方倾斜,相反,如果短期利率高,则收益曲线向右下方倾斜;③长期债券的利率往往高于短期债券。

市场分割理论对上述第③个经验事实的解释是,通常情况下,人们更偏好于期限较短、风险较小的债券,因而人们对短期债券的需求较大,而对长期债券的需求较小。由此,短期债券的利率较低,长期债券的利率较高,这样,收益曲线向右上方倾斜。但是,市场分割理论无法解释第①和第②个经验事实。既然市场分割理论把不同期限的债券市场完全分割开来,那么一种期限的债券的利率发生变化,就不会影响其他期限债券的利率,因而无法解释不同期限债券的利率一起波动(第①个经验事实)的原因。另外,市场分割理论对长期债券的供求与短期债券的供求之间的关系没有阐述,对长期债券的供求如何随短期债券利率的变化而变化的问题没有说明,因而也无法解释第②个经验事实。

4. D 解析:中央银行的职能如下:

(1)发行的银行:①根据国民经济发展的客观情况,适时适度发行货币;②从宏观经济角度控制信用规模,调节货币供给量;③根据货币流通需要,印刷、铸造或销毁票币,调拨库款,调剂地区间货币分布、货币面额比例。C项不选。

(2)银行的银行:①集中保管商业银行的存款准备金;②充当银行业的最后贷款人;③组织全国商业银行间的清算业务;④组织外汇头寸抛补业务。D项当选。

(3)政府的银行:①代理国库收支;②代理政府金融事务,如代理国家债券的发行;③为政府提供资金融通;④充当政府金融政策顾问;⑤保管国家外汇储备和黄金储备;⑥代表政府参加国家金融活动,进行国际金融合作;⑦执行金融行政管理职能。A、B两项不选。

5. D 解析:当标的资产价格增加时,远期价格增大,因此远期合约价值增大;而当标的资产价格下跌时,远期价格减小,此时远期合约价值变小,甚至可能为负值。故本题选D。

6. A 解析:资本市场,也称"长期金融市场""长期资金市场",是指交易期限在1年以上、以金融资产为交易标的物的金融市场。资本市场是政府、企业、个人等筹措长期资金的市场,包括长期借贷市场和长期证券市场。在长期借贷市场中,一般是银行对个人提供消费信贷;在长期证券市场中,主要是股票市场和长期债券市场。与货币市场相比,资本市场具有融资期限长、流动性相对较差、风险大而收益较高、资金借贷量大、价格变动幅度大等特点。A项说法正确。

货币市场是指交易期限在1年以内、以短期金融工具为媒介进行资金融通与借贷的交易市场,主要包括同业拆借市场、商业票据市场、回购协议市场、银行承兑汇票市场、短期政府债券市场和大额可转让定期存单市场等。货币市场中交易的金融工具一般都具有期限短、流动性高、对利率敏感等特点,具有"准货币"特性。B、C、D三项说法错误。

7. A 解析:买空和卖空是信用交易的两种形式。买空是指投资者用借入的资金买入证券。在买空交易中,如果投资者认定某一证券价格将上升,想多买该证券但手头资金不足时,可以通过交纳保证金向证券商借入资金买进证券,等待价格涨到一定程度时再卖出以获取价差。卖空,是指投资者自己没有证券而向他人借入证券(融券)后卖出。在卖空交易中,当投资人认定某种证券价格将下跌时,可以通过交纳一部分保证金向证券商借入证券卖出,等价格跌到一定程度后再买回同样证券交还借出者,以获取价差。题干中李某的操作属于卖空操作,结果是盈利。

8. D 解析:直接融资的融资者具有较强的自主性。在法律允许的范围内,直接融资主体可以自行决定融资的对象和数量。A项说法正确。

在直接融资中,融资风险由债权人独自承担,风险较大;而在间接融资中,由于金融机构的资产和负债是多元化的,融资风险可以通过多元化的资产和负债结构来承担。因此,间接融资的风险较低,安全性较高。B项说法正确。

企业债券和股票融资等直接融资方式增加,优化了融资结构,有利于缩短资金链条,降低融资成本,更好地为实体经济提供资金支持。C项说法正确。

直接融资是指没有金融中介机构介入的资金融通方式。直接融资工具包括政府、企业首次发行的国库券、企业债券、商业票据、公司股票等;间接融资是指借贷活动必须通过银行等金融中介机构进行,由银行向社会吸收存款,再贷放给需要资金的部门。间接融资工具包括银行存款、银行贷款、银行债券、银行承兑汇票、可转让大额存单、人寿保险单等。D项说法错误。

9. B 解析:ETF又称交易型开放式指数基金,是一种跟踪标的指数变化且在交易所上市的开放式基金,投资者可以像买卖股票一样买卖ETF,从而实现对指数的买卖。不过,ETF的申购赎回必须以一篮子股票换取基金份额或者以基金份额换回一篮子股票。B项正确。FOF是一种专门投资于其他证券投资基金的基金,它是结合基金产品创新和销售渠道创新的基金新品种。C项不选。A、D两项为干扰项,不选。

10. A 解析:资金利率对短期债券收益率的影响要大于长期债券收益率。长期债券收益率不会像短期债券收益率变动那么剧烈。长期债券收益率与短期债券收益率之间的利差称为期限利差。当资金利率上行,短期债券收益率跟随上行的幅度更大,期限利差收窄;相反,如果资金利率下行,短期债券收益率下降幅度超过长期债券,期限利差扩大。A项说法正确,B、C、D三项说法均错误。故本题选A。

11. D 解析:基础货币又称强力货币或高能货币,是指处于流通界为社会公众所持有的现金及银行体系准备金(包括法定存款准备金和超额存款准备金)的总和。

在基础货币的构成中,社会公众持有的现金都是从银行体系的业务库中提走的,相应的是他们在银行存款的减少;银行体系的准备金是商业银行为应对现金提取和结算支付而保有的,是银行体系维持流动性的基本保证。

当中央银行向商业银行和其他金融机构发放一笔贷款或贴现一笔资金后,商业银行资产负债表中负债方的中央银行借款增加,资产方的超额准备金增加,而中央银行负债方银行存款准备金增加,资产方再贷款与再贴现也增加,从而基础货币增加。A、C两项不选。

商业银行增加信贷,不影响基础货币。B项不选。

12. B 解析:剑桥学派的现金余额方程式为 $M_d=KPY$,其中 M_d 表示人们意愿持有的平均货币数量,Y 为以实物衡量的国民真实总收入,P 为一般物价水平,K 为货币量与名义国民收入之间的比率。根据剑桥学派经济学家的看法,经济主体持有的货币量或现金余额,在短期内与国民收入之间会保持一个固定或稳定的比例关系,因而 K 可视为一个常数。Y 代表按固定价格计算的真实国民收入,因此在一定时期内也可以看作是自然资源决定的已知常数。这样方程式只剩下左端的 M 和右端的 P 两个变动的量,可以发现,物价水平 P 与货币量 M 成正比。而货币购买力是物价水平的倒数,因此,货币购买力与货币量成反比。故本题选B。

13. A 解析:中央银行利用自身掌握的货币发行权和信贷管理权,来创造信贷资金来源,即:中央银行依据经济发展的客观需要或国家经济、金融政策的要求,确定其信贷规模;中央银行对商业银行、政府的债权以及持有的国际储备增加,其负债也就相应增加。首先是商业银行或政府在中央银行的存款增长,又因其中有一部分要转化为现金而使其货币发行随后增加。

14. B 解析:A项不选。再贴现政策是指中央银行通过制定和调整再贴现率来影响市场利率与投资成本,从而调节货币供应量的一种货币政策工具。

B项当选。公开市场业务是指中央银行在金融市场上买进或卖出二级市场债券,改变商业银行等存款类金融机构的可用资金,进而增减货币供应量、影响利率的一种货币政策手段。

C项不选。存款准备金是银行及某些金融机构为应付客户提取存款和资金清算而准备的货币资金,准备金占存款或负债总额的比例就是存款准备金率。存款准备金分为法定存款准备金和超额存款准备金两部分。法定存款准备金是金融机构按中央银行规定的比例上缴的部分;超额存款准备金是准备金总额减去法定存款准备金的剩余部分。法定存款准备金政策是指由中央银行强制要求商业银行等存款货币机构按规定的比率上缴存款准备金,中央银行通过提高或降低法定存款准备金率达到收缩或扩张信用的目标。

D项不选。再贷款是指中央银行对金融机构的贷款。中央银行通过适时调整再贷款的总量及利率,吞吐基础货币,促进实现货币信贷总量调控目标,合理引导资金流向和信贷投向。

15. D 解析:贷款市场报价利率(Loan Prime Rate,LPR)是由具有代表性的报价行,根据本行对最优质客户的贷款利率,以公开市场操作利率(主要指中期借贷便利利率)加点形成的方式报价,由中国人民银行授权全国银行间同业拆借中心计算并公布的基础性的贷款参考利率,各金融机构应主要参考LPR进行贷款定价。现行的LPR包括1年期和5年期以上两个品种。LPR市场化程度较高,能够充分反映信贷市场资金供求情况,使用LPR进行贷款定价可以促进形成市场化的贷款利率,提高市场利率向信贷利率的传导效率。故本题选D。

16. B 解析:贷款市场报价利率(LPR)的完善,是深化利率市场化改革的重要一步。LPR改革形成了良好的政策利率传导机制,降低了实体经济融资成本,有效发挥了政策支持实体经济的功能。LPR改革以来,利率传导机制进一步被打通,政策利率(MLF)→市场基准利率(LPR)→市场利率(贷款利率)传导的利率体系基本建立。金融机构发放贷款利率跟随LPR利率持续下降,贷款利率隐性下限也被打破。三项说法均正确,故本题选B。

17. C 解析:央行降低贷款利率,会引导金融机构降低贷款利率,则居民和企业的贷款成本降低。这样会刺激企业投资生产和促进个人消费信贷的扩大从而增加贷款需求。A、B两项不选,C项当选。贷款利率与税收税率无关联,D项不选。

18. B 解析：社会融资规模是指一定时期内（每月、每季或每年）实体经济从金融体系获得的资金总额。这里的金融体系是整体金融的概念，从机构看，包括银行、证券、保险等金融机构；从市场看，包括信贷市场、债券市场、股票市场、保险市场以及中间业务市场等；从融资形式看，既包括银行体系的间接融资，又包括资本市场的债券、股票等市场的直接融资。A 项错误。

社会融资规模指标兼具总量和结构两方面信息，不仅能全面反映实体经济从金融体系获得的资金总额，而且能反映资金的流向和结构。B 项正确。

社会融资规模与货币供应量具有不同的经济含义。货币供应量从存款性金融机构负债方统计，反映的是金融体系向社会提供的流动性，体现了全社会的购买力水平。而社会融资规模则从金融机构资产方和金融市场发行方统计，从全社会资金供给的角度反映金融体系对实体经济的支持。C 项错误。

社会融资规模由四个部分共十个子项构成：一是金融机构表内业务，包括人民币和外币各项贷款；二是金融机构表外业务，包括委托贷款、信托贷款和未贴现的银行承兑汇票；三是直接融资，包括非金融企业境内股票筹资和企业债券融资；四是其他项目。D 项错误。

点拨 社会融资规模是金融体系的资产，是实体经济的负债，其内容涵盖了金融性公司资产负债表中资产方的多数项目。

19. A 解析：市场利率与债券的市场价格成反向变动关系：市场利率提高，债券市场价格下降；市场利率降低，债券市场价格上升。A 项说法错误。

根据《中华人民共和国个人所得税法》第四条的规定，国债和国家发行的金融债券利息免征个人所得税。B 项说法正确。

债券票面价值主要包括币种（即债券以何种货币作为其计量单位）和票面金额（不同的票面金额可以对债券的发行成本、发行数额和持有者的分布产生不同的影响）。C 项说法正确。

一般来说，期限较长的债券，其市场价格波动的可能性大，流动性差，风险相对较大，因此要考虑流动性溢价，利率应该定高一些。D 项说法正确。

20. D 解析：可转换债券具有以下三个特性：

（1）债权性。与其他债券一样，可转换债券也有规定的利率和期限，债券持有人可以选择持有债券，收取本金和利息。

（2）股权性。可转换债券在转换成股票之前是纯粹的债券，但在转换成股票之后，原债券持有人就由债权人变成了公司的股东，可参与企业的经营决策和红利分配。

（3）期权性。可转换债券实质上是一种股票的看涨期权。

21. B 解析：法定存款准备金率的调整通过影响商业银行的超额准备金与货币乘数从而引起货币供应量的变化。当存款准备金率降低时，商业银行向中央银行交存的准备金减少，超额准备金则相应增加，于是银行的贷款增加，从而货币供给增加；反之，则货币供给减少。法定存款准备金率的调整会使货币乘数发生变化，从而改变货币供应量。根据货币供给理论模型，法定存款准备金率与货币乘数及货币供给负相关，在其他条件不变的情况下，法定存款准备金率提高，货币乘数缩小，从而货币供应量减少；反之，法定存款准备金率下降，货币乘数增大，货币供应量增加。

法定存款准备金率的调整通过改变市场上资金供求关系而引起利率变化：①法定存款准备金率下调，商业银行的超额准备金增加，银行拆出资金增加，而拆入减少，同业拆借利率下降。②法定存款准备金率下调，商业银行超额准备金增加，会增加对国债的购买，从而促使国债价格上升,国债收益率下降,作为基准利率的国债收益率下降会引起市场上其他各种利率的下降。③法定存款准备金率下调之后,银行可以自主运用的资金增加,资金供给增加,这会触发银行下调贷款利率以争取更多的贷款客户。

法定存款准备金率下调后,银行信贷供给的增加、利率的下降,使得社会公众减少了融资的成本,且更容易借到资金,这会增强个人和企业的贷款、投资与消费意愿,进而刺激经济活动,实际产出增加。

根据上述分析可知,B项为下调法定存款准备金率对实体经济的传导机制。故本题选B。

22. D 解析:现钞汇率是银行买卖外币现钞时使用的汇率。按照国际惯例,各种外币现钞一般不能在发行国国境以外流通使用,尤其在外汇管制严格的国家更是这样,只能将外币兑换成本国货币才能够购买本国商品,因此就产生了买卖外币现钞的兑换率。

点拨 注意区分现钞汇率和现汇汇率。现汇汇率是银行买卖现汇(外币表示的支付凭证或其他资产)时所采用的汇率。一般而言,由于外币现钞存在运输、保管、保险等费用,银行的现钞买入汇率比现汇买入汇率要低一些,但现钞和现汇的卖出汇率一般是一致的。

23. B 解析:买入9个月期美元看跌期权,9个月后,即使美元汇率下降,该出口商仍能以执行价格卖出美元,避免损失。

24. C 解析:数字人民币是中国人民银行发行的数字形式的法定货币,由指定运营机构参与运营,以广义账户体系为基础,支持银行账户松耦合功能,与实物人民币等价,具有价值特征和法偿性。数字人民币是央行对公众的负债,以国家信用为支撑,具有法偿性。数字人民币采用双层运营机制,遵循传统的"中央银行—商业银行"运营模式,中央银行向商业银行发行数字人民币,商业银行按照100%比例缴纳准备金,并受央行委托向公众提供数字人民币存取等业务。商业银行不是数字货币的最终债务人。C项说法错误。其余三项说法均正确。

25. B 解析:货币供给是指一国或货币区的银行系统向经济体中投入、创造、扩张(或收缩)货币的金融过程。货币供给是相对于货币需求而言的,它包括货币供给行为和货币供应量两个方面。货币供给行为是指银行体系通过自己的业务活动向社会生产生活领域提供货币的全过程,包括商业银行通过派生存款机制向流通领域供给货币的过程和中央银行通过调节基础货币量而影响货币供给的过程,研究的是货币供给的原理和机制。货币供应量是指金融系统根据货币需求量,通过其资金运用,注入流通中的货币量。它研究金融系统向流通中供应了多少货币,货币流通与商品流通是否相适应等问题。

在货币供给中,中央银行的作用最重要。中央银行控制着基础货币的投放,中央银行投放基础货币的途径主要有三种:①收购其储备资产,在外汇市场收购外汇或贵金属;②变动对政府的债权,进行公开市场操作,买进政府债券;③变动对商业银行的债权,对商业银行办理再贴现业务或发放再贷款。B项为公开市场操作,会造成基础货币的增加,从而使得货币供给增加,当选。A、C、D三项只是货币在不同主体之间的转移,并不会增加流通中的货币,不选。故本题选B。

26. D 解析:原生金融工具主要包括货币、股票、债券、基金。外汇属于货币,故不属于金融衍生工具。

27. A 解析:直接标价法是指以一定单位的外国货币作为标准,折算为一定数量的本国货币,即以本国货币表示外国货币价格的汇率表示方法。例如题干中,$100=¥625。

点拨 注意区分外汇汇率与本币汇率。外汇汇率就是直接标价法下的汇率,本币汇率是指间接标价法下的汇率。外汇汇率与本币汇率互为倒数。

28. A 解析：A项当选。掉期交易是指将币种相同、金额相同但方向相反、交割期限不同的两笔或两笔以上的交易结合在一起进行的外汇交易。外汇掉期交易可分为即期对远期的掉期交易、远期对远期的掉期交易和隔夜掉期交易三种形式。其中，即期对远期的掉期交易是指交易者在向交易对手买进(卖出)即期外汇的同时卖出(买进)金额和币种均相同的远期外汇，而交易对手的交易方向刚好相反。

B、C、D三项不选。货币互换是指两笔金额相同、期限相同、计算利率方法相同，但货币不同的债务资金之间的调换，同时也进行不同利息额的货币调换。货币期权交易是指期权购买者以一定的费用(期权费)获得在一定的时刻或时期内按交易双方约定的价格购买或出售一定数量的某种货币的权利的交易。福费廷是指在延期付款的大型设备贸易中，出口商把经进口商承兑的、进口商所在地银行担保、期限在半年以上至5年甚至更长期限的远期汇票，无追索权地出售给出口商所在地的金融机构，以提前取得现款。

29. B 解析：同业拆借市场利率，是资金市场上短期资金供求状况的反映，中央银行根据其利率水平，了解市场资金的松紧状况，运用货币政策工具进行金融宏观调控，调节银根松紧和货币供应量，实现货币政策目标。

30. A 解析：期权交易双方的权利义务并不对等，期权的买方拥有权利而不具有义务，而期权的卖方只有义务而没有权利。

31. A 解析：牙买加协定的主要内容：①取消汇率平价和美元中心汇率，确认浮动汇率制，成员国自行选择汇率制度；②取消黄金官价，黄金非货币化，按照市价自由交易，取消各成员国与国际货币基金组织的各方之间用黄金清算的义务；③国际储备多元化，包括美元、欧元、英镑、日元、黄金、特别提款权等；④增加成员国的基金缴纳份额，由292亿特别提款权提高到390亿特别提款权，主要是指石油输出国组织的成员国；⑤特别提款权可以在成员国之间自由交易，国际货币基金组织的账户资产一律用特别提款权表示。

32. A 解析：外汇储备是一个国家货币当局所持有的用于弥补国际收支赤字、维持该国货币汇率稳定的国际普遍接受的外国货币，是国际储备的一部分。国际储备包括外汇储备、黄金储备、国际货币基金组织(IMF)中的普通提款权和特别提款权。B项错误。一定的外汇储备是一国进行经济调节、实现内外平衡的重要手段。当国内宏观经济不平衡，出现总需求大于总供给时，可以动用外汇组织进口，从而调节总供给与总需求的关系，促进宏观经济的平衡。A项正确，C项错误。高外汇储备显示出，在外汇市场上，外汇供给大于需求，迫使人民币升值；外汇储备的增加，增大了货币供给，导致通货膨胀，央行只能提高利率或回笼资金，来减少货币供给，但因此增大了人民币升值压力。D项错误。

33. B 解析：人民币贬值将会增加出口商品的竞争力，有利于出口；增加进口商品的成本，不利于进口。(1)说法错误。人民币贬值，以外币计价的商品就会变贵，在经济全球化的影响下，国内大部分商品的价格都会上涨，所以最终会造成物价上涨，推升国内通胀压力。(2)说法正确。人民币贬值会导致资本外流。(3)说法正确。

34. C 解析：货币市场是短期融资市场，融资期限一般在1年以内，具有流动性强、风险小、收益低等特点。由于货币市场上的金融工具一般都有发达的二级市场，投资者可以通过二级市场，以合理的价格迅速买卖交易，因此货币市场的流动性较强。货币市场期限短、流动性强的特点，导致货币市场上的金融工具一般面临较小的价格风险，同时货币市场的门槛较高，参与者的资信情况较好,从而有效地降低了违约风险。这些特点也造成了货币市场相对较低的收益率。A、B、D 三项都是货币市场的特点。

资本市场是指期限在 1 年以上的长期金融工具的交易市场,其交易对象包括公司债券、股票等,具有融资期限长、流动性低、风险大等特点。C 项是资本市场的特点。

35. B 解析:名义收益率-通货膨胀率=实际收益率,根据题干,名义收益率=6%+2%=8%。

36. D 解析:利率又称利息率,表示一定时期内利息量与本金的比率,通常用百分比表示,按年计算则称为年利率。在萧条时期,降低利息率,会扩大需求,刺激经济发展。在膨胀时期,提高利息率,可以降低总体需求,进而在一定程度上抑制通货膨胀和经济过热,避免经济出现恶性发展。

37. C 解析:外汇存款准备金率是指金融机构交存中国人民银行的外汇存款准备金与其吸收外汇存款的比率。下调外汇存款准备金率将释放一部分外汇流动性,增加外汇市场上的美元供给,提高金融机构的售汇意愿和能力,从而缓解人民币贬值压力。故本题选 C。

38. A 解析:实际借款利率=名义利率÷(1-补偿性余额比例)=4%÷(1-20%)=5%。

39. B 解析:直接融资和间接融资是两种常用的融资方式。直接融资是指企业或个人通过发行证券、债券等金融工具,直接向投资者筹集资金的过程。间接融资是指企业或个人通过商业银行或其他金融机构进行融资的过程。资金需求者筹集外部资金主要通过两种途径:向银行借款和发行证券。前者属于间接融资,后者属于直接融资。发行债券和股票属于没有金融中介机构介入的资金融通方式,是直接融资的一种方式。故本题选 B。

40. B 解析:货币政策最终目标包括经济增长、充分就业、物价稳定和国际收支平衡,各目标之间是既统一又矛盾的关系。长期内,这些目标之间是统一和相辅相成的;但短期内,这些目标之间却存在矛盾冲突。

各目标之间的统一关系:经济增长是其他目标的物质基础。物价稳定是经济增长的前提。D 项表述正确。充分就业与经济增长相互促进。C 项表述正确。国际收支平衡有助于其他目标的实现。A 项表述正确。

各目标之间的矛盾关系:

(1)充分就业与稳定物价之间存在着矛盾与冲突,表现为或者是失业率较高的物价稳定或者是通货膨胀率较高的充分就业。

(2)物价稳定与经济增长之间存在着矛盾与冲突,表现为可能会出现经济增长缓慢的物价稳定或通货膨胀率较高的经济繁荣。

(3)经济增长与国际收支平衡之间也存在一定的矛盾与冲突。一般地,国内经济的增长,一方面可能会导致贸易收支的逆差,因为经济增长会导致国民收入的增加和支付能力的增强,从而刺激进口需求上升,如果此时出口贸易的增长不足以抵消增长的进口需求,必然会导致贸易收支的逆差;另一方面也可能会引起资本与金融账户的顺差,因为,经济增长需要大量资金投入,在国内资金不足的情况下,必然要借助于外资的流入,这在一定程度上可以弥补由贸易逆差导致的国际收支赤字。但是,能否确保国际收支平衡依赖于二者是否能相互持平。

(4)物价稳定与国际收支平衡之间的关系。在本国物价稳定而其他国家发生通货膨胀的情况下,由于本国商品价格相对低于其他国家的商品价格,使得本国商品出口增加而进口减少,必然会造成本国贸易顺差,从而影响本国国际收支的平衡。如果本国出现通货膨胀,而其他国家物价稳定,则会刺激进口增加、出口减少,造成国际收支逆差。

B 项表述错误。故本题选 B。

二、多项选择题

1. **CD**　解析：利率的风险结构即债券的到期期限相同但利率却不相同的现象，主要是由债券的违约风险、债券的流动性以及税收等因素决定。其中，债券的违约风险越大，利率就越高；在其他条件相同的情况下，债券流动性越高，利率越低；债券利息收入的税率越高，利率也越高。A、B 两项错误，C、D 两项正确。

2. **ABC**　解析：货币市场是指以期限在 1 年以内的金融资产为交易标的的短期金融市场。货币市场的金融工具一般都具有期限短、流动性强、利率敏感等特点，具有"准货币"特性。货币市场主要进行同业拆借、国库券、商业票据、可转让定期存单、回购协议等短期金融工具的买卖，主要解决短期资金融通需要，参与主体主要是金融机构。A、B、C 三项正确。

　　货币市场包括商业票据市场，商业票据市场的交易标的就是各类商业票据。D 项错误。

3. **BC**　解析：根据偿还期不同，金融工具可分为长期金融工具和短期金融工具。目前一般把借贷期限在 1 年和 1 年以下的金融工具称为短期金融工具，如银行短期借贷工具、同业拆借市场工具、国库券、商业票据、可转让存单等。1 年以上的金融工具为长期金融工具，如银行中长期借贷工具、政府中长期公债、公司债券、股票等。

4. **ABD**　解析：债券定价的基本原理就是现金流贴现。把现金流入用适当的贴现率进行贴现并求和，便可得到债券的理论价格。

　　债券的贴现率是投资者对该债券要求的最低回报率，也称为必要回报率。其计算公式为：债券必要回报率＝真实无风险收益率＋预期通货膨胀率＋风险溢价。投资学中，通常把前两项之和称为名义无风险收益率，一般用相同期限零息国债的到期收益率（即期利率或零利率）来近似表示。

　　风险溢价是投资人为抵消更大的风险而要求的较高收益。其影响因素包括以下几个：①发行人的类型（代理机构、公司、地方政府）；②商业评级机构评级系统衡量的发行人信誉；③债券的到期期限；④内含选择权（如赎回、售回或可转换条款）；⑤利息收入的纳税性；⑥发行债券的预期流动性。

5. **BD**　解析：货币失衡是指在货币流通过程中，货币供给偏离货币需求，从而使二者之间不相适应的货币流通状态。A、C 两项与此无关。货币失衡主要有两大类型：总量性货币失衡和结构性货币失衡。

　　(1) 总量性货币失衡是指货币供给在总量上偏离货币需求达到一定程度从而使货币运行影响经济的状态。这里也有两种情况：货币供应量相对于货币需求量偏小，或货币供应量相对于货币需求量偏大。在现代信用货币制度下，造成货币供给不足的情况例如发行债券回笼货币，造成通货紧缩的问题。造成货币供应量大于货币需求量的原因很多，例如政府向中央银行透支以融通财政赤字，一味追求经济增长速度而不适当地采取扩张性货币政策刺激经济等，其后果之一就是引发严重的通货膨胀。B、D 两项当选。

　　(2) 结构性货币失衡是另一大类货币失衡，主要发生在发展中国家，是指在货币供给与需求大体一致的总量均衡条件下，货币供给结构与对应的货币需求结构不相适应。结构性货币失衡往往表现为短缺与滞留并存，经济运行中的部分商品、生产要素供过于求，另一部分又求过于供。其原因在于社会经济结构的不合理。因此，结构性货币失衡必须通过经济结构调整加以

6. ABCD　解析：直接标价法是指用 1 个单位或 100 个单位的外国货币作为基准,折算为一定数额本国货币的计价方法。目前包括中国在内的世界上绝大多数国家采用的都是直接标价法。A 项说法正确。

图中所示,上半年我国人民币兑美元中间价呈上升趋势,即人民币相对美元贬值。本币贬值,本国商品出口价格竞争力提升;本币贬值、外币升值,本国进口企业的成本上升,本国国内资产价格下降。B、C、D 三项说法均正确。

7. BC　解析：按照期权买方权利的不同,期权可分为看涨期权和看跌期权;按照期权买方行权时间的不同,期权可分为美式期权和欧式期权。A 项说法错误。

对于看跌期权的买方来说,当市场价格高于合约的执行价格时,他会放弃行权,亏损金额即为期权费;当市场价格低于执行价格时,他会行使期权,取得收益。B 项说法正确。

对于看涨期权的买方来说,当市场价格高于执行价格时,他会行使权利,取得收益;当市场价格低于执行价格时,他会放弃行使权利,所亏损的仅限于期权费。C 项说法正确。

与股票、期货等投资工具相比,期权的与众不同之处在于其非线性的损益结构。正是期权的非线性的损益结构,才使期权在风险管理、组合投资方面具有了明显的优势。D 项说法错误。

8. ABC　解析：对于债券的持有者来说,利率的浮动所带来的风险称为利率风险。债券的利率风险的大小取决于债券的价格对于利率变动的敏感程度。这种敏感程度直接取决于两个条件:距到期日的时间以及票面利率。在其他条件都相同的情况下,距到期日的时间越长,利率风险越大;票面利率越低,利率风险越大。A、B 两项说法正确,D 项说法错误。距离债券到期日越近,债券价格波动幅度越小,故价格越接近面值,C 项说法正确。

9. ABD　解析：纸币的发行量以流通中需要的金属货币量为限。如果纸币发行量超过流通中所需要的金属货币量,就会出现纸币贬值,物价上涨,这就是通货膨胀;反之,如果货币供应量少于流通中所需的货币量,则会使货币价值含量上升,物价普遍下降,这就是通货紧缩。

10. BD　解析：导致利率提高,企业投资意愿下降的是紧缩性货币政策。A、C 两项为扩张性货币政策。

11. ABC　解析：货币供给取决于基础货币和货币乘数,中央银行能控制基础货币,但是控制不了货币乘数,所以 D 项错误。

12. ABC　解析：顺差有国际贸易顺差和国际收支顺差两种。一个国家或地区在一定时间内(通常为 1 年)出口贸易总额大于进口贸易总额,称为国际贸易顺差,也叫"出超"。国际贸易顺差表示该国在对外贸易中处于有利地位,贸易外汇有盈余,周转余地较大。B、C 两项说法正确。

长期的贸易顺差所带来的并非都是好处。首先,贸易顺差将带来越来越多的贸易争端;其次,贸易顺差虽然增加了外汇储备,但从资源效用最大化的角度看,是资源未被充分利用;第三,持续高额顺差会导致本币有升值的压力;第四,巨额的经常项目的顺差,会转化为货币大量投放的压力,成为通货膨胀率上升的重要因素。A 项说法正确。

一个国家或地区在一定时间内(通常为 1 年)国际收入总额大于国际支出总额,称为国际收支顺差,也叫国际收支盈余。国际收支顺差说明该国货币在国际市场上处于有利地位。就世界上大多数国家来说,进出口贸易额占国际收支的最大部分,直接影响国际收支差额的变化。在出现贸易顺差时,国际收支经常是平衡或盈余。D 项说法错误。

13. **ABD** 解析:数字人民币由中国人民银行发行,是有国家信用背书、有法偿能力的法定货币。在我国,广大居民消费习惯各有不同,现金支付、非现金支付将长期共存。与比特币不同,中央银行数字人民币具有国家信用。微信和支付宝是金融基础设施,相当于"钱包",而数字人民币是支付工具,相当于"钱包里的内容"。电子支付场景下这个钱包里装的是商业银行存款货币,数字人民币发行后大家仍可以用微信、支付宝进行支付,只不过钱包里的内容增加了中央银行货币。数字人民币可以看作是数字化的人民币现金,功能、属性与纸钞一样。A、B、D 三项说法正确,C 项说法错误。

14. **AB** 解析:与去年相比,今年同样数量的美元可以兑换更多人民币,意味着美元兑人民币汇率上升,人民币贬值,美元升值。这种情况有利于我国对外发行国债,扩大出口。

15. **ABC** 解析:我国货币层次划分如下:

M_0 = 流通中的现金。

$M_1 = M_0$ + 单位活期存款 + 个人活期存款 + 非银行支付机构客户备付金。

$M_2 = M_1$ + 储蓄存款 + 单位定期存款 + 其他存款。

因此,当企业的活期存款增加时:M_1-M_0、M_2、M_1 增加,M_2-M_1、M_0 不变。

点拨 货币层次有多种划分方式,常见的有中国的 M 系列、美国的 M 系列、国际货币基金组织的 M 系列。不同的货币形态在不同的 M 系列下归属可能不同。考试时,若无特别说明,一般建议以中国的 M 系列为划分依据判断。

三、案例分析题

1. **ABC** 解析:金融期权是指它的持有者有权在规定期限内按双方约定的价格购买或出售一定数量某种金融资产的合约。期权交易的一般特点有以下几个:

(1)期权买方的最大损失就是期权费,期权卖方的最大收益也是期权费。

(2)期权买方的潜在收益是无限大的。相反的,期权卖方的潜在损失也是无限大的。以看涨期权为例,对于看涨期权的买方来说,当市场价格高于执行价格时,他会行使买权,取得收益;当市场价格低于执行价格时,他会放弃权利,所亏损的仅限于期权费。因此,期权对于买方来说,可以实现"有限的"损失和"无限的"收益。

(3)对于看涨期权的交易双方来讲,其盈亏平衡点出现在"市场价格=执行价格+期权费"这一点上。对于看跌期权的交易双方来讲,其盈亏平衡点出现在"市场价格=执行价格-期权费"这一点上。

(4)期权合约买卖双方的损益之和等于零,即期权本身是一个零和博弈。期权市场作为一个整体,没有净收益或净损失。

可知,A、B、C 三项说法正确,D 项说法错误。

案例材料的最后一段可以推出 A、B、C 三项当选。

D 项从案例材料的第六段"金融期权有看涨期权和看跌期权之分,前者获得买入的权利……"和第七段"当价格变动对自己不利时,交易者可以选择放弃执行期权,这样仅损失期权费,而不是价差"可以推出,对于看涨期权的买方来说,当市场价格高于执行价格时,他会行使买权,取得收益,D 项不选。

2. **B** 解析:套期保值做法:在现货市场买进或卖出某种金融工具的同时,做一笔与现货交易品种相同或相近、数量相当、期限相同或相近、方向相反的期货交易。根据"像中证 1000 股指期货就是股票价格指数期货。合约双方同意在将来某一个特定日期,按照约定的价格买卖中证1000 指数,到期后结算"可知,当现货市场上有多头头寸时,为防止股票价格下跌带来的风险,可卖出若干张期货合约,锁定卖出价格。根据题意,B 项正确。

点拨 期货交易可以买空卖空,而现货交易只能先买后卖。

3. C 解析:根据案例材料第二段"各国货币汇率波动剧烈,外汇风险增加。为了规避汇率风险,外汇期货应运而生"和第四段"根据标的物的不同,金融期货可以分为货币期货、利率期货和股票价格指数期货三种"可知,外汇期货属于货币期货。

4. D 解析:欧式期权的买方在到期日前不可行使权利,只能在到期日当天行权。美式期权的买方可以在到期日或之前任一交易日提出执行。根据第六段"以中证 1000 股指期权为例,它就是欧式期权",本题选 D。

5. A 解析:期货交割是指期货合约到期时,根据期货交易所的规则和程序,交易双方通过该期货合约所载商品所有权的转移,了结到期未平仓合约的过程。一般的商品期货和国债期货、外汇期货等采用实物交割,而股指期货和短期利率期货等采用现金交割。这由"像中证1000 股指期货就是股票价格指数期货。合约双方同意在将来某一个特定日期,按照约定的价格买卖中证 1000 指数,到期后结算"得知,本题选 A。

6. D 解析:美国经济的一大特点是高负债运转。许多依赖出口的新兴经济体,都采取了日本和欧洲长久以来的模式:钉住美元、促进出口、积累美元储备,之后又将积累的美元储备重新投入美国。新兴经济体通过辛苦贸易赚来的钱,最后以美债的形式储备,美国相当于买别人的商品,而不用付钱。即使在对外贸易中吃亏,美国也可以通过大量印刷美元,使得通货膨胀率很低。美元的运作需要美国国内有完善且发达的金融市场。

7. C 解析:一国货币的国际化,从本质上说是经济国际化的产物,是该国总体经济实力在货币形态上的反映,因此经济规模决定了该国货币在国际市场上的潜在使用情况。国际贸易是货币国际化的基础,货币国际化是国际贸易发展的客观要求。其主要衡量指标是进出口量占世界贸易规模的比重。在关键时期,日本经济通过前期的积累,进入国际市场,其商品和资本在国际市场中的占比较大,具有了日元国际化的前提条件。

8. B 解析:货币的价值尺度职能即用货币表现和衡量商品的价值。

9. D 解析:东南亚金融危机时期,美元持续升值,泰铢相对美元则持续贬值,泰国企业为偿还以美元计价的债务,需兑换美元,因此需支付更多泰铢。

10. D 解析:美国通过发行美元在全世界购买商品,全世界的交易都通过美元来进行,所以美元的影响极大。美元超发,市场上美元增多,美元实际购买力降低,造成其他国家货币相对美元升值,美元资产减值。

巩固提升训练

一、单项选择题

1. C 解析:信用关系的价值运动是指单方面的价值让渡,资金借贷双方进行的价值支付转移。货币作为交换价值而独立存在,并非伴随着商品运动,而是作单方面的转移,其执行着支付手段职能。货币作为支付手段,价值的单方面转移是其特征。支付手段的产生源于商业信用的产生。

2. A 解析:复利也称为利滚利,是将每一期产生的利息加入本金一并计算下一期的利息。

3. D　解析：货币是度量价格的工具、购买货物的媒介、保存财富的手段,是财产的所有者与市场关于交换权的契约,本质上是所有者之间的约定。从流通、支付职能的角度来界定货币,货币是固定充当一般等价物的特殊商品,是价值尺度和流通手段的统一。因此,A、B、C 三项均可以界定为货币。D 项是银行向持卡人提供的短期消费信用,不属于货币。

4. C　解析：C 项当选。同业拆借市场是指具有法人资格的金融机构或经过法人授权的金融分支机构之间进行短期资金头寸调节、融通的市场。同业拆借的资金主要用于弥补银行短期资金的不足、票据清算的差额以及解决临时性资金短缺需要。

A、B、D 三项不选。发行市场又称一级市场或初级市场,是新发行的金融工具最初从发行者手中出售到投资者手中的市场。资本市场是指期限在 1 年以上,以金融资产为交易标的物的金融市场。流通市场又称二级市场或次级市场,是已发行的金融工具进行转让交易的市场。

5. D　解析：$M=m \cdot B=\dfrac{1+c}{c+r+e} \cdot B=\dfrac{1+9\%}{9\%+10\%+5\%} \times 500 \approx 2\,270.8$(亿美元)。其中,$M$ 为货币供应量;m 为货币乘数;B 为基础货币;c 为现金漏损率;r 为法定存款准备金率;e 为超额存款准备金率。

点拨　货币乘数的计算公式有多种表达形式。理论上,货币乘数可以表示为法定存款准备金率的倍数。现实中,运用最多的表达形式为 $k=\dfrac{1}{c+r+e}$。考试中,考生应根据题目给出的条件,灵活运用不同形式。

6. C　解析：预期理论认为,长期债券的利率等于长期债券到期日之前各时间段内人们所预期的短期利率的平均值。

7. D　解析：公开市场操作之所以能成为中央银行控制货币供应量最常用的手段,是因为它有以下几个明显的优越性:①中央银行能够运用公开市场操作,影响商业银行准备金,从而直接影响货币供应量。A 项正确。②公开市场操作使中央银行能够随时根据金融市场的变化,进行经常性、连续性的操作。B 项正确。③通过公开市场操作,中央银行可以主动出击,不像再贴现率政策那样,处于被动地位。C 项正确。④由于公开市场操作的规模和方向可以灵活安排,中央银行可以运用它对货币供应量进行微调,而不会像存款准备金的变动那样,对货币乘数影响很大,作用力度很强。D 项错误。故本题选 D。

8. C　解析：基础货币指流通中的现金和商业银行在中央银行的准备金存款之和。从来源上看,基础货币是中央银行通过其资产业务供给出来的。中央银行的资产业务主要包括以下几项:①再贴现、再贷款业务;②对政府的贷款(我国中央银行例外);③证券买卖业务;④黄金外汇储备业务。

9. A　解析：杠杆效应是指金融衍生工具交易一般只需要支付少量的保证金或权利金就可签订远期大额合约或互换不同的金融工具。一般来说,金融衍生产品的保证金越低,杠杆效应越大,风险越大。故本题选 A。

10. A　解析：如果汇率变动发生在不同储备货币之间,例如美元与欧元之间,由于通常以美元计量外汇储备价值,则在美元对欧元升值时,欧元外汇储备的美元价值会缩水。

11. D　解析：银行的存款有原始存款和派生存款两种。原始存款,是指银行的客户以现金形式存入银行所形成的存款和中央银行对商业银行贷款所形成的存款。原始存款是商业银行吸收到的、增加其准备金的存款。派生存款,是指商业银行以原始存款为基础,通过贷款、票据贴现及投资转化而来的存款。派生存款是在商业银行体系内部,通过存贷款业务直接形成的。在现代信用货币制度下,现金和存款是货币的两种不同表现形式。因此,原始存款的发生只是改变了货币的存在形式,并不改变货币的总量。但是,派生存款则不同,它的发生意味着货币总量的增加。D项属于派生存款。

12. A 解析:资本市场是指以期限在1年以上的金融资产为交易标的物的金融市场。资本市场主要是指债券市场、股票市场和证券投资基金市场。

13. D 解析:期权合约是指期权的买方有权在约定的时间或时期内,按照约定的价格买进或卖出一定数量的相关资产,也可以根据需要放弃行使这一权利。为了取得这一权利,期权合约的买方必须向卖方支付一定数额的期权费。对于期权的买方来说,可以实现有限的损失和无限的收益;对于期权的卖方则恰好相反,损失无限而收益有限。在期权交易中,一方所得即为一方所失,因此,期权交易也是一种零和博弈。(1)(2)(3)的说法均正确。

14. B 解析:资金价格是资金使用权的价格,在现象形态上表现为利率。利率实质上是货币资金使用权转移的价格。对于资金的出借者而言,利率是其转让资金使用权所获得补偿的价格;而对于资金的借贷者而言,利率则是取得资金使用权所付出代价的价格。

15. C 解析:中央银行的选择性货币政策工具主要包括消费者信用控制、证券市场信用控制、不动产信用控制、优惠利率、预缴进口保证金等。对首套房和二套房的信贷政策进行差异化处理属于不动产信用控制,因此属于选择性货币政策工具。

16. A 解析:直接融资是指拥有暂时闲置资金的单位(包括企业、机构和个人)与资金短缺需要补充资金的单位相互之间直接进行协议,或者在金融市场上前者购买后者发行的有价证券,将货币资金提供给需要补充资金的单位使用,从而完成资金融通的过程。间接融资是通过金融中介机构完成资金融通。

17. C 解析:货币市场工具一般指短期的(1年之内)、具有高流动性的低风险证券,具体包括银行回购协议、定期存款、商业票据、银行承兑汇票、短期国债、央行票据等。C项错误。

18. C 解析:混合基金的风险低于股票基金,预期收益率则要高于债券基金。它为投资者提供了一种在不同资产类别之间进行分散投资的工具,比较适合较为保守的投资者。

19. C 解析:市场风险指因股市价格、利率、汇率等的变动而导致价值未预料到的潜在损失的风险。因此,市场风险包括权益风险、汇率风险、利率风险以及商品风险。市场风险一般是系统性风险,不可以通过分散投资化解。

20. C 解析:中央银行的负债业务主要包括以下几种:①货币发行业务;②经理国库业务,即中央银行经办政府的财政收支,执行国库的出纳职能,如接受国库的存款,替政府发行债券,还本付息等;③存款业务,主要是集中存款准备金业务和其他存款业务。

中央银行的资产业务主要包括以下几种:①再贴现和再贷款业务;②对政府的贷款,我国规定,中国人民银行不得对政府财政透支,不得直接认购、包销国债和其他政府债券,不得向地方政府、各级政府部门提供贷款;③金银和外汇储备业务;④证券买卖业务,主要是买卖政府发行的长期和短期债券。

21. D 解析:货币流通速度,也称货币周转率,即某一单位货币(如1元人民币)在给定时间内(通常为1年)用来购买最终商品和劳务的平均次数。

22. D 解析:在我国,没有以"投资银行"命名的金融机构,金融机构中的投资银行角色由证券公司扮演。A项说法错误。

国际债券是指市场所在地的非居民发行人发行的债券。国际债券包括外国债券和欧洲债券两种。外国债券是指非居民在异国债券市场上以市场所在地货币为面值发行的国际债券,例如在美国发行的以美元为计价货币的外国债券为扬基债券。欧洲债券是指借款人在本国以外市场发行的以第三国货币为面值的国际债券。B项说法错误。

金融机构设计不同风险级别的金融产品,分散化投资以减少风险。低买高卖多用于赚取差价。C项说法错误。

金融资产的风险越大,资产就越要有吸引人的价格来补偿风险。D项说法正确。

23. B　解析:根据购买力平价理论,国内外通货膨胀率差异是决定汇率长期趋势的主导因素。如果通货膨胀率高于他国,则该国货币在外汇市场上趋于贬值;反之则趋于升值。

24. B　解析:格雷欣法则描述的是在金银复本位制下的双本位制中,由于法定兑换比例和实际兑换比例之间的差异导致的劣币驱逐良币的现象。劣币是指名义价值高于实际价值的货币,即被高估的货币;良币是指名义价值低于实际价值的货币,即被低估的货币。本题中,金的法定价值即名义价值高于其实际价值,故为劣币,所以最终充斥市场的是金币。

25. A　解析:该债券的持有期收益率=[(卖出价-买入价)+利息收入]/(买入价×持有期限)×100% = $\frac{(1\,150-1\,000)+100}{1\,000\times1}\times100\% = 25\%$。

26. B　解析:直接信用控制是指中央银行以行政命令或其他方式,直接控制金融机构尤其是商业银行的信用活动,具体包括贷款限额、利率限制、流动性比率、直接干预四种工具。A、C、D三项属于直接信用控制,不选。

间接信用控制是指中央银行利用道义劝告、窗口指导等办法间接影响商业银行和其他金融机构的信用创造。其优点是比较灵活,节省费用,但若要充分发挥作用,中央银行必须在金融体系中具有较高的地位,并拥有控制信用的足够的法律权力和手段。B项属于间接信用控制,当选。

27. B　解析:中央银行通过在公开市场上的购买行为,买入标的资产并且投放货币,扩大了准备金和基础货币规模,通过货币乘数作用增加了货币供给。在货币需求不变的情况下,增加货币供给,降低短期利率。

28. C　解析:资本市场工具又称长期金融工具,是指期限在1年以上、代表债权或股权关系的金融工具,包括股票、企业债券、金融债券、中长期国债等。C项属于资本市场工具。A、B、D三项属于货币市场工具。故本题选C。

29. B　解析:我国货币供应量统计口径为:

M_0=流通中的现金

$M_1=M_0$+单位活期存款+个人活期存款+非银行支付机构客户备付金

$M_2=M_1$+储蓄存款+单位定期存款+其他存款

M_0指通货净额,即指在中国人民银行货币投放数额中减去各金融机构的库存现金之后的余额;M_1是通常所说的狭义的货币供应量,较为常用;M_2是广义货币供应量,属准货币(定期存款、储蓄存款、其他存款等)。

银行的库存现金不属于M_0中规定的"流通中的现金"。

30. D　解析:利率期限倒挂指的是长期债券利率水平低于短期债券的现象,即债券利率R与债券到期期限t成反比。

31. A 解析：金边债券亦称"金边证券"或"优等证券"，最初是指由英国政府发行的公债券。因为从前英国政府发行的公债带有金黄边，其安全性高、并被认为是最稳定可靠的债券，因此被誉为"金边证券"。现泛指所有中央政府发行的债券，即国债。

32. D 解析：该股票组合的标准差为 $\sigma_p = \sqrt{\omega_甲^2 \sigma_甲^2 + \omega_乙^2 \sigma_乙^2 + 2\rho\omega_甲\omega_乙\sigma_甲\sigma_乙}$ = $\sqrt{0.04^2 \times 0.3^2 + 0.04^2 \times 0.7^2 + 2 \times 1 \times 0.3 \times 0.7 \times 0.04 \times 0.04} = 4\%$。故本题选D。

33. A 解析：若年息6厘，月息4厘，日息2厘，则表示年利率为6%，月利率为4‰，日利率为2‱。

34. A 解析：利率互换是指交易双方以同种货币同样的名义本金为基础，在未来的一定期限内交换现金流，其中一方的现金流根据浮动利率计算，而另一方的现金流则根据固定利率计算。利率互换既可以满足不同的筹资需求，也可以发挥交易双方的比较优势，降低融资成本，使交易双方实现双赢。

35. B 解析：在半强有效市场中，技术分析和基本面分析都失去作用，通过内幕消息可能获得超额利润。

36. A 解析：中央银行是"发行的银行"，对调节货币供应量、稳定币值有重要作用。其货币职能是提供原始货币，而商业银行通过银行信用制造派生货币。

37. A 解析：金融期权交易双方的权利和义务是不对称的，对于期权买方来说，付出权利金获得权利，期权卖方获得权利金，只能履行义务。

38. C 解析：债券回购交易是指债券持有人（正回购方，即资金融入方）在卖出一笔债券、融入资金的同时，与买方（逆回购方，即资金融出方）协议约定于某一到期日再以事先约定的价格将该笔债券购回的交易方式。债券回购属于短期金融工具。

39. C 解析：货币学派强调货币供应量变动直接影响总支出与总收入，避开了利率的作用。

40. B 解析：合约到期时，由于标的物的市场价格高于看涨期权的执行价格，看涨期权的多头选择行权，此时看涨期权空头的履约损益=执行价格-标的资产买价+权利金=51-50+0.5=1.5（万元）。

41. C 解析：顺差即出口大于进口，会导致外汇收入增加，外汇储备增加；同时外国对本国货币需求会增加，使得本币币值上升的压力增大。

42. C 解析：对于货币需求，弗里德曼最具概括性的论断是：由于持久性收入的波动幅度比现期收入小得多，因而货币需求函数相对稳定，这就意味着货币流通速度（持久性收入除以货币存量）也是相对稳定的。认为货币流动速度稳定和货币需求对利率不敏感，是弗里德曼的货币需求理论与凯恩斯的货币需求理论之间的主要差异。

43. D 解析：货币贬值通常是国际收支逆差的一个直接后果。当一个国家面临国际收支逆差时，为了维持外汇市场的稳定，可能会选择让本币贬值，从而提高出口竞争力。A项不选。持续的国际收支逆差会消耗国家的外汇储备，如果外汇储备不足以弥补逆差，可能会导致外汇储备枯竭。B项不选。为了应对逆差，政府可能会采取紧缩性的货币政策，限制货币供应，以稳定汇率和减少逆差。C项不选。货币升值通常发生在国际收支顺差的情况下，因为此时外汇市场上对本币的需求增加，导致本币升值。D项当选。

44. D 解析：货币职能包括价值尺度、流通手段、支付手段、贮藏手段和世界货币。其中，价值尺度和流通手段是货币的基本职能。作为价值尺度，可以是观念上的货币。作为流通手段，必须是现实的货币，但不一定是足值的货币。

点拨 流通手段和支付手段很容易混淆。流通手段强调的是一手交钱一手交货,而支付手段强调的是货币作为价值运动的独立形式进行单方面转移。

45. B 解析:债券的内在价值就是把到期日前获得的所有本金、利息等现金流折现。因此该债券的内在价值为 $200÷(1+3\%)^3 ≈ 183.03$(元)。故本题选 B。

46. B 解析:该公司投资报酬率=无风险报酬率+风险报酬率=无风险报酬率+风险报酬系数×标准离差率=无风险报酬率+风险报酬系数×(标准离差÷期望报酬率)= $10\%+5\%×(14\%÷22\%)≈13.18\%$。

47. C 解析:容易实现资金供求期限和数量的匹配是间接融资的优点。投资者承担较小的投资风险是间接融资的优点。直接融资有利于节约交易成本。不利于降低信息成本和合约成本是直接融资的缺点。故本题选 C。

48. D 解析:市场风险溢价即预期市场回报率与无风险回报率之差。在本题中,投资甲资产的风险溢价= $12\%-5\%=7\%$。

49. D 解析:远期外汇交易是外汇市场上进行远期外汇买卖的一种交易行为,是即期交易的对称。远期交易一般是买卖双方先订立买卖合同,规定外汇买卖的数量、期限和汇率等,到约定日期才按合约规定的汇率进行交割。故本题选 D。

50. C 解析:央行升降息的"息"具体是指存贷款基准利率。我国央行降息是指中国人民银行降低金融机构的存款利率和贷款利率,并相应调整贴现率。

二、多项选择题

1. ABC 解析:不兑现纸币是指政府发行的不与黄金等贵金属挂钩的货币,其发行和流通完全依赖于政府的信用保证。这种货币不能兑换成特定数量的黄金或其他贵金属,因此其价值完全由政府背书。D 项错误。其余三项表述均正确。

2. ACD 解析:为深化利率市场化改革,提高利率传导效率,推动降低实体经济融资成本,中国人民银行决定改革完善贷款市场报价利率(LPR)形成机制。利率市场化的本质是让利率自由发挥在资金配置中的作用,A 项说法正确。

如果 CPI 和 PPI 数据均同比下降,说明有通货紧缩的趋势,则 LPR 利率降低的概率变大,B 项说法错误。

LPR 机制对股票市场而言是利好,通过推动利率市场化降息帮助企业降低融资成本,C 项说法正确。

LPR 利率由 18 家系统重要性程度高、市场影响力大、综合实力强的银行在 MLF 操作利率的基础上,根据各行自身资金成本、市场供求、风险溢价等因素加点形成。D 项说法正确。

3. AB 解析:法定存款准备金率对货币乘数影响大、作用力度强,往往被当作一剂"猛药"。C 项说法不准确。法定准备金率的微小变动会引起社会货币供应总量的急剧变动,不能经常性地调整。D 项错误。

4. AB 解析:假设欧元兑人民币的汇率由 1∶10 变化为 1∶8.5,则 1 件在欧洲卖 1 欧元的商品,以前对中国游客来说要花 10 元人民币来购买,欧元贬值后中国游客只需要花 8.5 元,相当于打了八五折。A 项正确。欧元贬值,人民币购买力增强,会吸引更多的中国游客前往欧洲。B 项正确。日元贬值,日本商品对中国来说价格下降。C 项错误。人民币升值,有利于进口,不利于出口。D 项错误。

5. ABD　解析：利率升高会使投资与消费下降，社会总需求被抑制，通货膨胀可以得到减轻。

6. ACD　解析：中央银行行使"银行的银行"的职能，是指其面向银行等金融机构提供以下服务：①集中保管存款准备金；②充当最后贷款人；③组织全国商业银行间的清算业务；④组织外汇头寸抛补业务。A、C、D三项当选。代理国库属于中央银行"政府的银行"的职能。B项不选。

7. ABD　解析：我国政策性银行和开发性金融机构的主要资金来源包括政府提供的资本金、财政拨款、向金融机构（主要是向商业银行）发行金融债券。

8. ABD　解析：公司缴纳所得税时，公司债券的利息为费用，从收益中减除，在所得税前列支；而公司股票的股息属于净收益的分配，不属于费用，在所得税后列支。

9. ABD　解析：黄金储备是指一国货币当局所集中掌握的货币性黄金。以黄金作为储备的优点：①黄金是比较可靠的保值手段；②黄金储备完全是一国主权范围内的事情，可自动控制，不受任何超国家权力的干预；③其他货币储备具有"内在不稳定性"，须受承诺国家或金融机构的信用和偿付能力的影响，债权国往往处于被动地位，远不如黄金储备可靠；④一国黄金储备的多少，代表了一国的金融和经济实力。以黄金作为储备的缺点：①黄金的流动性较低；②黄金的收益率偏低；③持有黄金的机会成本较高；④增加黄金储备有实际困难。因此A、B、D三项正确，C项错误。

10. AB　解析：直接融资即主要通过发行债券、股票等信用工具的方式，吸收社会剩余资金，当作资本直接投入到特定的项目中去。直接融资的工具主要有商业票据和直接借贷凭证、股票、债券。银行贷款属于间接融资。同业拆借的交易方式有直接拆借和间接拆借两种。直接拆借是交易双方直接询价、协商成交；间接拆借是通过经纪人进行交易。

11. ACD　解析：现货交易不具有信用扩大特征。

12. ABE　解析：货币市场主要包括同业拆借市场、回购协议市场、商业票据市场、银行承兑汇票市场、短期政府债券市场和大额可转让定期存单市场等。货币市场工具具有"准货币"特性。

13. ABD　解析：收益率曲线是描述那些期限不同但具有相同流动性、税率结构和信用风险的金融资产的利率曲线。具体来说，收益率曲线反映了不同期限的金融资产在市场上的利率变化情况，帮助投资者理解市场利率的变化趋势，从而做出更明智的投资决策。

14. ABCD

15. ABC　解析：通常认为，金融监管机构的审慎监管制度、最后贷款人制度和存款保险机构的存款保险制度，构成了金融安全网的三大支柱。

16. BCD

17. ABC

18. BCD　解析：预期理论假设不同期限的债券是可以相互替代的，但无法解释收益率曲线通常是向上倾斜的。A项错误，其余各项正确。

19. ADE　解析：国际收支顺差是指某一国在国际收支上入大于出。实施扩张性财政政策，国内购买能力增强，对商品的需求增加，可以调节国际收支顺差，A项正确。当一国国际收支顺差时，外汇市场外汇增多，此时货币当局应该在外汇市场上购进外汇，平衡外汇供求，E项正确。国际收支顺差时，可以采用本币法定升值政策，刺激进口，D项正确。

20. **ACD**　解析:消费信用是由工商企业、商业银行以及其他信用机构以商品形态或货币形式向消费者个人提供的信用。消费信用主要有分期付款、赊销和消费贷款三种形式。A、C、D 三项当选。B 项属于商业信用。

21. **BD**　解析:当名义货币供给大于实际货币需求时,典型的情况是通货膨胀,货币贬值。这时,中央银行应采取收缩银根的政策,控制货币供应量的增长,从而使货币供求趋于均衡。

22. **ABC**　解析:国库券市场风险小,但仍有市场风险。D 项错误。

23. **ABC**　解析:从现代金融市场活动来看,大部分金融资产的交易是在无形市场上进行的。D 项错误。A、B、C 三项正确。故本题选 ABC。

24. **ABC**　解析:封闭式基金与开放式基金的主要区别包括以下几项:

(1)期限不同。封闭式基金一般有一个固定的存续期,而开放式基金一般无特定的存续期限。

(2)规模限制不同。封闭式基金的基金份额是固定的,在封闭限内未经法定程序认可不能增减。开放式基金规模不固定,投资者可随时提出申购或赎回申请,基金份额会随之增加或减少。

(3)交易方式不同。封闭式基金份额在证券交易所上市交易。开放式基金投资者可以按照基金管理人确定的时间和地点向基金管理人或其销售代理人提出申购、赎回申请,交易在投资者与基金管理人之间完成。

(4)价格计算标准不同。封闭式基金的交易价格主要受二级市场供求关系的影响。开放式基金的买卖价格以基金份额净值为基础,不受市场供求关系的影响。

(5)投资策略不同。封闭式基金管理公司可制定长期的投资策略,取得长期经营绩效。开放式基金必须保留一部分现金,以便投资者随时赎回,而不能尽数地用于长期投资,一般投资于变现能力强的资产。

25. **CD**　解析:A 项,流动性与收益性成负相关,流动性越强,收益性越小。B 项,期限性与流动性成负相关,期限越长,流动性越弱。C 项,期限性与收益性存在正相关关系,期限越长,收益越高。D 项,收益性与风险性存在正相关关系,高风险,高收益。

26. **ACD**　解析:公开市场操作或调整存款准备金率,会通过货币乘数或超额准备金,影响商业银行的放贷能力。根据存款创造原理,派生存款也会受到影响,从而影响商业银行的存款增减。而存款业务作为负债业务,最终会使得商业银行的负债水平也被影响。A、C、D 三项当选。商业银行的业务模式,属于商业银行内部业务运营的内容。货币政策不会对其产生直接的影响。B 项不选。故本题选 ACD。

27. **ABCD**　解析:金融衍生工具又称金融衍生品,是与基础金融产品相对应的一个概念,指建立在基础产品或基础变量之上,其价格随基础金融产品的价格(或数值)变动的派生金融产品。金融衍生工具的基础变量种类繁多,主要是各类资产价格、价格指数、利率、汇率、费率、通货膨胀率以及信用等级等。近年来,某些自然现象(如气温、降雪量、霜冻、飓风)甚至人类行为(如选举,温室气体排放)也逐渐成为金融衍生工具的基础变量。

28. **ABCD**　解析:金融资产价格波动的原因主要包括以下几点:①过度投机的存在;②大量信用和杠杆交易;③宏观经济的不稳定性;④市场操纵机制的作用。

29. **CD**　解析:国际收支是对我国居民与非居民之间发生的全部经济交易的记录,主要分为经常账户、资本和金融账户两个大类。经常账户包括货物贸易、服务贸易、投资收益等初次收入、转移支付等二次收入;我国国际收支平衡表的资本和金融账户中,还区分了非储备性质的金融账户(含直接投资、证券投资、金融衍生工具、其他投资)和储备资产。A、B 两项属于资本和金融账户;C、D 两项属于经常账户。

30. ABD　解析:本币升值之后,该国货币相对于外币购买力增强,该国的进口增加、出口减少,货币需求增加,供应不变,物价上涨趋势得以延缓。由于投资者对本币持乐观态度,投资者预期本币升值,资本回流,本币需求增加,在间接标价法下,促进汇率进一步上升。

三、案例分析题

1. B　解析:基于次贷形成的抵押贷款支持债券 MBS 是初级衍生金融产品,这种债券是将次贷合同打包,以次贷的利息收入作债券收益的产品。根据 MBS 出现违约的概率,投资银行等机构设计出两种第二级金融衍生品,即资产支持商业票据 ABCP 和债务抵押权益 CDO。它们是在 MBS 基础上发展出来的,由特殊目的公司向商业银行、投资基金等投资者发行的金融产品,主要区别在于前者以抵押贷款为支持,为特殊目的公司提供流动资金,后者则是以抵押贷款、MBS 形成结构性产品资产池,在此基础上发行的权益凭证。

2. A　解析:长期低利率会使人们增加贷款需求,减少存款需求。房贷需求增加,导致房子供不应求,推动房价上涨。

3. C　解析:中央银行最后贷款人职能是指在商业银行发生资金困难而无法从其他银行或金融市场筹措资金时,中央银行对其提供资金支持,承担最后贷款人的角色,否则便会发生困难银行的破产倒闭。

4. C　解析:资产证券化产品得以发展的基础在于市场流动性的保障。由于次贷违约率上升,以次贷产品为抵押品的债券就面临着无人购买的局面。同时,特殊目的公司难以从商业票据市场获得融资,也无法对其已经发行的商业票据进行展期。市场流动性下降进一步造成恐慌,与次贷相关的衍生品价值大幅下降,引起衍生品持有人的抛售行为,进而造成基金投资者对基金的赎回,资金链断裂使市场流动性继续下降。

5. AD　解析:国内消费能力下降,会影响美国的进口值,进而影响其贸易伙伴的出口值,A 项正确。用支出法核算 GDP,$GDP = C + I + G + (X - M)$,因此,贸易伙伴的 GDP 也会受到影响,D 项正确。

6. BC　解析:本次金融危机的传导链条主要如下图所示:

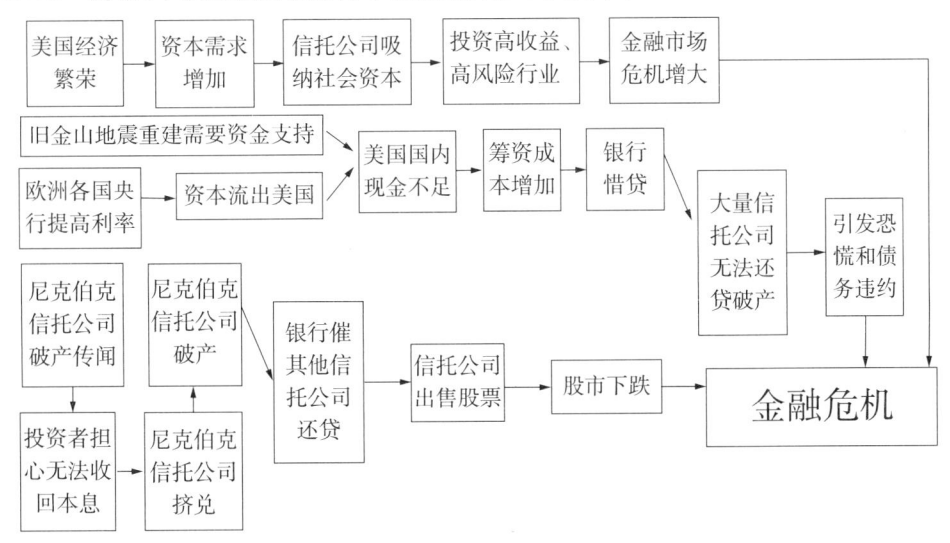

由上图可知,B、C两项的说法正确。A项,案例材料中只提到"信托公司因为不能还贷而破产",并没有提到银行因为投资高收益、高风险行业导致资不抵债破产。因此该项错误。D项,原文提到"在巨大的资本需求下,美国出现了一种新的金融机构——信托投资公司",没有提到资本需求的增加导致资金使用成本的增加。而且案例材料中提到信托公司利用缺少政府监管的漏洞,投资于高风险、高收益的行业,而不是因为资金使用成本增加而投资于高风险、高收益的行业。因此D项错误。

7. B　解析:由第6题的传导链条可知,1907年爆发的危机是由股市下跌、恐慌和债务违约的连锁反应、金融市场危机增大三个主要原因导致的,而股市下跌的主要原因是信托公司流动性不足以偿还贷款,恐慌和债务违约的主要原因则是美国国内流动性不足,金融市场危机增大也是因为信托公司将银行释放的流动性投资在高风险的股市和债券上。因此,1907年爆发的危机的根源是市场上流动性不足。A、C、D三项都是相关诱因,并非根源。

8. AC　解析:案例材料中提到"数据显示,到1906年时,纽约一半左右的银行贷款都被信托公司投资在高风险的股市和债券上。"银行过度集中地将信贷投放在了信托行业,而信托行业的投资方式使金融市场风险不断加大,进而为之后危机爆发埋下了祸根。因此A项正确。

案例材料中是与商业银行信贷相关内容,并没有提到商业银行因负债规模失控导致此次危机,因此B项错误。

案例材料中提到"尼克伯克信托公司对一家铜业公司收购失败……这一负面消息直接引发了投资者的恐慌。投资者涌向这家信托公司,造成了挤兑,最终导致这家公司破产"。故金融机构应当对自己的收购、重组等行为采取预期管理。因此C项正确。

案例材料中金融危机的发生是在缺少政府监管、地震、战争、金融机构收购失败等众多因素的作用下使得市场上流动性不足导致,与经济繁荣的关系甚微,案例中也没有提到"但凡经济繁荣之后,就会以金融/经济危机收场",因此D项错误。

9. D　解析:案例材料中提到"地震的破坏力很强,整个城市都需要重建,而重建过程需要资金支持。""为弥补战争损失,欧洲各国央行纷纷提高了利率,这导致大量的资本从美国流向欧洲。这两者的交汇导致市面上现金急剧短缺。"因此,旧金山地震在1907年金融危机发酵中起到的作用是抽走了为数不多的公共资金。D项正确。客观来说,地震可能会引起A、B、C三项所述结果,但案例材料中并未提及这些结果在1907年金融危机发酵中起到的作用。

10. C　解析:根据案例材料"银行业出现普遍惜贷的行为""结果信托业的公司因为不能还贷而破产,其带来的恐慌和债务违约连锁反应式地传播到全美。"可知,银行惜贷带来的直接后果是大量信托公司因无法还贷而倒闭,大量信托公司倒闭引发恐慌和债务违约,从而导致挤兑风波更加剧烈。因此,C项为直接后果,D项为间接后果。银行惜贷一般会提高贷款利率,使得市场上的资金减少。因此A、B两项并非银行惜贷的后果。

11. A　解析:经济下行时需要增加总需求,我国目前采取的是积极的财政政策,如多地通过发放消费券等补贴方式促进消费回暖,提振经济。

12. C　解析:社会中存在大量失业时,政府应当采用扩张性政策增加总需求。A、B两项属于紧缩性政策。D项,在出现大量失业时,印发货币只会造成通货膨胀。

13. D　解析:降低存款利率通常会使储蓄减少,流通中的货币量增加,使生活消费支出相对增加;同时,调整存款利率会改变居民的投资方向,如降低存款利率使居民的投资转向股票和债券等。降低贷款利率会降低贷款成本,刺激贷款,使银行贷款规模扩大,流通中的货币量增加,并使投资需求增加。因此,降低存款利率和贷款利率,有利于实现美联储的救市计划。

14. AC 解析:中央银行保管商业银行的现金是中央银行的负债业务,现金被运回现钞库使中央银行的负债增加、资产增加。

15. D 解析:赃款存在商业银行,商业银行的钱又存在中央银行,各国的中央银行之间又有直接的业务配合。

16. C 解析:商业银行的存款经由中央银行操作,中央银行作为监管机构之一,不会产生假存款。

专项四 商业银行经营与管理参考答案及解析

考场真题还原

一、单项选择题

1. C 解析:授信额度是指银行在客户授信限额以内,根据客户的还款能力和银行的客户政策最终决定给予客户的授信总额,包括贷款额度、贸易融资额度、保函额度、承兑汇票额度、透支额度等各类信贷业务额度。B 项说法错误。

授信额度属于意向额度,并不是银行给客户的实际放款金额。一般,授信额度大于等于贷款额度。D 项说法错误。

不同银行的授信额度是不一样的。A 项说法错误。

授信额度通常是在对以下因素进行评估和考虑的基础上决定的:①了解并测算客户的信贷需求。通过与客户进行讨论,对借款原因进行分析,确定客户合理信贷需求。②客户的还款能力。这主要取决于客户的现金流,只有当客户在一定期限内的现金流入大于或等于现金流出时,其才具有还款能力。在实际操作中,银行可以通过对季节性或长期贷款的信用分析和财务预测来评估客户的还款能力,集中分析客户未来现金流量的风险。③银行或借款企业的相关法律或监督条款的限制。④信贷组合管理的限制,如区域、行业、客户类型等信贷组合授信限额。⑤银行的客户政策,即银行针对客户的市场策略,这取决于银行的风险偏好和银行对未来市场的判断,将直接影响客户授信额度的大小。⑥银行客户关系管理因素,客户对银行综合收益贡献度,以及相对于其他银行或债权人,银行愿意提供给借款企业的信贷数额占比。C 项说法正确。

2. D 解析:银行本票是银行签发的,承诺自己在见票时无条件支付确定的金额给收款人或者持票人的票据。银行本票的出票人是经中国人民银行当地分支行批准办理银行本票业务的银行机构,银行本票的代理付款人是代理出票银行审核支付银行本票款项的银行。B 项表述正确。

银行本票可以用于转账,填明"现金"字样的银行本票也可用于支取现金。A 项表述正确。

银行本票一律记名,允许背书转让。但是填有"现金"字样的本票不能背书转让。D 项表述错误。

银行本票见票即付。出票时以申请人将款项交存银行为前提,以银行信用作为付款保证,所以信誉较高。其通用性强,灵活方便,限于在同一票据交换区域内使用。银行本票的提示付款期限为自出票日起 2 个月。C 项表述正确。

3. C　解析：每期应还额＝每期应还本金＋每期应还手续费＝18 000÷3＋18 000×2.7%÷3＝6 000＋162＝6 162(元)。

4. A　解析：贷款意向书与贷款承诺的区别如下：①贷款意向书和贷款承诺都是贷款程序中不同阶段的成果，常见于中长期贷款。但并非每一笔中长期贷款均需做贷款意向书和贷款承诺，有的贷款操作过程中既不需要贷款意向书也不需要贷款承诺。②贷款意向书表明该文件是为贷款进行下一步的准备和商谈而出具的一种意向性的书面声明，但该声明不具备法律效力，银行可以不受意向书任何内容的约束。贷款承诺是借贷双方就贷款的主要条件已经达成一致，银行同意在未来特定时间内向借款人提供融资的书面承诺，贷款承诺具有法律效力。A项当选，B项不选。

C、D两项为干扰项，不选。

5. C　解析：《贷款风险分类指引》第十条规定，"下列贷款应至少归为关注类：(一)本金和利息虽尚未逾期，但借款人有利用兼并、重组、分立等形式恶意逃废银行债务的嫌疑。(二)借新还旧，或者需通过其他融资方式偿还。(三)改变贷款用途。(四)本金或者利息逾期。(五)同一借款人对本行或其他银行的部分债务已经不良。(六)违反国家有关法律和法规发放的贷款"。

该指引第十一条规定，"下列贷款应至少归为次级类：(一)逾期(含展期后)超过一定期限、其应收利息不再计入当期损益。(二)借款人利用合并、分立等形式恶意逃废银行债务，本金或者利息已经逾期"。

6. D　解析：A项不选。客户结构是指不同类型的客户在银行总客户中的分布构成。公司客户分为大客户与中小客户，零售客户分为高净值客户与普通客户。A项属于商业银行的结构指标。

B项不选。负债结构可以反映银行的资金来源情况，并在一定程度上反映银行的业务发展水平和市场地位。B项属于商业银行的结构指标。

C项不选。不良贷款拨备覆盖率是衡量银行对不良贷款进行账务处理时，所持审慎性高低的重要指标。该指标有利于观察银行的拨备政策，属于商业银行的安全性指标。不良贷款拨备覆盖率＝不良贷款损失准备÷不良贷款余额×100%。

D项当选。成本收入比是反映投入产出关系(经营效率问题)的最主要的指标，表示的是每获取一个单位的营业净收入所消耗的成本和费用，改善的途径是合理配置资源、加强成本控制，是反映银行效率的指标。成本收入比＝营业费用÷营业净收入×100%。

7. C　解析：信用贷款是指凭借款人信誉发放的贷款。其最大特点是不需要提供保证和抵质押等担保，仅凭借款人的信用就可以取得贷款。信用贷款风险较大，发放时需从严掌握，一般仅向实力雄厚、信誉卓著的借款人发放，且期限较短。

8. D　解析：固定资产贷款是指贷款人向企(事)业法人或国家规定可以作为借款人的其他组织发放的，用于借款人固定资产投资的本外币贷款。按照贷款的不同用途，固定资产贷款可分为基本建设贷款、技术改造贷款、科技开发贷款、商业网点贷款。

基本建设贷款是指用于经国家有权部门批准的基础设施、市政工程、服务设施和以外延扩大再生产为主的新建或扩建生产性工程等基本建设而发放的贷款。技术改造贷款是用于现有企业以内涵扩大再生产为主的技术改造项目而发放的贷款。科技开发贷款是指用于新技术和新产品的研制开发、科技成果向生产领域转化或应用而发放的贷款。商业网点贷款是指商业、餐饮、服务企业,为扩大网点、改善服务设施、增加仓储面积等所需资金,在自筹建设资金不足时,而向银行申请的贷款。A、B两项属于基本建设贷款的统计对象。C项属于技术改造贷款。

D项中借款人的贷款用于生物资产投资而非固定资产投资。故本题选D。

9. A 解析:个人贷款管理原则包括全流程管理原则、诚信申贷原则、协议承诺原则、审贷分离原则、实贷实付原则、重视贷后管理原则。其中,全流程管理原则强调要将有效的风险管理行为贯穿到贷款生命周期中的每一个环节。强化贷款的全流程管理,可以推动银行个人贷款管理模式由粗放化向精细化的转变,有助于改善个人贷款的质量,提高贷款风险管理的有效性。B、C两项表述正确。信贷管理不能仅大致地分为贷前管理、贷中管理和贷后管理三个环节,这种划分难以对信贷管理中的具体问题采取有针对性和操作性的措施,也难以对贷款使用实施有效的管控。贷款人要从加强贷款全流程管理的思路出发,将贷款过程管理中的各个环节进行分解,按照有效制衡的原则将各环节职责落实到具体的部门和岗位,并建立明确的问责机制。A项表述错误,D项表述正确。

10. B 解析:中间业务相比传统业务而言,具有以下特点:①不运用或不直接运用银行的自有资金;②不承担或不直接承担市场风险;③以接受客户委托为前提,为客户办理业务;④以收取服务费(手续费、管理费等)、赚取价差的方式获得收益;⑤种类多、范围广,产生的收入在商业银行营业收入中所占的比重日益上升。A、C、D三项说法均正确。

在中间业务中,银行不再直接作为参与信用活动的一方,扮演的只是中介或代理的角色,通常提供有偿服务。B项说法错误。

11. B 解析:根据《商业银行理财业务监督管理办法》的规定,商业银行应当对非机构投资者的风险承受能力进行评估,确定投资者风险承受能力等级,由低到高至少包括一级至五级,并可以根据实际情况进一步细分。商业银行只能向投资者销售风险等级等于或低于其风险承受能力等级的理财产品,并在销售文件中明确提示产品适合销售的投资者范围,在销售系统中设置销售限制措施。

12. C 解析:商业银行向借款人借出资金的主要目的,就是期望借款人能够按照约定的期限归还贷款并支付利息,否则,商业银行不仅不能从这种资金借贷关系中获得收益,反而会遭受损失。因此,商业银行对借款人最关心的就是其现在和未来的偿债能力。故本题选C。

13. C 解析:贷款组合内的各单笔贷款之间通常存在一定程度的相关性。如果两笔贷款的信用风险随着风险因素的变化同时上升或下降,则两笔贷款是正相关的,即同时发生风险损失的可能性比较大;如果一个风险下降而另一个风险上升,则两笔贷款就是负相关的,即同时发生风险损失的可能性比较小。正是由于此种相关性,贷款组合的整体风险通常小于单笔贷款信用风险的纯粹简单加总。C项表述正确。

14. C 解析:商业银行通常运用的风险管理策略可以大致概括为风险分散、风险对冲、风险转移、风险规避和风险补偿五种策略。

A项不选。风险转移是指通过购买某种金融产品或采取其他合法的经济措施将风险转移给其他经济主体的一种策略性选择。例如保险转移。

B项不选。风险对冲是指通过投资或购买与标的资产收益波动负相关的某种资产或衍生产品,来抵消标的资产潜在损失的一种策略性选择。

C项当选。风险分散是指通过多样化的投资分散并降低风险的策略性选择。通常来看,风险分散有以下几种途径:①银行业务模式多样化,既要发展信贷业务,也要发展资金业务,还要发展非息差收入的其他金融服务,防止对信贷业务的过度依赖;②银行信贷业务多样化,要合理搭配各种类型、不同期限的信贷产品;③银行授信对象多样化,不应集中于同一性质(甚至同一国家)的借款人,采用客户、行业、区域等限额管理的办法,防止单一因素波动对银行造成重大冲击;④银行负债业务应当多样化,要更多地通过大量汇集不同储户的短期、小额存款筹集资金,防止少数客户资金大规模转移对银行造成的流动性风险。

D项不选。风险抑制是指在损失发生时或损失发生之后为减小损失程度而采取的各项风险管理措施。

点拨 风险分散的理论基础是马科维茨的投资组合理论,因此只能消除非系统性风险。

15. D 解析:超额备付金率是指商业银行为适应资金营运的需要,用于保证存款支付和资金清算的货币资金占款总额的比率。该指标用于反映银行的现金头寸情况,可以衡量银行的流动性和清偿能力。其计算公式如下:

超额备付金率=(在中央银行的超额准备金存款+库存现金)/各项存款×100%

超额备付金率越高,银行短期流动性越强;若比率过低,则表明银行清偿能力不足,可能会影响银行的正常兑付。

超额备付金率是衡量银行流动性和清偿能力的一个短期指标,但该指标涵盖范围较窄,还要结合银行未来的现金流状况来综合监测银行流动性和偿付能力。

A、B、C三项均错误,D项正确。故本题选D。

16. C 解析:内部控制是风险管理体系的有机组成部分,是银行董事会、高级管理层和全体员工共同参与的,通过制定和实施系统化的制度、程序和方法,实现风险控制目标的动态过程和机制。与风险管理中采用的其他方法和手段不同,内部控制更侧重于银行内部各层级、各部门和人员之间,合理构建相互联系和相互制约关系,以达到控制风险的目的。

17. A 解析:目前,银行办理的质押贷款在业务中主要有如下风险:

(1)虚假质押风险。虚假质押风险是贷款质押的最主要风险因素。例如,不法企业用变造或伪造的银行定期存单到银行骗取贷款,另外也有的企业到甲银行先存一笔存款取得真存单,到乙银行取得质押贷款后,回头又到甲银行挂失原存单取走存款。目前各家银行对此内部都作了严格的规定,只有本银行系统的存单才可用于在本行作质押贷款。但即使是同银行系统的存单,如果借款申请人提供的是同城不同机构,或是异地的本行系统机构的存单,仍应加以核实并通知办理质押手续方能予以贷款。

(2)司法风险。银行如果让质押贷款的资金存放在借款人在本行的活期存款账户上,是有司法风险的。如果借款人与其他债权人有经济纠纷,司法部门凭生效的法律文书来银行冻结或扣划存款,发放质押贷款的银行是难以对抗的。为规避这种风险,银行须将质押资金转为定期存单单独保管,或者采取更为妥当的方式,将其转入银行名下的保证金账户。

(3)汇率风险。当外币有升值趋势,或外币利率相对高于人民币利率时,常常会发生企业以外币质押向银行借人民币的情况。银行这时在办理质押贷款时,应注意质押外币与人民币的汇率变动风险,如果人民币升值,质押的外币金额已不足以覆盖它了,质押贷款金额将出现风险敞口。因此,在汇率变动频繁的时期,确定质押比例要十分慎重,应该要求以有升值趋势的可兑换货币质押。

(4)操作风险。对于质押贷款业务,银行内部如果管理不当,制度不健全也容易出问题。主要是对质物的保管不当,例如质物没有登记、交换、保管手续,造成丢失;对用于质押的存款没有办理内部冻结看管手续等。

题干描述与虚假质押风险相符。

18. C 解析：资本充足率是指商业银行持有的符合监管规定的资本与风险加权资产之间的比率。资本充足率计算公式如下：

$$资本充足率=(总资本-对应资本扣除项)÷风险加权资产×100\%$$

$$一级资本充足率=(一级资本-对应资本扣除项)÷风险加权资产×100\%$$

$$核心一级资本充足率=(核心一级资本-对应资本扣除项)÷风险加权资产×100\%$$

其中，商业银行总资本包括核心一级资本、其他一级资本和二级资本；风险加权资产包括信用风险加权资产、市场风险加权资产和操作风险加权资产。

19. D 解析：银行保函主要包括以下风险点：①未建立完整有效的保函业务管理办法、操作规程和财务核算办法，存在明显的制度缺陷。②未将保函纳入全行统一授权授信管理，保函业务风险管理基础薄弱，违规出具保函。③未能关注到履约项目的可行性风险，未能合理评估申请人的履约风险、信用风险以及受益所有人的资信情况，为不具备条件的申请人出具银行保函。④落实保函的风险补偿措施不力，未执行保证及反担保制度。存在无保证金出具保函；保证金管理混乱，未进行专户管理和专款专用；未要求被担保人落实反担保措施或提供足额抵押物等行为。⑤对外出具的保函文本存在明显缺陷，要素不全、权责不清或不符合国际惯例，容易引发经济法律纠纷。(1)(2)(3)均会带来业务风险，故本题选D。

20. C 解析：A、B、D三项均不符合诚实守信的职业操守。银行业从业人员应当恪守诚实信用原则，真诚对待客户，珍视声誉、信守承诺，践行"三严三实"的要求，发扬银行业"三铁"精神，谋事要实、创业要实、做人要实，通过踏实劳动实现职业理想和人生价值。C项符合严守秘密的职业操守。

二、多项选择题

1. AC 解析：贷款人应加强对贷款的发放管理，遵循审贷与放贷分离的原则，设立独立的放款管理部门或岗位，落实放款条件，发放满足约定条件的个人贷款。借款合同生效后，贷款人应按合同约定及时发放贷款。C项表述正确、D项表述错误。

贷款发放前，贷款发放人应落实有关贷款发放条件：①需要办理保险、公证等手续的，有关手续已经办理完毕。②对采取委托扣划还款方式的借款人，要确认其已在银行开立还本付息账户用于归还贷款。③对采取抵(质)押的贷款，要落实贷款抵(质)押手续。④对自然人作为保证人的，应明确并落实履行保证责任的具体操作程序；对保证人有保证金要求的，应要求保证人在银行存入一定期限的还本付息额的保证金。A项表述正确。

业务部门在确定有关审核无误后，进行开户放款。开户放款包括一次性开户放款和分次放款两种。一次性开户放款是根据合同约定的划款方式，一次性将全部贷款发放到有关账户中；分次放款是根据贷款的用途和使用要求，在合同中约定将贷款按照建立的分次放款计划分多次将贷款发放到有关账户中，各分次放款金额合计应与合同总金额一致。B项表述错误。

2. ACD 解析：个人理财就是在了解、分析客户情况的基础上，根据其人生、财务目标和风险偏好，通过综合有效地管理其资产、债务、收入和支出，实现理财目标的过程。D项表述正确。

可以从以下三点进一步理解个人理财的含义：

第一，不是客户自己理财，而是专业人员提供资产管理服务。C项表述正确。

第二,不是产品推销,而是提供个性化综合金融服务和非金融服务。B项表述错误。

第三,不是仅仅针对客户某个生命阶段,而是针对客户一生的理财过程。A项表述正确。

3. **ABD** 解析:银行理财产品种类较多,起投门槛有高有低,整体而言起投门槛低于信托产品,风险性低于股票。

信托产品是为满足客户特定需求而设计的,个性化较强,并且缺少转让平台,因而流动性比较差。流动性而言低于银行理财产品和股票。

保险理财产品一般结合投保人个人需求与特点制定,流动性低。

综上,A、B、D三项均正确,C项错误。

4. **BC** 解析:流动性风险是指商业银行在不影响日常经营或财务状况的情况下无法及时获得或者无法以合理成本获得充足资金,以偿付到期债务或其他支付义务、满足资产增长或其他业务发展需要的风险。存款业务中因存款人大量提取现款形成挤兑而引起的风险是流动性风险。A项对应错误。

市场风险是指金融资产价格和商品价格的波动给商业银行表内头寸、表外头寸造成损失的风险,包括利率风险、汇率风险、股票风险和商品风险。汇率风险又称外汇风险,是指经济主体以外币计价的资产或负债,因汇率变动而引起的价值变化给外汇持有者或外汇交易者造成经济损失的可能性。B项对应正确。

信用风险又称违约风险,是指借款人、证券发行人或交易对方因种种原因,不愿或无力履行合同条件而构成违约,致使银行、投资者或交易对方遭受损失的可能性。信用风险是交易对方不履行到期债务的风险。C项对应正确。

操作风险是指由不完善或有问题的内部程序、员工、信息科技系统以及外部事件所造成损失的风险,包括法律风险,但不包括声誉风险和战略风险。理财业务中因违规向客户承诺保本收益遭监管处罚而引起的风险属于操作风险。D项对应错误。

5. **ABC** 解析:债项评级是对交易本身的特定风险(如抵押、地区、行业、优先性、产品类别等)进行计量和评价,反映客户违约后估计的债项损失大小。B项说法正确。

客户评级的量化基于对违约概率的估计;债项评级的量化则可以是违约损失率,也可以是预期损失。A项说法正确,D项说法错误。

债项评级独立于客户评级,两者共同构成了商业银行的二维评级体系。C项说法正确。

6. **AB** 解析:除活期存款在每季结息时将利息计入本金作为下季度的本金计算复利外,其他存款不论存期多长,一律不计复利(其余都是单利)。A项说法正确。

我国对活期存款实行按"季度"结息,每季度末月的20日为结息日,次日付息。B项说法正确,D项说法错误。

活期存款的起存点为1元,计息起点为"元",元以下角分不计利息。C项说法错误。

7. **ABCD** 解析:银行业从业人员职业操守包括爱国爱行、诚实守信、依法合规、专业胜任、勤勉履职、服务为本、严守秘密。

8. **ABCD** 解析:按风险程度可将贷款划分为正常、关注、次级、可疑、损失五类,其中后三类合称为不良贷款。一般而言,不良贷款率低,说明银行不能收回的贷款占总贷款的比例小。A、C两项正确。银行贷款损失准备俗称拨备。银行应当按照谨慎会计原则,合理估计贷款可能发生的损失,及时计提贷款损失准备。不良贷款损失准备与不良贷款余额之比为不良贷款拨备覆盖率,该指标有利于观察银行的拨备政策。D项正确。资本充足率是指商业银行持有的符合监管规定的资本与风险加权资产之间的比率,是衡量银行以自有资本抵御经营风险能力的关键性指标,反映一家银行的整体资本稳健水平。B项正确。

9. AC　解析:银行承兑汇票是由在承兑银行开立存款账户的存款人出票,向开户银行申请并经银行审查同意承兑后,保证在指定日期无条件支付确定的金额给收款人或者持票人的票据。A项对应错误。

银行汇票是出票银行签发的,由其在见票时,按照实际结算金额无条件支付给收款人或持票人的票据。银行汇票的出票银行为银行汇票的付款人。B项对应正确。

支票的出票人即存款人,是在批准办理支票业务的银行机构开立可以使用支票的存款账户的企业、其他组织和个人。一个单位或者个人在银行开立支票存款业务后,存入一定的款项,即可领用空白的支票本,供其在需要时签发支票。C项对应错误。

本票是指出票人签发的,承诺自己在见票时无条件支付确定的金额给收票人或者持票人的票据。D项对应正确。

10. CD　解析:根据《巴塞尔新资本协议》,当下列一项或多项事件发生时,债务人即被视为违约:

(1)债务人对银行的实质性信贷债务逾期90天以上。若债务人违反了规定的透支限额或者重新核定的透支限额小于目前的余额,各项透支将被视为逾期。

(2)银行认定,除非采取变现抵(质)押品等追索措施,债务人可能无法全额偿还对银行的债务。出现以下任何一种情况,银行应将债务人认定为"可能无法全额偿还对银行的债务":①银行对债务人任何一笔贷款停止计息或应计利息纳入表外核算。②发生信贷关系后,由于债务人财务状况恶化,银行核销了贷款或已计提一定比例的贷款损失准备。③银行将贷款出售并承担一定比例的账面损失。④由于债务人财务状况恶化,银行同意进行消极重组,对借款合同条款作出非商业性调整。具体包括但不限于以下情况:一是合同条款变更导致债务规模下降;二是因债务人无力偿还而借新还旧;三是债务人无力偿还而导致的展期。⑤银行将债务人列为破产企业或类似状态。⑥债务人申请破产,或者已经破产,或者处于类似保护状态,由此将不履行或延期履行偿付银行债务。⑦银行认定的其他可能导致债务人不能全额偿还债务的情况。

巩固提升训练

一、单项选择题

1. D　解析:《银行业从业人员职业操守和行为准则》第五条【依法合规】规定,"银行业从业人员应当敬畏党纪国法,严格遵守法律法规、监管规制、行业自律规范以及所在机构的规章制度,自觉抵制违法违规违纪行为,坚持不碰政治底线、不越纪律红线,'一以贯之'守纪律,积极维护所在机构和客户的合法权益"。A、B、C三项均不符合依法合规的职业操守。

该准则第八条【服务为本】规定,"银行业从业人员应当秉持服务为本的理念,以服务国家战略、服务实体经济、服务客户为天职,借助科技赋能,竭诚为客户和社会提供规范、快捷、高效的金融服务"。D项符合服务为本的职业操守。故本题选D。

2. B　解析:投机是典型的损失和收益并存的例子。

3. C　解析:A项错误。存款具体采用何种计息方式由各银行决定,储户只能选择银行,不能选择计息方式。

B项错误。目前,各家银行多使用积数计息法计算活期存款利息。

C项正确。个人在金融机构开立个人存款账户时,应当出示本人身份证件,用实名。

D项错误。定期存款可以提前支取,提前支取的定期存款计息,支取部分按活期存款利率计付利息,提前支取部分的利息同本金一并支取。

4. C 解析:银行通常用当前市场价格来估价一个活跃交易的债券。

5. A 解析:商业银行内部控制措施主要包括内控制度、风险识别、信息系统、岗位设置、员工管理、授权管理、会计核算、监控对账、外包管理和投诉处理。

6. D 解析:D项表述错误,借记卡是指发卡银行向持卡人签发的,没有信用额度,持卡人先存款后使用的银行卡。借记卡与储户的活期储蓄存款账户相联结,卡内消费、转账、ATM取款等都直接从存款账户扣划,不具备透支功能,需要先存款后消费。申办不进行资信审查,使用前需存款。

7. B 解析:国际借贷按不同的标准可分成不同的种类。按贷款期限分,有短期借贷、中期借贷和长期借贷三种;按贷款行和组织状况分,有单一银行借贷和多银行借贷两种。

8. B 解析:商业银行按照约定条件和实际投资收益情况向投资者支付收益,不保证本金支付和收益水平。B项说法错误。故本题选B。

9. D 解析:电汇是汇出行应汇款人的要求,采用加押电传或SWIFT(环球银行间金融电讯网络)形式,指示汇入行付款给指定收款人的汇款方式。其特点是交款迅速、安全可靠、费用高。

票汇是应汇款人的申请,汇出行开立以其国外分行或代理行为付款行的汇票,交由汇款人自行寄送或亲自携带出国,凭票取款的汇款方式。

信汇是汇出行应汇款人的申请,将信汇委托书通过邮局或快递公司传递给汇入行,授权汇入行付款给收款人的汇款方式。

三种汇款方式进行比较:①从汇款人的成本费用来看,电汇收费较高;②从安全方面来看,电汇比较安全;③从汇款速度来看,电汇最为快捷;④从使用范围来看,电汇是目前使用最广泛的方式,信汇方式很少使用,票汇介于二者中间。故本题选D。

10. C 解析:可贷头寸,是指商业银行可以用来发放贷款和进行新的投资的资金,是形成银行盈利资产的基础。可贷头寸主要来自商业银行在中央银行的超额准备金和库存现金。

点拨 注意区分可贷头寸与可用头寸。两者的关系为可用头寸=可贷头寸+规定限额的支付准备金。

11. D 解析:根据贷款用途的不同,个人经营类贷款可以分为个人经营专项贷款和个人经营流动资金贷款。

12. D 解析:银行管理涉及的基本指标有规模指标(B项)、结构指标、效率指标(C项)、市场指标(A项)、安全性指标、流动性指标、客户集中度指标和盈利性指标等。故本题选D。

13. C 解析:信用风险又叫违约风险,是指债务人或交易对手未能履行合同所规定的义务或信用质量发生变化,从而给银行带来损失的可能性。它几乎存在于银行的所有业务当中,因而是银行最复杂、最主要的风险。

14. A 解析:通知放款是西方商业银行放款的一种形式,是一种无固定期限,可由借贷任何一方随时通知清偿的一种放款。通知放款的性质属于短期拆借,对于银行来说,具有较大的流动性,但不利于借款人有计划地使用资金。

15. C 解析:中间业务是指不构成商业银行资产负债表表内资产、表内负债,而形成银行非利息收入的业务。与传统业务相比,中间业务具有以下特点:①不运用或不直接运用银行的自有资金;②不承担或不直接承担市场风险;③以接受客户委托为前提,为客户办理业务;④以收取服务费(手续费、管理费等)、赚取价差的方式获得收益;⑤种类多、范围广,产生的收入在商业银行营业收入中所占的比重日益上升。C项当选。A、B、D三项均动用本身资金。

点拨 中间业务与表外业务所指的范围是不同的。传统的中间业务都是表外业务,但表外业务不一定是中间业务。

16. C 解析:C项是第二版巴塞尔协议第一支柱的要求。

17. A 解析:资本充足率是指资本总额与加权风险资产总额的比例,反映银行资本金与风险加权资产的比例关系。

18. C 解析:信贷期限有广义和狭义两种。广义的信贷期限是指银行承诺向借款人提供以货币计量的信贷产品的整个期间,即从签订合同到合同结束的整个期间;狭义的信贷期限是指从具体信贷产品发放到约定的最后还款或清偿的期限。在广义的定义下,贷款期限通常分为提款期、宽限期和还款期。A、B、D三项属于,C项不属于。故本题选C。

19. D 解析:银行往往根据客户类型(主要是资产规模)进行理财业务分类。理财业务可分为理财业务(服务)、财富管理业务(服务)和私人银行业务(服务)三个层次,银行为不同类型的客户提供不同层次的理财服务。从客户等级来看,理财业务的客户范围相对较广,但服务种类相对较窄;私人银行业务的客户等级最高,服务种类最为齐全;财富管理业务的客户等级高于理财业务的客户等级但低于私人银行业务的客户等级,服务种类超过理财业务但少于私人银行业务。

20. C 解析:对于商业银行而言,银行需要合理地进行经济资本分配,实现风险调整后的收益最大化。原则上"报价"高、风险管理水平高的业务单元可获得较多的经济资本。A、B、D三项表述正确,C项表述错误。

21. A 解析:商业银行现金资产包括银行库存现金、中央银行存款和存放同业款项。

22. D 解析:存款负债即吸收存款是商业银行最主要的资金来源。

23. B 解析:银行倡导合规文化,首先要求银行作为社会组织、企业公民,必须具有群体法律意识,在市场经济活动中严格依法办事,守法经营。合规文化的核心是法律意识。

24. A 解析:信用卡行为评分卡通过分析客户使用信用卡的历史数据,建立模型对客户进行评分,并计算出客户的影子信用额度。如果客户申请的信用额度低于影子信用额度,则可以自动通过客户的额度调整申请。

25. D 解析:负债管理理论是以负债为经营重点来保证流动性的经营管理理论。负债管理理论认为银行可以通过主动出售自身的债权来筹集资金,保证其流动性。该理论重视负债管理,认为只要资产收益大于负债成本,就应该进行主动性的负债,以获取利差收入。

26. D 解析:首期还款额=12 000÷6+12 000×4.79%=2 000+574.8=2 574.8(元)。

27. B 解析:基准利率加点定价模型又称价格领导模型,是国际银行业广泛采用的贷款定价方法。该方法是选择某种基准利率(优惠利率)作为基价,再在此基础上增加风险加成点数,然后为具有不同信用等级或风险程度的客户确定不同的利率水平。具体操作时,有的银行在基准利率基础上"加点",有的银行则是在基准利率基础上乘以一个系数,基本公式为贷款利率=优惠利率+风险加点或贷款利率=优惠利率×(1+系数)。

公式中的优惠利率是指商业银行对优质个人客户发放短期贷款收取的最低利率,包括银行各种成本和预期利润。优惠利率是确定对其他借款人贷款利率的基础。风险加点也称风险溢价或贴水,是补偿违约风险和期限风险所要求的利率,风险加点=违约风险贴水+期限风险贴水,其中违约风险贴水是指向优质客户以外的借款人收取的风险补偿费用;期限风险贴水是向长期借款人征收的风险补偿费用。

28. C 解析:表外业务是指商业银行从事的,按照现行企业会计准则不计入资产负债表内,不形成现实资产负债,但有可能引起损益变动的业务。表外业务会带来或有负债。C 项,备用信用证属于商业银行的表外业务,可能带来或有负债的增加,当选。

中间业务是指不构成商业银行资产负债表表内资产、表内负债,而形成银行非利息收入的业务。A、B、D 三项均属于商业银行的中间业务,不会带来或有负债的增加,不选。

29. B 解析:辛迪加贷款又称"银团贷款",是指由一家或几家银行牵头,组织多家银行参加,按照同一贷款协议共同向同一借款人发放的贷款。B 项正确。托拉斯、康采恩都是垄断组织的一种形式,不存在托拉斯贷款、康采恩贷款这种说法,A、D 两项错误;也没有恩格尔贷款这种说法,C 项错误。

30. D 解析:声誉风险是指由商业银行经营、管理及其他行为或外部事件导致利益相关方对商业银行负面评价的风险。妥善管理声誉风险对商业银行来说非常必要,因为其经营性质要求它必须维持存款人、贷款人和整个市场的信心,这种信心一旦失去或受到不利影响,就会影响商业银行业务的正常经营。

31. B 解析:净稳定资金比例,等于可用的稳定资金除以所需的稳定资金,监管要求为不低于100%。该指标值越高,说明银行稳定资金来源越充足,应对中长期资产负债问题的能力越强。

32. D 解析:根据资本充足率的计算公式:$资本充足率=\dfrac{总资本-对应资本扣除项}{风险加权资产}\times100\%$,提高资本充足率可以采取分母策略和分子策略。分子策略包括增加一级资本(发行普通股、提高留存利润、发行优先股等)和增加二级资本(多计提拨备和发行债券)。A、B 两项属于可以提高商业银行资本充足率的策略。

分母策略包括降低规模和调整资产结构(降低总的风险加权资产的主要方法是调整资产结构,即减少风险权重较高的资产,增加风险权重较低的资产)。C 项属于可以提高商业银行资本充足率的策略,D 项不属于。

33. B 解析:借款人申请调整借款期限,应向银行提交期限调整申请书,并必须具备以下前提条件:①贷款未到期;②无欠息;③无拖欠本金,本期本金已归还。

34. B 解析:A 项不选。法律风险是指因为对法律条文的歧义、变迁、误解、执行不力、规定不细致等原因导致无法执行双边合约,造成银行面临损失的可能性。

B 项当选。声誉风险是指由于商业银行经营管理不善、违反法规等情况的发生,导致存款人、投资者和银行监管机构对其失去信心而影响银行正常经营所带来的风险。声誉风险多产生于操作上的失误、违反有关法规等问题。

C 项不选。操作风险是指由不完善或有问题的内部程序、员工和信息科技系统,以及外部事件所造成损失的风险,包括法律风险,但不包括战略风险和声誉风险。操作风险具有普遍性和非营利性。

D 项不选。市场风险是指因市场价格(包括利率、汇率、股票价格和商品价格)的不利变动而使银行表内和表外业务发生损失的风险。我国商业银行市场风险主要表现为利率风险和汇率风险。

35．A　解析：真实票据论，又称商业贷款理论，源于亚当·斯密1776年发表的《国富论》一书。该理论认为银行的资金来源主要是同商业流通有关的闲散资金，都是临时性的存款，为了保障随时偿付提存，银行资产必须具有较大的流动性，因而银行只适宜发放短期的、与商品周转相联系的商业贷款。A项当选。

转换理论认为，银行能否保持流动性，关键在于银行持有的资产能否转让变现。只要银行所掌握的证券易于在市场上出售，或易于向央行再贴现，只要银行的贷款有可以拍卖的抵押品，或可转让给中央银行，银行资产就不必非限于短期商业贷款不可。B项不选。

预期收入理论认为，任何银行资产能否到期偿还或转让变现，归根到底是以未来的收入为基础的。只要预期的未来收入有保障，通过分期偿还的形式，长期项目贷款和消费信贷都会保持一定的流动性和安全性；反之，如果未来收入没有保障，即使短期贷款也有偿还不了的风险。C项不选。

超货币供给理论认为，银行信贷提供货币只是达到它经营目标的手段之一，除此之外，它不仅有多种可供选择的手段，而且有广泛的同时兼达的目标。银行资产管理应超越货币的狭隘眼界，提供更多的服务。D项不选。

36．B　解析：《储蓄管理条例》第二十七条规定，"活期储蓄存款在存入期间遇有利率调整，按结息日挂牌公告的活期储蓄存款利率计付利息。全部支取活期储蓄存款，按清户日挂牌公告的活期储蓄存款利率计付利息"。

37．D　解析：信用风险是指债务人或交易对手未能履行合同所规定的义务或信用质量发生变化，影响金融产品价值，从而给债权人或金融产品持有人造成经济损失的风险。个人住房贷款的信用风险通常是由借款人的还款能力和还款意愿的下降而导致的。实践中，由于市场供过于求，借款人所购住房价格大幅下滑，甚至出现负资产的情形，借款人还款意愿可能降低，甚至断供弃贷，将房产留给银行处置。C项当选。

38．B　解析：关注贷款指尽管借款人有能力偿还贷款本息，但存在一些可能对偿还产生不利影响的因素，可能影响借款人的偿还能力，贷款损失的概率不超过5%。A项不选。

次级贷款指借款人的还款能力出现明显问题，完全依靠其正常营业收入无法足额偿还贷款本息，需要通过处分资产或对外融资乃至执行抵押担保来还款付息。贷款损失的概率在30%~50%。B项当选。

可疑贷款指借款人无法足额偿还贷款本息，即使执行抵押或担保也将造成一部分损失，贷款损失的概率在50%~75%。C项不选。

损失贷款指借款人已无偿还本息的可能，或者虽然能收回极少部分，但其价值也是微乎其微，其贷款损失的概率在75%~100%。D项不选。

39．C　解析："CAMELS+"的监管评级体系，即对商业银行的资本充足、资产质量、管理、盈利、流动性和市场风险状况等六个单项要素进行评级，加权汇总得出综合评级，而后再依据其他要素的性质和对银行风险的影响程度，对综合评级结果做出更加细微的正向或负向调整。

40．A　解析：根据《商业银行流动性风险管理办法》第三十七条的规定，流动性风险监管指标包括流动性覆盖率、净稳定资金比例、流动性比例、流动性匹配率和优质流动性资产充足率。

（1）正确。流动性匹配率监管指标衡量商业银行主要资产与负债的期限配置结构，旨在引导商业银行合理配置长期稳定负债、高流动性或短期资产，避免过度依赖短期资金支持长期业务发展，提高流动性风险抵御能力。

(2)正确。净稳定资金比例监管指标旨在确保商业银行具有充足的稳定资金来源,以满足各类资产和表外风险敞口对稳定资金的需求;优质流动性资产充足率监管指标旨在确保商业银行保持充足的、无变现障碍的优质流动性资产,在压力情况下,银行可通过变现这些资产来满足未来30天内的流动性需求。

二、多项选择题

1. BC　解析:贷款承诺是指银行承诺在一定时期内或者某一时间按照约定条件提供贷款给借款人的协议,属于银行的表外业务,A项错误。商业银行中间业务是指不构成商业银行表内资产、表内负债,形成银行非利息收入的业务,D项错误。

2. BCE　解析:代理中央银行业务是指根据政策、法规应由中央银行承担,但由于机构设置、专业优势等方面的原因,由中央银行指定或委托商业银行承担的业务。代理中央银行业务主要包括:代理财政性存款、代理国库、代理金银等业务。A、D两项属于代理政策性银行业务。

3. BC　解析:固定资产贷款是指银行向借款人发放的用于固定资产项目投资的中长期贷款。按贷款用途分为基本建设贷款和技术改造贷款。

4. DE　解析:在实践中,通常将金融风险可能造成的损失分为预期损失、非预期损失和灾难性损失三大类。商业银行通常采取提取损失准备金和冲减利润的方式来应对和吸收预期损失。

5. AD　解析:风险管理部门和合规部门是风险管理的第二道风险防线。风险管理部门负责监督和评估业务部门承担风险的业务活动。合规部门负责定期监控银行对于法律、公司治理规则、监管规定、行为规范和政策的执行情况。C项属于第一道防线;B、E两项属于第三道防线。

6. ACD　解析:商业银行的资产业务主要包括以下几类:①贷款,又称放款,是银行将其所吸收的资金,按一定的利率贷给客户并约期归还的业务;②贴现,是商业银行根据客户的要求,买进未到付款日期票据的业务;③证券投资,是指购买有价证券的经营活动;④现金资产。资产业务、负债业务和中间业务是商业银行的三大主要业务。

点拨　注意区分贴现、转贴现、再贴现三者之间的区别。贴现,是指将未到期的票据向商业银行等金融机构所做的票据转让行为。转贴现是指持有票据的金融机构为了融通资金,在票据到期日之前将票据权利转让给其他金融机构,由其收取一定利息后,将约定金额支付给持票人的票据行为。再贴现,是指商业银行将已经贴现的未到期票据向中央银行所做的票据转让行为。

7. ABC　解析:商业银行的一级资本包括核心一级资本和其他一级资本。核心一级资本是指在银行持续经营条件下无条件用来吸收损失的资本工具,具有永久性、清偿顺序排在所有其他融资工具之后的特征。商业银行的核心一级资本包括以下几项:①实收资本或普通股;②资本公积;③盈余公积;④一般风险准备;⑤未分配利润;⑥累计其他综合收益;⑦少数股东资本可计入部分。A、B、C三项均不属于商业银行的核心一级资本。

8. ADE　解析:资产负债组合管理包括资产组合管理、负债组合管理和资产负债匹配管理三个部分。资产组合管理以资本约束为前提,负债组合管理以平衡资金来源和运用为前提,资产负债匹配管理立足资产负债管理。A、D、E三项正确,B、C两项错误。

9. ABC　解析:商业银行是以吸收存款、发放贷款、办理结算和金融服务为主要业务,以营利为主要经营目标的金融企业。A、B、C三项当选。

证券投资是商业银行的一项资产业务,但不是商业银行的主要业务。D项不选。

10. **ABD**　解析：商业银行的经营管理原则包括流动性原则、安全性原则和盈利性原则。

11. **BE**　解析：在贷后检查阶段，银行要侧重对保证人与抵(质)押物进行动态分析，并认真做好日常维护工作。担保的补充机制有：①追加担保品，确保抵押权益；②追加保证人。

12. **BCD**　解析：基本存款账户是存款人的主办账户。基本存款账户是办理日常转账结算和现金收付的主办账户，存款人日常经营活动的资金收付以及工资、奖金和现金的支取均可通过该账户办理。存款人只能在银行开立一个基本存款账户。异地常设机构可以申请开立基本存款账户。基本存款账户可以用于借款、现金缴存或其他结算需要。开立基本存款账户是开立其他银行结算账户的前提。

13. **ABCD**　解析：商业银行理财销售人员应从风险等级的维度对投资者和产品进行分类和匹配。不同类型的投资者适合的理财产品如下：①保守型投资者——极低风险产品；②谨慎型投资者——极低风险产品、低风险产品；③稳健型投资者——极低风险产品、低风险产品、中等风险产品；④积极型投资者——极低风险产品、低风险产品、中等风险产品、较高风险产品；⑤激进型投资者——极低风险产品、低风险产品、中等风险产品、较高风险产品、高风险产品。

14. **ACD**　解析："贷放分控"是指银行业金融机构将贷款审批与贷款发放作为两个独立的业务环节，分别进行管理和控制，以达到降低信贷业务操作风险的目的。"贷放分控"中的"贷"，是指信贷业务流程中贷款调查、贷款审查和贷款审批等环节，尤其是指贷款审批环节，以区别贷款发放及支付环节。"放"是指放款，特指贷款审批通过后，由银行通过审核，将符合放款条件的贷款发放或支付出去的业务环节。

15. **ACD**　解析：根据《银行业从业人员职业操守和行为准则》，银行业从业人员职业操守包括：爱国爱行、诚实守信、依法合规、专业胜任、勤勉履职、服务为本严守秘密。银行业从业人员应当谨慎负责，严格保守工作中知悉的国家秘密、商业秘密、工作秘密和客户隐私，坚决抵制泄密、窃密等违法违规行为。B项说法错误，不选。

专项五　财会基础知识参考答案及解析

考场真题还原

一、单项选择题

1. **C**　解析：流动资产，是指企业拥有或者控制的预计在一个正常营业周期(一般指1年内，含1年)中变现、出售或耗用的资产，包括货币资金、交易性金融资产、应收及预付款项、存货、合同资产和其他流动资产等。C项当选。非流动资产包括流动资产以外的债权投资、其他债权投资、长期应收款、长期股权投资、其他权益工具投资、其他非流动金融资产、投资性房地产、固定资产、在建工程、生产性生物资产、油气资产、使用权资产、无形资产、开发支出、商誉、长期待摊费用、递延所得税资产、其他非流动资产等。机器设备、厂房属于固定资产，专利权属于无形资产。A、B、D三项均属于非流动资产，不选。故本题选C。

2. **B**　解析：A项，环保罚款支出记入"营业外支出"科目；B项，销售人员的差旅费支出记入"管理费用"科目；C项，当期确认的所得税费用记入"所得税费用"科目；D项，企业获得非货币性的公益性捐赠记入"营业外收入"科目。其中，只有B项影响营业利润。A项"营业外支出"和D项"营业外收入"影响利润总额；C项"所得税费用"影响净利润。故本题选B。

3. B　解析:以公允价值模式计量的投资性房地产的计量科目有"投资性房地产——公允价值变动"和"投资性房地产——成本"。故本题选B。

4. A　解析:资产负债表是反映企业在某一特定日期的财务状况的报表,是对企业特定日期的资产、负债和所有者权益的结构性表述。它反映企业在某一特定日期所拥有或控制的经济资源、所承担的现时义务和所有者对净资产的要求权。A项当选。所有者权益变动表,是反映构成所有者权益各组成部分当期增减变动情况的报表。B项不选。现金流量表,是反映企业在一定会计期间现金和现金等价物流入和流出的报表。C项不选。利润表,又称损益表,是反映企业在一定会计期间的经营成果的报表,综合反映企业利润的实现过程和利润的来源及构成情况,是对企业一定会计期间经营业绩的系统总结。D项不选。

5. D　解析:A项,资产负债率反映企业的长期偿债能力,可用于衡量企业清算时对债权人利益的保障程度;B项,总资产周转率是营业收入与总资产的比率,反映企业的营运能力;C项,毛利润率是毛利润与营业收入的比率,可以反映产品的盈利能力;D项,净资产收益率是净利润与股东权益的比率,反映每1元股东权益赚取的利润,可以衡量企业的总体盈利能力,是评价企业股东投资回报价值大小最直观的指标。

6. B　解析:应收账款会占用企业一定量的资金,而企业若不把这部分资金投放于应收账款,便可以用于其他投资并可能获得收益,例如投资债券获得利息收入。这种因投放于应收账款而放弃其他投资所带来的收益,即为应收账款的机会成本。B项当选。应收账款的管理成本主要是指在进行应收账款管理时,所增加的费用。A项不选。在赊销交易中,债务人由于种种原因无力偿还债务,债权人就有可能因无法收回应收账款而发生损失,这种损失就是坏账成本。D项不选。应收账款信用成本是指企业持有一定应收账款所付出的代价,包括机会成本、管理成本和坏账成本。C项不选。

7. D　解析:月末库存商品成本=月初库存商品成本+本月购进商品成本-本月销售商品成本。由题干可知,月初库存商品成本为4.3万元,本月购进商品成本为2万元,只需求出本月销售商品成本即可。销售毛利率=销售毛利÷销售收入×100%=(销售收入-销售成本)÷销售收入×100%,即50%=(2.8-销售成本)÷2.8,可求出本月销售成本为1.4万元,则月末库存商品成本=4.3+2-1.4=4.9(万元)。故本题选D。

8. D　解析:商业信用是指企业在商品或劳务交易中,以延期付款或预收货款方式进行购销活动而形成的借贷关系,是企业之间的直接信用行为,也是企业短期资金的重要来源。商业信用的主要形式包括应付账款、应付票据、预收货款、应计未付款。其中,应计未付款主要包括应付职工薪酬、应交税费、应付利润或应付股利等。

9. B　解析:企业只有在同时满足三个条件时,才能确认交易性金融资产所取得的股利或利息收入并计入当期损益:①企业收取股利或利息的权利已经确立(被投资企业宣告发放现金股利);②与股利或利息相关的经济利益很可能流入企业;③股利或利息的金额能够可靠计量。

10. D　解析:盈亏平衡分析可以对项目的风险情况及项目对各个因素不确定性的承受能力进行科学的判断,为投资决策提供依据。传统盈亏平衡分析以盈利为零作为盈亏平衡点,没有考虑资金的时间价值,是一种静态分析,盈利为零的盈亏平衡实际上意味着项目已经损失了基准收益水平的收益,项目存在着潜在的亏损。

11. A　解析:企业出售、转让、报废固定资产或发生固定资产毁损,应当将处置收入金额扣除账面价值和相关税费后的余额计入当期损益。

12. B 解析:销售产品一批,货款未收会引起资产内部一增一减。A项不选。用银行存款归还企业的短期贷款会引起资产和负债的同时减少。B项当选。赊购原材料会引起资产和负债的同时增加。C项不选。从银行提取现金会引起资产内部一增一减。D项不选。

13. D 解析:审计人员可以通过审阅银行存款、固定资产、存货、无形资产等账簿,发现有无贷记与出资者投资一致的资金记录;通过对固定资产、存货等实物资产的盘查,对收到这些财产的验收手续、法律文书的审阅,确定实收资本的合法性和真实存在。对于发生增减变动的实收资本,则应检查是否有补充合同、股东会决议、协议及有关法律等依据。

14. C 解析:企业的现金流大致分为以下几种类型:

(1)经营现金净流为"+",投资现金净流为"+",融资现金净流为"+"。企业经营和投资状况良好,这时仍然进行融资,如果没有新的投资机会,会造成资金的浪费。A项与题干不符,不选。

(2)经营现金净流为"+",投资现金净流为"+",融资现金净流为"-"。企业经营和投资良性循环,融资活动的负数由偿还借款引起,不足以威胁企业的财务状况。D项与题干不符,不选。

(3)经营现金净流为"+",投资现金净流为"-",融资现金净流为"+"。企业经营状况良好,通过筹集资金进行投资,往往是处于扩张时期,应着重分析投资项目的盈利能力。B项与题干不符,不选。

(4)经营现金净流为"+",投资现金净流为"-",融资现金净流为"-"。企业经营状况虽然良好,但一方面在偿还以前的债务,另一方面要继续投资,所以应随时关注经营状况的变化,防止财务状况恶化。

(5)经营现金净流为"-",投资现金净流为"+",融资现金净流为"+"。企业靠借钱维持生产经营的需要,财务状况可能恶化,应着重分析投资活动现金净流入是来自投资收益还是收回投资,如果是后者,企业的形势将非常严峻。C项与题干相符,当选。

(6)经营现金净流为"-",投资现金净流为"+",融资现金净流为"-"。经营活动已经发出危险信号,如果投资活动现金流入主要来自收回投资,则企业将处于破产的边缘,需要高度警惕。

(7)经营现金净流为"-",投资现金净流为"-",融资现金净流为"+"。企业靠借债维持日常经营和生产规模的扩大,财务状况很不稳定,如果处于投入期,一旦渡过难关,还可能有发展;如果是成长期或稳定期,则非常危险。

(8)经营现金净流为"-",投资现金净流为"-",融资现金净流为"-"。企业财务状况危急,必须及时扭转,这样的情况往往发生在扩张时期,由于市场变化导致经营状况恶化,加上扩张时投入了大量资金,会使企业陷入进退两难的境地。

15. D 解析:流动比率是流动资产除以流动负债的比率,是衡量短期偿债能力的指标。

16. B 解析:企业以现金偿还到期的银行长期借款导致资产(现金)减少,同时负债(长期借款)减少。

17. A 解析:长期借款计算确定的利息费用,应当按以下原则计入有关成本、费用:①属于筹建期间的,计入管理费用。②属于生产经营期间的,如果长期借款用于购建固定资产等符合资本化条件的资产,在资产尚未达到预定可使用状态前,所发生的利息支出数应当资本化,计入在建工程等相关资产成本;资产达到预定可使用状态后发生的利息支出,以及按规定不予资本化的利息支出,计入财务费用。

18. A 解析:对于票据贴现,企业通常应按实际收到的金额,借记"银行存款"科目,按应收票据的票面金额,贷记"应收票据"科目,按其差额,借记或贷记"财务费用"科目。

19. D 解析:购买日是指购买方实际取得对被购买方控制权的日期,即从购买日开始,被购买方净资产或生产经营决策的控制权转移给了购买方。P企业在2022年9月23日支付了全部款项并划拨了股票归属,取得对被购买方控制权,所以当天为购买日。

20. A 解析:债务人将债务转为权益工具,这里的权益工具,是指根据《企业会计准则第37号——金融工具列报》分类为"权益工具"的金融工具,会计处理上体现为股本、实收资本、资本公积等科目。题目中债务人在形式上将债务转为股权,但是该股权不能在市场上交易,实质上并没有拥有该部分股权,按照实质重于形式的原则,这些股权可能并不是根据《企业会计准则第37号——金融工具列报》分类为"权益工具"的金融工具,从而不属于债务人将债务转为权益工具的债务重组方式。A项当选,B项不选。债务人以资产清偿债务,是债务人转让其资产给债权人以清偿债务的债务重组方式。C项不选。组合方式,是采用债务人以资产清偿债务、债务人将债务转为权益工具、修改其他条款三种方式中一种以上方式的组合清偿债务的债务重组方式。D项不选。

21. B 解析:日计表是金融企业会计中的一个专有名词,是反映当天全部金融业务活动情况的会计报表,也是轧平当天全部账务的重要工具。

22. B 解析:企业合并按合并方式划分,包括控股合并、吸收合并和新设合并。C项不选。企业合并完成后,注销被合并方的法人资格,由合并方持有合并中取得的被合并方的资产、负债,在新的基础上继续经营,该类合并为吸收合并。A项不选。参与合并的各方在企业合并后法人资格均被注销,重新注册成立一家新的企业,由新注册成立的企业持有参与合并各企业的资产、负债,在新的基础上经营,为新设合并。题目中,P企业和M公司合并后均注销,在两家公司资产基础上,设立一家新的N公司,属于新设合并。B项当选。合并方(或购买方)通过企业合并交易或事项取得对被合并方(或被购买方)的控制权,企业合并后能够通过所取得的股权等主导被合并方的生产经营决策并从被合并方的生产经营活动中获益,被合并方在企业合并后仍维持其独立法人资格继续经营的,为控股合并。D项不选。

23. C 解析:企业初始计量持有待售的非流动资产或处置组时,如果其账面价值<其公允价值减去出售费用后的净额,企业不需要对账面价值进行调整;如果账面价值>其公允价值减去出售费用后的净额,企业应当将账面价值减记至公允价值减去出售费用后的净额,减记的金额确认为资产减值损失,计入当期损益,同时计提持有待售资产减值准备。故本题选C。

24. A 解析:存货周转率(存货周转次数)=营业成本÷存货平均余额。营业成本是利润表项目,存货是资产负债表项目,故存货周转率是同时根据企业资产负债表和利润表计算出的财务指标。A项当选。资产负债率=负债总额÷资产总额×100%。故资产负债率是根据企业资产负债表计算出的财务指标。B项不选。现金比率=(货币资金+交易性金融资产)÷流动负债。货币资金、交易性金融资产、流动负债均为资产负债表项目。故现金比率是根据企业资产负债表计算出的财务指标。C项不选。成本费用利润率=利润总额÷成本费用总额×100%。成本费用总额是由营业收入扣除营业利润所得,而营业收入和营业利润都是利润表项目。利润总额为利润表项目。故成本费用利润率是根据企业利润表计算出的财务指标。D项不选。故本题选A。

25. B 解析:持续经营是指在可以预见的将来,会计主体将会按照当前的规模和状态持续经营下去,不会停业,也不会大规模削减业务。

26. A 解析:费用包括三个特征:①日常活动产生;②会导致所有者权益减少;③与所有者分配利润无关的总支出。而 A 项中恰恰违反了第三个特征:与所有者分配利润无关。向投资者分配利润是在期末结转收入、费用、利得、损失后的操作,与费用无关。

27. A 解析:甲方案的净现值调整为 $240×(A/P,8\%,16)×(P/A,8\%,12)$。

28. C 解析:甲方案净现值<0,乙方案内部收益率<折现率,甲、乙方案不可行。丙方案的年等额净回收额 = $960÷6.1446≈156.23$(万元)>136.23 万元(丁方案的年等额净回收额),所以丙方案最优。

29. B 解析:股票增值权激励模式较适合现金流量比较充裕且比较稳定的上市公司和现金流量比较充裕的非上市公司。

30. A 解析:会计盈亏平衡点指的是全部销售收入等于全部成本时的产销量,即利润为 0 时的产销量。初始投资的年折旧额 = $300÷5 = 60$(万元),假设产销量为 x 单位,根据本量利公式:(单价-单位变动成本)×产销量-固定成本 = 利润,可知 $(1.5-0.5)x-(100+60) = 0$,解得 $x = 160$。

31. C 解析:社会成本是产品生产的私人成本和生产的外部性给社会带来的额外成本之和。上个月 A 企业的社会成本 = 生产成本 + 排放污水对社会造成的损失折算 = $1\,700+150 = 1\,850$(万元)。

32. B 解析:资金结构是指借款人全部资金来源中,负债和所有者权益所占的比重及相互间的比例关系。通过分析借款人的资金结构,可以准确计算出负债在其资金来源中所占的比重,进而判断出借款人偿债能力的强弱。

33. D 解析:速动比率是企业速动资产与流动负债之比。其中货币资金、交易性金融资产和各种应收款项,可以在较短时间内变现,称为速动资产;另外的流动资产,包括存货、预付款项、1 年内到期的非流动资产和其他流动资产等,属于非速动资产。速动资产主要剔除了存货。B、C 两项不选。影响速动比率可信性的最主要因素是应收账款的变现能力。因为,应收账款的账面金额不一定都能转化为现金,而且对于季节性生产的企业,其应收账款金额存在着季节性波动,根据某一时点计算的速动比率不能客观反映其短期偿债能力。D 项当选。影响速动比率可信性的是速动资产的变现能力,并不是所有的短期证券都是速动资产。A 项不选。故本题选 D。

34. A 解析:应收账款周转率是企业在一定时期内赊销净收入与平均应收账款余额之比,它是衡量企业应收账款周转速度及管理效率的指标。企业的信用条件、销售额和收账方式决定了其应收账款的水平。信用条件是销货企业要求赊购客户支付货款的条件,由信用期限、折扣期限和现金折扣三个要素组成,其中,信用期限是企业允许顾客从购货到付款之间的时间,或者说是企业给予顾客的最长付款时间,当顾客群体发生变化时,有可能会影响信用期限,进而影响到应收账款的水平,故(1)(2)均有可能;如果产品结构单一会导致销售额减少,进而影响到应收账款周转率,故(3)也有可能。

35. A 解析:会计要素按照其性质分为资产、负债、所有者权益、收入、费用和利润,其中,资产、负债和所有者权益要素属于静态要素,侧重于反映企业的财务状况;收入、费用和利润要素属于动态要素,侧重于反映企业的经营成果。

36. B 解析:存货是指企业在日常生产经营过程中持有以备出售的产成品或商品,或者为了出售仍然处于生产过程的在产品,或者将在生产过程或提供劳务过程中耗用的材料、物料等。存货属于流动资产。期末存货被夸大则会高估流动资产和总资产。期初存货成本+本期购货成本=期末存货成本+本期发出(或销售)成本,期末存货被高估,则当期结转的销售成本就减少了,利润就会被高估;反之,期末低估存货,则当期结转的销售成本就增加了,利润就会被低估。

37. D 解析:企业接受的捐赠和债务豁免,按照企业会计准则规定符合确认条件的,通常应当确认为当期收益。但是,如果企业接受控股股东(或控股股东的子公司)或非控股股东(或非控股股东的子公司)直接或间接代为偿债、债务豁免或捐赠,经济实质表明其属于控股股东或非控股股东对企业的资本性投入的,应当将相关的利得计入所有者权益(资本公积)。其他资本公积是指除资本溢价(或股本溢价)、净损益、其他综合收益和利润分配以外的所有者权益的其他变动,该笔股东代为偿债的业务,应计入股本溢价,D 项符合题意。

二、多项选择题

1. ABD 解析:对于绝大多数企业来说,经营活动现金流是最重要的现金流来源,A 项说法错误;对于企业资产的分析,需要考虑企业的行业特性,B 项说法错误;企业政策宽松应收账款过多有可能是企业对于上下游议价能力不强,但好处是可以扩大销售,C 项说法正确;存货占比较大的原因有很多,可能是公司对未来的行业前景比较乐观,所以增加了存货的比重等,不一定说明企业的产品存在问题,D 项说法错误。

2. AD 解析:企业的营运能力主要指资产运用、循环的效率高低。其分析指标主要包括应收账款周转率、存货周转率、流动资产周转率、固定资产周转率和总资产周转率。B、C 两项,流动比率是企业流动资产与流动负债之比,速动比率是企业速动资产与流动负债之比,两者反映企业的短期偿债能力。

3. AC 解析:对于使用寿命有限的无形资产,企业应当按月进行摊销,自可供使用(即达到预定用途)当月起开始摊销,处置当月不再摊销,即当月增加的无形资产,当月开始摊销,C 项当选,B 项不选;当月减少的无形资产,当月不再摊销,A 项当选,D 项不选。

4. ACD 解析:A 项,处置固定资产计入资产处置损益,影响当期损益。B 项,其他权益工具投资公允价值的增加计入其他综合收益,不影响当期损益。C 项,因产品质量保证确认的预计负债计入销售费用,影响当期损益。D 项,收到某客户的违约金计入营业外收入,影响当期损益。

5. ABD 解析:处于资金密集型行业和快速成长期的企业,资金投入较大,且需要持续的资金投入,导致负债比重较高,此时即使企业的资产负债率偏高也被认为是合理的。A、B 两项当选。企业处于资产流动性较强的行业,说明资金周转速度较快、变现能力强的流动性资金占据了主导位置,此时即使企业的资产负债率较同行业略高一些也可以认为是合理的。D 项当选。

6. BD 解析:短期借款、应付票据根据总账余额直接填列。A 项,应收票据根据"应收票据"科目的期末余额,减去"坏账准备"科目中有关应收票据计提的坏账准备期末余额后的净额填列。C 项,长期借款根据总账余额和明细账余额计算填列。

7. ABCD 解析:A 公司的总经理是 B 公司的董事长,因此,A、B 为关联方关系。同时,E 公司持有 A 公司 55% 的表决权资本,因此 E、A 为关联方关系,E、B 为关联方关系。B 公司拥有 C 公司 80% 的表决权资本,因此 B、C 为关联方关系,则 A、C 为关联方关系。

8. BCD 解析:预收账款属于流动负债,其余三项均属于流动资产。故本题选 BCD。

三、案例分析题

1. A 解析：长期借款=0.2×(30 000+20 000)=10 000(万元)，资产总额=负债+所有者权益=20 000+10 000+30 000+20 000=80 000(万元)，总资产周转率=营业收入÷总资产=3(次)，营业收入=3×80 000=240 000(万元)。

2. B 解析：资产负债率=负债÷资产×100%=(20 000+10 000)÷80 000×100%=37.5%。

3. D 解析：应收账款周转率=365÷18.25=20(次)，应收账款=240 000÷20=12 000(万元)，又因为营业成本=240 000×80%=192 000(万元)，故存货=192 000÷10=19 200(万元)。

4. ACD 解析：经营活动净现金流量是正数，并不代表其经营状况一定没问题。

5. BD 解析：存货周转次数增加，企业的盈利能力可能上升，存货周转期缩短。

6. BD 解析：流动比率=流动资产÷流动负债×100%，速动比率=速动资产÷流动负债×100%，速动资产中不包括存货。赊购材料使流动资产(存货)和流动负债增加相同的金额，因为流动比率为1.5>1，说明分子大于分母，当分子、分母增加相同金额时，将会导致分母增加的幅度大于分子增加的幅度，所以该指标将会变小，B项符合题意。同时，赊购一批材料，速动资产不变，流动负债增加，所以，速动比率降低，D项符合题意。

巩固提升训练

一、单项选择题

1. A 解析：A项计入资产减值损失，直接影响利润表中"营业利润"项目；B项计入营业外支出，直接影响利润表中"利润总额"项目；C项计入所得税费用，直接影响利润表中"净利润"项目；D项计入营业外收入，直接影响利润表中"利润总额"项目。故本题选A。

2. B 解析：根据权责发生制的要求，凡是当期已经实现的收入和已经发生或应当负担的费用，不论款项是否收付，都应当作为当期的收入和费用；凡是不属于当期的收入和费用，即使款项已在当期收付，也不应当作为当期的收入和费用。权责发生制下应确认的费用=本月摊销保险费+办公开支=1+2=3(万元)。根据收付实现制的要求，凡是本期实际收到款项的收入和付出款项的费用，不论其是否归属于本期，都应作为本期的收入和费用处理；凡是本期没有实际收到款项的收入和付出款项的费用，即使应归属于本期，也不作为本期的收入和费用处理。收付实现制下应确认的费用=实际支付房租+办公开支=15+2=17(万元)。故本题选B。

3. C 解析：收入是指企业在日常活动中形成的、会导致所有者权益增加的、与所有者投入资本无关的经济利益的总流入。日常活动是指企业为完成其经营目标所从事的经常性活动以及与之相关的活动。A项，应记入"应交税费"科目；B、D两项，应记入"资产处置损益"科目。

4. C 解析：A项，可靠性是指企业应当以实际发生的交易或者事项为依据进行会计确认、计量、记录和报告，如实反映符合确认和计量要求的各项会计要素及其他相关信息，保证会计信息真实可靠、内容完整；B项，实质重于形式要求企业应当按照交易或者事项的经济实质进行会计确认、计量、记录和报告，不应仅以交易或者事项的法律形式为依据；C项，谨慎性要求企业对交易或者事项进行会计确认、计量、记录和报告应当保持应有的谨慎，不应高估资产或者收益、低估负债或者费用；D项，重要性要求企业提供的会计信息应当反映与企业财务状况、经营成果和现金流量有关的所有重要交易或者事项。商业银行对其开发的贷款计提贷款风险准备金，不高估资产，这体现了会计信息质量要求的谨慎性。故本题选C。

5. B 解析：存放中央银行款项是指各金融企业在中央银行开户而存入的用于支付清算、调拨款项、提取及缴存现金、往来资金结算以及按吸收存款的一定比例缴存于中央银行的款项和其他需要缴存的款项。存放中央银行款项属于流动资产。B项当选。无形资产属于非流动资产科目，A项不选。吸收存款、预收保费属于负债类科目，C、D两项不选。故本题选B。

6. C 解析：C项，交易性金融资产购买价款中包含的已到付息期尚未领取的债券利息不构成交易性金融资产的初始入账金额，应单独确认为应收项目。

7. B 解析：B项计入当期损益或制造费用，不影响固定资产账面价值。

8. C 解析：本题假定M产品各年产量基本均衡，在工作量法下，第一年折旧率约为1/10。在年限平均法下，年折旧率=(1-预计净残值率)÷预计使用寿命(年)×100%。因预计净残值为零，用年限平均法计算的第一年折旧率为1/10。在双倍余额递减法下，年折旧率=2÷预计使用寿命(年)×100%。用双倍余额递减法计算的第一年折旧率为2/10。在年数总和法下，年折旧率=尚可使用年限÷预计使用寿命的年数总和×100%。因预计净残值为零，用年数总和法计算的第一年折旧率为10/55。根据上述计算，双倍余额递减法的第一年折旧率最高，故双倍余额递减法下第一年计提折旧金额最多。故本题选C。

9. D 解析：企业研究阶段的支出全部费用化，计入当期损益(管理费用)；开发阶段的支出符合资本化条件的才能资本化，不符合资本化条件的计入当期损益(管理费用)。如果确实无法区分研究阶段的支出和开发阶段的支出，应将其所发生的研发支出全部费用化，计入当期损益。"研发费用"项目，反映企业进行研究与开发过程中发生的费用化支出，以及计入管理费用的自行开发无形资产的摊销。该项目应根据"管理费用"科目下的"研究费用"明细科目的发生额，以及"管理费用"科目下的"无形资产摊销"明细科目的发生额分析填列。故本题选D。

10. A 解析：A项，"借入长期借款，存入银行"会导致资产和负债同时增加；B项，"提取现金，发放工资"会导致资产和负债同时减少；C项，"用银行存款支付货款"会导致资产和负债同时减少；D项，"应付票据转为应付账款"会导致负债内部一增一减。故本题选A。

11. B 解析：序时账簿，又称为日记账，它是按照经济业务发生时间的先后顺序逐日、逐笔登记经济业务的账簿。甲业务发生时间是否比乙业务早，涉及时间先后顺序，可以通过序时账簿直接知道。故本题选B。

12. A 解析：使用寿命不确定的无形资产，无论是否存在减值迹象，都应当至少于每年年度终了进行减值测试。

13. A 解析：购买无形资产属于现金流量表中投资活动产生的现金流量，会导致企业现金流量的减少。长期待摊费用摊销、固定资产折旧和无形资产摊销不涉及现金的增减，不会减少企业的现金流量。

14. B 解析：流动比率=流动资产÷流动负债，流动比率大于1，说明流动资产大于流动负债。A项，速动比率=速动资产÷流动负债，已知流动资产大于流动负债，并不能证明速动资产大于流动负债，无法得出速动比率大于1的结论；B项，营运资金=流动资产-流动负债，流动资产大于流动负债，营运资金一定大于0；C项，资产负债率=负债÷资产，已知流动资产大于流动负债，不能证明负债大于资产，无法得出资产负债率大于1的结论；D项说法过于绝对，不符合题意。

15. D 解析：盈余现金保障倍数是企业一定时期经营现金净流量与净利润的比值，反映了企业当期净利润中现金收益的保障程度，真实反映了企业盈余的质量，是评价企业盈利状况的辅助指标。

16. B 解析:现金流量表中的现金包括现金和现金等价物。A 项,不涉及现金流量变动。B 项,使现金流量减少,能够引起现金流量表净额发生变动。C 项,银行活期存款属于银行存款,不涉及现金流量变动。D 项,2 个月内到期的债券投资属于现金等价物,以银行存款换取现金等价物不涉及现金流量的变动。

17. A 解析:甲公司向消费者提供产品后,除有义务协助客户进行售后服务、投诉之外,无其他义务,所以,甲公司在商品买卖交易中为代理人。甲公司销售电子购物卡收取的款项 120 万元中,应确认的合同负债=120×2%=2.4(万元),代表甲公司已收客户(商家)对价而应在未来消费者消费时作为代理人向商家提供代理服务的义务;其余的 117.6 万元(120-2.4),为甲公司代商家收取的款项,应作为其他应付款核算,待未来消费者消费时支付给相应的商家。

相应的账务处理如下(单位:万元):

借:银行存款　　　　　　　　　　　　　　　　　　　　　　　120.0
　贷:合同负债　　　　　　　　　　　　　　　　　　　　　　　　2.4
　　　其他应付款　　　　　　　　　　　　　　　　　　　　　　117.6

故本题选 A。

18. D 解析:原始凭证和记账凭证的相同点是反映的经济业务相同。原始凭证的作用主要是记载经济业务的发生过程和具体内容,是填制记账凭证的依据。记账凭证的作用主要是确定会计分录,进行账簿登记,反映经济业务的发生或完成情况,监督企业经济活动,明确相关人员的责任。故本题选 D。

19. B 解析:到期收益率是指按特定价格购买债券并持有至到期日预期所能获得的报酬率,它是使未来的现金流量现值等于债券购入价格的折现率。平价发行的债券,其到期收益率(报价)等于票面利率;溢价发行的债券,其到期收益率(报价)低于票面利率;折价发行的债券,其到期收益率(报价)高于票面利率。该债券为折价发行,故其到期收益率高于票面利率(10%)。故本题选 B。

20. B 解析:业务咨询费属于为企业合并发生的直接费用,计入管理费用;甲公司需要另外支付 500 万元的合并对价很可能发生,满足负债确认条件,应确认为负债,同时计入合并成本;甲公司该项企业合并的合并成本=2 500×4+500=10 500(万元)。故本题选 B。

21. A 解析:"实收资本"科目是所有者权益类科目,贷方登记实际收到投资者投入的资本、按法定程序结转的资本公积、盈余公积转增资本的增加额。A 项,商业银行对于客户存入的资金记入"吸收存款"科目,不记入"实收资本"科目,符合题意。

22. D 解析:总资产净利率=净利润÷总资产,A、C 两项都是资产内部的此增彼减;B 项,用资本公积转增股本属于所有者权益内部的此增彼减;D 项,用银行存款归还银行借款使得银行存款减少,相应地总资产减少,总资产净利率上升。

23. C 解析:与现金相比,由于应收账款存在可能的坏账等因素,所以应收账款的风险比现金资产的风险大,若二者收益相同,说明没有考虑风险。

24. C 解析:非流动资产或处置组划分为持有待售类别,应当同时满足两个条件:①在当期状况下可立即出售;②出售极可能发生。甲公司只是暂停使用(尚未获得确定的购买承诺),拟对外出售,没有同时满足上述条件,A 项错误。暂停使用该生产线仍应计提折旧,B 项错误。该生产线在资产负债表年末数中应当按照其账面价值列报,D 项错误。故本题选 C。

25. B 解析:在企业经济繁荣期,应增加劳动力。

26. D 解析:每股市价=市盈率×每股收益=20×2=40(元),每股净资产=每股市价÷市净率=40÷5=8(元)。

27. C 解析:总资产周转次数=营业收入÷总资产。A项不选,用银行存款购入一台设备,一项资产增加的同时另一项资产等额减少,不影响总资产,总资产周转次数不变;B项不选,借入一笔短期借款,一项资产增加的同时一项负债等额增加,总资产增加,总资产周转次数下降;C项当选,用现金偿还负债,一项资产减少的同时一项负债等额减少,总资产减少,总资产周转次数上升;D项不选,收回一笔应收账款存入银行,一项资产增加的同时另一项资产等额减少,不影响总资产,总资产周转次数不变。故本题选C。

28. B 解析:相关成本是指与决策方案相关的、有差别的未来成本,在分析评价时必须加以考虑,它随着决策的改变而改变。相关成本的表现形式有很多,比如边际成本、机会成本、重置成本、付现成本、可避免成本、可延缓成本、专属成本、差量成本等。B项当选。不相关成本的表现形式主要有沉没成本、不可避免成本、不可延缓成本、无差别成本和共同成本等。A、C、D三项不选。故本题选B。

29. B 解析:现金余缺+借款额≥理想期末现金余额,−55 000+借款额≥10 000,所以借款额≥65 000(元)。因为借款金额要求为10 000元的整数倍,所以应向银行借款的金额为70 000元。

点拨 资金预算是以经营预算和专门决策预算为依据编制的,专门反映预算期内预计现金收入与现金支出,以及为满足理想现金余额而进行筹资或归还借款等的预算。资金预算的构成内容:①可供使用现金;②现金支出;③现金余缺;④现金筹措与运用。

资金预算的计算公式如下:

可供使用现金=期初现金余额+现金收入

现金余缺=可供使用现金−现金支出

现金余缺+现金筹措−现金运用=期末现金余额

考生需要关注以下要点:①上一期的期末现金余额=下一期的期初现金余额;②关注题目所给的现金的最佳余额;③借款筹措时,注意题目所给借款和还款的设定,一般是借款在期初,还款在期末。

30. C 解析:在杜邦财务分析体系中,净资产收益率=总资产净利率×权益乘数=营业净利率×总资产周转率×权益乘数=营业净利率×总资产周转率×[1÷(1−资产负债率)]。由此可知,在杜邦财务分析体系中,净资产收益率是一个综合性最强的财务比率,是杜邦分析体系的起点,以总资产净利率和权益乘数为基础。A、B、D三项说法正确。由于该分析体系认为,在总资产净利率大于零且不变的前提下,提高资产负债率可以提高净资产收益率,但是提高资产负债率会提高财务风险,所以该分析体系没有考虑财务风险因素。C项说法错误。

31. C 解析:根据题干表述,甲公司和银行之间属于修改其他条款的债务重组,重组债务未来现金流量现值=1 500×(1+8%)÷(1+6%)=1 528.3(万元)。原债务的剩余期间现金流量现值为1 500万元。现金流量变化=(1 528.3−1 500)÷1 500×100%=1.89%<10%,不属于实质性修改。甲公司的会计处理如下(单位:万元):

借:长期借款——本金　　　　　　　　　　　　　2 000.0
　　贷:长期借款——本金　　　　　　　　　　　　1 500.0
　　　　——利息调整　　　　　　　　　　　　　　　28.3
　　　　投资收益　　　　　　　　　　　　　　　　471.7

故本题选C。

32. C　解析：静态投资回收期=100÷(15+100×10%)=4(年)。

点拨　未来每年现金净流量相等时,实际为年金形式,静态回收期的计算公式如下：

静态回收期=原始投资额÷每年现金净流量

未来每年现金净流量不相等时,把未来每年的现金净流量逐年加总,根据累计现金流量来确定回收期。设 M 是收回原始投资额的前一年,静态回收期的计算公式如下：

静态回收期=M+第 M 年的尚未收回额÷第 M+1 年的现金净流量

33. A　解析：经营杠杆系数=边际贡献/(边际贡献-固定成本),边际贡献=(单价-单位变动成本)×销售量。根据上述公式可知,在其他因素不变的情况下,单价越高,边际贡献越大,经营杠杆系数越小;单位变动成本或固定成本越大,经营杠杆系数越大。利息费用不影响经营杠杆系数。故本题选 A。

34. D　解析：补偿性余额是银行要求借款企业在银行中保持按贷款限额或实际借用额一定百分比(一般为 10%~20%)的最低存款余额。该项借款的有效年利率=1 000×10%/1 000×(1-10%)=11.11%。故本题选 D。

35. D　解析：日耗用量=7 200÷360=20(吨),保险储备量=20×2=40(吨),再订货点=20×3+40=100(吨)。

点拨　再订货点是指在提前订货的情况下,为确保存货用完时订货刚好到达,企业再次发出订单时应保持的存货库存量,它的数量等于平均交货时间和每日平均需用量的乘积。再订货点的计算公式如下：

再订货点(R)=平均交货时间(L)×每日平均需用量(d)

考虑保险储备的再订货点的计算公式如下：

再订货点=预计交货期内的需求+保险储备

二、多项选择题

1. ABCD　解析：影响固定资产折旧的因素包括固定资产原价、预计净残值、固定资产减值准备和固定资产的使用寿命。

2. AD　解析：可抵扣暂时性差异是指在确定未来收回资产或清偿负债期间的应纳税所得额时,将导致产生可抵扣金额的暂时性差异。可抵扣暂时性差异一般产生于以下情况:①资产的账面价值小于其计税基础;②负债的账面价值大于其计税基础。A、D 两项产生可抵扣暂时性差异。B、C 两项产生应纳税暂时性差异。故本题选 AD。

3. ACD　解析：因解除劳动关系而给予职工的补偿,不区分受益对象,一律计入管理费用。故本题选 ACD。

4. AB　解析：企业委托其他单位加工应税消费品,应计入委托加工物资成本的有支付的加工费、耗用的物资成本以及收回后直接销售由受托方代收代缴的消费税,A、B 两项当选;支付给受托方的增值税,可以抵扣,不应计入委托加工物资成本,C 项不选;收回后继续加工应税消费品,受托方代收代缴的消费税应记入"应交税费——应交消费税"科目,D 项不选。

5. ABC　解析：预计的资产未来现金流量应当包括下列各项:①资产持续使用过程中预计产生的现金流入。C 项正确,当选。②为实现资产持续使用过程中产生的现金流入所必需的预计现金流出(包括为使资产达到预定可使用状态所发生的现金流出)。B 项正确,当选。③资产使用寿命结束时,处置资产所收到或者支付的净现金流量。在预计资产未来现金流量时,企业应当以资产的当前状况为基础,不应当包括与将来可能会发生的、尚未作出承诺的重组事项或者与资产改良有关的预计未来现金流量。D 项错误,不选。另外,企业已经承诺重组的,在确定资产的未来现金流量的现值时,预计的未来现金流入和流出数,应当反映重组所能节约的费用和由重组所带来的其他利益,以及因重组所导致的估计未来现金流出数。A 项正确,当选。故本题选 ABC。

6. BD　解析:应收账款周转天数,也称为应收账款收现期,表明从销售开始到收回现金所需要的平均天数。延长信用期限,应收账款收回的速度会变慢,应收账款周转天数会延长。A 项不选。提高信用标准,客户的信用等级提高,应收账款收回会更快,会降低应收账款周转天数。B 项当选。提高坏账准备计提比率对应收账款周转天数没有影响,因为要按照未计提坏账准备的应收账款计算应收账款周转天数。C 项不选。提高现金折扣率,可以吸引客户尽快付款,会降低应收账款周转天数。D 项当选。故本题选 BD。

7. ABD　解析:递延年金是指第一次收付发生在第二期或第二期以后的年金。D 项说法正确。递延年金终值的计算与普通年金是相同的,终值的大小与递延期无关,但是递延年金的现值与递延期是有关的,递延期越长,递延年金的现值越小。A、B 两项正确,C 项错误。故本题选 ABD。

8. CD　解析:存货周转次数是衡量和评价企业购入存货、投入生产、销售收回等各环节管理效率的综合性指标。一般来讲,存货周转速度越快,存货占用水平越低,流动性越强,存货转化为现金或应收账款的速度就越快,这样会增加企业的短期偿债能力及盈利能力。

9. BD　解析:A 项,净现值法不适用于独立投资方案的比较决策。B 项,现值指数法适用于原始投资额现值不同但期限相同的两种独立投资方案的比较。A 方案的现值指数 = 31 500÷30 000 = 1.05,B 方案的现值指数 = 4 200÷3 000 = 1.4,故应当选择 B 方案。

10. ACD　解析:根据应收账款机会成本的计算公式可知,应收账款平均余额、变动成本率和资本成本率影响应收账款机会成本。

三、案例分析题

1. B　解析:原始凭证金额出现错误时,不得更正,只能由原始凭证出具单位重新开具。

2. C　解析:移交人员应对所移交的会计凭证、会计账簿、会计报表和其他有关资料的合法性、真实性承担法律责任。

3. D　解析:企业对外提供的财务会计报告,应当由企业负责人、主管会计工作的负责人、会计机构负责人(会计主管人员)以及总会计师签名并盖章。

4. B　解析:对于保管期满但未结清的债权债务原始凭证和涉及其他未了事项的原始凭证,不得销毁,而应当单独抽出立卷,保管到未了事项完结时为止。

第三篇　综合知识

专项一　常识参考答案及解析

⊙ 考场真题还原

一、单项选择题

1. D

2. A　解析：习近平总书记在党的二十大报告中强调，"人心是最大的政治，统一战线是凝聚人心、汇聚力量的强大法宝"。故本题选 A。

3. A

4. B　解析：题干诗句出自唐代诗人李白的《望庐山瀑布》，描述的是江西庐山的壮丽风景。故本题选 B。

5. C　解析：石窟是一种以佛教特色为主的艺术景观，河南洛阳的龙门石窟、甘肃敦煌的莫高窟和山西大同的云冈石窟都是我国著名的石窟。故本题选 C。

6. D　解析："京口瓜洲一水间，钟山只隔数重山"出自北宋王安石的《泊船瓜洲》。"京口瓜洲一水间"写了望中之景。诗人站在长江北岸瓜洲渡口放眼南望，看到了南岸的"京口"与这边的"瓜洲"这么近，就一条江水的距离，不由地联想到家园所在的钟山也只隔了几座山。"钟山只隔数重山"则暗示诗人归心似箭的心情。A 项与长江有关，不选。

"天门中断楚江开，碧水东流至此回"出自唐代李白的《望天门山》。此句意为"长江犹如巨斧，劈开天门雄峰，碧绿江水滚滚东流到这里，又回旋向北流去"。描写了诗人远眺天门山夹江对峙，江水穿过天门山，水势湍急、激荡回旋的壮丽景象，使读者能感受到楚江冲破天门山奔腾而去的壮阔气势。诗句中的楚江即为长江。B 项与长江有关，不选。

"江东子弟多才俊，卷土重来未可知"出自唐代杜牧的《题乌江亭》。此句意为"江东子弟大多是才能出众的人，若能重整旗鼓卷土杀回，楚汉相争，谁输谁赢还很难说"。诗人针对项羽兵败身亡的史实，批评他不能总结失败的教训，惋惜他的"英雄"事业归于覆灭。乌江亭：在今安徽和县东北的乌江浦，相传为西楚霸王项羽自刎之处。江东：自汉至隋唐称自安徽芜湖以下的长江南岸地区为江东。C 项与长江有关，不选。

"如今直上银河去，同到牵牛织女家"出自唐代刘禹锡的《浪淘沙·其一》。此句意为"到今天我们可以沿着黄河径直到银河，我们一起去寻访牛郎织女的家"。这是唐代诗人刘禹锡见黄河后留下的感慨，也是他对宁静生活的一种向往。D 项与黄河有关，与长江无关，当选。

7. A

8. A　解析：党的二十大报告指出，"人民民主是社会主义的生命，是全面建设社会主义现代化国家的应有之义。全过程人民民主是社会主义民主政治的本质属性，是最广泛、最真实、最管用的民主"。故本题选 A。

9. D　解析：A 项对应正确。"满园花菊郁金黄，中有孤丛色似霜"出自唐代白居易的《重阳席上赋白菊》。菊花通常是在9月到11月之间开放，因此，该诗句描写的是秋季。

B项对应正确。"千里莺啼绿映红,水村山郭酒旗风"出自唐代杜牧的《江南春·千里莺啼绿映红》。该诗句是指到处都是莺歌燕舞,无边的绿叶映衬着鲜艳的红花。因此,其描写的是春季。

C项对应正确。"小荷才露尖尖角,早有蜻蜓立上头"出自宋代杨万里的《小池》。"小荷""蜻蜓"都是夏天独有的物象,因此,该诗句描写的是夏季。

D项对应错误。"山明水净夜来霜,数树深红出浅黄"出自唐代刘禹锡的《秋词二首》。"夜来霜"是指夜晚已经有霜了,"深红出浅黄"是指红色和黄色的叶子,因此,该诗句描写的是秋季的景象。

10. D 解析：兰亭集序是中国晋代(公元353年)书圣王羲之在浙江绍兴兰渚山下以文会友,写出的"天下第一行书",也称《兰亭序》《临河序》《禊帖》《三月三日兰亭诗序》等。东汉在晋代之前,东汉古墓中不可能有晋代的《兰亭序》。A项不可能发生,不选。

西域都护府是汉朝时期在西域(今新疆)设置的管辖机构。秦朝在前,汉朝在后,秦朝时期,不存在西域都护府这个机构。B项不可能发生,不选。

京剧,又称平剧、京戏等,中国国粹之一,是中国影响力最大的戏曲剧种,分布地以北京为中心,遍及全国各地。清代乾隆五十五年(1790年)起,原在南方演出的三庆、四喜、春台、和春等多以安徽籍艺人为主的四大徽班陆续进入北京,与来自湖北的汉调艺人合作,同时又接受了昆曲、秦腔的部分剧目、曲调和表演方法,又吸收了一些地方民间曲调,通过不断的交流、融合,最终形成京剧。可见明朝时期,京剧尚未形成。但皮影戏和杂技在明朝是可以观赏到的。C项不可能发生,不选。

唐朝时期,允许外国商人到中国自由贸易,可定居在中国,世代从事海运贸易,并初步建立了市舶制度。约在武则天统治时期,唐朝廷正式在广州设置了市舶使官职,负责管理对外贸易和收取关税等事务。D项可能发生,当选。

11. B 解析：黄金分割是指将整体一分为二,较大部分与整体部分的比值等于较小部分与较大部分的比值,其比值约为0.618。这个比例被公认为是最能引起美感的比例,因此被称为黄金分割。故本题选B。

12. D 解析：1970年4月24日,中国第一颗人造地球卫星"东方红一号"在酒泉卫星发射中心成功发射,成为继苏、美、法、日之后世界上第五个独立研制并发射人造地球卫星的国家。故本题选D。

13. A

14. D 解析：A项不选。1929年12月28日至29日,在福建上杭县古田召开了中共红四军第九次代表大会,即古田会议。会议根据中央的精神,总结了红四军建军以来的经验,批判了各种错误思想,确立了以无产阶级思想建设人民军队的原则。

B项不选。中共中央于1935年12月17日至25日在陕北瓦窑堡召开了政治局扩大会议,即"瓦窑堡会议"。瓦窑堡会议,解决了遵义会议没有来得及解决的政治策略问题,制定出适合新情况的完整的政治路线和战略方针,确定了抗日民族统一战线的总政策和军事战略,实现了党的政治路线的转变。

C项不选。哈达铺会议,亦称"义和昌药铺会议",发生于1935年9月22日。在张闻天主持下,中共中央召开政治局常委会议,分析了形势,决定把红军长征的落脚点放在陕北,并制定了佯攻天水、声东击西的战略方针。会议还讨论研究了干部问题和部队整编,正式决定将红一、红三军(军团)和中央纵队整编为"中国工农红军陕甘支队",即"抗日先遣队",彭德怀任司令员,毛泽东任政委,下设3个纵队。

D项当选。1935年1月15日至17日,中共中央在贵州遵义召开政治局扩大会议,即遵义会议。遵义会议结束了"左"倾教条主义在中央的统治,确立了毛泽东同志在党和红军的领导地位,在中国革命最危急的关头挽救了党、挽救了红军、挽救了中国革命,成为党的历史上一个生死攸关的转折点。

15. A 解析:在我国古代文化中,"折柳"为赠别或送别的代称。因"柳"与"留"谐音,离别赠柳可以表达挽留之意和依依惜别之情。所以在我国的古代,亲朋好友长期分离时,送行者常要折一支柳条赠给远行者。故本题选A。

16. B 解析:A项排序错误,B项排序正确。三顾茅庐是指,东汉末年,诸葛亮隐居隆中,刘备三次亲临拜访,邀诸葛亮辅佐打天下。四面楚歌是指,秦末楚汉之争时,项羽兵至垓下,被刘邦的汉军围困,最后乌江自刎的历史事件。完璧归赵是指,战国时期,蔺相如施巧计使和氏璧重归赵国的历史事件。精忠报国是关于南宋时期抗金名将岳飞的典故。这四个成语描述的历史事件按照时间排序应为:完璧归赵—四面楚歌—三顾茅庐—精忠报国。

C、D两项排序错误。卧薪尝胆是指,春秋时期,越王勾践战败后以柴草卧铺,并经常舔尝苦胆,以时时警惕自己不忘所受苦难的历史事件。焚书坑儒是秦始皇统一六国后制造的两起重大事件。程门立雪是宋代杨时尊敬老师、刻苦求学的历史事件。铁杵成针是指,唐代李白未完成学业,见一老妇人在磨铁棒,于是问她在干什么,老妇人说:我想把它磨成针。李白被她的精神感动,就回去完成学业。这四个成语描述的历史事件按照时间排序应为:卧薪尝胆—焚书坑儒—铁杵成针—程门立雪。

17. A 解析:A项当选。A项诗句出自唐代杜甫的《旅夜书怀》,意思是如今到处漂泊像什么呢?就像天地间的一只孤零零的沙鸥。诗人以沙鸥自况,乃自伤飘泊之意,面对艰难的世事,诗人深感自己漂泊无依,流露出伤感寂寞之意。唐代宗永泰元年(公元765年),杜甫带着家人离开成都草堂,乘舟东下,在岷江、长江漂泊,此诗约为途中所作。

B项不选。B项诗句出自唐代张若虚的《春江花月夜》,意思是月光照耀着春江,随着波浪荡漾千万里,所有地方的春江都有明亮的月光。

C项不选。C项诗句出自唐代贺知章的《回乡偶书·其二》,意思是我离别家乡的时间实在已经是很长久了,回家后才感觉到家乡的人事变迁实在是太大了。

D项不选。D项诗句出自唐代王维的《竹里馆》,意思是深深的山林中无人知晓,只有一轮明月静静与我相伴。

18. A 解析:题干中的诗句出自唐代诗人刘禹锡的《乌衣巷》,这是一首抚今吊古的诗篇,是怀古组诗《金陵五题》中的一首。此诗凭吊昔日东晋南京秦淮河上朱雀桥和南岸的乌衣巷的繁华鼎盛,而今野草丛生、荒凉残照,感慨沧海桑田、人生多变。乌衣巷位于今天的江苏省南京市。故本题选A。

19. C 解析:A项不选。《农政全书》,明代徐光启所著,论述了农学理论,提出了治国治民的"农政"思想并介绍了欧洲的水利方法,是我国古代优秀的农学著作。

B项不选。《齐民要术》,北魏贾思勰所著,是现存最早的一部农书。该书系统地总结了六世纪以前黄河中下游地区劳动人民农牧业生产经验,被誉为"中国古代农业百科全书"。

C项当选。《天工开物》,明代宋应星所著,是世界上第一部关于农业和手工业生产的综合性著作,全书详细叙述了各种农作物和手工业的生产技术及经验,被外国学者誉为"中国17世纪的工艺百科全书"。

D项不选。《王祯农书》,元代王祯所著,是一部大型综合性农书,曾被国外农学专家誉为中国古代最有魅力的一部农书。它兼论中国北方农业技术和中国南方农业技术,在中国古代农学遗产中占有重要地位。

20. A 解析:四书指《大学》《中庸》《论语》《孟子》;五经指《诗经》《尚书》《礼记》《周易》《春秋》。

21. B 解析:北魏孝文帝改革主张颁布均田令,实行汉化政策。B项中的"主张王田私属,不许买卖"属于王莽改制的内容。

22. A 解析:A项出自唐代诗人孟浩然的《春晓》,意为:昨天夜里风声雨声一直不断,那娇美的春花不知被吹落了多少?这句诗描写的是风和雨这两种大气中的自然现象,形容的是天气。

B项描述的是昆明的气候特征。

C项出自唐代诗人白居易的《大林寺桃花》,意为:在人间四月里百花凋零已尽,高山古寺中的桃花才刚刚盛开。这句诗描写春景,形容的是春天的气候。

D项出自唐代诗人张敬忠的《边词》,意为:五原的春天总是姗姗来迟,二月之间,垂杨尚未发芽。这句诗描述的是五原春天的气候。

23. C 解析:A项,戏班、剧团被称为"梨园";B项,京剧当中的"净"指男性角色;D项,《梁山伯与祝英台》是越剧经典曲目之一。

24. B 解析:"五禽戏"中的五禽是指虎、鹿、熊、猿、鹤五种动物。

25. D 解析:义和团运动,是清末的一次大规模农民起义,是在《辛丑条约》签订之后,广大群众因受到严重的剥削而引起的反抗运动。它取得过辉煌的战绩,但是由于农民阶级本身的局限性,最终还是在中外反动势力的联合扼杀下失败了。

26. D 解析:粮食作物包括小麦、水稻、玉米、燕麦、黑麦、大麦、谷子、高粱和青稞等,其中,小麦、水稻和玉米是世界三大主粮,占世界食物来源的一半以上。故本题选D。

27. B 解析:太学是汉代出现的设在京师的全国最高教育机构,始设于汉武帝元朔五年。汉武帝时,采纳董仲舒"天人三策""愿陛下兴太学,置明师,以养天下之士"的建议,于京师长安设立太学。太学,始创于西汉武帝时期,鼎盛于东汉。其后,经曹魏、西晋,洛阳太学至北朝末衰落,历时六、七百年,是屹立在世界东方的第一所国立中央大学,对后世产生了深远的影响,堪称我国教育史上的奇葩。故本题选B。

28. D 解析:隋唐大运河以洛阳为中心,北至涿郡(今北京),南至余杭(今杭州)。后代通过浙东运河延伸至会稽(今绍兴)、宁波。其主要功能是漕运。故本题选D。

29. C 解析:唐三彩,中国古代陶瓷烧制工艺的珍品,全名唐代三彩釉陶器,是盛行于唐代的一种低温釉陶器,釉彩有黄、绿、白、褐、蓝、黑等色彩,而以黄、绿、白三色为主,所以人们习惯称之为"唐三彩"。因洛阳唐三彩最早、最多出土,亦有"洛阳唐三彩"之称。A、B两项说法正确,不选。

唐三彩烧制技艺是中国唐代彩色釉陶艺术品的总称,是洛阳市的地方传统手工技艺,起源于唐朝初年。唐三彩作为中国唐代的传统艺术精华,距今已有1 000多年的历史。2008年6月,唐三彩烧制技艺经国务院批准列入第二批国家级非物质文化遗产名录。唐三彩的烧制技术虽然已经失传,但现代工艺师们通过不断探索和实践,逐渐恢复了这种传统工艺品的制作方法。C项说法错误,当选。

唐三彩主要用于做随葬的器物,称为"冥器"。常见的出土的唐三彩陶器有三彩马、骆驼、仕女、乐伎俑、武士俑、枕头等。D项说法正确,不选。

30. A　解析:1954年9月15日至28日,第一届全国人民代表大会第一次会议在北京召开。该会议制定和颁布了中国历史上第一部人民的宪法——《中华人民共和国宪法》,标志着人民代表大会制度的确立。故本题选A。

二、多项选择题

1. CD　解析:A项不选。一鸣惊人出自《韩非子·喻老》:"虽无飞,飞必冲天;虽无鸣,鸣必惊人"。该成语与蔺相如无关。

B项不选。仁人志士出自《论语·卫灵公》:"志士仁人,无求生以害仁,有杀身以成仁。"该成语与蔺相如无关。

C、D两项当选。负荆请罪和完璧归赵均出自《史记·廉颇蔺相如列传》,原句分别为:"廉颇闻之,肉袒负荆,因宾客至蔺相如门谢罪""城入赵而璧留秦;城不入,臣请完璧归赵"。C、D两项均是与蔺相如有关的事迹演化成的成语。

2. ACD

3. ABCDE　解析:党的二十大报告指出,中国式现代化是人口规模巨大的现代化,中国式现代化是全体人民共同富裕的现代化,中国式现代化是物质文明和精神文明相协调的现代化,中国式现代化是人与自然和谐共生的现代化,中国式现代化是走和平发展道路的现代化。故本题选ABCDE。

4. BD

5. BCD　解析:党章明确规定,中国共产党的三大历史任务是推进现代化建设、完成祖国统一、维护世界和平与促进共同发展。故本题选BCD。

6. AD　解析:常用的天文学长度单位包括秒差距、光年、天文单位、月球距离等。兆米属于公制长度单位,英里属于英制长度单位。

7. AD　解析:中国八大古都有西安、洛阳、南京、北京、开封、杭州、安阳、郑州。北宋的都城是开封,南宋的都城是杭州。

8. ABCD　解析:伟大建党精神是习近平总书记2021年7月1日在庆祝中国共产党成立100周年大会上首次提出的。习近平总书记将伟大建党精神概括为"坚持真理、坚守理想,践行初心、担当使命,不怕牺牲、英勇斗争,对党忠诚、不负人民"32个字,并指出这是中国共产党的精神之源。故本题选ABCD。

9. ABC　解析:D项,使用电话可能产生火花,从而引起煤气爆炸。

10. ACD　解析:发生地震时千万不能乘电梯,因为电梯在地震时会卡死、变形,A项正确。躲避龙卷风应进入混凝土制成的地下室或者低矮房屋,而非楼顶,B项错误。发现泥石流迹象时,应该垂直于水流向两侧高地势处跑,才能免于被水流淹没,C项正确。火灾发生时用打湿的毛巾捂鼻可以防止浓烟的吸入,D项正确。

11. ABCD　解析:杠杆原理亦称"杠杆平衡条件"。要使杠杆平衡,作用在杠杆上的两个力矩(力与力臂的乘积)大小必须相等,用公式表示如下:动力×动力臂=阻力×阻力臂,用代数式表示为 $F_1 \cdot L_1 = F_2 \cdot L_2$。筷子、扳手、撬棍和指甲刀都是利用了杠杆原理。

12. ACD 解析:中国已建成酒泉、西昌、太原、文昌四个航天器发射场。

13. AC 解析:楚辞的代表作家是屈原和宋玉。

14. ABC 解析:《唐璜》是英国诗人拜伦的作品。

15. ABC 解析:汉中是刘邦成就汉室基业的发祥地,是诸葛亮六伐曹魏的战略大后方,是丝绸之路开拓者张骞的故里,是造纸术发明家蔡伦的封地。A、B、C 三项搭配均正确。刘邦从汉中出兵攻项羽时,大将军韩信故意明修栈道,迷惑对方,暗中绕道奔袭陈仓,取得胜利。D 项搭配错误。

巩固提升训练

一、单项选择题

1. D 解析:五铢钱是计重钱的一种,圆形方孔,面文铸有"五铢"字样。始于西汉武帝元狩五年,至唐高祖武德四年废止。故本题选 D。

2. C 解析:①当选。"十二气历"是北宋科学家沈括创制的一种与现在阳历相似的历法,是一种很有科学价值和实用意义的历法。

②当选。《授时历》是我国元朝著名科学家郭守敬等人编制而成的历法,是当时世界上最先进的一种历法。

③不选。地动仪是我国东汉科学家张衡创造的,是世界上第一架测定地震及方位的仪器。其不属于宋元时期的科技成就。

④当选。宋元是我国古代科技发展的高峰时期,活字印刷术的发明、指南针和火药的广泛使用,是这一时期科技的重大成就。北宋毕昇发明活字印刷术,节省了印刷费用,提高了印刷效率;北宋时期,指南针被用于航海事业;火药是我国古代炼丹家发明的,宋元时期火药武器广泛用于战争。

综上可知,宋元时期,居于世界领先地位的科技成就有①②④。故本题选 C。

3. C 解析:A 项不选。《命运交响曲》,又名《C 小调第五交响曲》,是德国作曲家贝多芬创作的交响曲。

B、D 两项不选。《英雄交响曲》,又名《降 E 大调第三交响曲》,指的是德国作曲家贝多芬于 1804 年创作的第三交响曲。《蓝色多瑙河》是奥地利著名音乐家、被誉为"圆舞曲之王"的小约翰·施特劳斯的作品,此曲创作于 1866 年,被称为"奥地利的第二国歌"。

C 项当选。莫扎特是古典主义时期奥地利作曲家,维也纳古典乐派代表人物之一,其代表作品有《费加罗的婚礼》《唐璜》《魔笛》《女人心》《后宫诱逃》等。

4. D 解析:A 项搭配错误。"九一八"事变是 1931 年 9 月 18 日日本在中国东北蓄意制造并发动的一场侵华战争,是日本帝国主义侵华的开端。1937 年 7 月 7 日夜,卢沟桥事变爆发,全面抗日战争从此爆发。

B 项搭配错误。1936 年 12 月 12 日,西安事变爆发,它的和平解决标志着抗日民族统一战线的初步形成。

C 项搭配错误。平型关战役发生于 1937 年 9 月中旬,是对日抗战期间太原会战中的一场战役。这场战役打破了日军不可战胜的神话,从而高涨了中国人民的反侵略志气,打击了日军的侵略气焰。平型关大捷是中国抗战以来的第一次大捷。

D项搭配正确。百团大战是抗战时期八路军主动出击日军的最大规模的一次战役,它打出了敌后抗日军民的声威,振奋了全国人民争取抗战胜利的信心,在战略上有力地支持了国民党正面战场。

5. A 解析:A项当选。《十月》是苏联"同路人"作家雅各武莱夫描写十月革命时期莫斯科起义的中篇小说,作于1923年。鲁迅于1929年初开始翻译,次年夏末译毕。至1933年2月始由上海神州国光社出版,列为《现代文艺丛书》(鲁迅编)之一。

B、C、D三项不选。《呐喊》是现代文学家鲁迅的短篇小说集,收录了其于1918—1922年作的15篇小说和1篇《自序》。1930年1月第13次印刷时,作者抽去《不周山》,其中收录《狂人日记》《孔乙己》《药》《风波》《故乡》《阿Q正传》等作品。小说从各个侧面反映了辛亥革命以后中国的社会生活,具有鲜明的反封建色彩。

6. B 解析:农历,中国传统历法。它根据月相的变化周期,每一次月相朔望变化为一个月,并把一个太阳回归年划分为24段,形成二十四节气。通过参考太阳回归年,设置闰月使其平均历年与回归年相适应。农历是融合阴历与阳历形成的一种阴阳合历历法。因这种历法安排了二十四节气以指导农业生产活动,故称农历。故本题选B。

7. C 解析:A项不符合。桌子的名称在五代时才产生。现今可考的八仙桌在辽金时代已经出现,于明清盛行。故战国时期的燕太子丹和荆轲不可能在八仙桌旁谋划刺秦事宜。

B项不符合。"先天下之忧而忧,后天下之乐而乐"出自北宋政治家、文学家范仲淹的《岳阳楼记》。故唐代的魏征不可能引用此句来劝谏李世民。

C项符合。李宗仁,字德邻,"中华民国国民政府"首任副总统、代总统。蒋介石于1949年1月下野后,李宗仁欲以和谈挽救国民政府未果,于1949年冬去往美国。1965年7月2日,李宗仁回到祖国的怀抱;7月27日,毛泽东在接见李宗仁时说:"德邻先生,你这一次归国,是误上贼船了。"见李宗仁愣了,毛泽东接着说,"台湾当局口口声声叫我们为'匪',还叫祖国大陆为'匪区',你不是误上贼船是什么呢!"

D项不符合。红薯,又名甘薯,是一种海外"舶来品",最初是于明代万历年间从菲律宾引入的。春秋时期的越王勾践不可能吃到。

8. B 解析:①2008年,搭载着3名航天员的"神舟七号"载人飞船发射成功,实现了首次空间出舱活动。

②2016年,"神舟十一号"任务时,我国首次在太空人工栽培蔬菜。

③2013年,"神舟十号"载人飞船实现与"天宫一号"交会对接,完成载人天地往返运输系统首次应用性飞行。

④2023年,"神舟十七号"载人飞船成功发射。其飞行任务包括要首次进行空间站舱外试验性维修作业,验证未来通过出舱活动进行在轨维修的技术能力。

由以上可知,按时间先后排序正确的是①③②④。故本题选B。

9. A 解析:高适的诗句"登高见百里,桑野郁芊芊"的意思是登高望远,百里之外的桑田郁郁葱葱,蕴含的原理是光的直线传播。

10. A 解析:A项当选。"毕竟西湖六月中,风光不与四时同"出自宋代杨万里的《晓出净慈寺送林子方》,该句描写的景点是西湖。西湖位于今浙江杭州。

B项不选。"阁中帝子今何在?槛外长江空自流"出自唐代王勃的《滕王阁》,该句描写的景点是滕王阁。滕王阁位于今江西南昌。

C项不选。"四顾无边鸟不飞,大波惊隔楚山微"出自唐代韦庄的《泛鄱阳湖》,该句描写的景点是鄱阳湖。鄱阳湖位于今江西北部。

D项不选。"横看成岭侧成峰,远近高低各不同"出自宋代苏轼的《题西林壁》,该句描写的景点是庐山。庐山位于今江西九江。

综上所述,A项描写的景点与其他三项不在同一省份。故本题选A。

11. C　解析:A项是道家学派的思想观点,B、D两项都是儒家学派的思想观点。故本题选C。

点拨　中国古代四大思想流派:(1)儒家。①孔子,以"仁"为核心,提倡德治和教化;②孟子,提出"民贵君轻",主张性善论、法先王、行仁政;③荀子,提出"人定胜天",主张性恶论。(2)道家。①老子,重道法自然,提倡无为而治;②庄子,主张随意自然,无为而无不为。(3)墨家。墨子,提出"兼爱""非攻""尚贤""尚同"。(4)法家。韩非子,提倡法治,反对复古,主张变革,提出了"重农抑工商"的观点。

12. C　解析:A项对应正确。古代男孩成童时会束发为髻,故用"束发"代指成童的年龄,清朝以前汉族男孩15岁时束发为髻。

B项对应正确。"不惑"是指遇事能明辨不疑。《论语·为政》中有"四十而不惑",因此以"不惑"用作40岁的代称。

C项对应错误。"知天命"不是听天由命、无所作为,而是谋事在人、成事在天,努力作为但不企求结果。《论语·为政》写道,"子曰:'五十而知天命,六十而耳顺。'"故"知天命"是50岁的代称,而60岁多用"耳顺"等指代。

D项对应正确。杜甫在《曲江》中写道:"酒债寻常行处有,人生七十古来稀。"后用"古稀"作为70岁的代称。

13. D　解析:《天工开物》是中国古代一部综合性的科学技术著作,作者是明朝科学家宋应星;《梦溪笔谈》是北宋科学家沈括所著的一部涉及古代中国自然科学、工艺技术及社会历史现象的综合性笔记体著作;《齐民要术》是南北朝时期中国杰出的农学家贾思勰所著的一部综合性农学著作;《水经注》是古代中国地理名著,共四十卷,作者是北魏晚期的郦道元。故本题选D。

14. C　解析:A项属于。高适,唐代边塞诗人。高适与岑参、王昌龄、王之涣合称"边塞四诗人"。高适的边塞诗反映了边地形势和士兵疾苦,《燕歌行》为其代表作。

B项属于。岑参,唐代边塞诗人,长于七言歌行。由于从军西域多年,岑参对边塞生活有深刻体验,善于描绘异域风光和战争景象。

C项不属于。李白,唐代伟大的浪漫主义诗人,被后人誉为"诗仙",代表作有《望庐山瀑布》《行路难》《蜀道难》《将进酒》《梦游天姥吟留别》等。李白是自屈原以来最具个性特色和浪漫精神的诗人,其诗风雄奇豪放,想象丰富。其诗作达到盛唐诗歌艺术的巅峰。

D项属于。王昌龄,唐代边塞诗人,被誉为"七绝圣手"。其诗以七绝见长,多写当时边塞军旅生活,气势雄浑,格调高昂,代表作有《从军行七首》《出塞》等。

15. A　解析:我国的喀斯特地貌分布广、面积大,几乎所有的省区都有喀斯特地貌的分布,但这种地貌多分布于广西、云南、贵州等省区。故本题选A。

16. D　解析:A项说法错误。我国四大佛教名山分别是山西五台山、浙江普陀山、四川峨眉山、安徽九华山。齐云山不是我国四大佛教名山之一。B项说法错误。"五岳"指东岳泰山、西岳华山、南岳衡山、北岳恒山和中岳嵩山。C项说法错误。长江是我国第一大河,黄河是我国第二长河。D项说法正确。珠穆朗玛峰是喜马拉雅山脉的主峰,它是世界上海拔最高的山峰,位于中国与尼泊尔边境线上。其海拔高度(雪面高度)为8 848.86米。

17. A 解析:厄尔尼诺是西班牙语"圣婴"的意思,厄尔尼诺现象是指太平洋赤道海域海水大范围持续异常升温的现象,会造成全球气候的变化。其表象是太平洋中、东部海域大范围内海水温度异常升高,海水水位上涨,形成一股暖流向南流动。故本题选A。

18. B 解析:A项不选。吴起变法是战国时楚国进行的政治改革。楚悼王在位时,为改变楚国政治腐败、经济落后、国力衰弱的局面,遂任命吴起为令尹,主持变法。变法后,楚国日强,南平百越,北并陈、蔡,败魏伐秦,威震诸侯。

B项当选。商鞅变法是指战国时商鞅在秦国进行的政治改革。商鞅先后两次变法,奠定了秦国富强的基础。

C项不选。戊戌变法是晚清时期以康有为、梁启超为代表的维新派人士通过光绪帝进行的倡导学习西方,提倡科学文化,改革政治、教育制度,发展农、工、商业等的资产阶级改良运动。变法开始后,慈禧太后发动政变,幽禁光绪帝,杀害谭嗣同等六人,康有为、梁启超逃亡国外,变法运动失败。

D项不选。王安石变法是在宋神宗时期,王安石发动的旨在改变北宋建立以来积贫积弱局面的一场社会改革运动。宋神宗死后,其子宋哲宗即位,高太后(宣仁太后)听政,起用司马光为相,新法全部被废。

19. B 解析:A项不选。法国里昂工人起义是指从1831年11月到1834年4月的两次里昂丝织工人起义。起义虽然失败了,但它表明无产阶级已经从资产阶级革命运动中分离出来,开始作为一支独立的政治力量登上历史舞台。

B项当选。英国宪章运动是19世纪30年代至40年代英国爆发的以争取普选权为中心的无产阶级政治运动,也是英国历史上第一次全国性的工人运动。英国宪章运动被誉为世界上第一次群众性、政治性的无产阶级革命运动。

C项不选。西里西亚纺织工人起义是1844年6月普鲁士王国西里西亚纺织工人的起义,是欧洲历史上的三大工人运动之一。

D项不选。巴黎公社运动是1871年3月至5月,巴黎无产阶级在广大人民群众的支持下,为推翻资产阶级的反动统治,建立无产阶级国家政权而进行的一次武装斗争。

20. B 解析:A项说法正确。"塞下秋来风景异,衡阳雁去无留意"出自《渔家傲·秋思》,这首词的作者是北宋杰出的思想家、政治家、文学家范仲淹。

B项说法错误。"秋来"是指立秋,立秋之后的下一个节气是处暑。

C项说法正确。地球在自转的同时还围绕太阳公转,故有了四季寒暑和昼夜长短的变化。"塞下秋来风景异,衡阳雁去无留意"写出了塞外秋天来得早,候鸟南迁,西北边塞的风光和江南不同的景象。词中事物变化的根本原因是地球的公转。

D项说法正确。古代传说秋天北雁南飞至湖南衡阳回雁峰而止,不再往南。词里的"衡阳雁去"即从这个传说而来。

21. D 解析:A项对应正确。"中流击楫"比喻立志奋发图强,出自《晋书·祖逖传》,"中流击楫而誓曰:'祖逖不能清中原而复济者,有如大江。'"

B项对应正确。"马革裹尸"的意思是指用马的皮革把尸体包起来,多指军人战死于沙场,形容为国作战,决心为国捐躯的意志,出自《后汉书·马援列传》。

C项对应正确。"倒行逆施"原指做事违反常理、不择手段,现多指所作所为违背时代潮流或人民意愿,出自《史记·伍子胥列传》。

D项对应错误。"瞒天过海"的意思是用欺骗的手段在暗地里活动,出自《三十六计》,与范雎无关。

22. B 解析:A项不对应。"遥知兄弟登高处,插遍茱萸少一人"出自唐代诗人王维的《九月九日忆山东兄弟》,表达了诗人重阳节思念亲人的感情。

B项对应。"千门万户曈曈日,总把新桃换旧符"出自北宋政治家王安石的《元日》,描写的是春节。元旦,也被称为"新历年",是指现行公历的1月1日。在1911年之前,"元旦"即是现在的"春节",也就是夏历新年。

C项不对应。"但愿人长久,千里共婵娟"出自宋代大文学家苏轼的《水调歌头·明月几时有》,描写的是中秋。

D项不对应。"日暮汉宫传蜡烛,轻烟散入五侯家"出自唐代诗人韩翃的《寒食》,意为夜色降临,宫里忙着传蜡烛,点蜡烛的轻烟散入王侯贵戚的家里,描写的是寒食节。

23. B 解析:A项说法正确。中国历史上的武举制度创始于唐代。武则天统治时期,确定在兵部主持下,每年为天下武士举行一次考试,考试合格者授予武职。

B项说法错误。"乡试"是科举三级考试之一,属于初级考试。明清两代规定,每三年在各省省城(包括京城)举行,考期在秋季八月,故又称"秋闱(闱:考场)"。"会试"是每三年在京城举行一次的考试,因一般设在乡试次年三月进行,当时正值春季,故又称"春闱"。

C项说法正确。殿试是科举考试中最高一级考试,皇帝亲自于殿廷内主持,前三名的名称依次是状元、榜眼、探花。

D项说法正确。科举制度在我国封建社会延续了一千三百多年,直到清朝末年才被废除。1905年,清政府宣布废除科举制度。

24. C 解析:A项不选。"故人西辞黄鹤楼,烟花三月下扬州"出自李白的《黄鹤楼送孟浩然之广陵》。这首送别诗写了李白和孟浩然两位诗人之间的别离,表达了李白对孟浩然的一片深情。

B项不选。"山阴道士如相见,应写黄庭换白鹅"出自李白的《送贺宾客归越》。这是李白赠送给贺知章的一首七绝诗。贺知章和李白是忘年交。唐玄宗天宝三年(744年)正月,贺知章以道士的身份辞京回乡,李白赠给了他这首诗。此诗赞美了贺知章的书法艺术,表现了贺知章的性格特点。

C项当选。"仰天大笑出门去,我辈岂是蓬蒿人"出自李白的《南陵别儿童入京》。李白素有远大的抱负,742年,四十二岁的李白接到唐玄宗召他入京的诏书,他以为实现政治理想的时机到了,于是立刻回到南陵家中与儿女告别,并写下了这首激情洋溢的七言。诗中毫不掩饰其喜悦之情,但诗句未表达友情。

D项不选。"桃花潭水深千尺,不及汪伦送我情"出自李白的《赠汪伦》。此诗是李白于泾县(今属安徽)游桃花潭时写给好友汪伦的留别诗。这两句诗表达了汪伦与李白之间真挚深厚的友情。

25. A 解析:新文化运动是由陈独秀、李大钊、鲁迅、胡适、蔡元培、钱玄同等一些受过西方教育的人发起的一次"反孔教、反文言、抵制儒家学派"的思想文化运动和文学革命运动。新文化运动的基本口号是"德先生"和"赛先生"。"德先生"即"Democracy",指"民主";"赛先生"即"Science",指"科学"。故本题选 A。

26. A 解析:葡萄糖是一种有甜味的白色固体,它是人体生命活动中不可缺少的物质,在人体内能直接参与新陈代谢过程,而且可以直接被人体吸收,是人体所需能量的主要来源。

27. B 解析:A 项符合。剧烈运动后,钠、钾等离子随汗液排出,身体缺少水分和盐分,所以需要补充水分和盐分。

B 项不符合。凡是做扩胸、肢体伸展等动作时,应配合吸气;反之则配合呼气。

C 项符合。饭前的高强度运动可以带来更多的肌肉分解、脂肪分解,这种分解会刺激身体重新合成蛋白质,更有利于肌肉的形成。

D 项符合。扭伤后应立即采取冷敷,使受伤部位血液循环减慢,从而使血液堆积得少,尽量减轻伤势的严重性。一般 24 小时之后则需热敷,以促使局部血液循环加快,组织间隙的渗出液尽快吸收,从而缓解疼痛。

28. B 解析:五四运动促进了马克思主义在中国的广泛传播,促进了马克思主义同中国工人运动的结合,为中国共产党的成立做了思想上和干部上的准备,直接影响了中国共产党的诞生和发展,并被作为旧民主主义革命和新民主主义革命的分水岭。

29. A 解析:市舶司是中国自宋代开始,在广州、泉州、明州(今浙江宁波)、杭州、密州(今山东诸城)等各地设立的管理海上对外贸易的官府,是中国古代管理对外贸易的主要机关。其建立的目的是加强中央集权和增加财政收入。故本题选 A。

30. D 解析:《九章算术》是中国古代第一部数学专著。《九章算术》是《算经十书》中最重要的一部著作。《九章算术》内容十分丰富,全书总结了战国、秦、汉时期的数学成就。它是一本综合性的历史著作,是当时世界上最简练有效的应用数学,它的出现标志着中国古代数学形成了完整的体系。

31. B 解析:习近平总书记在党的二十大报告中指出,全党同志务必不忘初心、牢记使命,务必谦虚谨慎、艰苦奋斗,务必敢于斗争、善于斗争,坚定历史自信,增强历史主动,谱写新时代中国特色社会主义更加绚丽的华章。可知,(1)(2)(3)当选。故本题选 B。

32. A

33. C

34. C

35. D 解析:党的二十届三中全会指出,进一步全面深化改革的总目标是继续完善和发展中国特色社会主义制度,推进国家治理体系和治理能力现代化。到 2035 年,全面建成高水平社会主义市场经济体制,中国特色社会主义制度更加完善,基本实现国家治理体系和治理能力现代化,基本实现社会主义现代化,为到本世纪中叶全面建成社会主义现代化强国奠定坚实基础。故本题选 D。

36. A

37. B 解析:雷雨发庄稼,是由于在放电的条件下,空气中的氧气和氮气化合生成氮的氧化物,再经过复杂的化学变化,最后形成易于农作物吸收的硝酸盐,可以增加土壤中的氮肥。故本题选 B。

38. C 解析:伽利略,意大利物理学家、天文学家、数学家。他开创了以实验事实为基础并具有严密逻辑体系和数学表述形式的近代科学,为推翻以亚里士多德为旗号的经院哲学对科学的禁锢、改变与加深人类对物质运动和宇宙的科学认识做出了巨大的贡献,被誉为"近代科学之父"。

39. A 解析:1978年5月11日,《光明日报》发表特约评论员文章《实践是检验真理的唯一标准》,由此引发了一场关于真理标准问题的大讨论。该文章指出,检验真理的标准只能是社会实践,理论与实践的统一是马克思主义的一个最基本的原则,任何理论都要不断接受实践的检验。这是从根本理论上对"两个凡是"的否定。故本题选A。

40. C 解析:A项不选。"黄梅时节家家雨,青草池塘处处蛙"出自赵师秀的《约客》,意为梅子黄熟的时候下着连绵的阴雨,青蛙在青草地和池塘里随处可见。该诗句描写了梅雨季节的场景,不能体现天气预测功能。

B项不选。"东边日出西边雨,道是无晴却有晴"出自刘禹锡的《竹枝词二首·其一》,全诗为"杨柳青青江水平,闻郎江上唱歌声。东边日出西边雨,道是无晴却有晴。(却有晴一作:还有晴)。"意为"岸上杨柳青,江中风浪平,忽然江上舟中传来男子的唱歌声。歌声就像东方出太阳,西边落雨。说它不是晴天吧,它又是晴天。"作者描写了当地的山水和男女爱情,用这种变幻莫测的天气现象生动形象地表现了少女在接受男子情歌时的忐忑心情。该诗句不能体现天气预测功能。

C项当选。"溪云初起日沉阁,山雨欲来风满楼"出自许浑的《咸阳城东楼》,描写了诗人登上高楼时,溪边乌云刚刚浮起在溪水边上,夕阳西沉,落在寺阁后面,山雨未到,狂风已吹满咸阳楼。看见"溪云初起""风满楼",预示着快要下雨了。该诗句体现了天气预测功能。

D项不选。"花气袭人知骤暖,鹊声穿树喜新晴"出自陆游的《村居书喜》,意为花香扑人,便知天气暖和了;天气晴和,喜鹊的叫声透过树林传出来。诗人描述了初春时节的景象,这只是一种天气现象,不能体现天气预测功能。

二、多项选择题

1. ABD 解析:党的二十届三中全会强调,进一步全面深化改革要总结和运用改革开放以来特别是新时代全面深化改革的宝贵经验,贯彻坚持党的全面领导、坚持以人民为中心、坚持守正创新、坚持以制度建设为主线、坚持全面依法治国、坚持系统观念等原则。故本题选ABD。

2. ABD 解析:按照建筑采光要求,北回归线以北、纬度越高的地区,太阳高度越小,光线进入室内的机会也就越多。所以昆明的楼房间距应该比哈尔滨的小。

3. ABCD 解析:清洁能源,即绿色能源,是指不排放污染物、能够直接用于生产生活的能源,包括核能和可再生能源。可再生能源,包括风能、太阳能、水能、生物质能、地热能、潮汐能等非化石能源。故本题选ABCD。

4. ABCD 解析:全球有四大卫星导航系统,分别是:中国北斗卫星导航系统、美国全球卫星定位系统、俄罗斯格洛纳斯卫星导航系统、欧盟伽利略卫星导航系统。故本题选ABCD。

5. ABCD 解析:A项当选。巨鹿之战是秦末大起义中,项羽率领数万楚军(后期各诸侯义军也参战),同秦名将章邯、王离所率四十万秦军主力在巨鹿(今河北平乡)进行的一场重大决战性战役,是中国历史上著名的以少胜多的战役之一。

B项当选。牧野之战又称"武王伐纣",是周武王统兵与商朝军队在牧野进行的决战。牧野之战是中国历史上以少胜多的著名战役之一,也是中国古代车战初期的著名战役。

C项当选。官渡之战是中国历史上著名的以少胜多的战役之一。汉献帝建安五年(公元200年),曹操军与袁绍军相持于官渡,在此展开战略决战。曹操奇袭袁军在乌巢的粮仓,继而击溃袁军主力。此战奠定了曹操统一中国北方的基础。

D项当选。淮海战役是解放战争时期中国人民解放军以徐州为中心,对国民党军进行的一次战略决战。此战役是解放战争战略决战的三大战役中规模最大的战役,历时六十六天,国民党参战部队共约八十万人,人民解放军参战部队共约六十万人,创造了战争史上以少胜多的奇迹。

6. ABC 解析:党的二十届三中全会审议通过的《中共中央关于进一步全面深化改革、推进中国式现代化的决定》提出,教育、科技、人才是中国式现代化的基础性、战略性支撑。必须深入实施科教兴国战略、人才强国战略、创新驱动发展战略,统筹推进教育科技人才体制机制一体改革,健全新型举国体制,提升国家创新体系整体效能。故本题选ABC。

7. ABC 解析:《中国共产党第二次全国代表大会宣言》实际上制定了中国共产党的最低纲领和最高纲领。党的最低纲领,即党在民主革命阶段的主要纲领:消除内乱,打倒军阀,建设国内和平;推翻国际帝国主义的压迫,达到中华民族完全独立;统一中国为真正的民主共和国。党的最高纲领如下:组织无产阶级,用阶级斗争的手段,建立劳农专政的政治,铲除私有财产制度,渐次达到一个共产主义社会。

8. ABCD 解析:汉族先民自古就将汉族原居地划分为九个区域,即所谓的"九州"。根据《尚书·禹贡》的记载,九州分别是:冀州、兖州、青州、徐州、扬州、荆州、豫州、梁州、雍州。故本题选ABCD。

9. ABCD

10. AB 解析:A项当选。都江堰是秦国蜀郡郡守李冰在成都附近的岷江流域修建的综合性防洪灌溉工程,其使成都平原"沃野千里,号为陆海"。

B项当选。郑国渠是我国古代关中平原的人工灌溉渠道。秦王政元年(公元前246年),采纳韩国水利家郑国的建议,并由其主持开凿郑国渠。郑国渠的开凿使关中成为沃野,是泾水流域的主要灌溉系统。

C项不选。苏北灌溉总渠位于淮河下游江苏省北部,西起洪泽湖边的高良涧,流经洪泽、清浦、淮安阜宁、射阳、滨海等六县(区),东至扁担港口入海的大型人工河道,1952年竣工。C项为我国现代农业水利工程。

D项不选。京杭大运河是我国古代水利工程,北起北京,南至杭州,经北京、天津两市和河北、山东、江苏、浙江四省。其始凿于春秋末期吴王夫差开挖的邗沟,后经隋、元两次大规模扩展,利用天然河道加以疏浚修凿连接而成。京杭大运河是历代漕运要道,对南北经济和文化交流曾起了重大作用,但不属于农业水利工程。

11. ABD 解析:A项表述正确。苏轼,字子瞻,号东坡居士,为"唐宋八大家"之一,与父苏洵、弟苏辙合称"三苏"。其词开豪放一派,代表作有《念奴娇·赤壁怀古》《水调歌头·明月几时有》《江城子·密州出猎》等。

B项表述正确。李清照,号易安居士,宋代婉约词派代表人物,被称为"千古第一才女"。其词善用白描手法,语言清丽典雅,意境清雅感人。其代表作有《如梦令·昨夜雨疏风骤》等。

C项表述错误。辛弃疾,字幼安,别号稼轩,南宋爱国词人,词风豪放,代表作有《永遇乐·京口北固亭怀古》等。

D项表述正确。柳永,原名三变,世称"柳七""柳屯田",为北宋婉约词派代表人物,代表作有《雨霖铃·寒蝉凄切》等。

12. BD 解析:隋朝定都长安,后隋炀帝时迁都洛阳。唐朝也定都长安,后唐高宗时期开始,以洛阳为东都。作为都城,长安和洛阳在当时是中国最大的政治、经济和文化中心。故本题选BD。

13. ABD　解析：开车通过有积水的道路时,一定要放慢速度,切忌冒险涉水,遇水深或有积水未知路段应下车探索或绕行,不可盲目强制通行。C项中的"快速驶过"说法错误。A、B、D三项说法均正确。

14. ABD　解析：西汉文景之治；东汉光武中兴；唐朝贞观之治,开元盛世；清朝康熙盛世。

15. ABD　解析：果戈理是俄国批判主义作家,C项错误。故本题选ABD。

16. ABCD　解析：党的二十大报告提出,全党必须牢记,坚持党的全面领导是坚持和发展中国特色社会主义的必由之路,中国特色社会主义是实现中华民族伟大复兴的必由之路,团结奋斗是中国人民创造历史伟业的必由之路,贯彻新发展理念是新时代我国发展壮大的必由之路,全面从严治党是党永葆生机活力、走好新的赶考之路的必由之路。这是我们在长期实践中得出的至关紧要的规律性认识,必须倍加珍惜、始终坚持,咬定青山不放松,引领和保障中国特色社会主义巍巍巨轮乘风破浪、行稳致远。

17. ABD　解析："六艺"是指我国古代儒家要求学生掌握的六种基本才能,即礼、乐、射、御、书、数。礼为礼节,乐为音乐,射为射箭技术,御为驾驭(马车)技术,书为书法,数为算法技术。绘画不在"六艺"之列。故本题选ABD。

18. BCD　解析：公元前221年,秦朝灭六国,建立起我国历史上第一个统一的中央集权的封建国家。其为了巩固统一,采取了以下几项措施：①在政治方面,确立至高无上的皇权,建立皇帝制度。建立从中央到地方的官制和行政机构,中央政府实行三公九卿制度；废除分封制,推行郡县制。颁布全国通行的秦律。②在经济方面,实行土地私有制,按亩纳税。统一度量衡,统一货币,统一车轨、驰道。③在文化方面,统一文字；焚书坑儒,加强思想控制；以法为教,以吏为师。④在军事上,为了抵御匈奴的侵犯,修筑长城。A项"地方实行分封制"的表述有误。

19. AC　解析：物质从固态变成液态的过程叫作熔化,物质从液态变成固态的过程叫作凝固；物质从液态变成气态的过程叫作汽化,物质从气态变成液态的过程叫作液化；物质从固态直接变成气态的过程叫作升华,物质从气态直接变成固态的过程叫作凝华。

A项当选。樟脑球变小是樟脑球由固态直接变为气态,属于升华现象。

B项不选。化学反应是指分子破裂成原子,原子重新排列组合生成新物质的过程。化学反应有新物质生成,物理变化只是物质的状态等发生了变化,没有新物质生成。固体酒精燃烧生成二氧化碳和水,是化学反应,不属于物理变化。而升华是物理变化。

C项当选。白炽灯灯丝变细是在通电时,灯丝受热由固体变成气体,发生升华而变细。

D项不选。冬天嘴里呼出的"白雾",是由嘴中呼出的水蒸气遇冷发生液化形成的小水珠,属于液化现象。

20. AB　解析："悬梁刺股"说的是头悬梁、锥刺股两个故事。其中头悬梁的主人公是东汉著名的政治家、纵横家孙敬,锥刺股的主人公是战国时期著名的纵横家、外交家和谋略家苏秦。"指鹿为马"的主人公是秦朝的赵高。C、D两项对应错误,A、B两项对应正确。故本题选AB。

专项二　法律参考答案及解析

考场真题还原

一、单项选择题

1. C　解析：《中华人民共和国民法典》第一百七十二条规定,"行为人没有代理权、超越代理权或者代理权终止后,仍然实施代理行为,相对人有理由相信行为人有代理权的,代理行为有效"。题干中,李某离职后,仍持有盖章的空白合同,并以这些合同与毫不知情的G公司订立了购买合同,构成表见代理。李某与G公司订立的购买合同是有效的,H公司要履行相关义务。故本题选C。

点拨 表见代理实质上是无权代理的一种。表见代理的构成要件:①代理人无代理权;②相对人主观上善意且无过失;③客观上有相对人相信无权代理人具有代理权的情形;④相对人基于这种客观情形而与无权代理人成立民事法律行为。

表见代理对于本人来说,产生与有权代理一样的效果,即在相对人与被代理人之间发生法律关系。被代理人应受无权代理人与相对人实施的民事法律行为的拘束。被代理人不得以无权代理作为抗辩事由,主张代理行为无效。

2. A 解析:《中华人民共和国商业银行法》第四十条规定,"商业银行不得向关系人发放信用贷款;向关系人发放担保贷款的条件不得优于其他借款人同类贷款的条件。前款所称关系人是指:(一)商业银行的董事、监事、管理人员、信贷业务人员及其近亲属;(二)前项所列人员投资或者担任高级管理职务的公司、企业和其他经济组织"。故本题选A。

3. C 解析:《中华人民共和国民法典》第五十四条规定,"自然人从事工商业经营,经依法登记,为个体工商户。个体工商户可以起字号"。B项表述错误,C项表述正确。该法第五十六条第一款规定,"个体工商户的债务,个人经营的,以个人财产承担;家庭经营的,以家庭财产承担;无法区分的,以家庭财产承担"。A、D两项表述错误。故本题选C。

4. C 解析:《中华人民共和国反不正当竞争法》第九条规定:"经营者不得实施下列侵犯商业秘密的行为:……(三)违反保密义务或者违反权利人有关保守商业秘密的要求,披露、使用或者允许他人使用其所掌握的商业秘密……经营者以外的其他自然人、法人和非法人组织实施前款所列违法行为的,视为侵犯商业秘密……本法所称的商业秘密,是指不为公众所知悉、具有商业价值并经权利人采取相应保密措施的技术信息、经营信息等商业信息"。本题中,H企业投标某项目的内容属于其商业秘密,甲了解到该秘密后泄露给了丙,侵犯了H企业的商业秘密,属于泄露商业秘密的行为。(1)说法正确。

《中华人民共和国民法典》将商业秘密归类为应当受到法律保护的知识产权,侵犯商业秘密的行为是一种民事侵权行为,应当承担侵权的民事责任,其中,赔偿损失为承担民事责任的一种方式,商业秘密权利人(H企业)有权要求侵权人(甲)对其损失予以赔偿。(2)说法正确。

5. B 解析:《中华人民共和国保险法》第一百三十一条规定,"保险代理人、保险经纪人及其从业人员在办理保险业务活动中不得有下列行为:……(六)伪造、擅自变更保险合同,或者为保险合同当事人提供虚假证明材料……(八)利用业务便利为其他机构或者个人牟取不正当利益;(九)串通投保人、被保险人或者受益人,骗取保险金……"。可知,(1)(2)(3)三项行为都不能有。故本题选B。

6. A 解析:《中华人民共和国民法典》第四百一十四条规定,"同一财产向两个以上债权人抵押的,拍卖、变卖抵押财产所得的价款依照下列规定清偿:(一)抵押权已经登记的,按照登记的时间先后确定清偿顺序;(二)抵押权已经登记的先于未登记的受偿;(三)抵押权未登记的,按照债权比例清偿。其他可以登记的担保物权,清偿顺序参照适用前款规定"。本题中,银行和丙的抵押权已经登记,乙的抵押权未登记。登记的抵押权优先于未登记抵押权,登记的抵押权按照时间顺序受偿。故偿还顺序为银行、丙、乙。抵押物拍卖价款只有45万元,故先偿还银行

25万元,丙15万元,最后偿还乙5万元。

7. C 解析:A项不符合。《中华人民共和国票据法》第二十七条规定,"出票人在汇票上记载'不得转让'字样的,汇票不得转让"。据此可知,若出票人甲公司出票时在汇票上记载了"不得转让"字样,则乙公司不能再背书转让。

B项不符合。该法第二十七条规定,"持票人可以将汇票权利转让给他人或者将一定的汇票权利授予他人行使……持票人行使第一款规定的权利时应当背书并交付汇票"。因此,乙公司作为持票人有权将该汇票背书转让给丙公司,无需经过甲公司的同意。

C项符合。该法第三十四条规定,"背书人在汇票上记载'不得转让'字样,其后手再背书转让的,原背书人对后手的被背书人不承担保证责任"。因此,乙公司在背书转让时,可以在汇票上记载"不得转让"字样。

D项不符合。该法第三十六条规定,"汇票被拒绝承兑、被拒绝付款或者超过付款提示期限的,不得背书转让;背书转让的,背书人应当承担汇票责任"。

故本题选C。

8. A 解析:《中华人民共和国民法典》第一千二百四十五条规定,"饲养的动物造成他人损害的,动物饲养人或者管理人应当承担侵权责任;但是,能够证明损害是因被侵权人故意或者重大过失造成的,可以不承担或者减轻责任"。故本题选A。

9. D 解析:《中华人民共和国民法典》第五百零二条第一款规定,"依法成立的合同,自成立时生效,但是法律另有规定或者当事人另有约定的除外"。因此,甲、丙两公司之间的买卖合同有效。该法第七百二十五条规定,"租赁物在承租人按照租赁合同占有期限内发生所有权变动的,不影响租赁合同的效力"。因此,甲、乙两公司之间的租赁合同继续有效。故本题选D。

点拨 买卖不破租赁,即在租赁关系存续期间,即使所有权人将租赁物让与他人,对租赁关系也不产生任何影响,买受人不能以其已成为租赁物的所有权人为由否认原租赁关系的存在并要求承租人返还租赁物。

10. B 解析:《中华人民共和国商业银行法》第三十八条规定:"商业银行应当按照中国人民银行规定的贷款利率的上下限,确定贷款利率"。A项说法正确,不选。

该法第三十五条第二款规定:"商业银行贷款,应当实行审贷分离、分级审批的制度"。B项说法错误,当选。

该法第四十一条规定:"任何单位和个人不得强令商业银行发放贷款或者提供担保。商业银行有权拒绝任何单位和个人强令要求其发放贷款或者提供担保"。C项说法正确,不选。

该法第三十六条规定:"商业银行贷款,借款人应当提供担保。商业银行应当对保证人的偿还能力,抵押物、质物的权属和价值以及实现抵押权、质权的可行性进行严格审查。经商业银行审查、评估,确认借款人资信良好,确能偿还贷款的,可以不提供担保"。D项说法正确,不选。

故本题选B。

11. C 解析:《中华人民共和国消费者权益保护法》第二十五条规定,"经营者采用网络、电视、电话、邮购等方式销售商品,消费者有权自收到商品之日起七日内退货,且无需说明理由,但下列商品除外:(一)消费者定作的;(二)鲜活易腐的;(三)在线下载或者消费者拆封的音像制品、计算机软件等数字化商品;(四)交付的报纸、期刊。除前款所列商品外,其他根据商品性质并经消费者在购买时确认不宜退货的商品,不适用无理由退货。消费者退货的商品应当完好。经营者应当自收到退回商品之日起七日内返还消费者支付的商品价款。退回商品的运费由消费者承担；经营者和消费者另有约定的，按照约定"。故本题选 C。

12. C 解析：《中华人民共和国民法典》第七百九十三条第一款规定，"建设工程施工合同无效，但是建设工程经验收合格的，可以参照合同关于工程价款的约定折价补偿承包人"。故本题选 C。

13. B 解析：《中华人民共和国民法典》第三百九十二条规定，"被担保的债权既有物的担保又有人的担保的，债务人不履行到期债务或者发生当事人约定的实现担保物权的情形，债权人应当按照约定实现债权；没有约定或者约定不明确，债务人自己提供物的担保的，债权人应当先就该物的担保实现债权；第三人提供物的担保的，债权人可以就物的担保实现债权，也可以请求保证人承担保证责任。提供担保的第三人承担担保责任后，有权向债务人追偿"。故本题选 B。

点拨 "人保+物保"的情况下，物保由主债务人提供，先就该"物保"实现债权；物保由第三人提供，可以先就"物保"实现债权，也可以先就"人保"实现债权。

14. C 解析：A、B 两项说法错误，C 项说法正确。《中华人民共和国反不正当竞争法》第十六条规定，"对涉嫌不正当竞争行为，任何单位和个人有权向监督检查部门举报，监督检查部门接到举报后应当依法及时处理。监督检查部门应当向社会公开受理举报的电话、信箱或者电子邮件地址，并为举报人保密。对实名举报并提供相关事实和证据的，监督检查部门应当将处理结果告知举报人"。

D 项说法错误。该法第九条规定，"经营者不得实施下列侵犯商业秘密的行为：（一）以盗窃、贿赂、欺诈、胁迫、电子侵入或者其他不正当手段获取权利人的商业秘密；（二）披露、使用或者允许他人使用以前项手段获取的权利人的商业秘密；（三）违反保密义务或者违反权利人有关保守商业秘密的要求，披露、使用或者允许他人使用其所掌握的商业秘密；（四）教唆、引诱、帮助他人违反保密义务或者违反权利人有关保守商业秘密的要求，获取、披露、使用或者允许他人使用权利人的商业秘密。经营者以外的其他自然人、法人和非法人组织实施前款所列违法行为的，视为侵犯商业秘密"。因此，举报人不可在举报中透露重大商业机密以佐证举报属实。

15. C 解析：土地经营权流转，是指在不改变土地所有权性质（国有或集体所有）和土地农业用途的前提下，原承包方依法将经营权或从经营权中分离出来的部分权利转移给他人的法律行为。所以甲流转土地流转的是土地的经营权，该公司是用土地的经营权作担保。A 项说法错误，C 项说法正确。

《中华人民共和国农村土地承包法》第四十七条第一款规定，"承包方可以用承包地的土地经营权向金融机构融资担保，并向发包方备案。受让方通过流转取得的土地经营权，经承包方书面同意并向发包方备案，可以向金融机构融资担保"。因此，该担保行为需要经过甲的书面同意。B 项说法错误。

该法第三十六条规定，"承包方可以自主决定依法采取出租（转包）、入股或者其他方式向他人流转土地经营权，并向发包方备案"。因此，甲的流转行为无需经本村集体经济组织书面同意。D 项说法错误。

故本题选 C。

16. B 解析：《中华人民共和国食品安全法》第一百四十八条规定，"消费者因不符合食品安全标准的食品受到损害的，可以向经营者要求赔偿损失，也可以向生产者要求赔偿损失。接到消费者赔偿要求的生产经营者，应当实行首负责任制，先行赔付，不得推诿；属于生产者责任的,经营者赔偿后有权向生产者追偿;属于经营者责任的,生产者赔偿后有权向经营者追偿。生产不符合食品安全标准的食品或者经营明知是不符合食品安全标准的食品,消费者除要求赔偿损失外,还可以向生产者或者经营者要求支付价款十倍或者损失三倍的赔偿金;增加赔偿的金额不足一千元的,为一千元。但是,食品的标签、说明书存在不影响食品安全且不会对消费者造成误导的瑕疵的除外"。故陈某可以向超市要求赔偿损失,还可以向超市要求支付价款(90元)的10倍的赔偿金,即900元。A、D两项判断正确。

该法第三十四条规定,"禁止生产经营下列食品、食品添加剂、食品相关产品:……(十)标注虚假生产日期、保质期或者超过保质期的食品、食品添加剂;……"销售过期食品是法律明确禁止的行为,由此产生的纠纷,由生产经营者承担责任,不能因消费者没有看清食品的生产日期而由消费者负主要责任。B项判断错误,C项判断正确。

故本题选B。

17. A 解析:财年,是指财政年度,又称预算年度,是指一个国家以法律规定为总结财政收支和预算执行过程的年度起讫时间。根据《中华人民共和国预算法》第十八条的规定,预算年度自公历1月1日起,至12月31日止。故本题选A。

18. B 解析:《中华人民共和国民法典》第五百八十六条规定,"当事人可以约定一方向对方给付定金作为债权的担保。定金合同自实际交付定金时成立。定金的数额由当事人约定;但是,不得超过主合同标的额的百分之二十,超过部分不产生定金的效力。实际交付的定金数额多于或者少于约定数额的,视为变更约定的定金数额"。定金未支付的,定金合同未生效,不会构成合同违约,不需要承担违约责任。A、C、D三项说法均错误。

该法第五百八十七条规定,"债务人履行债务的,定金应当抵作价款或者收回。给付定金的一方不履行债务或者履行债务不符合约定,致使不能实现合同目的的,无权请求返还定金;收受定金的一方不履行债务或者履行债务不符合约定,致使不能实现合同目的的,应当双倍返还定金"。B项说法正确。

故本题选B。

19. A 解析:《中华人民共和国刑事诉讼法》第五十一条规定,"公诉案件中被告人有罪的举证责任由人民检察院承担,自诉案件中被告人有罪的举证责任由自诉人承担"。

20. C 解析:《中华人民共和国消费者权益保护法》第七条规定,"消费者在购买、使用商品和接受服务时享有人身、财产安全不受损害的权利。消费者有权要求经营者提供的商品和服务,符合保障人身、财产安全的要求"。此条是关于消费者财产安全权的规定。本题中,银行维护的是王先生的财产安全权。故本题选C。

21. B 解析:《中华人民共和国劳动合同法》第三十九条规定,"劳动者有下列情形之一的,用人单位可以解除劳动合同:(一)在试用期间被证明不符合录用条件的;(二)严重违反用人单位的规章制度的;(三)严重失职,营私舞弊,给用人单位造成重大损害的;(四)劳动者同时与其他用人单位建立劳动关系,对完成本单位的工作任务造成严重影响,或者经用人单位提出,拒不改正的;(五)因本法第二十六条第一款第一项规定的情形致使劳动合同无效的;(六)被依法追究刑事责任的"。

22. C 解析:《中华人民共和国合伙企业法》第十六条规定,"合伙人可以用货币、实物、知识产权、土地使用权或者其他财产权利出资,也可以用劳务出资。合伙人以实物、知识产权、土地使用权或者其他财产权利出资,需要评估作价的,可以由全体合伙人协商确定,也可以由全体合伙人委托法定评估机构评估。合伙人以劳务出资的,其评估办法由全体合伙人协商确定,并在合伙协议中载明"。本题中,周文用土地使用权出资,郑武和李元用货币出资,张天是劳务出资,所以四人都是该工厂合伙人。

23. A 解析:根据《中华人民共和国企业所得税法》第五十四条的规定,企业所得税分月或者分季预缴。企业应当自月份或者季度终了之日起15日内,向税务机关报送预缴企业所得税纳税申报表,预缴税款。企业应当自年度终了之日起5个月内,向税务机关报送年度企业所得税纳税申报表,并汇算清缴,结清应缴应退税款。企业在报送企业所得税纳税申报表时,应当按照规定附送财务会计报告和其他有关资料。A项表述错误,B项表述正确。根据该法第五十五条的规定,企业在年度中间终止经营活动的,应当自实际经营终止之日起60日内,向税务机关办理当期企业所得税汇算清缴。企业应当在办理注销登记前,就其清算所得向税务机关申报并依法缴纳企业所得税。C项表述正确。根据该法第五十三条的规定,企业所得税按纳税年度计算。纳税年度自公历1月1日起至12月31日止。D项表述正确。

24. D 解析:《中华人民共和国民法典》第一千零三十三条规定,"除法律另有规定或者权利人明确同意外,任何组织或者个人不得实施下列行为:(一)以电话、短信、即时通讯工具、电子邮件、传单等方式侵扰他人的私人生活安宁;(二)进入、拍摄、窥视他人的住宅、宾馆房间等私密空间;(三)拍摄、窥视、窃听、公开他人的私密活动;(四)拍摄、窥视他人身体的私密部位;(五)处理他人的私密信息;(六)以其他方式侵害他人的隐私权"。该法第一千零三十四条规定,"自然人的个人信息受法律保护。个人信息是以电子或者其他方式记录的能够单独或者与其他信息结合识别特定自然人的各种信息,包括自然人的姓名、出生日期、身份证件号码、生物识别信息、住址、电话号码、电子邮箱、健康信息、行踪信息等。个人信息中的私密信息,适用有关隐私权的规定;没有规定的,适用有关个人信息保护的规定"。《中华人民共和国个人信息保护法》第十条规定:"任何组织、个人不得非法收集、使用、加工、传输他人个人信息,不得非法买卖、提供或者公开他人个人信息;不得从事危害国家安全、公共利益的个人信息处理活动"。A、B、C三项均违反法律规定。

《中华人民共和国个人信息保护法》第十三条规定,"符合下列情形之一的,个人信息处理者方可处理个人信息:(一)取得个人的同意;(二)为订立、履行个人作为一方当事人的合同所必需,或者按照依法制定的劳动规章制度和依法签订的集体合同实施人力资源管理所必需;(三)为履行法定职责或者法定义务所必需;(四)为应对突发公共卫生事件,或者紧急情况下为保护自然人的生命健康和财产安全所必需;(五)为公共利益实施新闻报道、舆论监督等行为,在合理的范围内处理个人信息;(六)依照本法规定在合理的范围内处理个人自行公开或者其他已经合法公开的个人信息;(七)法律、行政法规规定的其他情形。依照本法其他有关规定,处理个人信息应当取得个人同意,但是有前款第二项至第七项规定情形的,不需取得个人同意"。D项符合法律规定,当选。

故本题选D。

25. C 解析:根据《中华人民共和国企业破产法》第四十一条的规定,人民法院受理破产申请后发生的下列费用,为破产费用:①破产案件的诉讼费用;②管理、变价和分配债务人财产的费用;③管理人执行职务的费用、报酬和聘用工作人员的费用。A、B、D三项均属于共益债务。

26. C 解析:《中华人民共和国行政复议法》第十一条规定,"有下列情形之一的,公民、法人或者其他组织可以依照本法申请行政复议:(一)对行政机关作出的行政处罚决定不服;

(二)对行政机关作出的行政强制措施、行政强制执行决定不服;(三)申请行政许可,行政机关拒绝或者在法定期限内不予答复,或者对行政机关作出的有关行政许可的其他决定不服;(四)对行政机关作出的确认自然资源的所有权或者使用权的决定不服;(五)对行政机关作出的征收征用决定及其补偿决定不服;(六)对行政机关作出的赔偿决定或者不予赔偿决定不服;(七)对行政机关作出的不予受理工伤认定申请的决定或者工伤认定结论不服;(八)认为行政机关侵犯其经营自主权或者农村土地承包经营权、农村土地经营权;(九)认为行政机关滥用行政权力排除或者限制竞争;(十)认为行政机关违法集资、摊派费用或者违法要求履行其他义务;(十一)申请行政机关履行保护人身权利、财产权利、受教育权利等合法权益的法定职责,行政机关拒绝履行、未依法履行或者不予答复;(十二)申请行政机关依法给付抚恤金、社会保险待遇或者最低生活保障等社会保障,行政机关没有依法给付;(十三)认为行政机关不依法订立、不依法履行、未按照约定履行或者违法变更、解除政府特许经营协议、土地房屋征收补偿协议等行政协议;(十四)认为行政机关在政府信息公开工作中侵犯其合法权益;(十五)认为行政机关的其他行政行为侵犯其合法权益"。故本题选C。

27. D　解析:根据《中华人民共和国政府采购法》第十条的规定,政府采购应当采购本国货物、工程和服务。但有下列情形之一的除外:①需要采购的货物、工程或者服务在中国境内无法获取或者无法以合理的商业条件获取的;②为在中国境外使用而进行采购的;③其他法律、行政法规另有规定的。

28. B　解析:《中华人民共和国立法法》对全国人民代表大会及其常务委员会的立法程序进行了基本的规定。全国人民代表大会及其常务委员会的立法程序主要有以下四个步骤:法律议案的提出、法律草案的审议、法律议案的表决和通过、法律的公布。其他的立法程序一般参照进行。

29. D　解析:《中华人民共和国行政诉讼法》第十九条规定,"对限制人身自由的行政强制措施不服提起的诉讼,由被告所在地或者原告所在地人民法院管辖"。

30. B　解析:《中华人民共和国民法典》第五百一十三条规定,"执行政府定价或者政府指导价的,在合同约定的交付期限内政府价格调整时,按照交付时的价格计价。逾期交付标的物的,遇价格上涨时,按照原价格执行;价格下降时,按照新价格执行。逾期提取标的物或者逾期付款的,遇价格上涨时,按照新价格执行;价格下降时,按照原价格执行"。故本题选B。

二、多项选择题

1. BCD　解析:根据《中华人民共和国商业银行法》第三条的规定,商业银行可以经营下列部分或者全部业务:①吸收公众存款;②发放短期、中期和长期贷款;③办理国内外结算;④办理票据承兑与贴现;⑤发行金融债券;⑥代理发行、代理兑付、承销政府债券;⑦买卖政府债券、金融债券;⑧从事同业拆借;⑨买卖、代理买卖外汇;⑩从事银行卡业务;⑪提供信用证服务及担保;⑫代理收付款项及代理保险业务;⑬提供保管箱服务;⑭经国务院银行业监督管理机构批准的其他业务。经营范围由商业银行章程规定,报国务院银行业监督管理机构批准。商业银行经中国人民银行批准,可以经营结汇、售汇业务。

A项属于中央银行"国家的银行"职能。故本题选BCD。

2. ABD　解析:A项符合。《中华人民共和国个人信息保护法》第七条规定,"处理个人信息应当遵循公开、透明原则,公开个人信息处理规则,明示处理的目的、方式和范围"。

B项符合。该法第十五条规定,"基于个人同意处理个人信息的,个人有权撤回其同意。个人信息处理者应当提供便捷的撤回同意的方式。个人撤回同意,不影响撤回前基于个人同意已进行的个人信息处理活动的效力"。

C项不符合。该法第十三条规定,"符合下列情形之一的,个人信息处理者方可处理个人信息:(一)取得个人的同意;(二)为订立、履行个人作为一方当事人的合同所必需,或者按照依法制定的劳动规章制度和依法签订的集体合同实施人力资源管理所必需;……(七)法律、行政法规规定的其他情形。依照本法其他有关规定,处理个人信息应当取得个人同意,但是有前款第二项至第七项规定情形的,不需取得个人同意"。可见,不需取得个人同意的情形还有很多,C项说法不全面。

D项符合。该法第六条规定,"处理个人信息应当具有明确、合理的目的,并应当与处理目的直接相关,采取对个人权益影响最小的方式。收集个人信息,应当限于实现处理目的的最小范围,不得过度收集个人信息"。可见,处理个人信息不得超出正当需要,收集范围、保存期限等均应按照最小必要原则确定。

故本题选ABD。

3. **ABD** 解析:《中华人民共和国保险法》第六十八条规定,"设立保险公司应当具备下列条件:(一)主要股东具有持续盈利能力,信誉良好,最近三年内无重大违法违规记录,净资产不低于人民币二亿元;(二)有符合本法和《中华人民共和国公司法》规定的章程;(三)有符合本法规定的注册资本;(四)有具备任职专业知识和业务工作经验的董事、监事和高级管理人员;(五)有健全的组织机构和管理制度;(六)有符合要求的营业场所和与经营业务有关的其他设施;(七)法律、行政法规和国务院保险监督管理机构规定的其他条件"。该法第七十条规定,"申请设立保险公司,应当向国务院保险监督管理机构提出书面申请,并提交下列材料:(一)设立申请书,申请书应当载明拟设立的保险公司的名称、注册资本、业务范围等;(二)可行性研究报告;(三)筹建方案;(四)投资人的营业执照或者其他背景资料,经会计师事务所审计的上一年度财务会计报告;(五)投资人认可的筹备组负责人和拟任董事长、经理名单及本人认可证明;(六)国务院保险监督管理机构规定的其他材料"。可知,A、B、D三项都属于申请设立保险公司应提交的材料,而非应当具备的条件。故本题选ABD。

4. **ABCD** 解析:票据具有以下功能:

(1)汇兑作用。汇兑即异地支付,通常由汇款人将款项交存银行,由银行作为出票人将签发的汇票寄往异地或交持票人持往异地,持票人向异地银行兑取现金或凭此办理转账结算。D项当选。

(2)支付与结算作用。票据最早是作为支付工具出现的。汇票和支票是委托他人付款,本票则是出票人自己付款。这是票据最原始、最简单的作用。结算作用是在经济交往中,当双方当事人互为债权人与债务人时,可运用票据进行结算,以抵销债务,这样做既手续简便,又迅速和安全。B项当选。

(3)融资作用。票据的融资作用主要是通过票据贴现来实现的。票据贴现是指未到期票据的买卖行为,持有未到期票据的人通过卖出票据得到现款。A项当选。

(4)替代货币作用。票据作为支付工具和结算工具,代替了现金支付和以现金为内容的结算。票据的背书,使票据像货币一样得以流通。因此,票据也被形象地称为"商人的货币"。

(5)信用作用。这是票据作为商业信用工具的体现。当事人进行贸易时,可以使用票据进行结算,并约定一定期限付款。在票据到期之前,票据的持有人可以利用出票人和承兑人的信用转让票据。实际上持票人就取得了一定时期的信用关系,他既可以向银行办理票据贴现,也可以通过背书将票据转让给他人。对于信用欠佳的当事人,还可以利用信用较好的当事人所签发、承兑或保证付款的票据进行支付,使其经济活动得以开展。C项当选。

故本题选 ABCD。

5. ACD 解析:《中华人民共和国票据法》第十三条规定,"票据债务人不得以自己与出票人或者与持票人的前手之间的抗辩事由,对抗持票人。但是,持票人明知存在抗辩事由而取得票据的除外。票据债务人可以对不履行约定义务的与自己有直接债权债务关系的持票人,进行抗辩。本法所称抗辩,是指票据债务人根据本法规定对票据债权人拒绝履行义务的行为"。由此可知,甲银行不得以 X 公司尚欠其贷款未还为由拒绝付款,但可以 Y 公司尚欠其贷款为由拒绝付款。A项说法错误,B项说法正确。

根据票据行为的无因性,票据上的法律关系是一种金钱给付关系,票据权利基于有效票据而产生。民商事关系无效或有瑕疵,均不影响票据行为的效力。因此,虽然 Y 公司交付的货物存在质量问题,但是 X 公司也无权以此为由请求甲银行止付。C项说法错误。

根据票据行为的无因性,即使票据原因关系无效或有瑕疵,均不影响票据行为的效力。付款人在进行付款时,只需对所提示的票据进行形式审查,并无实质审查义务。付款人在履行法定审查义务后进行的付款是有效付款,即使发生错付,可善意免责。D项说法错误。

点拨 票据的无因性是票据的一个重要特征,所谓无因,是指票据权利仅以票据法的规定发生,而不需考虑票据权利发生的原因或基础。只要权利人持有票据,就享有票据权利,就可以行使票据上的权利。

付款人的审查义务,从其审查的内容来看,可以分为形式审查义务与实质审查义务两个方面。形式审查是指对票据的外观形式即票据的记载事项进行的审查,而不涉及票据外的其他事实或者有关情况的审查。实质审查则是指从考察持票人是否为真实的票据权利人角度对票据所进行的审查,也就是从票据关系以外的非票据关系(如票据基础关系角度)对票据持票人所作的审查。

6. AB 解析:《中华人民共和国票据法》第八十一条规定,"支票是出票人签发的,委托办理支票存款业务的银行或其他金融机构在见票时无条件支付确定的金额给收款人或持票人的票据"。A项说法正确。

该法第八十五条规定,"支票上的金额可以由出票人授权补记,未补记前的支票,不得使用"。B项说法正确。

在同一票据交换区内,转账支票和普通支票可以背书转让,现金支票不得背书转让。C项说法错误。

该法第八十六条第三款规定,"出票人可以在支票上记载自己为收款人"。D项说法错误。

故本题选 AB。

7. BCD 解析:《中华人民共和国民法典》第四百零三条规定,"以动产抵押的,抵押权自抵押合同生效时设立;未经登记,不得对抗善意第三人"。该法第四百零四条规定,"以动产抵押的,不得对抗正常经营活动中已经支付合理价款并取得抵押财产的买受人"。本题中,生产设备、原材料、半成品均为动产,虽未办理抵押登记,但已签订抵押合同,故抵押权已经设立。Z 公司为善意第三人,其已经支付合理价款并取得抵押财产,因此该抵押权不能对抗 Z 公司,Y 银行无权对Z公司从公司购买的生产设备行使抵押权。A项说法正确，B、C、D三项说法均错误。故本题选BCD。

点拨 在以动产抵押的时候，即便抵押权人已办了登记，该抵押权也不得对抗正常经营活动中已支付合理价款并取得抵押财产的买受人。如果抵押人和抵押权人约定了禁止转让抵押财产(无论是否在登记簿上记载)，只要抵押人转让了抵押财产且买受人属于《中华人民共和国民法典》规定的买受人，则抵押权就不得对抗该买受人，即失去追及效力。但是，抵押人违反禁止转让抵押财产的约定的行为仍然是违约行为，其应当向抵押权人承担违约责任。

8. CD 解析：《中华人民共和国商业银行法》第二十九条规定，"商业银行办理个人储蓄存款业务，应当遵循存款自愿、取款自由、存款有息、为存款人保密的原则。对个人储蓄存款，商业银行有权拒绝任何单位或者个人查询、冻结、扣划，但法律另有规定的除外"。A、B两项说法错误，不选；C项说法正确，当选。

该法第三十三条规定，"商业银行应当保证存款本金和利息的支付，不得拖延、拒绝支付存款本金和利息"。D项说法正确，当选。

故本题选CD。

9. BD 解析：A项是自伤自残行为，C项属于个人行为，A、C两项不属于国家赔偿范围。B项，行政机关不作为造成损害的，属于国家赔偿的范围。D项，没有及时采取保全措施造成申请人损失的，是法院的过错，属于国家赔偿的范围。

10. AC 解析：共同危险行为又叫准共同侵权行为，是指数人共同实施危及他人人身安全的行为并造成损害结果，而实际侵害行为人又无法确定的侵权行为。《中华人民共和国民法典》第一千一百六十八条规定，"二人以上共同实施侵权行为，造成他人损害的，应当承担连带责任"。本题中，致伤的石头无法分辨是小李还是小张掷的，但双方都掷了一些石头，构成共同危险行为，应共同承担损害赔偿责任。

该法第一千一百八十八条第一款规定，"无民事行为能力人、限制民事行为能力人造成他人损害的，由监护人承担侵权责任。监护人尽到监护职责的，可以减轻其侵权责任"。小李为限制民事行为能力人，小张为无民事行为能力人，均应由其监护人承担赔偿责任。

巩固提升训练

一、单项选择题

1. D 解析：财产安全权是指金融消费者在购买金融产品和接受金融服务过程中依法享有财产不受侵害的权利。金融机构应当审慎经营，不得挪用、占用客户资金。A项与题干表述不符，不选。

自主选择权是指金融消费者享有自行决定是否购买金融产品或接受金融服务的权利。金融机构应当充分尊重消费者意愿，由消费者自主选择、自行决定，不得强买强卖。B项与题干表述不符，不选。

公平交易权是指金融消费者办理金融业务时享有公正、平等交易的权利。金融机构不得设置违反公平原则的交易条件，如在格式合同中不得加重金融消费者责任、不得限制金融消费者寻求法律救济途径。C项与题干表述不符，不选。

信息安全权是指金融消费者在购买、使用金融产品和接受金融服务时，享有个人信息依法得到保护的权利。金融机构应当采取有效措施保障金融消费者的信息安全。银行保险机构应当加强从业人员行为管理,禁止违规查询、下载、复制、存储、篡改消费者个人信息。从业人员不得超出自身职责和权限非法处理和使用消费者个人信息。本题中,银行工作人员违规查询了老吴妻子的信息,侵害了老吴妻子的信息安全权。D项当选。

2. B 解析:A项不选。职务侵占罪是指公司、企业或者其他单位的工作人员,利用职务上的便利,将本单位财物非法占为己有,数额较大的行为。

B项当选。破坏金融管理秩序罪是《中华人民共和国刑法》规定的破坏社会主义经济秩序罪中的一个犯罪类别。破坏金融管理秩序罪具体包括5个部分、24种罪名,具体罪名有伪造货币罪、逃汇罪、洗钱罪,等等。

C项不选。金融诈骗罪是《中华人民共和国刑法》规定的破坏社会主义市场经济秩序罪中的一个犯罪类别,具体包括集资诈骗罪、贷款诈骗罪、有价证券诈骗罪,等等。

D项不选。根据《中华人民共和国刑法》第二百七十二条的规定,挪用资金罪是指公司、企业或者其他单位的工作人员,利用职务上的便利,挪用本单位资金归个人使用或者借贷给他人,数额较大、超过3个月未还的,或者虽未超过3个月,但数额较大、进行营利活动的,或者进行非法活动的行为。

3. B 解析:《中华人民共和国民法典》第五百二十三条规定:"当事人约定由第三人向债权人履行债务,第三人不履行债务或者履行债务不符合约定的,债务人应当向债权人承担违约责任。"

4. B 解析:《中华人民共和国民法典》第一千一百二十四条规定:"继承开始后,继承人放弃继承的,应当在遗产处理前,以书面形式作出放弃继承的表示;没有表示的,视为接受继承。受遗赠人应当在知道受遗赠后六十日内,作出接受或者放弃受遗赠的表示;到期没有表示的,视为放弃受遗赠。"故本题选B。

5. C 解析:《中华人民共和国票据法》第三十三条第一款规定:"背书不得附有条件。背书时附有条件的,所附条件不具有汇票上的效力。"故本题选C。

6. D 解析:不正当竞争行为是指,经营者在市场经营活动中违反法律或公认的商业道德而实施的妨碍经营者之间的公平竞争,侵害经营者、消费者合法权益,破坏市场经济秩序的行为。其主要表现有以下几项:①导致混淆的行为,如假冒他人的注册商标,假冒他人的企业名称,擅自使用知名商品特有的名称、包装、装潢或使用与知名商品相近似的名称、包装、装潢;②错误引导的行为,如对商品作引人误解的标志或虚假宣传;③商业贿赂的行为;④侵犯商业秘密的行为;⑤不正当有奖销售的行为;⑥诋毁竞争对手商誉的行为。

本题中①属于混淆行为,当选;②属于虚假宣传,当选;③④属于商业贿赂,当选。故本题选D。

7. B 解析:A项不选。获得赔偿权是指当公民、法人或其他组织的合法权利受到他人的不法侵害而导致人身、财产受到损失时,可依法要求侵权人予以赔偿。

B项当选。社会经济权利是指公民依照宪法的规定所享有的经济物质利益的权利,是公民实现其他权利的物质保障。公民的社会经济权利大体包括公民的财产权、生存权、继承权、劳动权、休息权、获得物质帮助的权利等具体权利。

C项不选。文化教育权利是指公民根据宪法的规定,在教育和文化领域享有的权利和自由。

D项不选。人格权是指为民事主体所固有而由法律直接赋予民事主体所享有的各种人身权利。公民的人格权包括生命权、身体权、健康权、人身自由权、隐私权、名誉权、荣誉权、名称权、姓名权、肖像权、身份权、配偶权等。

8. D 解析：《中华人民共和国民法典》第五百二十六条规定："当事人互负债务，有先后履行顺序，应当先履行债务一方未履行的，后履行一方有权拒绝其履行请求。先履行一方履行债务不符合约定的，后履行一方有权拒绝其相应的履行请求。"此条款是关于"先履行抗辩权"的规定。故本题选D。

9. C 解析：《中华人民共和国民法典》第四百二十九条规定："质权自出质人交付质押财产时设立。"本题中，乙并未向甲交付钻戒，因此质权并未设立，甲未取得该钻戒的质权。乙将钻戒卖给丙，丙取得了钻戒所有权，甲不能要求丙返还该钻戒。故本题选C。

10. D 解析：《中华人民共和国商业银行法》第十九条规定："商业银行根据业务需要可以在中华人民共和国境内外设立分支机构。设立分支机构必须经国务院银行业监督管理机构审查批准。在中华人民共和国境内的分支机构，不按行政区划设立。"B、C两项错误。该法第二十二条规定："商业银行对其分支机构实行全行统一核算，统一调度资金，分级管理的财务制度。商业银行分支机构不具有法人资格，在总行授权范围内依法开展业务，其民事责任由总行承担。"A项错误，D项正确。

11. D 解析：《中华人民共和国反垄断法》第二条规定："中华人民共和国境内经济活动中的垄断行为，适用本法；中华人民共和国境外的垄断行为，对境内市场竞争产生排除、限制影响的，适用本法。"即在反垄断法适用的地域范围方面，我国采取的原则是"属地原则+效果原则"。故本题选D。

12. A 解析：《中华人民共和国民法典》第二百零九条第一款规定："不动产物权的设立、变更、转让和消灭，经依法登记，发生效力；未经登记，不发生效力，但是法律另有规定的除外。"房屋属于不动产，产权的变更经登记发生效力，本题中未进行产权变更登记，房屋应归钟某所有。故本题选A。

13. C 解析：《中华人民共和国民法典》第十七条规定："十八周岁以上的自然人为成年人。不满十八周岁的自然人为未成年人。"该法第一千二百零一条规定："无民事行为能力人或者限制民事行为能力人在幼儿园、学校或者其他教育机构学习、生活期间，受到幼儿园、学校或者其他教育机构以外的第三人人身损害的，由第三人承担侵权责任；幼儿园、学校或者其他教育机构未尽到管理职责的，承担相应的补充责任。幼儿园、学校或者其他教育机构承担补充责任后，可以向第三人追偿。"本题中，小李今年12岁，属于限制民事行为能力人。根据法律规定，小李在该课外辅导机构受到第三人周某人身损害，应由周某承担侵权责任，辅导机构承担补充责任。C项说法正确。

14. C 解析：根据《中华人民共和国民法典》第四百四十条的规定，债务人或者第三人有权处分的下列权利可以出质：①汇票、支票、本票；②债券、存款单；③仓单、提单；④可以转让的基金份额、股权；⑤可以转让的注册商标专用权、专利权、著作权等知识产权中的财产权；⑥现有的以及将有的应收账款；⑦法律、行政法规规定可以出质的其他财产权利。因此，本题中，①③④可以进行质押担保。

隐私权属于人身权，与人身不可分离，不能转让。本题中，②不可以进行质押担保。

15. B 解析：人身自由权，是公民依法享有的与人身直接相关的权利，包括人身自由不受侵犯，人格尊严不受侵犯，住宅不受侵犯，通信自由和通信秘密不受侵犯等。根据《中华人民共和国宪法》第三十九条的规定，中华人民共和国公民的住宅不受侵犯，禁止非法搜查或者非法侵入公民的住宅。

16. B 解析：A、C、D三项不选。《中华人民共和国宪法》第三十四条规定，"中华人民共和国年满十八周岁的公民，不分民族、种族、性别、职业、家庭出身、宗教信仰、教育程度、财产状况、居住期限，都有选举权和被选举权；但是依照法律被剥夺政治权利的人除外"。本题中，甲不满十八周岁，丙没有中国国籍，丁被剥夺了政治权利，在我国均不享有选举权。B项当选。精神病人也具有选举权，但不能行使选举权利的，经选举委员会确认，不列入选民名单。

17. B 解析：《中华人民共和国民法典》第三百一十八条规定，"遗失物自发布招领公告之日起1年内无人认领的，归国家所有"。故本题选B。

18. C 解析：《中华人民共和国民法典》第二十八条规定，"无民事行为能力或者限制民事行为能力的成年人，由下列有监护能力的人按顺序担任监护人：(一)配偶；(二)父母、子女；(三)其他近亲属；(四)其他愿意担任监护人的个人或者组织，但是须经被监护人住所地的居民委员会、村民委员会或者民政部门同意"。郑某的配偶王某是第一顺位监护人，故由其担任郑某的监护人。故本题选C。

19. D 解析：法是统治阶级进行阶级统治的工具，体现的是统治阶级的意志，这是法的本质。

20. D 解析：根据《中华人民共和国公司法》第二百六十五条的规定，控股股东，是指其出资额占有限责任公司资本总额超过50%或者其持有的股份占股份有限公司股本总额超过50%的股东；出资额或者持有股份的比例虽然低于50%，但依其出资额或者持有的股份所享有的表决权已足以对股东会的决议产生重大影响的股东。本题中，该公司实缴资本为260万元，甲出资160万元，甲的出资额超过公司资本总额的50%，是公司的控股股东。故本题选D。

21. C 解析：《中华人民共和国商业银行法》第三十七条规定，"商业银行贷款，应当与借款人订立书面合同。合同应当约定贷款种类、借款用途、金额、利率、还款期限、还款方式、违约责任和双方认为需要约定的其他事项"。A项错误，不选。

商业银行的不良贷款包括呆账贷款、呆滞贷款和逾期贷款。呆账贷款，指按财政部有关规定确认为无法偿还，而列为呆账的贷款；呆滞贷款，指逾期(展期后到期仍未归还)超过2年仍未归还的贷款；逾期贷款，指借款合同约定到期(含展期后到期)未归还的贷款。B项中，借款合同到期未偿还，经展期后到期仍未偿还的贷款属于逾期贷款。B项错误，不选。

选择贷款对象属于商业银行的自主经营权的范畴，不受政府部门的强制。该法第四十一条规定，"任何单位和个人不得强令商业银行发放贷款或者提供担保。商业银行有权拒绝任何单位和个人强令要求其发放贷款或者提供担保"。本题中，商业银行对政府部门强令贷款的要求有权拒绝。C项正确，当选。

该法第四十条第一款规定，"商业银行不得向关系人发放信用贷款；向关系人发放担保贷款的条件不得优于其他借款人同类贷款的条件"。由此可知，商业银行可以向关系人发放担保贷款，不能发放信用贷款。D项错误，不选。

22. B 解析：《中华人民共和国刑法》第一百七十七条规定，"有下列情形之一，伪造、变造金融票证的，处五年以下有期徒刑或者拘役，并处或者单处二万元以上二十万元以下罚金；情节严重的，处五年以上十年以下有期徒刑，并处五万元以上五十万元以下罚金；情节特别严重的，处十年以上有期徒刑或者无期徒刑，并处五万元以上五十万元以下罚金或者没收财产：(一)伪造、变造汇票、本票、支票的；(二)伪造、变造委托收款凭证、汇款凭证、银行存单等其他银行结算凭证的;(三)伪造、变造信用证或者附随的单据、文件的;(四)伪造信用卡的……"。故本题选 B。

23. A 解析:赠与合同是诺成合同,自 2024 年 10 月 8 日双方达成赠与合意时成立。A 项正确,C 项错误。《中华人民共和国民法典》第二百二十五条规定,"船舶、航空器和机动车等的物权的设立、变更、转让和消灭,未经登记,不得对抗善意第三人",即对于船舶、航空器和机动车等动产物权的设立、变更、转让和消灭,其所有权的转移仍以交付为生效要件,而不以登记为生效要件。本题中,甲将汽车交付给乙时,汽车所有权即发生转移。B 项错误。该法第六百六十二条第二款规定,"赠与人故意不告知赠与财产有瑕疵或者保证无瑕疵,造成受赠人损失的,应当承担损害赔偿责任"。D 项错误。故本题选 A。

24. B 解析:《中华人民共和国劳动合同法》第三十八条规定,"用人单位有下列情形之一的,劳动者可以解除劳动合同:(一)未按照劳动合同约定提供劳动保护或者劳动条件的;(二)未及时足额支付劳动报酬的;(三)未依法为劳动者缴纳社会保险费的;(四)用人单位的规章制度违反法律、法规的规定,损害劳动者权益的;(五)因本法第二十六条第一款规定的情形致使劳动合同无效的;(六)法律、行政法规规定劳动者可以解除劳动合同的其他情形。用人单位以暴力、威胁或者非法限制人身自由的手段强迫劳动者劳动的,或者用人单位违章指挥、强令冒险作业危及劳动者人身安全的,劳动者可以立即解除劳动合同,不需事先告知用人单位"。A、C、D 三项,劳动者可随时通知用人单位解除劳动合同。故本题选 B。

25. C 解析:商业银行破产清算时,在支付清算费用、所欠职工工资和劳动保险费用后,应当优先支付个人储蓄存款的本金和利息。故本题选 C。

26. A 解析:根据《中华人民共和国个人所得税法》第四条的规定,下列各项个人所得,免征个人所得税:①省级人民政府、国务院部委和中国人民解放军军以上单位,以及外国组织、国际组织颁发的科学、教育、技术、文化、卫生、体育、环境保护等方面的奖金;②国债和国家发行的金融债券利息;③按照国家统一规定发给的补贴、津贴;④福利费、抚恤金、救济金;⑤保险赔款;⑥军人的转业费、复员费、退役金;⑦按照国家统一规定发给干部、职工的安家费、退职费、基本养老金或者退休费、离休费、离休生活补助费;⑧依照有关法律规定应予免税的各国驻华使馆、领事馆的外交代表、领事官员和其他人员的所得;⑨中国政府参加的国际公约、签订的协议规定免税的所得;⑩国务院规定的其他免税所得。故本题选 A。

27. C 解析:A 项,保险经纪人是专门从事保险经纪活动的单位,而不能是个人;B 项,保险经纪机构不得同时向投保人和保险人双方收取佣金;C 项,保险经纪人代表投保人的利益从事保险经纪行为,应当按照投保人的要求和指示行事,维护投保人、被保险人利益;D 项,保险经纪人既不是保险合同的当事人,也不是任何一方的代理人。

点拨 应注意保险代理人和保险经纪人的区别。保险代理人是根据保险人的委托,向保险人收取佣金,并在保险人授权的范围内代为办理保险业务的机构和个人。保险经纪人是指基于投保人的利益,为投保人与保险人订立保险合同提供中介服务,并依法收取佣金的机构。二者的对比如下表所示。

对比项目	保险代理人	保险经纪人
性质	可以是单位,也可以是个人	只能是单位

(续表)

对比项目	保险代理人	保险经纪人
地位	保险人的代理人	(1)既不是保险合同的当事人,也不是任何一方的代理人 (2)代表投保人的利益,按照投保人的要求和指示行事,维护投保人、被保险人的利益
名义	以保险人的名义	以自己的名义
佣金	由保险人支付	一般由保险人支付,可以依合同约定由投保人支付,但不得同时向投保人和保险人双方收取佣金

28. A 解析:《中华人民共和国信托法》第四十三条规定,"受益人是在信托中享有信托受益权的人。受益人可以是自然人、法人或者依法成立的其他组织。委托人可以是受益人,也可以是同一信托的唯一受益人。受托人可以是受益人,但不得是同一信托的唯一受益人"。故本题选 A。

29. D 解析:单独或者通过合谋,集中资金优势、持股优势或者利用信息优势联合或者连续买卖证券,影响或者意图影响证券交易价格或证券交易量,属于操纵证券市场的行为。

30. D 解析:《中华人民共和国银行业监督管理法》第三十四条第一款规定,"银行业监督管理机构根据审慎监管的要求,可以采取下列措施进行现场检查:(一)进入银行业金融机构进行检查;(二)询问银行业金融机构的工作人员,要求其对有关检查事项作出说明;(三)查阅、复制银行业金融机构与检查事项有关的文件、资料,对可能被转移、隐匿或者毁损的文件、资料予以封存;(四)检查银行业金融机构运用电子计算机管理业务数据的系统"。A、B、C 三项不选。银行业监督管理机构并没有直接冻结银行业金融机构账户资金的权利,冻结账户资金通常需要法院或其他有权机关的批准。故本题选 D。

31. D 解析:《中华人民共和国反洗钱法》第三十四条规定,"金融机构应当按照规定建立客户身份资料和交易记录保存制度。在业务关系存续期间,客户身份信息发生变更的,应当及时更新。客户身份资料在业务关系结束后、客户交易信息在交易结束后,应当至少保存十年。金融机构解散、被撤销或者被宣告破产时,应当将客户身份资料和客户交易信息移交国务院有关部门指定的机构"。故本题选 D。

32. B 解析:A 项不选。《中华人民共和国立法法》第七十二条第一款规定,"省、自治区、直辖市的人民代表大会及其常务委员会根据本行政区域的具体情况和实际需要,在不同宪法、法律、行政法规相抵触的前提下,可以制定地方性法规"。由此可知,行政法规的效力高于地方性法规。

B 项当选。该法第九十一条规定,"部门规章之间、部门规章与地方政府规章之间具有同等效力,在各自的权限范围内施行"。

C 项不选。该法第九十三条规定,"法律、行政法规、地方性法规、自治条例和单行条例、规章不溯及既往,但为了更好地保护公民、法人和其他组织的权利和利益而作的特别规定除外"。

D 项不选。该法第九十四条规定,"法律之间对同一事项的新的一般规定与旧的特别规定不一致,不能确定如何适用时,由全国人民代表大会常务委员会裁决。行政法规之间对同一事项的新的一般规定与旧的特别规定不一致,不能确定如何适用时,由国务院裁决"。

33. C 解析:《中华人民共和国中国人民银行法》第二条规定,"中国人民银行是中华人民共和国的中央银行。中国人民银行在国务院领导下,制定和执行货币政策,防范和化解金融风险,维护金融稳定"。

34. B 解析:肖像权是指公民可以同意或不同意他人利用自己肖像的权利。影楼的做法侵犯了李某的肖像权。故本题选B。

35. C 解析:A、B两项说法错误。基于合同的相对性,合同的效力范围仅限于合同当事人之间,一方不能向与其无合同关系的第三人提出合同上的请求。乙和丙之间并没有合同法律关系,乙不可以向丙主张其损失。另外,合同是甲、乙双方真实意思表示,并无欺诈,所以乙不可以向甲主张欺诈,但可以主张违约损害赔偿责任。

C项说法正确,D项说法错误。《中华人民共和国民法典》第二百零八条规定,"不动产物权的设立、变更、转让和消灭,应当依照法律规定登记。动产物权的设立和转让,应当依照法律规定交付"。该法第二百二十四条规定,"动产物权的设立和转让,自交付时发生效力,但是法律另有规定的除外"。甲与丙已完成交付,该翡翠归丙所有。

36. C 解析:《中华人民共和国食品安全法》第六十三条第一、二款规定,"国家建立食品召回制度。食品生产者发现其生产的食品不符合食品安全标准或者有证据证明可能危害人体健康的,应当立即停止生产,召回已经上市销售的食品,通知相关生产经营者和消费者,并记录召回和通知情况。食品经营者发现其经营的食品有前款规定情形的,应当立即停止经营,通知相关生产经营者和消费者,并记录停止经营和通知情况。食品生产者认为应当召回的,应当立即召回。由于食品经营者的原因造成其经营的食品有前款规定情形的,食品经营者应当召回"。本题中,超市作为食品经营者,在发现"荷叶牌"速冻水饺存在不符合食品安全标准的情况下,应当立即停止经营,通知相关生产经营者和消费者,并记录停止经营和通知情况。A、B、D三项说法正确,不选。

本题中,由于不是红星超市的原因造成水饺不符合食品安全标准,所以红星超市没有义务主动召回已销售的该品牌水饺。C项说法错误,当选。

37. C 解析:《中华人民共和国民法典》第三百九十九条规定,"下列财产不得抵押:(一)土地所有权;(二)宅基地、自留地、自留山等集体所有土地的使用权,但是法律规定可以抵押的除外;(三)学校、幼儿园、医疗机构等为公益目的成立的非营利法人的教育设施、医疗卫生设施和其他公益设施;(四)所有权、使用权不明或者有争议的财产;(五)依法被查封、扣押、监管的财产;(六)法律、行政法规规定不得抵押的其他财产"。故本题选C。

38. D 解析:《中华人民共和国公司法》四十四条第一、二款规定,"有限责任公司设立时的股东为设立公司从事的民事活动,其法律后果由公司承受。公司未成立的,其法律后果由公司设立时的股东承受;设立时的股东为二人以上的,享有连带债权,承担连带债务"。本题中,甲以丙公司名义与丁公司签订房屋租赁合同,但丙公司未成立,所以甲、乙对租金清偿承担连带责任。故本题选D。

39. A 解析:《中华人民共和国保险法》第十六条第六款规定,"保险人在合同订立时已经知道投保人未如实告知的情况的,保险人不得解除合同;发生保险事故的,保险人应当承担赔偿或者给付保险金的责任"。故本题选A。

40. B 解析:《中华人民共和国刑法》第二十条规定第一款规定,"为了使国家、公共利益、本人或者他人的人身、财产和其他权利免受正在进行的不法侵害,而采取的制止不法侵害的行为,对不法侵害人造成损害的,属于正当防卫,不负刑事责任。……"李某殴打结束转身离开后,此时不法侵害已经结束,王某持水果刀追了20多米,将李某捅成重伤,其行为属于事后防卫,构成故意伤害罪。故本题选B。

41. C 解析:《中华人民共和国公司法》第一百九十五条第二款规定,"公司债券募集办法应当载明下列主要事项:(一)公司名称;(二)债券募集资金的用途;(三)债券总额和债券的票面金额;(四)债券利率的确定方式;(五)还本付息的期限和方式;(六)债券担保情况;(七)债券的发行价格、发行的起止日期;(八)公司净资产额;(九)已发行的尚未到期的公司债券总额;(十)公司债券的承销机构"。故本题选C。

42. D 解析:根据《中华人民共和国民法典》第四百七十六条的规定,要约人以确定承诺期限或者其他形式明示要约不可撤销的,要约不得撤销。本题中,要约人(甲公司)确定了承诺期限,不得撤销要约。

点拨 注意要约撤回和要约撤销的时间。要约"在发出后、生效前"可以撤回,在"生效后、受要约人承诺前"可以撤销。要约可以依法撤回和撤销,承诺可以依法撤回但不能撤销。

43. C 解析:根据《商业银行互联网贷款管理暂行办法》第三十三条的规定,商业银行进行借款人身份验证、贷前调查、风险评估和授信审查、贷后管理时,应当至少包含借款人姓名、身份证号、联系电话、银行账户以及其他开展风险评估所必需的基本信息。故本题选C。

44. A 解析:《中华人民共和国民法典》第四百三十二条规定,"质权人负有妥善保管质押财产的义务;因保管不善致使质押财产毁损、灭失的,应当承担赔偿责任"。故本题选A。

45. C 解析:①说法正确,②说法错误。《中华人民共和国个人信息保护法》第二十八条规定,"敏感个人信息是一旦泄露或者非法使用,容易导致自然人的人格尊严受到侵害或者人身、财产安全受到危害的个人信息,包括生物识别、宗教信仰、特定身份、医疗健康、金融账户、行踪轨迹等信息,以及不满十四周岁未成年人的个人信息"。据此可知,生物识别、金融账户和宗教信仰都属于敏感个人信息,工作单位不属于敏感个人信息。

③说法正确。该法第四条规定,"个人信息是以电子或者其他方式记录的与已识别或者可识别的自然人有关的各种信息,不包括匿名化处理后的信息。个人信息的处理包括个人信息的收集、存储、使用、加工、传输、提供、公开、删除等"。

④说法正确。该法第三十一条规定,"个人信息处理者处理不满十四周岁未成年人个人信息的,应当取得未成年人的父母或者其他监护人的同意。个人信息处理者处理不满十四周岁未成年人个人信息的应当制定专门的个人信息处理规则"。综上可知,①③④说法正确。

故本题选C。

二、多项选择题

1. ABC 解析:法律反映的是一定物质条件下统治阶级的意志;道德规范是维系一个社会的最基本的规范体系。D项错误。

2. BCD 解析:《中华人民共和国民法典》第一百六十八条规定,"代理人不得以被代理人的名义与自己实施民事法律行为,但是被代理人同意或者追认的除外。代理人不得以被代理人的名义与自己同时代理的其他人实施民事法律行为,但是被代理的双方同意或者追认的除外"。本题中,乙(代理人)以甲(被代理人)的名义将笔记本卖给丙(自己同时代理的其他人),属于滥用代理权的行为,B项当选;如果甲、丙均同意,该行为有效,C、D两项当选。

3. ABD 解析:《中华人民共和国民法典》第五百四十六条规定,"债权人转让债权,未通知债务人的,该转让对债务人不发生效力。债权转让的通知不得撤销,但是经受让人同意的除外"。本题中,李某转让债权无须经过陈某的同意,并已通知陈某,该债权转让行为生效,陈某应向王某付款。C项正确,A、B、D三项错误。

4. ABC 解析:A项说法正确。《中华人民共和国民法典》第一百八十一条规定,"因正当防卫造成损害的,不承担民事责任。正当防卫超过必要的限度,造成不应有的损害的,正当防卫人应当承担适当的民事责任"。A项中乙属于正当防卫,不承担侵权责任。

B项说法正确。该法第一百八十二条规定,"因紧急避险造成损害的,由引起险情发生的人承担民事责任。危险由自然原因引起的,紧急避险人不承担民事责任,可以给予适当补偿。紧急避险采取措施不当或者超过必要的限度,造成不应有的损害的,紧急避险人应当承担适当的民事责任"。B项中甲紧急避险造成丙宅大门损坏应予以适当补偿,但不必承担侵权责任。

C项说法正确。该法第一千一百七十四条规定,"损害是因受害人故意造成的,行为人不承担责任"。C项中甲故意自杀,宾馆不承担侵权责任。

D项说法错误。该法第一千一百七十五条规定,"损害是因第三人造成的,第三人应当承担侵权责任"。乙撞倒丙,应由乙承担侵权责任。

5. ABD 解析:《中华人民共和国商业银行法》第五十二条规定,"商业银行的工作人员应当遵守法律、行政法规和其他各项业务管理的规定,不得有下列行为:(一)利用职务上的便利,索取、收受贿赂或者违反国家规定收受各种名义的回扣、手续费;(二)利用职务上的便利,贪污、挪用、侵占本行或者客户的资金;(三)违反规定徇私向亲属、朋友发放贷款或者提供担保;(四)在其他经济组织兼职;(五)违反法律、行政法规和业务管理规定的其他行为"。A项说法过于绝对,错误。

该法第三十九条规定,"商业银行贷款,应当遵守下列资产负债比例管理的规定:……(三)对同一借款人的贷款余额与商业银行资本余额的比例不得超过百分之十;……"该法第四十条规定,"商业银行不得向关系人发放信用贷款;向关系人发放担保贷款的条件不得优于其他借款人同类贷款的条件。前款所称关系人是指:(一)商业银行的董事、监事、管理人员、信贷业务人员及其近亲属;(二)前项所列人员投资或者担任高级管理职务的公司、企业和其他经济组织"。B、D两项表述错误。

该法第二十七条规定,"有下列情形之一的,不得担任商业银行的董事、高级管理人员:……(四)个人所负数额较大的债务到期未清偿的"。C项表述正确。

6. BCD 解析:《中华人民共和国保险法》第十二条第三款规定,"人身保险是以人的寿命和身体为保险标的的保险"。所以法人、未出生的胎儿不可以成为被保险人。B、C两项说法错误。该法第三十三条规定,"投保人不得为无民事行为能力人投保以死亡为给付保险金条件的人身保险,保险人也不得承保。父母为其未成年子女投保的人身保险,不受前款规定限制,但是,因被保险人死亡给付的保险金总和不得超过国务院保险监督管理机构规定的限额"。D项说法错误。

7. ABD 解析:A、D两项说法正确。本案系网络购物合同纠纷,是甲通过乙网络平台向丙公司购物而引起的纠纷。乙网络平台为涉案网络交易平台的提供者,系为买卖双方提供虚拟的交易场所,其本身并不参与交易。

B项说法正确。乙网络平台仅是为买卖双方提供分期付款平台的网络服务提供者,并非买卖合同相对方,将其列为共同被告有违合同相对性原则。因此,甲若将乙网络平台和丙公司一并起诉,法院不应予以支持。

C项说法错误。在特定情形下,网络交易平台提供者也可能因违反法定义务或者约定义务而承担相应的责任。因此,乙网络平台并非在所有情况下都能因合同的相对性而免责。

8. BCD 解析:违约方承担违约责任的形式包括继续履行、采取补救措施、赔偿损失和支付违约金。B、C、D三项当选。A项,行使撤销权属于合同履行的保全措施。

9. AB 解析:《中华人民共和国城镇国有土地使用权出让和转让暂行条例》第十二条规定,"土地使用权出让最高年限按下列用途确定:(一)居住用地七十年;(二)工业用地五十年;(三)教育、科技、文化、卫生、体育用地五十年;(四)商业、旅游、娱乐用地四十年;(五)综合或者其他用地五十年"。A、B两项正确,C、D两项错误。

10. BD 解析:根据《中华人民共和国票据法》第四十七条的规定,保证人在汇票或者粘单上未记载"被保证人名称"的,已承兑的汇票,承兑人为被保证人;未承兑的汇票,出票人为被保证人。本题中,P银行拒绝承兑汇票,因此被保证人为出票人甲公司。A项错误,B项正确。因汇票到期日前P银行拒绝承兑,故其不是票据的主要债务人,不能向其追索。C项错误。赵某是保证人,保证人对合法取得汇票的持票人所享有的汇票权利承担保证责任,因此可以向其追索。D项正确。

11. CD 解析:《中华人民共和国刑法》第二十五条规定,"共同犯罪是指二人以上共同故意犯罪。二人以上共同过失犯罪,不以共同犯罪论处;应当负刑事责任的,按照他们所犯的罪分别处罚"。本题中,甲、乙共谋实施盗窃,并且也共同去商场实行了盗窃的行为,属于盗窃罪的共同犯罪。然而,乙是在盗窃过程中临时产生了放火毁坏作案现场的想法并独自实施了放火的行为,甲是在分赃时才得知放火的事实,甲、乙二人对于放火并无共同故意,因此不能成立放火罪的共同犯罪,乙独自构成放火罪。故本题选CD。

12. BD 解析:《中华人民共和国民法典》第二百七十六条规定,"建筑区划内,规划用于停放汽车的车位、车库应当首先满足业主的需要"。该法第二百七十五条规定,"建筑区划内,规划用于停放汽车的车位、车库的归属,由当事人通过出售、附赠或者出租等方式约定。占用业主共有的道路或者其他场地用于停放汽车的车位,属于业主共有"。据此,地下停车场的所有权并不因住户购买楼上的楼房就当然取得。B公司有权转让,C公司合法受让地下停车场,作为新的所有权人,有权决定停车场的使用方式。王某等住户可以根据其与B公司的购房合同追究B公司的违约责任。

13. CD 解析:《中华人民共和国民法典》第一千二百零三条第一款规定,"因产品存在缺陷造成他人损害的,被侵权人可以向产品的生产者请求赔偿,也可以向产品的销售者请求赔偿"。该法第一千二百零四条规定,"因运输者、仓储者等第三人的过错使产品存在缺陷,造成他人损害的,产品的生产者、销售者赔偿后,有权向第三人追偿"。本案中,张某从甲商店购买了乙厂生产的烟花,在正常燃放中爆炸受伤,由此产生了产品侵权责任,因此,消费者张某可以要求销售者甲商店赔偿,也可以要求生产者乙厂赔偿。此外,如果是因为运输者丙物流公司的过错使烟花存在缺陷使张某受伤的,甲商店和乙厂不可以拒绝张某的赔偿请求,但可以事后向丙物流公司追偿。故本题选CD。

14. ABCD 解析:《中华人民共和国民法典》第六百六十三条规定,"受赠人有下列情形之一的,赠与人可以撤销赠与:(一)严重侵害赠与人或者赠与人近亲属的合法权益;(二)对赠与人有扶养义务而不履行;(三)不履行赠与合同约定的义务。赠与人的撤销权,自知道或者应当知道撤销事由之日起一年内行使"。故本题选 ABCD。

15. ABC　解析：A 项符合。《中华人民共和国商业银行法》第三十二条规定，"商业银行应当按照中国人民银行的规定，向中国人民银行交存存款准备金，留足备付金"。

B 项符合。该法第三十三条规定，"商业银行应当保证存款本金和利息的支付，不得拖延、拒绝支付存款本金和利息"。

C 项符合。该法第三十一条规定，"商业银行应当按照中国人民银行规定的存款利率的上下限，确定存款利率，并予以公告"。

D 项不符合。该法第三十条规定，"对单位存款，商业银行有权拒绝任何单位或者个人查询，但法律、行政法规另有规定的除外；有权拒绝任何单位或者个人冻结、扣划，但法律另有规定的除外"。

专项三　计算机参考答案及解析

考场真题还原

一、单项选择题

1. D　解析：生成式 AI 是指通过学习大量数据，从而掌握生成新数据的规律和机制的智能系统。生成式 AI 的核心原理是基于深度学习算法，通过构建复杂的神经网络模型，模仿人类创造性的思维过程。这种模型能够根据特定的输入和任务要求，自主生成全新的具有较高质量的文本、图像、音频等作品。故本题选 D。

2. D　解析：大数据技术在金融行业中的应用主要表现在客户画像、精准营销、风险管控、运营优化、供应链金融和黑产防范等方面。其中，交易欺诈识别属于风险管控的内容。大数据指的是海量的数据资源，包括结构化数据和非结构化数据。在金融行业，这些数据可以来自交易记录、客户信息、资金流向、市场行情等多个方面。大数据技术可以对海量的用户数据进行专业分析，向人们提供更准确的分析结果。在交易欺诈识别中，可以利用大数据技术对大量的用户交易记录、信用评级等数据进行分析，发现用户的异常行为，从而识别出可能的交易欺诈。故本题选 D。

3. D　解析：数据分析就是利用一些数据分析工具、手段、方法或者思维，从海量和异构的数据中发现规律，从而揭示出数据背后的真相，为人们提供决策的依据，指导业务发展。数据分析的价值体现在展示、解释、归因、预测、预防和决策六个方面。故本题选 D。

4. B　解析：将长方形分割为若干面积最大且相等的正方形，这个正方形的边长应该是长方形长和宽的最大公约数，因此正方形的边长既要能被长方形的长（len）整除，也要能被长方形的宽（wid）整除。由语句可看出，变量 i 表示可能的正方形边长，需要检查从纸板的较短边（min，min 的值为 60）开始到 1 的所有整数，看哪个数能够同时被纸板的长和宽整除，则括号中需要填入的程序语句是 len%i == 0 &&wid%i == 0，找到这个数后，直接赋值给边长 ans，跳出循环，最后输出边长 ans。故本题选 B。

5. C　解析：在文档界面中选中图片后，会自动出现"图片工具"选项卡，单击"图片工具"选项卡的"格式"子选项卡，在"图片样式"选项组中单击"图片效果"下拉按钮，在展开的下拉菜单中选择"阴影"命令，在阴影样式子菜单中选择所需的阴影样式即可。故本题选 C。

6. B 解析:栈的特点是在出栈时满足"先进后出",并且只能在栈顶进行出栈和入栈操作。栈在多个领域都有应用,如表达式求值、递归调用、函数调用、进制转换、括号匹配等。故本题选 B。

7. D 解析:在 Excel 中输入数值数据时,若该数据以 0 开头,则需要在输入数据前先输入英文单引号,然后再紧接着输入数据,否则该数据开头的 0 将不会显示。故本题选 D。

8. A 解析:互联网金融结合了互联网技术和金融创新,在金融信息服务、融资、支付、理财、投资、风险管理等方面都有应用。互联网金融具有以下特点:

(1)成本低。互联网金融模式下,资金供求双方可以通过网络平台自行完成信息甄别、匹配、定价和交易,无传统中介、无交易成本、无垄断利润。一方面,金融机构可以避免开设营业网点的资金投入和运营成本;另一方面,消费者可以在开放透明的平台上快速找到适合自己的金融产品,削弱了信息不对称程度,更省时省力。

(2)效率高。互联网金融业务主要由计算机处理,操作流程完全标准化,客户不需要排队等候,业务处理速度更快,用户体验更好。

(3)覆盖广。互联网金融模式下,客户能够突破时间和地域的约束,在互联网上寻找需要的金融资源,金融服务更直接,客户基础更广泛。此外,互联网金融的客户以小微企业为主,覆盖了部分传统金融业的金融服务盲区,有利于提升资源配置效率,促进实体经济发展。

(4)发展快。依托于大数据和电子商务的发展,互联网金融得到了快速增长。

(5)管理弱。一是风控弱。互联网金融还没有接入人民银行征信系统,也不存在信用信息共享机制,不具备类似银行的风控、合规和清收机制,容易发生各类风险问题。二是监管弱。互联网金融在中国处于起步阶段,还没有监管和法律约束,缺乏准入门槛和行业规范,整个行业面临诸多政策和法律风险。

(6)风险大。一是信用风险大。现阶段中国信用体系尚不完善,互联网金融的相关法律还有待配套,互联网金融违约成本较低,容易诱发恶意骗贷、卷款跑路等风险问题。特别是 P2P 网贷平台由于准入门槛低、缺乏监管,成为不法分子从事非法集资和诈骗等犯罪活动的温床。二是网络安全风险大。中国互联网安全问题突出,网络金融犯罪问题不容忽视。一旦遭遇黑客攻击,互联网金融的正常运作会受到影响,危及消费者的资金安全和个人信息安全。

故本题选 A。

9. B 解析:自然语言处理是指利用人类交流所使用的自然语言与机器进行交互通讯的技术。自然语言处理的基本任务是基于本体词典、词频统计、上下文语义分析等方式对待处理语料进行处理,目标是让计算机去处理或"理解"自然语言,主要应用于问答系统、机器翻译、语音识别等。故本题选 B。

10. C 解析:数据库管理系统的技术特点:①采用复杂的数据模型表示数据结构,数据冗余小,易扩充,实现了数据共享。②具有较高的数据和程序独立性。数据库的独立性有物理独立性和逻辑独立性。③数据库系统为用户提供了方便的用户接口。④数据库系统提供 4 个方面的数据控制功能,分别是并发控制、恢复、完整性和安全性。数据库中各个应用程序所使用的数据由数据库系统统一规定,按照一定的数据模型组织和建立,由系统统一管理和集中控制。⑤增加了系统的灵活性。

11. A 解析:射频识别技术(RFID)俗称电子标签,是指利用射频能量,在物体上的任意位置生成具有特定感应能力的字符、数字或符号等信息介质信号,并通过一定频率的电磁波来实现信息交换和识别的技术。其是一种非接触式自动识别技术,可以快速读写、长期跟踪管理。物联网中 RFID 标签上存着规范而具有互通性的信息,通过无线数据通信网络把他们自动采集到中央信息系统中实现物品的识别,无需识别系统与特定目标之间建立机械或光学接触。A 项当选。

图像识别技术是人工智能的一个重要应用领域。它是指对图像进行对象识别,以识别各种不同模式的目标和对象的技术。它属于机器学习的范畴,专门研究计算机怎样模拟或实现人类的学习行为,以获取新的知识或技能,重新组织已有的知识结构使之不断改善自身的性能。图像识别技术的过程分以下几步:信息获取、预处理、特征抽取和选择、分类器设计和分类决策。C 项不选。

红外感应技术是一种传感技术。在自然界中,任何温度高于绝对零度的物体都在向外辐射各种波长的红外线,物体的温度越高,其辐射红外线的强度也越大,不同种类的物体发出的红外线波段各不相同。我们根据各类物体辐射特性的差异,利用红外感应技术可以对物体进行探测、跟踪和识别,以获取物体的信息。B、D 两项不选。

12. A 解析:在基本表中按条件查询,并按顺序排列的 SQL 语句基本格式为:SELECT <目标列表达式>FROM<表名>WHERE<条件表达式>ORDER BY <列名>ASC|DESC。根据题意,由于只需要查询 HR 部门员工的姓名和薪资,所以 SELECT 后的目标列只需要姓名 employee_name 和薪资 salary,不需要部门 department。故本题选 A。

13. C 解析:对称加密采用了对称密码编码技术,它的特点是文件加密和解密使用相同的密钥。非对称式加密的加密和解密密钥不同,加密和解密使用的是两个不同的密钥,即公开密钥和私有密钥。公开密钥与私有密钥是一对,如果用公开密钥对数据进行加密,只有用对应的私有密钥才能解密;如果用私有密钥对数据进行加密,那么只有用对应的公开密钥才能解密。

14. D 解析:局域网(LAN)是指在某一区域(如一个宿舍、一个家庭、一栋楼、一个企业、一个学校)内由多台计算机互连而成的计算机通信网。局域网具备的安装便捷、成本节约、扩展方便等特点使其在各类办公室内被广泛运用,其可以实现文件管理、应用软件共享、打印机共享等功能。局域网为封闭型网络,在一定程度上能够防止信息泄露和外部网络病毒攻击,具有较高的安全性。由题干可知本题描述的是局域网,D 项当选。城域网(MAN)是在一个城市范围内所建立的计算机通信网;广域网(WAN)通常跨接很大的物理范围,它能连接多个城市或国家,或横跨几个洲并能提供远距离通信,形成国际性的远程网络;互联网(Internet)是指网络与网络之间所串联成的庞大网络。A、B、C 三项不选。

15. B 解析:在星型拓扑结构中,网络中的各节点通过点到点的方式连接到一个中央节点上,由该中央节点向目的节点传送信息。星型拓扑结构的缺点是一旦中央节点发生故障,整个网络将瘫痪。

16. B 解析:A 项说法正确。数字签名没有提供消息内容的机密性。很多时候证明消息的来源比隐藏消息的内容更加重要,利用数字签名技术可以保证消息在传送过程中的完整性,并对用户身份和消息进行认证,但是不提供机密性。

B 项说法错误。数字签名可以加密要签名消息的杂凑值,不具备对消息本身进行加密,当然,如果签名的报文不要求机密性,也可以不用加密。

C 项说法正确。数字签名,用于对发送的报文进行签名。报文摘要适合数字签名,但不适合数据加密。

D项说法正确。数字签名,签名与原有文件已经形成了一个混合的整体数据,不可能被篡改,从而保证了数据的完整性。

17. B　解析:芯片是一种集成电路,它是现代电子设备的核心组成部分,具有处理信息、存储数据、执行运算和控制操作等功能,能够对电子信号进行放大和控制。芯片可用于通信、计算机、医疗、工业自动化、家电等多个领域。A、C、D三项说法正确。

芯片是集成电路的俗称,而CPU是中央处理器,包含运算器和控制器,是数字电路。芯片通常放在计算机的主板上,属于计算机的基础部件,而CPU是芯片的一部分,是芯片的核心元件,CPU和芯片不是同一个概念。B项说法错误。

18. B　解析:数字钱包是存储和管理、使用数字货币的工具,它是一个存储加密货币的软件程序或者硬件设备,从形式上,类似于网络银行的账户,也有客户标识、账号、密码。数字钱包的密码就是"私人秘钥",只有通过它,才能打开和操作钱包。私钥可以计算出公钥,公钥可以经过一系列数字签名生成钱包地址。所以,私钥的持有者才是数字货币的持有者。B项当选。

公钥与私钥是通过加密算法得到的一个密钥对(即1个公钥和1个私钥),该算法属于非对称加密算法。公钥是密钥对外公开的部分,私钥则是非公开的部分,由用户自行保管。通过加密算法得到的密钥对可以保证在世界范围内是唯一的。使用密钥对时,如果用其中一个密钥加密一段数据,只能使用密钥对中的另一个密钥才能解密数据。

19. A　解析:信用风险评分模型主要属于分类模型,所用到的方法主要有分类分析和分割分析。分类分析主要方法包括决策树、神经网络、区别分析、逻辑回归、概率回归;分割分析主要方法包括K-平均值、人口统计分割、神经网络分割。

A项当选。决策树是在已知各种情况发生概率的基础上,通过构成决策树来求取净现值的期望值大于等于零的概率,评价项目风险,判断其可行性的决策分析方法,是直观运用概率分析的一种图解法。由于这种决策分支画成图形很像一棵树的枝干,故称决策树。在机器学习中,决策树是一个预测模型,它代表的是对象属性与对象值之间的一种映射关系。决策树是一种树形结构,其中每个内部节点表示一个属性上的测试,每个分支代表一个测试输出,每个叶节点代表一种类别。

B项不选。神经网络也称为人工神经网络,或称作连接模型,它是一种模仿动物神经网络行为特征,进行分布式并行信息处理的算法数学模型,由大量的节点(或称神经元)之间相互联接构成。不论何种类型的神经网络,它们共同的特点是大规模并行处理、分布式存储、弹性拓扑、高度冗余和非线性运算。

C项不选。区别分析又称为判别分析或线性判别分析,是利用已知类别的样本建立判别模型,为未知类别的样本判别其归类的一种统计方法。判别分析的特点是根据已掌握的、历史上每个类别的若干样本的数据信息,总结出客观事物分类的规律,建立判别公式和判别准则。当遇到新的样本点时,只要根据总结出来的判别公式和判别准则,就能判别该样本点所属的类别。

D项属于干扰项,不选。

20. B　解析:云计算的可贵之处在于高灵活性、可扩展性和高性价比等。与传统的网络应用模式相比,其具有如下优势与特点:

(1)虚拟化技术。虚拟化突破了时间、空间的界限,是云计算最显著的特点。在云计算的应用中,主要包含硬件虚拟化、平台虚拟化、应用程序虚拟化等。

(2)动态可扩展。云计算具有高效的运算能力,在原有服务器基础上增加云计算功能能够使计算速度迅速提高,最终实现动态扩展虚拟化的层次达到对应用进行扩展的目的。D项不选。

(3)按需部署。计算机包含了许多应用、程序软件等,不同的应用对应的数据资源库不同,云计算平台能够根据用户的需求快速配备计算能力及资源。B项当选。

(4)灵活性高。云计算的兼容性非常强,不仅可以兼容低配置机器、不同厂商的硬件产品,还能够外设获得更高性能计算。A项不选。

(5)可靠性高。服务器若发生故障也不影响计算与应用的正常运行,因为单点服务器出现故障可以通过虚拟化技术将分布在不同物理服务器上的应用进行恢复或利用动态扩展功能部署新的服务器进行计算。C项不选。

(6)性价比高。将资源放在虚拟资源池中统一管理在一定程度上优化了物理资源,用户不再需要昂贵、存储空间大的主机,可以选择相对廉价的PC组成云,一方面减少费用,另一方面计算性能不逊于大型主机。

(7)可扩展性。用户可以利用应用软件的快速部署条件来更为简单快捷地将自身所需的已有业务以及新业务进行扩展。

21. B 解析:"词云"是文本数据的可视化工具,是对文本中出现频率较高的关键词通过不同颜色、大小的渲染,予以视觉上的突出,形成"关键词云图"或"关键词渲染",从而有效呈现文本中的高频词,使大家一眼扫过,就能迅速掌握文本中的关键信息。

自然语言处理是人工智能领域非常重要的技术之一,旨在让计算机理解和使用人类语言,从而执行相应的任务。自然语言处理技术在生活中应用广泛,如机器翻译、手写体和印刷体字符识别、语音识别后实现文字转换、信息检索、抽取与过滤、文本分类与聚类、舆情分析和观点挖掘等。它们分别应用了自然语言处理中的语法分析、语义分析、篇章理解等技术,是人工智能界最前沿的研究领域。故本题选B。

22. C 解析:加密货币基于去中心化的共识机制,而去中心化的性质源自使用分布式账本的区块链技术。故本题选C。

A项,公钥与私钥是通过加密算法得到的一个密钥对(即一个公钥和一个私钥,也就是非对称加密方式)。公钥可对会话进行加密、验证数字签名,只有使用对应的私钥才能解密会话数据,从而保证数据传输的安全性。公钥是密钥对外公开的部分,私钥则是非公开的部分,由用户自行保管。

B项,容器技术是一种内核轻量级的操作系统层虚拟化技术,能隔离进程和资源。微容器是一种经过改进以提高效率的高效容器。它仍然拥有所有文件,以便为软件程序提供额外的可扩展性、隔离和奇偶校验。

D项,散列函数又称Hash函数,Hash函数(也称杂凑函数或杂凑算法)就是把任意长的输入消息串变化成固定长的输出串的一种函数。这个输出串称为该消息的杂凑值。散列函数一般用于产生消息摘要、密钥加密等。

23. D 解析:D项当选。区块链即服务(BaaS)是一种帮助用户创建、管理和维护企业级区块链网络及应用的服务平台。BaaS应用程序在云上开发、托管和部署,具有降低开发及使用成本,兼顾快速部署、方便易用、高安全可靠等特性。题干描述的服务是区块链即服务。

A项不选。智能合约是区块链中四大核心技术之一,是依托计算机在网络空间运行的合约,它以信息化方式传播、验证或执行,由计算机读取、执行,具备自助的特点。简单来说,它就是一种把我们生活中的合约数字化,当满足一定条件后,可以由程序自动执行的技术。

B项不选。基础架构即服务(IaaS)向使用者提供的功能:调配处理资源、存储资源、网络资源以及其他可供使用者用来部署和运行任意软件(包括操作系统和应用程序)的基础计算资源。使用者不管理或控制底层云基础架构,但可控制操作系统、存储和所部署的应用程序;可能对部分网络组件(如主机防火墙)也有有限的控制权。

24. A　解析:A项当选。数据湖是一个集中式数据存储库,高度可扩展的数据存储区域,以原始格式存储大量原始数据,其中的数据可供存取、处理、分析及传输。数据湖可以存储所有类型的数据,可以是结构化的、半结构化的、甚至是非结构化的,对账户大小或文件没有固定限制,也没有定义特定用途。数据湖从企业的多个数据源获取原始数据,可按需查询。

B项,数据中台是指通过数据技术,对海量数据进行采集、计算、存储、加工,同时统一标准和口径。数据中台把数据统一后,会形成标准数据,再进行存储,形成大数据资产层,进而为客户提供高效服务。

D项,数据仓库是一个面向主题的、集成的、相对稳定的、反映历史变化的数据集合,用于支持管理决策,存储的数据一般是结构化和半结构化的。

C项是干扰项。故本题选A。

25. B　解析:A项说法正确。大数据是新型生产要素和重要的基础性战略资源,蕴藏着巨大价值,经过深入挖掘并加以应用,能够有力推动经济转型发展,重塑国家竞争优势,提升国家治理现代化水平。

B项说法错误。大数据的四个特征:①数据体量巨大;②数据类型繁多;③价值密度低;④处理速度快。

C项说法正确。大数据的"大"是相对的,与所关注的问题相关。通常来说,分析和解决的问题越宏观,所需要的数据量就越大。

D项说法正确。大数据价值链包括数据采集、流通、储存、分析与处理、应用等环节,其中分析与处理是核心。

26. D　解析:A项不选。人工智能技术全面融入医疗健康全环节,借助医疗机器人、虚拟现实、增强现实、5G网络等技术,实现人工智能辅助诊断、远程手术等业务模式,实现医疗健康全流程智能化。

B项不选。人工智能对教师的批改作业有很大的帮助。比如,通过图像识别技术,人工智能可以将教师从繁重的批改作业和阅卷工作中解放出来。

C项不选。只需要输入几个关键词,人工智能也可以进行美术创作。人工智能已经越来越参与到当今的艺术创作中。

D项当选。现在的人工智能都是辅助人来做决策,而不是代替人来做决策,要让机器学会像人一样思考,其实还离我们非常远。

27. B　解析:知识图谱本质上是一种揭示实体之间关系的语义网络,可以对现实世界的事物及其相互关系进行形式化的描述。现在的知识图谱已被用来泛指各种大规模的知识库。A项不选。

云计算是一种按使用量付费的模式,这种模式提供可用的、便捷的、按需的网络访问,进入可配置的计算资源共享池(资源包括网络、服务器、存储、应用软件和服务等),只需投入很少的管理工作,或与服务供应商进行很少的交互,这些资源就能快速被提供。B项当选。

物联网是一个基于互联网、传统电信网等信息载体的网络,通过物联网可以让所有能够被独立寻址的普通物理对象实现互连互通。C项不选。

移动支付也称为手机支付,就是允许用户使用其移动终端(通常是手机)对所消费的商品或服务进行账务支付的一种服务方式。D项不选。

28. D　解析:D项,近场通信(NFC)是由非接触式射频识别(RFID)及互连互通技术整合演变而来的,通过在单一芯片上集成感应式读卡器、感应式卡片和点对点的功能,实现在短距离内与兼容设备进行识别和数据交换的应用。智能手机与可穿戴移动设备通过搭载NFC技术来提供更好的便携性和更广泛的服务,除此之外它还可以实现电子票务、门禁、移动身份识别、防伪等应用。A项,SIMpass技术又称双界面SIM卡,SIMpass是一种多功能的SIM卡,用于手机支付。B项,蓝牙技术是一种支持设备短距离(一般10 m内)通信的无线电技术,主要用于包括移动电话、掌上电脑(PDA)、无线耳机、笔记本电脑、相关外设等众多设备之间进行无线信息交换。C项,RFID是自动识别技术的一种,可以通过无线射频方式进行非接触双向数据通信,典型应用有动物晶片、汽车晶片防盗器、门禁管制、停车场管制等。

29. B　解析:动态学习是在动态环境下,学生以动态的思维方式去发现、组合、交流、创造动态信息,从而理解知识发现规律,构建自身动态知识体系,形成动态思维结构的学习方式。A项不选。强化学习是智能体以"试错"的方式进行学习,通过与环境进行交互获得的奖赏指导行为,其目标是使智能体获得最大的奖赏。B项当选。深度学习的概念源于人工神经网络的研究,通过组合低层特征形成更加抽象的高层表示属性类别或特征,以发现数据的分布式特征表示。C项不选。迁移学习是指一种学习对另一种学习的影响,或习得的经验对完成其他活动的影响,广泛存在于各种知识、技能与社会规范的学习中。D项不选。故本题选B。

30. B　解析:数据脱敏是指对某些敏感信息通过脱敏规则进行数据的变形,实现敏感隐私数据的可靠保护。在涉及客户安全数据或者一些商业性敏感数据的情况时,在不违反系统规则条件下,对真实数据进行改造并提供测试使用,如身份证号、手机号、银行卡号、客户号等个人信息都需要进行数据脱敏。故本题选B。

二、多项选择题

1. ABC　解析:人脸识别、语音识别是人工智能应用最为人熟知的两个领域。A项说法正确,当选。

按金融业务执行前端、中端、后端模块来看,人工智能在金融领域的应用场景主要有智能客服、智能身份识别、智能营销、智能风控、智能投顾、智能量化交易等。B项说法正确,当选。

人工智能是引领新一轮科技革命和产业变革的重要驱动力,正深刻改变着人们的生产、生活、学习方式,推动人类社会迎来人机协同、跨界融合、共创分享的智能时代。C项说法正确,当选。

具有人工智能的计算机系统会更复杂。一般来说,大部分计算功能都需要在云端进行,需要通过大数据分析处理,使企业能更快速、更准确地获得前所未有的洞察,更好地进行管理和决策。D项说法错误,不选。

2. ACD　解析:云存储是指通过集群应用、网格技术或分布式文件系统等功能,将网络中大量各种不同类型的存储设备通过应用软件集合起来协同工作,共同对外提供数据存储和业务访问功能的一个系统,保证数据的安全性,并节约存储空间。为了满足数据的存储需求,这些数据可能被分布在众多的服务器主机上。B项描述的是云存储。

分布式存储是一种数据存储技术,通过网络使用企业中的每台机器上的磁盘空间,并将这些分散的存储资源构成一个虚拟的存储设备,数据分散地存储在企业的各个角落。分布式存储系统,是将数据分散存储在多台独立的设备上。A项描述的是分布式存储。

数据库是按照数据结构来组织、存储和管理数据的仓库,是一个长期存储在计算机内的、有组织的、可共享的、统一管理的大量数据的集合。C项描述的是数据库存储。

D项,将数据保存到普通文档中是一个非常基础和传统的数据存储方式,与云存储的概念无关。

3. ACD　解析:A项,Docker是一个开源的应用容器引擎,基于Go语言并遵从Apache2.0协议开源。Docker可以让开发者打包他们的应用以及依赖包到一个轻量级、可移植的容器中,然后发布到任何流行的Linux或Windows机器上,也可以实现虚拟化。B项,MAT-LAB是美国MathWorks公司出品的商业数学软件,用于数据分析、无线通信、深度学习、图像处理与计算机视觉、信号处理、量化金融与风险管理、机器人、控制系统等领域。C项,Apache HTTP Server(简称Apache)是Apache软件基金会的一个开放源码的网页服务器,可以在大多数计算机操作系统中运行,由于其多平台和安全性被广泛使用,是最流行的Web服务器端软件之一。D项,Linux是一个开源的类UNIX操作系统。

4. ACD　解析:聚类分析又称群分析,它是研究(样品或指标)分类问题的一种统计分析方法,同时也是数据挖掘的一个重要算法。聚类分析是由若干模式组成的。通常,模式是一个度量的向量,或者是多维空间中的一个点。聚类分析以相似性为基础,在一个聚类中的模式之间比不在同一聚类中的模式之间具有更多的相似性。A项正确。

预测消费更合适的算法是用回归模型,而不是聚类算法。B项错误。

决策树算法是一种能解决分类或回归问题的机器学习算法。它是一种典型的分类方法。决策树算法首先对数据进行处理,利用归纳算法生成可读的规则和决策树,然后使用决策对新数据进行分析,因此决策树在本质上是通过一系列规则对数据进行分类的过程。决策树呈树形结构,在分类问题中,表示基于特征对实例进行分类的过程。C项正确。

关联规则算法是一种基于规则的机器学习算法,该算法可以在海量数据中发现感兴趣的关系。它的目的是利用一些度量指标来分辨海量数据中存在的强规则。关联规则挖掘用于知识发现,而非预测。"尿布与啤酒"是一个典型的关联规则挖掘的例子。沃尔玛为了能够准确了解顾客在其门店的购买习惯,对其顾客的购物行为进行购物篮分析,从而知道顾客经常一起购买的商品有哪些。沃尔玛利用所有用户的历史购物信息来进行挖掘分析,一个意外的发现是跟尿布一起购买最多的商品竟是啤酒。D项正确。

5. BD　解析:数据挖掘是指从大量的数据中,通过统计学、人工智能、机器学习等方法,挖掘出未知的、且有价值的信息和知识的过程。数据挖掘常用的方法有分类、聚类、回归分析、关联规则、神经网络特征分析、偏差分析等。这些方法从不同的角度对数据进行挖掘。

特征分析主要从数据中提取和选择与任务相关的特征。它虽然涉及数据间的某种关系,但并不特别强调关联关系的分析。A项不选。

Web挖掘是数据挖掘在Web上的应用,它主要包括Web内容挖掘、Web结构挖掘和Web使用挖掘。Web内容挖掘是挖掘Web页面内容及后台交易数据库中的信息;Web结构挖掘关注Web的组织结构和链接关系,从链接结构中获取有用的知识;Web使用挖掘通过分析站点的日志文件和相关数据来发现浏览者的行为模式。这些都涉及数据间的关联关系分析。B项当选。

回归分析是一种统计方法,它主要探索变量之间的因果关系,通过已知数据来预测未知变量的值。虽然回归分析涉及变量间的关系,但它更侧重于因果关系的量化,而不是关联关系的分析。C项不选。

关联规则是描述数据库中数据项之间所存在的关系的规则,主要描述两个变量之间相关关系的密切程度。关联规则的目的在于发现隐藏在数据间的关联或相互关系,从一件事情的发生,来推测另外一件事情的发生。从而更好地了解和掌握事物的发展规律等。D项当选。

6. AC　解析:与网络上的数字型IP地址相对应的字符型地址被称为域名。域名也是由若干部分组成,包括数字和字母。域名的长度不是固定不变的,有长有短,但域名是唯一的。

7. ABCD　解析:卷积神经网络(CNN)是一类包含卷积计算且具有深度结构的前馈神经网络,是深度学习的代表算法之一。由于卷积神经网络避免了对图像的复杂前期预处理,可以直接输入原始图像,避免了传统识别算法中复杂的特征提取和数据重建过程,因此得到广泛应用。卷积神经网络主要应用于图像识别、物体识别、行为认知、姿态估计、语言处理、字符检测等领域。

8. ABCD　解析:大数据技术的战略意义不在于掌握庞大的数据信息,而在于对这些含有意义的数据进行专业化处理。换言之,如果把大数据比作一种产业,那么这种产业实现盈利的关键,在于提高对数据的"加工能力",通过"加工"实现数据的"增值"。大数据的专业化分析主要有5个基本方面:可视化分析、数据挖掘算法、预测性分析、语义引擎、数据质量与管理。

9. ABCD　解析:网络爬虫(Web Crawler),又称网络蜘蛛(Web Spider)或网络机器人(Web Robot),是一种按照一定的规则自动抓取万维网资源的程序或者脚本。C项说法正确。网络爬虫技术是一种高效、快速地获取网络信息的手段。随着互联网信息的爆炸式增长,传统手动收集数据的方法已经无法满足需求。而通过爬虫技术可以快速地从互联网上抓取所需信息,并且可以自动化运行,大大提高了工作效率和准确性。B项说法正确。爬虫技术使各互联网企业可以便利地使用数据,但企业或个人在使用爬虫时可能会非法采集公民的个人信息,造成对个人信息和隐私的侵犯。A项说法正确。网络爬虫常使用广度遍历算法或深度遍历算法来遍历网页,从理论上来说,如果指定适当的初始页面集和网络搜索策略,网络爬虫就可以遍历整个网络。D项说法正确。故本题选ABCD。

10. ABD　解析:TCP/IP模型是四层的体系结构,从上到下分别是应用层、传输层、网络层和网络接口层。OSI按照功能把计算机网络分成了七个层次,从上到下分别是应用层、表示层、会话层、运输层(传输层)、网络层、数据链路层和物理层。C项属于OSI模型,A、B、D三项都属于TCP/IP模型。故本题选ABD。

巩固提升训练

一、单项选择题

1. C　解析:在PowerPoint的幻灯片浏览视图中,以缩略图形式按照顺序显示同一演示文稿中所有的幻灯片,可以在屏幕上同时看到演示文稿中的多张幻灯片。在这种视图下,可以方便地对演示文稿幻灯片的顺序进行排序和组织,可以对幻灯片进行添加、删除、复制、移动和隐藏操作,但不能对幻灯片的内容进行编辑。

2. C　解析:单元格引用方式分为相对引用、绝对引用和混合引用。相对引用中引用的单元格地址不是固定地址,而是相对于公式所在单元格的相对位置,相对引用地址表示为"列标行号"。默认情况下,在公式中对单元格的引用都是相对引用。绝对引用中引用的单元格地址是固定地址,在引用的地址前插入符号"$",表示为"$列标$行号"。混合引用中引用的单元格地址只允许行变化或只允许列变化。当需要固定引用行而允许列变化时,在行号前加符号"$",表示为"列标$行号";当需要固定引用列而允许行变化时,在列标前加符号"$",表示为"$列标行号"。本题中"A5"为相对引用,"C2"为绝对引用,因此,复制公式后 D8 单元格的公式为"=C7*C2"。

3. A 解析:Windows 操作系统中,ping 命令主要作用是判断网络的通与不通,如测试本机的网卡是否正常工作,使用 ping 127.0.0.1 命令。一般返回 ping 的信息就表示本地到该主机的网络线路连通。C 项,dir 是 DOS 中用来显示文件或目录的命令,dir/w 是缩略显示,dir/p 是按页显示,dir/a 是显示全部,dir/s 是显示所有系统文件。B、D 两项,命令的用法有误。

4. B 解析:"去中心化"是区块链的特征之一,它的含义是区块链可以实现某个体系在没有中心机构管理的情况下自动运行,任意节点的权利和义务都是均等的,系统中的数据块由整个系统中具有维护功能的节点来共同维护。区块链的"去中心化"只是一种手段、一个过程,而不是一个结果,其目的是以一种更高效率且更低成本的方式去替代旧的中心,也就是实现去"中介化"。

5. D 解析:智能数据分析方法主要为两种类型,即数据抽象和数据挖掘。数据抽象主要涉及数据的智能化解释,以及如何将这种解释以可视化或符号化的形式表示出来;数据挖掘主要涉及从数据中分析和抽取潜在的和有价值的知识,目的是支持业务管理或预测趋势。

6. D 解析:在 TCP/IP 体系结构中,网络接口层对应于 OSI 参考模型的物理层与数据链路层。故本题选 D。

7. D 解析:分时系统是指在一台主机上连接了多个配有显示器和键盘的终端并由此所组成的系统,该系统允许多个用户同时通过自己的终端,以交互方式使用主机,共享主机中的资源。在分时系统中,用户彼此独立互不干扰,并且这些用户感觉好像这台计算机完全为他所用。D 项当选。实时系统是指系统能及时响应外部事件的请求,在规定的时间内完成对该事件的处理,并控制所有实时任务协调一致地运行。其最大的特点是"实时性"。

8. A 解析:PDU 即协议数据单元。以太网交换机是工作在数据链路层的设备,不使用 IP 地址进行转发,而使用目的物理地址进行转发,因此提高了转发速度。故本题选 A。

9. B 解析:P2P 即对等网络,是一种在对等者(Peer)之间分配任务和工作负载的分布式应用架构,是对等计算模型在应用层形成的一种组网或网络形式。在 P2P 中,网络的参与者共享他们所拥有的一部分硬件资源(处理能力、存储能力、网络连接能力、打印机等),这些共享资源通过网络提供服务和内容,能被其他对等节点(Peer)直接访问而无须经过中间实体。在 P2P 网络环境中,彼此连接的多台计算机都处于对等的地位,各台计算机有相同的功能,无主从之分。

10. D 解析:在电子邮件中所包含的信息可以是文字,也可以是声音、图像和视频等信息。故本题选 D。

11. A 解析:网络安全攻击有以下四种形式:①阻断攻击,是以可用性作为攻击目标,它毁坏系统资源(如硬件),切断通信线路,或使文件系统变得不可用;②截取攻击,是以保密性作为攻击目标,非授权用户通过某种手段获得对系统资源的访问;③篡改攻击,是以完整性作为攻击目标,非授权用户不仅可以对系统资源进行访问,还能够修改信息;④伪造攻击,是以真实性作为攻击目标,非授权用户将伪造的数据插入系统中。故本题选 A。

12. B　解析:SUM 为求和函数,括号内即为需要求和的元素,将四个元素相加即可得到相应答案。

> **点拨**　在 Excel 中,会涉及很多函数,如求和函数 SUM(),日期生成函数 DATE()等,应准确识记各类函数的功能并学会应用。

13. C　解析:双核简单来说就是 2 个核心,核心(core)又称内核,是 CPU 最重要的组成部分。CPU 中心那块隆起的芯片就是核心,是由单晶硅以一定的生产工艺制造出来的,CPU 所有的计算、接受/存储命令、处理数据都由核心执行。A 项错误,每台主机只有一个 CPU;B 项错误,双核是由多线程技术实现的;D 项错误,主板上最大的芯片是北桥芯片。

14. B　解析:计算机病毒是指编制或在计算机程序中插入的,破坏计算机功能或数据,影响计算机使用,并且能够自我复制的一组计算机指令或程序代码。故本题选 B。

15. B　解析:TCP/IP 为传输控制协议/因特网互联协议,又名网络通信协议,是 Internet 最基本的协议、Internet 国际互联网络的基础,由网络层的 IP 协议和传输层的 TCP 协议组成。

16. C　解析:C 项,在公式中使用了不正确的区域运算符,或者在区域引用之间使用了交叉运算符(空格字符)来指定不相交的两个区域的交集时,将产生错误值"#NULL!";A 项,当公式或函数中包含无效数值时,将产生错误值"#NUM!";B 项,在公式中使用了不能识别的文本时,将产生错误值"#NAME?";D 项,当公式中引用的单元格无效时,将产生错误值"#REF!"。

17. C　解析:防火墙是一种网络安全保障技术,可以增强内部网络安全性,决定外界的哪些用户可以访问内部的哪些服务,决定哪些外部站点可以被内部人员访问,可知 C 项正确。防火墙的弊端有以下几项:①不能防止网络内部合法用户的攻击;②不能防止不经由防火墙的攻击;③不能防止授权访问的攻击;④不能完全防止传送已感染病毒的软件或文件;⑤不能防止数据驱动式攻击。数据驱动式攻击是指通过向某个程序发送数据,以产生非预期结果的攻击。

18. B　解析:芯片实际上是在硅片上制造的高度集成的电路。芯片制造工艺中的 14 纳米、10 纳米、5 纳米指的是晶体管的宽度(也叫线宽)。晶体管的宽度越小就代表芯片的集成度越高,进而成本降低。在芯片占据相同面积的条件下,集成越高的芯片能够具有更多的功能电路,从而能提升性能,降低能耗。

19. B　解析:算法是对特定问题求解步骤的一种描述,是一系列解决问题的清晰指令。算法有以下特征:①有穷性;②确定性;③输入;④输出;⑤可行性。

20. A　解析:do—while 循环是先执行后判断。本题中,先执行循环体,则执行后 sum 变为 10,n 变为 11;再判断条件 n<10 的值为假,退出循环。最后输出结果为 10,11。

21. D　解析:计算机局域网有以下特点:为一个单位所拥有,地理范围有限,使用铺设的传输介质进行联网,数据传输速率高(10Mbps—1Gbps),延迟时间短,可靠性高,误码率低。

22. D　解析:在 Excel 中,优先级最高的是引用运算符。

23. D　解析:本题中手机无线充电技术是利用电磁感应原理工作的,即"电"与"磁"的相互转化。

24. C　解析:数据采集是数据预处理之前的一个步骤。前期采集到的数据或多或少都存在一些瑕疵和不足,无法直接进行数据挖掘,或挖掘结果不理想,为了提高数据挖掘的质量,产生了数据预处理技术。数据预处理技术主要包括数据清理、数据集成、数据转换、数据规约。由此可知数据预处理技术不包括数据采集。

25. C　解析：通常情况下，在银行窗口办理业务时，多个客户会排成一个队列来等待办理该业务，并且先到达的客户会先办理业务，遵循"先来先服务"（即先进先出）原则，因此宜采用的数据结构是队列。若采用栈，则遵循的原则是"先来后服务"（即先进后出），与题干所述情形不符。故本题选C。

26. D　解析：按VPN的应用分类，VPN可分为以下几种：

（1）Access VPN（远程接入VPN），客户端到网关，使用公网作为骨干网在设备之间传输VPN数据流量。

（2）Intranet VPN（内联网VPN），网关到网关，通过公司的网络架构连接来自同公司的资源。

（3）Extranet VPN（外联网VPN），与合作伙伴企业网构成Extranet，将一个公司与另一个公司的资源进行连接。

点拨　虚拟专用网络（Virtual Private Network，VPN）是指在公共网络上建立专用网络的技术，虚拟专用网络的任意两个节点之间的连接并不是端到端的物理连接，而是通过隧道技术，架设在公共网络服务商所提供的网络平台之上的逻辑网络。

虚拟专用网络的功能包括三个方面：①数据加密，在公共网络上传输也不会被泄露。②信息认证和身份认证，信息认证保证了信息的完整性、合法性。用户需要鉴别身份方可连入企业内部网络。③提供访问控制机制，不同用户有不同的访问权限。

27. D　解析：当发现局域网中若干台电脑有感染病毒迹象时，网吧管理员应该首先立即断开有嫌疑的电脑的物理网络连接，查看病毒的特征，看看这个病毒是最新的病毒，还是现有反病毒软件可以处理的病毒。如果现有反病毒软件能够处理，只是该电脑没有安装反病毒软件或者禁用了反病毒软件，可以立即开始对该电脑进行查杀工作。如果是一种新的未知病毒，那只有求教于反病毒软件厂商和因特网，找到查杀或者防范的措施，并立即在网络中的所有电脑上实施。

28. A　解析：人工智能（简称AI）主要研究和解释人类智能、智能行为及其规律，通过计算机系统模拟人类的智能活动，实现和扩展人类的智力行为。人工智能的研究领域包括机器学习、专家系统、自然语言处理、模式识别、机器人学等。其中，人工智能应用研究的两个最重要、最广泛的领域是专家系统和机器学习。

29. A　解析：基于题干所述的游戏规则，计算机每次猜数时，都会根据用户的反馈来不断缩小猜数的范围。这种策略实际上是二分法查找的应用。二分法查找也称折半查找，是在有序序列中根据比较结果（等于、大于或小于）不断缩小查找区间。故本题选A。

30. A　解析：区块链技术是利用块链式数据结构来验证与存储数据、利用分布式节点共识算法来生成和更新数据、利用密码学的方式保证数据传输和访问的安全、利用由自动化脚本代码组成的智能合约来编程和操作数据的一种全新的分布式基础架构与计算方式。存储在区块链上的交易信息是公开的，但是账户身份信息是高度加密的，只有在数据拥有者授权的情况下才能访问到，从而保证了数据的安全和个人的隐私。

31. A　解析：运算器是CPU的主要组成部分之一，是进行算术运算和逻辑运算的部件，其主要任务是对信息进行加工处理；寄存器是指在计算机操作过程中，用来暂时存放数据（字符、字或十进制数字）与代码等信息的装置；控制器的主要功能是控制和协调计算机的各个部件工作；存储器用来存放数据。在计算机系统中，各种复杂的运算被分解为一系列的算术运算和逻辑运算，由运算器执行。

32. B　解析：A项，学生关系S不包含CNO属性，无法查询出CNO；B项，查询成绩高于80分的学生的姓名和所在系；C项，缺少待查询的属性列或表达式；D项，聚集函数COUNT不能放在WHERE子句中，聚集函数只能放在SELECT子句和GROUP BY的HAVING子句中。

33. C　解析：模式识别是人工智能最重要的研究领域之一。模式识别是一门研究对象描述和分类方法的学科。分析和识别的模式有信号、图像或普通数据等。模式是对一个物体或实体进行定量地或结构地描述，而模式类是指具有某些共同属性的模式集合。模式识别的主要内容是研究一种自动技术，使机器可以自动地或尽可能少需要人工干预地把模式分配到它们各自的模式类中。在交通违章信息获取与处理的基本流程中，运用模式识别技术，对采集到的图像信息进行视频车辆检测、车牌定位、字符识别等流程，可有效地识别并记录违章，便于后续交通管理部门处罚。故本题选C。

34. A　解析：计算机语言分为机器语言、汇编语言、高级语言三大类。其中，机器语言是计算机能够直接识别和执行的语言；汇编语言是用一些简洁的英文字母、符号串来替代一个特定的指令的二进制串；高级语言是一种独立于机器，面向过程或对象的语言。高级语言不能被机器直接识别，将其翻译成机器语言（二进制）才能在计算机上运行。

35. B　解析：机器人是指可模拟人类行为的机器，其感知外部世界，运用的是感测技术（也称传感技术）。机器人配有相应的感觉传感器，并通过各种传感器来获取作业环境、操作对象的简单信息，然后由计算机对获取的信息进行分析、处理，从而控制机器人的动作，使机器人的肢体可以行动起来，并正确、灵巧地执行命令。故本题选B。

36. D　解析：D2D通信技术是一种基于蜂窝系统的近距离数据直接传输技术。由于短距离直接通信，信道质量高，D2D通信技术可以有效减轻基站的负担，实现较高的数据传输速率和较低的传输时延，降低终端设备的发射功率；通过广泛分布的终端，能够改善覆盖问题，实现频谱资源的高效利用；支持更灵活的网络架构和连接方法，提升链路灵活性和网络可靠性。因此，四个说法都是正确的。

37. A　解析：量子计算是一种遵循量子力学规律调控量子信息单元进行计算的新型计算模式。量子力学态叠加原理使得量子信息单元的状态可以处于多种可能性的叠加状态，从而导致量子信息处理从效率上相比于经典信息处理具有更大潜力，可以展现比传统计算机更快的处理速度、更强的处理信息能力、更广泛的应用范围。量子计算机将有助于解决当今经典计算机不可能解决的计算问题，包括模拟医疗药物和材料科学中使用真实分子的复杂性，优化金融投资绩效，等等。故本题选A。

38. B　解析：决策树是一种树形结构，其中每个内部节点表示一个属性上的测试，每个分支代表一个测试输出，每个叶节点代表一种类别。比如本题中，每一个判断都是一个西瓜的属性测试，通过这些测试，最终判断这个西瓜是否是好西瓜，因此B项正确。贝叶斯分类器的分类原理是通过某对象的先验概率，利用贝叶斯公式计算出其后验概率，即该对象属于某一类的概率，选择具有最大后验概率的类作为该对象所属的类。神经网络是从信息处理角度对人脑神经元网络进行抽象，建立某种简单模型，按不同的连接方式组成不同的网络。统计学习理论从一些观测（训练）样本出发，从而试图得到一些不能通过原理进行分析得到的规律，并利用这些规律来分析客观对象，从而可以利用规律来对未来的数据进行较为准确的预测。

39. D　解析：RFID射频识别技术是自动识别技术的一种，通过无线射频方式进行非接触双向数据通信，利用无线射频方式对记录媒体（电子标签或射频卡）进行读写，从而达到识别目标和数据交换的目的。RFID射频识别技术的应用非常广泛,典型应用有动物晶片、汽车晶片防盗器、门禁管制、停车场管制、生产线自动化、物料管理等。故本题选D。

40. A 解析:"云安全(Cloud Security)"计划是网络时代信息安全的最新体现,它融合了并行处理、网格计算、未知病毒行为判断等新兴技术和概念,通过网状的大量客户端对网络中软件行为的异常监测,获取互联网中木马恶意程序的最新信息,并传送到服务器端进行自动分析和处理,再将病毒和木马的解决方案分发到每一个客户端。故本题选A。

41. A 解析:虚拟现实技术(英文名称:Virtual Reality,缩写为VR),是一种可以创建和体验虚拟世界的计算机仿真系统,它利用计算机生成一种模拟环境,是一种多源信息融合的、交互式的三维动态视景和实体行为的系统仿真,使用户沉浸到该环境中。

42. B 解析:面貌检测主要有以下五种方法:①参考模板法。首先设计一个或数个标准人脸的模板,然后计算测试采集的样品与标准模板之间的匹配程度,并通过阈值来判断是否存在人脸。②人脸规则法。由于人脸具有一定的结构分布特征,因此提取这些特征生成相应的规则以判断测试样品是否包含人脸。③样品学习法。这种方法是采用模式识别中人工神经网络的方法,即通过对面像样品集和非面像样品集的学习产生分类器。④肤色模型法。这种方法是依据面貌肤色在色彩空间中分布相对集中的规律来进行检测。⑤特征子脸法。它是将所有面像集合视为一个面像子空间,并基于检测样品与其在子空间的投影之间的距离判断是否存在面像。

43. D 解析:卷积神经网络,是一类包含卷积计算且具有深度结构的前馈神经网络,常用于图像识别、模式识别、自然语言处理等领域。卷积神经网络的一般结构包括卷积层、池化层和全连接层。卷积神经网络有以下几种:①一维卷积神经网络,常应用于序列类的数据处理;②二维卷积神经网络,常应用于图像类文本的识别;③三维卷积神经网络,主要应用于医学图像以及视频类数据识别。故本题选D。

44. B 解析:生物识别技术,是通过计算机与光学、声学、生物传感器和生物统计学原理等高科技手段密切结合,利用人体固有的生理特性(如指纹、人脸、虹膜等)和行为特征(如笔迹、声音、步态等)来进行个人身份的鉴定。"刷掌支付"技术是通过手相和手掌静脉分布图进行确认的技术,提高了认证的精确度。"刷掌支付"将是生物识别技术的一项重要补充。故本题选B。

45. C 解析:从产业链上看,人工智能产业链包括基础技术支撑、人工智能技术及人工智能应用三个层次。其中,人工智能技术是基于基础层提供的存储资源和大数据,通过机器学习建模,开发面向不同领域的应用技术,包含感知智能及认知智能两个阶段。故本题选C。

二、多项选择题

1. ABC 解析:网络加密能为任何形式的Internet通信提供安全保障,因此能实现非常细致的安全控制。计算机网络世界中一切信息(包括用户的身份信息)都是用一组特定的数据来表示的,计算机只能识别用户的数字身份,所有对用户的授权也是针对用户数字身份的授权,身份认证可起到保证网络安全的作用。防火墙是一项协助确保信息安全的设备,会依照特定的规则,允许或者限制传输的数据通过。容错存储是指在数据存储系统中加入冗余元素,以确保在硬件故障或数据损坏时能够恢复数据,保持系统的连续性和可用性。容错存储不属于网络安全防护技术的范畴。故本题选ABC。

2. ABCD 解析:计算机硬件的五大基本构件包括运算器、存储器、输入设备、输出设备和控制器。

3. ABC 解析：图片的环绕方式有嵌入型环绕、四周型环绕、紧密型环绕、上下型环绕、穿越型环绕、衬于文字下方、浮于文字上方。其中，嵌入型环绕、四周型环绕、紧密型环绕、穿越型环绕这四种环绕方式，在图片移动时，图片上下左右均可以有文字。上下型环绕只在图片上下方有文字。

4. AD 解析：内存和 Cache 可以直接与 CPU 进行信息交换，硬盘以及其他外部设备都不能直接与 CPU 进行信息交换，而要先与内存进行信息交换。硬盘不可以与 Cache 直接进行信息交换。故本题选 AD。

5. ACD 解析：SQL 语言的四大功能分别是数据查询、数据操纵、数据定义和数据控制。故本题选 ACD。

6. ABC 解析：转换成十进制，A 项是十六进制的 15，B 项为十进制的 15，C 项为八进制的 15，D 项为二进制的 14。

7. ACD 解析：影响微处理器性能的主要指标有以下几项：①主频，是微处理器的时钟频率，主频越高，运算速度越快，数据处理能力越强。②字长，是微处理器一次能够处理的二进制数据的位数，字长越长，寻址能力越强，运算速度越快，数据处理能力越强。③多核（内核数量），是指在一个处理器上集成多个计算引擎（内核）。④高速缓冲存储器（快速缓存），位于 CPU 与内存之间，是一个读写速度比内存更快的存储器，可以大幅提升微处理器读取数据的命中率，以此提升系统性能。

8. BCD 解析：结构化程序规定了以顺序结构、判断（选择）结构、循环结构三种基本结构作为程序的基本单元。这三种基本结构可以派生出其他形式的结构。仅依托这三种基本结构就可以构成一个算法。由这三种基本结构所构成的算法可以处理任何复杂的问题。

9. ABC 解析：互联网金融模式有三个核心部分，即支付方式、信息处理和资源配置。

（1）支付方式：以移动支付为基础，个人和机构都可以在中央银行的支付中心开账户，即不再完全是二级商业银行账户体系；证券、现金等金融资产的支付和转移通过移动网络进行；支付清算电子化以替代现钞流通。

（2）信息处理：以云计算等技术为支撑。资金供需双方信息通过数据积累、分析、挖掘及交互等技术的处理后，借助网络揭示和传播，并被搜索引擎组织和标准化，最终形成时间连续、动态变化的信息序列。由此能以极低的成本给出资金需求者（机构）的风险定价、信用评价考核或动态违约概率的参考值。

（3）资源配置：以支付方式和信息处理为前提。在供需信息准确对称、交易成本极低的条件下，互联网金融模式形成了"充分交易可能性集合"，催生了新的商业模式，推进了新技术手段的运用，拓宽了中小企业融资、民间借贷、个人投资等金融业务的渠道。

10. BCD 解析：CPU 不可以直接访问外部储存器，B、C、D 三项均属于外部存储器。

11. AB 解析：虚拟现实的关键点是创建虚拟世界，并且提供沉浸式的体验。C 项，机票预订系统主要用于机票的预订和购买，不属于虚拟现实应用。D 项，计算机集成制造系统是指利用计算机技术进行产品设计、制造和管理的系统，它更多关注于制造过程的自动化和智能化，而非创建和体验虚拟世界，因此也不属于虚拟现实应用。故本题选 AB。

12. BCD 解析：大数据金融是指集合海量非结构化数据，通过对其进行实时分析，可以为互联网金融机构提供客户全方位信息，通过分析和挖掘客户的交易和消费信息掌握客户的消费习惯,并准确预测客户行为,使金融机构和金融服务平台在营销和风控方面有的放矢。大数据金融重点关注金融大数据的处理,主要有以下操作:获取数据、存储数据、分析数据和应用数据。对应所需大数据的技术包括:数据采集处理等基础底层,数据存储、数据管理、数据分析、数据应用、数据可视化等层次。

13. ACD 解析:计算机病毒是在运行中能将自身复制或拷贝到其他程序体的一种程序。B项说法正确,A、C、D三项说法错误。故本题选ACD。

点拨 计算机病毒的防治手段有以下几种:①专机专用;②慎用网上下载的软件;③分类管理数据;④建立备份;⑤在计算机上安装防杀毒软件或个人防火墙等预警软件;⑥定期检查;⑦严禁在重要的计算机上玩电子游戏。

14. ABCD 解析:云计算是指通过网络以按需、易扩展的方式获得所需的资源(硬件、软件、平台)和服务。云计算可以实现随时获取、按需使用、随时扩展、按使用量付费等功能。故本题选ABCD。

15. AB 解析:C项错误,根据网络所使用的传输技术,计算机网络分为广播式和点到点网络;D项错误,按通信介质划分,计算机网络可分为有线网(同轴电缆,双绞线,光纤等)、无线网。

专项四　管理与市场营销参考答案及解析

考场真题还原

一、单项选择题

1. D 解析:马斯洛认为人的基本需要可以归纳为由低到高的五个层次:生理需要、安全需要、社交需要、尊重需要和自我实现需要。

A项不选。自我实现的需要,是马斯洛需要层次中的最高层,属成长性需要,强调人们追求实现自己的能力或者潜能,并使之完善化。

B项不选。安全的需要,属于较低层次的需要。人们需要稳定、安全、受到保护、有秩序、能免除恐惧和焦虑等。

C项不选。社交的需要,也叫归属与爱的需要,是指个人渴望得到家庭、团体、朋友、同事的关怀、爱护、理解,是对友情、信任、温暖、爱情的需要。

D项当选。尊重的需要,包括自尊、自重和被别人尊重的需要,具体表现为希望获得实力、成就和他人的赏识等。题中,小李希望得到大家的认可,在团队中不可或缺,而不是可有可无,反映的是尊重的需要。

点拨 五种需要的等级顺序并不是固定不变的,存在着等级倒置现象。如有些人可能牺牲低层次的需求而谋求实现高层次的需求,那些具有崇高理想的人,即使低层次的需求尚未得到满足,仍会追求高层次的需求。

2. B 解析:根据组织系统不同,沟通可以分为正式沟通与非正式沟通。正式沟通是指通过组织明文规定的渠道所进行的信息传递和交流。优点是沟通效果好,比较严肃,约束力强;易于保密,可使沟通保持权威性。缺点是沟通速度较慢;缺乏灵活性;若组织管理层次多、沟通渠道长,信息易损失。非正式沟通是指在正式沟通渠道以外信息的自由传递与交流。优点是沟通形式灵活,直接明了,速度很快,容易及时了解到正式沟通难以提供的"内幕新闻"。缺点是信息的可靠程度降低,容易产生谣言。故本题选 B。

3. B 解析:A 项不选。虚拟团队,是指那些利用计算机技术把实际上分散的成员联系起来以实现共同目标的工作团队。

B 项当选。跨职能团队,是一群具有不同职能专长的人,他们朝着共同的目标努力。题中,组建起包括销售、研发、运维人员的团队,以实现快速突破,有针对性提供产业问题解决方案,属于跨职能团队。

C 项不选。自我管理型团队,是一个没有管理者的正式员工群体,他们共同对整个及局部的工作流程负责,并进行自我管理,员工自己确定如何最佳地完成工作。

D 项不选。多团队系统,是指两个或两个以上的团队为了应对环境中的偶然情况以实现一系列目标集而相互作用所构成的系统,系统内的子团队有着各自不同的近期目标,但在一个共同的远期目标的指导下相互作用,并且每个子团队在输入、过程和结果上至少和一个团队存在互动关系。

4. C 解析:管理幅度是一名领导者直接领导的下属人员数,管理层次是组织的最高主管到作业人员之间所设置的管理职位层级数。

A 项说法错误。如果员工充分了解自己的工作并掌握组织中的各种流程,管理者可以应付更大的管理幅度,即可以直接领导更多的下属。

B 项说法错误。管理幅度越宽,组织的管理层次越少,需要的管理人员就越少,所需的费用自然也就越少。

C 项说法正确。管理幅度应视管理者和员工的技能、能力以及工作性质等因素的不同而定。管理者的能力越强,员工的技能越熟练,管理幅度就越大;反之,则越小。

D 项说法错误。管理幅度窄,为了完成复杂的现代化生产作业任务,就必须增加管理的层级。管理层级过多,容易导致效率低下。

5. B 解析:计划是指事先决定做什么以及如何去做的管理工作过程,包括目标指标的确定、选择何种手段来实现目标以及进度进程的控制等。题干强调的是,在计划管理中,团队成员应该时刻保持沟通,及时交流自己的想法和意见,统一认识,尽量避免矛盾和冲突,以便增进协作和配合。故本题选 B。

6. A 解析:A 项说法正确。目标管理是以目标的设置和分解、目标的实施及完成情况的检查、奖惩为手段,通过员工的自我管理来实现企业的经营目的的一种管理方法。目标管理的目的是通过目标的激励来调动广大员工的积极性,从而保证实现总目标。

B 项说法错误。目标管理强调在企业个体职工的积极参与下,自上而下地确定工作目标,并在工作中实行"自我控制",使经营计划的贯彻执行建立在职工的主动性、积极性的基础上,再自下而上地保证目标实现的一种管理办法,而不是下级只需要服从上级安排的管理活动。

C 项说法错误。目标管理以自我管理为中心,根据预定的目标、责任和标准,自我安排工作进度,自检自查工作中的成绩和不足,修正自身行为,确保目标的实现。

D 项说法错误。该项中"以管理员工的工作态度、在岗时间和工作强度为重点"在强调工作的过程,属于传统的管理方式。目标管理重视成果,将评价重点放在工作成效上。

7. A 解析:罗伯特·卡茨认为,管理者需要具备技术技能、人际技能、概念技能。技术技能,是指使用某一专业领域内的技术和知识完成组织任务的能力。人际技能,是指与处理人际关系有关的技能,即理解激励他人并与他人共事的能力,主要包括领导能力、影响能力和协调能力。概念技能(观念技能),是指纵观全局、洞察企业与环境要素间相互影响和相互作用的能力。根据题意,小李现阶段需要着重提高人际技能。故本题选 A。

8. D 解析:计划职能是指管理者设定目标,确定实现目标的战略,并制定方案以整合和协调各种活动。"谋定而后动"的意思是谋划准确周到而后行动,知道目的地才能够有所收获。其体现了管理职能中的计划职能。故本题选 D。

9. A 解析:头脑风暴法是为了克服阻碍产生创造性方案的一种相对简单的方法。在典型的头脑风暴会议中,一些人围桌而坐,群体领导者以一种明确的方式向所有参与者阐明问题,然后成员在一定的时间内"自由"提出尽可能多的方案,不允许任何批评,并将所有方案都当场记录下来,留待稍后讨论和分析。头脑风暴法有以下两种基本形式:①直接头脑风暴法,是指在专家群体决策基础上尽可能激发出其创造性,产生尽可能多的设想的方法;②质疑头脑风暴法,是指对直接头脑风暴法提出的设想、方案逐一质疑,发现其现实可行性的方法。

10. B 解析:一般来说,信息通过的等级越多,它到达目的地的时间也越长,信息失真程度则越大。这种信息连续地从一个等级到另一个等级时所发生的变化,称为信息链传递现象。B 项当选。

信息衰减现象是指信息在传递过程中逐渐减弱或丢失的现象。A 项不选。

管理十二月现象是指有些员工平时工作业绩平平,特别是非量化的工作岗位,往往到年终工作突击表现一下,领导在年终考评时,因其精力有限,他只能记住眼前的工作情况,对这类员工关怀有加,不断表扬。D 项不选。

11. D 解析:期望理论认为,人的固定要求决定了他的行为和行为方式。个人的劳动是建立在一定的期望(对未来方向的某种期望)基础上的,这样就可以在个人活动与其结果之间建立某种联系。期望理论的基本观点是,只有当人们相信他们的行为会得到想要的奖励或结果时,动机才会被激发。如果不想要这种基于行为的奖励,就不会受到激励去促使行为发生。因此,如果该管理者打算基于期望理论激励员工,那么他首先要做的是明确每个员工希望获得的最大满足是什么。故本题选 D。

12. A 解析:决策是指组织为了实现某一特定目标,从两个以上的可行方案中选择一个最优方案并组织实施的全过程。决策遵循的是满意原则,而不是最优原则,因为对决策者来说,要使决策达到最优必须做到以下几点:①获得与决策有关的全部信息;②了解全部信息的价值所在,并据此制定所有可能的方案;③准确预测每个方案在未来的执行结果。通过这些条件可以得知,在现实社会中,因为每个人的能力有限,决策者很难获得与决策相关的全部信息,只能制定出数量有限的方案,一般也很难确切地预测每个方案的执行结果。三个条件无论哪一个都不可能完全做到,更何况三者都要满足,所以,在尽可能多的选择情况下,选择一个满意的方案即可。故本题选 A。

13. A 解析:领导生命周期理论用工作类型和关系类型对领导风格进行描述,领导风格分为以下几种:①当下属处于对执行某项任务既无能力,又不情愿的不成熟阶段时,应该采取指导型(高工作—低关系)的领导方式,即领导者对下属的工作进行详细、具体的指导;②当下属处于缺乏能力,但愿意完成必要工作的初步成熟阶段时,应该采取推销型(高工作—高关系)的领导方式,即领导者既给下属以一定的指导,又注意激发和鼓励其积极性;③当下属有能力却不愿意干领导希望他们做的工作,此时下属处于比较成熟阶段,应该采取参与型(低工作—高关系)的领导方式,即领导者与下属共同参与决策,领导者主要提供便利条件;④当下属既有能力又愿意干让他们做的工作,此时下属处于成熟阶段,应该采取授权型(低工作—低关系)的领导方式,即领导者提供极少的指导和支持。本题中,下属处于成熟阶段,应采用低工作—低关系的授权型领导方式。

14. B 解析: 市场人员用来使消费者心智感知发生迁移的三种定位战略是逆向定位、分离定位及隐匿定位。

(1)逆向定位(Reverse Positioning)。这一定位的战略目的在于除去产品所具有的"神圣"特征,同时,将那些只存在高度扩张产品身上的典型性特征增加进来。例如,宜家(IKEA)不提供送货服务,也不提供销售咨询,但是,宜家增加的服务有儿童看护、玩具以及咖啡馆等。推荐使用企业:服务性公司。

(2)分离定位(Breakaway Positioning)。此战略将产品引入完全不同的产品类别。通过把握消费者对产品的感知和分类,企业能够改变消费者对本企业产品的心理定位。例如,斯沃琪(Swatch)不再把自己归为瑞士手表,而是时尚的装饰品。推荐使用企业:包装零售企业/礼品公司。

(3)隐匿定位(Stealth Positioning)。此战略通过将产品的真实属性隐藏起来,而逐渐把消费者引向新产品。例如,索尼公司将AIBO机器人定位为受人喜爱的宠物。这一定位成功地将机器人作为家庭助手的局限从消费者的注意力中转移走了。同时,它还明显地将年长的消费者引领进科技产品的应用领域。推荐使用企业:技术产品型公司。

15. D 解析: 集中性营销策略即集中营销,亦称聚焦营销,是指企业不是面向整体市场,也不是把力量分散使用于若干个细分市场,而只选择一个或少数几个细分市场作为目标市场的一种营销策略。A项不选。

进攻型营销策略是指在一个竞争性的市场上,主动挑战市场竞争对手的战略。B项不选。

关系型营销策略是一种基于长期互动和合作的营销策略,旨在建立和维护与客户之间的稳定、互惠和长期的关系。与传统的交易型营销相比,关系营销更加注重与客户的互动和沟通,以满足客户的需求并建立信任关系。关系营销强调的是长期的合作关系,而不仅仅是一次性的交易。C项不选。

差异性营销策略,又叫差异性市场营销,是指面对已经细分的市场,企业选择两个或者两个以上的子市场作为市场目标,分别对每个子市场提供针对性的产品和服务以及相应的销售措施。企业根据子市场的特点,分别制定产品策略、价格策略、渠道策略以及促销策略并予以实施。D项当选。

16. D 解析: 压制冲突是一种暂时性的处理方式,通过控制冲突的表现来维持团队的平稳。这种方式适用于紧急情况和无法立即解决的冲突,但是并不是一种长久之计。压制冲突必须要有一个合理的时限和跟进计划,否则团队内部的不满情绪可能会加剧,导致更大的冲突爆发。A项不选。

回避,就是对冲突采取冷处理,允许冲突在一定的控制条件下继续存在,局面不至于失控就可以。采用回避策略的冲突场景可以是冲突不重要、冲突水平较低或冲突影响的范围比较小时,或者出于某种考虑,冲突暂时无法解决时。回避策略运用的特点是,不追究其原因,让冲突在某种控制条件下继续存在,但又使局面不至于失控。B项不选。

缓和,就是设法为冲突的解决争取时间,创造条件,解决次要的分歧,减少冲突的尖锐性和重要性。缓和策略比回避策略稍微积极了一些,已经开始设法消除一部分分歧,但这对冲突只是部分解决而不是从根本上解决。这种策略可以使冲突得到一部分缓和,减少继续激化的可能性。C项不选。

正视冲突是最积极的处理冲突的策略。正视的策略是从根本上解决冲突的做法。正视冲突,通常会把问题摆在桌面上,采取积极的沟通,发现和消除分歧,妥善处理冲突。正视策略是"治本"的策略,是正面解决冲突,并且这种处理是实质性的。本题中,网点负责人通过开展头脑风暴,深入分析不同营销方案的利弊,就该产品营销方案达成一致,并积极开展营销。这体现了网点负责人正视冲突的态度。D项当选。

17. C　解析: 激励约束,即组织根据期望目标、人的行为规律,通过各种方式去激发人的动力,使人有一股内在的动力和要求,迸发出积极性、主动性和创造性,同时规范人的行为,朝着组织所期望的目标前进的过程。A项说法正确。

管理者需要明确,动机激励才是激励的切入点和根本点,激励一个人最有效的方法就是激发他做事的动机。要设计一个有效的激励机制,前提就是要理解员工的需求。通过满足他们的各种需求,让员工在工作中迸发高涨的热情,更积极主动地挖掘自己的潜能。B项说法正确。

管理学角度的个体激励主要是在企业制度的指导下,根据个体的不同需要,对不同的个体运用不同的激励方法,来满足人们各自的需要,从而最大限度地激发个体的积极性、主动性,以实现组织的目标。员工个体的动机可以通过任务选择、努力程度、活动的坚持性和言语表示等行为进行推断。如果激励只针对群体,会造成平均主义;如果只针对个人,又可能影响大家的积极性,因此,团队激励和个体激励互为补充,应根据具体情况确定,这样才能充分调动大家的积极性,达到管理效能的最优化。C项说法错误。

绩效管理是指管理者与员工之间就目标与如何实现目标上达成共识的基础上,通过激励和帮助员工取得优异绩效从而实现组织目标的管理方法。绩效管理旨在通过激发员工的工作热情和提高员工的能力和素质,以达到改善公司绩效的效果。D项说法正确。

18. C　解析: 事件营销是指企业通过策划、组织和利用具有新闻价值、社会影响以及名人效应的人物或事件,吸引媒体、社会团体和消费者的兴趣与关注,以求提高企业或产品的知名度、美誉度,树立良好品牌形象,并最终促成产品或服务销售目的的手段和方式。A项不选。

外联营销是指企业通过与其他企业或组织建立合作关系,共同开展市场营销活动,以达到共赢的目的。这种方式可以帮助企业进入新的市场,扩大销售渠道,提高品牌的曝光率和知名度。B项不选。

裂变营销是指通过用户分享和传播,快速将产品或服务的受众扩大并实现快速增长的一种市场营销策略。它通过利用用户关系网络,有效地将信息传播给更多的潜在用户。C项当选。

红利营销是一种通过回馈消费者,激励其购买产品或服务的营销方法。红利营销策略通常通过提供特别的优惠、奖励或礼品来吸引消费者,并增加他们对品牌的忠诚度和购买意愿。D项不选。

19. A　解析: 市场定位是指企业根据竞争者现有产品在市场上所处的位置,针对该产品某种特征或属性的重要程度,塑造出本企业产品与众不同的个性或形象,并把这种形象传递给消费者,从而使该产品在目标市场上确定适当的位置。A项说法错误。故本题选A。

20. A　解析: A项当选。晕轮效应,不少面试人心中有一个理想的应聘者形象,或称为典型。如果发现某人在某方面符合自己的理想,就好像给这个人套上一个光环一样,误以为他在所有方面都是好的,因此影响面试人对面试对象作出客观正确的评价。题干所述的现象即晕轮效应。

B项不选。首因效应,也称先头效应。由第一印象(首次印象)所引起的一种心理倾向。在心理学上,首因效应指的是在有效交往过程中,社会知觉对象给知觉者留下的第一印象对社会知觉者的影响作用。

C项不选。"只听不看"现象是指主试人把精力集中在记录面试对象的回答,而忘记了观察面试对象本人。因此,在面试中主试人要全心全意地观察应聘者的反应行为,来印证他的说话内容,检查两者是否一致。

D项不选。"脱线风筝"现象是指主试人不自觉地与面试对象谈一些与工作无关的内容,令面谈失去方向,这样,应聘者就有机会占据面谈主动地位,向着对自己有利的方向发展下去。该现象也往往使与面试人谈得投契的应聘者占优势。

二、多项选择题

1. **ABD**　解析:市场营销的四要素:产品、价格、渠道、促销。

(1)产品:产品策略主要是指企业以向目标市场提供各种适合消费者需求的有形和无形产品的方式来实现其营销目标。其中包括对同产品有关的品种、规格、式样、质量、包装、特色、商标、品牌以及各种服务措施等可控因素的组合和运用。"金钞"压岁福利套餐属于产品要素。D项当选。

(2)价格:价格策略主要是指企业以按照市场规律制定价格和变动价格等方式来实现其营销目标。其中包括对同定价有关的基本价格、折扣价格、津贴、付款期限、商业信用以及各种定价方法和定价技巧等可控因素的组合和运用。对于购买十套以上的客户,可在原有价格基础上享受85折优惠属于价格要素。A项当选。

(3)渠道:渠道策略主要是指企业以合理地选择分销渠道和组织商品实体流通的方式来实现其营销目标。其中包括对同分销有关的渠道覆盖面、商品流转环节、中间商、网点设置以及储存运输等可控因素的组合和运用。C项不选。

(4)促销:促销策略主要是指企业以利用各种信息传播手段刺激消费者购买欲望,促进产品销售的方式来实现其营销目标。其中包括对同促销有关的广告宣传、人员推销、营业推广,公共关系等可控因素的组合和运用。该银行购买了出租车显示屏广告属于促销要素。B项当选。

2. **ABCD**　解析:A项说法正确。银行差异化服务的关键就是细分市场,确定目标客户群,提供一揽子解决方案的经营理念和服务方式,突破原来以银行为中心的传统,建立一种全新经营模式和竞争策略。

B项说法正确。实施差异化营销是在买方市场条件下,赢得顾客和市场的必然选择。实施差异化营销是满足客户多样性需求的现实需要。

C项说法正确。建立和运用客户资料库是银行实施差异化营销的基础。客户资料库在银行差异化营销中扮演着重要的角色,它不仅是市场细分的前提和基础,而且也是协助将传统式营销工具转移到差异化营销作业中的最主要工具。

D项说法正确。商业银行可通过市场差异化、产品差异化、分销渠道差异化、服务差异化和银行形象差异化等多种策略实施差异化营销。其中,银行形象差异化重点是品牌营销管理,形成品牌忠诚度,建立自己的忠诚客户群。

3. **ABCD**　解析:有效沟通的障碍主要有以下几项:①过滤。发送者故意操纵信息,以使信息显得对接受者更为有利。②情绪。接受者在对信息进行解释时,无法进行客观理性的思维活动,而让情绪性的判断所取代。③信息超载。一个人面对的信息超过了个人的处理能力。④防卫。当受到威胁时,人们通常采用一种防卫的方式作出反应,而这在很大程度上降低了取得相互理解的可能。⑤语言。信息发送者使用的词汇对于不同的人含义是不同的,或者采用的是行业术语,这就容易造成接受者的误解。⑥民族文化。在沟通中,文化会影响到形式、礼仪、公开度、风格以及对信息的使用。

4. ACD 解析:撇脂定价法的前提条件:①市场有足够的购买者,他们的需求缺乏弹性,即使把价格定得很高,市场需求也不会大量减少;②高价使需求减少,但不致抵消高价所带来的利益;③在高价情况下,仍然独家经营,别无竞争者,高价使人们产生这种产品是高档产品的印象。因此,消费者购买力强、产品与同类商品差异性较大、市场需求对价格不敏感的情形适用撇脂定价法。市场需求水平低,不适合在产品生命周期的最初阶段定高价。

5. CD 解析:双因素理论也称"激励—保健因素"理论,该理论认为影响人们工作动机的因素主要有两类:①保健因素,属于和工作环境或条件相关的因素。如监督、公司政策、与领导的关系、工作条件、工资、同事关系、个人生活、与下属的关系、地位、工作保障等。②激励因素,属于和工作本身相关的因素。如成就、承认、工作本身、责任、晋升、成长等。故本题选CD。

6. BCD 解析:组织文化的基本功能包括导向功能、凝聚功能、激励功能、约束功能、辐射功能。

7. ABCD 解析:要实现有效的控制,应当做到以下几点:①控制应该同计划与组织相适应;②控制应该突出重点,强调例外;③控制应该具有灵活性、及时性和适度性;④控制应该具有客观性、精确性和具体性;⑤控制过程应避免出现目标扭曲问题;⑥控制工作应注重培养组织成员的自我控制能力。

8. ACD 解析:目标管理是一种设定管理者和员工双方认可的目标并使用这些目标来评估员工绩效的过程。好的组织目标通常具备的特征如下:①以结果而不是以行动来表述;②可度量和定量化;③具有清楚的时间框架;④具有挑战性但却是可以达到的;⑤书面化;⑥与组织的有关成员沟通过。故本题选ACD。

9. ABC 解析:菲德勒权变理论认为,影响领导风格有效性的环境因素主要有以下三个方面:

(1)领导者和下属之间的关系,指领导者是否能得到下属的拥护、尊重和信任,是否能吸引并使下属愿意追随他,反映领导者的影响力和吸引力。

(2)任务结构,指下属工作任务程序化和结构化的程度。

(3)职位权力,指与领导者职位相关的权力,即领导从上级和整个组织中所得到支持的程度。

点拨 菲德勒权变理论属于领导理论的一种,领导理论是管理部分常考考点。在复习时应重点识记并和其他领导理论区分开。

10. BD 解析:多元化战略是企业进入与现有产品和市场不同的领域。多元化战略可以分为相关多元化战略和非相关多元化战略。相关多元化战略又称同心多元化战略、集中多元化战略,是指进入与公司现在的业务在价值链上拥有竞争性的,有价值的"战略匹配关系"的新业务。非相关多元化战略又称复合多元化战略,是指企业新发展的业务与原有业务之间没有明显的战略适应性,所增加的产品是新产品,服务领域也是新市场。本题中,该集团企业进入与原来的房地产企业之间没有明显的战略适应性的电影、娱乐、旅游、食品等行业,故B、D两项正确。

巩固提升训练

一、单项选择题

1. C 解析：管理宽度是指管理者有效地监督、管理其直接下属的人数。管理宽度越宽，组织层次就越少；管理宽度越窄，组织层次就越多。组织层次增多后，上层管理者对下层的控制就变得困难。A、B两项说法错误。影响管理宽度的因素包括以下几点：①管理者与其下属双方的能力；②面对问题的种类；③组织沟通的类型及方法；④授权；⑤计划的科学性；⑥组织的稳定性。D项说法错误。故本题选C。

点拨 管理宽度即管理幅度，管理幅度和管理层次的关系是常考考点之一，二者成反比关系。按照管理幅度和管理层次的不同，形成两种结构：扁平结构（管理幅度大而管理层次少）和直式结构（管理幅度小而管理层次多）。

2. A 解析：正强化指奖励那些符合组织目标的行为，以便使这一种行为持续不断地出现和加强，从而有利于组织目标的实现。正强化应保持间断性，强化的时间和数量也不应该固定，即领导者应根据组织和管理的需要和个人行为在工作中的反映来实施强化。负强化就是惩罚那些与组织目标不一致的行为，以使这些行为被削弱，甚至消失，从而保证组织目标的实现不被干扰。与正强化不同，负强化方式应保持连续性，也就是对不符合组织目标的行为都要进行负强化，从而打消人们的侥幸心理。故本题选A。

3. D 解析：战略管理是指企业确定其使命，根据组织外部环境和内部条件设定企业的战略目标，为保证目标的正确落实和实现进行谋划，并依靠企业内部能力将这种谋划和决策付诸实施，以及在实施过程中进行控制的一个动态管理过程。其核心是对企业现在和未来的整体效益活动实行全局性管理。战略管理不仅仅是制定企业战略，还应当具有战略的实施、评价、控制、调整等多种功能。故本题选D。

4. B 解析：赫塞和布兰查德的情境领导理论是指成功的领导是通过选择恰当的领导方式实现的，选择的过程根据下属的成熟度水平而定。其具体分为四种不同的领导风格：①命令型（高任务—低关系），领导者界定角色，明确告诉下属具体该干什么，怎么干以及何时何地去干；②说服型（高任务—高关系），领导者既给下属以一定的指导，又注意激发和鼓励其积极性；③参与型（低任务—高关系），领导者与下属共同决策，领导者的主要角色是提供便利条件与沟通渠道；④授权型（低任务—低关系），领导者提供极少的指示性行为或支持性行为。与四种领导风格相对应，赫塞和布兰查德把下属的成熟度从低到高也分成了四个等级：①授权型是针对有能力而且愿意完成工作的下属；②参与型针对有能力但不愿意完成工作的下属；③说服型针对无能力但愿意完成工作的下属；④命令型针对无能力且不愿意完成工作的下属。题干中员工有能力完成工作任务，但却不愿意从事此项工作，对应的是参与型的领导风格，即低任务—高关系。故本题选B。

5. A 解析：计划职能确定组织未来发展目标以及实现目标的方式。"运筹帷幄"反映了管理的计划职能。故本题选A。

6. A 解析：选择决策目标是经营决策的起点，它为决策指明了方向，为选择行动方案提供衡量标准，也为决策实施的控制提供了依据。

7. B 解析：头脑风暴法通常是将对解决某一问题有兴趣的人集合在一起，在完全不受约束的条件下，敞开思路，畅所欲言。头脑风暴法的创始人奥斯本为该决策方法的实施提出了四项原则:①对别人的建议不作任何评价,将相互讨论限制在最低限度内;②建议越多越好,在这个阶段,参与者不要考虑自己建议的质量,想到什么就应该说出来;③鼓励每个人独立思考,广开思路,想法越新颖、奇异越好;④可以补充和完善已有的建议,以使它更具说服力。B项说法错误。

8. C 解析:强制权是由法定权派生的权力,即领导者对其下属具有绝对强制其服从的力量。下属认识到,如果不服从上级指示和命令,就会受到惩罚。惩罚包括物质处罚、批评降职,甚至开除。因此,管理者拥有强制权时,会对下属产生更强的威慑或压力。故本题选C。

9. D 解析:在现代的管理活动中,无论采用哪种方法来进行控制工作,要达到的第一个目的,也就是控制工作的基本目的是"维持现状",即在变化着的内外环境中,通过控制工作,随时将计划的执行结果与标准进行比较,若发现有超过计划容许范围的偏差时,则及时采取必要的纠正措施,以使系统的活动趋于相对稳定,实现组织的既定目标。故本题选D。

10. A 解析:亨利·明茨伯格研究发现管理者扮演着十种角色,这十种角色可被归入三大类:人际关系角色、信息传递角色和决策制定角色。在决策制定角色中,管理者主要扮演企业家、资源分配者、冲突管理者和谈判者这四种角色。其中,冲突管理者主要为了解决公司在运作过程中发生的矛盾,维护正常的秩序。管理者要善于处理冲突或解决问题,如对员工之间的争端进行调节。根据题意可知张某扮演的管理者角色是冲突管理者,属于决策制定角色。故本题选A。

11. C 解析:泰勒科学管理理论的中心问题是提高劳动生产率。泰勒认为科学管理的根本目的是谋求最高劳动生产率,最高的工作效率是雇主和雇员达到共同富裕的基础,要达到最高的工作效率的重要手段是用科学化的、标准化的管理方法代替经验管理。故本题选C。

12. A 解析:授权是一种权利代理或者让渡的管理行为。授权的重要性在于每个人做好分内的事,才能依靠分工与合作共同保障企业的正常运作。授权的界限不清,会造成授权者与被授权者之间的扯皮和尴尬。题干中授权者明明早已将事情授权给下属去负责,结果自己又事事指导,弄得下属无所适从,这是没有处理好上下级管理者之间的权限问题。故本题选A。

13. D 解析:能有效激励员工工作的主要方法有:①金钱激励。必须公平,反对平均主义。②目标激励。确定合适的目标,诱导动机和行为,调动积极性。③参与激励。参与管理,形成归属感、认同感,满足自尊和自我实现的需求。④培训和发展机会激励。对员工采取等级证书、在校学习、内外部培训等激励措施,为员工提供进一步发展的机会。⑤荣誉和提升激励。给予必要的荣誉奖励。

A项不选。给予相应奖励有利于激励员工工作。但是不断增加工作任务总量,会使员工身心疲惫,让员工对工作产生厌倦感,不利于调动其工作积极性,起不到激励的作用。

B项不选。将任务明确地告诉团队成员,有利于团队成员了解任务内容,对工作任务产生责任感,调动员工的工作热情。但是不解释原因,很容易让员工对任务完成没有信心,使得员工缺乏认同感,不能起到激励员工的作用。

C项不选。工作任务过于困难,不具有可行性与可实现性,很容易让员工自我怀疑,无法起到激励员工的作用。

D项当选。员工通过产品特性的讲解,来补齐他们工作技能的短板,使得员工获得进一步发展的机会,满足员工自我提升的需求,可以起到很好的激励作用。

14. A 解析:管理者在选择沟通类型时,首先应该分析所需沟通任务的性质。例如,有的沟通任务可能涉及组织内大量的人力和物力资源的调整,影响组织的全局利益、整体利益和长远利益时,要求责任明晰,在这种情况下,宜选择正式沟通而不是非正式沟通,选择书面沟通而非口头沟通。综上,正确的是(1)和(3)。故本题选 A。

15. D 解析:管理沟通最根本的目的是传递信息。

16. A 解析:无边界就是要打破各个边界之间的障碍,旨在消除企业内部的等级制度,使信息和资源能够得到最佳配置,使企业系统能够达到最佳状态。无边界管理本质上也是一种人本管理的模式,它把员工从严格的等级制度下解放出来,真正尊重员工的价值,使他们能够最大限度地发挥自己的聪明才智。故本题选 A。

17. A 解析:奥尔德弗 ERG 理论认为,生存、关系、成长这三个层次需要中任何一个的缺少,不仅会促使人们去追求该层次的需要,也会促使人们转而追求高一层次的需要,还会使人进而更多地追求低一层次的需要。任何时候,人们追求需要的层次顺序并不那么严格,优势需要也不一定那么突出,因而激励措施可以多样化,当较高层次需要受到挫折时,个体对低层次需要满足的追求将越强烈。故本题选 A。

18. A 解析:矩阵式组织结构,由横纵两套管理系统组成,一套为职能领导系统,一套为横向项目系统。矩阵式组织结构适用于需要对环境变化做出迅速反应的组织,如咨询公司、广告公司等。采用矩阵式组织管理的三个条件:①产品线之间存在共享稀缺资源的压力;②环境对两种或更多的重要产品存在要求;③组织所处的环境条件复杂且不确定。故本题选 A。

19. A 解析:若双方缺少沟通机会,则各自容易根据已有的心理定势来解释和预期对方的行为,而心理定势是一种先入之见,带有主观性,并伴有一定的情绪色彩,因此容易造成误解,引起冲突。此外,缺乏直接接触和交流机会还会导致双方难以形成心理上的认同和移情。

20. B 解析:前景理论引申出的四个基本结论:①大多数人在面临获利的时候是风险规避的(确定效应);②大多数人在面临损失的时候是风险喜好的(反射效应);③大多数人对得失的判断往往根据参考点决定(参照依赖);④大多数人对损失比对收益更敏感(损失效应)。B 项错误。

点拨 前景理论是行为经济学中描述"人们在外界情况不确定的条件下如何进行决策"的一个理论。它是整个行为经济学体系的基石。前景理论简言之就是,人在面临获利时,不愿冒风险;而在面临损失时,人人都成了冒险家。损失的痛苦比获得所带来的喜悦更敏感,而损失和获利是相对于参考点而言的,改变评价事物时的参考点,就会改变对风险的态度。

21. A 解析:经验决策,是指决策者完全凭借决策者在长期工作中所积累的经验和解决问题的惯性思维方式所进行的决策;科学决策,是指决策者凭借科学思维,利用科学手段和科学技术所进行的决策。显然,A 项符合经验决策的定义。而 B、C、D 三项均为科学决策的特点。故本题选 A。

22. A 解析:由题干中"信息传递时间长""信息失真""下属管理人员抱怨地位渺小"等信息可知,该企业出现这种情况是管理幅度小、管理层次过多造成的。故本题选 A。

23. C 解析:领导职能是指领导者运用组织赋予的权力,组织、指挥、协调和监督下属人员,完成领导任务的职责和功能。它包括决策、选人用人、指挥协调、激励和思想政治工作等。特别是领导的方式与艺术,会对被领导者的积极性、对公司的忠诚度等有重要影响。因此,针对本题中企业的情况,最有可能出现问题的是领导职能。故本题选 C。

24. A 解析:组织文化具有适应功能,即组织文化能从根本上改变员工的旧有价值观念,建立起新的价值观念,使之适应组织外部环境的变化要求。一旦组织文化所提倡的价值观念和行为规范被成员接受和认同,成员就会自觉不自觉地做出符合组织要求的行为选择,倘若违反,则会感到内疚、不安或自责,从而自动修正自己的行为。因此,组织文化具有某种程度的强制性和改造性,其效用是帮助组织指导员工的日常活动,使其能快速地适应外部环境因素的变化。

25. C 解析:人员配备的原则包括经济效益原则、任人唯贤原则、因事择人原则、量才适用原则、制度规范原则、促进发展原则。

经济效益原则是指组织人员配备计划的拟定要以保证经济效益的提高为前提,同时要实现成本的节约与降低,提高组织效率,保证组织的正常运转。

任人唯贤原则是指在人事选聘方面,从实际需要出发,公正无私、实事求是地发现人才,爱护人才,任人唯贤,重视和使用确有真才实学的人。B项不选。

因事择人原则是指人员的选聘应以职位的空缺和实际工作的需要为出发点,以职位对人员的实际要求为标准,选拔、录用各类人员。D项不选。

量才适用原则是指根据每个人的能力大小而安排合适的岗位。因为人的差异是客观存在的,一个人只有处在最能发挥其才能的岗位上,才能干得最好。C项当选。

制度规范原则是指员工的选拔必须遵循一定的制度标准和程序。只有严格按照规定的程序和标准办事,才能选聘到真正愿为组织的发展做出贡献的人才。

促进发展原则是指组织人员配备的目标既要有利于组织的发展,又要有利于员工自身的进步,将组织发展与员工进步统一起来,并作为组织人员配备的最高准则。A项不选。

26. B 解析:"皮格马利翁效应"是由美国著名心理学家罗森塔尔和雅各布森在小学教学上予以验证提出的,亦称"罗森塔尔效应"或"期待效应",主要是指可以通过暗示来影响人们的行为。故本题选B。

27. C 解析:收缩战略也称为紧缩战略,是指企业从目前的战略经营领域和基础水平收缩和撤退,在一定时期缩小生产规模或取消某些产品生产的一种战略。它一般适用于在经营环境中处于十分不利地位、面临严重困难的单位。A项不选。

稳定战略又称防御战略,即企业在战略方向上没有重大改变,在业务领域、市场地位和产销规模等方面保持现有状况,以安全经营为宗旨的战略。这种战略一般适用于在外部环境和内部条件暂时处于劣势或既无突出优势,又无明显不利因素的单位。B项不选。

组合战略是同时执行两种或两种以上的战略。采用这种战略是由于企业在同一时期有不同的需要,即在不同部门采用不同的战略。例如,公司的某种事业可能实行增长战略,而另一种事业可能实行收缩战略。本题中,该企业在小家电行业处于领先地位,医疗健康行业发展前景良好,软件开发行业经营业绩较差,适合同时执行两种及两种以上的战略,即组合战略。C项当选。

增长战略又称发展战略,强调充分利用外部环境的机会,充分发掘企业内部的优势资源,以求得企业在现有的基础上向更高一级的方向发展。这种战略一般适用于处于有利发展的环境,在产品、技术、市场上占有很大优势的单位。D项不选。

28. B 解析:当新产品在引入期的销售逐步取得成功后,便进入成长期。在这一阶段,顾客对产品已经熟悉,大量的新顾客开始购买,市场逐步扩大。产品大批量生产,生产成本相对降低,企业的销售额迅速上升,利润也迅速增长。竞争者看到有利可图,将纷纷进入市场参与竞争,使同类产品供给量增加,价格随之下降,企业利润增长速度逐步放缓,最后达到产品生命周期利润的最高点。故本题选 B。

29. C 解析：人员差异化战略，指企业通过聘用和培训比竞争者更为优秀的人员以获得更强的竞争优势的战略。故本题选 C。

30. D 解析：根据产品特性和服务能力的高低，客户关系管理导向分为关系导向型、产品导向型、价格导向型和服务导向型。

(1)关系导向型：既要向客户提供优质的产品，还要向其提供一流的服务。这一导向真正体现了以消费者为中心的营销观念，它不仅可以赢得和保住客户，还有助于银行与客户建立长期、稳定、密切和牢固的伙伴关系。题干表述体现了该网点在客户关系管理上的导向是关系导向型。D 项当选。

(2)产品导向型：是谋求以提供具有更高附加价值的产品来争取并赢得客户。这一导向在某些场合可以获得暂时的优势。但是，由于它从根本上违背了以客户为中心的营销观念，因此，很难长久地在竞争中取胜。题干表述没有体现产品导向。C 项不选。

(3)价格导向型：企图通过制定低价策略来吸引客户，依靠产品的价格优势与竞争者进行较量。实施这一导向的企业，如果不能长期保持绝对的生产成本优势，不能始终如一地向目标市场的客户提供价格低廉的产品，则势必不能长期地保持客户。题干表述没有体现价格导向。B 项不选。

(4)服务导向型：服务导向型的企业大多是那些经营资源不足、实力不强的中小企业，由于缺乏与其他企业竞争的经济、技术实力，所以，往往会试图通过提高或强化企业的服务来建立自己的竞争优势。实施这一导向的企业，往往很难长久地保持其建立起来的竞争优势。其原因在于服务优势与经济、技术优势相比更容易被他人模仿，也更容易被竞争对手击破。A 项不选。

31. A 解析：根据波士顿矩阵，销售增长率低、市场占有率高、现金收入多的产品属于金牛产品。

32. A 解析："酒香不怕巷子深"是产品观念的反映。产品观念认为消费者喜欢高质量、多功能和具有某种特色的产品，企业管理的中心是致力于生产优质产品，并不断精益求精。持产品观念的公司假设购买者欣赏精心制作的产品，相信他们能鉴别产品的质量和功能，并愿意以较高的价格购买质量上乘的产品。产品观念强调产品质量的重要性。

33. B 解析：市场定价策略主要包括撇脂定价和渗透定价。撇脂定价一般是在产品初推出时，将价格定得较高，可以迅速收回利润；而渗透定价主要是为了提高市场占有率，因此在产品初推出时制定较低的价格。

点拨 定价策略是市场营销中常考考点之一，除撇脂定价和渗透定价外，还包括折扣定价策略、心理定价策略、差别定价策略、产品组合定价策略等。

34. B 解析：负需求是绝大多数人不喜欢，甚至愿意花一定代价来回避的某种产品的需求状况。对于负需求市场，营销管理的任务是"改变市场营销"，即分析原因，通过重新设计产品、降低价格和积极促销等营销手段来改变市场的信念和态度，将负面需求转变为正面需求。故本题选 B。

35. A 解析：品牌延伸策略是指将现有成功的品牌，用于新产品。产品差异化策略是指企业以某种方式改变那些基本相同的产品以使消费者相信这些产品存在差异而产生消费偏好。比如打火机定位有高档和一次性之分。扩大产品组合战略是开拓产品组合的广度和加强产品组合的深度。开拓产品组合广度是指增添一条或几条产品线，扩展产品经营范围；加强产品组合深度是指在原有的产品线内增加新的产品项目。多品牌战略是指企业发展到一定程度后,开发出多个相互独立又有一定关联的品牌。

36. B 解析:品牌忠诚度由五级构成:无品牌忠诚者、习惯购买者、满意购买者、情感购买者、承诺购买者。其中最高级的是承诺购买者。

(1)无品牌购买者。无品牌购买者是指那些从不专注于某个品牌的购买者。他们对品牌不敏感,基本是随机性购买。

(2)习惯购买者。习惯购买者是指那些对产品满意或起码没有表示不满的买主。他们习惯性地购买某些品牌,但易受带来明显利益的竞争者的影响,转换品牌的可能性较大。

(3)满意购买者。满意购买者对产品感到满意,能感觉到品牌转换成本。也就是说,他们购买另一个新品牌,会感到有时间、金钱、适应等方面的成本与风险,与习惯购买者相比,他们转换品牌的可能性要小。

(4)情感购买者。情感购买者真正喜欢某一品牌,他们把品牌当作自己的朋友,认为该品牌是生活中不可缺少的用品,对品牌具有一种情感的依附。这种依附关系建立在买主对品牌识别、使用经历或品牌认知等联想的基础上。

(5)承诺购买者。承诺购买者不仅持续、重复地购买特定品牌,而且还引以为傲,会向其他人积极推荐此品牌。拥有相当数量的忠诚购买者的品牌被誉为最有魅力的品牌,其品牌资产也相当的巨大。品牌忠诚度的资产价值体现在降低营销成本、增加渠道的谈判力、吸引新顾客、降低竞争带来的威胁等方面。

37. B 解析:促销策略可分为两类,即推动策略和拉引策略。推动策略,是指企业以中间商为主要促销对象,通过推销人员的工作,把产品推进分销渠道,最终推上目标市场,推向消费者。A项不选。

拉引策略即生产商为唤起顾客的需求,主要利用广告与公共关系等手段,极力向消费者介绍产品及企业,使他们产生兴趣,吸引、诱导他们来购买。B项当选。

销售促进策略又可以称为营业推广,是指企业通过各种短期诱因(如代金券、样品)鼓励消费者和中间商购买企业产品和服务的促销活动。C项不选。

人员推销是指通过推销人员深入中间商或消费者进行直接的宣传介绍活动,使中间商或消费者采取购买行为的促销方式。D项不选。

38. A 解析:客户经理营销的立足点应该是客户的需求,这样才能有助于成功营销。

39. B 解析:单一品牌战略,又称统一品牌战略,是指企业生产经营的所有产品都使用一个品牌。它包括三种类型:①产品线单一品牌战略,指品牌扩张时,使用单一品牌对企业同一产品线上的产品进行扩张;②跨产品线单一品牌战略,是企业对具有相同质量和能力的不同产品类别使用单一品牌战略。③伞形品牌战略,是企业对具有不同质量和能力的不同产品类别使用单一品牌战略。A、C两项不选。

多品牌战略,又称独立品牌战略,是指一个企业同时经营两个以上相互独立、彼此没有联系的品牌。其表现形式是为每一种产品冠以一个品牌名称,或者给每一类产品冠以一个品牌名称。B项当选。

主副品牌战略,是以一个成功品牌作为主品牌,涵盖企业的系列产品,同时又给不同产品起一个富有魅力的名字作为副品牌,以突出产品的个性形象。D项不选。

40. B 解析:产品生命周期理论揭示了任何产品都和生物有机体一样,有一个"诞生—成长—成熟—衰亡"的过程。

点拨 产品生命周期一般分为四个阶段:引入期(导入期)、成长期、成熟期、衰退期。考生应掌握各阶段的特点及营销策略。

二、多项选择题

1. ABC 解析:管理就是带领别人去实现目标的过程。从这个说法中可以引申出三个方面的含义:①管理者的业绩是由他人来衡量的。这意味着管理得好坏取决于管理者所带领的他人取得的业绩。C项正确。②管理存在于一定的组织中,组织是由很多人构成的群体。可以认为,管理依附于组织之上,组织是皮,管理是毛,离开了组织就谈不上管理。B项正确。③管理的目的就是要实现一定的目标。离开了目标,就谈不上管理。管理活动的存在就是要保证有效地实现组织的目标。A项正确。

2. ABC 解析:Y式沟通的优点是集中化程度高,较有组织性,信息传递和解决问题的速度较快,组织控制比较严格。但是,由于组织成员之间缺少直接和横向沟通,不能越级沟通,除节点外,全体成员的满意程度比较低,组织气氛大都不和谐。Y式沟通模式中,成员之间交流信息,是采用上情下达和下情上传的逐级传达的形式,虽然信息传递快,但由于信息经过层层筛选,中间环节过多,可能使上级不能了解下级的真实情况,信息被过多的中间环节所控制。这样,信息传递中间环节的操纵可能造成信息失真,给企业工作带来不良影响。

3. ABD 解析:直线型组织结构是指在这种组织结构下,职权直接从高层开始向下"流动"(传递、分解),经过若干个管理层次达到组织最底层。其具有以下特点:①组织中每一位主管人员对其直接下属有直接职权;②组织中的每一个人只对他的直接上级负责或报告工作;③主管人员在其管辖范围内拥有绝对的职权或完全的职权,即主管人员对所管辖的部门的所有业务活动行使决策权、指挥权和监督权。故本题选ABD。

4. AC 解析:激励因素,又称本质因素或内容因素,主要与工作内容和工作成果有关,如职业认可、工作的挑战性、工作责任、个人发展等,这类因素的存在能够使员工感到满意,能够对员工产生强大而持久的激励作用。

5. CD 解析:推式策略适用于以下几种情况:①企业经营规模小或无足够资金用以执行完善的广告计划;②市场较集中,分销渠道短,销售队伍多;③产品具有很高的单位价值,如特殊品、选购品等;④产品的使用、维修、保养方法需要进行示范。故本题选CD。

6. ABCD 解析:企业文化,或称组织文化,是一个组织由其价值观、信念、仪式、符号、处事方式等组成的其特有的文化形象,是组织成员共有的能够影响其行为方式的价值观、原则、传统和做事方式。简单来说,就是企业在日常运行中所表现出的各方各面。虽然所有的组织都有文化,但并非所有的文化都对员工有同等程度的影响。组织文化的最初来源通常反映了组织创建者的愿景。在绝大多数组织中,共有的价值观和惯例会随着时间的推移而演变。

7. ACD 解析:口碑营销是在市场需求调查的情况下,为消费者提供所需的产品和服务。建立强大的口碑运作机制,并以此来影响消费者。其可以遵循以下四个基本原则:①讲一个携带"抗体病毒"基因的故事。口碑营销要想成功,就必须和病毒一样具有快速"传播性"。换句话说,必须有一个原因让人们愿意去"传播这个故事"。②利用受众自身来传递口碑。③用数据说话,衡量效果。④根据生命周期阶段进行口碑营销节奏设计,并与其他营销工具相结合使用。口碑营销可以用在一个产品生命周期的各个阶段。对于配合新产品的推出而言,也就是生命周期最初阶段,它是一种节省成本的方法,特别是在预算有限的情况下最有效。故本题选ACD。

8. ABCD　解析:常见的战略分析方法有SWOT分析、PEST分析法等,A项正确。识别组织当前的使命、目标和战略是进行战略管理的必要步骤,B项正确。企业战略是最高层次的战略,甲银行的"三大战略"涉及整个组织,属于企业战略,C项正确。有效的战略会带来组织高绩效,D项正确。

9. BC　解析:企业在确定目标市场时,会相应地采取不同类型的营销策略,主要有无差异性营销策略、差异性营销策略、集中性营销策略等。

> **点拨**　对各种营销战略或策略的考查,常结合实际案例进行,复习时,除了要准确识记知识点,还要学会灵活运用。

10. AC　解析:微观营销环境是指直接影响和制约企业经营活动的各种力量,它包括客户、供应商、营销中介、竞争者和公众。这些因素与企业营销活动有着密不可分的联系,是不可控制的因素,一般来说,企业无法予以变动、调整和支配。宏观营销环境包括人口环境、经济环境、自然环境、技术环境、政治法律环境和社会文化环境等,是指那些给企业带来市场机会和环境威胁的主要社会力量,它是间接影响企业营销活动的各种环境因素之和。A、C两项属于宏观环境因素。B、D两项属于微观环境因素。

11. BCD　解析:从决策影响的时间看,决策可分为长期决策与短期决策。短期决策是为实现长期战略目标而采取的短期策略手段,又称短期战术决策,如企业日常营销、物资储备以及生产中资源配置等。A项不选。长期决策是指有关组织今后发展方向的长远性、全局性的重大决策,又称长期战略决策,如投资方向的选择、人力资源的开发和组织规模的确定等。B、C、D三项当选。

12. BD　解析:根据不同标准,可将消费者市场做以下划分:

(1)按地理变量细分市场。按照消费者所处的地理位置、自然环境来细分市场。题干中没有体现。

(2)按人口变量细分市场。按人口统计变量,如年龄、性别、家庭规模、家庭生命周期、收入、职业、教育程度、宗教、种族、国籍等为基础细分市场。该产品面向的群体为老年客户,体现了人口细分。

(3)按心理变量细分市场。根据购买者所处的社会阶层、生活方式、个性特点等心理因素细分市场。题干中没有体现。

(4)按行为变量细分市场。根据购买者对产品的了解程度、态度、使用情况及反应等,将他们划分成不同的群体。购买者主要将"压岁金钞"作为新年礼物赠送给自己的晚辈,体现了行为细分。

13. ACD　解析:计划工作的意义如下:①计划是一种协调过程,它给出组织要达成的目标,明确其成员(包括管理者和非管理者)努力的方向,指导组织成员的工作。②任何组织都不可能完全消除环境中未来发展的不确定性,但科学的计划工作有助于管理者具有前瞻性,使组织较早预见未来的变化,降低不确定性,减小组织面临的风险。③通过计划工作,组织可以将时间和资源的浪费以及冗余降到最低程度,以最低的耗费取得预期的结果;计划强调组织各个部门或子系统的协调,将无效或者低效率的活动降到最低程度,以提高组织的效率。④计划工作所设立的目标可用于控制,作为控制的标准。通过控制将实际的绩效与计划所设立的目标相对比,发现存在的差异,并采取必要的行动来进行纠正。计划先于控制,没有计划就没有控制,计划是控制的基础。由此可知,B项中"完全消除未来发展的不确定性"的说法错误。故本题选ACD。

14. ABCD 解析:差别定价是指企业用两种或多种价格以适应顾客、地点、时间等方面的差异,但这种差异并不反映成本比例的差异。差别定价策略主要有以下四种:

(1)顾客细分定价,即企业按照不同的价格把同一种产品或劳务卖给不同的顾客。

(2)地点定价,即企业对于处在不同地点的同一商品制定不同的价格,即使在不同地点提供的商品的成本是相同的。

(3)产品式样定价,即企业对不同花色、品种、式样的产品制定不同的价格,但这个价格对于它们各自的成本是不成比例的。

(4)时间定价,即企业对于不同季节、不同时期甚至不同钟点的产品或服务,分别制定不同的价格。

A、B、C、D四项分别对应上述四种情形。

15. ABD 解析:作为市场的领导者,他们营销战略的核心就是保持其原有的领导地位。据此其战略可分为三个方面:发现和扩大市场、保护现有市场份额、进一步扩大现有市场份额。发现和扩大市场方面的战略包括寻找新使用者、寻找产品新用途和特色、宣传和扩大使用量。C项不选。保护现有市场份额方面的战略包括创新战略、堡垒战略、正面对抗战略。A、B、D三项当选。企业如果采取进一步扩大现有市场份额的战略首先要考虑的是扩大市场份额与投资报酬率的关系和垄断问题。

专项五 统计、决策、数学、物理参考答案及解析

考场真题还原

一、单项选择题

1. A 解析:典型调查是一种非全面调查,是从众多统计调查对象中,有意识地选择若干个具有代表性的典型单位进行深入、周密、系统地调查。典型调查的主要目的是了解与有关数字相关的生动具体情况。题干表述是典型调查,A项当选。

全面调查是指统计调查机构为了取得系统、全面的基本统计资料,对调查对象的所有单位逐一进行调查的一种统计调查方法。B项不选。

随机抽样调查,简称抽样调查、抽样推断,是指按随机原则从被研究总体中抽选部分单位进行研究,并借以推断总体状况,以认识总体数量特征的一种非全面调查。C项不选。

重点调查是一种非全面调查,是在统计调查对象中选择一部分重点单位作为样本所进行的调查。重点调查主要适用于反映主要情况或基本趋势的调查。D项不选。

2. C 解析:时间序列数据是在不同时间收集到的数据,这类数据是按时间顺序收集的,用于描述现象随时间变化的情况。B项不选。

截面数据是在相同或近似相同的时间点上收集的数据,这类数据通常是在不同的空间上获得的,用于描述现象在某一时刻的变化情况。D项不选。

面板数据是对不同样本在不同时间段或时点上所收集的数据,描述多个事物随着时间变化而变化的情况。面板数据可以分为平衡面板数据和非平衡面板数据。平衡面板数据是指各观测值的横截面在时间上完全相同,即每个个体都有相同的观察时期,并包含有每一个体在其所

有时期的观察值;而非平衡面板则恰恰相反。本题中,统计的是为期一个月某分行各个网点每天的到店客户数量,符合面板数据的特点。"从未有数据缺漏"表明每个网点的数据都是完整的,故为平衡面板数据。A项不选,C项当选。

3. C 解析:箱形图又称为盒须图、盒式图或箱线图,是一种用作显示一组数据分散情况资料的统计图。它能显示出一组数据的最大值、最小值、中位数及上下四分位数。箱形图主要用于反映原始数据分布的特征,适用于进行多组数据分布特征的比较,多用于数值统计,能提供有关数据位置和分散情况的关键信息,尤其在比较不同的母体数据时更可表现其差异。A项不选。

条形图,又称之为条状图、长条图或者柱形图等,是用宽度相同的条形的高度或长短来表示数据多少的图形。条形图主要用于多个分类间的数据(大小、数值)的对比,可以用来显示一段时间内的数据变化或显示各项之间的比较情况。条形图简单直观,很容易根据图形的长短看出值的大小,易于比较各组数据之间的差别。B项不选。

散点图是指在回归分析中,数据点在直角坐标系平面上的分布图。散点图表示因变量随自变量而变化的大致趋势,据此可以选择合适的函数对数据点进行拟合。散点图通常用于比较跨类别的聚合数据。通过观察散点图上数据点的分布情况可以推断出变量间的相关性。如果变量之间不存在相互关系,在散点图上就会表现为随机分布的离散的点;如果存在某种相关性,大部分的数据点就会相对密集并以某种趋势呈现。散点图通常用于显示和比较数值,例如科学数据、统计数据和工程数据。反映客户满意度与排队时间(分钟)间的相关关系,可以用散点图,C项当选。

饼图是使用圆形及圆内扇形的角度来表示数值大小的图形,它主要用于表示一个样本中各组成部分的数据占全部数据的比例,对于研究结构性问题十分有用。D项不选。

4. A 解析:根据杠杆原理,动力×动力臂=阻力×阻力臂,此题中在A、B、C三点所施加的力F相同,C点的动力臂>B点的动力臂>A点的动力臂,A、B、C三点的阻力臂相等。因此当力F施加在C点时,杆的固定端受到的阻力最大,此时杆更容易折断。

5. B 解析:根据表格中x和y的数据变化特点可知,在x小于0时,y与x的关系可以表示为$y=-x$;在x大于0时,y与x的关系可以表示为$y=x$。本题中的四个选项只有B项符合此特征。故本题选B。

6. C 解析:联合概率是指在多元的概率分布中多个随机变量分别满足各自条件的概率。表示两个事件共同发生的概率。A与B的联合概率表示为$P(AB)$或$P(A,B)$,或$P(A\cap B)$。

7. C 解析:$F(x+0,y)=F(x,y)$,$F(x,y+0)=F(x,y)$,即$F(x,y)$关于x右连续,关于y也是右连续。

8. C 解析:根据分部积分公式$\int uv'dx=uv+\int u'vdx$,设$u=\ln x+1$,$v'=x^3$,则有$u'=\frac{1}{x}$,$v=\frac{x^4}{4}$,则原式$=\frac{x^4}{4}(\ln x+1)-\int \frac{1}{x}\cdot \frac{x^4}{4}dx=\frac{x^4}{4}\ln x+\frac{3}{16}x^4+C$。

9. C 解析:标准差是方差的算术平方根。方差是各个数据与平均数之差的平方和的平均数。题干信息没有给出每个人的面试成绩,故无法得出标准差和方差。A、D两项不选。

协方差用于衡量两个变量的总体误差。题干信息中没有给出变量,故无法得出协方差。B项不选。

极差又称全距，是最简单的离散指标，它是一组数据中的最大值和最小值之差。根据面试成绩情况，极差=97-70=27，C项当选。

故本题选C。

10. B 解析：方法一：标准差是方差的平方根，方差是各变量值与其平均数离差平方的平均数。在一个统计样本中，其标准差越大，说明它的各个观测值分布得越分散，它的集中趋势就越差。反之，其标准差越小，说明它的各个观测值分布得越集中，它的集中趋势就越好。由题干可知，丙的标准差最小（6分），说明丙的成绩更稳定。故本题选B。

方法二：离散系数也称为变异系数，是一组数据的标准差与其相应的平均数之比，主要用于比较不同样本数据的离散程度。离散系数越大，说明数据的离散程度越大；离散系数越小，说明数据的离散程度越小。

根据离散系数的计算公式，可以得出甲的离散系数=$\frac{11}{93}\approx 0.12$，乙的离散系数=$\frac{15}{95}\approx 0.16$，丙的离散系数=$\frac{6}{90}\approx 0.07$，丙的离散系数最小，所以丙的成绩更稳定。故本题选B。

二、案例分析题

1. C 解析：左侧检验的假设形式是：$H_0:\mu\geq\mu_0$，$H_1:\mu<\mu_0$。此次假设检验是为了检验智能机器人能否持续工作1 000个小时而不出故障，即μ_0为1 000。故本题选C。

2. D 解析：统计量$Z=\frac{990-1\ 000}{100/\sqrt{81}}=-\frac{10}{100/9}=-0.9$。故本题选D。

3. C 解析：在5%的显著水平下，如果统计量$Z<Z_{0.05}$，或者说Z的绝对值大于$Z_{0.05}$的绝对值，则拒绝H_0。本题中，Z的绝对值为0.9，小于$Z_{0.05}$的绝对值1.645，所以不能拒绝H_0，即智能机器人可以持续工作1 000小时不出现故障，G银行会再购买一批。故本题选C。

4. D 解析：根据题干可知，该公司的蔬菜可以在题干中的五个地点中转，故每个地点可允许的最大转运量就是蔬菜的产出量，即300吨。故本题选D。

5. C 解析：若使运费最少，则蔬菜运送途径应为将P01基地的100吨蔬菜先运至P02，此时P02基地共有蔬菜300吨，再由P02基地分别将300吨蔬菜运送至甲、乙、丙批发市场。具体途径是：①将100吨蔬菜运至乙；②将100吨蔬菜运至丙；③将100吨蔬菜经乙运至甲或经丙运至甲。故运费最少时，P01将蔬菜运往P02。故本题选C。

6. D 解析：根据5题可知，运费最少时的最优路径为：P01基地的100吨蔬菜先运至P02，此路径运费为100×100=10 000(元)=1(万元)；P02将100吨蔬菜运至乙，此路径运费为100×100=10 000(元)=1(万元)；P02将100吨蔬菜运至丙，此路径运费为200×100=20 000(元)=2(万元)；P02将100吨蔬菜经乙运至甲或经丙运至甲，此路径运费为100×100+200×100=30 000(元)=3(万元)。故每周的运费最少为1+1+2+3=7(万元)。故本题选D。

7. B 解析：若公司每隔2个月转一次账到项目账户，则要保证满足该项目2个月的流动资金，方能保证项目正常运作，该项目2个月需要的流动资金为144×2=288(万元)。故本题选B。

8. B 解析：在不考虑转账费用的情况下，若使每月资金占用等费用成本最低，则应使每个月账户内的资金在满足项目正常运转的情况下尽可能地少，故该公司应每隔1个月转1次账。故本题选B。

9. C 解析：该公司每隔1个月转1次账可使每月资金占用等费用成本最低，为144×25=

3 600(元)。故本题选 C。

10. B 解析：由题意得 FG 和 EG 为必经之路，不经过 EF。从 A 出发，且要返回 A，选取 AB 和 AD。基于上述考虑合适的路线有两条，即 A-B-C-F-G-E-D-A 和 A-B-F-G-E-C-D-A，路程都是 290 公里。故最短行程为 290(公里)。

11. D 解析：从 A 出发选取最短线路，根据题意选取 AB(20 公里)→BC(30 公里)→CD(10 公里)→DE(40 公里)→EF(10 公里)→FG(50 公里)行程，共 160 公里。

12. A 解析：首先选取 A 到 G 的最短路程为 ACFG，路程为 140 公里，连通 AB、CD、EF，总路程为 180 公里，高于 11 题的 160 公里，故选取上题中路线。

13. A 解析：根据题干信息可知，该银行服务点 ATM 机排队办理业务是一个单队列服务台系统，单位时间为小时，单位时间平均到达的顾客 $\lambda = 60 \div 20 = 3$(人)，单位时间 ATM 机服务的顾客数 $\mu = 60 \div 5 = 12$(人)，则在主要服务时间内，ATM 机处于繁忙的概率 $\rho = \lambda/\mu = 3 \div 12 = 0.25$。故本题选 A。

14. B 解析：等待使用 ATM 机的平均顾客数 $L = \rho/(1-\rho) = 0.25 \div 0.75 = 1/3$(人)。故本题选 B。

15. C 解析：顾客平均等待时间 $= \rho/(\mu-\lambda) = 0.25/(12-3) = 1/36$(小时) ≈ 1.67(分钟) $\approx$ 1 分钟 40 秒。故本题选 C。

巩固提升训练

一、单项选择题

1. A 解析：当按照如图所示的箭头施加力的作用时，小车受到逆时针的力矩。此时由于车轮的质心低于小车整体的质心，因此如果车轮向左加速，则能够抵消外力产生的力矩作用，使小车保持平衡。A 项正确，B、C、D 三项均错误。

2. C 解析：由乙图可知，木块 a、b 到达 B 点的速度分别为 v_1、v_2，且 $v_1 > v_2$，A 项说法错误。由题目所给条件无法得出木块 a、b 的质量大小关系，B 项说法错误。由乙图可知，木块 a 的第二段直线与坐标轴围成的三角形区域的面积大于木块 b，则木块 a 在水平面上滑行的距离大于木块 b，C 项说法正确。图乙中木块 a 的第一段直线的斜率大于木块 b，则木块 a 在斜面的加速度大于木块 b，D 项说法错误。

3. A 解析：根据 $|A| = 8$ 可得 $3A_{21} + 3A_{22} + 2A_{23} + 2A_{24} = 8$，构造新的行列式如下：

$$|B| = \begin{vmatrix} a_1 & a_2 & a_3 & a_4 \\ 1 & 1 & -2 & -2 \\ 1 & 2 & 3 & 4 \\ 1 & 1 & -2 & -2 \end{vmatrix} = 0$$

则有 $A_{21} + A_{22} - 2A_{23} - 2A_{24} = 0$，解方程组 $A_{21} + A_{22} = 2$。

4. C 解析：对于 C 项，将第三列的 -2 倍加到第二列得 $|(\boldsymbol{\alpha}_1 + 2\boldsymbol{\alpha}_2, \boldsymbol{\alpha}_2 + 2\boldsymbol{\alpha}_3, \boldsymbol{\alpha}_3)| = |(\boldsymbol{\alpha}_1 + 2\boldsymbol{\alpha}_2, \boldsymbol{\alpha}_2, \boldsymbol{\alpha}_3)|$，再将第二列的 -2 倍加到第一列得 $|(\boldsymbol{\alpha}_1 + 2\boldsymbol{\alpha}_2, \boldsymbol{\alpha}_2, \boldsymbol{\alpha}_3)| = |(\boldsymbol{\alpha}_1, \boldsymbol{\alpha}_2, \boldsymbol{\alpha}_3)| = |\boldsymbol{A}|$。故本题选 C。

5. D 解析：事实上，当 $0 < P(B) < 1$ 时，$P(A|B) = P(A|\overline{B})$ 是事件 A 与 B 独立的充分必要条件，证明如下。

若 $P(A|B)=P(A|\bar{B})$,则:

$$\frac{P(AB)}{P(B)}=\frac{P(A\bar{B})}{1-P(B)}, P(AB)-P(B)P(AB)=P(B)P(A\bar{B})$$

$$P(AB)=P(B)\cdot[P(AB)+P(A\bar{B})]=P(B)P(A)$$

由独立的定义,即得到 A 与 B 相互独立。

若 A 与 B 相互独立,直接应用乘法公式可以证明 $P(A|B)=P(A|\bar{B})$。

$$P(A|B)=1-P(\bar{A}|\bar{B})=P(A|\bar{B})$$

由于事件 B 的发生与否不影响事件 A 发生的概率,因此,A 和 B 相互独立。

6. B 解析:不定积分和导数之间的关系:$[\int f(x)dx]'=f(x)$,A、C、D 三项求完导数后都等于 $\sin x\cos x$。故本题选 B。

7. B 解析:由题意得,$P(AB)=P(A)+P(B)-P(A\cup B)=0.1$,$P(A\bar{B})=P(A)-P(AB)=0.3$。

8. D 解析:分布函数满足下列性质:①$F(x)$ 单调不减;②$0\leq F(x)\leq 1$,且 $\lim_{x\to+\infty}F(x)=1$,$\lim_{x\to-\infty}F(x)=0$;③$F(x)$ 右连续。题目中所给的函数不满足第三个性质,故其不是分布函数。

9. D 解析:因为 $x+\frac{1}{x}$ 是 $f(x)$ 的原函数,所以 $\left(x+\frac{1}{x}\right)'=f(x)$,则:

$$\int xf(x)dx=\int xd\left(x+\frac{1}{x}\right)=x\left(x+\frac{1}{x}\right)-\int\left(x+\frac{1}{x}\right)dx=x^2+1-\frac{1}{2}x^2-\ln|x|+C'=\frac{1}{2}x^2-\ln|x|+C$$

10. B 解析:$\begin{vmatrix}1&1&1\\2&3&q\\4&9&q^2\end{vmatrix}=0$ 当且仅当 $q=2$ 或 $q=3$。可知 $q=2$ 是 $\begin{vmatrix}1&1&1\\2&3&q\\4&9&q^2\end{vmatrix}=0$ 的充分非必要条件。

11. D 解析:设事件 $B=$"甲种产品畅销",事件 $C=$"乙种产品滞销",则 A 事件"甲种产品畅销,乙种产品滞销"可表示为 $A=BC$,则 $\bar{A}=\overline{BC}=\bar{B}\cup\bar{C}=$"甲种产品滞销或乙种产品畅销"。

12. C 解析:推断统计是研究如何利用样本数据来推断总体特征的统计学方法,包括参数估计和假设检验等方法。例如,公司评测顾客满意度,从中随机抽取一部分顾客进行调查,再对公司顾客总体满意度情况进行估计等。注意,题目仅仅是"验证客户总体中满意度高的客户更倾向于成为贡献度高的客户",因此应采用假设检验,如果是估计总体满意度情况,则需要利用参数估计这种方法。

13. D 解析:由 W 超市的赢得矩阵可知,每列的最大值分别为 7,2,3;每行的最小值分别为 0,2,-2,即 W 超市采取策略的博弈值为 2,所以不管 H 超市采取何种策略,W 超市都可以保证赢的最小值为 2。

14. C 解析:依据抽取样本方法的不同,可以将抽样分为概率抽样和非概率抽样两类。概率抽样,也称随机抽样,是指遵循随机原则进行的抽样,总体中每个个体都有一定的机会被选入样本。其主要抽样方法有简单随机抽样、系统随机抽样、分层随机抽样、整群随机抽样等。非概率抽样是调查者根据自己的方便或主观判断抽取样本的方法。抽取样本时并不是依据随机原则。非概率抽样没有完全按照随机原则选取样本单位,其中单个单位被选中的概率是不可知的,样本统计量的分布不确定,因而无法计算抽样误差,也无法使用样本的结果对总体相应的参数进行推断。常用的非概率抽样方法有方便抽样、定额(配额)抽样、立意(判断)抽样、滚雪球抽样等。故本题选C。

15. C　解析:分类数据是只能归于某一类别的非数字型数据,它是对事物进行分类的结果,数据表现为类别,是用文字来表述的。如男、女。A项不选。

数值型数据是按数字尺度测量的观察值,其结果表现为具体的数值。如年龄为20岁、30岁。B项不选。

顺序数据是只能归于某一有序类别的非数字型数据。它虽然也是类别,但这些类别是有序的。如产品分为一等品、二等品、三等品,考试成绩分为优、良、中、差。C项当选。

二、案例分析题

1. A　解析:W01~W05五个部分花费时间最短的分别是甲、丁、甲、丁、戊。由于每个人只做一个部分,则只能将W01和W03的其中一个指派给甲。若W01指派给甲,W03指派给其他人,则至少多耗费5天;若W03指派给甲,W01指派给其他人,则最多耗费3天;按照工作安排应令耗费天数最少原则,应将W03指派给甲,W01指派给丙。由于将W02指派给乙比W04指派给乙花费时间更短,故应将W02指派给乙,W04指派给丁,W05指派给戊。

2. B

3. B　解析:由上述解析可知,耗费天数最少的工作安排是:W01指派给丙,W02指派给乙,W03指派给甲,W04指派给丁,W05指派给戊。耗时分别是7、10、8、7、7天,所有人一起工作,则在乙完成W02时,所有工作可完结,用时10天。

4. B　解析:用机器01加工零件时,加工零件M用时最短,为13小时,加工零件K用时第二短,为15小时。二者相差2小时。

用机器02加工零件时,加工零件N用时最短,为15小时,加工零件M用时第二短,为21小时。二者相差6小时。

用机器03加工零件时,加工零件M用时最短,为20小时,加工零件K用时第二短,为24小时。二者相差4小时。

用机器04加工零件时,加工零件M用时最短,为18小时,加工零件N用时第二短,为19小时。二者相差1小时。

为了让加工费用最低,则加工时长应为最少,对比每台机器加工用时第二短可知,应用机器02加工零件N,为15小时;用机器03加工零件M,为20小时;用机器01加工零件K,为15小时;用机器04加工零件P,为22小时。

故加工四个零件的最低费用为(15+20+15+22)×1 800=129 600(元)=12.96(万元)。故本题选B。

5. C　解析:根据4题可知,零件M由机器03加工。故本题选C。

6. B　解析:根据上述解析可知,令加工费用最低的工作安排是:用机器01加工零件K,用机器02加工零件N,用机器03加工零件M,用机器04加工零件P。耗时分别是15小时、15小时、20小时、22小时,四台机器同时开始加工,则在机器04加工完零件P时,所有工作完结,用时22小时。故本题选B。

7. C　解析:采用等可能性法,大批进货的期望值=(132+95−20)÷3=69,中批进货的期望值=(105+60+27)÷3=64,小批进货的期望值=(66+36+15)÷3=39。因此该商场应选择大批进货,此时的期望值为69。

8. B 解析:采用乐观系数法,当 $\alpha=0.8$ 时,大批进货的期望值 $=132\times0.8+(-20)\times0.2=101.6$,中批进货的期望值 $=105\times0.8+27\times0.2=89.4$,小批进货的期望值 $=66\times0.8+15\times0.2=55.8$。因此,该商场应选择大批进货。

当 $\alpha=0.6$ 时,大批进货的期望值 $=132\times0.6+(-20)\times0.4=71.2$,中批进货的期望值 $=105\times0.6+27\times0.4=73.8$,小批进货的期望值 $=66\times0.6+15\times0.4=45.6$。因此,该商场应选择中批进货。

9. D 解析:后悔值矩阵如下:

方案	状态			
	销路好	销路一般	销路差	最大后悔值
大批进货	0	0	47	47
中批进货	27	35	0	35
小批进货	66	59	12	66

按照最小最大后悔值法,该商场应选择中批进货,此时最大后悔值为35。

10. D 解析:因为风险和收益成正比,所以最佳投资方案,是在李某能承受的亏损下得到最大收益,李某能承受的亏损最大是36万,首先可计算出此亏损下投资甲、乙金融资产的权重分别是多少,假设投资甲产品的权重是 x,则投资乙产品的权重为 $1-x$,可列方程式:$200\times x\times30\%+200\times(1-x)\times10\%=36$,解得 $x=0.4$,故投资甲产品权重是0.4,投资乙产品权重是0.6,李某的预期最大总收益 $=200\times0.4\times100\%+200\times0.6\times50\%=140$(万元)。

11. D 解析:投资甲产品的权重是0.4,故李某购买甲产品的资金额 $=200\times0.4=80$(万元)。

12. D 解析:最佳投资方案是甲产品投资权重是0.4,乙产品投资权重是0.6,李某的预期最大总亏损 $=200\times0.4\times30\%+200\times0.6\times10\%=36$(万元)。

第四篇　英　语

专项一　选词填空参考答案及解析

考场真题还原

1. A　解析：考查动词辨析。句意：为这些难民提供长期的治疗会耗尽海地本就稀缺的医疗资源。drain"使……耗尽"；flutter"拍翅，摆动"；drift"漂流"；frame"制定"。根据句意和动宾搭配可知，应该是耗尽医疗资源。故本题选A。

2. B　解析：考查动词辨析。句意：根据古雅典的记载，每年雅典年轻女性都会合力织一件新的羊毛长袍，用来装扮女神的雕像。whirl"回旋，旋转"；weave"编织"；twist"扭曲，缠绕"；wrestle"摔跤"。根据句意可知，羊毛长袍应该是编织出来的。故本题选B。

3. D　解析：考查形容词辨析。句意：研究者们收集了大量关于当地植物生存的数据，来做下面的实验。formidable"可畏的，难以克服的"；surplus"过剩的，剩余的"；quantitative"数量的，定量的"；massive"（尺寸、数量）非常大的"。根据句意可知，应该是大量的数据。故本题选D。

4. A　解析：考查情态动词。句意：鉴于当下的不确定性，投资者可能更希望此次审查由独立专家而非董事会进行监督。根据可知，本题用情态动词表推测。may have preferred"可能更喜欢"，may have done"表示在说话人看来可能性稍大些"；must have preferred"一定更喜欢"，must have done 表肯定推测；could have preferred"可能更喜欢"，could have done"可能做过某事"，一般用于否定句和疑问句中，表示不相信或怀疑的态度；should have preferred"过去本应该更喜欢却不是"，should have done一般用于虚拟语气中。根据句意和用法，may have preferred 符合句意。故本题选A。

5. C　解析：考查介词短语辨析。句意：在许多国家，被认为最有可能被机器人替代的低收入者的工资正在以最快的速度上升。in search of"寻找"；in exchange for"作为……的交换"；at risk of"冒……的危险"；at the expense of"以……为代价"。根据题意可知，这些人被认为最可能面临被机器人抢走工作的风险。故本题选C。

6. C　解析：考查短语辨析。句意：Tom 认为自己最好跟踪一下这匹狼，看看它住哪里。used to do sth."过去常常做某事"；would rather do sth."宁愿做某事"；had better do sth."最好做某事"；was to do sth."将要做某事"。根据句意可知，他认为最好去跟踪一下这匹狼。故本题选C。

7. A　解析：考查名词辨析。句意：解决这个问题的办法不是试图用钱作为做家务的激励，而是在孩子真正想做家务的时候让他们更早地参与到家务劳动中来。incentive"激励，鼓励，刺激"；integrity"正直，诚实"；inspection"检查，视察"；illumination"照明，启示"。根据句意，将incentive带入符合语境。故本题选A。

8. D　解析：考查状语从句。句意：随着北半球冬季的到来，汽车挡风玻璃起雾的问题对司机来说变得更加紧迫。分析题干可知，空格所填词引导一个时间状语从句。since引导时间状语从句时,常译作"自从(过去某事)以来",主句一般用完成时态;for 用作并列连词时,表示原因,语气较弱,通常放在主句之后;if 用作连词时,通常引导条件状语从句。以上三个选项都不符合题干要求。as 用作连词时,可以引导时间状语从句,常表示动作的进展过程或同时发生,意为"随着……,一边……一边……",与题干相符。故本题选 D。

9. A 解析:考查动词短语辨析。句意:"我对成为世界发展的一部分不感兴趣,所以我离开了一切——家庭、大学、朋友、运动队,朝着完全不同的方向出发。"老水手说。set off"出发,动身";live off"依赖……生活";keep off"与……保持距离";break off"折断,突然停止"。结合句意可知,应该是向着完全不同的方向出发。故本题选 A。

10. A 解析:考查定语从句。句意:"这些医学发现的推广程度可能会决定医学进步的进程。"这位专家说。分析句子结构可知,_____ these medical findings are generalized 是一个缺少引导词的定语从句,并且引导词在从句中作状语,先行词为 The extent,常与介词 to 搭配使用,构成短语 to the extent"到……程度",所以填 to which。故本题选 A。

11. D 解析:考查非谓语动词。句意:中国计划在未来几十年内让核电在取代煤炭方面发挥关键作用——加入包括风能、太阳能和水力(发电)在内的绿色能源行列——这一意图因当前全球能源短缺而得到加强。分析句子结构可知 China plans to...and this intention...是由连词 and 连接的并列句,and 前后两个分句主谓宾齐全,因此空格处应填 join 的非谓语形式,join 的逻辑主语是 nuclear power 并且与其为主动关系,需要用 joining 作伴随状语。故本题选 D。

12. B 解析:考查固定短语。句意:今年的预算完全考虑到了通货膨胀和过去的全球经济衰退。根据语境判断 make allowance for 表示"考虑到……",符合语境。take a delight in 表示"以……为乐",place premium on 表示"诱发;鼓励",give rise to 表示"使发生,引起",均不符合题意。故本题选 B。

13. D 解析:考查定语从句。句意:青铜时代的到来见证了中国各种金属灯笼的发展,其中宫灯是最华丽的。分析句子结构可知,空格处引导一个非限制性定语从句,从句中不缺少成分,且先行词作为一个整体,此处表示整体中的部分,因此使用介词 of+which。where 在定语从句中作状语;which 在定语从句中作主语或者宾语;关系词中没有介词+that 的用法,in that 表示"因为,由于",是复合从属连词,引导原因状语从句。故本题选 D。

14. A 解析:考查近义词辨析。句意:世界卫生组织表示,这种人工产生的脂肪导致每年五十万人过早死亡。含有反式脂肪的产品常见于烘焙食品和食用油中。responsible"负有责任的,需承担责任的";characteristic"典型的,独特的";representative"有代表性的,典型的";typical"典型的,有代表性的"。结合句意可知,人造脂肪对身体有害,所以人造脂肪对于每年有五十万人过早死亡负有责任,be responsible for"对……负责"。故本题选 A。

15. B 解析:考查介词短语。句意:对出口商的传统偏见也是毫无疑问的,必须采取措施来应对这种情况。根据 and 连接后面并列句的语境:必须采取措施……可判断 and 前的句子表达的是对出口商的传统偏见是存在的,out of question"毫无疑问",符合语境。in the question"在……问题上";in question"讨论中的";out of the question"不可能",均不符合题意。故本题选 B。

16. A 解析:考查动词辨析。句意:人们需要去实体银行存取款的日子已经一去不复返了。如今,网上银行允许随时随地的金融交易。deposit"存放,使沉积";depose"免职,废黜";repose"使休息,寄托于";replicate"复制,重复"。结合句意分析可知,网络技术的发展使得人们不用去实体银行存款或取款了。故本题选 A。

17. A　解析：考查动词时态。句意：在过去的十年里，经济增长停滞不前。专家预测，工资差距将在 2059 年缩小。结合句意可知，过去十年经济增长已经暂缓了，需要用现在完成时 has stalled。2059 年收入差距缩小是对未来的预测，且主句谓语动词 predicted 为一般过去时，从句谓语动词需要使用过去将来时 would close。故本题选 A。

18. D　解析：考查固定短语辨析。句意：生活在雪域气候的人们已经习惯了在停车场和人行道上看到大堆大堆的白雪被堆到一边。grow 在这里为连系动词，表示"变得"，grow accustomed to "变得习惯于"，句中 grow 用现在完成时态，have grown accustomed to 表示"已经变得习惯于"，符合语境。superior to "优于……"；persist in "坚持"；point to "指向，表明"，均不符合题意。故本题选 D。

19. B　解析：考查定语从句。句意：像美国乡村歌手 1957 年的《铃儿响叮当》这样的唱片，虽然实体唱片销量不高，但每年圣诞节前后仍能在排行榜上迅速上升。分析句子结构可知，_____ no longer generate many physical-format sales 是定语从句，修饰先行词 records，定语从句中缺少主语，因此需用引导词 which。故本题选 B。

20. D　解析：考查介词短语辨析。句意：这家公司因为追求利润而故意拒绝召回危及生命的残次品而被起诉。in case of "万一，假如"；in terms of "就……而言"；in possession of "拥有，占有"；in pursuit of "寻求，追求"。根据语境可知，公司被起诉的原因是追求利润而拒绝做某事。故本题选 D。

21. A　解析：考查动词短语辨析。句意：新产品的发布恰逢公司成立 10 周年；两者都将在本周五举行。coincide with "同时发生，一致"；tap into "挖掘，开发，利用"；take on "承担，呈现"；comply with "遵守，遵循"。结合句意可知，公司推出新产品的日子和公司成立 10 周年重合了。故本题选 A。

22. D　解析：考查形容词短语辨析。句意：如果减排意味着牺牲经济增长，许多国家都不愿意减排。根据 if 引导的条件句，主句和从句的关系可判断 be reluctant to "不情愿做……"，符合语境。be equivalent to "相当于"；be desperate for "极度渴望"；be obedient to "服从"，均不符合题意。故本题选 D。

23. C　解析：考查名词辨析和固定搭配。句意：车祸发生后，几分钟内救护车就赶到了现场。whole "整体，全部"，on the whole 为固定搭配，意为"总的来说"；hunt "搜索，寻找，打猎"，on the hunt 为固定搭配，意为"正在寻找"；spot "地点，场所"，on the spot 为固定搭配，意为"在现场"；run "跑步，赛跑，旅程"，on the run 为固定搭配，意为"在逃，奔波"。根据句意可知，此处是指救护车赶到现场。故本题选 C。

24. D　解析：考查句子结构、动词时态和主谓一致。句意：欧洲四分之一以上的企业表示，员工短缺正阻碍他们生产更多的产品。分析句子结构，More than one in four businesses in Europe _____ 为主句，其中 More than one in four businesses 为主语，缺少谓语，所以排除 A。根据从句中的谓语 is 可知，主句应用现在时，排除 C。分数和百分数修饰名词作主语时，谓语取决于名词的单复数，根据 businesses 可知，谓语应用 say。故本题选 D。

25. A　解析：考查动词辨析。句意：新技术促进了在线"虚拟图书馆"的发展。enable "使能够，使可能"；engage "参加，雇用"；entice "诱使，引诱"；enroll "登记"。根据句意，空格处表示新技术使在线"虚拟图书馆"能够发展。故本题选 A。

26. A　解析:考查名词辨析和固定搭配。句意:我们必须确保所有患者都能获得高质量的护理。access"入口,通道,获得的机会",have access to...为固定搭配,意为"有机会获得……",符合句意。excess"超过,过量";entry"进入,入口";exit"出口"。故本题选 A。

27. A　解析:考查句子结构和主谓一致。句意:有一项研究表明,好奇、提问、不断学习的人实际上寿命更长。分析句子结构,that shows...是定语从句,修饰 research;定语从句中嵌套宾语从句 that people ... actually _____ longer;宾语从句中又嵌套定语从句 who are curious, ask questions, are constantly learning,修饰 people;因此宾语从句的主干成分是 people actually _____ longer,所以缺少谓语,故排除 B、C,且 people 作主语时谓语要用复数,所以排除 D。故本题选 A。

点拨　主语和谓语在数、性和格上应该保持一致,尤其是主语和谓语之间出现插入语,或者名词非正常形式做主语时,需要特别注意。

28. D　解析:考查动词辨析。句意:在严重洪灾期间,您的房子受到的任何损害,政府都会给予补偿。supplement"补充",通常和 with 搭配;remedy"改正";retrieve"取回,检索",通常和 from 搭配;compensate"补偿,赔偿",通常和 for 搭配。根据句意和介词 for 可知,房子受损害了,政府会给予补偿或赔偿。故本题选 D。

29. C　解析:考查短语辨析。句意:科学不会站队,只会忠于证据。submit to"屈服,服从……,向……提交、递送,听从/命于……";abide by"遵守,遵照,指遵守法律、协议或决定等";adhere to"坚持,遵守,粘附,遵循,指遵循法律、规章、信念、信仰等";yield to"屈服,停止抵抗某人或某事"。根据句意可知,科学应该遵循证据。故本题选 C。

30. D　解析:考查名词近义词辨析和固定搭配。句意:我对他和他所取得的成就非常敬佩。honour"荣幸,荣誉,崇敬,敬重",指别人对自己、自己的国家、家庭等表现出的敬意,含令人引以为荣之意;esteem"尊重,敬重",较正式用词,含赞赏、仰慕之意;respect"尊敬,敬重",指对他人的品质、学识或技艺的钦佩;regard"关心,问候,敬佩",have a high/ great regard for...为固定搭配,意为"敬佩……",符合语境。故本题选 D。

巩固提升训练

1. A　解析:考查定语从句。句意:祖母辈(的采菌者)背上绑着柳条筐,手里拿着棍子,她们用棍子拨开森林地表的土层,从中钩出一些蘑菇。分析句子结构可知,Grandmothers strap wicker baskets to their backs 为主干部分,后接非谓语 wielding sticks,横线后为定语从句修饰先行词 sticks,这里用 with which 表示"用(棍子)"。故本题选 A。

2. C　解析:考查动词辨析。句意:因此,可持续的商业模式可以使企业更好地适应复杂的环境和实现可持续的竞争优势。render"提供,提交,给予,使成为";ensure"确保,保证";enable"使能够,使实现,使可能",enable sb/sth to do sth. 为固定搭配,意为"使某人/某物能够做某事";cause"导致,造成,引起"。根据句意,本题选 C。

3. B　解析:考查短语辨析。句意:他是一个如此超然的人,独自生活在一个偏僻的小岛上,对命运的变幻莫测毫不在乎。adapt oneself to"使自己适应(新情况)";(be) indifferent to"对……漠不关心,不感兴趣";in dread of"害怕,担心";(be) concerned about"关心,担忧"。根据题意,因为超凡豁然,所以才会对命运的变幻莫测毫不关心。故本题选 B。

4. D　解析:考查形容词辨析。句意:种植大豆风险太高,收入也不如种植玉米稳定。换句话说,你种植玉米不会亏本。大豆产量太低。productive"多产的,富有成效的";common"共同的,普通的";rational"合理的,理性的";stable"稳定的,牢固的"。根据语境可知,题干是在讲述种植大豆的弊端,即风险高,收入不稳定,产量低。四个选项中,能与 income 搭配且符合语境的只有 D。故本题选 D。

5. C 解析:考查动词的时态和语态。句意:通常情况下,我们对所有已售商品提供换货服务,但是这种款式我们没有存货了。主语 we 和 offer 之间为主动关系,故排除 B。根据连接词 but 可知这里为并列句,逗号前后两个句子的谓语动词时态应是一致的,由 have 可判断后一句的时态为一般现在时,所以空格处的时态也应是一般现在时。故本题选 C。

6. A 解析:考查非谓语动词。句意:文化不仅能反映历史,甚至还会影响人们的思维和语言。前半句成分完整,后半句要么是有连词相连的主句,要么是非限定性定语从句,要么是非谓语动词作状语。B 项有谓语动词 influence,但是与前半句之间缺少连词,故排除;C 项有主语 it,但与前半句之间缺少连词,故排除;D 项是从句,但是分析题干可知,这个从句放在此处不合适,因为它既不是定语也不是宾语从句,而 that 不能引导非限定性定语从句,故排除。A 项,influence 与其逻辑主语 culture 之间是主动关系,故用现在分词形式,空格及之后成分作状语。故本题选 A。

7. D 解析:考查虚拟语气。句意:作为一名厨师,她曾希望开一家属于自己的餐馆,但她一直没有足够的钱。由转折连词 but 后面的分句可知,她没有开属于自己的餐馆。根据句意,希望开餐馆的动作发生在一直没有足够的钱之前,因此用过去完成时。故本题选 D。

8. D 解析:考查定语从句。句意:他认为自己无法应对压力重重的局面。空格处应该填关系副词,当 situation 作先行词表示"情况、局面"等含义时,关系副词应该用 where。故本题选 D。

9. C 解析:考查名词辨析。句意:最近的一项研究发现,公司的首席执行官曾有过不忠、滥用药物和不诚实等不检点行为时,这些公司的股东价值会有所下降。abolition"废除,废止";tendency"倾向,趋势";decline"下降";restriction"限制,约束"。股东价值体现为未来预期收益的现值,CEO 的个人言行失检会给股东价值带来负面影响,引起股东价值下跌。故本题选 C。

10. C 解析:考查时态和主谓一致。句意:奥罗拉大学商学院最近的一项调查发现,每四家新企业中,就有三家的启动资金来自个人储蓄账户。分析句子结构可知主语是 survey,that 后跟的是宾语从句,因此主句中缺少谓语,A 项为 find 的现在分词形式,不能直接作谓语,排除;B 项是 found 的过去分词,found"建立,创立",与句意不符,排除;C 项为 find 的过去式;D 项为 find 的动词原形。因为主语 survey 是可数名词,如果用一般现在时,则应用第三人称单数形式,即 finds,排除 D。故本题选 C。

11. B 解析:考查时态。句意:在 Okada 女士到达仁川时,她已经提前通过电话完成了初步协商。根据主句中的 had already completed,可以判断两个动作都是发生在过去,所以横线处只能用过去时。故本题选 B。

12. B 解析:考查动词短语辨析。句意:IBM 有意于今年 12 月 15 日前裁员。lay down"放下(武器),制定(法律、规则)";lay off"解雇,停止";lay aside"搁置,储存";lay out"设计,安排"。or 后面是 fire,意为"解雇,开除",or 前后的意思应该一致。故本题选 B。

13. C 解析:考查副词辨析。句意:为了符合道德要求,参与者们被告知,他们是自愿参与研究,并且他们的个人隐私将会得到保密。proudly"自豪地";secretly"秘密地,暗自";confidentially"机密地,秘密地,非公开地";confidently"自信地"。根据语境,参与者们的个人信息是非公开的。故本题选 C。

14. A 解析:考查名词辨析和固定搭配。句意:正是在这个前提下,我说人类文明可能来自宇宙中的某个星球。premise"前提,假定",常用于固定搭配 on the premise that …,意为"在……的前提下",符合句意;pretext"借口,托词";evidence"证据,证明",常用于固定搭配 the evidence of …,意为"……的证据";presentation"展示,陈述"。故本题选 A。

15. A 解析:考查动词辨析。句意:气候变化没有单一的原因;温室气体排放、森林砍伐和人类活动等多个因素共同加剧了这一问题。exacerbate"使恶化,使加剧";tangle"使缠结,使纠结";relieve"解除,减轻";deceive"欺骗"。结合句意分析,气候问题是多种原因造成的,且这些因素共同加剧了这一问题。故本题选 A。

16. D 解析:考查介词短语辨析。句意:本章概述了运动和休闲服饰中三维纺织品的生产工艺和产品要求。in connection with"与……相关";in common with"与……相同";regardless of "不管,不顾";with respect to"关于,至于,在某个方面"。题干说的是有关三维纺织品的生产工艺和产品要求方面。故本题选 D。

17. B 解析:考查动词的时态和语态。句意:我们的基因库中还有更多的变种。然而,这些基因差异是否以及如何影响我们的口味和饮食习惯,目前仍在研究之中。分析句子可知,句子主语 whether and how these genetic differences affect our taste and eating habits 与谓语动词 work out 之间是动宾关系,因此判断应用被动语态,排除 A、D。题干中并未体现动作发生在过去并持续到现在,因此不适合现在完成时态,排除 C。故本题选 B。

18. C 解析:考查动词短语辨析。句意:博物馆里的设施已经改造过,以便轮椅进出。give rise to"使发生,引起";give way to"给……让路,为…所替代,听凭决定";give access to"接见,准许出入";没有 give road to 这一搭配。博物馆改造设施,方便轮椅进出,access 填入符合句意。故本题选 C。

19. A 解析:考查连词辨析。句意:有关消费税的教育更有可能促进经济增长,而所得税和资本税的增长效应却模糊不清。while"虽然,然而";for"因为";when"当……时";if"如果,假如"。根据句意,两句话之间存在转折关系,A 项符合题意。故本题选 A。

20. C 解析:考查名词辨析。句意:人们普遍认为,任何偏离社会规范的行为都可能受到惩罚。discrimination"歧视,区别",后面常跟 against;indifference"漠不关心",后面常跟 to;deviation"背离,偏离,越轨",后面常跟 from;device"装置,策略"。根据句中的 be sanctioned(被惩罚)可知此处是指与社会规范相背离,结合单词用法,只有 C 项符合。故本题选 C。

21. C 解析:考查介词辨析。句意:商人们饶有兴趣地阅读了那份关于财政危机的报告。介词 on 与 about 都有"关于"的意思,其区别在于 about 侧重叙事,on 侧重论述;on 表示专业的或内容详细的,指比较有系统地或理论性较强地论述某事,而 about 表示业余的或内容简单的,指泛泛地或非正式地谈论某事。如:It is a book on birds. 那是一本论及鸟类的书。(可能是一本学术著作)和 It is a book about birds. 那是一本关于鸟类的书。(可能是一本供小孩看的故事书)。for"为了,至于,因为";regard 常用于 as regard 或 with/in regard to,表示"关于"。此处是指关于财政危机的报告,且目标读者是商人,所以应该具有很强的专业性,C 项符合句意。故本题选 C。

22. D 解析:考查形容词辨析。句意:科学家们说气候变化及人类活动逐渐导致南极冰川大量融化。surplus 作形容词表示"剩余的,过剩的",作名词常表示"顺差,盈余",trade surplus "贸易顺差",其反义词为 deficit"赤字,逆差";quantitative"定量的,数量的",如 quantitative analysis/research"定量分析/研究";formidable"强大的,可怕的,艰难的";massive"大量的"。结合语境,此处强调的是数量之多。故本题选 D。

23. A 解析:考查宾语从句。句意:她今天的第一个电话是打给一位站在自家门口正在考虑是否快步走向杂货店的女士。Whether"是否"引导宾语从句,后面可以跟带 to 的不定式,如 We decided whether to walk there.(我们决定是否步行去那。)where"在哪"、how"如何"在宾语从句中作状语,what"……的事/人"在宾语从句中作主语、宾语等;虽然 where,how,what 其后均可跟 to do 不定式,但代入句中均不符合句意,排除。故本题选 A。

24. B 解析:考查介词短语辨析。句意:民主党人会抱怨总统过分看重惩罚,而忽视了预防和解决措施。with due regard for"适当考虑到";at the expense of"以……为代价,由……支付费用";for the sake of"为了……";with respect to"关于,至于"。根据语境可知,总统过分强调惩罚,以忽视预防和解决措施为代价。故本题选 B。

25. C 解析:考查动词辨析和时态。句意:飓风 Katrina 从我居住的地区经过,使当地许多居民都恐慌起来。involve"涉及";entail"使需要,必需";panic"使恐慌,惊慌失措"。根据语境 panic 意思最合适,and 前后时态应保持一致,根据前面 passed 可知,这里用 panic 的过去式 panicked。故本题选 C。

26. C 解析:考查词义辨析。句意:公司上一季度的运营情况不是很好,不过还是实现了盈利并留住了大部分客户。根据句意可知前后两句有明显的转折关系,且空格处有逗号隔开,因此选 nevertheless"不过,尽管如此"。even if"即使",表让步,一般引导的是把握不大或假设的事情,如果改成 even so"虽然如此,即使如此",则也为正确答案;despite 是介词,意为"尽管";so "因此",表示因果关系。故本题选 C。

27. C 解析:考查固定搭配和名词辨析。句意:一般来说,小公司的启动资金只有 1 万美元,其中大部分来自企业主的个人储蓄,只有超过四分之一的资金来自银行贷款和信用额度。initial capital 为固定搭配,意为"启动资金,初期资本,起始资金",符合句意。wealth"财富";debt "债务,欠债";fee"酬金,小费",指付给专业人员的服务费,也可指为加入某组织或做某事而支付的费用。故本题选 C。

28. B 解析:考查动词短语辨析。句意:多年来,那里的人们一直认为世界经济发展与他们无关。他们已经习惯了看着自己的年轻人去其他地方工作。pass on"传递,继续,去世";pass by "走过,经过",pass sb./sth. by"对某人/某物无影响或不起作用";pass off"停止,完成";pass out "昏倒,失去知觉"。根据后一句中的 seeing their young people leave for jobs in other places 可知,那里的经济发展并不是很好,他们并未从世界经济发展中获取机会,B 项 pass ... by 符合语境。故本题选 B。

29. B 解析:考查固定短语搭配。句意:三角形的面积等于底和高乘积的一半。be equal to 是固定短语,意为"等于,相当于",符合题意。其余三项均不与"equal"搭配使用。故本题选 B。

30. C 解析:考查短语辨析。句意:大多数医院都会告诉员工尽量与咄咄逼人的来访者和病人和解。医院领导希望避免得到病人的差评。heap praise on"大加赞赏";lose faith in"不再信任,对……失去信心";make peace with 意为"同……讲和,和解";take the blame for"承担责任"。根据句意,应为与来访者和病人和解"。故本题选 C。

31. B 解析:考查非谓语动词和语态。句意:2 月 9 日,这部韩国电影成为第一部获得奥斯卡金像奖最佳影片奖的外语片。名词前面有序数词 first,后面常用动词不定式作后置定语,排除 C。crown"为……加冕",电影与 crown 之间为被动关系,排除 A。句中没有完成时态的标志词,且不存在时间上的先后关系,排除 D。故本题选 B。

点拨 动词的语态常和时态、非谓语动词等一起考查。但需注意有些动词不能用于被动语态,如 arrive,exist,fall 等;有些动词的主动语态表被动意义,如 sell、read、wear 等。

32. D 解析:考查形容词辨析。句意:似乎有理由这样认为,在其他条件都相同的情况下,大多数旅店房客更喜欢住单人间而不愿意与人合住。coherent"连贯的,易于理解的,团结一致的";done"完成的";level"平坦的,水平的,地位相同的";equal"(在数量、大小、程度、价值方面)相等的,相同的,平等的,同等的",other things being equal 表示"在其他条件都相同的情况下"。根据语境可知,此处是指"同等条件下",equal 填入符合句意。故本题选 D。

33. D 解析:考查虚拟语气。句意:如果后天他们在我们离开前到了的话,我们就举办一场盛大的晚餐聚会。根据时间状语"the day after tomorrow"可知这是与将来事实相反的虚拟语气,并且省略了 if。主句谓语用"would/ should/ could/ might +动词原形",从句谓语用动词过去式或"should/were to +动词原形"。若省略 if,则要将从句谓语中的 were 或 should 移至主语之前,构成省略倒装。该句中从句的完整形式为"if they were to arrive before we depart the day after tomorrow"。故本题选 D。

34. A 解析:考查固定搭配和词义辨析。句意:这个国家人口老龄化严重,年轻工人严重短缺。shortage"缺乏,缺少",侧重达不到规定的、需要的或已知应有的数量,a shortage of 为固定搭配,意为"缺乏,短缺",符合句意;failure"失败,故障";rich"富有的";absence"缺乏",指某物根本不存在或完全短缺。句中提到人口老龄化严重,年轻工人不足是指达不到标准,并非完全短缺状态。故本题选 A。

35. D 解析:考查词义辨析。句意:尽管有压力,这位体操运动员还是将自己的整套动作发挥得近乎完美,以 14.633 分夺得金牌。due to"由于,应归于";lest"以免,避免,唯恐";apart from "远离,除……之外";despite"尽管,即使"。前后句存在逻辑上的让步关系,despite 填入符合语境。故本题选 D。

36. A 解析:考查代词。句意:在第一个晚上分发给参加蒙特维尔历史测试的孩子们的奖品,是他们捐赠的。横线处的词在句中作主语,故应选 they。注意句子中的 handed out 为 prizes 的后置定语,不要错认为是句子的谓语。故本题选 A。

37. D 解析:考查形容词辨析和比较级。句意:航空信应该比平邮信到得快。比较四个选项,than 与形容词或副词的比较级连用,由此可直接排除 A、B、C。根据语境,航空信会比平邮信先到,指时间上更快,因此用 sooner than。选项中这几个词都有"快的、迅速的"的含义,但用法略有不同。quick 可作形容词或副词,常常表示反应快,故常译作"迅速的,敏捷的"等,一般指动作敏捷迅速,毫不延迟;fast 和 quick 基本同义,但更偏向于指运动速度快,可作形容词或副词;rapid 比 fast 和 quick 正式,常指运动本身,侧重速度惊人;soon 指时间上的快。故本题选 D。

38. B 解析:考查动词短语辨析。句意:当价格上涨时,销量就会下降;当销量下降时,工厂就会减产、裁员。lay out"展开;布置";lay off"解雇";lay against"靠着……";lay on"(尤指慷慨或盛情地)提供(食物、娱乐、服务等)"。结合常识可知,当经济形势不好时,工厂会裁员。故本题选 B。

39. B 解析:考查形容词近义词辨析。句意:虽然苏珊很生气,但她的声音仍然很平静。四个选项都能表示"平静的"。still 指平静而又安定的状态;calm 既可指天气、海洋等的平静状态,又可指人的镇定沉着、不慌乱,不受外界影响、不被情绪支配;serene 指一种超脱一切烦恼的宁静状态;quiet 指没有喧闹、活动或骚乱的寂静状态。根据语境可知,此处是指苏珊不受情绪影响,声音保持平静,calm 填入符合句意。故本题选 B。

点拨 作答近义词辨析时,在词性相同的情况下,若各个选项代入原句都符合语法要求,则要考虑单词意思的特殊性,结合句意分析作答。同义词组需要考虑语法点,考虑是否有固定用法。

40. C 解析:考查非谓语动词。句意:珍妮·金亚是一位德国自由插画师,她创作了一系列可引起共鸣的漫画,展示了害羞的人的成长过程。句子已经有谓语动词 is,空格前无连词,需填入非谓语动词连接后文,排除 A。comics 和 show 之间存在逻辑上的主谓关系,需要用主动语态,排除 D。此处使用现在分词作状语,不存在时间上的先后关系,排除 B。故本题选 C。

41. A 解析:考查时态和语态。句意:根据最新数据显示,美国人保健意识越来越强的进一步证据是:美国健身房会员人数从 1987 年的 1 700 万左右增长到 4 100 多万。根据时间状语"from ... to ...",空格处需用现在完成时,表示过去发生的动作对现在造成的影响或过去的动作持续到现在。A 项当选。B 项 growth 为名词,C 项为动词不定式,D 项为进行时,均不符合题意,不选。故本题选 A。

42. B 解析:考查短语辨析。句意:每年一到毕业季,这家深受大多数毕业生青睐的公司就会收到大量的求职申请。fit in with"适应,符合,与……一致";swamp with"给予大量……,忙于……";be compatible with"与……兼容,与……相配";be conducive to"有利于"。此处是指这家公司收到大量的求职申请,swamp with 填入符合句意。故本题选 B。

43. C 解析:考查动词短语辨析。句意:当鱼想要融入环境以躲避敌人时,它就会呈现出周围环境(海底、岩石、珊瑚等)的颜色。fill up with"用……填满"。get along with"与……和睦相处,取得进展",选项中已有 with,与空格后的 with 重复,排除 B。blend in with"融入,与……融合"。put up with"忍受,容忍"。此处指的是鱼呈现出与环境相融合的颜色,blend in 填入符合句意。故本题选 C。

44. D 解析:考查词义辨析。句意:降低利率可能会给经济带来灾难性的后果。circumstance"环境,状况,境遇,境况(尤指经济状况)";sequence"顺序,次序,连续事件(或动作、事物)";conquer"战胜,克服";consequence"结果,后果"。此处指灾难性的后果,consequence 填入符合句意。故本题选 D。

45. C 解析:考查介词辨析。句意:洪水席卷田纳西州西部农村地区,造成至少 20 人死亡。beyond"在(或向)……较远的一边,晚于,迟于,超出(范围)";beneath"在……下方,在……表面之下";through"穿过,从一端到另一端,透过(玻璃、窗户等),越过(地区或空间),贯穿";across"从一边到另一边,横过,穿过,在……对面"。此处指洪水席卷田纳西州西部农村地区,而非从其上空穿过,through 填入符合语境。故本题选 C。

专项二 阅读理解参考答案及解析

考场真题还原

1. A 解析:词义猜测题。题干:第六段中带下划线的单词"replicate"是什么意思?
根据题干定位到下划线单词所在的句子,即第六段第二句"Next, the team built a comput-

er model that aimed to replicate the bees' decision-making process(接下来,该团队建立了一个计算机模型,旨在_____蜜蜂的决策过程)",结合下一句"They noticed that the structure looked similar to the physical layout of a bee's brain(他们注意到这个结构看起来与蜜蜂大脑的物理布局相似)"可知,与蜜蜂大脑布局相似的是"该团队建立的计算机模型"。这个计算机模型模仿蜜蜂大脑的物理布局,以观察蜜蜂的决策过程,也就是说这个模型复刻了蜜蜂的大脑,模拟蜜蜂的决策过程。这里关键词是 looked similar(相似),因此,replicate 的含义应该是"模拟,复制",只有 A 项 repeat"使再现,重复"符合。

B 项"总结,结束,终止,得出结论"、C 项"改变"、D 项"干涉,干预",只有 A 符合句意。故本题选 A。

2. C　解析:推断题。研究人员进行这项研究的目的是什么?

根据题干关键词定位到文章第一段最后两句"Speed and efficiency are thus critical to their survival, and scientists are taking a look at their brains to understand how. A study published recently explores how millions of years of evolution engineered honey bee brains to make these lightning-fast decisions and reduce their risks(速度和效率对蜜蜂的生存至关重要,科学家们正在研究蜜蜂的大脑,以了解它们是如何做到这一点的。最近发表的一项研究探讨了数百万年的进化是如何使蜜蜂的大脑做出这些快如闪电的决策并降低风险的)",由此可推断出这项研究的目的是更好地了解蜜蜂的大脑是如何工作的,与 C 项"为了更好地了解蜜蜂的大脑是如何工作的"相符。

A 项"来帮助设计自主工作的机器人"容易被误选,根据选项定位至第三段"Barron cites that today's autonomous robots primarily work with the support of remote computing and that drones have to be in wireless communication with some sort of data centre. Looking at how bees' brains work could help design better robots that explore more autonomously(巴伦指出,如今的自主机器人主要是在远程计算的支持下工作,无人机必须与某种数据中心进行无线通信。研究蜜蜂的大脑是如何工作的,可以帮助设计出更好的机器人,让它们更自主地探索)",由此可知巴伦用设计机器人说明这项研究所取得的成果可能对人类产生的意义,而不是说明这项研究的目的,故排除。

B 项"阐明昆虫在自然界中是如何进化的"属于无中生有,文章只研究了蜜蜂的大脑是如何工作的,而没有详细说明是如何进化的,故排除。

D 项"发现动物决策的原理",实验想研究的是蜜蜂的决策过程,D 项范围过大。

综上分析,本题选 C。

3. D　解析:细节题。题干:如果蜜蜂不确定这朵花是否有食物,它会怎么做?

根据题干关键词定位至原文第六段第一句"If the bees were unsure, they took significantly more time—1.4 seconds on average and the time reflected the probability that a flower contained some food(如果蜜蜂不确定是否有食物,它们需要花费更多的时间——平均 1.4 秒,时间的长短反映着花朵中有食物的可能性的大小)",由此可知,蜜蜂不确定是否有食物时,会花费平均 1.4 秒的时间来做决定,时间越长,花朵里面有食物的可能性就越大。故 D 项"蜜蜂大约在 1.4 秒内做出决定,时间越长,里面有食物的可能性就越大",当选。

A 项"蜜蜂在 0.6~1.4 秒之间做出决定"在原文中未被提及。

B 项"蜜蜂大约在 0.6 秒内做出决定"指的是蜜蜂能够确定花上有食物的情况,与题干不符。

C 项"蜜蜂大约在 1.4 秒内做出决定,时间越短,里面有食物的可能性就越大"与原文意思相反,故排除。

综上分析,本题选 D。

4. A 解析:细节题。题干:根据文章,下面哪项表述是正确的?

本题需要根据选项中的关键词定位到文章中寻找答案。由 A 项中的关键词 flight movement 定位至最后一段第二句"We think bees are using their flight movements to enhance their visual system to make them better at detecting the best flowers(我们认为蜜蜂正在利用它们的飞行动作来增强它们的视觉系统,使它们能够更好地发现最好的花朵)"可知,A 项"蜜蜂利用飞行动作来更好地发现最好的花朵"表述正确。

由 B 项中的关键词 autonomous robots 和 right now 定位至第三段第一句"Barron cites that today's autonomous robots primarily work with the support of remote computing and that drones have to be in wireless communication with some sort of data centre(巴伦指出,如今的自主机器人主要是在远程计算的支持下工作,无人机必须与某种数据中心进行无线通信)"可知,如今的机器人仍需在远程计算的支持下工作,也就是说还不能完全独立地工作,故 B 项"自主机器人现在已经可以独立工作了"表述错误。

由 C 项中的关键词 flower disks 定位至第四段第一句至第三句"In the study, the team trained 20 bees to recognize five different coloured 'flower diskes'. The blue flowers always had sugar syrup, while the green flowers always had tonic water that tasted bitter to the bees. The other colours sometimes had glucose(在这项研究中,研究小组训练了 20 只蜜蜂识别五种不同颜色的'花盘'。蓝色的花总是有糖浆,而绿色的花朵总是有蜜蜂觉得苦的汤力水,其他颜色有时含有葡萄糖)"可知,"花盘"的作用是为了让蜜蜂通过识别花的不同颜色来确定花是否含有食物,故 C 项"制作花盘是为了测试蜜蜂辨别食物的速度"表述错误。

由 D 项关键词 A robot programmed 定位至第二段最后一句"A robot programmed to do a bee's job would need the backup of a supercomputer(一个机器人要完成蜜蜂的工作,需要超级计算机的支持)"可知,机器人如果没有超级计算机的支持,不能完成蜜蜂的工作,因此 D 项"一个被编程的机器人做蜜蜂的工作会比蜜蜂做得更好"表述错误。

综上分析,本题选 A。

5. C 解析:主旨题。题干:作者写这篇文章的目的是什么?

通读全文可知,作者的写作目的最有可能在尾段。由最后一段最后一句"He believes that nature will inspire the future of the AI industry, as millions of years of insect brain evolution have led to these incredibly efficient brains that require minimal power(他认为,大自然将启发人工智能产业的未来,因为数百万年的昆虫进化使它们的大脑效率惊人,而且它们只需要极少的能量)"可知,大自然将给未来科技的发展带来启发。文章是科学研究类题材,作者写这篇文章的目的是呼吁人们向大自然学习,从大自然中汲取科技发展的灵感,与 C 项"呼吁人们向自然学习"相符。

A 项"表达对未来机器人产业的悲观看法",由第三段中的"Looking at how bees' brains work could help design better robots that explore more autonomously(研究蜜蜂的大脑是如何工作的,可以帮助设计出更好的机器人,让它们更自主地探索)"可判断 A 项错误。

B 项"赞美自然进化的力量",文中多处提到蜜蜂大脑进化得很复杂,甚至要想让机器人完成蜜蜂的工作,也需要超级计算机的支持,但这并不是写这篇文章的目的。科学研究的目的是促进科学发展,人们只有向大自然学习才能得到更多的科技发展的灵感,故 B 项错误。

D项"呼吁人们保护蜜蜂",在文中并未提到,属于无中生有,故排除。

综上分析,本题选 C。

6. D 解析:细节题。题干:相比于其他材料,以下哪一项不属于竹子的优点?

根据 A 项关键词 comfortable 和 aluminium 定位到第二段最后一句"It's much lighter than steel, more comfortable than vibrating aluminium and cheaper than carbon fibre(竹子比钢轻,比振动铝舒适,比碳纤维便宜)",由此可知,A 项"比振动铝更舒适"和 B 项"比钢更轻"是竹子的优点;根据 C 项关键词 impact-resistant 和 carbon fibre 定位到第二段倒数第二句"It has a higher strength-to-weight ratio than steel, is more impact-resistant than carbon fibre …(竹子比钢的强度高,比碳纤维更抗冲击)",由此可知,C 项"比碳纤维更抗冲击"是竹子的优点。D 项"比木头更光滑"在原文中没有被提到。故本题选 D。

7. A 解析:细节题。题干:以下哪一项陈述是错误的?

根据 A 项关键词 Calfee built the first bamboo bike 定位到第三段第二句"Calfee built the first all-carbon bikes to compete in the Tour de France and is also a world-class innovator and manufacturer of bamboo bike frames(Calfee 制造了第一辆全碳自行车用来参加环法自行车赛,Calfee 也是世界级的创新者及竹框架自行车的生产者)",由此可知,A 项"Calfee 制造了第一辆竹制自行车,用来参加环法自行车赛"不符合文意。故本题选 A。

根据 B 项关键词 made from bamboo 定位到第五段第一句"Surprisingly, many parts of a bamboo bike beyond just the frame itself can be made from bamboo and much of it can be assembled without welding(令人吃惊的是,除了框架之外,竹制自行车的许多部件都可以用竹子制作,这些部件中很多不需要焊接可以直接组装)",由此可知,竹制自行车的许多部件都可以用竹子做,而非全部,故 B 项"不是所有的自行车部件都可以用竹子做"与原文表述相符。根据 C 项关键词 absorbs vibration 定位至第四段第三句"It absorbs vibration better than any other frame building material(竹子比其他任何框架制作材料都抗震)",由此可知,C 项"竹子比其他任何框架材料都抗震"符合文意。根据 D 项关键词 risk of splitting 定位到第五段第二句和第三句"Building with bamboo is not without its challenges. It has to be sealed properly to prevent splitting(用竹子造自行车并非没有挑战,为了防止开裂,必须将其涂上密封胶)",故 D 项"竹制自行车有裂开的风险"符合文意。

8. B 解析:细节题。题干:竹子的减震能力是如何帮助骑自行车的人的?

根据题干关键词 capability of absorbing vibration 定位到最后一段第二句和第三句"'The vibration damping [the limiting of vibration] aspect is quite noticeable,' says Calfee. 'And it has been proven that reducing vibration reduces fatigue'(Calfee 说'阻止震动或是限制震动这一方面是非常值得注意的,事实证明,减少震动就会减少疲劳')",由此可知,竹子的减震能力能够帮骑自行车的人减少疲劳。故本题选 B。

A 项"帮助骑自行车的人省钱"、C 项"能让骑自行车的人骑得更快"和 D 项"能让骑自行车的人骑得更稳"文中均未提及。

9. C 解析:细节题。题干:当用竹子制作东西时,需要解决什么问题?

根据关键词 addressed, items of bamboo 可以定位到第六段最后两句"With bamboo, one must address the issue of splitting, which is caused by changes in moisture content. So, it must be sealed up very well(用竹子制作东西,必须要解决开裂的问题,这种问题是由于竹子内部的湿度变化导致

的,所以必须将竹子密封得非常好)",故 C 项"所有的部分必须密封好以防开裂"正确。

根据 A 项关键词 corrosion 定位到第六段第三句"… one must address the corrosion of steel when making items from steel(在用钢制作物品时,必须解决钢的腐蚀问题)",由此可知,是钢材料需要解决腐蚀问题,而不是竹材料,故 A 项"竹材料必须保护好以防腐蚀"错误。根据 B 项的关键词 paint 定位到第四段最后一句"Plus, it doesn't require paint to make it look good—a basic clear coat will do(另外,竹子不需要通过粉刷来让它看着好看,一个基本的透明涂层就可以了)",可知 B 项"竹材料不应该粉刷"表述与文意相反,故错误。根据 D 项关键词 welding 定位到第五段第一句并结合 7 题 B 项解析可知,D 项"所有的零部件都需要通过焊接组装"与文意不符,故错误。

故本题选 C。

10. D　解析:主旨题。题干:选择这篇文章的最佳标题。

文章第一段介绍了竹子可以制成很多物品,第二段至最后一段主要通过几种材料的对比,介绍了以竹子为材料制作自行车的好处及需要注意的地方,最后一段还提及竹制自行车最主要的特点就是环保和竹子这种材料容易获得。D 项"竹制的自行车是一种环保的骑行方式"能够概括全文,正确。

文章并没有提及竹制自行车是怎么做的,A 项与文章不符,不选。文章并没有强调竹制自行车是否能超越传统自行车,只是提到了竹制自行车的一些优势,故 B 项属于以偏概全,不选。文章只说了竹子比碳纤维便宜,而非说竹制自行车是更便宜的选择,C 项不选。

故本题选 D。

11. A　解析:细节题。题干:在即时通信和互联网出现之前,以下哪种通信方式没有被提及?

即时通信和互联网是现代通信技术,根据题干定位至文章前两段,由第一段最后两句"Just as we now rely on wireless networks and microchips to do our heavy lifting, earlier generations used homing pigeons to deliver their messages across long distances. In movies and television, we have all seen homing pigeons (or ravens) delivering messages …(正如我们现在依靠无线网络和微芯片来完成繁重的工作一样,前几代人则使用信鸽来远距离传递信息。在电影和电视剧中,我们都看到过信鸽或乌鸦传递信息的情景……)"可知,B 项"使用信鸽传递信息"和 C 项"使用乌鸦传递消息"都被提及。由第二段首句"While delivering messages on horseback or on foot was satisfactory, it also came with a lot of unpredictable variables(虽然骑马或徒步传递信息是令人满意的,但也带来了许多不可预测的变数)"可知,D 项"写信并让人骑马送信"也被提及。B、C、D 三项中的三种传递信息的方式都在即时通信和互联网出现之前出现,A 项"通过卫星和微型芯片发送信息"属于题干中所说的通信方式。故本题选 A。

12. C　解析:细节题。题干:是什么特点让鸽子很容易找到回家的路?

根据题干关键词 characteristic 和 easily find the way home 定位至文章第六段"Now, rock pigeons were particularly gifted in this homing ability due to their strong magneto reception skills. For those of you who don't know, magneto reception is an innate ability in certain life forms to detect and orient themselves based on magnetic fields(岩鸽之所以在归巢能力上特别出色,是因为它们具有强大的地磁感应能力。对于那些不了解的人来说,地磁感应是某些生物体根据磁场来检测和确定方向的一种天生的能力)",其中的 particularly gifted 和 an innate ability 是 characteristic 的同义替

换,this homing ability 是 easily find the way home 的同义替换。由定位句可知,C项"它们对磁场有很强的感知能力"正确。

A项"它们易于捕捉和繁殖"、B项"它们发展了听觉系统来区分地理位置"和D项"它们通过杂交获得更好的品种"均不符合题意。故本题选C。

13. D 解析:细节题。题干:以下哪项困难是信鸽投递无法克服的?

根据题干关键词 difficulties 和 overcome by pigeon delivery 定位至文章第五段第二句"Once the message was written and stored, the homing pigeon would be released to fly home, thus delivering the message on time and skipping over traffic, natural disasters, divulging, dishonesty, and human error(一旦信息被写好并储存起来,信鸽就会被放飞回家,从而及时传递信息,并避开交通、自然灾害、泄密、不诚实和人为错误)",其中 skipping over 是 overcome 的同义替换。由定位句可知,一旦信息被写好并储存在信鸽身上,信鸽就能克服交通、自然灾害、泄密、不诚实和人为错误等困难将信息准时送达,从而进一步推断,如果信息没有被妥善储存在信鸽身上,半路丢失的话,信鸽是无法掌控的,也就是说这是信鸽克服不了的,故D项"信息丢失"当选。

A项"不诚实的信使"对应定位句中的 dishonesty,C项"缺乏隐私保障"对应定位句中的 divulging,均是信鸽可以克服的;定位句中的 traffic, natural disasters 均可能导致B项"意外延误",也是信鸽可以克服的。故本题选D。

14. B 解析:细节题。题干:信鸽在一个地方喂食,然后把信息传递到另一个地方有什么好处?

根据题干关键词 homing pigeons being fed in one place and sending messages to another 定位至文章最后一段倒数第二、三句"It was found that homing pigeons could be fed in one place, and deliver messages to the other. In this way, the birds could be coaxed to fly back and forth between two points, carrying messages to and fro(人们发现信鸽可以在一个地方喂食,并向另一个地方传递信息。这样,就可以诱使信鸽在两个地点之间来回飞行,传递信息)"可知,信鸽可以在一个地方进食,并向另一个地方传递信息,通过这种方式,信鸽可以在两点之间来回飞行,并来回传递信息,也就是这样做的益处,与B项"使两地之间的往返飞行成为可能"的表述相符。

A项"人工向一个方向运送大量鸽子"、C项"训练它们更好地辨别方向"和D项"帮助它们学会跨越障碍和应对极端天气"均与题干不符。故本题选B。

15. B 解析:细节题。题干:根据文章,以下哪项是正确的?

A项"信息通常写在小竹片上,储存在一个小玻璃管或金属管中,绑在信鸽的腿上",根据选项关键词messages和stored in a small glass or metal tube 定位至文章第五段第一句"These messages were typically small rolls of parchment or paper, stored in a small glass or metal tube(这些信息通常被写在小卷的羊皮纸或纸上,并存储在小的玻璃或金属管中)"可知,A项表述错误。

B项"信鸽可以利用自然地标和其他视觉线索来帮助导航",根据选项关键词 natural landmarks and other visual cues 定位至第三段最后一句"Pigeons could use visual cues, like natural landmarks, and gradually develop a known path back to its home base(鸽子可以利用视觉线索,如自然地标,并逐渐发展出一条通往其基地的路径)"可知,B项表述正确。

C项"岩鸽是一种特殊的信鸽",根据选项关键词 rock pigeon, breed 和 homing pigeon 定位至第三段第二句"In particular rock pigeons were chosen and interbred to create homing pigeons, essentially birds that could find their way home(尤其是岩鸽,经过精心挑选和杂交培育,成为一种能够

找到回家之路的鸟类——信鸽)"可知,信鸽是由岩鸽杂交而来的,可以说是一种特殊的岩鸽,故C项表述错误。

D项"信鸽对南北方向和东西方向同样敏感",根据选项关键词 north-south and east-west directions 定位至最后一段第二句"Interestingly enough, it has been found that homing pigeons are much more accurate going long distances in the north and south direction, rather than east and west, due to the natural direction of the magnetic fields (flowing between the North Pole and South Pole)(有趣的是,由于磁场的自然方向在北极和南极之间流动,信鸽在南北方向上的长途飞行要比东西方向上更准确)"可知,D项表述错误。

故本题选 B。

16. D 解析:含义题。题干:以下哪一项是对"主观年龄"最恰当的定义?

根据题干关键词 subjective age 定位到第三段第二句"They are finding that your 'subjective age' may be essential for understanding the reasons that some people appear to flourish as they age — while others fade (他们开始发现,"主观年龄"至关重要,这有助于理解为什么有些人随着年岁增长精神愈发饱满,而另一些人则未老先衰)",下一句对这句话作了进一步解释:"The extent to which older adults feel much younger than they are may determine important daily or life decisions for what they will do next,"says Brian Nosek at the University of Virginia(弗吉尼亚大学的诺塞克说:"年纪大的人觉得自己在多大程度上小于自己的实际年龄,可能会决定他们如何做出日常判断或生活决策。"),由此可知,subjective age 指的是人们基于自身感受的年龄,即自身对变老的感觉,因此,D项"它是指一个人基于感受的年龄而非实际年龄"正确,当选。故本题选 D。

A项"它是指一个人的生活经验而非生理上的成长",文章强调的是人们对于变老的感觉,而非经验,不选;B项"它是指他人印象中一个人的精神状态"和C项"它是指一个人对他人幸福的主观感受"均与文意不符。

> **点拨** 作答含义题要注意不能脱离语境,尤其要避免直接用自己熟悉的意义去解释词语,要充分利用句子结构、标点符号、文字描述和其他观点所提供的信息和线索。

17. D 解析:结构推断题。题干:写完本文最后一段之后,作者接下来最有可能写什么?

通读全文可知,本文从第一至二段引入了主观年龄这一话题,第三至四段对"主观年龄"这一概念及其重要性进行了介绍,第五至八段则重点介绍了主观年龄对人心理和生理的重要影响,如果作者接着展开论述,那内容应该还是和主观年龄有关,故排除 A 项"对如何适应变老过程的建议"和 B 项"人们在变老过程中所遇到的问题"。C 项"不同主观年龄对性格的影响"在第六至七段已经进行了论述,故排除。D 项"主观年龄有如此重要影响的原因",能与第五至八段的内容衔接。故本题选 D。

18. A 解析:细节题。题干:为什么科学家对主观年龄越来越感兴趣?

根据题干关键词 scientists 定位至第三段前两句"Scientists are increasingly interested in this quality. They are finding that your 'subjective age' may be essential for understanding the reasons that some people appear to flourish as they age — while others fade (科学家们对这种特性渐增兴趣。他们开始发现,"主观年龄"至关重要,这有助于理解为什么有些人随着年岁增长精神愈发饱满,而另一些人则未老先衰)"可知,科学家们对主观年龄越来越感兴趣,是因为它对理解为什么不同的人随着年龄的增长会有不同的变化有帮助,A项"因为他们认为主观年龄可能会影响人们如何随着年龄的增长而发生不同改变"是原文的同义转述。故本题选 A。

B项"因为他们意识到主观年龄对理解一个人的情绪变化是必要的",文中并未提及"情绪变化",不选;C项"因为他们发现主观年龄对人们更好地了解自己很有必要",文中并未提及"更好地了解自己",不选;D项"因为他们认为主观年龄的影响在当代越来越明显"在文中并未提及,不选。

19. C 解析:细节题。题干:根据本篇文章,以下哪个陈述是不正确的?

A项"主观年龄较大的人对新体验的接受程度较低",根据选项关键词 older subjective age 和 new experiences 定位到倒数第三段第二句"It is now well accepted that people tend to mellow as they get older, becoming less extroverted and less open to new experiences — personality changes which are less pronounced in people who are younger at heart and accentuated in people with older subjective ages(现在大家普遍认为,随着年龄增长,人们会变得更成熟,变得不那么外向,也不太有开放的心态去尝试新经历。性格变化在心态年轻的人身上表现得不太明显,而在主观年龄较大的人身上则表现更明显)"可知,A项与原文意思相符;同时可知 C 项"主观年龄较小的人正变得越来越外向"表述错误,文中仅提到了主观年龄较大的人会变得没有以前外向,这种性格变化在主观年龄较小的人身上表现得不太明显,但并不能说明他们变得越来越外向。

B项"主观年龄较小的人仍然有活力,且更加成熟",根据选项关键词 younger subjective age, energetic, mature 定位到倒数第二段"Interestingly, however, the people with younger subjective ages also became more conscientious and less neurotic — positive changes that come with normal ageing. So they still seem to gain the wisdom that comes with greater life experience. But it doesn't come at the cost of the energy and exuberance of youth. It's not as if having a lower subjective age leaves us frozen in a state of permanent immaturity(然而,有趣的是,主观年龄较低的人会更有责任心,不那么神经质,而这些特征是正常衰老过程中产生的积极变化。因此,随着生活经验的累积,这些人似乎增长了智慧,但并非以青春活力和能量为代价。较低的主观年龄并不意味着永远不成熟)"可知,B项符合原文意思。

D项"主观年龄较大的人可能有更多的心理和生理问题",根据选项关键词 mental and physical problems 定位到文章最后一段"Feeling younger than your years also seems to come with a lower risk of depression and greater mental well-being as we age. It also means better physical health…(随着年龄的增长,觉得自己比实际年龄年轻的人患抑郁症的风险更低,心理健康状况也更好。这也意味着他们的身体更健康……)"可知,主观年龄较小的人心理和生理更健康,反之,主观年龄较大的人则可能有更多心理和生理问题。D项是原文的正话反说,表述正确。

故本题选 C。

20. A 解析:含义题。题干:在第四段中作者说"In some very real ways, you really are 'only as old as you feel'"是什么意思?

根据题干定位到文章第四段,画线句是对前文的解释,因此根据前一句"Various studies have even shown that your subjective age also can predict various important health outcomes, including your risk of death(各种研究甚至表明,你的主观年龄还可以预测各种重要的健康状况,包括死亡风险)"可知,主观年龄可以预测健康状况,因此画线句的意思应该是在一些状况下,你感觉自己有多大年龄,你实际就有多大年龄,实际状态跟主观年龄相关,故 A 项"你的主观年龄能更好地展示你的个人状态"与原文意思相符。故本题选 A。

B项"主观年龄较大的人更容易有健康风险",并未在该段被提及;C项"你比你真实年龄显得要小"在文中没有提及;D项"只有我们对自己年龄的感觉才重要"说法过于绝对,原文是说在某些情况下。

21. A　解析:细节题。题干:人口数量会在本世纪结束之前大幅下降是因为_____。

根据题干关键词the end of this century定位到第一段第二、三句"Before the end of this century, however, the number of people on the planet could shrink for the first time since the Black Death. The root cause is not a surge in deaths, but a slump in births(在本世纪末之前,地球上的人口数量可能会出现自黑死病以来的首次下降,其根本原因不是死亡人数的激增,而是出生人数的锐减)",由此可知,人口大幅下降的根本原因在于出生率的下降。A项"出生率在下降"符合原文表述,当选;C项"死亡人数上升"与原文意思相反,不选。

B项"疫情影响了出生率"和D项"地球承载不了太多的人"在文中均没有提及,不选。

故本题选A。

22. B　解析:细节题。题干:当今的生育率是_____。

根据题干关键词fertility rate today定位到第二段第一、二句"In 2000 the world's fertility rate was 2.7 births per woman, comfortably above the 'replacement rate' of 2.1, at which a population is stable. Today it is 2.3 and falling(在2000年,世界的生育率是每个妇女生2.7个孩子,远远高于人口稳定的替代率2.1。如今生育率只有2.3,而且在持续降低)",由此可知,B项"接近2.1而且一直在下降"符合原文表述,当选。

A项"跟2000年一样"、C项"比人口替代率低"和D项"已经低于2.1"均与文意不符,不选。

故本题选B。

23. C　解析:细节题。题干:根据这篇文章,以下除了_____都是人口老龄化的国家。

根据题干关键词ageing countries定位到第二段最后一句"The prime examples of ageing countries are no longer just Japan and Italy but also include Brazil, Mexico and Thailand(人口老龄化的主要国家不再只有日本和意大利了,巴西、墨西哥和泰国也加入了这个行列)",由此可知,A项"巴西"、B项"泰国"、D项"日本"都属于人口老龄化国家,只有C项"印度"未被提及。故本题选C。

24. D　解析:细节题。题干:根据这篇文章,以下哪项不是人口锐减导致的问题?

文章第四、五、六、七段都讲的是人口锐减导致的问题,由第四段第一至三句"Whatever some environmentalists say, a shrinking population creates problems. The world is not close to full and the economic difficulties resulting from fewer young people are many. The obvious one is that it is getting harder to support the world's pensioners. (不管一些环保人士怎么说,人口减少都会带来问题。世界还没有接近饱和,年轻人数量减少造成的经济困难很多。一个明显的例子是,养活世界上的退休人员将变得越来越困难。)"可知,B项"养活退休人员会更困难"是人口锐减导致的问题,不选。

由第六段第二至五句"As we explain this week, younger people have more of what psychologists call 'fluid intelligence', the ability to think creatively so as to solve problems in entirely new ways. This youthful dynamism complements the accumulated knowledge of older workers. It also brings change. Patents filed by the youngest inventors are much more likely to cover breakthrough innovations(正如我们这周所解释的那样,年轻人拥有更多心理学家所谓的'流体智力',即创造性思维以及用全新方式解决问题的能力。年轻人的活力与老年人积累的知识相辅相成。它也带来

了变化。年轻发明家申请的专利更有可能包含突破性创新)"可知,C项"突破性创新可能会更少"也是人口锐减导致的问题,不选。

由最后一段第一、二句"Elderly electorates ossify politics, too. Because the old benefit less than the young when economies grow, they have proved less keen on pro-growth policies, especially house-building.(老年选民也造成政治僵化。因为在经济增长时,老年人比年轻人受益更少,所以他们并不热衷于促进增长的政策,尤其是房地产)"可知,A项"房地产将会受影响"也是人口锐减导致的问题,不选。

D项"失业率会更高"在文中并未提及,当选。

故本题选 D。

25.C 解析:细节题。题干:以下哪一项表述是错误的?

A项"锐减的人口会导致经济困难",根据选项关键词 Shrinking population, economic difficulties 定位到第四段第二句"The world is not close to full and the economic difficulties resulting from fewer young people are many(世界还可以容纳更多人,但年轻人减少造成的经济困难很多)",可知 A项表述正确,C项"世界已经接近饱和,人口必须得到控制"表述错误。

B项"老龄化社会会导致税收变高和延迟退休",根据选项关键词 cause higher taxes and later retirement 定位到第五段最后一句"The implications are higher taxes, later retirements, lower real returns for savers and, possibly, government budget crises(其影响是导致更高的税收、更晚的退休年龄、更低的储蓄实际回报率,以及潜在的政府预算危机)",可知 B项表述正确。

D项"据预测,除非洲外,世界人口将在本世纪50年代达到峰值,然后下降",根据选项关键词 outside Africa,2050s 定位到文章第三段第二句"Outside Africa, the world's population is forecast to peak in the 2050s and end the century smaller than it is today(除非洲外,世界人口预计将在本世纪50年代达到峰值,且本世纪末人口数量将低于当前水平)"可知,D项表述正确。

故本题选 C。

26.A 解析:词义猜测题。题干:带下划线的"plastic"一词是什么意思?

根据题干定位到下划线单词所在的句子,即第三段最后一句"According to the San Francisco Fed, nearly a third of payments last year were made using plastic(根据旧金山联邦储备银行的数据,去年近三分之一的支付是用_____支付的)",根据上一句"Credit cards, which offer juicy rewards at the cost of even juicier fees, also use existing rails(信用卡,以更丰厚的费用为代价提供丰厚的奖励,也使用现有的轨道)"可知,信用卡是美国人主要的支付方式之一,再结合生活常识,信用卡是塑料卡片,因此,plastic 的含义应该是"信用卡",只有 A项"用信用卡支付"符合。

此外,四个选项分别代入句中,A项"用信用卡支付"、B项"通过虚拟账户支付"、C项"用支票付款"、D项"用比特币支付",只有 A项在下文有提到,其他选项下文均没有提及。

故本题选 A。

27.A 解析:细节题。题干:下列哪个陈述是正确的?

本题需要根据选项中的关键词定位到文章中寻找答案。由 A项中的关键词 American payments 和 poor world 定位到文章第一段最后一句"American payments are less sophisticated than those in the rest of the rich world, and indeed those in much of the poor world, too(与其他富裕国家相比,美国的支付方式没有那么复杂,事实上,与许多贫穷国家相比也是如此)",可知,美国的支付方式没有许多贫穷国家复杂。下文中第六段第一句"Other countries are also light years ahead of

America(其他国家也比美国领先好几光年)"进一步说明,美国的支付方式不如其他国家先进,与 A 项"美国的支付方式不如许多贫穷国家先进"的表达相符。

由 B 项中的关键词 payment systems 和 existing ones 定位至第六段最后一句"... unlike in America, new payment systems did not have to push aside existing ones, and those who benefited from them(……与美国不同的是,新的支付系统并不会排斥现有的支付系统,以及那些从中受益的人)"可知,美国与其他国家不同,新的支付系统会排斥旧的系统,B 项"在美国,新的支付系统并不需要排挤现有的支付系统"表述错误。

由 C 项中的关键词 Financial institutions 和 take advantage of slow settlements 定位至第五段第三、四句"Although the older system is slow, it is also profitable for those involved. Financial institutions can take advantage of slow settlements to park cash in interest-bearing short-term securities overnight, or merely keep the money at the Fed to accrue interest(虽然旧的系统速度很慢,但对相关人员来说也是有利可图的。金融机构可以利用结算缓慢的优势,将现金隔夜存放在有息短期证券中,或者只是将资金存放在美联储以获得利息)"可知,金融机构利用旧的系统结算缓慢,而不是 FedNow,故 C 项"金融机构欢迎 FedNow,因为它们可以利用结算缓慢的优势"的表述错误。

由 D 项关键词 cash transfers 定位至最后一段第二句"According to ACI Worldwide, a payments firm, around a fifth of all cash transfers in the country happen via cheque(根据支付公司 ACI Worldwide 的数据,该国约五分之一的现金转账是通过支票进行的)"可知,美国约五分之一的现金转账是通过支票进行,因此 D 项"在美国,大多数现金转账都是通过现金或支票进行的"的表述错误。

综上分析,本题选 A。

28. A 解析:细节题。题干:根据这篇文章,哪一个是大规模应用的潜在挑战?

根据题干关键词 mass adoption 定位至原文最后一段第一句"Mass adoption will face one more hurdle: the American consumer, over whom paper-based payments retain a particular hold(大规模应用将面临另一个障碍:美国消费者,对他们来说,纸质支付仍然占有特殊的地位)",由此可知,美国消费者是大规模应用的潜在挑战,与 A 项"美国消费者,他们已经习惯了纸质支付"相符,A 项当选。

B 项"可以利用旧制度的金融机构"、C 项"不愿加入 FedNow 的金融机构"和 D 项"已经厌倦了纸质支付的美国消费者"均与题意不符,故排除。

综上分析,本题选 A。

29. B 解析:态度题。题干:作者对 FedNow 的态度是什么?

作者在文章开头主要表达的是美国的支付不如许多贫穷国家先进,而美联储推出了集中即时支付系统 FedNow 来解决这个问题。最后一段作者表明对美国消费者来说,能够选择支付方式是件好事。通过对文章开头和结尾的分析可知,作者认为 FedNow 可能会改变美国的支付系统,B 项"FedNow 可能会改变美国的支付系统"表述正确,当选。

A 项"FedNow 对美国消费者毫无用处"的表述太绝对,并且文章中也提到一个单一的、实时的支付解决方案应该可以提高所有支付的质量,故排除。C 项"人们对 FedNow 期待已久"和 D 项"FedNow 将帮助美国经济增长"文中均没有提及,故排除。

综上分析,本题选 B。

30. D 解析:主旨题。题干:这篇文章的主旨是什么?

通读全文可知,文章的主旨最有可能在首尾段。由最后一段"Mass adoption will face one more hurdle: the American consumer, over whom paper-based payments retain a particular hold ... Still, it will be nice for them to have the option, just like the rest of the world(大规模采用将面临另一个障碍:美国消费者,对他们来说,纸质支付仍然占有特殊的地位……不过,对他们来说,像世界上其他国家一样拥有选择权是件好事)"可推断,人们有选择即时支付 FedNow 的权利,这对于现有的支付系统是个挑战,与 D 项"即时支付终于通过 FedNow 进入美国,对现有的支付系统提出了挑战"相符。

A 项"即时支付终于通过 FedNow 进入美国,在华尔街引起了连锁反应",在文中并未提到,属无中生有,排除。

B 项"即时支付终于通过 FedNow 进入美国,这个国家的消费者并不欢迎",文中多处提到美国的支付系统需要改善了,一个单一的、实时的支付解决方案应该可以提高所有支付的质量,由此推出了集中即时支付系统,即 FedNow 来解决这个问题,对于美国消费者来说,纸质支付仍然占有特殊的地位,但并不意味着他们不欢迎这个系统,属于过度推断,排除。

C 项"即时支付终于通过 FedNow 进入美国,但该国的银行并不完全支持",文章在第五段中提到华尔街并没有完全参与和 FedNow 签约,是因为虽然旧的系统速度很慢,但对相关人员来说也是有利可图的。这些并不能说明银行并不完全支持,属于过度推断,排除。

综上分析,本题选 D。

巩固提升训练

1. B 解析:细节题。题干:科学家们用什么方法杀死携带病原的蚊子?

该题的关键词是 method to kill disease-carrying mosquitoes,可同义替换为 approach for pest control,定位到文章第二段第二句"They used a novel approach for pest control: first, they infected the bugs with a virus-fighting bacterium, and then zapped them with a small dose of radiation(他们采用了一种控制害虫的新方法:首先,他们用一种抗病毒细菌感染这些蚊子,然后用小剂量的辐射使它们绝育)",第三段第一句还专门对 zap 进行了解释"Zapping is meant to sterilize the mosquitoes(Zapping 的意思是使蚊子绝育)"。因此 B 项"他们用辐射和细菌感染的方法使蚊子绝育"是科学家们用来杀死携带病原的蚊子的方法。

A 项"他们用一种抗病毒细菌感染这些蚊子,使它们立即死亡",根据文章,用一种抗病毒细菌感染这些蚊子是第一个步骤,之后还需要用辐射来让这些蚊子绝育,而不是为了让它们立即死亡,A 项不符合文意。

C 项"他们利用辐射来改变蚊子携带病原的基因",文中辐射是用来使蚊子绝育的,C 项不符合文意。

D 项"他们发明了一种新的化学杀虫剂来杀死它们",文中并未提及发明新的化学杀虫剂,D 项不符合文意。

故本题选 B。

2. C 解析:细节题。题干:根据文章,下列哪个陈述是不正确的?

A 项"奚志勇的团队正在进行一个新的项目,涉及一个更大的研究基地",根据文章最后一段"The team has an ongoing project in an area roughly four times larger than their original sites(这个团队正在进行一个项目,场地面积大约是他们原来的四倍)"可知,奚志勇的团队进行新项目研究的场地面积增加了,A项正确。

B项"奚志勇的方法可以有效地消灭实验区域内携带病原的蚊子",定位到文章第四段奚志勇和他的团队在靠近广州的两个小岛上进行试验,结果是"Some weeks, there were no signs of disease-carrying mosquitoes(几周之内,没有了携带病原的蚊子的迹象)",可知奚志勇的方法有效消灭了区域内携带病原的蚊子,B项正确。

C项"雄性和雌性蚊子都是传播疾病的罪魁祸首",根据关键词female mosquitoes,定位到文章第四段第二句"The number of female mosquitoes responsible for disease spread plummeted by 83% to 94% each year …(导致疾病传播的雌性蚊子数量每年骤降83%至94%……)",可知文中提到的导致疾病传播的只有雌性蚊子,雄性蚊子是否传播疾病没有提到,C项错误。

D项"亚洲虎蚊可以传播登革热、寨卡病毒和其他疾病",根据关键词Asian tiger mosquitoes,定位到文章第二段第一句"In the experiment, researchers targeted Asian tiger mosquitoes, invasive white-striped bugs that can spread dengue fever, Zika and other diseases(在实验中,研究人员以亚洲虎蚊为研究对象,这种入侵性的白纹蚊子可以传播登革热、寨卡病毒和其他疾病)",可知D项正确。

综上分析,本题选C。

3. A 解析:细节题。题干:Brian Lovett对这个方法有什么看法?

根据题干关键词Brian Lovett's opinion定位到文章倒数第五段至倒数第三段,可知Brian Lovett认为这种方法并不是一劳永逸(this isn't a once and done process),其次需要持续的监控,成本很高(It's going to require constant monitoring and, potentially, a lot of money)。

A项"科学家需要不断释放这些新品种的蚊子",即要反复对区域内的蚊子进行治理,消灭携带病原的蚊子,对应文章中Brian Lovett的观点,正确。

B项"这种方法是不可取的,因为它使蚊子越来越具有抗药性",在文章倒数第二段中奚志勇指出"That's on par with agricultural pest sterilization methods and cheaper than some insecticides, which mosquitoes are increasingly becoming resistant to(这与农业灭虫法相当,而且比某些杀虫剂更便宜,因为蚊子对这些杀虫剂越来越有抗药性)",可知使蚊子拥有抗药性的是杀虫剂,而奚志勇的方法并不是药物类杀虫剂,此项错误。

C项"这是一种彻底解决蚊子肆虐问题的方法",Brian Lovett的观点是:这个方法不能一劳永逸,C项与文章内容不符,错误。

D项"他认为这种方法需要进一步改进才能推广",对应文章倒数第二段中奚志勇团队研究人员的看法:技术提高会使成本下降,方便推广,该项不是Brian Lovett的观点。

故本题选A。

4. C 解析:推断题。题干:奚志勇如何回应Scott和Brian的看法?

根据题干定位到原文倒数第二段,奚志勇认为这种方法与农业灭虫法相当,但比农药成本低,且不会像农药一样使蚊子有抗药性,可以推断出奚志勇还是很看好这套方法的,即对应C项"他仍然相信这种方法是有前途的"。

A项"他将减少对技术进步的依赖",倒数第二段第一句指出"Costs will go down as the technology advances(随着技术的进步,成本将会降低)",可知这种方法是依赖于技术的进步,A项错误,不选。

B项"他将把重点转移到农业害虫灭菌和杀虫剂上"、D项"他同意他们的看法",文中均未提及,不选。

故本题选 C。

5. B 解析:态度题。题干:作者对这种方法持什么态度?

通读文章,作者介绍了奚志勇团队消灭携带病原蚊子的研究,并分别援引了两位相关领域专家对该方法的看法,以及奚志勇团队的想法。全篇没有明显带有个人感情色彩的词汇,在介绍研究时始终保持客观、理性,没有加入个人的评论和想法,因此可以推断出作者对这个方法的态度是客观的。subjective"主观的",objective"客观的",negative"消极的",supportive"支持的"。故本题选 B。

6. C 解析:含义题。题干:第一段中画线词"plateauing"的含义是什么?

根据画线词 plateauing 定位至文章第一段第一句"As companies including Facebook, Google, Amazon and Walmart see plateauing user numbers at home and escalating tensions between the American and Chinese tech industries, they're looking more closely at India(随着 Facebook、谷歌、亚马逊和沃尔玛等公司看到国内用户数量_____,以及美国和中国科技行业之间的紧张局势不断升级,他们开始更加密切地关注印度)"。由此可以推断出,这些公司之所以对印度的关注更为密切,是因为他们发现国内用户的数量有趋于稳定或增长停滞的趋势。

从文章所给信息并不能推断出这些公司的用户数量急剧减少或增加,A 项"退化、恶化",B 项"增长"和 D 项"突涨、飞升"均与文意相悖,故排除;只有 C 项"停滞,不发展"与文意最为符合。故本题选 C。

7. D 解析:推断题。题干:第一段中的画线句"The coronavirus pandemic ... economy by 2039."告诉我们_____。

根据题干定位至第一段画线句"The coronavirus pandemic has hurt growth, but it's done little to slow global interest in a country that's on track to overtake Germany and Japan to be the world's No.3 economy by 2039",由此可知新冠病毒流行阻碍了经济增长,但这丝毫没有消减全球想对印度投资的兴趣。印度有望超越德国和日本,在 2039 年之前成为世界第三大经济体。

A 项"德国和日本对在印度投资很感兴趣"和 B 项"印度的经济增长没有受到疫情的影响"在文章中均未体现,故排除;C 项"印度将很快成为世界第三大经济体",根据画线句的内容,仅能知道"印度有望在 2039 年之前成为世界第三大经济体",C 项的表述过于肯定,故错误;D 项"全球投资者对印度市场持乐观态度",根据画线句的内容可知,虽然新冠病毒阻碍了全球经济增长,但投资者们对印度市场仍存在着兴趣,故可推断出全球的投资者们对印度市场秉持着乐观态度。

综上所述,本题选 D。

8. B 解析:细节题。题干:以下哪家公司今年未在印度投资?

根据题干关键词 have invested in India this year 可定位到文章第二段。根据第二段内容"This year's investment rush began in January when Amazon.com Inc. ... and announced a \$1 billion investment…In July, Sundar Pichai, CEO of Google's parent Alphabet Inc., pledged \$10 billion to digitize India…The next day, Walmart Inc. said it would spend \$1.2 billion on its Indian subsidiary…"可知,亚马逊、谷歌和沃尔玛今年都对印度进行了投资。B 项"微软"在文章中未提及。故本题选 B。

9. D 解析:细节题。题干:外国公司面临着来自 Jio 的挑战,不是因为_____。

根据题干关键词 foreign companies 和 challenges from Jio 可将解题范围缩小到第四段,再根据选项关键词回原文定位进行匹配。

A 项"它为顾客提供了购物、电影和音乐流媒体"。根据选项关键词 shopping, movie and music streaming 可定位到第四段第三句"To keep customers glued to their handsets, it offers shopping, movie and music streaming, video conferencing, and online news …(为了让顾客目不转睛地盯着手机,Jio 提供购物、电影和音乐流媒体、视频会议和在线新闻等服务……)",由此可知 A 项正确。

B 项"它已经将业务拓展到银行及网络学习"。根据选项关键词 banking 和 e-learning 可定位到第四段第三句"… and it's expanding into banking, e-learning, and apps for farmers(……Jio 正把业务扩大到银行、网络学习和供农民使用的应用程序)",由此可知,B 项正确。

C 项"它的 4G 网络在印度广泛覆盖"。根据选项关键词 4G network 可定位到第四段第二句"Since its founding just four years ago, it's built a 4G network covering virtually every corner of India and become its leading mobile phone carrier(自 4 年前成立以来,该公司已经建立了几乎覆盖印度每个角落的 4G 网络,并成为其领先的移动电话运营商)",由此可知,C 项正确。

D 项"政府禁止一些外国公司(进入国内市场)以保护本土企业"在文中没有提及,故 D 项错误。

本题要求选择不是原因的一项,故本题选 D。

10. D 解析:细节题。题干:Jio 的业务已经覆盖了许多领域,除了_____。

根据题文同序原则及题干关键词 has covered many fields 可将解题范围缩小到最后一段,再根据选项具体定位。

A 项"杂货店送货服务"可定位到最后一段最后一句"In May, Jio launched a grocery delivery service in 200 cities that it plans to link with millions of mom and pop stores …(今年 5 月,Jio 在 200 个城市推出了一项杂货店配送服务,计划将其与数百万家家庭经营的小零售店连接起来……)",由此可知 A 项正确。B 项"健康护理"和 C 项"教育"可定位到最后一段第二句"In recent years it has bought or invested in more than 20 startups in education, e-commerce, health care, and more(近年来,Jio 在教育、电子商务、医疗保健等领域收购或投资了 20 多家初创企业)",由此可知,B、C 两项正确。D 项"保险"在文中没有提及。

本题要求选没有涉及的一项,故本题选 D。

11. B 解析:细节题。题干:我们对积极压力运动的追随者了解到什么?

根据题干关键词 followers of the positive stress movement 定位至首段首句。该句指出 People … lately a very different view … stress might actually be beneficial(人们……但最近有一种对于压力完全不同的观点得到人们的不断关注,持有这种观点的是积极压力运动的成员,他们认为压力实际上可能是有益的),B 项"关于压力,他们和大众持不同观点"是对首段首句的同义替换。

A 项"他们通常对于不同类型的压力很敏感"、C 项"他们在忙碌的生活中收获了很多快乐"和 D 项"他们因有健康的体魄而获得了竞争优势"均属于无中生有。故本题选 B。

12. D 解析:细节题。题干:积极压力运动的追随者通常会做什么来让他们的想法付诸实践?

本题根据题干关键词无法定位,根据题文同序原则判断本题的出题范围为首段第二句至第三段首句。由第二段首句"Although Rapp's practices may sound extreme …"可知,拉普的实践是极端的;再由首段第二句"… Rapp's routine is a good example of followers of the movement …(……拉普的日常生活就是该运动追随者中一个很好的例子……)"可得出,积极压力者是通过极端的策略将理论付诸实践的。D 项"他们使用极端的策略"是对第一、二段的概括总结。

A 项"不断改变生活习惯"与原文首段末句的 routine(日常必做的工作)语义相反。B 项"他们与有影响力的人物社交"将第二段第二句中"Inspired by influential figures in different fields(受到不同领域有影响力的人物的激励)"曲解为"与有影响力的人物社交",与原文表述不符。C 项"他们去科技公司找工作"将第二段第一句中"consisting largely of tech industry workers(成员们很多都是科技公司的员工)"改写为"他们要去科技公司找工作",与原文表述不符。

故本题选 D。

13. A 解析:细节题。题干:扎卡里·拉普如何看待他的非传统做法?

根据题干关键词 unconventional practices 定位至第三段第二句,定位句本句为题干本身,因此需要结合下一句解题。下一句指出 He believes that these practices … actually make him feel less stress from work(他认为,这些……活动,确实减轻了他在工作上的压力),A 项"它们帮助他对抗工作中的压力"是对第三句的同义替换。

B 项"它们使他能够减少生活中的花销"和 C 项"它们使他能够从伤病中恢复过来"均属于无中生有。D 项"它们帮助他同时创立三家公司"与第三段最后一句"当他努力让自己的三家公司运转时,他又重拾这一习惯"表述不符。

故本题选 A。

14. D 解析:推断题。题干:关于日常压力,从文章中可以推断出什么?

根据题干关键词 day-to-day stress 定位至第四段第二句,该句指出"… the difference between day-to-day stress … and positive stress is that the latter involves pushing the body to extremes and forcing it to build up a tolerance(……日常的压力……和积极压力之间的区别在于,后者会将身体推向极限,迫使它建立一种忍受力)",由此可以推出日常压力对于形成忍受力是没有帮助的,D 项"它对形成人的忍受力没有帮助"是对第二句的适度推断。

A 项"它对人的身心健康有害"利用第四段第二句"积极压力会把身体推向极限"设置干扰,但原文并未提及日常压力对身体和精神健康有何影响,属于无中生有。B 项"它和积极压力在本质上没有区别"与第四段第二句表述相反,原文指出"日常压力和积极压力在本质上有区别"。C 项"它是每个人都要忍受的事物"属于无中生有。

故本题选 D。

15. C 解析:细节题。题干:一些医学专家是如何看待积极压力的?

根据"末题找末段"原则与题干关键词 medical professionals 定位至最后一段,该段指出"some medical professionals argue that positive stress is not for everyone, and that it might even be dangerous for people who are unhealthy or older(有些医学专家认为积极压力不适用于所有人,它对于身体不健康或者年长的人来说甚至可能是危险的)",由此可推出积极压力的作用是因人而异的,C 项"它的作用因人而异"是对最后一段的概括总结。

A 项"它的真实效果有待验证"、B 项"它的副作用不应被忽视"和 D 项"它的实践者不该把它作为一种疗法"均属于无中生有。故本题选 C。

16. B 解析:细节题。题干:根据文章内容,哪种能源是气候变化的关键因素?

该题的关键词是 the key factor to climate change,同义替换了文章中的 the largest engine of climate change,定位到文章第一段第三句"Coal has been the largest engine of climate change to date, accounting for nearly a third of the rise in average temperatures since the Industrial Revolution(迄今为止,煤炭一直是气候变化的最大引擎,导致自工业革命以来平均气温上升了近1/3)",由此可知,煤炭对平均气温的上升影响很大,是气候变化的关键因素,故 B 项"煤炭"正确。A 项"石油"、C 项"天然气"和 D 项"太阳能电池板"均不是文章中提到的气候变化的关键因素。

17. A　解析:推断题。题干:第二段告诉我们_____。

本题实际考查对第二段内容的把握,可用排除法进行作答。

A 项"中国已经采取措施控制碳排放",选项关键词为 China,定位到第二段第二句"The Chinese government has taken steps to limit pollution and support renewables(中国政府已经采取措施限制污染,支持可再生能源)",由此可知,中国已经采取措施控制碳排放,减少污染,A 项正确。

B 项"印度是煤炭需求增长最快的国家",选项关键词为 India,定位到第二段第四句、第五句"In India coal demand grew by 9% last year. In Vietnam it swelled by almost a quarter(去年印度的煤炭需求增长了 9%。越南增长了近 1/4)",由此可知,越南的煤炭需求增长比印度更快,所以印度不是煤炭需求增长最快的国家。B 项错误,故排除。

C 项"所有的燃煤电厂将在 2050 年关闭",选项关键词是 2050,定位到第二段第六句"To keep the rise in global temperatures to no more than 1.5℃ relative to pre-industrial times, climatologists insist that almost all coal plants must shut by 2050, which means starting to act now(气候学家坚持说,为了将全球气温的上升幅度控制在相对于前工业时代的 1.5 摄氏度以内,到 2050 年,几乎所有的燃煤电厂都必须关闭,这意味着现在就要开始行动)",由此可知,所有燃煤电厂在 2050 年之前关闭是气候学家给出的建议,但是根据后一句可知,从如今的趋势来看,到 2079 年燃煤电厂都还会存在,C 项错误。

D 项"亚洲的燃煤电厂即将退出",根据选项关键词 retirement 定位到第二段最后一句"…Asia's coal-fired power regiment has a sprightly average age of 15, compared with a creaky 40 years in America, close to retirement(……亚洲燃煤电厂的平均运转年数才刚 15 年,相比之下,美国的燃煤电厂的平均运转年数已达 40 年,接近退出)",由此可知,文中说的是美国的燃煤电厂即将退出,而不是亚洲。因此 D 项错误,可排除。

故本题选 A。

18. A　解析:细节题。题干:下列说法哪一项是正确的?

A 项"政府的支持是亚洲煤炭需求上升的一个重要因素",选项关键词是 government support,定位到第三段第一句"There are several reasons for this, but one stands out: government support(原因有很多,但最突出的一个是政府的支持)",第二段中已经提到亚洲的煤炭需求仍在上升,第三段给出了首要原因是政府的支持。换言之,政府的支持是亚洲煤炭需求上升的重要因素之一,因此 A 项正确。

B 项"日本政府不支持煤炭",选项关键词是 Japanese government,定位到第三段最后一句"Japan and the Republic of Korea finance coal projects outside their borders, too(日本和韩国也为境外的煤炭项目提供资金)",由此可知,日本政府是支持使用煤炭的,故 B 项错误。

C 项"太阳能是发达国家使用最多的能源",文中对太阳能的描述主要有两点:根据第一段第一句"A growing number of countries want to phase out coal entirely, a transition eased by cheap natural gas and the plunging cost of wind and solar power."可知,太阳能发电成本在大幅下降;根据第

四段第三句"Wind turbines and solar panels provide power only intermittently; for now, dirtier power plants are needed as back up."可知,风力涡轮机和太阳能电池板只能间歇性供电,现在仍然需要煤炭发电厂做备用。因此并不能从文章中得出"发达国家使用最多的能源是太阳能"这一信息,故排除C。

D项"天然气在大多数亚洲国家扮演着更重要的角色",根据第四段最后一句"Gas is pummelling coal in America, but remains a bit-player in India and much of South-East Asia, since it has to be imported and is relatively expensive(在美国,天然气的地位超过煤炭,但在印度和东南亚大部分地区,由于天然气需要进口且价格相对昂贵,天然气在这些地区并不受重视)"可知,天然气并未被大多数亚洲国家大量使用,D项"扮演更重要的角色"表述错误。

综上,本题选A。

19. A 解析:细节题。题干:政府支持煤炭可能面临三大风险,除了_____。

该题的关键词是 face three risks,定位到文章最后三段,根据倒数第三段前两句"Nevertheless, governments betting on coal face three big risks. One is environmental."可知,第一个风险是环境风险,对应B项;倒数第二段第一句"There is an economic risk, too."指出第二个风险是经济风险,对应C项;根据最后一段第一句"And then there is politics."可知还存在政治风险,对应D。只有A项"文化风险"不在其中,故本题选A。

20. D 解析:细节题。题干:煤炭会引起以下问题,除了_____。

根据第一段第三句可知,A项"地球气温升高"属于使用煤炭会产生的问题;第二段中提到中国在限制污染排放,也可以推断出燃烧煤炭来发电会产生很多污染,对应B项"空气污染";根据最后一段最后一句中的"as they face unpredictable growing seasons, floods and droughts(因为他们面临着不可预测且日益增多的极端季节、洪水和干旱)"可知,C项"不可预测的季节"也是使用煤炭带来的问题。只有D项"国有企业破产",在文章中没有提到,故本题选D。

21. A 解析:细节题。题干:为什么气味有助于唤起长期记忆?

由题干关键词 scent help engage long-term memories 定位至文章第三段第二句"Introducing scent is a way you can engage your long-term memories …(引入气味是一种可以唤起你长期记忆的方式……)",接着后面举了一个美食节的例子,最后一句给出原因"Our long-term memories exist in part of the brain that's directly connected to our olfactory bulb(嗅球)in the limbic system(我们的长期记忆存在于大脑的一部分,它与我们边缘系统的嗅球直接相连)",也就是说大脑中储存长期记忆的部分与大脑中控制嗅觉的部分相连,是A项"储存长期记忆的位置与大脑中控制嗅觉的部分相连"的同义转述,connected to 与 linked to 同义。故本题选A。

B项"因为大脑中储存长期记忆的部分位于与嗅球相连的边缘系统"、C项"因为我们的长期记忆储存在嗅球中"的表述与原文相悖,D项"因为气味与当时发生的事情密切相关"不是气味有助于唤起长期记忆的原因,均需排除。

22. B 解析:细节题。题干:根据文章,以下哪项不正确?

本题需要结合各选项关键词到文章中寻找答案。由第二段最后一句"To improve brainstorming sessions, either solo or in a group, remove distractions from your space, such as putting away your phone and shutting down you email(为了提高头脑风暴的效果,无论你是独自一人还是身处集体中,都要将干扰从身边排除,例如收起你的手机并关闭你的电子邮件)"可知,A项"在头脑风暴期间,试着把你的手机调成静音是有益的"的表述正确。

由第四段首句"Creativity and brainstorming feed off feel-good chemicals in your brain, such as dopamine, serotonin, and endorphins(创造力和头脑风暴消耗大脑中的兴奋因子,如多巴胺、血清素和内啡肽)"可知,B项"在创造过程中会产生积极的化学物质"的表述错误,符合题意。

倒数第二段中第二、三句"... introverts are often bad at large group brainstorming sessions because they tend to think about things first, process them completely, and then say them out loud. Traditional group brainstorming sessions are extroverts' playground ...(……内向的人通常不擅长大型集体头脑风暴会议,因为他们倾向于先思考,理解透彻后再大声说出来。传统的集体头脑风暴会议是外向型人的主场……)"提到内向者和外向者在头脑风暴中各自的风格,因此下一句"When you understand how the brains work, you can improve outcomes by giving the topic or idea you want the group to brainstorm around in advance(当你了解了大脑是如何工作的之后,你可以通过提前给出你想让团队头脑风暴的主题或想法来改善结果)"给出了建议。最后一段举例说明如何让内向者和外向者都能更多地参与到头脑风暴中。因此,C项"考虑内向和外向的头脑风暴风格是必要的"的表述正确。

由倒数第二段第一句"Brainstorming can be a collaborative effort, but it can also be a very individual effort brought forward in a collaborative fashion afterwards(头脑风暴可以是一种合作的努力,也可以是一个非常独立的过程)"可知,D项"头脑风暴包括协作努力和个人独立思考"的表述正确。

题干要求选出错误的一项,故本题选B。

23. **C** 解析:细节题。题干:从第一段中我们可以知道什么?

根据第一段前两句"A study on creativity found that there isn't one 'creativity' center of the brain. Instead, it emerges from the interplay of complex brain activity involving multiple more basic systems(一项关于创造力的研究发现,大脑中并没有'创造力'中心。相反,它是在涉及多个更基本系统的复杂大脑活动的相互作用下产生的)",表明创造力是由大脑中多个系统相互作用产生的,与C项"创造力产生于复杂的大脑活动的互动"的表述异曲同工。

A项"贝利在一家内省式脑部研究公司工作",根据第一段最后一句可知,贝利所在的是一家专注于脑科学的咨询公司,而非研究公司,故A项错误;B项"创造力是由基因决定的,而不是通过努力获得的"在文中并未提到;D项"大脑中有一个基本的系统来保持你的大脑处于创造性的状态"也是无中生有。故本题选C。

24. **A** 解析:细节题。题干:如何帮助内向的人在头脑风暴中更好地发挥创造力?

根据题干关键词introverts creates well定位至最后一段"... you can share a few questions ahead of time, and suggest that everyone comes to the meeting with a few ideas written down. What it does is it allows the introverts to process the question completely ... They'll feel more comfortable sharing their ideas in the session(……你可以提前分享一些问题,并建议每个人在参加会议时都提前写好一些想法。它的作用是让内向的人充分处理这个问题……他们会在会议中更轻松地分享自己的想法)"可知,提前分享问题,让内向的人充分处理这个问题,有助于提高他们的创造力,因此A项"提前给他们一些话题或几个问题"符合题意。

B项"指导他们充分处理问题",C项"提前提供与头脑风暴相关的答案提示",D项"在主管的特别关照下进行小组头脑风暴"均与文章不符。

故本题选A。

25. B 解析:细节题。题干:以下哪项与头脑风暴的建议无关?

本题需要根据各选项关键词到文章中寻找答案。由第二段最后一句"To improve brainstorming sessions, either solo or in a group, remove distractions from your space …(为了提高头脑风暴的效果,无论你是独自一人还是身处集体中,都要将干扰从身边排除……)"可知,A 项"消除干扰"的表述正确。

由第三段前两句"Sometimes when you're brainstorming, it can help to recall things from the past. Introducing scent is a way you can engage your long-term memories …(有时候,当你在进行头脑风暴时,回忆过去的事情会对你有所帮助。引入气味是一种可以唤起你的长期记忆的方法……)"可知,C 项"激发长期记忆"符合文章内容。

由第四、五段可知,创造力和头脑风暴消耗大脑中的兴奋因子,背景音乐有助于释放兴奋因子,因此可以适当听音乐,但是为了防止大脑想要跟着歌词一起唱,作者给出了建议"A cheat is to find the instrumental version of your favorite songs. 'It's much easier for your brain to tune it out but you also get the benefit of the music,' he says(一个小窍门是找到你最喜欢的歌曲的伴奏版。他说:"这样你的大脑更容易忽略它,而你也能从音乐中受益")",由此可知,这里说的伴奏版也就是去掉歌词的版本,因此 D 项"关掉歌词"正确。

B 项"建议作出积极的认知反应"原文未提及。故本题选 B。

26. D 解析:细节题。题干:从作者对群体的描述中可以知道什么?

根据题干关键词 our communities 可定位至第二段第一句,该句无法解题,继续查看下文。第二句指出"automation is increasingly replacing jobs and leaving too few good new jobs behind(自动化正日益取代人们的工作岗位,只留下了非常少量的优质工作岗位)",D 项"逐渐减少的就业机会"是对第二句的同义替换。

A 项"对自动化的热情持续上涨"、B 项"从体力劳动工作到信息技术工作的转变"和 C 项"对就业观念的改变"均属于无中生有。故本题选 D。

27. B 解析:推断题。题干:我们能从最近的一份报告中学到什么?

根据题干关键词 a recent report 可定位至第三段第二句,该句指出"Despite the widespread fears about trade, a recent report showed that just 13 percent of jobs lost in manufacturing are due … in technology(尽管人们普遍担心贸易,但最近的一项报告显示,制造业只有13%的工作岗位是由于贸易本身的发展而消失的,其他工作岗位的消失都是技术进步造成的)",B 项"对贸易影响的担忧被夸大了"是对第三段第二句的适度推断。

A 项"制造业正在快速衰退"属于无中生有。C 项"对贸易的担忧正变得广泛和深远"并非 a recent report 的结论,而是前提或背景,属于答非所问。D 项"贸易对就业的影响令人难以置信"将第三段第一句的 The statistics in manufacturing 改写为 The impact of trade,属于偷换概念。

故本题选 B。

28. B 解析:细节题。题干:这篇文章告诉了我们关于转型时代的美国工人的什么情况?

根据题干关键词 American workers 和 in an era of transformation 可定位至第四段第四、五句,第四句指出转型期给美国的家庭带来了不利的影响,解题信息不充分,继续查看下文。第五句指出"Whether policymakers and politicians admit it or not, workers have made clear their feelings about their economic insecurity and desire to keep good jobs in America(无论政策制定者和政客承认与否,工人都明确表达了经济方面的不安全感,以及想在美国保住优质工作的渴望)",B 项"他

们觉得自己逐渐变得脆弱"是对第四段第四、五句的适度推断。故本题选 B。

A 项"他们觉得被政客忽略了"和 C 项"他们始终在适应变化"均属于无中生有。D 项"他们一直在抱怨，但没有任何作用"是对第四段第五句的过度推断。

29. C　解析：细节题。题干：作者对自动化有什么看法？

根据题干关键词 author 和 think of automation 可定位至第五段第四句，该句指出"I sincerely hope that ... but the reality of automation's detrimental effects on workers makes me skeptical（我真诚地希望，那些声称自动化将使我们更高效地工作，并为新的工作岗位铺设道路的人是正确的，但现实是，自动化对工人的负面影响让我对此感到怀疑）"，C 项"它所谓的积极影响值得怀疑"是对第五段第四句的同义替换。

A 项"它将产生与工业化一样的影响"将第五段第三句的"抵制自动化是徒劳的——它就像之前的工业化一样不可避免"改写为"自动化将产生与工业化一样的影响"，属于偷换概念。B 项"它为明智的公司提供了替代方案"属于无中生有。D 项"它的负面影响不可避免"将"自动化的发展不可避免"改写为"其负面影响不可避免"，属于偷换概念。

故本题选 C。

30. C　解析：细节题。题干：在处理自动化问题时，我们应该重视什么？

根据题干关键词 when dealing with automation 和 we attach importance to 可定位至第七段第三句，该句指出"If we want ... we can rightfully address automation（如果我们想要让所有人都能生活在有保障的经济条件下，我们需要开始考虑以何种方式来恰当地解决自动化的问题）"，C 项"人们的经济保障"是对第三句中 want an economy that allows everyone to be economically secure 的同义替换。

A 项"大学毕业生的就业前景"属于无中生有。B 项"女性参与就业"属于答非所问，并非解决自动化需要重点关注的方面。D 项"人们的社会流动性"是自动化带来的问题，并非需要重点关注的问题，属于答非所问。故本题选 C。

31. A　解析：细节题。题干：根据文章，英国人有什么坏习惯？

根据关键词 bad habit 定位到文章第一段首句"One of the bad habits of Britons is a habit for mourning the country's decline（英国人的坏习惯之一就是喜欢为国家的衰落哀悼）"，由此可知，A 项"他们喜欢哀悼自己国家的衰落"正确。

B 项"他们拒绝接受最近的创新"、C 项"他们过于担心经济的不确定性"、D 项"他们对自己国家的工业化感到不满意"均不是文中提到的英国人的坏习惯，排除。

故本题选 A。

32. B　解析：细节题。题干：以下哪一项是英国经济衰退的表现？

A 项"高利率"，根据选项关键词 High interest rates 定位到第二段第三句"Britain's money markets used to stand out in Europe for their high interest rates; but no longer（英国货币市场曾经因其高利率而在欧洲脱颖而出，但如今却不再如此）"，由此可知，高利率是英国货币市场表现良好时的特点，而非经济衰退的表现，排除 A。

B 项"几乎没有大规模的 IPO"，根据选项关键词 IPOs 定位到第二段最后两句"Big IPOs are as rare as rocking-horse dung. This scarcity along with years of share underperformance has seen Britain's share of global market capitalisation shrink markedly（大型 IPO 就像摇摆木马的粪便一样罕见。这种稀缺性，加上多年来股票表现不佳，使得英国在全球市值中的份额显著缩水）"，由此可

知,大型IPO缺乏、股票表现不佳是英国经济衰退的表现,B项符合题意;同时可知C项"在全球市值中占有更大份额"与原文意思相悖。

D项"大量的英镑外汇储备",根据选项关键词foreign-exchange reserves定位到第二段第二句"Sterling was once the global currency but it now accounts for less than 5% of foreign-exchange reserves(英镑曾经是全球货币,但如今它在外汇储备中所占的比例不到5%)",由此可知,大量的英镑外汇储备是英国经济繁荣时期的特点,而非经济衰退的表现。

故本题选B。

33. A 解析:态度题。题干:作者对英国经济的恢复持什么态度?本题不能通过关键词定位到具体段落,需要结合全文内容进行推断。

文章第二段指出了英国经济衰退的一些表现;第三段第二句"The economy is poised for a sharp recovery(经济的迅速复苏已经蓄势待发)"提到"经济复苏"这一信息,该段最后一句"And though fixing the structural deficiencies of Britain's capital markets is a big task, it is not impossible(虽然修复英国资本市场的结构性缺陷是一项艰巨的任务,但并非不可能)"暗示了经济复苏的可能性;第四段前两句"On cyclical grounds, there is a strong case for Britain. The immediate outlook for the economy is rosier than almost anywhere(从经济周期的角度来看,英国的复苏有一个强有力的理由。经济的近期前景几乎比任何地方都要乐观)"再次出现较为积极的表述,即经济前景还是乐观的;第五段第一句"The country still attracts more venture capital than any other in Europe(该国仍比欧洲其他国家更能吸引风险投资)"可知,仍有大量的投资被吸引,暗示对经济复苏的肯定。

根据文章内容的整合和一些积极词汇(poised for a sharp recovery, not impossible, rosier等)的使用可以看出,作者对英国经济的恢复持积极、乐观的态度,A项positive"积极的,乐观的"正确。B项"怀疑的,持怀疑态度的"、C项"批判的"、D项"消极的,悲观的"均不是作者对英国经济恢复的态度。

故本题选A。

点拨 作答态度题需注意不要将自己的态度掺杂其中,同时还要注意区分作者本人的态度和作者引用的观点的态度。

34. B 解析:细节题。题干:根据文章,是什么让英国衰落到难以恢复?

根据题干和选项定位到文章第四段最后四句"But, lamentably, it is light on the digital champions of tomorrow. This is not for lack of innovation. Britain is rather good at fostering startups. There are various tax breaks to help fledgling companies raise seed capital(但是,令人遗憾的是,未来的数字领军企业还没有出现。这并不是因为缺乏创新。英国非常擅长培养创业公司,并且有各种各样的税收减免来帮助羽翼未丰的公司筹集种子资本)",由此可知,B项"缺少未来的数字领军企业"符合原文意思。同时可知,A项"缺乏创新"与原文意思相悖。

C项"保守的政治"在文中未提及;D项"不同的企业所得税"不符合原文意思,文章只提到英国对新兴公司有各种各样的税收减免。

故本题选B。

35. C 解析:含义题。题干:第六段中,英国说"它对商业开放"是什么意思?

根据题干定位到文章最后一段的第一句"When Britain says 'it is open for business', it is taken to mean that its most promising firms are available to be gobbled up by foreign bidders(当英国说'它对商业开放'时,这意味着它最有前景的公司可以被外国竞标者并购)",其中"it is taken …

by foreign bidders"是对画线部分的解释说明。C项"英国最有前景的企业会被外资并购"符合原文意思,most promising firms 是原文的同义复现,foreign merger can be done 是原文中 be gobbled up by foreign bidders 的同义替换。

A项"英国在进口食品上的花费将超过在出口上的花费"、B项"英国的外国投资法允许更多的技术交易"、D项"将对外国进口商品征收一般关税",文中均未提及,排除。

故本题选 C。

36. B 解析:细节题。题干:关于最新版 iOS 的 iPhone,下列哪项是正确的?

根据题干关键词 the iPhone with the latest version of iOS 定位到第一段第二句,由该句中的"required app users explicitly to confirm that they wished to be tracked across the internet in their online activities(要求应用程序用户明确确认他们愿意在网上的活动中被追踪)"可知,B项"其用户必须决定是否允许数据追踪"是对第二句的概括总结。

A项中的 online activities 和 tracked 在第一段第二句有所提及,但 A项"其用户的在线活动将在其他设备上被追踪"文中并未提及,属于无中生有。C项"它已经被证实对在线业务有益"属于无中生有。D项中的 data 和 advertisers 在第一段第四句有所提及,但文中意在指出"广告识别码的目的是为广告商提供与用户兴趣有关的综合数据",因此 D项"它会给广告商提供更准确的数据"与原文不符。

故本题选 B。

37. A 解析:细节题。题干:为什么那些从数据跟踪中获利的公司会感到愤怒?

根据题干关键词 those profiting from data-tracking 和 angry 定位到第二段第二句,该句中"This explains why"表明上文为原因,由第一句中"most iPhone users would opt out"可知,大多数用户会拒绝数据追踪。A项"因为选择不被追踪数据的比率可能会很高"是对第一句中 most iPhone users would opt out 的同义替换。

B项"因为苹果公司明显的违法举动"属于过度推断,原文第二段第三句仅说明了苹果对其应用商店的垄断性控制受到抨击,由此无法推出苹果公司的举动违法。C项"因为他们的隐私遭到侵犯"与第二段第三句的"14.5 版本的变化不是出于苹果对用户隐私的关心"不符。D项中的 counterattack 在第二段第三句有所提及,因此 D项"因为出现了猛烈的反击措施"与原文不符。

故本题选 A。

38. A 解析:细节题。题干:关于 GDPR,以下哪项是正确的?

根据题干关键词 GDPR 定位到第三段第四句,该句无法解题,继续看下文。最后一句指出 it's not being effectively enforced,其中 it 指代 GDPR,即 GDPR 当前没有得到有效执行。A项"目前它没有成功实施"是对第五句的同义替换,A项中的 implemented 对应原文中的 enforced,successfully 对应原文中的 effectively。

B项"它被欧洲少数国家采纳"属于正反混淆,与第三段第四句所体现的事实"它是每个欧盟国家法律的一部分"相悖。C项中的 overhauled 在第三段第二、三句中有所提及,但文中说的是"没有必要进行这样的全面改革,因为欧洲已经有了相关的法律",因此 C项"它应该尽快得到全面改革"与原文不符。D项中的 trade of online ads 在第三段第一句有所提及,但文中意在说明"用于网络广告交易的计算机化高速系统还没有受到监管",因此 D项"它禁止网络广告交易"与原文不符。

故本题选 A。

39. B 解析:细节题。题干:关于欧洲的数据保护机构,哪一项是正确的?

根据题干关键词 data protection authorities 定位到第四段第二句,该句无法解题,继续看下文。第三句中的 these local outfits 指代前文的 data protection authorities。由第三句"And these local outfits are overwhelmed by the scale of the task and are lamentably under-resourced for it"可知,这些地方机构任务繁重且相关资源不足。B 项"它们缺乏处理繁重工作的资源"是对第三句的概括总结。

A 项"它们将监管权力转移给欧盟"与第四段第二句所体现的事实"欧盟将监管权力下放给数据保护机构"不符。C 项中的 local 和 experts 在第四段第三、第四句有所提及,但 C 项"它们未能与当地专家进行合作"与其体现的事实"地方机构执法任务繁重,且数据保护机构专家数量不足"不符。D 项"它们因文书工作不堪重负"属于偷换概念,将原文第四段末句中的 enforcement workload(执法任务)改写为 paper work(文书工作)。

故本题选 B。

40. C 解析:态度题。题干:作者对苹果公司对数据跟踪方案的控制有何看法?

根据题干关键词 Apple's control over the data-tracking scheme 定位到第五段第三句,题干中的 the data-tracking scheme 对应原文中的 the aforementioned scheme。由第三句中的"a giant private company that itself is subject to serious concerns about its monopolistic behaviour"以及第四句"It really is time to worry"可知,作者对苹果公司控制数据追踪感到担忧,因此 C 项"忧心忡忡的"为正确答案。

A 项"如释重负的"和 B 项"困惑不解的"均与原文不符。D 项"鼓舞人心的"与文中所体现的态度相反。故本题选 C。

41. C 解析:细节题。题干:当 Donna Strickland 被问及她的感受时,她是什么意思?

根据题干关键词 Donna Strickland 和 how she felt 定位到文章第二段"Strickland was only the third female physicist to get a Nobel following Marie Curie in 1903 and Maria Goeppert-Mayer 60 years later. When asked how that felt, she noted that at first it was surprising to realize so few women had won the award, 'But, I mean, I do live in a world of mostly men, so seeing mostly men doesn't really ever surprise me either.'(Strickland 是继 1903 年玛丽·居里和 60 年后的玛丽亚·格佩特-梅耶之后第三位获得诺贝尔奖的女性物理学家。当被问及她的感受时,她指出,起初她很惊讶地发现很少有女性获得这个奖项,'但是,我的意思是,我确实生活在一个以男性居多的世界里,所以看到大部分男性获得该奖项也不会让我感到惊讶')",由句意可知,由于在 Strickland 的工作环境中男性多于女性,获得该奖项的男性多于女性不会让她感到很惊讶,C 项"她不再感到惊讶,因为在她的事业和生活中总是男性居多"符合该意思。

A 项"她仍然对为什么获得诺贝尔奖的女性很少而感到惊讶",文中说"她起初很惊讶地发现很少有女性获得这个奖项",但是"后来她对大部分男性获得该奖也不会感到惊讶",错误。B 项"她认为男人应该得到这个奖项,因为他们做出了巨大的贡献",文中并没有提及,错误。D 项"她感到惊讶的是,她的世界中女性很少",文中提到她意识到在自己的周围男性居多,但是这一点并没有让她惊讶,错误。故本题选 C。

42. D 解析:细节题。题干:为什么作者认为偏见在男性居多的领域最为严重?

根据题干关键词"bias"定位到文章第四段中的"Bias is most intense in fields that are predominantly male where women lack a critical mass of representation and are often viewed as tokens or outsiders(偏见在以男性为主的领域最为强烈,在这些领域,女性代表没有达到临界数量,通常被视为象征或局外人)"。理解这句话的关键在于 critical mass"临界数量",临界数量指的是达到一定的数量能使某事发生或继续,所以这句话是说在这些女性代表数量不足、男性占主导的领域,偏见会更加强烈,故 D 项"因为在这些群体中,女性代表数量不足以至于她们不能捍卫自己"正确。

A 项"因为这些领域的女性没有女性榜样",B 项"因为这些领域需要更多拥有更多权力和专业知识的男性"和 C 项"因为通常在这些领域男性的地位更高"在文章中均没有提及,故排除。

综上所述,本题选 D。

43. A 解析:细节题。题干:根据文章,以下哪一项表述是不正确的?

本题需要选择与文中内容不符的选项,可根据选项中的关键词定位文章,然后采用排除法作答。

A 项"女性避免选择科学、技术、工程和数学领域,因为她们认为自己能力不足",根据关键词 avoid choosing STEM fields 定位到文章第五段中的"Studies show that girls and women avoid STEM education not because of cognitive inability, but because of early exposure and experience with STEM, educational policy, cultural context, stereotypes and a lack of exposure to role models(研究表明,女孩和妇女避免接受 STEM 教育不是因为认知能力低下,而是由于受早期对 STEM 的接触和经历、教育政策、文化背景、固有观念及缺乏与榜样的接触等影响)",由此可知,女性回避 STEM 是因为固有观念、教育政策、文化背景等原因,而不是能力不足,A 项表述错误。

B 项"女性已经开始在大学和职业生涯中追求 STEM 专业"。根据关键词 pursuing STEM majors in colleges 定位到倒数第三段中的"Women are increasingly likely to express an interest in STEM careers and pursue STEM majors in college(女性越来越多地表达对 STEM 职业的兴趣,并在大学里攻读 STEM 专业)",由此可知,B 项正确。

C 项"在计算机和数学科学中,女性工作者(的数量)并没有像其他领域一样增加"。根据关键词 in computer and mathematical science 定位到倒数第三段中的"Women now make up half or more of workers in psychology and social sciences and are increasingly represented in the scientific workforce, though computer and mathematical sciences are an exception(现在,女性的数量在心理学和社会科学领域中占一半或更多,并且将来会越来越多,尽管在计算机和数学科学领域并非这样)",由此可知,在计算机和数学科学领域中女性占比依旧很少,故 C 项正确。

D 项"教育在改变人们的固有观念方面发挥了有益的作用"。选项关键词是 changing people's stereotypes,通过同义替换 countering these stereotypes 定位到第六段第一句"For the past several decades, efforts to improve the representation of women in STEM fields have focused on countering these stereotypes with educational reforms and individual programs …(在过去几十年里,提高妇女在 STEM 领域代表性的努力侧重于通过教育改革和个人项目来消除这些固有观念……)",结合下一段第一句可知,这种方式是起作用的,也就是教育改革等方式使人们的固有观念得到了一定的改变,D 项正确。

本题要求选表述不正确的选项,故本题选 A。

44. A 解析:细节题。题干:根据文章,女性在 STEM 学术职业生涯中面临的障碍包括以下几种,除了_____。

根据题干关键词 academic, barrier, career 定位到倒数第一段和倒数第二段。根据"gender

pay gap(性别收入差距)"可知,B项"她们的工资比她们的男同事低"正确。根据"the structure of academic science often makes it difficult for women to get ahead in the workplace(学术科学的结构常常使女性难以在职场中获得晋升)"可知,C项"她们尽管更有能力,但晋升较难"正确。根据"The strictures of the tenure-track process can make maintaining work-life balance, responding to family obligations, and having children or taking family leave difficult …(终身制的约束使女性在平衡工作与生活、承担家庭责任、生儿育女或请探亲假等方面变得更难……)"可知,女性难以平衡工作与生活,是因为女性需要承担文中提到的这些责任,故D项"她们在家里要承担更多的责任"正确。A项"她们无法接触到网络,没有社交机会",文中并未提及,故A项错误。

综上所述,本题选A。

45. C 解析:主旨题。题干:通过文章,作者想要表达的主旨是什么?

通读文章,把握全文的主旨。本文首先根据Strickland对自己成为继1903年玛丽·居里和60年后玛丽亚·格佩特-梅耶之后第三位获得诺贝尔奖的女性物理学家的感想来引出文章的话题,Strickland表示在自己的研究领域中男性居多,因此对男性获奖多并不惊讶;其次分析了偏见在以男性为主的领域最为强烈的原因,女性避免接受科学、技术、工程和数学相关教育的原因,提高女性在科技教育领域代表性的方法和这些方法取得的效果,以及女性在科学、技术、工程和数学相关职业中面临的障碍。由此可知,女性在科学、技术、工程和数学领域中面临障碍,但是这一现象在逐渐好转,这些领域中的女性在逐渐增多,C项"女性在STEM领域一直面临障碍,但是目前正在获得越来越多的关注"符合本文主题。

A项"诺贝尔奖忽略了女性在科学领域的贡献",明显表述错误,诺贝尔奖并没有忽略女性的贡献,只是在STEM领域工作的女性太少;B项"女性一直在努力,以便在科学工作中寻求更多平等",在文章中没有明显体现;D项"加强教育,培养更多的女科学家",是对文章的片面概括,故排除。

综上所述,本题选C。

专项三 完形填空参考答案及解析

考场真题还原

1. C 解析:考查动词辨析。句意:正如礼仪的一般规则因文化而异,手机礼仪的规则也是如此。arise"产生,出现,上升";create"创造";vary"(使)不同,变化,改变";bear"承受,忍受,传递,传播"。根据空格所在句的句意和空格后among cultures(在文化之间),可推断出此处应填入vary(不同),表示礼仪规则在不同的文化中有所不同。故本题选C。

2. D 解析:考查名词辨析和固定搭配。句意:尊重公共空间和个人空间,维护隐私,不打扰他人是使用手机时应该记住的一些基本原则。touch"触觉,触摸";check"检查";harmony"和谐";mind"头脑,思维方式"。分析空格所在句可知,空格和前面的keep in构成固定搭配,因此可推断出此处应填入mind,keep in mind为固定搭配,意为"记住某事(尤指在做决定或采取行动时要考虑到的事情)"。keep in touch保持联系,不符合语境。故本题选D。

3. C 解析:考查名词辨析。句意:许多人认为在约会或私人社交活动中接听手机是很粗鲁的行为。interaction"相互影响";conversation"谈话";engagement"约会,预约",social engagement

"社交活动";behavior"行为,举止"。下一句提到,在谈话中接电话通常被认为是不体贴的,故空格处说的不是谈话,而是在社交活动中。故本题选C。

4. C 解析:考查固定搭配。句意:当在一个小组或一对一的情况下,除非是紧急情况,否则来电话的人最好不要接电话。hang up"挂断电话";call on"拜访,号召";pick up"拿起,提起";put off"推迟"。上文中提到,在谈话中接电话通常被认为是不体贴的,同时根据空格处后面 unless it's an emergency(除非是紧急情况)可知,当在一个小组或一对一的情况下,除非是紧急情况,否则来电话的人最好不要接电话。因此可推断出此处应填入 pick up。pick up the phone"接电话"。故本题选 C。

5. B 解析:考查连接词。句意:除非用户正在等待一个重要的电话,否则最好将铃声设置为振动或静音模式,让任何不需要立即接听的电话转到语音邮件。if"如果,是否";unless"除非";otherwise"否则";while"当……时候,然而"。分析空格所在句的句子结构,空格处作为连接词引导从句,根据后面提到的将铃声设置为振动或者静音以及让任何不需要立即接听的电话转到语音邮件可知,除非是很重要的电话需要立即接听,其他不重要的电话不要立即接听,因此可推断出此处应填入 Unless(除非),引导条件状语从句。故本题选 B。

6. A 解析:考查动词辨析。句意:该地位和荣誉是由在摩洛哥拉巴特主办的保护非物质文化遗产政府间委员会授予。confer"授予";count"计数";confirm"确认";confine"限制"。根据空格所在句的句意和空格后 by 的结构可知,本句使用被动语态,句子的主语为:The status and honor(该地位和荣誉),此处应填入 confer(授予),表示该地位和荣誉被授予。故本题选 A。

7. D 解析:考查动词短语辨析。句意:它包括有关茶园管理、茶叶采摘、茶叶加工、饮用和分享的知识、技能和实践。take on"承担;呈现";dispose of"处理";make up"弥补,编造,化妆";consist of"包含;由……组成"。根据空格后面列举的一系列和茶有关的事项可知,空格处要表达的是"包括"之意。故本题选 D。

8. D 解析:考查名词辨析。句意:根据联合国教科文组织,在中国,传统的茶叶加工技术与地理位置和自然环境密切相关,其分布范围在北纬 18°~37° 和东经 94°~122° 之间。province "(知识、兴趣、责任的)范围,领域,省";profile"外形,轮廓,(人、团体或组织的)简介,概况,(人或组织的)形象,姿态";attribution"属性,归属";distribution"分布,分销"。根据本句句意可知,中国传统的茶叶加工技术和地理位置有关,且空格后面提到了具体分布的经纬度范围,可推断空格处填入"分布"符合语境。故本题选 D。

9. C 解析:考查名词辨析。句意:中国种植了 2 000 多种茶叶,主要分为绿茶、红茶、黄茶、乌龙茶、白茶和黑茶六大类。seedling"秧苗,幼苗";deficiency"不足,缺陷";variety"多样化,变化,种类";branch"树枝,分支"。分析空格所在句可知,空格后面列举了主要的六大类茶叶,可推断空格前面提到的是中国种植了2 000多种茶叶,空格处填入"种类"符合语境。故本题选 C。

10. D 解析:考查形容词辨析。句意:正如文化和旅游部向联合国教科文组织提交的一份文件所解释的那样,茶在中国人的日常生活中是流行的。scarce"稀缺的";productive"丰饶的,富有成效的";superior"优越的";prevailing"现存的,风靡的,流行的"。空格所在句下文提到,泡茶或煮茶常见于家庭、工作场所、茶馆、餐馆、寺庙,并在婚礼、学徒和祭祀等社交和仪式中作为重要的交流媒介。由此说明茶在中国人的日常生活中是很普遍的,无处不在的,空格处填入"流行的"符合语境。故本题选 D。

11. K 解析:考查名词辨析。句意:这提案来自与美国航天局 NASA 签订合同的公司,这些公司提供太空飞行服务并将设备和用品运送到月球。空格位于句子主语的位置,前面有定冠词,可知空格处应填入名词。分析前两句可知,空格处指代的是第一句中的 calls for rules,备选词中的名词只有 proposals(提议)符合题意。故本题选 K。

12. H　解析:考查名词辨析。句意:这些由火箭发射的材料被称为有效载荷。分析句子成分可知,Such _____ launched from rockets 为句子主语,launched from rockets(由火箭发射的)为后置定语,空格词应为名词,再由前一句中 carry equipment and supplies to the moon 可知,空格词指代 equipment and supplies,备选词中的名词只有 materials(材料)符合题意。故本题选 H。

13. J　解析:考查动词短语辨析。句意:该计划旨在将国家的主要太空任务移交给私营公司,以降低成本。分析句子可知,句子谓语是 aims,空格处应填入动词原形,与前面 to 共同构成动词不定式,由 the nation's major space missions to private companies(国家太空任务给私营公司)可推断此处需要填入含有"传递、转移"含义的动词或动词短语,备选词中只有 hand over(移交)符合题意。故本题选 J。

14. A　解析:考查动词辨析。句意:商业登月载荷服务计划计划在未来几年内向月球发送数个着陆器。分析句子可知,句子谓语是 plans,空格处应填入一个动词原形与 to 共同构成动词不定式,由空格的宾语 several lands 和补语 to the moon 可知此处应是将着陆器 send(发射)到月球。故本题选 A。

15. C　解析:考查名词辨析。句意:她说,她认为应该注意防止她所说的"垃圾"在月球上扩散。分析句子可知,空格词与其后面的部分一起做 thinks 的宾语从句,空格词应为从句的主语,故应填入名词。备选名词只剩 care,safety 和 restrictions,由从句谓语 should be taken to prevent the spread 判断 care(注意,当心)适合。故本题选 C。

16. B　解析:考查动词短语辨析。句意:上个月,一个私人制造的月球着陆器计划在月球表面着陆。分析句子可知,句子谓语为 aimed,空格词应填入动词原形与 to 共同构成动词不定式做宾语,结合空格词后的宾语补足语 on the surface of the moon 判断此处应填入意为"着陆"的动词或动词短语。故本题选 B。

17. I　解析:考查动词辨析。句意:路透社报道称,根据美国法律,只要不违反美国联邦航空管理局(FAA)制定的某些一般准则,就可以将材料运往月球。分析句子可知,空格处应填入一个动词原形。备选词中只有 call for 和 violate 可选,由其宾语 certain general guidelines(某些一般准则)判断 violate(违反;违背)适合。故本题选 I。

18. F　解析:考查名词辨析。句意:美国联邦航空管理局要求公司证明从地球发射的有效载荷不会"危害公众健康和安全、美国国家安全或美国的国际义务"。分析句子可知,空格词由 and 连接与前面的 health 做并列成分,故应填入名词。备选名词只剩 safety 和 restrictions,但只有 safety(安全)适合与 health 做并列成分且由 public 修饰。故本题选 F。

19. D　解析:考查动词辨析。句意:这项规定允许将大多数材料送往月球。分析句子可知,句子主语为 The rule,空格处应填入动词做谓语,且应为动词的一般现在时第三人称单数形式,结合句子主语和备选词可知,只有 permits(允许)适合。故本题选 D。

20. G　解析:考查名词辨析。句意:这可能会导致新的法律限制。分析句子可知,空格处应填入一个由 new legal 修饰的名词,备选词中只有 restrictions(限制)符合题意。故本题选 G。

巩固提升训练

1. C　解析:考查动词近义词辨析。句意:许多受欢迎的旅游景点都_____高处,比如海拔 11 152 英尺的秘鲁库斯科和海拔 11 550 英尺的印度列城。headquarter"将(组织的)总部设在某地,设立总部";situate"使位于,使坐落于",通常用于被动语态,be situated in/on/at"位于,坐落于";perch"(尤指人在高处或很窄的地方)稍坐,暂歇;(建筑物)坐落于……的上方(或边缘)";sit"坐,使就座,处于(某位置)"。此处提及位于高海拔位置的旅游景点,perch 符合语境。故本题选 C。

2. B　解析:考查动词形近词辨析。句意:在高海拔地区,空气中的氧气较少,即使走在街上都会觉得呼吸_____。grab 和 grasp 都有"抓住,握紧"的意思:grab 指粗暴而急迫地抓住,grasp 指紧紧抓住、抓牢。gasp"(因惊讶或疼痛)喘气",gasp for breath"呼吸十分困难,上气不接下气",为固定搭配。groan"呻吟,叹息,抱怨"。根据 there's less oxygen in the air(空气中的氧气较少)可知,此处应表示喘不过气、呼吸困难,所以 gasp 符合语境。故本题选 B。

3. D　解析:考查词义辨析。句意:其次,大脑中的血管_____,以便有更多的血液,因此有更多的氧气(供应)。shrink"缩小,减少,缩水";oversize"太大的,超大型的",为形容词,空缺处应填入谓语动词,B 项排除;burst"爆炸,爆裂,冲,突然发生",burst into sth."突然(唱/笑)起来",burst out doing sth."突然开始做……";expand"扩大,增加,扩展"。根据 there's more blood and therefore more oxygen 可知,此处指血管扩张后有更多的血液和氧气供应,expand 符合语境。故本题选 D。

4. C　解析:考查动词辨析。句意:如果可能的话,在两到三天的时间里_____,使用这些技巧会让你在山顶时感觉良好。decline"下降,衰退";travel"(尤指长途)旅行,移动";ascend"攀登,登上,上升,升高";arrive"到达"。根据 Go up slowly(缓慢地往高海拔处走)可知,此处是对前文的同义复现,结合 at the top 可知空缺处应填入表示"攀登"的词语,ascend 符合语境。故本题选 C。

5. D　解析:考查动词形近词辨析。句意:在进入高海拔地区的头一两天,不要_____。overestimate"高估";overtake"追上,超越,超过";overwhelm"使受不了,压垮,打败,淹没";overexert"用力过度,用力过猛"。根据"Do a little exercise, but give your body time to adjust(做一点运动,但要给你的身体时间来调整)"可知,此处是指不要过度劳累,overexert 符合语境。故本题选 D。

6. D　解析:考查动词短语辨析。句意:这甚至_____他用手机上的消息应用程序给朋友发短信的符号。前文提到,这位平面设计师在科特迪瓦看到摩天大楼和购物中心,甚至同龄人的说话和穿衣方式都受到西方文化的影响,让他认为人们好像并不为自己的文化感到自豪。根据语境可知,横线前的 That 指代的正是这种受西方文化影响的情况,也就是说手机消息上的符号甚至都受西方文化的影响。appeal to"呼吁,上诉,对……有吸引力";subscribe to"订阅,定期捐款";attach to"把……固定";apply to"应用于,适用于"。代入句中,只有 D 项 applies to 符合语境。故本题选 D。

7. A　解析:考查形容词辨析。句意:因此,他利用自己的设计技巧制作了数字贴纸(表情符号)去描绘他认为从_____键盘文化中正在流失的东西:科特迪瓦和邻国的历史与日常生活的象征。联系前文内容,O'Plerou Grebet 认为自己的国家从建筑到人们的生活方式,甚至是手机应用上的消息符号都受到太多西方文化的影响,无法体现出本土文化特点。由此可知,他想设计的这些表情符号应该是要体现在全球文化中缺失的当地特色。global"全球的";local"当地的,本土的";digital"数字的,数码的";official"官方的,正式的"。故本题选 A。

8. D 解析:考查形容词辨析。句意:2018年,他在一个名为"Zouzoukwa"(在当地语言中表示"图像")的移动应用程序中发布了一组免费的表情包,里面有360多个表情符号。在安卓或苹果系统上_____,现在下载次数已经超过12万次。flexible"灵活的";preferable"较合适,更可取";feasible"可行的";available"可获得的,可找到的"。结合语境可知,这里是指这组表情包在安卓和苹果系统上都可以下载使用。只有D项available最合适。故本题选D。

9. C 解析:考查名词辨析。句意:他们(表情符号)包括传统的面具、非洲的_____,如非洲鼓(一种高脚杯形状的手鼓),以及穿着反映地区_____的印花图案、织物和服装的人们。根据drum可判断,这里是指一种非洲乐器。tool"工具,器具";appliance"(家用)电器,器具";instrument"乐器,器械";equipment"设备,器材"。C项更合适,故本题选C。

10. C 解析:考查名词辨析。句意:穿着反映地区_____的印花图案、织物和服装的人们。根据文章可知,O'Plerou Grebet设计这些表情符号的初衷就是为了体现当地的特色文化,再结合句中提到的传统面具、非洲乐器、服装等,可以推断这里是指反映地区传统的东西。四个选项中只有C项heritage包含此含义,表示"遗产,传统"。experience"经验,经历",interest"好处,利益",trend"趋势",均不符合句意。故本题选C。

11. C 解析:考查名词辨析和上下文逻辑。句意:与前一年经济增长2.9%相比,去年的经济增长_____。联系上文可知,去年美国经济增长了2.3%,与前一年经济增长2.9%相比,增长量下降了,所以横线处填slowdown"减速,慢下来",故本题选C。advantage"优势",boom"繁荣"和mismanagement"管理不善"均不符合语境。

12. B 解析:考查名词短语辨析。句意:周三国会预算办公室主任菲利普·斯瓦格尔告诉内务委员会,"我们预测由于工资以及_____上涨的刺激,消费性支出会依然保持强劲"。根据上下文逻辑,所填短语和上涨的工资一样会刺激消费。trade policy"贸易政策",household wealth"家庭财富",financial literacy"金融知识",housing prices"房价",四个选项中,只有"家庭财富"符合语境。故本题选B。

13. B 解析:考查动词辨析和上下文逻辑。句意:我们也希望企业投资会_____,因为去年阻碍商业发展的几个因素已经减弱了。由as引导的原因状语从句"阻碍商业发展的几个因素已经减弱了"可知,商业发展的速度应该会有所提升,由此可推知,企业投资会回升。change"变化",体现不出企业投资的回升,rebound"回升,反弹",overcome"克服",negotiate"协商",四个选项中,只有rebound符合文意。故本题选B。

14. C 解析:考查形容词辨析和上下文逻辑。句意:美国是一个_____社会。这就意味着,将来劳动力的增长速度会比之前更慢。联系下文,劳动力的增长速度变慢的原因是人口老龄化,由此可知美国是个老龄化的社会,故本题选C。broken"破碎的",diverse"多样化的"和industrial"工业化的"均不符合语境,故排除。

15. B 解析:考查名词辨析。句意:强硬措施包括工作要求以及对其他生活保障计划进行_____,例如食品救济券。uncertainty"不确定性";adjustment"调整",常与to搭配;judgment"判断",常与on搭配;comment"评论",常与on/about搭配。根据横线后面的介词(to)及其宾语"生活保障计划"可知,只有adjustment"调整"能够与其搭配,adjustment to本意"调整以适应",在句中可引申为"对……进行调整"。故本题选B。

16. D 解析:句意:该研究发现,乐观程度最高的参与者更有可能活到85岁或_____。空格前是表示并列的连词or,空格处所填词与to age 85构成并列,修饰live,应填入副词。由上文 may have a good chance of living to a ripe old age 和 the findings of a new study suggest 可推知,本句阐述研究结果,空格处的词应与"高龄,长寿"意思相近。根据词性归类,副词中只有 beyond "(时间)在……之后"符合上下文语义。故本题选 D。

17. H　解析:句意:_____,即使研究人员考虑了可能_____这种联系的因素……研究结果仍然成立。空格前为 It is,空格后为 that 引导的从句,故空格处可填入形容词或动词的过去分词作表语,还可填入动词的现在分词,与 is 构成现在进行时,作谓语。句中的 the findings 指代上文的研究结果,本句对其进行补充说明。由 the findings held even after ... "即使……研究结果仍然成立"可推知,空格处的词应表示强调,应与"需要强调,需要注意"意思相近。根据词性归类,只有形容词 noteworthy "值得注意的"符合上述分析。故本题选 H。

18. A　解析:句意:值得注意的是,即使研究人员考虑了可能_____这种联系的因素,包括参与者不管患有心脏病或癌症等健康问题,还是患有抑郁症,研究结果仍然成立。空格处位于 that 引导的定语从句中,从句先行词为 factors,空格前为情态动词 could,空格后为名词短语 the link,故空格处应填入定语从句的谓语动词,且应为动词原形。由上文所说"乐观程度与长寿的关系"及句中的 the findings held even after ... 和 health conditions 可推知,空格处的词应与"影响,破坏"意思相近。根据词性归类,动词原形中只有 affect "影响"符合上述分析。foster "促进,培养"干扰性较强,但与句意逻辑不符。故本题选 A。

19. F　解析:句意:越来越多的证据表明,某些心理因素可能预示着更长的_____。a longer life _____位于 may predict 之后,空格前为不定冠词 a、形容词比较级 longer 和名词 life,空格后为句号,故空格处可填入能够与 life 搭配的可数名词单数,a longer life _____作 may predict 的宾语。空格处也可填入副词,修饰 predict,此时 a longer life 作 may predict 的宾语。由下文的例证 For example, previous studies have found that more optimistic people have a lower risk of developing chronic diseases (例如,以往的研究发现,越乐观的人患慢性病的风险越低)可推知,空格所在句承接上文,阐述"心理因素和寿命的关系",空格处的名词应与 life 构成搭配,表达"寿命"之意。若空格处为副词,则应与"确实,真实地"意思相近。根据词性归类,副词均不符合题意,名词中只有 span "持续时间"符合上述分析,构成短语 life span "寿命,预期生命期限"。故本题选 F。

20. J　解析:句意:例如,以往的研究发现,越乐观的人患慢性病的风险越低,_____死亡的风险就越低。空格前是 a lower risk of,空格后为名词 death 和句号,故空格处应填入可以和 death 搭配的形容词或名词。由上文对"乐观与长寿的关系"的阐述及句意逻辑可推知,越乐观的人患慢性病的风险越低,长寿的可能性就越高,空格处的词应与"较早,提前"意思相近,与 death 搭配表达"过早死亡,寿命较短"之意。根据词性归类,名词均不符合句意,形容词中只有 premature "过早的,提前的"符合上述分析。故本题选 J。

21. K　解析:句意:然而,这项新研究似乎是第一个_____探究乐观与长寿之间关系的研究。空格前为 to,空格后为 look at the relationship,to 和 look at 构成动词不定式短语,the relationship 为 to look at 的宾语,故空格处应填入修饰动词不定式短语 to look at the relationship 的副词。由句中的转折词 However 及上文的 previous studies 可推知,本句将 the new study 和"以往的研究"进行对比,强调新研究的不同之处,空格处所填词应与"专门,深入"意思相近。根据词性归类,副词中只有 specifically "特意,专门地"符合上述分析。故本题选 K。

22. G　解析:句意:研究人员_____,当他们考虑到运动程度、睡眠习惯和饮食等一些健康行为的影响时,新研究发现的这种联系就没有那么大了。空格前是句子的主语 The researchers,空格后为 that 引导的宾语从句,故空格处应填入谓语动词。由上下文及句意可推知,本句仍在阐述研究中出现的结果,空格处的词应与"指出,表明,承认"意思相近。根据词性归类,动词中只有 conceded"承认……属实"符合上述分析。故本题选 G。

23. E　解析:句意:换句话说,乐观可能会_____有益健康的良好习惯"。空格前为主语 optimism 及情态动词 may,空格后为名词短语 good habits,故空格处应填入动词原形,与 may 构成句子谓语。由 In other words 可推知,本句进一步阐释上文。上文指出"运动程度、睡眠习惯和饮食等一些健康行为可能在一定程度上解释乐观与长寿之间的联系",由此可推出,空格处的词应与"促进,培养"意思相近。根据词性归类,动词中只有 foster"促进;鼓励;培养"符合上述分析。故本题选 E。

24. L　解析:句意:还值得注意的是,该研究只发现了一种_____,因为研究人员并没有确切地证明乐观会延长寿命。空格前为不定冠词 a,空格后为 as 引导的原因状语从句,故空格处应填入可数名词单数,与 a 连用,作 found 的宾语。由句意可推知,空格所在句意在表达该研究只是发现了"乐观与长寿的关系",但无确切证据,空格处所填词应与"关系,关联"意思相近。根据词性归类,名词中只有 correlation"相互关系,相关,关联"符合上述分析。故本题选 L。

25. I　解析:句意:然而,如果这些研究结果是正确的,它们就表明乐观可作为一种心理_____,促进健康和长寿。空格前为不定冠词 a 和形容词 psychological,空格后为 that 引导的定语从句,从句谓语动词为第三人称单数形式,故空格处应填入能够和形容词 psychological 搭配的可数名词单数。由句中的转折连词 However 及"如果研究结果是正确的"可推知,本句与上文"该研究只发现了一种相关性"形成转折,强调如果研究中发现的"乐观和长寿的相关性"确实成立,乐观就代表一种能够促进健康和长寿的心理特征,空格处的词应与"因素,特点"意思相近。根据词性归类,名词中只有 trait"特征,特点,特性"符合上述分析。故本题选 I。